中国
漬物大事典

中国醬腌菜

宮尾茂雄　監訳

はじめに

　漬物とは，野菜を塩で漬け込んだものであり，簡便な方法で長期の保存が可能となることから，最も古い時代に登場した保存食品の一つに数えられている。我が国では製塩技術のなかった時代においては，野菜を海水に浸けて干すことを繰り返すことで塩の濃度を高め，保存性のある漬物を作っていたものと考えられている。その後，藻塩のような製塩技術が確立し，本格的な塩漬野菜が作られるようになった。また，中国大陸との交流により，醸造技術とともに醤油漬，味噌漬，糟漬，麹漬，酢漬など多種多様な調味漬物が我が国に伝わり発展してきた。このように調味漬物の原型の多くは，中国から伝来したものである。

　漬物は中国の伝統食品の一つで，中国の食物史ひいては世界の食物史において重要な位置を占めている。中国では，多種類の野菜が3000年以上前の古い時代から食べられており，野菜が多く収穫された時に塩で野菜を漬け，保存していたことが知られている。したがって，中国の漬物は3000年以上の歴史を有しているのである。また，中国では，醤（ジャン）に漬けた漬物が古くから作られていたが，大豆や小麦の醤の製造に麹菌を利用していたという記録が西漢の頃，史游の『急就篇』に記載されている。このようにして中国に生まれた漬物は，その後，長い時間と試行錯誤を経て，製造技術が高度になるとともに種類も豊富になり，徐々に現在の興隆に繋がってきたのである。

　1996年夏，東京都と姉妹都市である北京市との間で技術交流が行なわれ，著者は，北京市の食品関係研究機関に派遣され，中国の漬物製造技術者や食品関係研究者との交流を深めてきた。その中で，中国の漬物を紹介する機会を得，食品資材研究会が発行する食品専門誌「New Food Industry」に4年に渡り連載してきた。それらをまとめ，若干の手を加えたものが本書である。

　本書が出来上がるまでには，多くの人の協力を得た。中でも，中国漬物について詳細に著した「中国醤腌菜」（中国微生物学会醸造学会醤腌菜学組編，1994）の紹介と，執筆の便宜を計っていただいた六必居食品有限公司の張毅民氏，New Food Industry誌の連載で長年お世話になった食品資材研究会の今西和政氏，本書の出版を勧めていただいた幸書房の夏野雅博氏に深く感謝いたします。特に，長年の連載に労苦を厭わずご協力いただいた北京市食品醸造研究所の馬桂華氏に心より感謝申し上げます。

　2005年1月

監訳者　宮尾　茂雄

目　　次

第1章　中国の漬物の歴史，現状および発展 ……………………………………… 1

第1節　中国の漬物の起源と歴史的背景 …………………………………………… 1

1．中国における野菜の歴史　*1*
2．麹菌の利用　*1*
3．食塩の生産　*1*
4．容器の出現　*2*

第2節　漬物生産の歴史 ……………………………………………………………… 2

1．中国漬物の起源　*2*
2．中国漬物の進展の歴史　*3*

第3節　中国漬物の生産の現状 ……………………………………………………… 4

第4節　中国漬物の発展 ……………………………………………………………… 6

1．漬物の機能性の向上　*6*
2．漬物の低塩化　*7*
3．漬物の多様化　*8*
4．漬物の利便性の向上　*8*
5．漬物の天然志向化　*8*

第2章　中国漬物の主要原料 ……………………………………………………… 9

第1節　根　菜　類 …………………………………………………………………… 9

1．蘿蔔（大根）　*9*
　　四季大根／春大根／夏・秋大根／冬大根
2．大頭菜（カブ）　*11*
3．蕪菁甘藍（西洋カブ）　*12*
4．蕪菁（カブ）　*12*
5．胡蘿蔔（人参）　*12*
　　長円柱形人参／長円錐形人参／短円錐形人参

第2節　茎　菜　類 …………………………………………………………………… 13

1．萵苣（チシャ，レタス）　*13*

2．榨菜（ザーサイ）　*13*
　　3．球茎甘藍（コールラビ）　*14*
　　4．大蒜（ニンニク）　*14*
　　5．生姜（ショウガ）　*14*
　　6．草石蚕（チョロギ）　*15*
　　7．蓮根（レンコン）　*15*
　　8．菊芋（キクイモ）　*15*
　　9．辣韮（ラッキョウ）　*16*

第3節　葉　菜　類 …………………………………………………………………*16*
　　1．雪里蕻（高菜の類）　*17*
　　2．大葉芥菜　*17*
　　3．大白菜（白菜）　*17*
　　4．芹（セリ）　*17*

第4節　花　菜　類 …………………………………………………………………*18*
　　1．黄花菜（忘草）　*18*
　　2．韭菜花（韭花）　*18*

第5節　果　菜　類 …………………………………………………………………*18*
　　1．茄子（ナス）　*19*
　　　　　長茄子類／丸茄子類／卵茄子類
　　2．唐辛子（トウガラシ）　*19*
　　3．黄瓜（キュウリ）　*20*
　　4．苦瓜（ニガウリ）　*20*
　　5．菜瓜，越瓜（シロウリ），真桑瓜（マクワウリ）　*21*
　　6．豇豆（ササゲ）　*21*
　　7．菜豆（インゲンマメ）　*21*
　　8．刀豆（ナタマメ）　*21*

第6節　その他の原料 ………………………………………………………………*22*
　　1．海　藻　類　*22*
　　2．食用菌類　*22*
　　3．野生植物類（山菜）　*22*
　　4．果仁（種実）類　*23*
　　5．果脯類（果物砂糖漬）　*23*

目次

第3章　中国漬物の補助原料 …………………………………… 24

第1節　食　　塩 ……………………………………………… 24

第2節　水 …………………………………………………… 25

第3節　調　味　料 …………………………………………… 26

1. 醤類（中国味噌）　*26*
2. 醤　油　*27*
3. 食醋（食酢）　*27*
4. 味精（グルタミン酸ナトリウム）　*28*

第4節　香辛料類 ……………………………………………… 28

1. 花椒（山椒，サンショウ）　*28*
2. 胡椒（コショウ）　*29*
3. 八角（大茴香，ダイウイキョウ）　*29*
4. 小茴香（イノンド）　*29*
5. 桂皮（シナモン）　*29*
6. 草果（ソウカ）　*30*
7. 山奈（バンウコン）　*30*
8. 橘皮（蜜柑皮）　*30*
9. 砂仁（シャニン）　*30*
10. 丁香（丁字，クローブ）　*30*
11. 甘草（カンゾウ）　*31*
12. 肉豆蔻（ニクズク）　*31*
13. 咖喱粉（カレー粉）　*31*
14. 芥末面（芥子粉）　*31*
15. 五　香　粉　*31*
16. 香　辣　粉　*31*
17. 味精胡椒粉　*32*
18. 花　椒　粉　*32*

第5節　甘　味　料 …………………………………………… 32

1. 白砂糖　*32*
2. 紅砂糖（赤砂糖）　*32*
3. 綿白糖（粉砂糖）　*32*
4. 飴糖（麦芽糖，水あめ）　*32*
5. 蜂　　蜜　*33*
6. 糖精（サッカリン）　*33*

7．甜菜菊甙（ステビオサイド）　33

第6節　防腐剤（保存料）……………………………………………………33

1．安息香酸ナトリウム　34
2．安息香酸　34
3．ビタミンK　34
4．ソルビン酸およびソルビン酸カリウム　34
5．氷酢酸　35

第7節　着色剤……………………………………………………………………35

1．醤色（カラメル）　35
2．姜黄（ウコン，ターメリック）　35
3．人工合成色素（合成着色料）　35

第8節　その他の調味料…………………………………………………………35

1．食用油　35
　　豆油（大豆）／芝麻油（胡麻油）／菜油（菜種油）／花生油（落花生油）／棉油（綿実油）
2．酒類　36
　　白酒類／黄酒類

第4章　中国漬物の分類……………………………………………………………37

第1節　漬物の分類方法…………………………………………………………37

1．野菜原料に基づく分類　37
2．発酵の有無に基づく分類　37
3．製造方法および補助原料に基づく分類　38

第2節　漬物の製造方法による分類……………………………………………39

1．醤漬菜（味噌漬に類似）類　39
　　醤曲醅菜／甜醤漬菜／黄醤漬菜／甜醤黄醤漬菜／甜醤醤油漬菜／黄醤醤油漬菜／醤汁漬菜
2．糖醋漬菜（甘酢漬）類　39
　　糖漬菜／醋漬菜（酢漬）／糖醋菜（甘酢漬）
3．蝦油漬菜類　40
4．糟漬菜（粕漬）類　40
　　酒糟漬菜（酒粕漬）／醪糟漬菜（諸味粕漬）
5．糠漬菜類　40
6．醤油漬菜類　40

7. 清水漬菜類 *41*
8. 塩水漬菜類 *41*
9. 塩漬菜類 *41*
10. 菜脯類 *41*
11. 菜醤類 *41*

第5章 中国漬物の製造設備 ……………………………………………… **42**

第1節 工場および容器 …………………………………………… **42**

1. 晒し場 *42*
2. 漬け込み用大型タンク *42*
3. 陶磁器製瓶（カメ） *42*
4. 木桶 *43*

第2節 製造器具 …………………………………………………… **43**

第3節 設備・機器類 ……………………………………………… **45**

1. 野菜洗浄設備 *45*
2. 運搬機 *47*
3. 脱塩・脱水設備 *47*
4. 漬物整形設備 *49*
5. 包装殺菌設備 *52*

第6章 製造工程 …………………………………………………………… **54**

第1節 漬物原料および補助原料の選択基準 …………………… **54**

1. 漬物原料の選択基準 *54*
2. 補助原料の選択基準 *55*

第2節 野菜原料の前処理 ………………………………………… **56**

1. 野菜原料の洗浄，整形および細刻 *56*
2. 野菜外皮の処理 *56*
3. 野菜原料のブランチング *56*
4. 香味の増強と除毒 *57*

第3節 補助原料の前処理 ………………………………………… **57**

1. 食塩水の製造 *57*
2. 香辛料の再加工 *58*

3．漬け液の製造　*59*

第4節　漬物製造法の概要 …………………………………………**60**

1．干腌法（重石を使わない塩漬）　*60*
2．干圧腌法（重石を使った塩漬け）　*61*
3．鹹腌法（塩水漬け）　*61*
4．漂腌法（浮かし漬け）　*62*
5．曝腌法（浅漬け）　*62*
6．乳酸醗酵法　*63*

第5節　漬物加工における細刻 ………………………………………**63**

1．漬物の細切方法　*63*
2．模様を入れた切り方　*64*

第7章　醤漬菜（味噌漬） …………………………………………………**65**

第1節　醤漬菜の分類 ……………………………………………………**65**

第2節　醤の製造方法 ……………………………………………………**65**

1．餅曲（餅麹）　*65*
2．塊　　曲　*65*
3．饅頭曲あるいは饃醤曲　*66*
4．散曲（ばら麹）　*66*

第3節　醤漬菜の基本的な製造工程 ……………………………………**66**

1．原料および補助原料　*66*
2．製造工程図　*66*
3．製造方法　*67*
4．醤汁を用いる醤漬法　*68*

第4節　醤曲醅菜（醤黄醤菜）の製造工程 ……………………………**69**

1．原料と補助原料　*69*
2．製造工程　*69*
3．製造方法　*70*
4．醤曲醅菜製造の特性　*70*

第5節　各地の醤曲醅菜 …………………………………………………**71**

1．南通甜包瓜（ウリ味噌漬）　*71*
2．上海甜包瓜（ウリ味噌漬）　*74*

目次

3. 蘇州蜜汁小黄瓜（キュウリ味噌漬）　*76*
4. 臨清甜醤瓜（ウリ味噌漬）　*78*
5. 商丘醤黄瓜（キュウリ味噌漬）　*79*
6. 商丘醤妞瓜（ウリ味噌漬）　*81*
7. 商丘醤笋（茎チシャ味噌漬）　*83*
8. 商丘什錦醤包瓜（餡入りウリ味噌漬）　*84*
9. 蚌埠琥珀酷瓜（ウリ味噌漬）　*86*
10. 醤玉瓜（ウリ味噌漬）　*88*
11. 北京醤黄瓜（キュウリ味噌漬）　*89*
12. 北京醤甘露（チョロギ味噌漬）　*91*
13. 北京醤萵笋（茎チシャ味噌漬）　*92*
14. 北京醤銀苗　*93*
15. 北京醤八宝瓜（餡入りウリ味噌漬）　*94*
16. 北京醤八宝菜（取り合わせ野菜の味噌漬）　*96*
17. 北京醤黒菜（ウリ味噌漬）　*98*
18. 上海萵笋条（千切り茎チシャの味噌漬）　*100*
19. 天津醤萵笋（茎チシャ味噌漬）　*103*
20. 天津甜醤黄瓜（キュウリ甘味噌漬）　*104*
21. 天津甜醤八宝瓜（餡入りウリ甘味噌漬）　*105*
22. 天津甜醤八宝菜（取り合わせ野菜の甘味味噌漬）　*106*
23. 天津醤香瓜（ウリ味噌漬）　*107*
24. 揚州醤乳黄瓜（小キュウリ味噌漬）　*108*
25. 揚州醤蘿葡頭（ダイコン味噌漬）　*111*
26. 揚州醤嫩生姜（若ショウガ味噌漬）　*113*
27. 揚州醤宝塔菜（チョロギ味噌漬）　*115*
28. 揚州醤香菜心（茎チシャ味噌漬）　*116*
29. 揚州醤什錦菜（取り合わせ野菜の味噌漬）　*118*
30. 揚州醤甜瓜（ウリ味噌漬）　*121*
31. 揚州醤糖瓜（ウリ甘味噌漬）　*124*
32. 山東糖醤黄瓜（キュウリ甘味噌漬）　*126*
33. 山東醤包椒（餡入りピーマン味噌漬）　*127*
34. 山東醤石化菜（オゴノリ類の味噌漬）　*128*
35. 山東醤三仁　*129*
36. 山東醤包瓜（餡入りウリ味噌漬）　*130*
37. 山東醤藕（レンコン味噌漬）　*132*
38. 山東醤磨茄（ナス味噌漬）　*133*
39. 杞県醤紅蘿葡（ニンジン味噌漬）　*135*
40. 商丘醤胡芹（セロリ味噌漬）　*137*
41. 商丘醤虎瓜　*139*

42. 商丘醬虎皮菜（茎チシャ皮の味噌漬）　*139*
43. 商丘醬麒麟菜　*140*
44. 商丘醬白鳥卵（ハクサイ味噌漬）　*141*
45. 保定醬什錦菜（取り合わせ野菜の味噌漬）　*142*
46. 福州醬越瓜（シロウリ味噌漬）　*144*
47. 紫油蜜椒（トウガラシ甘味噌漬）　*145*
48. 貴州醬香瓜（ウリ甘味噌漬）　*147*
49. 潼関醬笋（茎チシャ味噌漬）　*147*
50. 雲南玫瑰大頭菜（カブ味噌漬）　*149*
51. 雲南大頭菜（カブ味噌漬）　*151*
52. 甜醬杏仁（杏仁の甘味噌漬）　*153*
53. 甜醬茎藍（コールラビ甘味噌漬）　*154*
54. 甜醬蒜苗（ニンニク花茎の甘味噌漬）　*155*
55. 甜醬西瓜条（細切スイカ皮の甘味噌漬）　*156*
56. 甜醬小茄子（小ナス甘味噌漬）　*157*
57. 甜醬藕片（刻みレンコン甘味噌漬）　*158*
58. 甜醬冬瓜（トウガン甘味噌漬）　*159*
59. 甜醬果仁（種実の甘味噌漬）　*160*
60. 甜醬仏手菜（カラシナ甘味噌漬）　*161*
61. 甜醬合錦菜（取り合わせ野菜の甘味噌漬）　*162*
62. 醬紫蘿（ダイコン味噌漬）　*163*
63. 金糸香（カラシナ千切りの甘味噌漬）　*164*
64. 醬芸豆（インゲンマメ甘味噌漬）　*165*
65. 醬海帯糸（千切りコンブ甘味噌漬）　*167*
66. 杞県醬刺黄瓜（キュウリ甘味噌漬）　*167*
67. 杞県醬瓜（ウリ味噌漬）　*169*
68. 瀋陽醬扁豆（フジマメ味噌漬）　*170*
69. 黄醬黄瓜（キュウリ味噌漬）　*171*
70. 黄醬蘿蔔（ダイコン味噌漬）　*172*
71. 北京醬蘿蔔（ダイコン味噌漬）　*173*
72. 北京醬什香菜（取り合わせ野菜の味噌漬）　*175*
73. 武漢醬白蘿蔔（ダイコンの味噌漬）　*176*
74. 天津醬蘿蔔（ダイコン味噌漬）　*178*
75. 上海大頭菜漬（カブ味噌漬）　*179*
76. 亳県醬黄花菜（カンゾウの味噌漬）　*182*
77. 亳県醬荊芥（ケイガイ甘味噌漬）　*183*
78. 醬大頭菜糸（カブ千切り味噌漬）　*184*
79. 醬桂花白糖大頭菜条（刻みカブ甘味噌漬）　*186*
80. 玫瑰香片（キクイモ甘味噌漬）　*188*
81. 醬磨茄（丸小ナス味噌漬）　*190*

目次　　　　　　　　　　　　　　　　　　　　　　　　xi

82. 武漢醤白，紅蘿蔔（ダイコン，ニンジン味噌漬）　*191*
83. 辣油香菜糸（茎チシャ千切り辛味噌漬）　*192*
84. 鮮甜蘿蔔片（新鮮な甘味のある刻みダイコン味噌漬）　*194*
85. 爽甜蘿蔔条（爽快な甘味を持つダイコン千切り味噌漬）　*195*
86. 醤汁八宝菜（取り合わせ野菜の醤液漬）　*198*
87. 盤香蘿蔔（ダイコン味噌漬）　*200*
88. 上海精製什錦菜（取り合わせ野菜の味噌漬）　*201*
89. 石家庄金糸香（カラシナ塊根千切り味噌漬）　*203*
90. 甜醤芽姜（ショウガ甘味噌漬）　*204*

第8章　糖醋漬菜（砂糖漬，酢漬，甘酢漬）……………………206

第1節　糖醋漬菜の分類……………………………………………206

第2節　各地の糖醋漬菜……………………………………………206

1. 鄭州白糖大蒜（甘酢ニンニク漬）　*206*
2. 北京白糖大蒜（ニンニク砂糖漬）　*207*
3. 天津蜂蜜蒜粒（ニンニク蜂蜜漬）　*209*
4. 沙市甜酸独蒜（甘酢ニンニク漬）　*211*
5. 甜酸乳瓜（キュウリ甘酢漬）　*213*
6. 桂花糖熟芥（カブ砂糖漬）　*215*
7. 桂花白糖瓜片（刻みウリ砂糖漬）　*217*
8. 桂花白糖茄（ナス砂糖漬）　*220*
9. 甜辣蘿蔔干（切り干しダイコン甘辛漬）　*223*
10. 酸藠頭（ラッキョウ酢漬）　*223*
11. 湖北甜酸藠頭（ラッキョウ甘酢漬）　*224*
12. 広東糖醋瓜纓（千切りキュウリ甘酢漬）　*230*
13. 広東糖醋酥姜（ショウガ甘酢漬）　*232*
14. 刀豆花（ナタマメ甘酢漬）　*235*
15. 苦瓜花（ニガウリ甘酢漬）　*236*
16. 沈陽糖醋円葱（タマネギの甘酢漬）　*237*
17. 揚州糖醋鮝（响）（干しダイコン甘酢漬）　*238*
18. 揚州糖醋大蒜頭（ニンニク甘酢漬）　*239*
19. 糖醋漬盤香蘿蔔（ダイコン甘酢漬）　*241*
20. 蜜汁辣黄瓜（キュウリ甘辛漬）　*242*
21. 白糖乳瓜（キュウリ甘辛漬）　*243*
22. 台湾酸辣菜（カラシナ酢漬）　*245*

第9章　蝦油漬菜 …………………………………………………………… 247

第1節　蝦油漬菜の特徴 …………………………………………………… 247

第2節　各地の蝦油漬菜 …………………………………………………… 247

1. 錦州蝦油什錦小葉（野菜蝦油漬の取り合わせ）　*247*
2. 錦州蝦油小黄瓜（キュウリ蝦油漬）　*250*
3. 瀋陽蝦油豇豆（ササゲの蝦油漬）　*251*
4. 瀋陽蝦油隠元豆（インゲンマメ蝦油漬）　*252*
5. 蝦油黄瓜毛（キュウリ蝦油漬）　*252*
6. 蝦油小菜（取り合わせ野菜の蝦油漬）　*253*

第10章　糟漬菜・糠漬菜 …………………………………………………… 255

第1節　糟（粕）漬菜の製造工程 ………………………………………… 255

1. 糟醃蘿蔔（ダイコン粕漬）　*255*
2. 糟　瓜（ウリ粕漬）　*255*
3. 醪糟漬菜（カラシナ諸味粕漬）　*257*

第2節　糠漬菜の製造工程 ………………………………………………… 258

1. 米糠蘿蔔（ダイコン糠漬）　*258*

第11章　醤油漬菜 …………………………………………………………… 260

第1節　醤油漬菜の特徴 …………………………………………………… 260

第2節　各地の醤油漬菜 …………………………………………………… 260

1. 北京桂花大頭菜（カブ醤油漬）　*260*
2. 北京辣菜（キムチに類似）　*261*
3. 上海蜜棗蘿蔔頭（ダイコン醤油漬）　*262*
4. 安順百花串醤菜（取り合わせ野菜の醤油漬）　*265*
5. 蚌埠五香大頭菜（カブの醤油漬け）　*268*
6. 面条蘿蔔（麺状ダイコン醤油漬）　*270*
7. 閩南萵笋（茎チシャの醤油漬）　*271*
8. 瀋陽四合菜（4種野菜の醤油漬）　*273*
9. 天津竹葉青（カブの竹葉青酒入り醤油漬）　*274*
10. 丹東甜辣黄瓜（キュウリ甘辛醤油漬）　*275*

　　　　　　　　　　　　　　目　次　　　　　　　　　　　　xiii

　　11．雲南祥雲醤辣椒（トウガラシ醤油漬）　*276*
　　12．朝鮮族狗宝鹹菜（キキョウの根の醤油漬）　*277*
　　13．丹東盤香蘿蔔（ダイコン醤油漬）　*278*
　　14．朝鮮族醤油地瓜秧（サツマイモづる醤油漬）　*279*
　　15．朝鮮族醤油辣土豆（ジャガイモ醤油漬）　*280*
　　16．朝鮮族鹹紫蘇葉（シソの葉の醤油漬）　*281*
　　17．朝鮮族鹹辣椒葉（トウガラシの葉の醤油漬）　*282*
　　18．榨菜蘿蔔（ダイコン醤油漬）　*282*
　　19．五香熟芥（カブ醤油漬）　*284*
　　20．三鮮菜（混合野菜の醤油漬）　*284*
　　21．辣醤芥（カブ醤油漬）　*285*
　　22．辣油蘿蔔糸（千切りダイコン醤油漬）　*286*
　　23．紫香蘿蔔干（切干しダイコン醤油漬）　*287*
　　24．台湾醤瓜（ウリ醤油漬）　*288*
　　25．台湾福神菜（福神漬）　*289*

第12章　清水漬菜・塩水漬菜 ……………………………………………**291**

　第1節　清水漬菜の製造工程 ……………………………………………**291**
　　1．酸白菜（ハクサイの発酵漬物）　*291*

　第2節　塩水漬菜の製造工程 ……………………………………………**293**
　　1．朝鮮族辣白菜（ハクサイの発酵漬物）　*293*
　　2．酸黄瓜（キュウリの発酵漬物）　*294*
　　3．四川泡菜（混合野菜の発酵漬物）　*296*
　　4．鹹藕片（塩漬レンコン）　*300*

第13章　塩　漬　菜 ………………………………………………………**302**

　第1節　塩漬菜の製造工程 ………………………………………………**302**
　　1．塩漬菜の一般的な製造工程　*302*
　　2．塩漬菜の一般的な加工方法　*302*

　第2節　各地の塩漬菜 ……………………………………………………**303**
　　1．上海雪里蕻鹹菜（カラシナ塩漬）　*303*
　　2．広東酸笋（タケノコの発酵塩漬）　*306*
　　3．福健鹹竹笋（タケノコ塩漬）　*308*
　　4．塩漬蘑菇（塩漬マッシュルーム）　*309*

5. 潮州鹹酸菜（カラシナ塩漬）　311
6. 圧白菜（ハクサイ塩漬）　313
7. 蘭花蘿蔔（ダイコン塩漬）　313
8. 開封五香大頭菜（五香を使用したカブ塩漬）　314
9. 襄樊大頭菜（カブ塩漬）　316
10. 五香大頭菜（別名：黄菜）（五香を使用したカブ塩漬）　318
11. 福州五香大頭菜（五香を使用したカブ塩漬）　319
12. 内江大頭菜（カブ塩漬）　320
13. 淮安老鹹大頭菜（カブ塩漬）　321
14. 北京冬菜（ハクサイの発酵漬物）　322
15. 甘草苦瓜（ニガウリの甘草入り塩漬）　324
16. 鳳尾菜（カブ塩漬）　325
17. 曲靖韭菜花（ニラ・トウガラシ・カブの発酵漬物）　325
18. 鎮遠陳年道菜（セイサイの発酵漬物）　326
19. 津冬菜（ハクサイの発酵漬物）　328
20. 蘿蔔干（切干しダイコンの発酵漬物）　329
21. 肖山蘿蔔干（切干しダイコンの発酵漬物）　332
22. 涪陵榨菜（ザーサイ）　333
23. 資中冬尖（干しカラシナの発酵漬物）　339
24. 南充冬菜（干しカラシナの発酵漬物）　342
25. 美味香蘿蔔（ダイコン香味漬物）　344
26. 咖喱蘿蔔干（カレー味の切干しダイコン漬物）　345
27. 東北鹹蕨菜（塩漬ワラビ）　347
28. 沈陽黄蘿蔔（ダイコン調味漬）　348
29. 亳県鹹韭菜花（ニラ花の塩漬）　349
30. 瀏陽豆豉剁辣椒（唐辛子味噌）　349
31. 豆豉生姜（ショウガ味噌漬）　351
32. 家常鹹青椒（ピーマン塩漬）　352
33. 宜賓芽菜（ハクサイ塩漬）　353
34. 湖南茄干（ナス切干し塩漬）　354
35. 天津白玉大蒜粒（ニンニク塩漬）　355
36. 甘草刀豆（ナタマメの甘草入り塩漬）　356
37. 鹹豇豆（ササゲ塩漬）　356
38. 鹹辣椒葉（葉トウガラシ塩漬）　357
39. 蕪湖胡麻香菜（ハクサイのゴマ香味漬）　358
40. 鹹黄瓜（キュウリ塩漬）　359
41. 浙江梅干菜（干しタカナ塩漬）　360
42. 余姚干菜笋（干しタカナとタケノコの塩漬）　362
43. 天目扁尖笋（タケノコ塩漬）　363
44. 阜陽香椿菜（チャンチン塩漬）　365

45. 広東梅乾菜（干しカラシナ塩漬）　*366*
46. 湖南梅乾菜（干しカラシナ塩漬）　*368*
47. 嘉興蘿蔔条（刻みダイコン漬）　*369*
48. 常州香甜蘿蔔干（切干しダイコン塩漬）　*370*
49. 天津黄菜（カブ塩漬）　*372*
50. 上海榨菜（ザーサイ）　*373*
51. 排冬菜漬（タカナ塩漬）　*375*
52. 台湾榨菜（ザーサイ）　*376*
53. 台湾鹹菜（カラシナの発酵漬物）　*377*
54. 台湾冬菜（ハクサイまたはキャベツの発酵漬物）　*378*
55. 台湾雪里蕻（タカナの発酵漬物）　*379*
56. 台湾覆菜（カラシナの発酵漬物）　*381*

第14章　菜脯（野菜の砂糖漬） ……………………………… **383**

1. 銅陵糖氷生姜（ショウガ砂糖漬）　*383*
2. 藕　脯（レンコン砂糖漬）　*384*
3. 刀豆脯（ナタマメ砂糖漬）　*385*
4. 蜜瓜片（刻みトウガラシ砂糖漬）　*386*
5. 蜜胡蘿蔔片（薄切りニンジンの砂糖漬）　*387*

第15章　菜醤（野菜ペースト） ……………………………… **389**

1. 辣椒糊（トウガラシペースト）　*389*
2. 韭菜花醤（ニラ花ペースト）　*389*
3. 番茄醤（トマトペースト）　*390*
4. 辣醤沙司（トウガラシペースト）　*391*
5. 辣醤塊（トウガラシの塊状調味料）　*393*
6. 胡蘿蔔醤（ニンジンペースト）　*394*
7. 南瓜醤（カボチャペースト）　*394*
8. 南康辣椒醤（トウガラシペースト）　*395*

第16章　真空浸漬法 ……………………………………………… **397**

1. 真空浸漬の工程　*397*
2. 処理工程　*397*
3. 真空浸漬に影響する要因　*397*

第17章　醬菜の保存と包装工程 …………………………………………………399

第1節　醬菜の微生物と殺菌 ……………………………………………………399

第2節　醬菜瓶詰・缶詰の製造工程 ……………………………………………400

1．製造工程　*400*
2．瓶詰の主要設備　*400*
3．操作方法　*400*
4．醬菜瓶詰の品質検査　*402*
5．醬菜瓶詰の品質基準　*402*

第3節　醬菜の袋詰の製造工程 …………………………………………………402

1．袋詰醬菜の製造工程　*403*
2．操作方法　*403*

第18章　漬物の貯蔵 …………………………………………………………405

第1節　漬物の腐敗原因 …………………………………………………………405

1．生物的腐敗　*405*
2．物理的腐敗　*405*
3．化学的腐敗　*405*

第2節　漬物の保存 ………………………………………………………………406

1．浸透圧の利用　*406*
2．食塩の利用　*406*
3．有機酸の利用　*407*
4．微生物の利用　*408*
5．植物由来抗菌物質の利用　*408*
6．真空包装の利用　*408*
7．低温の利用　*409*

第3節　漬物の貯蔵方法 …………………………………………………………409

1．瓶詰・缶詰　*409*
2．量り売り漬物の保存　*409*

第19章　漬物に用いる補助原料の製造 …………………………………………411

　第1節　餅麹常温発酵稀甜醬の製造工程 ……………………………………411

　第2節　通風製麹による甜面醬の製造 ………………………………………414

　第3節　多酵素法による速醸稀甜醬の製造工程 ……………………………416

　　付記1：α-アミラーゼを含む麹の製造方法　*417*
　　付記2：β-アミラーゼを含む麹の製造方法　*418*
　　付記3：酵母の固体培養　*418*

　第4節　常圧蒸煮，スノコ製麹，常温発酵による黄醬の製造工程 …………419

　第5節　通風製麹，常温発酵による黄醬の製造工程 ………………………421

　第6節　辣椒油の製造工程 ……………………………………………………423

　第7節　醪糟の製造工程 ………………………………………………………424

　第8節　蝦油の製造工程 ………………………………………………………425

第1章　中国漬物の歴史，現状および発展

第1節　中国漬物の起源と歴史的背景

　漬物は中国の伝統食品の1つであり，中国の食物史，さらには世界の食物史においても重要な位置を占めている。漬物を製造するには原料野菜，食塩，麹菌，容器などの条件が揃って初めて製造することができる。そこで，それらの背景について簡単に述べる。

1．中国における野菜の歴史

　多種多様の野菜がかなり古い時代から食べられていたことが明らかになっており，当時の人々は野菜が多く収穫された時に食塩で野菜を漬け，保存していた。これが漬物の起源となっている。書物によれば，古く中国で生産されていた野菜は芥菜（カラシナ），大根，白菜，冬寒菜，百合（ユリ），忘草（カンゾウ，キスゲの類），蓮根，韭（ニラ），水芹（セリ），葱（ネギ），蒲菜，黒慈姑（クログワイ），蕪菁草，菰（マコモ），芹（セリ），草石蚕（チョロギ），干瓢（カンピョウ），金針菜，紫蘇（シソ），白瓜，黒菜，生姜（ショウガ），山芋，辣韮（ラッキョウ）などである。なお，食用野菜のうち，考古学的に発見されたものの野菜の種類，発見場所，年代を**表1-1**に示した。

2．麹菌の利用

　中国の人々は紀元前から麹菌を利用する技術をすでに持っていたと思われる。それに関する最も古い記録は大豆や小麦の味噌（ここでいう味噌とは中国でいう醤であり，流動性がある）に関するもので西漢，史游の『急就篇』に記載されている。この大豆や小麦の味噌の加工技術の進歩にともない漬物製造技術も大いに発展することとなった。

3．食塩の生産

　食塩の生産に関してもかなり古くから行なわれていたものと考えられる。『禹貢』の中での「青州塩」，『楽府中』の中の「黄帝塩」，戦国時代の呉王の「煮海塩」および許慎の『説文解字』の中の「古者宿沙」の「煮海塩」などが知られている。これらの記録から食塩はかなり古くから生産・利用されていたことがわかる。この食塩の生産の始まりは漬物を生産する上で極めて重要な鍵となった。

表1-1　食用野菜の考古学的発見の一覧

野菜の種類	考古学的発見場所	年　代
芥子菜の実	陝西省西安市半坡	新石器時代
干　瓢	浙江省杭州水田坂	新石器時代
干　瓢	浙江省余姚川姆渡	新石器時代
瓜　核	浙江省杭州水田坂	新石器時代
メロン種子	浙江省呉共銭山漾	新石器時代
菱の実の殻	浙江省余姚川姆渡	新石器時代
円菱の実	浙江省嘉興馬家浜	新石器時代
菱	浙江省呉共銭山漾	新石器時代
芥子菜の実	河南省長沙馬王堆	西　漢
冬瓜の種子	河南省長沙馬王堆	西　漢
豆豉姜	河南省長沙馬王堆	西　漢
乾燥野菜	湖北省江陵	西　漢
生　姜	広西省貴県蜀泊湾	西　漢
干　瓢	広西省貴県蜀泊湾	西　漢
干　瓢	湖北省江陵	西　漢
干　瓢	江蘇省連雲港	西　漢
蓮　根	湖南省長沙馬王堆	西　漢
菱　の　実	湖南省長沙馬王堆	西　漢
メロン種子	湖北省	西　漢
胡　瓜	広西省貴県蜀泊湾	西　漢
干　瓢	広西省南昌	西　漢

4．容器の出現

漬物製造には野菜を漬け込むための容器が必要である。容器としては石器，木器，陶器，磁器などがあるが，この中で最も重要なのは陶器・磁器で，中国では新石器時代の頃には既に陶器が発明されていたことが知られている。陶器の出現は漬物の製造を行なう上で重要な役割を果たしている。

以上述べてきた野菜，食塩，麹菌，容器などの条件が満たされたのが新石器時代であり，そのような背景のもとに中国漬物の原型が完成されたものと考えられる。

第2節　漬物生産の歴史

中国漬物の起源はかなり古く，長い歴史を持っており，漬物に関する記述が多くの歴史書に記載されている。

1．中国漬物の起源

中国の漬物の起源は周の時代に遡ることができる。約3000年余りの歴史を有し，中国では最も古い詩集とされている『詩経』は，紀元前10世紀から紀元前6世紀までの黄河流域の民歌を書き記したものである。この中に「中田有蘆，彊場有瓜，是剥是菹，献之皇祖」という詩句がある。

蘆と瓜は野菜で，剥と菹は塩漬の意味である。東漢の許慎の『説文解字』の解釈によると「菹菜とは白菜漬である」旨が書かれており，当時においては漬物は菹として表現されていたことがわかる。なお，菹菜は現代に至り，乳酸発酵によってできた漬物の一種であったことが科学的に明らかにされている。記録よりも実際に行なわれていた事実の方が古いことを考えると，中国において食塩で漬けることによって製造される漬物は，少なくとも『詩経』よりも早い時期にすでにあったことになる。したがって，中国での漬物の出現は3000年以上前であったと考えられる。

紀元前1063年に西周，成王姫誦が即位したが，年齢がまだ若かったため周武王の弟である周公旦が摂政となった。彼は周代の礼儀制度を制定するために紀元前1058年に『周礼』という書物を著した。その書の中を天官，地官，春官，夏官，秋官，冬官の6節に分けて書き記した。この天官の節の中に「大羹不致五味，鉶羹加塩菜」という語句がある。

この中で「羹」という言葉は肉あるいは漬物で作ったスープのことを意味していることからも周の時代にはすでに漬物があったことがわかる。

西漢（紀元前206～紀元後24年）初年に長沙の丞相であった軑候利倉の妻である辛追は紀元前約160年頃亡くなり，長沙馬王堆に葬られた。この馬王堆は発掘によって多くの副葬品が出土した所として有名である。この副葬品の中に味噌，豆豉（浜納豆に近いもの）や豆豉姜（浜納豆に生姜を混ぜたようなもの）が見つかっている。この事実は味噌を最初に作った所が中国であったことを証明しているのかも知れない。豆味噌や豆豉は豆を原料とし，カビを用いて発酵させて作ったものである。豆豉には干豆豉，水豆豉，鹹豆豉，淡豆豉，大豆豉，黒豆豉がある。味噌と異なる点は豆の形を潰さずにそのまま保持しているところであるが，本質的には同一のものである。したがって，豆豉姜は生姜味噌漬と言っても良いかも知れない。最近まで湖南省では豆豉姜があった。以上のことから推定すると，中国で味噌を使った漬物が出現したのは2100年以上前であったと思われる。

このようにして生まれた中国の漬物は長い時間と試行錯誤を経て，製造技術は高度になるとと

もに漬物の種類も豊富になり，一歩一歩と進展してきたのである。北魏の時代（386〜534年）には当時，農業技術の専門家であった賈思勰が『斉民要術』を著し，この中で北魏における漬物の加工方法を詳細に記述している。以下にその例を挙げる。

(1) 湯菹法：「収好菜，択訖，則干熱湯中炸出元，若菜已萎者，水洗，濾出」。これは食塩を使わないで白菜漬を作る方法を記述したものであるが，本方法は現在でも広く利用されている方法である。

(2) 鹹菹法：「収菜時，則択取嫩者，干塩水中洗菜，則内瓮中」。これは食塩を入れて漬ける一般的な漬物の製造法である。

(3) 瓜菹法：「瓜，洗浄，令燥，塩揩之」，さらに「塩揩数遍，日曝令皺，若一石者，与塩三升」。これは食塩を多く使って瓜を漬ける方法で，食塩を瓜の表面にまぶし，瓜の中に食塩を急速に浸透させる方法である。

(4) 蔵蕨法：「蕨一行，塩一行」。蕨（ワラビ）は山菜としてよく知られている野生植物である。ここで紹介してあるのは1層の蕨に対して1層の塩を入れて漬ける方法であり，現在でもそのまま利用されている。

(5) 卒菹法：「以酢漿煮葵菜，擎之，下酢，即成菹矣」。ここで卒は速成の意味であり，白菜漬を速成に漬ける方法である。

(6) 葫芹小蒜菹法：「葫芹寸切，小蒜細切，与塩酢」。これは野菜を切る方法である。

(7) 菘鹹菹法：「菘一行，女曲間之」。菘とは古代における白菜などの野菜の総称である。この方法は現在の味噌漬の方法と類似している。

(8) 葵菘蕪菁蜀芥菹法：「布菜一行，以曲末薄坌之，即下熱粥清，重上如此，以満瓮為限」。曲末は粉砕した麹であり，坌は麹菌の胞子を噴霧し撹拌するという意味である。したがって，日本の麹のようなカビつけを行なった後，十分に撹拌し均一化をはかる作業のことを表現しているものと思われる。そして多種類の野菜を同時に漬けており，現在で言えば取り合わせ野菜の漬物に近いものであろう。

(9) 菹法：「粥清不用大熱，其汁才会相淹，不用過多，泥頭七日便熱」。泥頭は泥土のことであり，容器を密封するのに使用したことを示している。このことは当時において，すでに泥土で密閉することによって嫌気的な条件を作れば乳酸発酵が進行するのに都合が良いことを知っていたことを窺わせる。

2. 中国漬物の進展の歴史

唐の時代（618〜907年）に曹元方が著した『諸病沅侯論』の中に「塩苜蓿，茭白」という語句があり，塩漬野菜のあったことが記載されている。苜蓿は金花菜とも言う。茭白は菰（マコモ）の新芽を指している。また，『唐代地理志』の中に「興元府土貢夏蒜，冬笋，糟瓜」という語句が記載されており，唐の時代には様々な漬物が作られるようになったことがわかる。ここで記載されている糟瓜は現在の酒粕を用いた糟漬（粕漬）を意味しており，現在においても多くの糟漬が生産されている。

唐の時代には中国の名僧である鑑真和尚が日本に渡った際に味噌と漬物の製造技術を伝えている。

1981年7月12日に姚遷が『新華日報』の中で書いた「訪日紀行」の中で，日本の友人の話を紹介している。その話とは「豆腐や漬物は奈良で数多く生産されているが，それらは中国の盲聖が郷里から日本へ伝えたものである。そして，中国の風俗習慣が1000年以上も長く，日本で続いて

いる。したがって，それらを伝えてくれた唐を称賛しないものはいない」という内容であった。盲聖とは日本人が鑑真和尚に対して付けた尊称で，鑑真和尚の眼が見えなくなったことにもとづいている。この話は中国の漬物が日本に伝わっていたことを証明している。

宋の時代（960～1279年）の書物に『東京夢華録』というものがある。この中で記載されている内容はさらに詳しいものとなっている。その当時，汴京（東京）には一流の酒屋が72軒もあったそうで，その中に二軒張という名の酒屋があった。その酒屋には「唯以好淹蔵菜蔬，買一色好酒」と書いてあった。多くの漬物が扱われていたが，その中で主要なものを挙げると，生姜大根，胡瓜生漬，杏，梅生姜，西京笋，芥菜唐辛子瓜，砂糖荔枝，越梅などである。このことは当時においても多種類の漬物があったことがわかる。したがって，当時の愛国詩人である陸游も「菘芥可菹芹可羹」の詩を残している。

明の時代（1369～1644年）には廓瑤は書物『便民図纂』の中で香蘿蔔という漬物の作り方を記述している。そこには「大根をさいころの形に切り，一晩漬けてから干して乾かす。生姜，蜜柑は細かく切り，蒔蘿，茴香で均一に和え，油で炒める」ということが書いてある。これは現在製造されている五香（茴香，山椒，八角，桂皮，丁香）切干し大根漬物の作り方と類似している。

清の時代（1616～1911年）になると漬物は多彩なものとなり，世界的にも知られるようになった。例えば，北京，天津，山西省，陝西省，河南省，江蘇省の様々な漬物，浙江省の五香大頭菜，四川省の冬菜，榨菜，安徽省九華山の糖氷生姜などは大変風格のある漬物で多くの人々に食されている。

上述してきたことを総合すると中国の漬物は長い歴史を経て，単純なものから複雑なものまで多種多様な漬物の加工法を生み出してきたといえる。漬物の原料として使われてきた野菜には，蘆菔（大根），壺盧（ヒョウタン），薤（ラッキョウ），菘（白菜），姜（ショウガ），大蒜（ニンニク），玉葱，青菜，大芥菜（カラシナ），榨菜，紫蘇菜，韮（ニラ），黄瓜（胡瓜），生瓜，小蒜（ノビル），葵（アオイ）・冬瓜（トウガン）・人参，萵苣（レタス），甘藍（キャベツ），茄果，四季豆（隠元豆），唐辛子，胡芹（セロリ），蕨（ワラビ）など多種類あるが，製造技術の点においてはやや遅れているところがみられる。漬物製造における先駆者達は長い歴史の中で経験を積み，実践を重ねてきたが，必ずしも順調に発展してきたわけではなかった。新中国が成立する以前の生産状況は良くなかったために多くの産業は衰え，人々は生活の拠り所を失ってしまっていた。したがって，これらの影響は漬物産業においても衰退をもたらした。

第3節　中国漬物の生産の現状

中華人民共和国が成立した後の40年余において，中国における漬物の生産状況は他の工業と比較するとまだ遅れている面が見られるが，新中国が成立する前と比べてみると大幅に進歩している。特に1975年以降，商業部（現在は国内貿易部）が漬物産業界における生産管理を強めることにより著しい変革を遂げることができた。漬物製造業が増加するとともに生産量も著しい増加を見せた。また，1980年に国内貿易部は漬物に関する基準を制定したが，同年，中国醸造学会が成立している。学会の下部組織として10のグループが設けられたが，漬物グループはその中の1つで，『中国調味品』と『中国醸造』の2種類の全国的な雑誌を出版している。1981年，漬物産業界の技術分野での改善が行なわれ，その結果，生産効率が上昇するとともに労働条件が軽減された。このようにして，生産環境が改善され，多くの製品が国際市場に参入するようになった。

第3節　中国漬物の生産の現状

完全な統計ではないが，中国における漬物専門工場は2000以上あり，加工されている野菜量は毎年70万〜100万tに達している。また，製品は30万〜50万t生産されている。漬物の消費量を計算すると毎年1人当たり平均して約2kgの漬物を食べていることになる。都市および農村での自家生産，消費を考慮すると総生産量はかなりの数値になるものと思われる。

新中国の成立以来，中国の伝統的な漬物の生産が回復し，進展することとなり，製品が海外にも輸出されるようになった。1981, 1983, 1987, 1990年の4回にわたり，商業部は漬物製品に対し，全国的な評定活動を行なった。その結果，100余りの製品が優秀品，有名品に評定された。

1980年，商業部，衛生部，供銷（供給と販売）合作総社は「豆製品，漬物品質・衛生標準および検査方法」(SB93〜101-80)を公布し，施行した。これは中国が初めて漬物の品質・衛生基準と検査方法を制定したものであった。漬物に関するものはSB93-80 漬物野菜品質基準，SB94-80 漬物品質基準，SB95-80 醤油取り合わせ品品質基準，SB96-80 蝦油漬物品質基準，SB97-80 鹹半乾燥野菜品質基準，SB98-80 冬菜品質基準，SB99-80 糖分大蒜品質基準，SB100-80 酸薤品質基準，豆製品，漬物衛生管理方法，SB101-80豆製品，漬物理化検査方法および品種分類表と名詞解釈である。この品質・衛生基準と検査方法はまだ最善ではないが，基準化に向けて一歩前進したものとなっている。時代の流れに応じ，新しい基準の修正，制定を行なっている。このような基準化は製品の品質を高め，衛生状況を改善することに大いに貢献している。

1986年，有名品あるいは特徴ある漬物のプロセス規程の専門基準がそれぞれ制定された。その内容はZBX10003-86 漬物分類，ZBX10004-86 漬物名詞術語，ZBX10005-86からZBX10006-86までの合計60種類の漬物生産プロセス通用規程である。具体的な品種としては瓜，茄子，小黄瓜，蘿蔔頭，取り合わせ野菜，八宝瓜，包瓜，北方黄瓜，南方黄瓜，南方蘿蔔，取り合わせパセリ，五香薤（七千六鹹），土生姜，人参，瓜三丁（賽の目に切ったもの），八宝菜，砂糖大蒜，蜂蜜大蒜粒，酸薤，糖醋蘿蔔，糖醋瓜纓，取り合わせ菜，糟瓜，醪糟漬菜，糖大根，五香大頭菜（一漬二鹹三干），五香薤（三漬五鹹六干），榨菜大根，辣油蘿蔔糸，三仁，天草，刻昆布，熟成白菜，生漬白菜，酸黄瓜，笋塩水漬，塩漬高菜，酸笋，塩漬薤，蘿蔔干（風乾），蘿蔔干（圧搾脱水），京冬菜，川冬菜，梅乾燥野菜，乾燥笋，塩漬香椿芽，糖氷生姜，蓮根糖漬，刀豆糖漬，薤糖漬などの漬物や辣椒糊，唐辛子ソース，唐辛子，トマトケチャップである。この他に，ZBX10073-86までの漬物に使われる補助原料の生産プロセス通用規程がある。これには稀甜面醤，甜面醤，多酵素を用いた速醸稀甜面醤，竹カゴ製麹醤，通風製麹醤，蝦油，醪，唐辛子油，唐辛子粉などが含まれる。

1980年末，中国微生物学会醸造学会が発足した。学会の下に微生物，検査分析，味噌，醤油，食酢，豆製品，企業管理，豆腐乳，味精，魚醤油の10の専門グループが設置され，漬物も学術研究の対象とすることとなった。漬物グループは1982年，武漢市で第1回の学術検討会を開催し，教授，専門家，技術者達がこの会議に参加した。これには論文，試験報告，総説および生産技術に関するデータなどの発表が約100編にも達した。

1976年以降，全国調味品科学技術情報センターで出版された『中国調味品』（前身は調味品科技），『調味副食品科技』および中国微生物学会醸造学会より出版された『中国醸造』の雑誌には多くの漬物に関する論文が発表されている。この他にも国内で発行されている『上海調味品』，『天津調味品』『山東調味品』，『浙江調味品』，『江蘇調味品』，『中南調味品』の雑誌にも漬物に関する報告が掲載されている。したがって，現在は漬物の生産と科学研究の両面からその改善が推進されている。

1981年，商業部（現在の国内貿易部）は武漢市に全国漬物技術訓練センターを建設し，全国各

地で漬物に従事している技術員を募集し，研修を受けさせている。研修期間は1年間で，1984年までに約300人の研修生が卒業している。卒業した研修生は各地の漬物工場のリーダーとして活躍している。1981年に華中農学院，沈陽農学院，西南農学院，吉林農業大学，西北農学院，北京農業大学，浙江農業大学，南京農学院，新彊奎屯農学院，東北農学院，湖南農学院，貴州農学院などの12の短期大学，大学の専門家および教授の協力のもとで『野菜貯蔵加工学』を編集・出版するとともに，それを全国の高等農業学院の教材として使用してきた。教材の中の半分は中国漬物の加工原理と生産技術を論述したもので，高レベルの野菜加工技術者を養成するのに好ましい成果を挙げることができた。

　新中国が成立する以前は漬物の製造に使っていた生産設備は粗末なものであり，労働条件は劣悪であった。輸送は肩で担ぐことによって行なわれていた。主な生産工具，設備は天秤棒，カゴ，瓶であった。しかし，新中国が成立した後は漬物産業における製造環境は大いに改善され，輸送には運搬車が使われるようになり，容器はセメント製のタンクに変わった。また，以前は手仕事が多かったが，現在では多種多様な電動機械が使われるようになった。加工機械の主なものには野菜洗浄機，切断機，圧搾機，真空包装機，瓶詰機械，熱殺菌機，冷却器などがある。これらの機械は労働の軽減化をはかるとともに労働生産効率を飛躍的に高めることとなった。

　中国の国際的地位の向上にともない対外貿易は拡大し，それに従って漬物も次第に世界市場に出回るようになってきた。輸出している漬物製品の中で主なものは四川省の榨菜，貴州の塩漬白菜，雲南省の玫瑰大頭菜，湖北，湖南，広東省などの塩漬薤（ラッキョウ），醋薤（ラッキョウ酢漬け），糖醋薤（甘酢ラッキョウ），上海と浙江省の蘿蔔干（切干し大根漬物），東北地方の鹹蕨菜（塩漬蕨），天津の鹹辣椒菜（塩漬唐辛子葉），蜂蜜大蒜粒，鹹黄瓜（塩漬胡瓜），山東省の茄子漬物および揚州，鎮江の醤（味噌）漬がある。

第4節　中国漬物の発展

　科学技術の進歩にともない，人々は野菜および野菜加工品を食べることが健康を維持する上で大変有効であることを認識しつつある。したがって，今後は野菜の栽培，貯蔵，漬物加工を重視する必要がある。そして，人間生活の様々なニーズに合わせた漬物の開発を行なっていく必要があり，そうすることが漬物の発展につながっていくと思われる。

1．漬物の機能性の向上

　食品は人間の健康と密接にかかわっていることから，これからは食品の栄養価あるいは食品の持つ治癒機能を向上させていく必要がある。薬で健康を維持するよりは食品で維持する方が望ましいのである。薬品はあくまでも補助的なものに過ぎない。野菜の持つ栄養的な価値と機能は他の食品に比べても優れている。野菜および加工品の中には多くのビタミンとミネラルを含んでおり，野菜を食べないと健康を損ねることになる。体内のビタミンが不足することになれば1週間のうちに病気になり，1か月も経過すれば重い病気に陥ってしまうだろう。ビタミンは胃のぜん動，内分泌腺の正常な分泌，消化，排泄などの新陳代謝と関係があり，また，糖尿病，呼吸器系，消化器系の病気の予防にも重要な役割を果たしている。

　イギリスのある医学博士はロンドンからアフリカに行って実地調査を行なった際，ロンドンでは糖尿病，心臓病，呼吸器系，消化器系の病気にかかった人が多く，アフリカではそのような病

気にかかった人が極めて少ないことに気づいた。そのことについて詳しく分析を行なったところ，ロンドンでは毎日，肉，卵を食べている人が多く，野菜を食べている人は少なかったが，アフリカに住んでいる人々は毎日，多くの野菜を食べていた。この結果，ロンドンの人々は繊維を2〜3gしか摂取していないが，アフリカの人々は10〜15gほど食べていることがわかった。また，ロンドンに住んでいる人々の多くは食物を食べてから排泄するのに30時間経過していたが，アフリカの人々の場合は排泄まで7時間しか経過しなかった。これらのことは，野菜を食べる量と病気には直接的な関係があることを示唆するものである。

日本のガン研究所は発ガン要素について調査を行なったことがあるが，その結果を**表1-2**に示した。これによってわかったことは，食品に起因するガンをおろそかにしていけないということである。

表1-2　発ガン原因

発ガン原因	割合(%)
食　　　物	35
喫　　　煙	30
感　染　症	10
性　習　慣	7
職　　　業	4
飲　　　酒	3
公　共　汚　染	2
地理的原因	2
工業生産物質	1
食品添加物	1
医　原　性	1
不　　　明	3

したがって，適切な飲食はガンを予防し，人体の健康を促進するのに有効な方法であるといえる。日本のガン研究所では野菜が有するガンの予防効果について多くの試験を行なっているが，その結果を**図1-1**に示した。図の外部の実線は野菜を食べなかった人のそれぞれのガンの罹病数を1.0としたもので，内部の破線はそれと野菜を食べた人の罹病率を比較したものである。野菜や野菜加工品がガンに対して予防的に働いていることが理解されよう。この図は野菜を食べることが人体の健康を維持するのに重要な役割を果たしていることを明らかにしている。

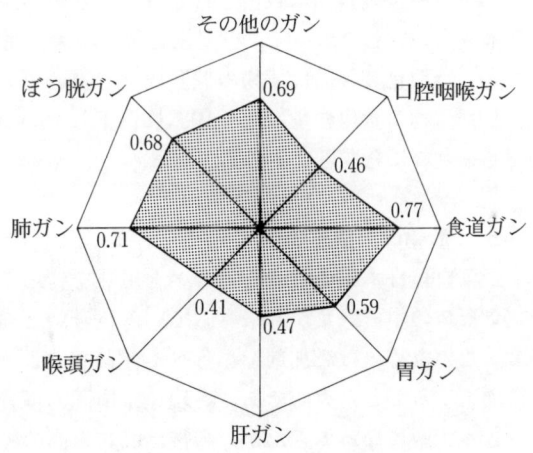

図1-1　食用野菜のガン防止効果

野菜の食べ方にはおよそ以下の3種類の方法がある。それは「生で食べる」，「調理して食べる」，「漬物にして食べる」である。したがって，野菜を加工することによってさらに漬物の栄養価を高め機能性を向上させることが必要である。

2．漬物の低塩化

毎日，適切な量の食塩を摂取することは人体に有用であるが，過剰に摂取すると健康を損ねることになる。食塩の過剰摂取は高血圧，糖尿病，腎臓病などの病気を引き起こしやすい。中国の漬物の多くは食塩濃度が高過ぎる傾向にある。例えば，調味漬物の食塩含量は一般的には10〜15%で，塩漬野菜になると15〜20%に達し，蝦油漬野菜では15〜22%にも達している。したがって，今後も漬物を多くの人々に食べてもらうには食塩含量を減らしていく必要があろう。食塩含量は従来のものの3分の1から2分の1に減少させる努力が必要である。そのためには食塩，砂糖を少なくし，酸を多くした漬物の開発を行なっていくことが重要である。現在，瓶詰，プラスチック袋詰の漬物では食塩の含量は以前よりも少なくなってきている。

3. 漬物の多様化

消費者の好みと食欲に見合った漬物を開発していくには色，香り，味，形状に注意するとともに，酸味，甘味，辛味，塩辛味など様々な風味を考慮していくことが重要である。また，他の調理食品と同じように風味を千変万化させ，現在の伝統的な漬物の風味とは異なる新製品の開発を行っていくことが必要であろう。

4. 漬物の利便性の向上

現在，中国の漬物製品の小型包装化が進展している。このような小型包装化は今後とも発展させいくことが必要であり，大型包装のものを徐々に小型包装に転換していかねばならない。現在，小型包装製品に瓶詰とプラスチック袋詰がある。小型包装製品は殺菌ができるなど多くの長所を有しているが，以下のことを挙げることができる。

(1) 小型包装製品は携帯が便利で消費者が購入しやすい。

(2) 小型包装製品は殺菌を行なうことが可能であることから，製品の衛生保持に有効で，保存効果も高い。したがって，小型包装製品の保存期間は3～12か月と長期にすることができる。

(3) 小型包装製品は漬物の低食塩化を進めるのに有効な方法である。現在，中国の瓶詰，袋詰にした漬物の食塩含量は4～10％に低下している。消費者の生活レベルの向上に従い，小型包装製品を大いに発展させる必要がある。

5. 漬物の天然志向化

野菜自体は本来の独特な色合いと風味を持っている。これからの加工においては，漬物の加工プロセスの中で野菜が本来有している色合いと風味をできるだけ保つ工夫をすることが必要である。このためには添加剤をなるべく使わないようにし，製品が本来有している風味を生かすように加工することが大切である。現在，中国の消費生活はますます豊かになっており，量的に満足できる状態になってきたが，今後は品質を高めていくことが重要である。漬物生産は時代の進行とともに今後とも発展していくであろう。

第2章　中国漬物の主要原料

　中国の国土は大変広く物産は豊かであり，特に中国漬物の主要原料である野菜の種類は豊富である。また，世界の国々の中でも，中国は最も古くから野菜を栽培してきた国の1つでもある。

　中国漬物に用いられる野菜の種類は多く，一，二年生の草本植物では大根，白菜，チシャ（レタス）などがあり，多年生の草本植物では忘草（カンゾウ，キスゲの類），蓮根（レンコン）などがある。木本植物では若茎や若芽が利用されるが，それらには笋（タケノコ），香椿（チャンチン）などがある。菌類や海藻に含まれるものも利用されている。それには木耳（キクラゲ），キノコ，天草，昆布などがある。また，この他にも山菜や香辛料も中国漬物の原料として使われており，山菜では蕨（ワラビ），蒲根（ガマの根），馬莧（スベリヒユ）など，また，香辛料では大茴香（ダイウキョウ），小茴香，山椒（サンショウ），胡椒（コショウ）などがある。

　統計的にみると，全国で栽培されている主要な野菜として80余種ほど知られているが，その中でもよく利用されているものは約60品種である。野菜の分類は一般的に3種類の方法で行なわれている。第1は植物学，第2は農業生物学に基づく分類で，第3は野菜の中の食用となる部分に基づいて分類されている。したがって，漬物加工の立場から見ると第3の食用部分に基づく分類が都合が良い。

　そこで，漬物加工野菜を食用部分によって分類してみると根，茎，葉，花，果実およびその他のものの6種類に分類することが適当と思われるので，その順序に従って解説していくことにする。

第1節　根　菜　類

　根菜類は肉質の根部を可食部とする野菜である。可食部には通常，多くの炭水化物とビタミンが含まれている。根菜類は生産量も多く，貯蔵しやすく，また，漬物に加工するのに適しているため広い地域で栽培されている。

　根菜類はさらに直根類と塊根類の2種類に分けることができる。直根類の野菜には蘿蔔（大根），蕪菁菜，根用芥菜，球根，山葵（ワサビ），人参，根用芹（セリ），牛蒡（ゴボウ）などがあり，塊根類の主なものには薯（イモ）がある。

1．蘿蔔（大根）

　大根は中国では蘿蔔あるいは蘿蔔と呼ばれる。大根はアブラナ科に属し，一年または二年生の直根野菜で，花は純白と紫色のものの2種類がある。開花期は約1か月である。種子は褐色で，偏円形をしている。普通，千粒重15～16gで，発芽の年限は3～5年である。種子は薬として用いられることがあり，食もたれを防ぐ機能があると言われている。

　大根は野生種を，中国の農民達が長期にわたって栽培し，改良を重ねることによって品種は次第に増加してきた。季節別では春大根，秋大根があり，型別では長型，円型，短型などがある。また，色別では赤皮，青皮，紫皮，白皮などがある。大根の重量をみると，1本当たり50gから5

kgと非常に幅広く分布している。

　大根の栄養は豊かで食用としての価値も高い。それは大根には多種類のビタミンが含有されているからである。ビタミンのなかでも特にビタミンCが豊富である。また，アミラーゼなどの酵素も多く，これらは米や小麦中の澱粉質の消化を助け，人体への吸収をスムーズにしている。

　大根は中国では古くから栽培されており，現在では南北各地に広がり，主要な野菜の1つとなっている。秋に栽培される野菜としては大根と白菜が多く，ともに広い面積で栽培されている。大根の有名な生産地は吉林省東豊，山東省薛城・濰県，江蘇省宜興県，太湖沿岸，揚州の莧橋などの地区で，冬期にはほとんどの土地で大根が栽培されている。

　大根は炒めても，煮ても良いし，生で食べても良い。この他，大根は乾燥品，漬物，あめを生産するための原料にも用いられる。北京，杭州，昆明の大根漬物，江蘇省鎮江，杭州で有名な蘿蔔頭（中央部が太い大根）漬物は香港，マカオなどの南洋地域で販売されている。四川内江，雲南通海の大根飴も大変有名である。江蘇省常州の五香蘿蔔干は毎年，大量にシンガポール，香港に輸出されているが，これはすでに40年余の歴史を持っている。北京の二十日大根，天津の衛青，済南の刻み青皮，杭州の揚紅，昆明の二十日大根などは甘味があり，歯切れや口当たりが良く生で食べてもおいしい。北京では「大根は梨よりも優れている」といわれているくらいである。このように大根の品種は大変多く，統計によると100余りの品種があるものと思われるが，便宜的に収穫期によって以下の4種類に分類した。

(1) 四季大根

　湖北省，江西省などの地域で栽培される品種で，赤皮四季大根がある。根，外皮は淡赤色をしており，肉質は白く，味はやや甘味があり，生食してもおいしい。干し大根にも向いている。

(2) 春大根

　浙江省杭州市郊外で栽培されている品種で揚紅蘿蔔がある。外皮は濃赤色で，内部は白い。外皮は薄く，多汁性である。肉質は非常に歯切れが良く，甘味があり，辛味が少ない特徴を有している。新鮮な生の状態で食するのに適している。したがって，収穫された多くの大根は上海や蘇州などの地域に輸送し，販売されている。

(3) 夏，秋大根

　産地は北京市の郊外で，品種としては北京象牙白蘿蔔が知られている。本品種は根の外皮が白く滑らかで根頭部は淡緑色をしている。肉質内部は白く，緻密でみずみずしく軟らかいという特徴を有する。肉質は中程度の水分を含んでおり，漬物に適している。北京の大根漬物のほとんどのものは本品種を原料として加工されたものである。

　広東省で栽培されている品種で汽車頭蘿蔔と呼ばれるものがある。直根の成長が早く汽車（自動車）のようであることからこの名が付けられている。種子をまいた後，25日後に大きさは筆軸大となり，35日後には刀の柄（つか）の大きさとなり，50～60日で収穫できるようになる。直根の肉質は緻密で，軟らかく，繊維が少なく，味はやや甘い特徴を有する。品質は良く，生のまま調理したり，漬物の原料として利用されている。

(4) 冬大根

(ア) 北京心里美蘿蔔（二十日大根）

　北京心里美蘿蔔は北京市郊外で多く栽培されている品種である。青海省西寧市で栽培されているものは特に良いものとされており，歯切れが良く，甘味があり，生食しても良いものである。天津で栽培されている青大根は淡緑色をしており，肉質は緻密で水分に富んでいることから生食

に適している。

(ｲ) 露頭青蘿蔔

河南省洛陽市の郊外で盛んに栽培されている品種で，品質が良いことから漬物の原料として利用される。

(ｳ) 透頂白蘿蔔

透頂白蘿蔔は山東省済南市郊外で栽培されている品種で，内部，外皮部とも白く，肉質は緻密で水分が多く，漬物用原料に適している。

(ｴ) 系馬桩蘿蔔

系馬桩蘿蔔は湖北省武漢市および黄南，広済などの県で栽培されている。根部は円筒形で，長さは30〜50cmであり，根部が一部地上に現れることから「系馬桩（馬を繋ぐ杭）」と呼ばれる。根部の色は地上部は淡緑色で地中部分は淡紫色を呈している。根の内部は白色で水分を含んでおり，漬物に適している。

(ｵ) 黄州蘿蔔

黄州蘿蔔は黄崗で栽培されている品種で，繊維が少なく，多汁質で，歯切れも良いことから漬物，泡漬（発酵漬物），切干し大根などの原料に適している。

(ｶ) 新大長蘿蔔，美香蘿蔔

これらの新品種は根部が大きく，多水分で繊維も多い。また，単位面積当たりの収量も大変多いが，漬物にはあまり適さない。以上の他にも各地で大根が栽培されているが，漬物として漬ける時期は11〜12月までが多い。

2．大頭菜（カブ）

大頭菜は根用芥菜（ネカラシナ）に属し，大頭芥，辣疙瘩，芥菜疙瘩などとも呼ばれる一，二年生の草本植物である。根部は太くて大きく，歪んだ円錐形をしており，根部と根頭部で全長の約3分の1を占めている。根頭部に葉が付いており，地上に出ている根頭部は緑色を呈している。地中部分は淡灰色をしている。根部の外皮は比較的厚くて硬く，内部の色は白い。また，水分は少なめで辛味と僅かの苦味を呈する。

大頭菜は中国が原産地で，特に雲南，広東から山東，遼寧省まで広く栽培されている。大頭菜の根部は漬物の主要な原料として使用されている。雲南省で栽培されている玫瑰大頭菜，浙江省の南潯大頭菜，湖北省の襄樊大頭菜，開封の大頭菜などは国内外でもよく知られている。

主要な大頭菜の品種としては済南の疙瘩（塊），浙江省慈渓の板葉大頭菜，湖北省来鳳大葉大頭菜，成都大頭菜，四川省内江の紅纓子大頭菜，昆明油菜葉大頭菜などがある。

大頭菜は初秋に播種し，霜害の出る前に収穫する。成長期間（無霜期）は120〜130日前後である。

大頭菜は栄養価がとても高く，豊富なビタミンCを含んでおり，またミネラル量も大根とほぼ同じである。水分が比較的少ないので相対的に糖質，蛋白質含量が大根よりも多くなる。したがって，エネルギーも比較的多い。大頭菜は独特の芳香を持っており，やや甘味を呈する。肉質は大根よりも硬いので生食にはあまり適さない。組織は細かく緻密であり，煮ることによって軟らかくなり食べやすくなる。漬物にした大頭菜では酵素の作用によってアミノ酸と糖の含有量が多くなる傾向が見られる。

3．蕪菁甘藍（西洋カブ）

　蕪菁甘藍は西洋蕪，洋種大頭菜とも呼ばれ，武漢では土茎藍と呼ばれている。蕪菁甘藍は二年生の草本植物で，その根部は大きく，球形あるいは鎚（かなづち）状の形状をしている。外皮色は白色のものと淡赤色のものの2種類があり，重量は0.5〜1.0kgである。蕪菁甘藍は耐寒性で，成長するのに適した温度は13〜18℃で，若葉は−1〜−2℃の低温にも耐える。播種期は冬大根よりも早く，成長期間は90〜120日である。蕪菁甘藍は蕪菁菜，蕪と似ていることから，しばしばそれらと同様に漬物原料として使用される。

4．蕪菁（カブ）

　蕪菁（蕪）は別名，蔓菁とも呼ばれ，アブラナ科の二年生草本植物に属する。根部は生食あるいは料理に利用されることが多いが，漬物にも利用される。主産地は北方である。中国で栽培されている主要な蕪菁には浙江省温州の盤菜がある。この蕪菁は扁円皿のような形をしていることからこの名前が付いている。山東省では紫蘇菁が栽培されており，根部は円錐形で外皮は紫色を呈している。肉質は白色である。華北，西北地区の蕪菁は頂部が紫色で，肉質部は偏円形をしており，上部が紫色，下部が白色である。

5．胡蘿蔔（人参）

　人参（ニンジン）はセリ科，二年生の草本植物で原産地は中央アジアと考えられており，元の時代，伝来したものとされている。人参の肉質部にはショ糖，ブドウ糖，澱粉およびカロチンが豊富に含まれている。カロチンはビタミンA源であり，ビタミンAに転化される。100gの生鮮人参にはビタミンAが約9mg含まれており，それはトマトの約1.5倍に達する。同様に，ホウレン草の約1.4倍，レタスの約2.1倍，カリフラワーの約9倍，キャベツの約300倍にも達する。したがって，人参は人体の健康を増進する上で重要な役割を果たしている。なお，赤色人参のビタミンA源の含有量は黄色人参よりも多いことが知られている。人参の品種は数多くあるが，根部の外皮色によって赤，黄，紫色の3種類に分けられ，また，根部の形状によっても長円柱形，長円錐形および短円錐形の3種類に分けられる。

(1) 長円柱形人参

　長円柱形の人参は根部が細長く，肩部が太く，根部の先端が鈍円形で成長に時間を要する。主な品種としては南京人参，上海長人参，湖北麻城洗濯槌人参，浙江省東陽黄人参，安徽省肥東黄人参，河南杞県人参などがある。これらのものは肉質部の内外とも赤色で，中柱細人参は漬物加工用として最適な品種である。河南杞県の醤紅蘿蔔，揚州鎮江の醤什錦菜はこの種の人参が原料として使われている。

(2) 長円錐形人参

　長円錐形人参は根部が細長く先端が尖っており，甘味があって貯蔵しやすい人参である。本種の人参の多くは中晩生種で，品種としては烟台五寸人参，汕頭紅人参などがある。これらは生食，煮食のみに適しており，漬物にはあまり利用されない。

(3) 短円錐形人参

　短円錐形人参は早生で生産量は低い。主なものとしては烟台三寸人参があるが，漬物加工には適していない。この人参の最適な播種期は7，8月で，成長期間は120〜180日である。

第2節 茎菜類

　茎菜類に属する野菜の種類は多いが，成長の状況により地上茎と地下茎の2種類に分けることができる。地上茎はさらに若茎菜と肉質茎菜に分かれる。若茎菜には萵笋（茎チシャ，茎レタス），野菜苔（薹）（油菜苔，紫菜苔，芥菜苔），大蒜苗（ニンニクの花茎），茭（マコモ）などがあり，肉質茎菜には榨菜，球茎甘藍（コールラビ）などがある。地下茎の食用部位は地下で成長したもので若茎菜には笋（タケノコ），アスパラガスがあり，塊茎菜には馬鈴薯（ジャガイモ），菊芋（キクイモ），山芋，草石蚕（チョロギ）などがある。また，球茎菜には里芋（サトイモ），慈姑（クワイ），黒慈姑などがあり，根状茎菜には蓮根，生姜（ショウガ）などがある。さらに，仮茎に属している鱗茎菜には大蒜（ニンニク），辣韮（ラッキョウ）などがある。

　茎菜は栄養価が高いだけでなく，用途が広い。例えば，芋類に属する茎菜である馬鈴薯，里芋，蓮根，慈姑などは多くの澱粉を含んでいることから料理に用いられるだけでなく，澱粉や砂糖を得るための原料にも利用されている。馬鈴薯や里芋は中国では主食ともなっている。榨菜，球茎甘藍，草石蚕，菊芋などは肉質が軟らかく繊維が少ないので漬物の原料として広く利用されている。

1．萵苣（チシャ，レタス）

　チシャはキク科の一年生あるいは二年生の野菜である。食用部分によって，葉用チシャと茎用チシャ（萵笋）に分けられる。葉用チシャは生菜とも言われ，広東，広西省で広く栽培されている。茎用チシャは生笋あるいは苔子と呼ばれることもあるが，塩漬，味噌漬，砂糖漬および発酵漬物の原料として使われる。有名な潼関醤笋，西安の油溌笋千切り漬，揚州と鎮江の醤香菜心および油辣香菜心や河南省商丘の醤虎皮菜は茎チシャを原料として製造された漬物である。

　チシャには乳液があり，その中には糖，マンニトール，蛋白質，チシャ素（$C_{11}H_{14}O_4$あるいは$C_{22}H_{36}O_2$）および各種ミネラルを含んでいる。チシャ素は苦味を呈する物質で薬品の原料ともなっている。チシャの種類は非常に多く，春チシャは3～4月，夏チシャは5～6月，秋チシャは9～10月，冬チシャは11～12月に収穫される。それらの中で最も多く栽培されているのは春チシャで，漬物の原料として使われるチシャの多くが春チシャを使用している。

2．榨菜（ザーサイ）

　榨菜は茎用芥菜（カラシナ）の1つで根部に近い部分の茎が瘤（こぶ）状になっているものである。茎用芥菜は別名，青菜頭，菜頭と呼ばれる。膨大な榨菜が生食用，漬物加工用として栽培されている。

　茎用芥菜の主要な産地は四川，浙江省などである。四川省における生産地域は涪陵，万県，江津，重慶，達県，宜賓，内江などで川東沿江の両岸の約10県に集中している。また，浙江省庁における生産地は海寧，黄岩，楽清，温州などの地域である。近年，広東省の韶関，山西大同，広西，河南，湖北省などの地域においても相次いで優良品種を導入し，試験栽培を行なっており，今後さらに発展していくものと予想される。

　主な品種には草腰子，蘭市草腰子，三層楼，鵞公苞，紅纓菜，三転子，露酒壺，半砕菜種，羊角菜，稜角菜，笋子菜，棒菜などがある。

　茎用芥菜の播種期は一般的に8，9，10月である。成長期は約150日間のものが多いが，短いものでは120日，長いものでは180～190日である。したがって，榨菜の加工は第1四半期に集中して

行なわれる。普通，1つの野菜頭で250g位のものが適当であるとされている。

3．球茎甘藍（コールラビ）

球茎甘藍は茎藍とも呼ばれる。幅が広く大きな茎をもっており，その部分を食べる。生食しても漬物にしても良い。大型種と小型種の2種類があり，大型種の場合，菜身は比較的大きく球茎の重さは1つ当たり1～1.5kgが一般的である。種類によっては隴西の大茎藍球茎のように重さが4～4.5kgに達するものもある。小型種の場合，菜身は小さく，球茎の重さは0.25～0.5kgである。北京の早白などがこれに属する。

球茎甘藍の播種期は春播きと秋播きの二通りがある。秋播種のものは7～8月に播種し，8～9月に定植するが，早生品種は10月下旬から11月までに収穫し，晩生品種は12月から翌年の2～4月まで収穫する。春播種のものは2～3月に播種し，6月上，中旬に収穫する。

4．大蒜（ニンニク）

葉用大蒜と大蒜苗（花茎），大蒜玉（鱗茎）が漬物加工に用いられる。塩漬大蒜苗，甘酢漬大蒜苗，塩漬大蒜玉，甘酢漬大蒜玉，蜂蜜大蒜粒，白玉大蒜粒などはニンニクを原料とした漬物である。

大蒜玉は鱗茎の多少によって四弁大蒜，六弁大蒜，八弁大蒜，九弁大蒜に分けられる。外皮の色によって分類すると白皮大蒜，紫皮大蒜の2種類に分けることができる。紫皮大蒜はさらに大紅皮と小紅皮に分けることもある。

ニンニクの播種期は場所と使用目的により異なる。中国の南方では通常，秋頃（9月）に播種し，同年の11月，12月に葉用大蒜を収穫し，翌年の清明（4月5日頃）以後に大蒜苗を収穫し，6月上，中旬に大蒜玉を収穫する。華北地方では場所により秋播種の場合と春播種の場合がある。東北地域においてはほとんどのものが春播種で，収穫期は上記の順に従って，行なわれる。

ニンニクのなかには異常に鱗茎が成長し，弁が分かれることなく1つの玉になっているものがある。このようになる原因はいくつかある。例えば播種する際にニンニク弁が異常に小さく，若苗成長期間に液肥（水肥）が不足した場合や病虫害に会うと1つの玉になってしまうことがある。沙市の独頭大蒜は人工的な条件により鱗茎のない1つの玉に故意に作り上げたものである。その栽培技術については大蒜糖醋漬の製造の項において紹介する。

5．生姜（ショウガ）

生姜はショウガ科に属し，宿根性単子菜草本植物に属する。中国ではかなり古くから栽培され，南北各地に拡大しており，特に長江より南部での栽培が普及している。生姜は直接，料理の調味料に利用される他に，漬物にも広く原料として利用されている。揚州の醬仏手生姜，湖北蘄春の生姜醬油漬，安徽省銅陵の生姜砂糖漬や各地の八宝菜漬の中にも千切り生姜や賽の目に切った生姜が入っている。生姜の食用部分は地下塊状茎である。生姜の中には生姜油ケトン，生姜油フェノールおよび生姜油アルコールなどの揮発性精油を含んでいる。この他にも1.8％の蛋白質，8％の糖質，4～17％の粗脂肪および豊富な鉄分やミネラルを含んでいる。塊状茎は若芽を成長させると同時に徐々に発育し，二回生根茎を形成するが，これは子生姜と呼ばれる。子生姜は新しい芽を生長させると同時に肥大化し，三回生根茎を形成する。これは孫生姜と呼ばれる。このようにして増えていくが，四回および五回生根茎はそれぞれ曽孫生姜，玄孫生姜と呼ばれる。子生姜と孫生姜は比較的大きいことから生姜の中でも重要な部分で，漬物加工用の原料となるところで

もある。したがって，一般的に漬物に使われる生姜は子生姜ということになる。

中国南方で栽培されている生姜の品種の中で繊維が比較的少なく，歯切れの良いものは湖北省の来鳳生姜，浙江省の紅瓜生姜，黄瓜生姜，福建省の紅芽生姜，竹生姜，広東省の蔬輪大肉生姜，密輪大肉生姜，広西省の玉林園肉生姜である。北方では東北安東地域で栽培されている白生姜，陝西省漢中地域の黄生姜などがある。

生姜の収穫の季節は気候と用途の違いによって異なる。広東，広西省では7月に生姜を収穫し始め，長江の流域では普通9～10月に収穫するが，中秋節（陰暦8月15日）の前に収穫したものは軟らかいことが多い。種生姜を調味品として使う場合は遅く収穫しても構わない。漬物の原料とする場合は比較的早い時期に収穫した方が繊維も少なく，肉質も軟らかいものが得られる。

6. 草石蚕（チョロギ）

草石蚕は宝塔菜，甘露，螺子菜，地梨，土環などとも呼ばれ，シソ科草本宿根植物に属している。中国では古くから栽培されているが，特に長江流域に散在している。現在は西北地区や内蒙古地区においても栽培されている。

草石蚕の食用部分は地下茎で白色をしている。肉質は軟らかく，15～18%の炭水化物と豊富な蛋白質を含んでおり，漬物や砂糖漬に加工するのに適した原料といえる。草石蚕は3，4月に植えると6，7月に紫色の小さな花が咲き，小さな実を結ぶ。秋になると地下茎が成長し，先端が肥大してきて蚕（カイコ）の形状になる。したがって，草石蚕の名前もこれに由来している。草石蚕の別名もその興味深い形状に由来している。草石蚕で最も多い形状は環数が5～6環のものであるが，少ないものは3～4環のものもある。3環以下のものは低級な漬物の原料となる。収穫は10月頃で，その頃までには茎，菜は枯れてしまう。

7. 蓮根（レンコン）

蓮（ハス）はスイレン科に属する多年生の水生草本植物で，中国での栽培は約3000年の歴史を有している。漬物に利用されるところは地下茎の部分すなわち蓮根（藕）である。成長した蓮根では一般的に20%前後の澱粉を含んでいる。刻み蓮根は漬物に利用される。また，砂糖漬蓮根にしても良い。若い蓮根は歯切れも良く軟らかいので漬物加工に適している。若い蓮根は立秋の後の20日頃に収穫され，長江以南の蓮根は春節前（2月上旬）に収穫することができる。蓮根は浅水蓮根と深水蓮根の2種類に分けられる。浅水蓮根には蘇州の花蓮根，晩荷，湖北省の六月報，重慶の反背肘，広東省の海南洲蓮根，五蓮根，杭州の花蓮根，南京の花香蓮根などがある。蓮根鞭で初め成長するものは母蓮根と呼び，母蓮根の節に一回目に出てくるものを子蓮根と呼ぶ。子蓮根はさらに孫蓮根を成長させる。

8. 菊芋（キクイモ）

菊芋は土生姜，地生姜，洋生姜，鬼子生姜，生姜不辣などとも呼ばれる多年生の草本宿根植物である。中国の農村では家と家の間の狭いところを利用して栽培していることが多い。菊芋の地上茎の多くは緑色をしており，黄色の小さな花を咲かせる。地下茎は不規則な楕円形をしている。外皮は黄褐色で内部は白く，秋に収穫される。肉質は緻密で軟らかく，漬物の原料として適している。

菊芋は16.6%の炭水化物を含んでいるが，この中でも主要なものは菊糖（イヌリン）で34個の

果糖（フルクトース）と1個のブドウ糖からできている。したがって，酸や菊糖分解酵素の作用で果糖と少量のブドウ糖が生成されるのでとても甘い。菊糖酵素を利用することにより菊糖が分解されると菊芋の漬物の風味は増加する。

9．辣韮（ラッキョウ）

辣韮（薤）はネギ属の野菜であり，別名，薷子とも呼ばれている。元々の名前は薤である．。中国語では辣韮は草カンムリに白の字を3つ書くことから農民達は三白とも呼んでいる。中国では辣韮は古くから栽培されており，特に中国以南で盛んである。塩漬，砂糖漬，甘酢漬などの漬物加工の原料として多く利用されている。現在，辣韮の加工品は国外にも多く輸出されているが，評判もよく，その量は毎年数千トンに達している。

辣韮の形状の特徴として，菜は細長く中空で，その断面は三角形を呈し，深緑色であることをあげることができる。肥大した鱗茎は紡錘形をしており，実は白色で上部はやや青紫色を帯びている。分球力が強く，1つの鱗茎から20～30個以上の鱗茎が成長してくる。7～8月の期間に淡青紫色の比較的小さな花が咲くが，種を結ぶことはなく，鱗茎で繁殖する。辣韮の播種期は8～9月で，翌年の7月上，中旬に収穫されることが多い。辣韮の栄養価は高く，揮発性の葱油，リン，カルシウムおよびビタミンCを含んでいる。辣韮の漬物は食欲をそそる効果を有すると言われている。

第3節　葉　菜　類

葉菜類は野菜の大きく柔らかい葉身，葉鞘，葉柄を食用部分として供している。葉菜類の品種の多くは成長期が短い早生野菜（例えば，小白菜，小油菜）で，それらの生産量は高い。また，貯蔵と輸送に耐える品種のもの（例えば，白菜，キャベツ）も多い。なお，葉菜類は形状の特徴から以下の3種類に分けることができる。

(1)　普通葉菜

普通葉菜は柔らかい緑菜，葉柄あるいは若茎を食用とし，成長期間が短く，早く収穫できる野菜である。普通葉菜の品種は数多くあり，形状，風味などにおいてもそれぞれ特色を有するものが多い。主な普通葉菜には小白菜（体菜），油菜（アブラナ），菠薐草（ホウレンソウ），芹（セリ），莧菜（ヒユ），芥菜（カラシナ），太古蔬，冬寒菜（フユアオイ），生菜（チシャ），根刀菜などがある。

(2)　結球葉菜

結球葉菜の葉身は大きくて丸く，葉柄は柔らかい。また，成長末期になると葉身は包芯結球の特性から大きく締まった葉球を形成する。主な品種として白菜や結球甘藍（キャベツ）を挙げることができる。

(3)　香辛葉菜

香辛葉菜は緑菜野菜で，葉身や葉柄の中に揮発性油を含み，特徴ある香りや辛味を有することから調味に使われることが多い。主なものとしては葱（ネギ），韮（韮），パセリ，茴香（ウイキョウ）などがある。以下，代表的な葉菜類について述べる。

第3節 葉菜類

1. 雪里蕻（高菜の類）

雪里蕻（雪裡紅）は葉用芥菜（ハカラシナ）に属する野菜である。中国では排菜とも呼ばれる。葉身は比較的小さく，鋸状の葉縁を持っており，葉柄は細くて丸い。葉色は黄色，緑色，紫色などがある。一般的なものは数十条の側芽を成長させる。葉形変異は比較的大きく，板葉形と花葉形の2種類がある。雪里蕻の葉と葉柄は漬物に適していることから，漬物加工原料として利用されている。上海，江蘇省，断江省などの雪里蕻の漬物は有名で全国に知られている。雪里蕻には春菜と冬菜の2種類があり，冬菜は8〜9月の早期に播種し，翌年の2〜3月に収穫する。

2. 大葉芥菜

大葉芥菜は葉用芥菜に属している。地方により，芥菜，大芥菜，青菜とも呼ばれている。湖北省では春菜とも呼ばれる。枝株や葉身は大きく，葉柄は偏平あるいは丸い形をしている。葉縁は波状あるいは鋸歯状をしており，葉面は滑らかである。葉色は緑で縞模様が付いているものもある。大菜芥葉には生食用あるいは漬物加工に適した品種がある。主な品種は浙江省の早芥，中芥，遅芥，広東省の三月青，南風，黄尾大芥菜，湖北省の枇杷菜春菜，湖南省庁の初春菜，福建省の芥菜，江西省の桃榔菜がある。大菜芥葉は通常，9月に播種し，翌年の3〜4月に収穫する。少数のものは当年の12月に収穫されることもある。

3. 大白菜（白菜）

大白菜は結球白菜，黄芽白あるいは色芯白と呼ばれることがある。結球白菜は結球期では茎は短く，葉身は球形あるいは短円錐形となる。大白菜は中国では冬期における主要な野菜で，北方の家庭では大白菜を貯蔵し，冬を過ごす。大白菜は生食しても良いし，漬物に加工しても良い。また，冬菜（発酵漬物）にしてもおいしい。有名な京冬菜（北京冬菜），天津の津冬菜も大白菜を原料として加工されたものである。

大白菜の主要な品種には北京の小白口，小青口，抱頭青，天津の大青麻葉（天津緑），山東省の福山包頭，城陽青，福東一号，青雑中豊，浙江省の杭州芽菜，福建省の筆尾白，四川省成都の竹筒白，石家庄の石特一号などがある。普通，1株の大白菜の重さは3〜3.5kgで，5kgに達するものもある。播種期は7月末〜9月初めまでである。収穫期は早生品種は11〜12月で，晩生品種は翌年の1〜2月である。

4. 芹（セリ）

芹はセリ科に属する二年生の野菜で，揮発性の芹油を有することから芳香を呈し，食欲を増進させる。可食する部分は主に葉柄である。

芹は本芹と洋芹（セロリ）の2種類に分けられる。中国で栽培されている芹の多くは本芹で，少数の沿海地域や北京では洋芹も栽培されている。本芹は葉柄が細長く，洋芹は葉柄が太い。本芹は葉柄の色によって白色種と青色種に分けられる。主な品種には早青芹，遅青芹，白芹などがある。

芹は耐寒性の野菜で，7月上旬から10月上旬に播種するが，早期に播種したものは9〜10月に収穫し，遅い時期に播種したものは翌年の3〜4月に収穫する。錦州蝦油前菜中の芹は本芹を用いて加工されたものであり，安徽省亳県と河南省南丘の漬物は洋芹を用いて加工されている。

第4節 花　菜　類

　花菜類は柔らかい花の器官を食用とする野菜である。種類はそれほど多くない。主なものには花椰菜（カリフラワー），忘草（カンゾウ，キスゲの類），韮花（ニラの花）などがある。忘草は主に乾燥して用いられる。韮花は漬物の原料で，塩漬やペーストとして加工される。

1. 黄花菜（忘草）

　黄花菜は金針菜とも呼ばれるユリ科に属する野菜である。黄花菜は蕾の部分が食用となるほか，根部も食用あるいは酒の醸造に利用される。また，その葉は飼料あるいは紙や人造綿の原料ともなる。黄花菜は栄養が豊富であることから，中国の人々は好んでそれを食べる。黄花菜を原料として加工された漬物は漬物の中でも高級品となっている。黄花菜の漬物は安徽省亳県と河南省商丘の伝統食品となっている。
　黄花菜は5～6月に葉群から花茎を出し，花茎には何本もの側枝が成長し，それらの側枝には蕾が形成される。主要な品種には荊州花，茶子花，白花，猛子花，沙苑金針花，大鳥嘴などがある。

2. 韮菜花（韮花）

　韮（ニラ），大蒜（ニンニク），葱（ネギ），円葱（タマネギ）および芥頭はネギ属の野菜に属する。ニラは広く中国の南北で栽培されている。ニラは多年生の植物で1回播種した後は多年に渡って成長する。したがって，毎年収穫することができる。春ニラを収穫するほかに韮苔（花茎）や韮菜花を収穫する。韮菜花は塩漬けにして加工する。ニラの中には硫化ジプロピルが含まれていることから特殊な香気を生成するが，中国北方の人々はこの香気を大変好む。
　ニラの花期は長江流域では6～8月であるが，北方はこれよりも遅く開花する。韮菜花は満開した後，実を結ぶ前に収穫され漬物にされる。種子ができてしまったものは漬物には不適当である。

第5節 果　菜　類

　果菜類は野菜の中で大きな分野を占めている。果菜類の形状はそれぞれ異なるが，野菜の果実にあたる部分と若い種子が食用となる。果実の特徴から以下の3種類に分けている。

(1) 瓜　類

　瓜類野菜の種類は多く，現在，10余の品種が栽培されている。その中でも最も主要なものは黄瓜（キュウリ），冬瓜（トウガン），西洋南瓜（カボチャ）などで，そのほかに南瓜，糸瓜（ヘチマ），苦瓜（ニガウリ）などがある。

(2) 茄果類

　茄果類野菜はナス科野菜の果実を食用とするものである。茄果類野菜で主要なものはトマト，茄子，唐芥子などである。

(3) 豆　類

　豆類野菜はマメ科野菜の若豆と若種（莢豆）を食用とするものである。豆類野菜の種類は多く，主なものは菜豆（隠元豆），豇豆（ササゲ），扁豆（フジマメ），蚕豆（ソラマメ）などがある。豆類野菜は栄養価の高いものが多く，ミネラルではカルシウム，リン，鉄分を多く含んでいる。その他，ビタミン類も豊富である。また，蛋白質，脂質，糖も比較的多いことからエネルギーを多

第5節 果菜類

く含む野菜類といえよう。

1. 茄子（ナス）

茄子はナス科の茄果類野菜である。茄子はその形状から長茄子，丸茄子，卵茄子の3種類のタイプに分けることができる。

(1) 長茄子類

長茄子類の株は中程度で，果型は細長く，先端は少し曲がっている。果実色には黒紫色，赤紫色，緑色，白色のものがある。よく知られている品種には瀋陽の柳条青，北京の線茄，銀川牛角茄，杭州の紅茄，成都の墨茄，武漢の紫線茄などがある。

(2) 丸茄子類

丸茄子類の株は高く，大きく，頑丈である。葉は大きくて厚く，濃緑色をしており，花は大きく，淡紫色をしている。果実は大型で円形あるいは長円形をしている。また，外皮は黒紫色，赤紫色から白色までありバラエティーに富んでいる。肉質は緻密で優良なものが多い。

(3) 卵茄子類

卵茄子類の株は一般的に低いものが多く，茎枝は横に広がる傾向がある。果型は楕円あるいは卵形をしており，果実色は黒紫色，赤紫色から緑色まである。

中国茄子の優良品種には早生品種が多く，代表的なものに南京の紫面条茄（狗尾巴茄＝犬の尻尾茄子ともいう），上海の牛乳茄，杭州の紅茄，寧波の線条茄，広州の早紅茄，早青茄，成都の早紅茄，長沙の茄包茄，武昌の藤袴花などがある。

中生種には湖南省の白荷包茄，江西省の牛角紫茄，成都の竹線茄，重慶の牛乳茄，衡陽の油缶茄，広州の南頭茄，荷包茄などがある。

また，晩生種には北京の八葉茄，九葉茄，黄岩の白茄，成都の墨茄などがある。

茄子の定植は長江の下流域では清明（4月5日頃）以後に行なわれ，成都平原では3～4月に行なわれる。広州の春茄子の定植は12月に，夏秋茄子は4～5月に行なわれる。定植後は早期に播種したものは40～50日後に，中期に播種したものは50～60日後に，晩期に播種したものは60～70日後に収穫する。

中国山東省，瀋陽の茄子漬物は丸茄子を使っているが，それは皮が剥きやすいからである。皮を剥かないで漬ける茄子は形を問わない。漬物加工用の茄子は新鮮で柔らかいものが適しており，子房の中に種子ができているものは漬物の原料としては不適である。日本人は茄子の漬物を大変好むことから塩漬茄子は大量に日本へ輸出されている。

2. 唐辛子（トウガラシ）

唐辛子（椒）はナス科トウガラシ属の茄果類野菜である。食用部分は果実と柔らかい葉である。中国では果実は漬物の原料として広く利用されている。中国に住んでいる朝鮮族の人々および日本人は唐辛子の葉を漬物にしている。唐辛子には桜桃唐辛子，円錐唐辛子，簇生唐辛子，長形唐辛子，獅子唐辛子の5種類がある。この中で桜桃唐辛子は鑑賞用の唐辛子である。現在，栽培されている主な品種は獅子唐辛子と長形唐辛子である。甘唐辛子は獅子唐辛子の系統に属しており，上海の茄門唐辛子，北京の甘唐辛子，東北地方の大甘唐辛子などがこれに当たる。晩生種の唐辛子は一般的に甘く肉質が厚いものが多く，生食に適している。

長形唐辛子は生食されると同時に調味料や漬物の主要な原料として利用されている。天津の大

蒜漬物にはこの唐辛子が使われている。中国南方における主要な唐辛子の品種には上海の茄門茄, 武漢の矮脚黄, 杭州の羊角唐辛子, 成都の二斧頭, 四川省の二金条, 湖南省の朝天唐辛子, 伏地唐辛子, 矮樹唐辛子などがある。

　唐辛子の播種, 育苗期は冬播種の場合は12月上, 中旬で, 春播種の場合は2月以降の暖かくなった頃に行なわれる。唐辛子は何度も収穫することができる果菜である。青唐辛子の収穫期は花が散った後の15～20日まででである。青唐辛子から紅（赤）唐辛子になるには同様に15～20日間の期間が必要である。

　唐辛子の辛味は果実組織の中にある唐辛子素（カプサイシン）に起因する。なお, 色素では青唐辛子では葉緑素が, また, 赤唐辛子ではカロチンとカプサンチンが知られている。

3．黄瓜（キュウリ）

　黄瓜は胡瓜, 王瓜とも呼ばれており, 軟らかな果実が食用となる。生食, 煮食, 漬物に用いられ, それぞれ特徴的な風味を有する。黄瓜は古くから全土的に栽培されていたことからその種類も多い。

　浙江農業大学では黄瓜を果実の形状から刺黄瓜類, 鞭黄瓜類, 短黄瓜類と小黄瓜類の4種類に分類している。その多くは生食, 煮食用として利用されるが, 刺黄瓜類と小黄瓜類は漬物用原料として利用される。北京の蝦油黄瓜, 錦川の蝦油小黄瓜, 揚州鎮江の醤乳黄瓜（味噌漬）, 上海の甘酢黄瓜などは刺黄瓜, 小黄瓜や若黄瓜（未熟の黄瓜）を原料として漬物に加工されたものである。錦川の小黄瓜1kgは140～160本に相当し, 揚州の若黄瓜1kgは45本に相当する。このように漬物に使用される黄瓜は小さなものが良く, 太くて大きな黄瓜は漬物加工には不適当である。

　中国における黄瓜の栽培期間はとても長い。すなわち, 春黄瓜, 夏黄瓜, 秋黄瓜のほかに広東省では冬栽培の黄瓜もあることから, 全国的には1年中黄瓜を食べることができる。しかし, この中で漬物加工に適しているのは春黄瓜と秋黄瓜である。黄瓜は栽培地域の気候や品種の違いによって成長期が異なるので収穫期も異なってくる。品種によっては40～50日間の成長期間で収穫期を迎えるものもあれば, 収穫期まで約100日間の成長期間を要するものもある。

　黄瓜の品種によっては苦味を有するものがある。この苦味物質の生成原因には窒素肥料の過剰施肥, 水分不足, 低温, 日照時間の不足, 発育不良などがある。

4．苦瓜（ニガウリ）

　苦瓜は別名, 金荔枝あるいは蝦蟇（ガマ）ともいう。果実は苦味を有することから苦瓜という名前がついている。原産地は東インドである。果実は一般的に紡錘形をしており, 表面に多くの瘤（こぶ）状物がついた格好をしている。外皮の色は淡緑色で, 成熟したものはオレンジ色になり, 裂けやすくなる。果肉部（中子）は赤色で甘味を持っており, その中の種子は鮮やかな赤色をしている。苦瓜は南方各地で栽培されているが, 北方の一地方では鑑賞用として栽培されており, 甘い中子だけを食べて外皮を残す。また, 中国湖南省庁では苦瓜で漬物を作る習慣があり, 製品名は苦瓜花あるいは干苦瓜という。

　苦瓜の品種には大白苦瓜, 滑身, 大頂苦瓜などがある。普通, 3～4月に播種, 育苗し, 4月下旬には定植を行なう。そして, 6月下旬から7月中旬まで収穫が行なわれる。

5. 菜瓜，越瓜（シロウリ），真桑瓜（マクワウリ）

菜瓜（シロウリの一種）は真桑瓜の変種の1つで，梢瓜とも呼ばれる。これは中国漬物の主要な原料で，著名な製品としては山西醤玉瓜，南通甜包瓜，安徽蚌埠培瓜などは菜瓜を原料として作られる漬物である。菜瓜の中の主要な品種に青菜瓜があるが，その果実は棒状で，端がやや太く，表面はざらざらしており，全体的には濃緑色であるが，淡緑色の横縞が10本ほど付いている。なお，果肉は淡緑白色をしている。また，花色菜瓜は長さが約50～60cmで，外皮色は濃緑色をしており，白い縞模様を持っている。皮は厚いが，歯切れが良い。肉質が軟らかく種の少ない若い時期のものが漬物の原料として使用される。成熟したものは品質が低下する。

越瓜も真桑瓜の変種の1つで，これも梢瓜と呼ばれることがある。有名な福建省の醤越瓜はこれを原料として作られた漬物である。越瓜の主要な品種には白皮梢瓜などがある。

真桑瓜の果実は円筒形あるいは卵円形をしており，外皮が滑らかで，縦に溝がついているものもある。外皮は黄色，緑色あるいは白色をしており，果肉は白色あるいは淡緑色を呈している。果汁が多く，甘い香気を持っており，南方では夏季において暑気払いの効果を持つ優良な果物として知られている。まだ真桑瓜が軟らかいうちは漬物の原料として利用される。北京の八宝瓜，山東省の甜包瓜が有名である。

6. 豇豆（ササゲ）

ササゲは豆角，長豆角，大角豆，角豆，帯豆などとも呼ばれ，中国全土で栽培されている。長江流域では3月下旬から7月にかけて播種され，5月下旬から11月まで収穫される。ササゲが漬物の原料となることは少ないが，錦州蝦油什錦小菜の中にササゲを入れている。これに用いられるササゲの直径は3～5mmのものを使う。四川，湖北，湖南省では発酵漬物の原料として使われる。

7. 菜豆（インゲンマメ）

菜豆（隠元豆）は四季豆，芸豆，玉豆，帯刀豆，扁豆などと呼ばれることもある。菜豆の軟らかい莢と種子は生食されるが，種子は缶詰にされることも多い。漬物の原料としても使われており，錦州蝦油什錦小菜では蝦油小隠元豆として使われている。なお，この場合，莢の長さは約3cmのものが多く使われる。

8. 刀豆（ナタマメ）

刀豆は一年生の草本植物で，冬でも暖かい華南地域で栽培されている。一般的に普通に栽培されている刀豆はつる性と矮性の2種類に分けられる。中国で栽培されているものは主につる性刀豆で大帯刀とも言われる。つるは頑丈で長さは2.5～3m，花は淡紫色をしている。種子は淡赤色をしている。豆の莢の幅は約3cm，長さは約33cmで晩生種である。通常，春に播種し，長江以南では7～8月に収穫し始め，年末まで継続される。一般的に，軟らかい豆の莢を収穫する。それは生食も漬物加工にも用いられている。湖南省では刀豆を用いた漬物が作られているが，刀豆胚，刀豆味噌漬け，唐辛子刀豆，刀豆漬け，甘草刀豆，刀豆花など多種類の漬物の原料としても使われている。特に，刀豆花は乾燥野菜で甘味があり，透明感を有している。

第6節　その他の原料

前節まで野菜原料の多くが漬物加工に使われていることを述べてきたが，それらのほかに海藻類，食用菌類，野生植物類（山菜類），果仁（種実）類や果脯類（果物砂糖漬）なども漬物に利用されることがある。

1. 海藻類

漬物加工に用いられる海藻類には昆布，天草（テングサ）などがある。海藻類は下等植物に属するが，海藻の中に含まれている色素の違いによって緑藻，褐藻，珪藻および紅藻に分けられる。

天草は紅藻に属し，海中のサンゴなどに付着して成長する。形が鹿の角と似ていることから，地方によっては天草を角叉（ツノマタ）と呼んでいる場合があるが，実際に角叉と呼ばれる海藻は別である。天草には陸生植物が有しない多糖類を含んでいる。天草を漬物に利用する場合には，付着している夾雑物やサンゴなどの小片を除去する必要がある。また，天草は高温で加熱すると溶けやすくなる。

昆布は褐藻に属し，海帯とも呼ばれる。海水中で成長するが，ヨウ素（ヨード）を多く含有しており，それからヨードを取り出すことができる。

海藻類を用いた漬物には，千切り昆布漬物，千切り塩昆布，天草味噌漬，五香千切り昆布，辛味千切り昆布などがある。天草味噌漬などは独特の風味を有している。

2. 食用菌類

漬物に利用される食用菌類には木耳（キクラゲ），キノコなどがある。漬物製品としては清水木耳，醤油木耳，甘味噌木耳，清水キノコ，美味キノコ，甘辛キノコなどがある。一般的にキノコ，木耳などは他の漬物原料と混合されて使われることが多い。

3. 野生植物類（山菜）

長白山区，大興安嶺区などの自然保護区では多くの山菜が得られ，それらは生食あるいは漬物として利用されている。山菜には蕨（ワラビ），桔梗（キキョウ），山芹（ボウフウ），当参，狗宝（キキョウの根），黄瓜香，次嫩菜，山尖菜，野浜梨果実などがある。現在，多くの山菜は人工的に栽培されるようになった。山菜類は塩漬蕨，辛味蕨，芥子粉蕨，甘味千切り桔梗，五香千切り桔梗，甘味噌桔梗，醤油狗宝，糖醋黄瓜香，甘味噌次嫩菜などの漬物に加工される。

蕨は蘚苔植物と種子植物の間に位置する植物で，蕨に類する植物は1万以上もあると思われる。その胞子体は根，茎，葉の分化が明白で，葉緑素を持ち，独立して生活できる。蕨類植物の葉は羽状複葉で，若葉は巻き上がっている。普通食するのは蕨がまだ若葉の頃のものである。

中国の医学家である李時珍が『本草綱目』の中で「蕨は山野の至る所にある。2，3月になると子供の拳（こぶし）のように巻き上がってくる。さらに成長すると鳳凰の尾のようになり，高さは3，4尺になる」と述べている。蕨は昔から漬物を作る原料であった。賈思勰が『斉民要術』の中で書いた蔵蕨法の蕨はこの山菜の蕨のことである。蕨の各栄養成分は白菜よりも高い。エネルギーは白菜よりも3倍も多い。中国の塩漬蕨はよく知られており，毎年日本へ数千トンも輸出されている。アメリカ人も蕨を大変好んで食べる。中国には山岳地域が多いことから蕨は豊富である。したがって，このような山菜を今後とも開発していくことが必要と思われる。

4．果仁（種実）類

　中国で漬物に用いられる種実類には落花生，胡桃（クルミ），杏仁（キョウニン），胡麻（ゴマ）などがある。これらは全て植物の種子であり，豊富な脂肪と蛋白質を含んでいる。含油量は落花生で40.2～60.7％，胡桃で60～74％，胡麻で46.2～61％である。また，蛋白質含量は落花生で26.2％，胡桃で15.4％，胡麻では20.9％である。これらの種実は漬物の補助原料として特徴ある風味を付与するのに有効である。北京の味噌八宝瓜の中には4種類の種実が入っている。また錦州什錦小菜にも杏仁が配合されている。

　杏仁（アンズの種子）には苦味のある杏仁と甘味のある杏仁の2種類がある。両者ともに苦味物質であるアミグダリン（配糖体）を含んでいるが，その含有量は前者の方がはるかに多い。アミグダリンは加水分解により有毒の青酸を生成することから，杏仁を多く食べ過ぎると人体に影響が及び死に至ることがある。したがって，杏仁を用いる場合は種皮を除去するとともに清水で浸漬，洗浄を繰り返し，有毒成分を取り除くことが必要である。通常，浸漬時間は14～20日間以上で，換水回数は7～10回程度である。

　落花生は湿度が高い環境にあるとカビが発生しやすい。カビの中でもアスペルギルス・フラブスが生育した場合はアフラトキシンという極めて発ガン性の強い毒素を生成するので注意が必要で，カビの発生した落花生は加工には適さない。

5．果脯類（果物砂糖漬）

　北京八宝瓜の中に果脯を入れることがあるが，主に青梅脯と干葡萄（干しブドウ）を利用している。これらの副原料は使用量が少ないことから市場から購入する場合がほとんどある。したがって，果脯類を漬物工場で作ることはない。

　以上の他に，荊芥（ケイガイ），蒲根（ガマの根），兎糸子（ネナシカズラの種子），香椿，玉蜀黍（トウモロコシ），高粱（コーリャン）の側根芽（虎瓜）なども漬物の原料として使用される。例えば，安徽省亳県には荊芥漬物が，河南では蒲根漬物，竜須（オゴノリ）漬物，虎瓜漬物があり，それらの製品は国内で勿論のこと，海外にも多く輸出されている。このような原料を使った漬物の生産量は少ないが，それぞれ独特の風格を備えている。

第3章　中国漬物の補助原料

　漬物製造の主な原料は野菜であるが，その製造過程において，野菜とは異なる補助原料が使用される。補助原料は漬物の色，香り，味などに大きな影響を及ぼし，漬物によってはそれが決定的な役割を果たす場合もある。したがって，補助原料は漬物の品質を高めたり，保存期間を延長させたりする上で大変重要な役割を持っている。

　鹹味（塩辛味），甘味，酸味，辛味，旨味の5味から風味が形成される漬物には多種類の調味料と香辛料が含まれているが，使用するものによってそれぞれ特徴ある風味を出すことができるので，地域の嗜好特性・需要に合わせた漬物が製造されている。

　漬物に使われる主な補助原料には食塩，水，調味料，香辛料，甘味料，着色料，保存料などがある。

第1節　食　　塩

　食塩は漬物の補助原料の中で最も重要なものの1つである。食塩は漬物に鹹味を与えるが，より重要なことは漬物の保存性を高め，長期の保存を可能にすることである。食塩の主要成分は塩化ナトリウムで，その他に少量の水分およびミネラル成分を含んでいる。

　食塩は採取場所により海塩，湖塩，井塩，岩塩などに分けられる。中国では海塩の産地によってさらに細かく名付けられている。例えば，浙江省沿海で生産される海塩は姚塩，淮河両岸沿海で生産されるものは淮塩，山東省沿海で生産されるものは魯塩，河北省沿海で生産されるものは芦塩と呼ばれている。海塩は塩化ナトリウムの含有量によって4等級に分けられ，優等級のものは塩化ナトリウムの含有量が93％以上，1等級のものは90％以上，2等級のものは85％以上，3等級のものは80％以上とされている。内陸地の四川，山西，陝西省などでは井塩を産出するが，特に四川省自貢の井塩は全国にその名が知られている。また，湖北省応城の岩塩も有名である。井塩および岩塩の中の塩化ナトリウムの含有量は96％以上に達しており，最も多いものは99％以上のものがある。

表3-1　食塩の溶解度

温度℃	0	5	9	14	25	40	60	80	100
溶解度	35.52	35.63	35.74	35.85	36.13	36.64	37.25	38.22	39.61

（100g食塩溶液中の食塩g数）

　食塩の質は漬物の品質に直接影響を与えることから，漬物製造において食塩の選択は極めて重要である。食塩の選択にあたっては以下のことに注意することが必要である。

(1)　水分および不純物が少ないこと
(2)　着色が少なく，白色であること
(3)　塩化ナトリウムの含有量が多いこと

表3-2　食塩溶液の比重，濃度，含塩量対照表

比　重 (20℃/20℃)	濃　度 (°Bé)	食　塩 (g/100g食塩水)	食　塩 (g/100mL食塩水)
1.0078	1.21	1.0	1.01
1.0163	2.19	2.0	2.03
1.0228	3.17	3.0	3.06
1.0299	4.15	4.0	4.10
1.0369	5.13	5.0	5.17
1.0439	6.10	6.0	6.25
1.0519	7.08	7.0	7.34
1.0589	8.05	8.0	8.45
1.0661	8.98	9.0	9.56
1.0741	9.94	10.0	10.71
1.0811	10.88	11.0	11.80
1.0892	11.87	12.0	13.00
1.0960	12.69	13.0	14.20
1.1042	13.66	14.0	15.40
1.1121	14.60	15.0	16.60
1.1192	15.42	16.0	17.90
1.1272	16.35	17.0	19.10
1.1353	17.27	18.0	20.40
1.1431	18.14	19.0	21.70
1.1512	19.03	20.0	23.00
1.1592	19.89	21.0	24.30
1.1673	20.75	22.0	25.60
1.1752	21.60	23.0	27.00
1.1834	22.45	24.0	28.40
1.1923	23.37	25.0	29.70
1.2004	24.18	26.0	31.10
1.2033	24.48	26.4	31.80

表3-3　中国食塩衛生基準

項　目	指　標	
	井塩・岩塩	海塩・湖塩
塩化ナトリウム（％）		＞97
塩化ナトリウム（％）井塩	＞97	
塩化ナトリウム（％）岩塩	＞96	
水不溶物（％）		＞0.4
硫酸塩（％，SO$_4$）		＜2
硫酸塩（％，SO$_4$）井塩	＜2	
硫酸塩（％，SO$_4$）岩塩	＜1	
マグネシウム（％，Mg）	＜0.5	＜0.5
バリウム（mg/kg，Ba）	＜20	＜20
フッ素（mg/kg，F）		＜2.5
フッ素（mg/kg，F）井塩	＜2.5	
フッ素（mg/kg，F）岩塩	＜5	
ヒ　素（mg/kg，As）	＜0.5	＜0.5
鉛　　（mg/kg，Pb）	＜1	＜1
亜　鉛（mg/kg，Zn）	＜5	

(4) 他の塩（塩化カルシウム，塩化マグネシウム，硫酸マグネシウム，硫酸ナトリウムなど）の含有量が少ないことで，多いと漬物に苦味を生じ品質を低下させる。

食塩（塩化ナトリウム）の比重は2.161（25℃）である。食塩の溶解度は温度の高低によって変化するが，温度による変化は小さいので食塩を溶解させるのに加熱する必要はあまりない。なお，食塩の溶解度を表3-1に示した。

中国では漬物，醤（味噌）などを製造する際に一定濃度の食塩水を用いる場合が多い。そこで，食塩水と食塩の含有量の関係を表3-2に示した。

推定であるが，中国で毎年漬物製造に利用されている食塩量は約10万tである。使用される食塩の衛生維持は重要であるが，現在，中国においては食塩の衛生基準（国家基準GB2721-81）によって以下のように製造基準を定めており，実行されている。

食塩とは海塩，湖塩，井塩，岩塩を指し，官能指標としては白色，鹹味を呈し，夾雑物，苦味，渋味，臭味がないことを挙げている。また，理化学的指標としては表3-3に示したものを挙げている。

第2節　水

漬物の製造では多量の水が野菜の洗浄，塩蔵品の脱塩，調味液の調製などに使用される。以前は水の品質や衛生状態に対してあまり厳格でなく，大・中都市では水道水が使われていたが，一般的な都市においては井戸水，河川水，池水，鉱泉水が使われていた。しかし，ヒトの健康を考慮すると漬物に使われる水は生活飲用水の基準に従うべきであろう。参考として「生活飲用水衛生基準」Tg 20-76規程を表3-4に示した。

第3節 調味料

漬物の風味は野菜自体が有する成分と漬物を製造する際の発酵による成分や調味料に由来する風味があり，特に調味料に由来することが多い。

漬物製造においては多種類の調味料の配合を変化させることによって色，香り，味が異なるさまざまな漬物を製造することができる。漬物の調味料としては醬油，醬（中国味噌），食醋（食酢），グルタミン酸ナトリウムなどがある。

1．醬類（中国味噌）

醬は漬物を製造する際の主要な補助原料の1つで，漬物の品質の善し悪しは使用した醬の品質に左右される。醬には黄豆（大豆）を主原料とする黄醬（中国豆味噌）と小麦粉を主原料とする面醬（中国麦味噌）がある。黄醬は大豆あるいは大豆と小麦粉を原料として製造されている。黄醬は大醬あるいは双缸醬とも呼ぶ。黄醬は干黄醬（黄醬を干したもの）と稀黄醬（黄醬の薄いもの）に分けられる。また，面醬は甜面醬（甘い面醬）と稀面醬（面醬の薄いもの）に分けることができる。面醬は製造法の違いによって火熬面醬（焙煎小麦を用いたもの）と天然面醬（生の小麦を用いたもの）に分けることができる。面醬を製造するときに用いられる原料，割合，製造工程の相違により，それぞれの製品の特徴，用途が異なったものができる。例えば，北方の火熬甜面醬は主に佐餐料理に使われ，稀甜面醬，天然面醬は醬漬物に用いられる。多くの醬漬物は面醬を用いて製造されており，一部のものは黄醬あるいは黄醬と面醬を混合した醬を用いて製造されている。

甜面醬と稀甜面醬の違いは，前者が諸味（醪，もろみ）を作る際，食塩水の量が少ないために製品の水分量も比較的少ないものとなるのに対し，後者は諸味を作る際に食塩水の量を比較的多く用いるため製品の水分量も多いものができる。稀甜面醬の製造法は中国各地でそれぞれ異なっていることから，製品の風味もそれぞれ特徴あるものが作られている。製造法としては以下の方法が一般的である。すなわち，小麦粉を練って饅頭状，餅状（丸く平たい形），面団状（平板状）などにし，それらを蒸した後，曲菌（麴菌）を接種し発酵させる。製曲（製麴）の方法には地面製曲，箕製曲，通風製曲に分けることができる。また，諸味別では薄諸味と濃諸味に分けることができる。発酵方法でも天然発酵と人工保温発酵とに分けることができる。発酵は製品の品質や風味に大きな影響を及ぼす。天然発酵の甜面醬は普通3～6か月間，発酵熟成させる。製品は赤褐色で艶があり，エステル香を持ち，新鮮で甘い風味を有している。人工保温発酵の甜面醬の場

表3-4 生活飲用水水質基準

番号	項目	標準
	官能性状指標	
1	色	色度＜15度，呈色していないこと
2	混濁度	＜5度
3	臭味	臭味のないこと
4	肉眼的異物	含有しないこと
	化学指標	
5	pH	6.5～8.5
6	総硬度（CaO）	＜250mg/L
7	鉄	＜0.3mg/L
8	マンガン	＜0.1mg/L
9	銅	＜1.0mg/L
10	亜鉛	＜1.0mg/L
11	フェノール類	＜0.002mg/L
12	合成洗剤イオン	＜0.3mg/L
	毒物指標	
13	フッ化物	＜1.0mg/L
14	シアン化物	＜0.05mg/L
15	ヒ素	＜0.04mg/L
16	セレン	＜0.01mg/L
17	水銀	＜0.001mg/L
18	カドミウム	＜0.01mg/L
19	クロム（6価）	＜0.05mg/L
20	鉛	＜0.1mg/L
	細菌学的指標	
21	細菌総数	＜100mg/L
22	大腸菌群	＜3/L

合は発酵期間が短期であることから，発酵温度が高くなる傾向がある。したがって，製品の風味は天然のものより劣っている。通常の醤漬物のほとんどは稀甜面醤で漬けられたものである。高級な醤漬物は2度に分けて醤に漬けて製造される。1度目は黄醤を用いて漬けられ，2度目は甜面醤を用いて漬けられる。このように2度漬けを行なった醤漬物の風味は大変優れたものになる。

2. 醤　油

　中国の伝統的な漬物は醤で漬けた漬物であるが，現在では地域によっては醤油で漬けた漬物も醤漬物と呼んでいる所がある。このような紛らわしい呼称は醤漬物の品格を損なうものである。醤油漬物は醤漬物の風味には遠く及ばない。したがって，醤油漬物と醤漬物とは製造方法，製品分類，製品規格などにおいて厳密に区別されなければならない。
　醤油はその製造方法の違いによって高食塩液体発酵，高食塩諸味発酵，少食塩固体発酵，無食塩固体発酵の4つの醸造方法に分けられる。前二者の方法で醸造した醤油は赤褐色であり，香味が強く，味が新鮮であり，醤油漬物に最も適している。また，前二者の醸造醤油は天然発酵と人工温度制御発酵の2種類に分けることもできる。醤油は天然発酵のものが人工温度制御発酵のものより色，香り，味の点で優れている。後二者は共に人工温度制御発酵によって製造されたもので，発酵温度は40～60℃であることから色，香り，味も劣っている。したがって，それを用いた醤油漬物の風味は良くない。

3. 食醋（食酢）

　食醋は酸性調味料の1つであるが，中国食醋は主に澱粉，砂糖，アルコールを原料として醸造している。現在，澱粉を原料として製造することが多い。澱粉原料を用いる場合は原料の液化，糖化，アルコール発酵，酢酸発酵の4段階の生化学的変化を経て食醋が製造される。一部では糖化，アルコール発酵，酢酸発酵の3段階で行なわれることもある。砂糖を原料とする場合はアルコール発酵と酢酸発酵の2段階で食醋が製造され，アルコールを原料とする場合は酢酸発酵の1段階のみで食醋が製造される。したがって，原料が異なれば製造方法も異なってくる。なお，中国では酢酸発酵は固体発酵の状態で行なうことが多く，このようにして製造される食醋は固体発酵醋（固体発酵食酢）と呼ばれる。なお，液体状態で行なわれる場合は液体発酵醋（液体発酵食酢）と呼ばれる。
　固体発酵醋として中国でよく知られているものには山西老陳醋，北京薫醋，鎮江米醋，保寧麩醋，天津浙醋などがあり，同様の方法で製造される食醋には通常の薫醋，米醋，陳醋，麩醋などがある。
　液体発酵醋として中国でよく知られているものは浙江玫瑰醋，福建紅曲老食醋，丹東米醋などがある。近年，中国においても液体深部発酵による醸造酢も製造されるようになってきた。
　薫醋，妙米色醋は黒色を呈した食醋である。これらの食醋を含め大部分の食醋は甘酢漬物の調味料として用いられている。近年，甘酢漬物の種類，生産量が増加する傾向がみられており，海外にも多く輸出されるようになってきているが，そのような製品の酸味料としてはクエン酸と氷酢酸が使われる傾向にある。それはいずれも調味液が透明であるため野菜の色，艶などを妨げることがないからである。クエン酸は不揮発酸で多くの果実，野菜の中にも含まれている有機酸である。また，氷酢酸は揮発酸であるが，食醋の主要な成分である。これらのものは4：1または10：1に配合された混合調味液として使われることが多いが，香味に優れたものができる。一般的に利用されている酸味料の特徴については**表3-5**に示した。

表3-5 食品用酸味料の性質

名称	味感	総酸(g/L)	pH	電離定数	味覚特性	存在
酒石酸	0	3.75	2.45	10.4×10^{-3}	強烈	ブドウ
リンゴ酸	-0.43	3.35	2.65	3.9×10^{-4}	清鮮	リンゴ,梨,桃
リン酸	-1.14	1.65	2.25	7.52×10^{-3}	激烈	ミカン
酢酸	-1.14	3.00	2.95	1.75×10^{-5}	酸味	
乳酸	-1.14	4.50	2.60	1.26×10^{-4}	鋭利	
クエン酸	-1.26	3.50	2.60	8.4×10^{-4}	新鮮	レモン
プロピオン酸	-1.85	3.70	2.90	1.34×10^{-5}	酸酪味	

(0.05N 溶液としての性質)

4．味精（グルタミン酸ナトリウム）

味精はグルタミン酸ナトリウムの商品名である。味精を漬物製造に利用することにより製品の旨味を向上させることができる。以前，味精は蛋白質を分解することによって製造していたが，現在はグルタミン酸を生産する微生物を利用し，グルコース，尿素などを原料として発酵法により生産している。生産されたグルタミン酸は中和，濃縮，結晶化のプロセスを経て味精が製造される。味精は水で300倍に希釈されても旨味を感ずることができる。したがって，旨味を付与するには少量の添加で十分である。結晶状の味精を使用する場合は少量の温湯に溶解してから漬物に添加するのが効果的である。味精の包装品には99，90，70％などと印刷されているものがあるが，これは味精の中のグルタミン酸ナトリウムの含有量を示しており，味精の品質の良否の判断を決めるうえでの主要な要素でもある。

第4節 香辛料類

香辛料は揮発性油などの芳香物質を含んでいる調味料の一種である。代表的なものに花椒（山椒），胡椒，八角（大茴香），小茴香，桂皮，丁香（丁字）やそれらを混合したものがある。例えば，五香粉および咖喱粉（カレー粉）は多種類の香辛料を混合した製品である。漬物に用いられている香辛料は多く，涪棱榨菜，南充冬菜，五香大頭菜，咖喱蘿蔔（カレー大根）などは香辛料を多く使用して製造された漬物である。ここでは主な香辛料について紹介する。

1．花椒（山椒，サンショウ）

香辛料としての花椒は花椒の実を利用したものである。花椒の樹は落葉灌木で枝には刺（とげ）があり，葉は小さく，楕円形状をしている。温帯の乾燥地域で成長し，4，5月には黄白色の花が咲く。6，7月になると実を結ぶので立秋の前後に収穫を行なう。果皮は真紅あるいは淡紅色をしている。花椒の実に割れ目を有するものは市場で「睁眼」（眼を見張るようなという意味）と呼ばれている。形の大きな大花椒は「大紅袍」とも呼び，小花椒は「小紅袍」と呼ぶ。花椒は辛味，香味が良好で乾燥しており，茎，枝，葉などの夾雑物が混入しておらず，黒い実の混入が少なく，カビに汚染されていないものが良質とされる。

花椒は蛋白質，脂肪の含有量が比較的多く，他にジテルペン類やゲラニオール，シトロネラールなどの芳香油を含んでいる。また，花椒は漢方薬としても知られており，寒気や痛みを抑制す

る働きがあるとされている。

　中国華北，西北，西南地区は花椒を多く産出している地域で，特に四川清渓，富林の花椒は色は黒紅色をしており，香気や辛味は強く，長く持続する特徴を持っている。花椒は含まれている夾雑物の量により，1，2，3等級に分けられている。1等級の花椒は夾雑物量3％以下，2等級のものは5％以下，3等級のものは8％以下としている。

2．胡椒（コショウ）

　胡椒は熱帯植物でコショウ科に属し，胡椒の実を利用する。中国では海南島，雲南，広西および南洋群島で産出し，夏と秋の変わり目に実を結ぶのでそれを収穫する。胡椒は黒胡椒と白胡椒の2種類に分けられる。黒胡椒は青胡椒，黒古月と呼ばれることもある。胡椒の実が熟さないうちに収穫して乾燥，脱穀することにより黒胡椒を得る。白胡椒は銀椒，白古月とも呼ばれることがある。胡椒の実が完全に熟したものを収穫し，水に浸漬してから皮を剥き，乾燥させると白胡椒を得ることができる。白胡椒の方が黒胡椒よりも一般的に品質が良いとされている。胡椒は辛味を有していることから，唐辛子，花椒と合わせて「三椒」と呼ばれることがある。

　胡椒にはピペリン，チャビシン，ピネン，リモネンなどの揮発性香気成分が含まれている。胡椒をすり潰して粉末にすると辛味と香気が出てくるが，比較的長期にわたって持続する。胡椒は食欲を増進する作用があるとされている。胡椒は粒が揃って均一なものが良い。なお，乾燥した胡椒は漢方薬としても知られており，消炎，解毒作用を有するといわれている。

3．八角（大茴香，ダイウイキョウ）

　八角は大茴香，大料，広料とも呼ばれるシキミ科の木本植物で，樹冠は高くて大きい。花は蓮の花に似ている。その果実は6～8個の茴香弁があり星の形をしている。種子は隠元豆のように赤褐色をしており，強い香気を放っている。

　八角は亜熱帯植物であることから主な産地は中国南方の広西，雲南，広東などの地域である。香辛料として使用する場合は八角と茴香を併せて使うのが一般的である。

　八角の香気成分はアニスケトンで甘い風味と僅かな辛味を持っている。八角は赤褐色を呈し，花が大きく充実し，揃っており，味が良く，夾雑物のないものが良質のものとされている。

4．小茴香（イノンド）

　小茴香はセリ科の多年性草本植物でその果実を香辛料として用いる。小茴香の茎，葉は食用となり，中国北方ではその柔らかな茎を用いて餃子（ギョーザ）の餡を作っている。小茴香の主産地は内蒙古，山西，陝西，甘粛省などで，華北，東北，西南地方においても栽培されている。毎年，農暦8，9月に収穫される。

　小茴香は比較的多くの脂肪と蛋白質を含んでいる。香気成分はアニソールとケトンである。粒が大きくて充実し，新鮮な緑黄色を呈し，茎や夾雑物や土の混入がないものが良質である。漢方医学では小茴香は痛みを止め，健胃，防寒に効果があるといわれている。

5．桂皮（シナモン）

　桂皮はクスノキ科植物である天竺桂（セイロンニッケイ），細葉香桂，川桂などの樹皮を香辛料としたものである。常緑喬木であり，木の幹は高い。樹皮には特有の香気がある。樹皮の外側は

黒褐色をしており，内側は紅色をしている。桂皮の香気は樟脳に似ており，味は僅かに甘味と辛味を持っている。主産地は広西，広東省などの地域である。樹皮は肉厚で香味が強く，虫害やカビの被害がなく，白斑のないものが良質とされている。桂皮の香気成分の主なものはシンナムアルデヒド，フェノールなどの揮発性油である。漢方医学では桂皮は脾胃を温め，風寒を除き，血液循環をよくする機能を持っているとされている。毎年，農暦の3，4月に収穫する。

6．草果（ソウカ）

草果は豆蔲，漏蔲とも呼ぶ。ショウガ科ショウズク属の多年性草本植物の果実である。毎年，10〜11月頃に果実が成熟する。乾燥果実は楕円形をしており，三鈍角状になっている。表面は灰褐色あるいは赤褐色をしており，明瞭な縦溝と角線がある。果実は赤褐色になり，まだ，裂けない頃に収穫する。類似のものとして草蔲があるが，果実は球形で表面は滑らかで白色をしている。草果には揮発油が含まれている。中国でよく知られている混合香辛料である五香は八角，花椒，桂皮，甘松（カンショウ）にこの草果を含んだものである。

7．山奈（バンウコン）

山奈は三奈，山藾とも呼ぶ。ショウガ科バンウコン属の多年性草本植物である。地下茎は塊状である。葉は楕円形で濃緑色で葉柄は短く，溝がある。開花期は短く，凋落しやすく，甘い味を有する。苞片は小さく，菱形をしている。

8．橘皮（蜜柑皮）

橘（蜜柑）はミカン科常緑小喬木あるいは灌木である。枝には刺（とげ）があり，花は白色である。果実は柑果と呼ばれ，その種類は大変多い。橘皮（きっぴ）は陳皮（ちんぴ），青皮，甘皮とも呼び，特有の芳香を持っている。味は僅かに苦味を呈する。漢方医学では橘皮は痰を減らし，食物の消化を助け，食欲を増進させることで知られている。

橘皮の中国での主な産地は広東，福建，浙江，江西，四川，湖南，湖北，雲南，貴州などであり，特に広東，福建省産のものが良質として知られている。

9．砂仁（シャニン）

砂仁はショウガ科に属している。この植物は中国南部に生育している。茎は生姜（ショウガ）に似ている。葉は大きく緑色をしており，開花後，5，6月に穂状に果実が生育する。通常，1つの穂に50〜60個の果実が実る。果実の外皮の色は褐色で柔らかな刺が多く付着している。その果実の中には多数の褐色の多角形の硬い種子が入っている。この様子から「砂仁」と呼ばれている。この砂仁は香辛料のほかに漢方薬としても利用される。砂仁は熱帯植物で，主にインド，タイから輸入している。中国では広東で少量生産されている。

10．丁香（丁字，クローブ）

丁香（チョウコウ）は公丁香，鶏舌香とも呼ぶ。熱帯植物に属し，アフリカから輸入している。中国では広東省において少量生産されている。丁香はフトモモ科に属する常緑喬木である。葉は長楕円形で，先端が鋭く，花は薄紅色で，沢山の花が群生して咲く。果実は長球形をしている。丁香は蕾を摘み取って乾燥させたもので特有の芳香を呈する。やや辛味がある。漢方医学では毒

消し，健胃，防腐などの目的で利用される。また，香水の原料としても利用される。

11. 甘草（カンゾウ）

甘草は粉草，緑草，密草，国老などとも呼ぶ。マメ科多年性草本の温帯植物である。中国では主に内蒙古，西北，四川省で生産されている。甘草は春に宿根から若芽が生じ，高さ約1mまで成長する。葉は羽状複葉であり，葉茎にも羽毛状のものが付いている。春秋の間に薄紫色の蝶の形をした花が咲き，莢状の果実を結ぶ。根は直根で柱状である。根の外皮は赤褐色のコルク層で覆われている。毎年，2，8月にその根を収穫し，乾燥したものを漬物の調味に使う。甘草は甘味があり，漢方薬としてもよく利用されている。

12. 肉豆蔲（ニクズク）

肉豆蔲はニクズク科に属し，熱帯性の常緑喬木である。葉は楕円形で先端が鋭く，肉厚である。夏に黄白色の単性花を咲かせる。果実は肉質で，洋梨状である。種子は網状の仮種皮に包まれている。種皮の色は赤色でその中に硬い種殻がある。この種皮と種殻が辛味を有するので，香辛料として利用されている。

13. 咖喱粉（カレー粉）

カレー粉は主に上海で生産されている。味は辛い。主要成分を姜黄粉（ウコン粉）とし，それに多くの補助原料を用いて作られた製品である。中国で利用されているカレー粉の一般的な配合は以下のとおりである。ウコン粉 60kg，白胡椒 13kg，蕪荑子（ニレの木の実）8kg，小茴香 7kg，桂皮 12kg，生姜 2kg，八角 4kg，花椒（山椒）2kg。

14. 芥末面（芥子粉）

芥末面は芥子（カラシ）を粉砕した製品である。上海，広州，大同，北京などで製造されている。中でも北京の芥子が最も品質が良く，精油の含有量が多く，辛味も強い。したがって，製造の際は水を添加することなくペースト状にすることができる。芥末面は油が多いので湿気によって油が漏れることがあり，品質が低下する。したがって，保存の際は乾燥したところに置く必要がある。

15. 五香粉

五香粉は通常5種類の薬味を有する混合香辛料であるが，多種類のものがある。一般的な五香粉は以下の6種類の香辛料を用い，以下の配合で調製される。花椒 18kg，桂皮 43kg，小茴香 8kg，陳皮 6kg，干生姜 5kg，八角 20kg。

16. 香辣粉

香辣粉は香りと辛味を併せ持つ混合香辛料で，以下の原料と配合により，混合製造される。乾燥唐辛子 30kg，陳皮 5kg，小茴香 1kg，種子唐辛子 6kg，八角 1kg，花椒 1kg，干生姜 5kg，桂皮 1kg，砕米 50kg。

17. 味精胡椒粉

味精胡椒粉は胡椒の香辛味と味精の旨味を合わせたもので，100kgの味精胡椒粉の中には白胡椒70kg，味精30kgが入っている。

18. 花椒粉

花椒粉は精製塩と花椒粉を混合したもので，それぞれ50％ずつ入っている。漬物の製造において多く使われる混合香辛料で，このほかに生姜粉，唐辛子粉，唐辛子油などが使われている。

第5節 甘味料

漬物を製造する際には様々な甘味料が使われるが，主なものは白砂糖，紅（赤）砂糖，綿白糖（粉砂糖），飴糖（麦芽糖，水あめ），蜂蜜，糖精（サッカリン）などで，この他にも様々な甘味料が使われている。

1. 白砂糖

白砂糖は食用として使用されている砂糖の中では最も一般的であり，品質も優れている。ショ糖の含有量が99％以上で色合いが良く，結晶粒が揃い，水分，夾雑物，還元糖の少ないものが良質とされている。白砂糖は結晶粒の大きさ，純度，夾雑物の量によって等級分けが行なわれており，ショ糖分が99.75％のものが優級，同じく99.65％以上のものが1等級，99.45％以上のものが2等級とされている。他には品質の良い精製糖（ショ糖分が99.85％以上）や反対に品質の良くない3等級のものがある。

2. 紅砂糖（赤砂糖）

紅砂糖は糖蜜が残っている結晶糖で，結晶粒が比較的明瞭な赤みを帯びた砂糖である。全糖の含有量は89％程度である。白砂糖に比べ，糖蜜，水分などの含有量が多い。漬物の製造に使用される紅砂糖は甘味を調節するほかに色合いの調整にも使われる。

3. 綿白糖（粉砂糖）

綿白糖は綿糖や白糖とも呼ぶ。色が白く柔らかく細かいので口に入るとすぐに溶けやすく，特有の風味を持っている。水分量や還元糖の量は白砂糖よりも多いので保存が難しい。綿白糖は2種類あり，1つは精製綿白糖（全糖は97.37％以上）で，品質が良いものである。もう1つは旧式の方法で製造されたもの（全糖は97.37％以上）で，その色合いは比較的暗色あるいは薄黄色を呈している。成分としてはショ糖のほかに少量の麦芽糖を含んでいる。

4. 飴糖（麦芽糖，水あめ）

飴糖は麦芽糖，水あめとも呼ぶ。飴糖は澱粉を原料として製造される。多くの麦芽糖と糊精（デキストリン）を含み，漬物に甘味と粘性を付与する。甘大蒜頭（ニンニク），甘薤（ラッキョウ）などの漬物に最適で，色合いを増加させるとともに光沢を保護する役割も持つ。飴糖は甘味度が低いので加工に用いる際は別の糖を加えて甘味を増加させる工夫が必要である。輸出品には普通使われない。

5. 蜂　蜜

　蜂蜜は蜜糖とも呼ぶ。蜜蜂が花の甘汁を採って出来たものである。蜂蜜は比較的純粋で甘味度は高く，風味も良いので高級な甘味料の1つとなっており，価格も高い。したがって，漬物においても少量の輸出品にだけ蜂蜜を使っている。蜂蜜を使った漬物には例えば蜂蜜薤（ラッキョウ），蜂蜜大蒜粒（ニンニク）などがある。蜂蜜の主成分は果糖である。

6. 糖精（サッカリン）

　糖精は合成甘味料で1879年に発明された。その後，多種多様な合成甘味料が発明されたが，多くの合成甘味料は哺乳動物に発ガン性，催奇性のあることが判明し，相次いで使用禁止となった。現在のところ，使用できる合成甘味料はサッカリンとシクロヘキシルスルファミン酸ナトリウム（日本では使用禁止）である。サッカリンの商品名は糖精あるいは糖精ナトリウムである。糖精ナトリウムは水に溶解しやすい。甘味度はショ糖の約500倍で，後味として苦味が残る傾向がある。食べてから16～18時間後にはすべてし尿とともに排出されてしまう。なお，排出された時のサッカリンの化学構造には変化のないことが確認されている。シクロヘキシルスルファミン酸ナトリウム（チクロ）も時には糖精と呼ばれることがある。甘味度はショ糖の約30倍である。サッカリンに本品を併用することにより苦味を軽減することができる。

　FAO/WHO食品添加物合同委員会はサッカリンの許可摂取量を毎日2.5mg/kg体重と規定している。中国国家食品衛生標準G_TB_n50-77においては，食品への最大使用量は0.15g/kg体重を超えてはならないことを規定している。

　サッカリンは使用量が少ないときは発ガン性，催奇性は問題とならないが，できるだけ少量の使用量にとどめるか，使用を控えるほうが良い。少量の場合は甘くなく，多量に使用すると苦味が出るし，栄養的価値も少ないからである。

7. 甜菜菊甙（ステビオサイド）

　甜菜菊甙は甜菜菊（ステビア）に含まれる天然の甘味料で，甘味度はショ糖の約300倍である。甘味度が高いだけでなく，風味も良好である。また，いわゆるノンカロリーシュガーで糖尿病，高血圧，腎臓病などの患者に無害であり，他の糖類と比較しても優れた特徴を有している。漬物を製造する際に甜菜菊甙を利用することは大変有効である。しかし，単独で使用すると青臭味がでるので他の糖と併用するのが良い。

　漬物製造に甘味料を用いると風味が向上する。また，甘味料に少量の食塩を加えると甘味度が増加することが知られている。

　ショ糖は甘味料の甘味度を比較する場合の基準物質である。20℃のもとで，5％あるいは10％のショ糖液の甘味度を1として比較する。各種甘味料の甘味度を比較したものを**表3-6**に示した。

第6節　防腐剤（保存料）

　食品中のカビ，酵母，細菌の増殖を抑制する薬剤を防腐剤と呼ぶ。衛生部が規定した量に従って防腐剤を使用することで食品の保存期間を延長させることができる。現在，中国で用いられている防腐剤は主に安息香酸ナトリウムで，この他に使われているものにはビタミンK，ソルビン酸およびそのカリウム塩，氷酢酸などがある。

表 3-6 各種甘味料の甘味度

甘味料	相対甘味度	甘味度	相対甘味度
ショ糖	100	乳糖	39
ブドウ糖	68	麦芽糖	46
果糖	115～150	ソルビトール	98
マンニトール	69	メープルシロップ	125
甘草	120	水あめ	95
ステビオサイド	300000	糖精（サッカリン）	50000

1．安息香酸ナトリウム

　安息香酸ナトリウムは安鈉，殺力粉，賽力粉とも呼ぶ。安息香酸ナトリウムは白色結晶粉末で水に溶けやすく，僅かな安息香を呈する。空気中に放置しておいても大きな変化はみられない。安息香酸ナトリウムの品質基準では安息香酸ナトリウムを98％以上含み，重金属は20ppm以下となっている。ナトリウム量はN/50 HCl＜0.6mL，水分＜1.5％，ヒ素＜2ppm，酸度と塩基度はそれぞれN/10 H_2SO_4 およびNaOH＜0.5mLである。

　安息香酸ナトリウムは体内で馬尿酸に変化し，体外に排出される。中国の食品添加剤使用衛生標準GBn50-77によると，安息香酸ナトリウムの最大使用量は醬油，食酢で1g/kg，低塩漬物，面醬類で0.5g/kgと規定されている。安息香酸と安息香酸ナトリウムを併用する場合は安息香酸量を計算し，最大使用量を超えないよう注意しなければならない。

2．安息香酸

　安息香酸は白色針状結晶で特有の匂いを有する。その品質基準としては本物質を99.3％以上含んでいること，また，塩化物は1ppm以下であることを規定している。最大使用量は安息香酸ナトリウムと同じである。安息香酸の溶解度は低いので水に溶けにくい。したがって，安息香酸はアルカリで中和してから利用される。中和反応式は次のとおりである。

$$2\,C_6H_5COOH + Na_2CO_3 \longrightarrow 2\,C_6H_5COONa + H_2O + CO_2$$

　安息香酸から安息香酸ナトリウムを製造する場合は1kgのNaOHに1.2kgの水を加え，80～90℃まで加熱し，完全に溶解したものに安息香酸を加えると多量の気泡ができるが，撹拌を続けると気泡が消失し，安息香酸ナトリウム溶液を製造することができる。

3．ビタミンK

　ビタミンKは止血ビタミンとも呼ばれているものでホウレンソウや肝臓にビタミンK_1，K_2の形で含まれている。ビタミンKはキノンの生物活性を持つ2-メチル-1,4-ナフトキノン誘導体の総称でもある。現在，医療方面で利用されているビタミンKは合成されたものでK_3，K_4，K_5，K_7などがある。4-アミノ-2-メチル-1-ナフトールはK_5と呼ばれるものであるが，これはカビや酵母の増殖を抑制する効果を有することから醬油に防腐剤として利用されたことがある。ビタミンK_3は価格が高いことから漬物に利用されることはあまりない。

4．ソルビン酸およびソルビン酸カリウム

　中国の食品添加剤使用衛生基準では醬油，食醋（食酢），低塩漬物，面醬に対しソルビン酸およびその塩を防腐剤として使用することを許可しており，最大使用量は安息香酸と同じである。ソ

ルビン酸は中国での生産量が少ないことから安息香酸よりも価格が高い。したがって，漬物に使用する例はまだ少ない状況である。

5．氷酢酸

氷酢酸は調味料でもあるが，その酸性を利用して防腐剤としても利用される。通常，甘酢漬物に使われる。

第7節 着色剤

中国で漬物に使われている着色剤は主にカラメルで，蕪などの漬物によく利用されている。醬，醬汁，醬油，食醋は調味料であるが，着色剤としての役割も持っている。この他にウコンや合成着色料が一部の漬物に利用されている。

1．醬色（カラメル）

カラメルは，あめ，ショ糖，糖蜜，母液などを180～190℃に加熱することにより作られたものである。

2．姜黄（ウコン，ターメリック）

姜黄は黄色の着色剤のほかに漢方薬としてもよく利用されている。中国の食品添加剤衛生基準では食品に対する使用量に制限のないことを規定している。カレー粉では姜黄を添加し着色しており，漬物では高菜などに利用されている。

3．人工合成色素（合成着色料）

中国ではアマランス，カルミン，レモンイエロー，インジゴの4種類の人工合成色素が食品への使用を許可されている。それぞれの最大使用量はアマランス，カルミンは0.05g/kg，レモンイエロー，インジゴは0.1g/kgである。人工合成色素を使った漬物の例としては湖南苦瓜花や刀豆花などがある。今後の漬物の発展方向を考慮すると，できる限り人工合成色素を使用しないほうが好ましい。

第8節 その他の調味料

1．食用油

漬物を製造する際に食用油を使うことはあまりなく，消費者が漬物を食べるときに加えるのが一般的である。しかし，中国南方の漬物製造業者が消費者の便宜をはかって，漬物を製造する際に食用油を使用したものを販売したところ消費量が拡大した例があり，食習慣にも変化がみられる。

植物油は常温で液体であり，消化率が比較的高く，コレステロールが少なく，ビタミンEを含むことから健康的であるが，ビタミンA，D，Kが少ない。漬物に使用される植物油には以下のものがある。

(1) 豆油（大豆）

豆油は大豆を原料として圧搾して製造されたものである。油の色は黄色で豆油特有の匂いを有

し，味はやや渋味を感ずる。
(2) 芝麻油（胡麻油）
　芝麻油は芝麻（ゴマ）を原料として製造されたものである。使用する前に加熱する必要がある。芝麻油は製法の違いによって大槽油と小磨油に分けられる。大槽油は圧搾法によって作られ，小磨油は中国の伝統的な方法である「水代法」で作られたものである。小磨油には泡が多く，赤褐色をしているが，大槽油よりも芝麻の風味がはるかに強い。

(3) 菜油（菜種油）
　菜油はアブラナの種子を原料とし，圧搾して製油したものである。通常，黄色あるいは緑がかった色をしている。油を太陽に向けると虹色に見える。味は良いが，やや辛味を感ずる。使用する前に加熱する必要がある。

(4) 花生油（落花生油）
　花生油は花生（落花生）の種子を原料として製造される。油の色は淡黄色で，味は落花生特有の香りを有する。使用する前に加熱する必要がある。

(5) 棉油（綿実油）
　棉油は綿実（ワタの種子）を原料として作られる油である。品質の違いによって衛生油と綿実油に分けられる。衛生油は綿実油を精製し，綿フェノール成分を取り除いたもので，油の色は暗黄色で淡白である。純度は綿実油よりも良く，保存性も比較的安定している。通常，棉油は綿フェノールを除去しないと粘りが強く，色も黒いので使用に適しない。

　食用油を長期間保存していると酸化によって品質が低下する。ひどいときには食用とすることができなくなる。それらを防止するには，保管時に水が混入することを厳重に防止するとともに高温と光を避け，低温下で保存するのが望ましい。

2．酒　類
　酒は漬物を製造する際の補助原料として使われることがある。特に各種干し大根漬物，京冬菜を作るときに使われている。酒の役割の1つはアルコールと漬物中の乳酸とが結合することにより乳酸エステルを生成することで，製品に香味を付与する。もう1つの役割は製品に保存性と歯切れの良さを付与することである。中国の酒は非常に種類が多いが，漬物に利用される酒は白酒類と黄酒類である。

(1) 白酒類
　白酒類は澱粉および糖類を含んでいるものを原料として発酵させ，蒸留を経て作られ，無色透明で，アルコール度数がかなり高い飲料酒である。酒の香気成分の特徴により清香型（代表例は山西汾酒），濃香型（代表例は四川瀘州窖特曲），醬香型（代表例は貴州茅台酒），複香型（代表例は貴州道義董酒，湖北松滋白雲辺），米香型（代表例は広西桂林三花酒）に分けられる。漬物に使われる酒はこの中でもアルコール度数が40〜50％の普通酒が多い。

(2) 黄酒類
　黄酒類はもち米あるいは黄米（粟）を原料とし，面曲（麦麹），紅曲（紅麹），薬曲（薬草入り麹）を用いて発酵させ，圧搾，熟成を経て作ったアルコール度数の低い酒である。
　黄酒としては紹興酒（浙江省紹興で生産），仿紹興酒（紹興酒の製法を真似たもので蘇州黄酒，温州仿紹，杭州仿紹などがある），紅曲黄酒（湖南，福建，台湾などで生産），粟黄酒（山東，山西省で生産）などがある。漬物には一般的にアルコール度数が約10％の普通の黄酒が用いられている。

第4章　中国漬物の分類

第1節　漬物の分類方法

　中国の漬物は約1000種類にも達する。それは漬物に使われる野菜原料，補助原料，製造方法の違いにより様々な風味を持つ漬物が存在するからである。漬物を分類する際は，製造の立場から漬物をみた場合あるいは科学技術の立場からみた場合などで分類方法も異なってくる。現在のところ，漬物は以下に述べる3つの方法で分類されている。

1．野菜原料に基づく分類

　野菜原料に基づいて中国の漬物を分類すると根菜類，茎菜類，葉菜類，花菜類，果菜類とその他の蔬菜類に分けることができる。それぞれの分類に属する漬物はさらに細かく分類される。例えば根菜類には白大根，赤大根，人参，大頭菜（カブ）など，茎菜類には大蒜（ニンニク），生姜（ショウガ），土生姜（キクイモ），馬鈴薯（ジャガイモ），蓮根，茎チシャなどがあり，葉菜類には白菜，甘藍（キャベツ），雪里蕻（高菜の類）などがある。また，花菜類には花椰菜（カリフラワー），忘草（カンゾウ，キスゲの類）など，果菜類には黄瓜（キュウリ），茄子（ナス），唐辛子，豇豆（ササゲ）などがある。また，幾つかの野菜原料を混合して製造した漬物，例えば八宝菜（福神漬に類似した漬物）などは「その他の漬物」に分類される。
　このような分類方法は野菜原料を主とし，製造方法は従としたことから，1つの野菜原料に幾つもの製造方法が存在することになる。

2．発酵の有無に基づく分類

　漬物製造の際の発酵の有無によって，漬物を発酵性漬物および非発酵性漬物の2種類に分けることもある。発酵性漬物はさらに，その発酵状態によって湿態漬物と半乾態（半乾燥）漬物に分けられる。また，非発酵性漬物は製造法により食塩漬（塩漬），醤漬（味噌漬に類似），醤油漬，糟（酒粕）漬，蝦油（エビ塩辛の上澄み液）漬の6種類に分類される。この分類方法は古く1950年代，高等学院で用いられ1984年まで続いた。商業部（現在の貿易部），衛生部，供銷合作総社より公布，施行された「豆製品，漬物品質・衛生標準および検査方法」（SB101-80）もほとんどこの分類方法を踏襲している。
　しかし，漬物を発酵性および非発酵性漬物の2種類に分けることは科学的な分類ではないと思われる。その理由は，中国の漬物ではその製造過程において大小の違いはあるが，発酵段階が入るからである。したがって，厳密な意味での非発酵性漬物は存在しないと考えられる。発酵程度の差で発酵か非発酵かを区別することは極めて困難である。
　例えば本分類方法では鹹雪里蕻は非発酵性漬物に分類されているが，これは明らかに製造の実態に合っていない。鹹雪里蕻（塩漬）は中国の南方でも北方でも製造されているが，新鮮な雪里蕻100kgに対し少ない場合は7～8kg，多い場合は13～14kgの食塩を使う。食塩で漬ける過程において食塩濃度と気温の高低により多少異なるが，遅かれ早かれ，乳酸発酵が行なわれる。発酵の

目安となるものは酸生成および炭酸ガスの発生とそれに伴う葉緑素の変化である。試験を行なってみると新鮮な雪里蕻の搾汁液のpHは大体6.5で、食塩水のpHは普通約7.0である。20日間ほど漬けると気温が低く、食塩の使用量が多い場合はpHは5.5前後に低下し、気温が高く、食塩の使用量が少ない場合はpHは4.5以下に低下する。pHが低くなると鹹雪里蕻は黄色あるいは黄緑色に変色するが、これは明らかに乳酸発酵によるものである。したがって、鹹雪里蕻はむしろ発酵性漬物に分類されるものである。

　一般的に中国漬物は塩漬けと醤漬けの2段階を経て製造される。塩漬けの段階では新鮮野菜100kgに対し、食塩は10～25kg使用するが、1度で塩漬けする場合と数回に分けて塩漬けする場合がある。高塩度で漬ける漬物の例として錦州蝦油小菜を挙げることができるが、本漬物は歯切れが良く、緑色を保つために26％の食塩を使用する。しかし、気温が高く、時間が長くなると酸味と炭酸ガスを生じるようになり、新鮮な緑色は黒緑色あるいは黄緑色に変色する。これは食塩で漬ける際に僅かではあるが発酵が起きていることを示している。

　面餅黄（成曲）醤漬は一般的に食塩濃度20％の下漬原料100kgを用い、60～70kgの面餅黄を加えて醤に漬け込む。醤に漬けると容器の中の下漬野菜が10cm以上持ち上がり、pHが低下するとともにアルコール臭の発生が認められる。これらは明らかに乳酸発酵とアルコール発酵が起きていることを示している。北京、天津、上海、揚州、青島などの漬物で、脱塩した下漬野菜を布袋に入れ、さらに食塩濃度が約14％の面醤に入れ、漬け込むものがある。この醤漬工程において布袋の中にガスが充満し、アルコール臭を呈することがあるが、これも発酵が起こったことを示している。なお、その中から優良な乳酸菌と酵母が分離されている。また、本分類方法では糖醋漬（甘酢漬）を非発酵性漬物に入れているが、不正確と思われる。武漢糖醋薤（甘酢ラッキョウ）を例に挙げると、その製造方法は最初食塩で漬けた後、砂糖に漬けるが、その際、気泡が発生し、pHは6.5から4.5に低下する。これは製造工程において乳酸発酵が起こり、炭酸ガスを生じたことを示している。

　以上、幾つかの例を示したが、この例からも多くの中国漬物には一定の発酵過程が存在していることが理解できる。したがって、中国漬物を発酵性漬物と非発酵性漬物に分類することは妥当ではないと考えられる。

3．製造方法および補助原料に基づく分類

　漬物を製造方法によって分類することが古今東西で行なわれてきた。この分類方法は製造、技術、教育においてとても有用な方法である。中国ではまだ乳酸発酵も認識していない時代の北魏の賈思勰が記した「湯菹法」、「鹹菹法」、「卒菹法」、「葵菘蕪菁蜀芥菹法」などは製造方法によって分類したものである。

　現在、多くの地域で漬物を鹹菜、醤菜、糟菜、蝦油菜、糖醋菜などと呼び分けているが、これも製造方法の違いによって分類しているものである。1958年、商業部（国内貿易部）野菜果物製品局が出版した『干，腌，醤菜加工法』では中国の漬物を干製類、腌製類、醤製類とその他の類（蝦油菜、糖醋菜、泡菜など）に分類している。1956年、中華全国供銷合作本社購入局が出版した『民間干菜，腌菜製造法』では漬物を醤菜、鹹菜、糖醋菜、半乾性鹹菜、干菜類に分類した。1980年、華中農学院が中心となって編集した全国高等農業院校試用教材『蔬菜貯蔵加工学』では漬物を泡酸菜類、鹹菜類（榨菜、冬菜、蕪菜を含む）、糖醋菜類、醤菜類に分類している。

　日本では漬物を甘酢漬（糖醋菜）、塩漬（鹹菜）、醤油漬（醤菜の一部）、粕漬（糟菜）およびそ

の他の漬物の5種類に分けている。その大分類を中分類に分けており，例えば「その他の漬物」は酢漬，芥子漬，麹漬，諸味漬などに中分類されている。この中分類はさらに小分類に分けられており，例えば，味噌漬には大根味噌漬，ナス味噌漬，キュウリ味噌漬，生姜味噌漬，山ゴボウ味噌漬，山菜味噌漬などに小分類されている。

第2節　漬物の製造方法による分類

現在の中国の状況からみて，漬物は製造方法によって醤漬菜類，糖醋漬菜類，糟漬菜類，糠漬菜類，醤油漬菜類，蝦油漬菜類，清水漬菜類，塩水漬菜類，塩漬菜類，菜脯類，菜醤類の11種類に大分類することが適当であると考えられる。そこで，以下，それらに従って解説する。

1. 醤漬菜（味噌漬に類似）類

醤漬菜類は野菜を主な原料として食塩水あるいは食塩で漬けたものを下漬けとし，それをさらに醤に漬けることによって製造される漬物である。この漬物は使用する醤の種類によってさらに7種類に分類される。

(1) 醤曲酷菜

下漬野菜を甜醤曲（俗称は醤黄，餅黄と言う。日本の甘味噌麹に当たる）とともに漬け込んで製造する漬物である。代表的なものに南通醤瓜，山西醤玉瓜，商丘醤妞瓜，蚌埠醤培瓜，潼関醤笋などがある。

(2) 甜醤漬菜

下漬野菜を脱塩，脱水した後，さらに甜醤に漬けて製造する漬物である。代表的なものに揚州，鎮江，済南，青島，杞県などの醤菜がある。

(3) 黄醤漬菜

下漬野菜を脱塩，脱水した後，さらに黄醤（豆醤ともいう）に漬けて製造する漬物である。代表的なものに北方醤瓜，南方醤蘿蔔などがある。

(4) 甜醤黄醤漬菜

下漬野菜を脱塩，脱水した後，さらに甜醤と黄醤に漬けて製造する漬物である。代表的なものに醤什錦菜，五香蕪などがある。

(5) 甜醤醤油漬菜

下漬野菜を脱塩，脱水した後，さらに甜醤と醤油を混合したものに漬けて製造する漬物である。代表的なものに醤生姜，醤人参などがある。

(6) 黄醤醤油漬菜

下漬野菜を脱塩，脱水した後，さらに黄醤と醤油を混合したものに漬けて製造する漬物である。代表的なものに醤菜瓜などがある。

(7) 醤汁漬菜

下漬野菜を脱塩，脱水した後，さらに甜醤汁あるいは黄醤汁に漬けて製造する漬物である。代表的なものに醤三丁，八宝菜などがある。

2. 糖醋漬菜（甘酢漬）類

糖醋漬菜類は下漬野菜を原料として脱塩，脱水した後，さらに糖，糖液，食酢あるいは糖醋液

（甘酢液）に漬けて製造する漬物である。補助原料の違いにより次の3種類に分類される。

(1) **糖漬菜**

下漬野菜を脱塩, 脱水した後, さらに糖, 糖液あるいは糖に漬けた後, 引き続き蜂蜜に漬けて製造する漬物である。代表的なものに砂糖大蒜（ニンニク）, 蜂蜜大蒜, 砂糖蕗（フキ）漬などがある。

(2) **醋漬菜（酢漬）**

下漬野菜を脱塩, 脱水した後, さらに醋（食酢）液あるい調味醋液に漬けて製造する漬物である。代表的なものに醋薤（ラッキョウ酢漬）などがある。

(3) **糖醋菜（甘酢漬）**

下漬野菜を脱塩, 脱水した後, さらに醋（食酢）と糖（砂糖）を混合して調製した糖醋液（甘酢）に漬けて製造する漬物である。代表的なものに糖醋薤（甘酢ラッキョウ）, 糖醋蘿蔔（大根甘酢漬）, 糖醋蕗（フキ甘酢漬）などがある。

3．蝦油漬菜類

蝦油漬菜は主に中国北方の沿岸近辺で製造されている漬物で, 下漬野菜あるいは野菜を新鮮な蝦油（エビ塩辛の上澄み液）に漬けて製造する漬物である。代表的なものに錦州蝦油什錦小菜, 蝦油黄瓜（キュウリ）, 蝦油芹（セリ）などがある。

4．糟漬菜（粕漬）類

糟漬菜類は主に中国長江以南で製造されている漬物で下漬野菜を脱塩, 脱水した後, さらに酒糟（酒粕）あるいは醪糟（諸味粕, もろみかす）に漬けて製造する地方的な漬物である。この漬物は地方の消費習慣と気候の影響により, 酒糟漬菜と醪糟漬菜の2種類に分けられる。

(1) **酒糟漬菜（酒粕漬）**

この漬物は下漬野菜を原料とし, 新鮮な酒粕と酒, 食塩および香辛料を混合して作った調味床に漬けて製造する漬物である。代表的な漬物に糟瓜, 獨山塩醋菜などがある。

(2) **醪糟漬菜（諸味粕漬）**

この漬物は下漬野菜を原料とし, 醪糟および調味料, 香辛料を混合して調製した調味床に漬けて製造する漬物である。代表的なものに福建糟瓜などがある。

5．糠漬菜類

糠漬菜類の生産地は狭く, また生産量や種類も少ないが, その製造方法が独特であることから独立して分類している。この漬物は下漬野菜を原料とし, 米糠と香辛料を混合したものに漬けて製造するものである。代表的なものに米糠蘿蔔などがある。

6．醤油漬菜類

醤油漬菜類は下漬野菜を原料とし, それらを脱塩, 脱水した後, 醤油, 香辛料および調味料を混合して調製した調味液に漬けて製造する漬物で, 種類, 生産量ともに多く, 中国の漬物の中で主要なものの1つである。代表的なものに五香蕪, 榨菜蘿蔔, 辣油蘿蔔糸, 醤三仁, 醤海帯糸（千切り昆布甘味噌漬）などがある。

第2節　漬物の製造方法による分類

7．清水漬菜類

清水漬菜の特徴は製造過程で食塩を使用しないことである。新鮮な野菜を原料とし，清水で生のままあるいはブランチング後，乳酸発酵により製造する漬物である。中国の東北および華北地域ではこの方法により酸白菜を製造している。これらの漬物の多くは家庭で作られる自家製のもので，商品とはなりにくい。代表的なものに熟漬酸白菜，生漬酸白菜などがある。

8．塩水漬菜類

塩水漬菜は生野菜を原料とし，直接，食塩水あるいは食塩水と香辛料を混合した調味液に生のまま，またはブランチングした野菜を漬けて製造する漬物である。代表的なものに泡菜，酸黄瓜，塩水笋などがある。

9．塩漬菜類

塩漬菜は野菜を原料とし，食塩に漬けて製造する漬物である。塩漬菜は貯蔵条件の相違によって3つの形態に分けられる。野菜と漬け液を分けないものは湿態塩漬菜，野菜と漬け液を分離したものは半干（乾）態塩漬菜で，それをさらに乾燥したものが干（乾）態塩漬菜である。代表的なものに鹹雪里蕻，酸笋，鹹大頭菜，蘿蔔干，榨菜，京冬菜，梅干菜などがある。

10．菜脯類

菜脯は野菜を原料とし，果脯（干して砂糖漬にした果物）と同様の方法で製造したものである。代表的なものに糖氷生姜，藕（蓮根）脯，刀豆脯，薤脯などがある。

11．菜醤類

菜醤類（野菜ペースト）は野菜を原料とし，磨砕処理後，食塩添加あるいは無塩のまま調味料，香辛料などの補助原料を入れて製造したペースト状の野菜加工品である。代表的なものに唐辛子ペースト，ニラ花ペースト，トマトペースト，人参ペーストなどがある。

第5章　中国漬物の製造設備

　漬物製造に関連する設備および機器類の整備は現在の中国においてはまだ遅れた状態にある。漬物製造機器類を製作する専門工場が少なく，大部分の設備・機器類はいずれも漬物工場自身が設計し，製作したものである。幾つかの設備・機器類は機械工場で製作されているが，十分なものには至っていない。しかし，近年，小袋包装の発展にともない包装，殺菌機械は大きく発展している。

第1節　工場および容器

1. 晒し場

　晒し場は漬物材料を広げて，整理，洗浄したり，日に晒す（干す）のに使われる場所である。晒し場はセメントで出来ているので漬物材料の損耗は比較的少ない。直接地面を晒し場とするのは衛生上も好ましくない。晒し場の規模は工場の生産量など実態に合わせて作られている。

2. 漬け込み用大型タンク

　地面を掘り下げて作られた漬け込み用大型タンクは中国各地で数多く利用されている。漬け込み用大型タンクの材料には，主なものとしてレンガ，石，鉄筋コンクリートが使われている。漬け込み用大型タンクに漬けることのできる野菜の量は普通，10〜40tほどである。

　1度に40t以上の野菜を漬けることのできる漬け込み用大型タンクもあるが，このようなものは大き過ぎると思われる。一般的には10〜40tの野菜を漬けることのできる大型タンクが望ましく，タンクの深さも2m以内のものが良い。これはあまり深いと圧力がかかり，可溶性の呈味物質が漬物から押し出された状態となり，歩留りにも影響するからである。漬け込み用大型タンクを設備する際は作業車が通行可能な幅を十分に考えて計画を立てるべきである。漬け込み用大型タンクの配置は建物と平行な長方形とするのが良い。その例を図5-1および図5-2に示した。図からもわかるとおり，2つの漬け込み用大型タンクの間には作業車や人が通ることのできる通路を残しておくことが大切である。

　野菜を漬ける方法で塩漬け法を用いる場合には，タンクの端で塩水貯蔵タンクに循環式パイプを接続させるのが望ましい。なお，タンク周辺の地面は一定の傾斜度を設け，適切な排水管を設備しておくことも必要である。

3. 陶磁器製瓶（カメ）

　野菜を漬け込むために大きな陶磁器製のカメを用いることがある。容量は上記の漬け込み用大型タンクよりも小規模であることから，大量の野菜を同時に漬け込むことは困難であるが，大型タンクと異なり，移動することが可能である。また，少量の野菜を漬け込むのに最適で，操作と管理が比較的容易にできる。したがって，工場で少量生産し，その場で販売するような小規模の漬物工場に適している。陶磁器製のカメは安価なだけでなく，衛生的であり，食塩による腐食も

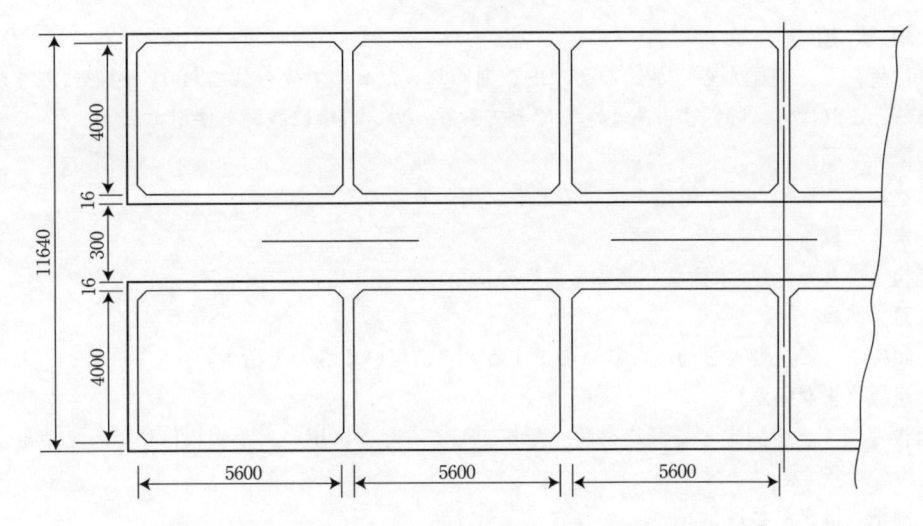

図5-1 漬け込みタンク（コンクリート14cm，保護層2cm）

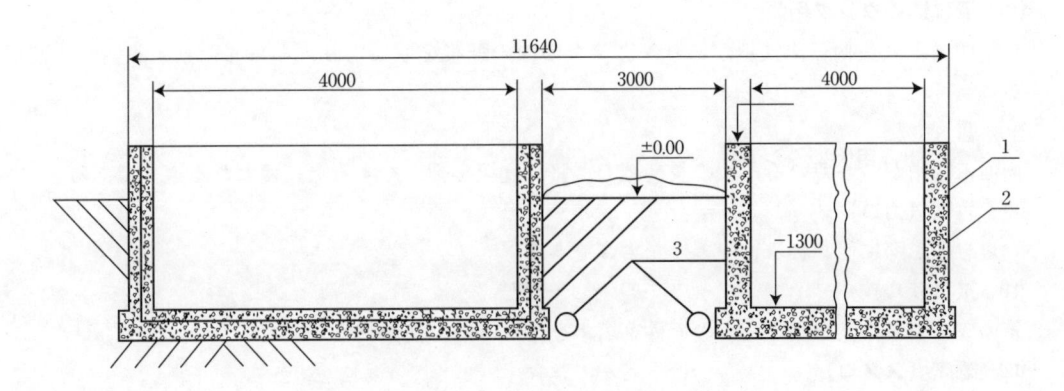

図5-2 40m³漬け込みタンク
漬け込みタンクは原料の下漬けに使用，容積は40m³，タンク間は作業車が通行可能とする。

受けにくい。

4. 木桶

　木桶は杉あるいは栗の木で作るのが良く，桶の形は円筒形のものと上口の直径が大きく底が小さいものとがある。桶の容量は普通カメよりも大きく，大きなものになると2～3tの野菜を漬け込むことができる。木桶は移動するのに便利であるが，使う前に水が漏れないかどうかを予め調べておくことが必要である。漏れている箇所があれば修繕する必要がある。木桶は直接地面に置くと桶の底が腐ることがあるので底に何か物を当てて，若干高くしておくことが必要である。

第2節　製造器具

(1) 瓶用蓋（カメ用のふた）
　カメの口にかぶせる蓋で，ハエや埃（ほこり）の侵入を防止し，漬物製品の衛生を維持する。

(2) 網状蓋

これは竹，葦，高粱から（茎）などの皮を細く割ったもので作られており，円形に編まれたものである。これはカメの口よりも小さくできており，カメの中に置いて使用する。

(3) 重　石

漬け込みタンクやカメで野菜を漬けるときに用いる石のことでる。

(4) 水　具

水柄杓（ひしゃく），水桶など液体を扱うのに用いる道具類。

(5) 刀　具

包丁類のことで，野菜を切ったり，加工するときに用いるものを指す。

(6) 俎板（まないた）

大俎板は加工場で固定して野菜を切ったり加工するときに用い，小俎板は移動して使う場合に用いるものを指す。

(7) 歯耙（はまぐわ）

短柄四歯耙，短柄二歯耙があり，醤漬物を撹拌する際に使用する。

(8) 漬け込みタンク用耙

長柄四歯耙，長柄三歯鉄耙があり，タンクの中の野菜を取ったり，ならしたりする場合に使用する。

(9) 醤　耙

両面に四歯がついている木製の長柄耙で，醤，食塩を細かくする際に使われる道具である。

(10) 竹篭（カゴ）

食塩を運ぶ際に使われる竹で編んだカゴである。

(11) 笊（ザル）

笊の底に小さな穴を開けたもので砂と塩水を分けるのに使われる。

(12) 晒席（スノコ）

竹で編んだもので，その上で風を通して晒すのに用いる。

(13) 晒架（さらしだな）

竹棒架，木棒架，鉄棒架など漬物製品を晒すために使われる棚である。

(14) スコップ

鉄製でカメや漬け込みタンクの製品を取り出す時に使う。

(15) 篩（ふるい）

漬け込みタンク，カメの中のゴミを分離する際に用いる。

(16) 針　具

紅（赤）白大根を串に通し，晒す時に用いる小道具である。

(17) 押し車

二歯押し車，四歯押し車，二輪ゴム製押し車，三輪車，木板車があり，漬物原料や製品を運搬するのに用いる常用の道具である。

(18) 肩　具

天秤棒，鉄鈎，紐などの道具の総称で，押し車が使えないような狭い場所で作業する際に使用すると便利な道具類である。

(19) 水管（ホース）
　水管は工場内の清掃に使われたり，漬け込みタンクやカメの中に水を入れるのに用いられる。水管はゴム製品であるから長さを自由に変化させることができて便利である。

(20) 計器類
　糖度，塩度はボーメ度計で測定する。

(21) 漏斗
　金属製漏斗や竹製漏斗があり，漬物製品を包装する際に使用する工具である。例えば，干し大根，油鹹大根，八味野菜などを小瓶に入れるときに使用する小型の道具である。

(22) 木棒
　漬物をカメの中に入れる際に使う道具で，隙間のないように木棒でつきながら野菜を押し込むのに用いる。

(23) 葦席（アシで編んだムシロ）
　漬物野菜の水分を減らすときに用いる。

(24) シャベル
　シャベルは車から野菜を降ろすときに使う道具である。例えば，ラッキョウ，ニンニク，赤（白）大根をシャベルで地面に降ろし，晒す際などに使う。

(25) 台秤（だいばかり）
　漬物の原料などの重量を正確に量るのに使用する。

(26) 磁器製の壺（容器）
　磁器製の壺は食用油，白糖，紅糖などの副原料や調味料を保管するのに用いる容器である。

(27) 磁器製の蓋
　石膏（セッコウ）で塗りかためて壺の口を密閉するための用具である。

(28) 磁器製の茶碗
　磁器製の茶碗は香料，五香粉，唐辛子粉，白酒など漬物の副原料として使われるものを収納するのに用いられる。

第3節　設備・機器類

　中国の漬物工場はいずれも家内手工業的なものから発展してきたが，近年，製造規模，製造設備，品質に関して大きな進歩が見られるようになった。中国の各地域で相次いで漬物製造用機器類が作られたが，それは漬物の生産効率を高め，労働者の負担を軽減することとなった。しかし，一部には，機器類に統一性がなく，粗悪なものもあり，改善の必要性がある。
　ここでは中国の漬物工場で見られる一般的な設備，機器類について述べる。

1．野菜洗浄設備

　大量の野菜を処理する野菜洗浄設備はまだそれほど普及しておらず，少量のものを個別に処理しているのが現状である。例えば，武漢漬物工場ではラッキョウを洗うときには振動篩シャワーを使用している。また，広州漬物工場では生姜を洗浄する際は回転式の洗浄機を用い，また，別の地方ではパイプ式洗浄機やシャワー洗浄機を使用している。一例として斜底野菜洗浄タンクとチェーン式昇降機（**図5-3**）を用いた洗浄方法について説明する。斜底野菜洗浄タンクの面積は

第5章　中国漬物の製造設備

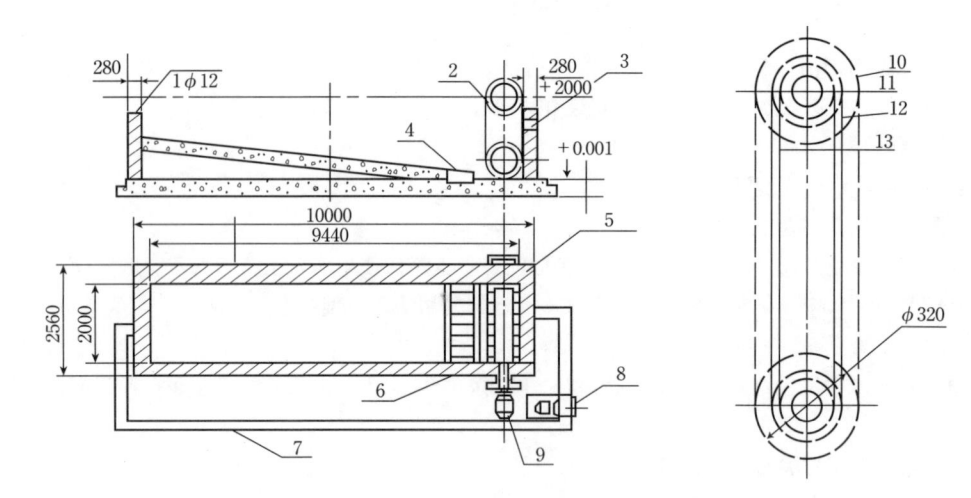

図5-3　チェーン昇降式野菜洗浄機
1．コンクリート　2．チェーン式昇降機　3．溢水管　4．沈泥槽　5．モルタル，保護層
6．排水管　7．亜鉛メッキ管　8．ポンプ
説明：チェーン昇降機の回転速度は70〜80rpm

約18m^2，容積は約10m^3，処理量は6〜10t/時で，タンクには水の循環設備，給水，排水設備が整えられている。洗浄方法は野菜を洗浄タンクに浸けた後，循環高圧水で洗浄を行ない，チェーン式昇降機を用いてタンクの外部に洗浄の終わった野菜を移動する。

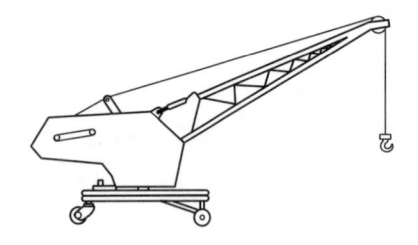

図5-4　クレーン式野菜運搬機

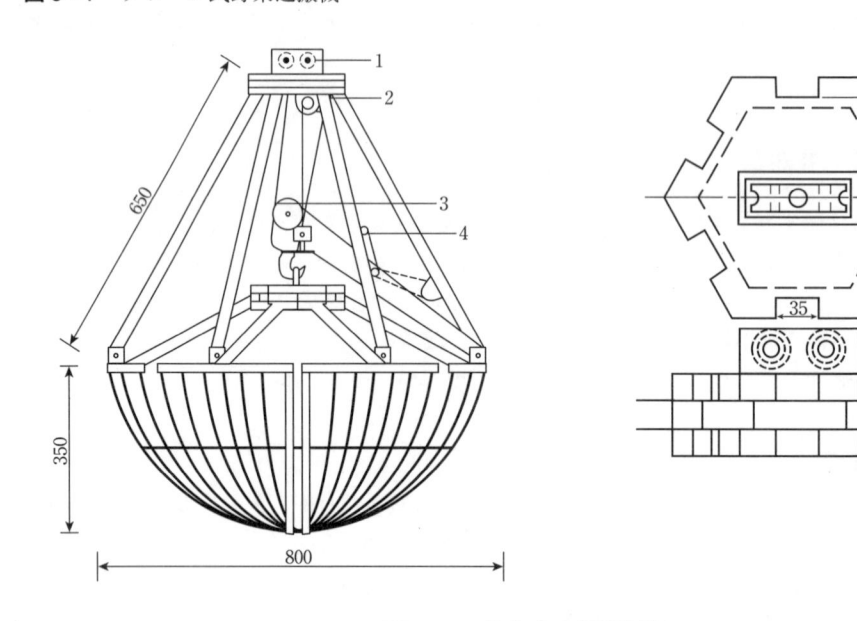

図5-5　蓮花式野菜運搬機
1．鋼線固定滑車　2．上滑車　3．下滑車　4．引張りバネ

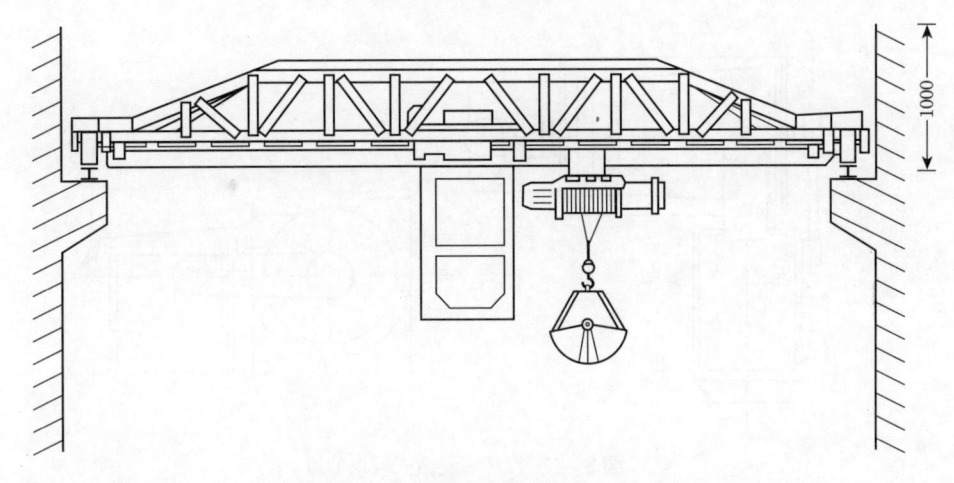

図5-6　単吊蓮花式野菜運搬装置

2. 運搬機

　中国の各漬物工場における野菜の移動装置は大きく改良が行なわれた。例えば，済南漬物工場では鉱山の機械を運搬機に改良し，1度に200〜250kgの野菜原料の運搬を可能にした。上海の漬物工場ではクレーン式の運搬機（**図5-4**および**図5-5**）を用い，50〜100kgの野菜原料を1度に運搬しているが，これらは非常に効率的である。北京の漬物工場では小型ショベルカーを蓮花式運搬機に改良し，油圧装置を用いた運搬を可能にした。済南漬物工場は工場のスパンが小さいことから大型漬け込みタンクの上を通過する運搬機（軌道活動竜門架行車）を設計，製作し使用している。本運搬機は製作が比較的容易で，タンクの上に設備した空間吊軌道に従って縦横に移動することができるので漬物原料が運搬しやすく，非常に作業性の高いものとなっている。このような運搬機は工場が比較的小さく，狭いような場合に適している。上海の漬物工場の歩行式蓮花吊運搬機は漬け込みタンク内の漬物原料を取り出し，運搬するのに有効である。
　中国の各漬物工場で使われている運搬機には蓮花式と泥斗式の2種類がある。蓮花式は力が適度に平均的にかかることから，下漬原料を損傷させることが比較的少ない。泥斗式は力が集中しやすいことから下漬原料を損傷することがある。

3. 脱塩・脱水設備
(1) 脱塩設備

　下漬原料の脱塩作業は通常，手仕事によって行なわれているため労働のきつい作業である。広州の漬物工場では豆豉の洗浄方法を応用することにより脱塩装置を作製し，使用している。この方法は，漬物の食塩含量によって脱塩時間は異なるが，一般的には約10分間で150kgの漬物を処理することができる。本方法はスクリューを持つバーチャルシャフトを回転させ，下漬原料を強制的に水とともに原料出口よりタンクの外へ排出させた後，振動篩によって水分を分離し，原料貯蔵タンクに移動させる。次に，圧搾機によって脱塩・脱水を行なうものである。なお，本装置の概要を**図5-7**に示した。
　この方法以外の脱塩装置の多くは撹拌タンクの方法を応用したものである。すなわち，下漬野

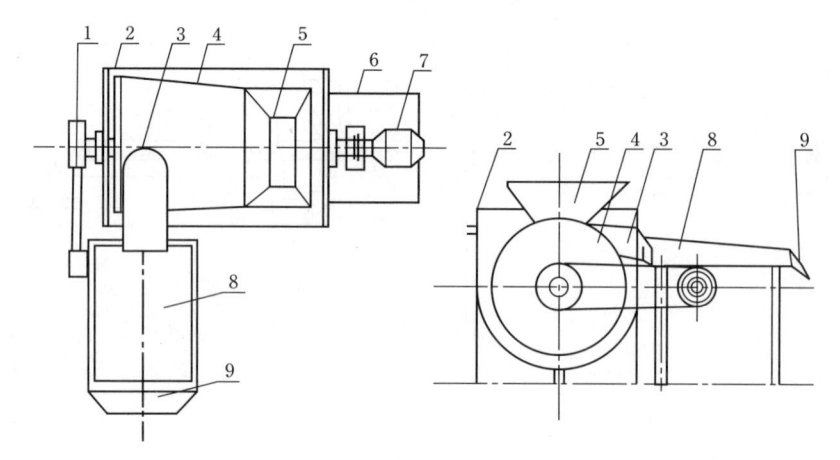

図 5-7　撹拌・浸漬式脱塩装置
1．伝動軸　2．水貯蔵タンク　3．原料出口　4．原料貯蔵タンク　5．原料バケット（油圧機）
6．機械台　7．モーター2 kW　8．分離篩　9．原料出口

菜を平底のカメの中に入れ，水を注ぎながら撹拌を行ない，必要な塩濃度になった時にカメの側面にある口を開き，脱塩した漬物材料を準備しておいた容器に入れる方法である。

（2）**脱水設備**

脱水設備は通常，油圧やスクリューを用いた圧搾法を利用したものが多い。ある地方では真空ポンプを利用した方法を試みている。この方法は原料貯蔵タンクの上部に中蓋を置き，脱水の際は排水後，排水口を閉鎖し，真空ポンプで10～15分間運転することにより，タンクの下部が負圧になるため大気圧により中蓋が下降し，原料が圧搾され，脱水が行われるというものである。しかし，本方法は漬物原料をタンクから取り出すことが困難となる欠点を有している。

ここでは，レバー式木製圧搾機，スクリュー式圧搾機，水圧式圧搾機について紹介する。

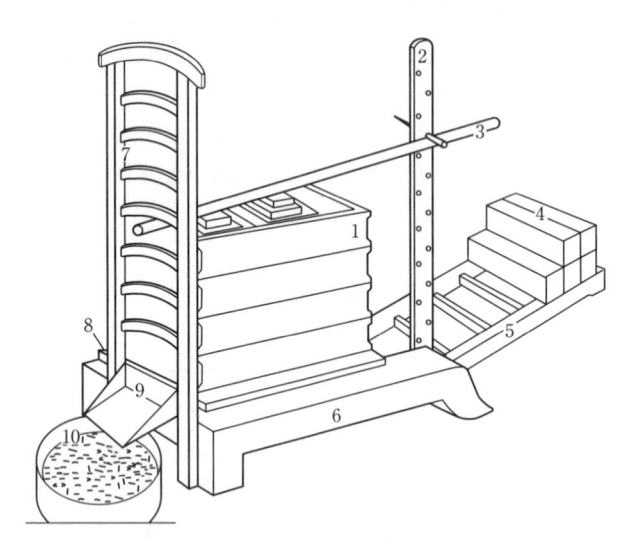

（ア）**レバー式木製圧搾機**

レバー式木製圧搾機の構造は**図 5-8**に示すように簡単である。硬い木材で製作されており，支架，木レバー，底板，木製圧搾箱および加圧棚などで構成されている。レバーは約5 mの硬い木棒で作られており，一端は支架の縦孔に接続され，支点になっている。もう一端は多くの穴を開けた引張りレバーを移動させながら固定することにより圧搾を行なうものである。圧搾箱の上部に加圧板を置き，その板に圧力をかける仕組みになっている。加圧板の圧力は木レバーを通して漬物を加圧し，圧搾する。この圧搾機は労力と時間を要する。

図 5-8　レバー式木製圧搾機
1．木製圧搾箱　2．引張りレバー　3．木レバー
4．加圧板　5．加圧棚　6．圧搾機械棚　7．支架
8．底板　9．水流槽　10．油貯蔵槽

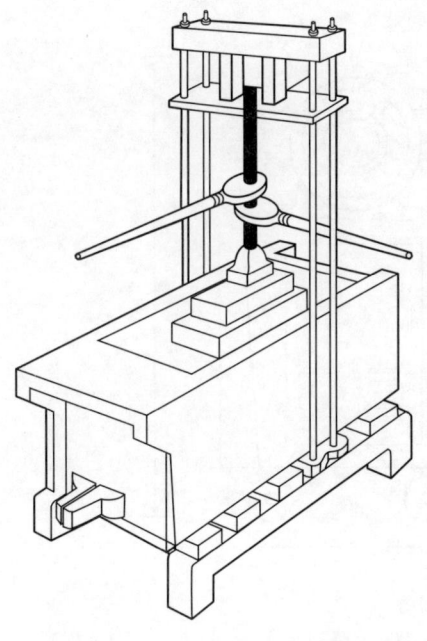

(イ) スクリュー式圧搾機

スクリュー式圧搾機には2種類のものがある。1つはスクリューの回転降下による圧力を直接利用し圧搾するもので，試験用など小規模の場合に用いられるものである。もう1つはスクリュー回転を別のスクリューに伝えて降下させ圧搾するもので，圧搾箱の上に枕木を置き，ジャッキの要領で圧搾するものである。スクリュー式圧搾機は機械としては小さいが，レバー式のものより大きな圧力を生じさせることができる。生じた圧力は一時的なものであるから圧搾された漬物の容積が縮小するに従って圧力も緩和される。したがって，随時，回転させ圧搾力を低下させないようにする必要がある。スクリュー式圧搾機の圧搾箱は木製のものや鉄筋コンクリート製のものもある。一般的なスクリュー式圧搾機を図5-9に示した。

図5-9　スクリュー式圧搾機の一例

(ウ) 水圧式圧搾機

大規模に漬物の圧搾を行なう場合は水圧式圧搾機を用いる。水圧式圧搾機の一例を図5-10に示した。水圧機による圧力は強く，緩急が自在にできる点で優れている。通常の水圧式圧搾機は水圧ポンプ，蓄力機および圧搾機で構成されている。蓄力機は水圧機の効力を十分に発揮させる装置で，水圧ポンプが運転を停止しても蓄力機の内部に圧力を蓄えることができるので連続して圧搾することが可能である。最初に水圧ポンプによって蓄力機のハンマーを高く持ち上げ，それが降下する重力を利用して圧搾を行なうものである。

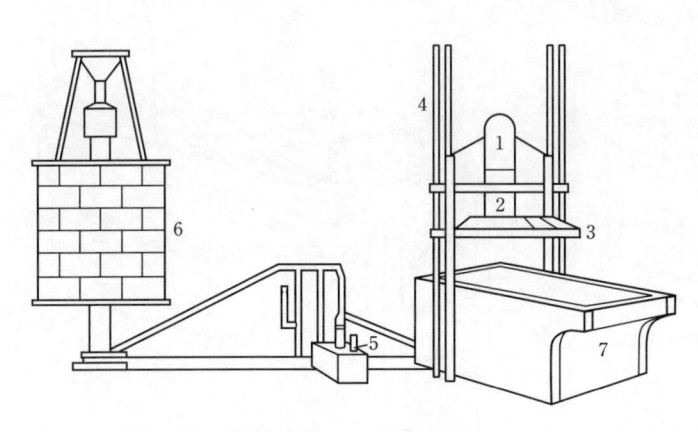

図5-10　水圧式圧搾機
1．ピストン　2．鋼筒部　3．圧搾機蓋板　4．昇降装置
5．水圧機　6．蓄力機　7．圧搾箱

4．漬物整形設備

中国の漬物は様々な形に整形されているが，整形は手作業あるいは機械整形による。現在，漬物の大部分は機械によって整形されている。

(1) 野菜細刻機

中国における野菜の細刻機としては20余りの機種がある。野菜細刻機の多くは賽（さい）の目，千切り，細長状，塊状にカットするもので，1回整形と2回整形（ベルト輸送による）の2種類のタイプがある。1回整形のものの一例を図5-11に示したが，この機械の電力は2kWで重量は

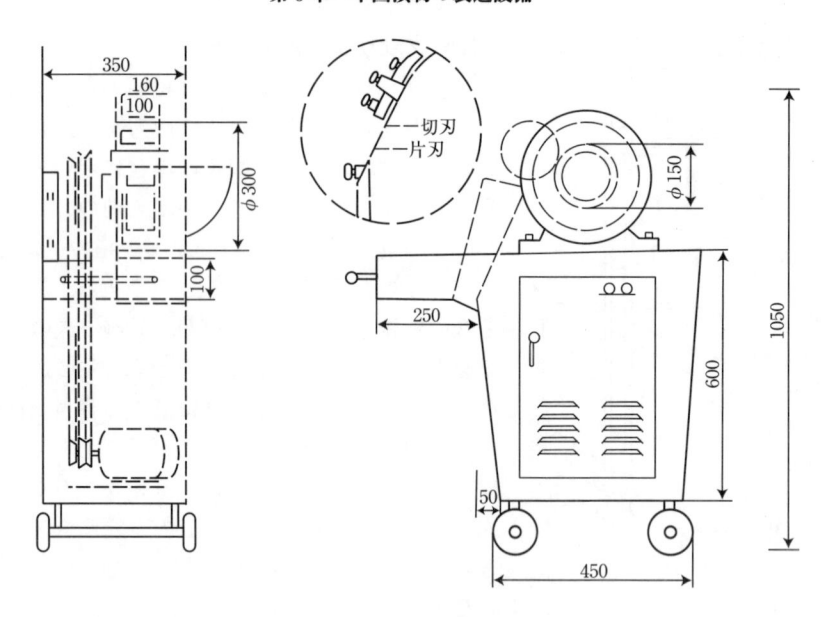

図 5-11　遠心式野菜細刻機
1．モーター1.7kW　2．製造能力2000kg/時

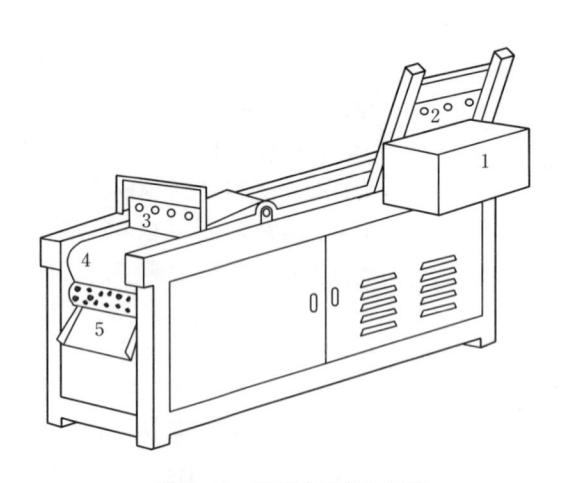

図 5-12　切刃式野菜細刻機
1．原料バケット　2．切刃　3．細刻刃
4．ベルト　5．ブラシ

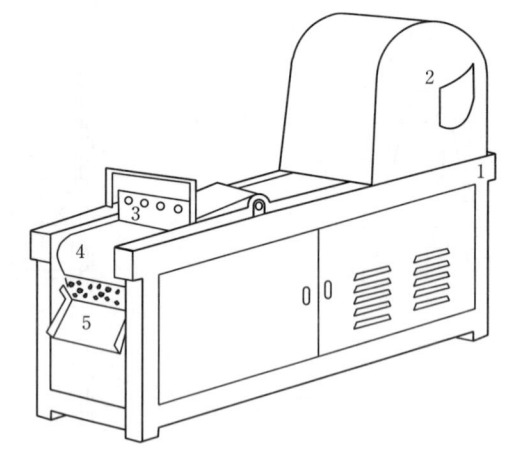

図 5-13　回転盤切刃式野菜細刻機
1．台　2．回転盤　3．細刻刃　4．ベルト
5．ブラシ

約50kgである。細刻能力は野菜1500〜2000kg/時で細刻の形状は千切り，細長状である。2回整形のタイプの細刻形状には斜め切り，刻みなどがあるが，本タイプの一例を図5-12に示した。また，別のタイプの機械では回転盤に細刻刃がついているもの（図5-13参照）や往復運動するカッターのついた細刻機がある。この他にも千切り機，磨砕機，刻み機，円盤式野菜切り機など多種類の細刻機がある（図5-14参照）。

　各地の漬物工場で多種多様な漬物の細刻に対応した細刻機が使われるようになったが，問題点がないわけではない。例えば，現在の野菜細刻機では材質上の問題がある。すなわち，現状の鋼材では錆びやすく，壊れやすいということである。したがって，製品の品質を高めるには細刻機

第3節　設備・機器類

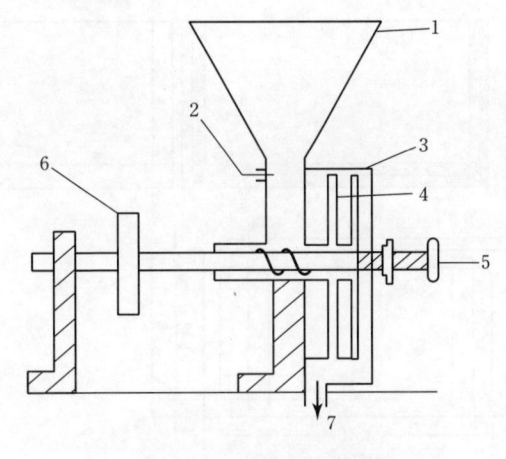

図5-15　縦型電動磨砕機
1．原料入口　　2．投入筒　3．固定磨砕部
4．回転磨砕部　5．調節ハンドホイール
6．ベルト　　　7．原料出口

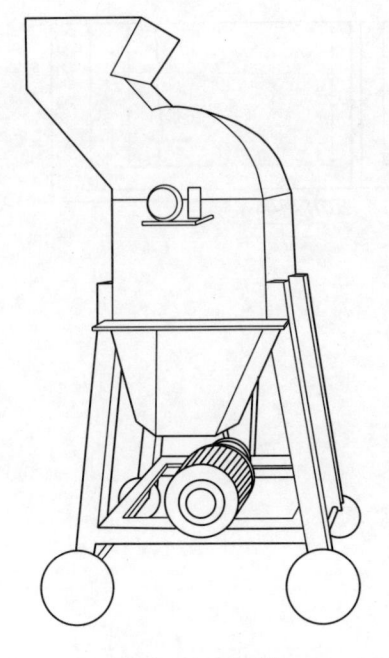

図5-14　刻み機

の装置とカッターの品質を改善する必要がある。すなわち，良質な合金鋼カッターを使用するとともに，ステンレスやプラスチックを用いた細刻機台を利用することが今後，必要となろう。

(2) 電動磨砕機

モーターの回転を利用した電動磨砕機の臼（うす）にあたる部分の材質が石材のものと鋼材のものの2種類があり，磨砕方法別には縦型（図5-15）と横型（図5-16）がある。

(ア) 縦型電動磨砕機

磨砕部となる臼は地面に対して垂直になっている。臼（磨砕部）は2つあり，1つの臼は固定されており，もう1つの臼が回転し，それにより磨砕することができる。磨砕の程度は臼の間の距離を調整することによって変えることができる。縦型電動磨砕機の構造は比較的簡単であり，価格も手頃であること，また，効率的で修理も行ないやすいことから中国では広く利用されている。

(イ) 横型電動磨砕機

横型電動磨砕機の磨砕部である臼は地面と平行になっている。磨砕部は図5-16のように挽き臼台と大傘形歯車を1つの軸に固定させ，もう1つのモーターと連動している小傘

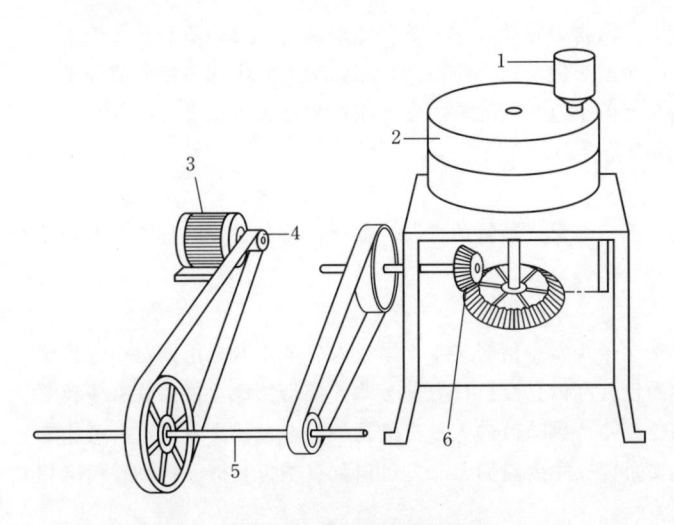

図5-16　横型電動磨砕機
1．原料入口　2．磨砕機　3．モーター　4．ベルト
5．ベルト軸　6．傘形歯車

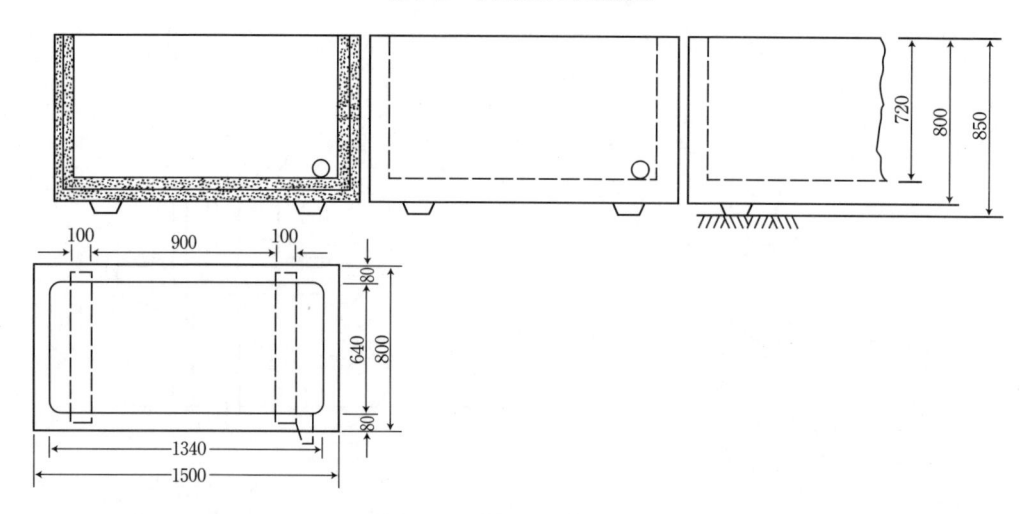

図 5-17　醤菜漬け込みタンク

形歯車の回転を伝達することによって磨砕を行なうものである。
(3) **泡菜（発酵漬物）および醤菜（醤漬物）製造設備**
　泡菜および醤菜の製造に関する設備としてはカメや小漬け込みタンクが必要で，それぞれ下部には排出口を設置したものが良い。一例を図 5-17に示した。
(4) **半乾燥漬物の製造設備**
　半乾燥漬物の製造は以前から工場外で天日干し（晒し）で行なわれてきたが，この方法は大規模で行なう場合には不向きである。したがって，ガラス室を用いた乾燥方法が望まれる。この方法によればコストもあまりかからず，比較的衛生的な環境で乾燥作業を行なうことができる。条件が整えば乾燥熱風を送って乾燥させる方がより効率的である。

5．包装殺菌設備

　中国における消費生活の向上に従って，漬物の包装に対する要望が高まっているが，このような傾向は漬物製造における小包装製品の発展を促した。特に，近年に至り，中国各地の漬物工場では瓶詰製品，プラスチック包装製品などの小包装製品を次々と生産するようになってきた。それを推し進めた背景には包装，殺菌設備の発展がある。
(1) **瓶詰め設備**
　瓶詰め設備は空瓶消毒器，瓶洗浄器，チェーン式蒸気消毒器，蓋回転器および冷却器などから構成されているものが多い。
(2) **プラスチック製小包装設備**
　近年，中国国内では積層プラスチックフィルムや積層アルミニウムフィルムを用いた小包装が行なわれるようになってきた。これらの包装品は見た目にも美しく，携帯にはなによりも便利である。本包装では半乾燥漬物製品だけでなく，調味液の入った漬物製品を包装することも可能であり，また，保存期間も長い。本包装に必要な主要設備としては自動真空包装機，自動殺菌冷却装置，充填機，口封機などがある。

第 3 節　設備・機器類

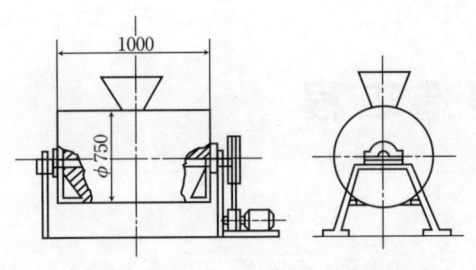

図 5-18　面粉（小麦粉）蒸煮撹拌機

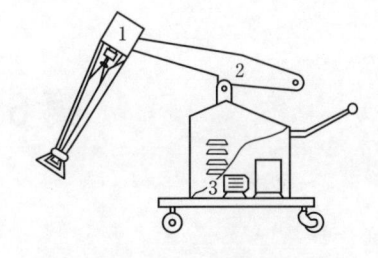

図 5-19　苦塩撹拌機
1．撹拌モーター1.1kW　2．伸縮アーム
3．伸縮アーム用モーター0.5kW

(3)　面醤（小麦粉を原料とした液状味噌）製造関連機械設備

(ア)　面粉（小麦粉）蒸煮撹拌機

本機は中国各地で幅広く使用されている機械で図5-18に示す格好をしている。機械の形状は異なるものも多いが，構造原理および稼働原理は基本的に同じである。製造能力は250〜500kg/時である。これを用いて製造された醤は比較的品質も良い。電力は3〜5.5kWである。

(イ)　製曲機

図 5-20　面醤撹拌機
1．小車　2．溝形鋼　3．スクリュー撹拌機
4．縦向伸縮ネジ　5．複線車棚　6．横向前進輪
7．縦向前進輪

製曲（製麹）は通風製麹装置を用いる場合と自然製麹による場合がある。通風製麹装置を用いる場合の製麹槽は普通2〜8m，高さは20〜50cmのものを使用しているが，その規模は必要な生産量によって決まる。

(ウ)　苦塩（塩水）撹拌機

苦塩の製造は機械撹拌によって行なわれている。一般的な撹拌機を図5-19に示した。

(エ)　面醤発酵設備

面醤発酵は現在，中国各地の工場で行なわれているが，発酵槽のあるガラス室を設置し，太陽エネルギーを利用した保温設備のもとで製造されるようになった。面醤発酵槽の容量や構造は生産量によって異なるが，ガラス室はできるだけ広い採光面積を確保できるよう設計することが必要である。ガラス室の高さは一般的に2.5〜3mが良く，内部は空調設備を取り付け，新鮮な空気と適切な温度を保ち，面醤の発酵が順調に進行するようにしておく必要がある。

(オ)　面醤破砕機・面醤撹拌機

面醤破砕機は比較的硬めの面醤を均一化するのに使用し，面醤撹拌機は一般的に甜面醤（甘味のある醤）を撹拌，均一化する際に使用する。撹拌機の構造は簡単で通常1.5kWのモーターを動力として使用する。なお，撹拌機を使用する場合，発酵タンクの上に2本の溝形鋼を設置し，その軌道上を撹拌機を移動させながら撹拌を行なうことも可能である。その例を図5-20に示した。

(カ)　面醤移送ポンプ

面醤の移送は吸い取り式，遠心式あるいはポンプ吸い上げ方式によって行なわれているが，その効果はいずれの場合も良好である。

第6章　製造工程

　現在，中国では約1000種類の漬物が製造されているものと思われるが，それらの製造工程は各種各様である。したがって，漬物の外観，形状および風味もそれぞれ異なった特色を持っている。漬物の品質と製造工程とは密接な関連を持っているが，本章では漬物製造における共通性のある問題について述べ，次章より中国各地で製造されている特徴的な数多くの漬物についてそれぞれ紹介する。

第1節　漬物原料および補助原料の選択基準

1．漬物原料の選択基準

　漬物を製造するための主要な原料は野菜であるが，それらの品種，規格，品質および収穫時期は漬物の品質と極めて密接な関係を持っている。したがって，漬物を製造する際は原料野菜の品質について十分に検討する必要がある。品質の悪い原料野菜を用いて漬物を製造した場合は漬物の品質を低下させるだけでなく，経済的にも大きな損失を招くことになる。

　漬物に用いられる原料野菜は新鮮で，肉質は緻密で軟らかいものが良い。一方，繊維質が強すぎるものや，病害虫に侵された野菜は製造には向かない。漬物に適した原料野菜を選択する目安として以下のことを挙げることができる。

(1)　品　種

　同じ原料野菜でもそれぞれの漬物に適した品種がある。例えば蘿蔔（大根）は青大根，白大根，象牙白大根，二十日大根などに分けられるが，それぞれに適した漬物がある。したがって，漬物を製造する時期，漬物の種類に応じた品種を選択することが大切である。例を挙げると砂糖漬大蒜（ニンニク）や白玉大蒜粒の粕漬を製造する場合は赤皮大蒜を用いるべきで，白皮大蒜を用いることはあまり好ましくない。

(2)　規　格

　漬物の原料野菜の大きさ，長さ，重さ，形態などの規格も製造に大きな影響を及ぼす。例えば，醤漬黄瓜（キュウリ）に適した黄瓜は長さが15～17cm，直径は2cm程度のもので，曲がりや色ムラのないものを選択する必要がある。一方，錦州蝦油小黄瓜の場合は長さが3～5cm，直径0.4cmで，頂花，刺（とげ）があり，0.5kgで約320本位となる小黄瓜を選択する必要がある。また，輸出用の民田小茄子は1個当たり10g程度のものを選択すべきである。このように漬物の種類に応じた規格に適した原料野菜を選択していくことが肝要である。

(3)　季　節

　原料野菜の植え付け時期や収穫時期が異なると色合いや品質に違いが見られる。例えば夏の黄瓜（伏黄瓜）は旨味が少なく，歯切れもあまり良くない。また，水分が多いので組織が軟らかくなる傾向がみられるが，秋に収穫される黄瓜は逆の性質を持っている。どの季節に成熟する野菜が漬物に適しているのかを理解し，季節に合わせた野菜や品種を選択する必要がある。

(4) 成長時期

野菜は成長時期により，品質，味，外形，色合いなどが異なる。例えば，若い時期の茎藍（球茎甘藍，コールラビ）の表皮は青緑色を呈し，内側は白色で網状紋がないが，時期を経過したものの表皮は灰白色を呈し，肉質は黄白色で組織も粗く，網状紋が多く出るようになる。したがって，漬物に使う原料野菜は若い時期の野菜を選択するのが良い。漬物は野菜を貯蔵する手段の1つであることから，成長適期を過ぎた野菜を使って製造した漬物は品質の悪いものになる。

(5) 色合い

色合いは主に漬物原料として有色野菜（黄瓜，隠元豆，芹，人参など）を選択する際の目安となるものである。一般的にはまだ若い新鮮な時期の方が色合いが良いことが多い。例えば，黄瓜は緑色がきれいで新鮮なものを選択すべきである。黄色化や白色化が進んだ黄瓜は使用しない方が良い。

(6) その他の注意事項

野菜に時々，斑点状のものが出現し，商品性を損なうことがあるが，漬物に用いられる野菜においても同様に斑点のあるものはなるべく避けることが必要である。また，カビのはえているものや腐敗がみられるものは当然のことながら使用を控えるべきである。

2．補助原料の選択基準

漬物を製造する際は主要原料の野菜の他に様々な補助原料が使用されている。補助原料の使用目的は漬物の風味や品質を高め，製品の保存期間を延長させることにある。

漬物の味覚は酸，甘，苦，辛，鹹（塩）味の5つの味のバランスから成り立っている。その味を作りだしているのは様々な香辛料，調味料であり，したがって，漬物に適した補助原料を選択することは極めて重要なことである。

(1) 食 塩

漬物に使用する食塩の選択については第3章の第1節を参照されたい。

(2) 水

漬物を作る際に使用する水は飲料水の基準に合っていることが必要である。したがって，河川水，湖水，井戸水などを使用する場合は飲料水の基準に合っているかどうかを検査し，合格して初めて使用することができる。

(3) 調味料

調味料の品質の良否は直接，漬物の良否に結びつくことから，それぞれの漬物に適した調味料（甜醤や醤油などの調味料）を選択することは極めて重要である。したがって，低級な調味料を用いれば低級の漬物しか製造できない。

(4) 香辛料

香辛料は漬物に特有の風味を付与する副原料である。カビの生えていないものを選択する。カビの生えているものを使用した場合は香味が付かないだけでなく，漬物の風味を損ねることになるので大きな影響が出る。特に影響が大きいのは少量で香味の強い香辛料の類である。

(5) 甘味料

甘味料には砂糖などの天然由来の糖類と人工甘味料がある。人工甘味料であるサッカリンの使用はなるべく控えるべきである。添加せざるを得ない場合も必要最小限にとどめ，制限量以下になるよう厳しく制御する必要がある。

(6) 保存料

使用できる保存料は国家基準で認められているものに限られる。また，その使用量は規定の範囲内にとどめることが必要である。過剰に添加した場合は健康を損ねることになる。

(7) 着色料

漬物を作る際に使用する着色料は可能なかぎり天然由来のものを用い，合成着色料の使用を少なくする。なお，合成着色料の場合は制限量以下の使用にとどめる必要がある。

第2節 野菜原料の前処理

漬物に使われる野菜原料は通常，使用する前に前処理が行なわれる。

1. 野菜原料の洗浄，整形および細刻

(1) 洗 浄

収穫された野菜には多くの土壌が混入しているが，土壌の他にもさまざまな夾雑物，微生物や虫卵などの有害物が付着している。したがって，良質な漬物を製造するためにはそれらの汚染物を除去，洗浄することが前処理として必要になる。洗浄は手作業あるいは洗浄機により行なわれるが，洗浄の終わった野菜原料は次に食塩で漬けられることになる。

(2) 整 形

野菜原料には一般的に漬物を製造する上で不要となる部分（根，ひげ根，葉など）があるのでそれらを除去することが前処理として行なわれる。例えば大根のひげ根の部分は不要となることから漬ける前に除去することが行なわれる。

(3) 細 刻

野菜原料はそのままの形態で漬けられることもあるが，細刻してから漬けることが一般的に行なわれている。例えば四川榨菜は大きな塊となっているので，数個に切り分けてから漬けられる。そうすれば干す時にも脱水しやすくなる。また，干し大根漬物を製造する際は漬ける前に前処理として細長い形状に細刻されるのが普通である。

2. 野菜外皮の処理

一部の野菜の外皮はセルロースが緻密で硬いものがあったり，ロウ物質で覆われているものがある。このような野菜の場合は食塩が浸透しにくいので，外皮に軽く傷をつけることによって食塩を浸透しやすくすることがある。例えば，唐辛子を漬ける前に微小な孔をあけて漬け込むことが行なわれる。また，外皮に渋味や苦味のある野菜の場合も外皮を除去してから漬けられる。茄子（ナス）の醬漬を製造する場合に茄子の表面に無数の傷を付けてから塩漬けすることも行なわれている。

3. 野菜原料のブランチング

ブランチングとは新鮮な野菜原料を熱水や熱蒸気に一時的に晒す操作のことである。熱水の温度は沸点に近い温度が普通で，処理時間は野菜の種類，軟らかさ，形状などによって異なるが，通常2～10分間行なわれる。ブランチングの後は直ちに冷水を用いて冷却し，余熱が残らないようにすることが大切である。このブランチングにより，外皮は軟化し，また，粘性物質など表面

を覆っている物質が除去されるため塩漬けしやすくなる。ブランチングを行なってから漬けた方が良い野菜原料の例として白玉大蒜粒（ニンニク）がある。白玉大蒜粒は塩漬けする前に熱水中で6～7分間ブランチングを行ない，すぐに冷水で冷却することが行なわれている。野菜原料をブランチングする利点は以下のとおりである。

(1) ブランチングにより野菜原料の外皮表面の細胞が死滅し，ペクチンは可溶性となる。また，細胞組織内に少量含まれていた空気が押し出されることにより食塩の浸透が良くなる。さらに，組織の弾力性が増加するとともに色も鮮やかになる。

(2) 原料野菜をブランチングすることにより，酸化酵素を失活させることができるので，酸化の進行を抑制することができる。

(3) 苦味や渋味の強い野菜原料においてはブランチングにより，それらの風味を改善することができる。

(4) ブランチングにより野菜原料の表皮に付着している微生物数や虫卵を減少させることができる。

(5) 緑色野菜をブランチングする際，湯の中に少量の炭酸水素ナトリウムなどを加え，アルカリ性にした状態で行なうことによって緑色を保持することができる。

(6) ブランチングにより野菜原料の歯切れを向上させることができる。

なお，長時間のブランチングは野菜に含まれているビタミンCを破壊することになるので，野菜の種類に応じて，なるべく短時間で行なうようにすることが望ましい。

4．香味の増強と除毒

一部の野菜原料では漬ける前に香味を増加させる目的から野菜を妙めることが行なわれる。また，あるものは長時間，水に晒して毒素成分を除去してから漬けるものもある。例えば杏仁（アンズの種子）の中の配糖体（グリコシド）は毒性物質であることから，これを除去するために長時間，水に晒すことが行なわれている。

第3節　補助原料の前処理

1．食塩水の製造

食塩は漬物の主要な補助原料で，そのまま原料野菜にまぶして使用するのが普通であるが，場合によっては食塩水の状態で使用される。食塩水を製造するには撹拌しながら食塩を溶解させる方法，食塩に水を注ぐことによって製造する方法，循環させながら食塩を注いでいく方法などがある。食塩の溶解度は温度の影響が小さいことから加熱する必要はなく，常温下で溶解させる（**表3-1参照**）。以下に食塩水を製造する各種方法について述べる。

(1) 撹拌しながら食塩を溶解させる方法

この方法は食塩を溶解させるのに時間がかかるだけでなく，飽和に達しにくいなど，あまり効率的な方法ではない。したがって，大規模に漬物を製造しているところではあまり利用されていない。この方法は少量の食塩水を調製する場合にだけ利用される。

(2) 食塩に水を注いで製造する方法

この方法は漬物製造工場において最もよく利用されている食塩水の製造方法である。本法は竹製のカゴに入れられた食塩に水を少量ずつ注ぎながら，食塩水を製造する。カゴの中の食塩が減

少するのに合わせ，食塩を追加していく。このようにして製造された食塩水は竹カゴの下に置かれた容器あるいは直接漬け込みタンクに貯蔵される。この方法を用いるとほとんど飽和状態に近い食塩水を得ることができる。こうして出来た食塩水を利用して原料野菜が漬け込まれる。塩漬野菜を漬けるときの食塩水の食塩濃度は飽和溶液濃度よりも低いことが多いが，この場合は飽和食塩水に一定量の水を加えて調整する。

(3) 食塩水を循環させて製造する方法

食塩水を循環させて製造する方法は次のとおりである。野菜漬け込みタンクの一端に食塩水を貯めておくタンクを設置するが，そのタンクの上部には食塩水を製造する道具を置く。そこに，水を注ぐことによって食塩を溶解させ，食塩水が製造できるようになっている。使用する際，はまず最初に食塩水を製造し，タンクに食塩水の量が一定量に達したら，塩水ポンプで食塩水を吸い上げて野菜漬け込みタンクに輸送する。漬け込みが開始されると食塩水の浸透圧によって野菜の水分が出てくるので食塩水の水分が増加し，食塩濃度は徐々に低下することになる。

漬け込みが終了すると野菜漬け込みタンクに設置してある栓を開け，食塩濃度の低下した食塩水を地下溝を通して食塩水製造タンクに循環させる。循環されてきた食塩水に再び食塩濃度の高い食塩水を加えて濃度調整を行ない，再度，野菜漬け込みタンクに塩水ポンプを通して輸送する。このようにして繰り返して食塩水を循環させて使用する方法が循環法である。食塩濃度を表現するのには食塩含有濃度，比重，ボーメ度に基づく方法などがあるが，それらの相互関係について**表6-1**に示した。

2．香辛料の再加工

香辛料はそのまま使うこともあるが，何らかの加工を行なったものを使う場合が多い。ここで

表6-1 食塩含有濃度，比重およびボーメ度の関係

ボーメ度 (15℃)	比重	含有 食塩%	塩水100 mL中g	ボーメ度 (15℃)	比重	含有 食塩%	塩水100 mL中g
1	1.0069	0.95	0.96	19.0	1.1516	20.07	23.11
2	1.0140	1.95	1.96	19.1	1.1525	20.18	23.25
3	1.0212	2.93	2.99	19.2	1.1534	20.29	23.40
4	1.0285	3.93	4.01	19.3	1.1544	20.40	23.55
5	1.0358	4.94	5.13	19.4	1.1553	20.51	23.70
6	1.0434	5.96	6.23	19.5	1.1562	20.63	23.85
7	1.0509	6.98	7.34	19.6	1.1571	20.74	24.00
8	1.0587	8.02	8.49	19.7	1.1580	20.85	24.14
9	1.0665	9.08	9.68	19.8	1.1590	20.96	24.29
10	1.0745	10.15	10.91	19.9	1.1599	21.07	24.44
11	1.0825	11.20	12.13	20.0	1.1608	21.18	24.59
12	1.0907	12.28	13.40	20.5	1.1655	21.75	25.35
13	1.0990	13.36	14.68	21.0	1.1702	22.32	26.12
14	1.1074	14.47	16.02	21.5	1.1750	22.91	26.92
15	1.1166	15.59	17.40	22.0	1.1793	23.49	27.70
16	1.1256	16.67	18.77	22.5	1.1874	24.08	28.53
17	1.1335	17.78	20.15	23.0	1.1896	24.67	29.35
18	1.1425	18.92	21.62	23.5	1.1945	25.27	30.19
18.5	1.1471	19.40	22.25	24.0	1.1994	25.86	31.02

はその加工法について述べる。
(1) 塩漬
品質の良い塩漬品を得るには新鮮な原料をなるべく早く塩漬にして保存する。その後，必要な時に取り出し使用する。例としては生姜（ショウガ）や青山椒（サンショウ）を挙げることができる。
(2) 粉末
原料となる香辛料に混ざっている夾雑物を取り除いた後，香辛料を単一あるいは混合した状態で挽き臼を用いて粉末状にする。粉末にする作業は一般的に常温下で行なわれる。例としては生姜粉，山椒粉，五香粉などがある。
(3) ペースト状
新鮮な香辛料をそのままペースト状に磨砕したり，乾燥した香辛料に水を加えてからペースト状にする。例を挙げるとおろしニンニク，芥子醬，唐辛子醬などがある。
(4) 浸出
1種類の香辛料あるいは混合物を水に浸け，その浸出液を利用する場合がある。方法は以下のとおりで，まず最初に香辛料を水に浸けた後，ゆっくり弱火で加熱し，香味成分の浸出を行なう。しかし，沸騰するまで加熱してはならない。沸騰させると香味成分が大量に散逸するからである。次に，火から下ろして冷却後，濾過により浸出液を得る。香味成分を含んだ浸出液は密封容器に収納する。また，香辛料をガーゼなどに包み，90℃前後の湯に4～6時間程度浸漬し，香味成分を得る方法もある。得られた浸出液は濃いめのものを作っておき，漬物の種類に応じて調整して使用する。このような香味成分の入った浸出液を用いて漬物を漬けることにより，香味の付与されたより質の高い漬物を製造することができる。
(5) 醸造酢を用いた香辛料浸出液の調製
これは香辛料を醸造酢あるいは酢酸に浸けることによって香気成分を含んだ浸出液を作る方法である。
(6) 精油の製造
精油は様々な香気成分を有する植物から得ることができる。外国では各種精油を何十種類も抽出しているが，中国でもその精油製造技術は急速に進歩している。精油は香辛料をそのまま使用するよりも衛生的であるとともに使用法が便利であることなど利点が多い。精油を抽出する方法で一般的に行なわれているのは蒸留法で，蒸気を用いて精油を抽出する。常圧で行なうこともあるが，真空条件下で行なう方が回収率が良く，効率的である。溶液抽出法は香辛料を有機溶媒中に入れ，香気成分を抽出後，溶媒と香気成分を蒸留によって分離することによって精油を得る方法である。
(7) 香味調味油
香味調味油は香辛料を食用油の中に入れ，1度火を通したものである。山椒油や唐辛子油などがこれに入る。

3．漬け液の製造
漬物製品の品質を高めるには漬け液の浸透を速やかに行なうことが必要である。そのためには予め醬などの漬け液を調製しておくことが大切である。
(1) 醬液の調製
古くから行なわれてきた伝統的な漬物の作り方は，布袋に塩漬野菜を詰め，それを醬の中に漬

け込むものである．しかし，近年，経験を積み重ねることによって，新しい醤漬法を創り出してきた．この方法は伝統的な方法よりも漬け込み方が容易で，製造周期も短く，また，コストが低いだけでなく，品質も安定しているなど多くの点で優れた方法である．本法は具体的には以下のとおりである．最初によく醸造された天然発酵の醤100kgを布袋に入れ，圧搾により50kgの1回目の醤液を得る．次に，残った醤のオリに新たに80kgの醤を加え，均一になるようよく撹拌した後，もう1度圧搾を行ない，70kgの2回目の醤液を得る．さらにこの残った醤のオリに13°Bé(ボーメ度)の食塩水を80kg入れ，均一になるように撹拌してから圧搾すると3回目の醤液を得ることができる．1回目の醤液は高級漬物向けに使われる．2回目の醤液は通常の漬物向けである．また，3回目の醤液は最初の醤のオリに加えられるので，これら一連の操作は繰り返して行なわれるわけである．

(2) 糖液の製造

各漬物の需要に応じた濃度を有する糖液を調製する．糖液の調製は通常加熱によって行なわれる．特に濃度の高い糖液を調製する場合は砂糖を水の中に入れた後，熱蒸気あるいは水を直接加熱することによって溶解させ，冷却した後，野菜の漬け込みに使用される．

第4節 漬物製造法の概要

中国の人々は長い歴史の中で様々な野菜原料に応じた漬け方を創り出してきたが，中国全土における漬物の漬け方を大まかに分類してみると，干腌法（重石を使わない塩漬け），干圧腌法（重石を使った塩漬け），鹹腌法（塩水漬け），漂腌法（浮かし漬け），曝腌法．（浅漬け）および乳酸発酵法に分けることができる．このように様々な漬け方があるが，漬け方が異なれば漬物の風味も異なる．

1. 干腌法（重石を使わない塩漬け）

干腌法は文字通り野菜を漬ける際，水を加えることなく食塩を直接，野菜に振りかけて漬ける方法である．食塩は野菜の細胞に接触することにより，その浸透圧によって野菜汁を浸出させる．この浸出液はさらに食塩を溶解することにより塩漬けが進行していくものである．このようにして全ての食塩が溶解し，野菜と浸出液の食塩濃度が平衡に達すると，漬け込みは終了する．干腌法の食塩使用量は漬物の種類によって多少異なるが，一般的には野菜100kgに対し，6～8kgの食塩を使用する．しかし，長期間貯蔵する目的で漬けられる塩漬野菜の場合は100kgの野菜に対し，15～20kgの食塩を用いる．

干腌法には1度に食塩を加える方法と数回に分けて加える方法がある．1度に食塩を加える場合は，漬ける際に必要な量の食塩を用意しておき，1度に全ての食塩を加えた後は食塩を加えることはない．一方，数回に分けて加える場合は，2回あるいは3回，野菜に食塩を加える時期をずらして行なう．食塩を数回に分けて加える方法には多くの利点がある．その利点は以下に述べるとおりである．

(1) **縮みが少なく，ふっくらとした外観の漬物ができる．**

食塩溶液の浸透圧はとても強く，1%当たりの食塩水の浸透圧は6.1atmである．1度に食塩で漬ける場合の食塩濃度は極めて高くなるので，激しい浸透圧作用を引き起こすことになる．したがって，急速に野菜繊維の水分が失われるために収縮をもたらす結果となりやすい．数回に分け

て食塩を加える場合は，1回ごとの浸透圧は低いので収縮する程度が軽減され，比較的膨らみを残した外観を維持することができる。

(2) **乳酸発酵が進行しやすい。**

食塩の添加を数回に分けることにより，漬物初期の発酵を促すことができる。数回に分けた場合は1回目の食塩濃度が低いので乳酸菌が増殖しやすくなり，乳酸が生成されるので，その後の有害微生物の増殖が抑制され，品質の良い漬物を得ることができる。

(3) **塩漬けの時間を短縮することができる。**

1度に食塩を加えた場合は浸出液と野菜の食塩濃度のバランスがとれるまで時間がかかるが，数回に分けて食塩を加えた場合は時間がかからない。したがって，漬け込み時間を短縮することができる。

2．干圧腌法（重石を使った塩漬け）

干圧腌法は干腌法の延長上にある塩漬け法であるが，その相違点は以下の通りである。

干圧腌法は塩漬けの際に野菜の上に重石を置くところが干腌法と異なる点である。具体的には新鮮な野菜を洗浄した後，漬け込みタンクに野菜を漬け込んでいくが，1層の野菜を入れた後，食塩を加え，さらに野菜をその上に載せ，次にまた食塩を加えることを繰り返して漬け込んでいく。漬け込みタンクの高さの中頃から下の部分は全体の食塩の40％を用い，その上部には60％の食塩を使うのが良い。野菜が見えない程度に最上部に食塩を加えてから，その上にムシロを置き，重石を載せて漬ける。重石の圧力と食塩の浸透圧の作用により野菜汁の浸出を促すことになる。その結果，野菜汁が次第に増加し，全体を覆うようになって完成する。長期に保存する塩漬野菜もこの方法で漬けることができる。

3．鹹腌法（塩水漬け）

鹹腌法は野菜を漬け込みタンクに入れた後，前もって用意しておいた食塩水をポンプで注ぎ入れる。時間の経過にともない，食塩の浸透圧の作用により野菜汁が浸出し，漬かることになるが，その結果，食塩水の食塩濃度は低下することになる。そこで，濃度の高い食塩水を新たに加える。これを循環しながら繰り返すことによって漬かっていく。約15日間で漬け上がる。この方法は労働力を軽減し，原料利用率を高めることができる。この方法は1977年に実験が成功してからは全国的に拡大し，広く行なわれるようになっている。具体的には以下の方法で行なわれる。

(1) **工　程**

鹹腌法は食塩水を循環しながら漬けるのが特徴である。食塩水の食塩濃度は漬物の種類に応じて変化させることが必要である。工程を**図6-1**に示した。

(ア) **鹹腌法による漬け込み**

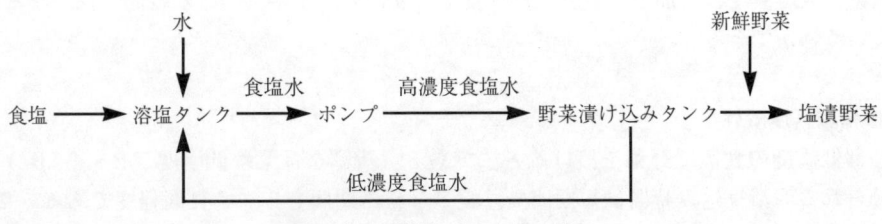

食塩 → 溶塩タンク → ポンプ → 野菜漬け込みタンク → 塩漬野菜

（水 → 溶塩タンク；食塩水；高濃度食塩水；新鮮野菜；低濃度食塩水）

図6-1　鹹腌法による漬け込み

(イ) 操作方法

まず，食塩を溶塩タンクに入れる。溶塩タンクは上下2層になっており，上部には食塩を，下部には塩水を入れることができるようになっている。次に，食塩に水を注ぐことによって飽和食塩水を得る。この食塩水はポンプを用いて野菜の漬け込みタンクに運ばれ，食塩水で野菜を漬け込む。1日後には，野菜漬け込みタンクの食塩濃度は約17°Béまで下がるが，その時に野菜漬け込みタンクの底にあるバルブを開け，食塩水を地下パイプによって自動的に溶塩タンクに還流させる。そして，これに再び食塩が注ぎこまれて元の食塩濃度の食塩水が作られる。これを24時間ごとに1回繰り返す。この周期は一般的に15日間で，出来上がった塩漬野菜は貯蔵されることになる。使用される食塩水の食塩濃度は季節によって異なっているが，普通，冬期は17°Bé，夏期は20°Béで使用される。

(2) 設　備

(ア) 半地下の野菜漬け込みタンクを用いるが，数量は工場の生産規模によって決定される。1つの野菜漬け込みタンクの容積は普通15～20m³である。野菜漬け込みタンクの底には食塩水の出口があり，地下パイプを通して溶塩タンクにつながっている。野菜漬け込みタンクの底が溶塩タンクよりも高い位置に作ってあるのは，食塩水が野菜漬け込みタンクから溶塩タンクに自然に流れ込むようにするためである。

(イ) 溶塩タンクと野菜漬け込みタンクを組合わせたものが1つの組となる。したがって，各野菜漬け込みタンクと溶塩タンクの容積の比は同じにするのが望ましく，一般的にその比は3.5：1である。溶塩タンクはタンクの底から約30cm高い所に夾雑物を除くための網を設置する必要がある。

(3) 鹹腌法の利点

鹹腌法の利点として以下のことを挙げることができる。

(ア) 鹹腌法は野菜を大量に漬けるのに適した方法であり，将来の機械化を可能にするものである。

(イ) 自動車によって輸送されてきた食塩は直接溶塩タンクに入れておくことが可能であることから，以前のように食塩を倉庫から野菜漬け込みタンクに運搬する必要がなく，労働力の軽減を図ることができる。

(ウ) 塩水はパイプを通して移動するので仕事を効率良く行なうことができる。

4．漂腌法（浮かし漬け）

漂腌法は鹹腌法と類似しているが，その相違点は漂腌法の方が鹹腌法よりも塩水量が多く，野菜を塩水中に浮かせて漬ける。具体的にはタンクに野菜と食塩水を入れ，野菜が食塩水中で浮かぶ状態にし，定時に通常1日1回撹拌する。時間経過に従い，食塩水の浸透圧の作用によって野菜が漬かるようになる。野菜の水分が浸出してくるが，食塩水からは絶えず水分が蒸発していくので，次第に食塩濃度は増加し，漬物の色も良くなり，完成する。漬ける時間が長くなるにつれ，品質の良い漬物ができる。

5．曝腌法（浅漬け）

曝腌法は低濃度の食塩で野菜を漬ける方法である。新鮮な野菜は低濃度（2～5°Bé）の食塩水で漬けられる。漬け込み時間は短期間で，食べられる期間も5～7日間程度である。この方法は食塩濃度が低いことから野菜の細胞組織は軽く破壊された状態になっている。したがって，野

菜の栄養成分の損失が少なく，野菜特有の風味を生かすことができるが，食塩濃度が低いために漬けるときの温度は低く保つ必要がある（通常，15℃以下）。なお，塩水には酸味料を少量添加しておく方が日持ちが延長し，亜硝酸の生成を防ぐことができる。

6．乳酸発酵法

上記の5つの方法には多少の乳酸発酵が伴っているが，その程度には差が見られる。食塩量の多いものでは乳酸発酵は僅かであるが，食塩濃度が低下するにつれ乳酸発酵しやすくなる。ここで乳酸発酵について述べるのは乳酸発酵は漬物共通の現象だからである。乳酸発酵法は清水発酵法と塩水発酵法の2種類に分けられる。

(1) 清水発酵法（無塩発酵）

清水発酵法が他の漬物の製造法と大きく相違するところは，食塩を使わないで漬物をつくる点である。例としては酸菜類を挙げることができる。具体的には，まず最初に原料野菜をよく洗浄しブランチングを行なった後，直ちに冷水に浸け歯切れが低下するのを防ぐ。次に野菜を容器の中に入れて押し蓋で覆ってから重石を載せる。そうすると乳酸菌が野菜汁を利用して増殖し，乳酸が生成される。清水乳酸発酵は通常20℃以上で行なわれる。亜硝酸塩の生成ピークを避けるために酸菜（無塩発酵漬物）は30日程度経過したものを食べる。清水で漬けた酸菜は5℃以下で保存する必要がある。この温度を超えて保存すると腐敗しやすくなる。

(2) 塩水発酵法

塩水発酵法は野菜を低濃度の塩水に漬けた状態で乳酸発酵によって漬物を製造する方法である。塩水発酵で使用する食塩量は漬物の種類によって2，4，5，8，10％など多種類に分かれる。食塩濃度が変わると乳酸発酵の速度は変化する。発酵温度による影響も大きい。気温が低い季節では食塩濃度は低くても良く，普通6％前後の塩水に漬けて発酵を行なうことが多いが，気温が高い季節では10％程度の食塩水で行なうこともある。乳酸発酵が終了した後は，それに食塩を加えて保存性を高めることも行なわれる。

第5節　漬物加工における細刻

漬物の加工工程において，各種の細刻（細切）手段を用いて漬物の半製品を製造することは製品の品質に関わる大切な工程である。同じ漬物であっても切り方が異なれば違った漬物の感じを与えることができる。したがって，切り方を変えるだけで漬物の種類を豊富にすることができる。

包丁で切ることのできる切り方には，塊状，普通の切り方，細長く切る，千切り，賽の目状などがある。切ったものの形状は整然としていて長さ，幅，太さなどが揃っていることが大切である。そうすることによって漬物製品に無駄が出なくなる。

1．漬物の細切方法

(1) 切り方

通常，野菜を漬ける前の原料処理と，漬けた後の加工の際に使われる切り方がある。切るときの技法によって，垂直切り，推（おし）切り，引切り，鋸（のこ）切り，押（おし）切り，回転切りなどに分けられる。

(ア) 垂直切り（飛び越え切りとも言う）
　垂直切りは通常，左手で原料をしっかりと押さえ，右手で包丁を持ち，真っ直ぐ下に降ろして切る。垂直切りでは左右の手が順序良く動くことが必要である。左手で原料を移動させるとき，切り幅を等しくすることが重要で，これが守れないと原料や漬物の幅が不揃いになってしまう。垂直切りは漬物加工において最もよく使われている切り方である。

(イ) 推切りと引切り
　推切りによって原料を切る際は包丁は後ろから手前へ一気に推し切る。また，引切りは推切りとは逆に手前から後ろへ引きながら1度に切る方法である。

(ウ) 鋸切り
　垂直切りは一気に原料野菜や漬物製品を切るが，鋸切り（または推引切り）は包丁を前後に動かしながら切る方法である。鋸切りは通常，野菜原料あるいは製品が硬いもの，あるいは逆に軟らかくて繊維が壊れやすいものを切る場合に使われる。

(エ) 押切り
　押切りには2種類の方法がある。1つは右手で包丁の柄（つか）を握り，左手は包丁の前端を押さえて両手で力を込めて押し切る方法で，もう1つは同様に押さえながらも包丁を細かく前後に揺り動かしながら切る方法である。押し切りで原料を切る際は包丁を切る位置に置き，原料を動かさないように切る。押さえながら包丁を細かく揺り動かして切ることにより原料や漬物の液を流失させずに済む。

(2) 模様を入れた切り方

(ア) 櫛（くし）型
　最初に垂直に切った後，原料を横にし，刻みを入れて櫛のような形にしたものである。

(イ) 蓑（みの）型
　櫛型の応用で，蓑の形に切ったものである。

(ウ) 扇子型
　包丁で原料を繋がるように薄切りした後，押さえて扇子状にしたものである。

(エ) 歯車型
　原料の縦面の周囲に5〜7筋の小溝を入れた後，横切りで薄く切ると歯車の模様ができる。

(オ) 麺　型
　原料を薄切りにした後，短筒に巻き，千切りにすると麺型のものが得られる。

(カ) 鶏冠型
　原料を楕円形に切り，それを縦に切った後，半円弧の上部に刻みを入れると鶏冠型になる。

(キ) 菊花型
　原料の根茎を切り落とし，正面で4回，底部で4回切り，その後，方条に切ると菊花型になる。

(ク) その他
　以上の切り方の他にパイナップル型，黒慈姑（クログワイ）型，仏手柑（ブシュカン）型などがある。

第7章　醤漬菜（味噌漬）

第1節　醤漬菜の分類

　醤漬菜は食塩で下漬けした野菜をさらに醤に漬けることによって出来る漬物である。醤漬菜には多くの種類があり，その風味も様々である。しかし，基本的な製造工程は共通で，まず最初に野菜原料の下漬けを行ない半製品を作った後，水で脱塩（塩抜き）し，それを醤に漬け込むものである。醤に漬けたものを再度，醤に漬け込む場合もある。数は少ないが，ある種の野菜は食塩で下漬けされることなく，直接，醤に漬け込んで製造する場合もある。醤漬菜は用いる醤の違いによって醤曲醅菜（味噌麹漬），甜醤漬菜（甘味噌漬），黄醤漬菜（味噌漬），甜醤黄醤漬菜（甘味噌と味噌の混合漬），甜醤醤油漬菜（甘味噌と醤油の混合漬），黄醤醤油漬菜（味噌と醤油の混合漬）および醤汁漬菜（味噌液漬）の7種類に分類することができる。

　醤漬菜の製造に使用される醤は地域によってそれぞれ特色を持っていることから製品の種類も多種多様である。これは醤を製造する際の製麹方法，醤の発酵工程，醤に漬け込む際の醤の種類と組み合わせなどが異なるために製品の風味も千差万別なものとなるからである。

　醤漬菜が持つ甘味，風味は漬け込みに用いられる醤に由来していることから，醤漬菜の品質の良否は醤の質に大きく左右される。したがって，醤の製造に関してはどの地域においても重視されている。

第2節　醤の製造方法

　醤の原料となるものは主に大豆と面粉（小麦粉）である。大豆を主原料とし面粉を補助的に使って製造されたものは黄豆醤，豆醤または黄醤と呼ばれる。面粉のみを原料として製造された醤は甜面醤あるいは単に面醤と呼ばれる。なお，甜面醤に含まれている水の含量によって干甜醤，甜醤，稀甜醤に分けられる。

　醤の製造方法は次のとおりで，黄豆醤の曲（麹：日本の麹に近い）の製造には篤曲と通風製曲の2通りの方法がある。また，甜面醤の曲の製造方法には餅曲，塊曲，饅頭曲，散曲（ばら麹）がある。以下，それぞれの曲の特徴について述べる。

1．餅曲（餅麹）

　餅曲が作られている主な産地は湖南，湖北省などの地域である。製造方法は小麦粉に水を加えて練り，押し板を利用して丸くて平たい形状にしたものを蒸した後，小さな塊に切り分け，曲室（麹室）に入れて製曲（製麹）する。

2．塊曲

　塊曲の主な産地は江蘇，山東省などの地域である。その製造方法は小麦粉に水を加えて練った後，丸くて扁平な形にし，それをさらに三角形，四角形あるいはレンガ状に切り分け，蒸した後，

曲室で製曲するものである．餅曲および塊曲の製造の際に面肥（発酵剤）を加えることはない．

3．饅頭曲あるいは饃醤曲

主要な産地は河南省，天津，北京である．その製造方法は小麦粉に水を入れて練った後，酵母を発酵剤として加え，約250g程度の饅頭状にする．次に，それを蒸してから曲室の中に設置した棚の上に置き，製曲する．

以上述べた3種類の製曲方法は伝統的な方法である．製曲は通常，清明（4月5～6日頃）から中秋（陰暦8月15日）の頃までに行なう．面胚（小麦粉を水でこねたもの）に対しては種菌を接種することなく行なわれるのが特徴で，製曲の期間は約1か月である．

4．散曲（ばら麹）

散曲の製造方法は最初に小麦粉を蒸煮機に入れ，小麦粉の量に応じた水を加えて蒸煮を行なう．次に蒸煮後，面団（小麦粉をこねたもの）を作り，温度が下がったところで菌を接種し，通風製曲室で面曲を製造するものである．製曲時間は約3日間である．

醤を製造する方法には2種類あり，1つは天然発酵法，もう1つは保温発酵法である．伝統的な製曲は天然発酵法によって行われており，色合い（色艶）が良く，醤の香味，エステル香にも優れている．天然発酵法によって製造された醤は風味に富んでいるが，労力がかかるとともに生産周期が長く，歩合も低いのが短所である．一方，通風製曲，保温発酵法によって製造された醤の場合は，その色合いは比較的薄く，醤の香味はあるが，エステル香はやや少ない傾向がみられる．

以上述べた醤の製造法の他に，現在においては多酵素法速醸稀甜醤にみられる製造が行なわれている．これは小麦粉で製曲を行なわないで，小麦粉を液状にしたものに曲霉（麹菌）を加えて糖化させ，甜醤を製造するものである．これにより発酵時間は大幅に短縮され，原料利用率，歩合が向上した．

第3節　醤漬菜の基本的な製造工程

1．原料および補助原料

中国の漬物に利用される野菜のほとんどのものが醤漬物の原料として用いられる．また，補助原料として使われるものとしては醤，食塩，香辛料，保存料などである．

2．製造工程図

醤漬菜の製造工程を図7-1に示す．

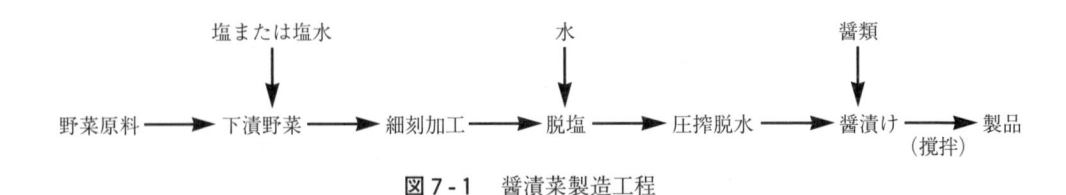

```
                塩または塩水        水              醤類
                   ↓              ↓              ↓
野菜原料 → 下漬野菜 → 細刻加工 → 脱塩 → 圧搾脱水 → 醤漬け → 製品
                                                  （撹拌）
```

図7-1　醤漬菜製造工程

3. 製造方法

野菜の種類によっては選別，洗浄，加工後に直接，醤に漬け込まれて製品となる場合もあるが，労力，容器，設備の関係から多くの野菜は上記の製造工程を経て製品化される。以下，各工程の概要について述べる。

(1) 下漬け工程

下漬けは醤漬菜の半製品の状態である塩漬野菜を製造する工程である。下漬野菜の品質は製品への影響が大きいことから下漬け方法および品質規格などを整備することが必要である。なお，下漬け方法の詳細については後述する。

(2) 細刻工程

細刻工程は半製品である下漬野菜を醤に漬ける前に，製品に応じた様々な形状に細刻（細切）する工程である。例えば，黄瓜（キュウリ）を細長く切ったり，大根を千切りにする工程を指す。

(3) 脱塩工程

脱塩工程は下漬野菜を水の中に浸けることにより，野菜に含まれている食塩濃度を低下させ，醤漬け後の製品の味を調整するために行なわれる。下漬野菜の食塩濃度が低い場合は脱塩を必要とせず，そのまま醤に漬け込まれる場合もあるが，多くの下漬野菜は食塩濃度が高いために細刻したものの脱塩を必要とする。脱塩により食塩濃度を低下させるだけでなく，苦味を除去する効果もある。脱塩は細刻された下漬野菜を清浄な水に浸漬して行なわれるが，下漬野菜の食塩含量，形状および醤に漬けた後の製品の最終食塩濃度の多少によって浸漬時間は異なる。浸漬時間は通常，1～3日間であるが，食塩含量が比較的少なく，下漬野菜の形状が小さい場合は半日程度で終了することもある。

季節的にみると，夏季では比較的短めで半日～1日位が多く，冬季では2～3日間浸漬することが多い。浸漬，脱塩中の腐敗を防ぐためには下漬野菜の食塩含量は一定量を残しておく必要がある。脱塩することによって，一部の食塩，苦味成分，辛味成分などが減少する。また，脱塩により浸透圧が低下するので，浸透圧の高い醤に漬けることにより，速やかに醤の調味成分が野菜に浸透することになる。脱塩の際は食塩濃度などにムラが生じないよう，撹拌が必要である。脱塩をスムーズに進行させるために，通常，1日1～2回程度清浄な水と交換する。

(4) 圧搾脱水工程

圧搾脱水工程は脱塩後の下漬野菜をそのまま醤に漬け込んだ場合，醤の調味成分や食塩の濃度が低下することから，脱塩後の野菜の水分を減少させる目的で行なわれる工程である。圧搾脱水には2つの方法がある。1つは下漬野菜を袋あるいはカゴの中に入れ，それらを積み重ねて自重で脱水するか，その上に重石を置くことによって圧搾する方法である。

もう1つの方法は下漬野菜を圧搾機を通して脱水するものである。圧搾脱水はいずれの方法を用いても良いが，圧搾後の下漬野菜の水分含量は普通50～60％程度になるように行なうのが良い。脱水をあまり強く行なうと醤での浸漬時間が長くなるだけでなく，元の形に復元しにくくなり醤漬菜の外観も悪くなってしまう。

(5) 醤漬け工程

醤漬け工程は脱塩，脱水した下漬野菜あるいは生野菜をそのまま漬け込みタンクあるいはカメに入れ，醤に漬ける工程である。野菜原料の形状が比較的大きなものはそのまま醤に漬け込むことが可能であるが，生姜芽，甘露（チョロギ），八宝菜のように小さな形状のものや脆いものの場合は，そのまま醤に漬け込むと取り出す際に崩れたり，醤との分離が困難となるので，そのよう

なものは野菜原料を布袋あるいは麻袋に入れ，袋の口を紐で結んだものを醤に漬け込む。

醤漬けの際は野菜原料と醤とを交互に重ねながら漬け込み，最後に表面を醤で覆うようにして漬ける。一般的には醤漬けを開始してから10日目までは毎日，日中2～4時間ごとに1回の割合で撹拌を行ない，10日目以降は1～2日ごとに1回撹拌を行なう。撹拌には2通りの方法がある。1つは撹拌棒を用いて醤漬けタンクあるいはカメに漬け込まれた野菜原料を上下に撹拌する方法である。もう1つの方法は漬け込まれた野菜原料と醤の双方を別の空いているカメにそっくり移し換えるもので，そうすることにより下部に漬けられた野菜原料は上に，上部に漬けられていた野菜は下部になるので，満遍なく醤と接触させることができる。このように撹拌を行なうことによって醤の野菜原料への浸透を促進させるとともに，ムラなく漬けることができる。通常，醤漬けの期間は15～25日間程度で，漬け上がりの頃には醤漬菜の内部および表面の色合いも良好となる。

漬け込み用の醤は一般的に2回利用されることが多い。すなわち，1回目の醤漬けに用いられた醤はもう1度利用されることになる。通常，最初の漬け込みに使われる醤は1度使用された醤で，漬け換えるときに新しい醤を使用する。そのようにすることにより，新鮮な醤に含まれている甘味成分，香気成分，エステル類などが野菜原料に浸透し，醤漬菜の風味を形成するのである。このような漬け換えによる方法で漬けられた醤漬菜は，醤の香味成分も濃厚で品質の良いものが得られる。しかしながら，本方法は労力を要することから，生産効率があまり良くない。したがって，地域によっては本方法ではなく，醤汁で漬けることが行なわれている。

4．醤汁を用いる醤漬法

醤汁を用いる醤漬法は，先の醤を用いた漬け方よりも簡単で漬け込み期間も短い。

(1) 製造工程

醤汁による醤漬菜の製造工程を**図7-2**に示す。

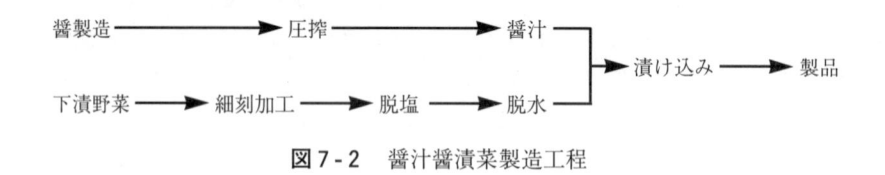

図7-2 醤汁醤漬菜製造工程

(2) 製造方法

醤汁の製造方法についてはすでに述べた。脱塩，圧搾脱水の方法は醤漬けの場合と同じである。醤汁に漬ける時間は品種と季節によって多少異なるが，一般的に6～10日間（醤黒菜，醤什錦菜などの刻み漬物は6～7日，醤漬大根などは10日間）である。

(3) 醤汁醤漬菜

醤汁醤漬菜には以下に示す利点がある。

(ア) 醤の利用率を30％高めることができる。
(イ) 製造期間および熟成期間が短縮される。
(ウ) 製品の品質が安定しているので，醤漬けの場合と異なり，歩留りが良く，乾皮，滑皮などの不良品の発生が抑制できる。
(エ) 衛生環境の整備，労力の軽減および機械化を推進することができる。

第4節　醤曲酪菜（醤黄醤菜）の製造工程

　醤漬菜の一般的な製造工程は上述したように下漬野菜を醤あるいは醤汁に漬け込むことによって製造されるが，これ以外の方法もある。その1つは予め製造された醤を使用するのではなく，下漬野菜と甜醤曲（甘味噌麹）を1つのカメに入れ，醤と下漬野菜の熟成が同時並行して行なわれる製造方法である。これによって出来る醤漬菜は醤曲酪菜あるいは醤黄醤菜と呼ばれる。

　この方法は中国における醤漬菜の製造方法の中でも古いものの1つである。古代，北魏の賈思勰が著した『斉民要術』にも記載があり，その中で「菘鹹葅法」と「葵菘蕪菁蜀芥葅法」について紹介した文中に「菘一行，女曲間之」「布菜一行，以麨米薄盆之，即下熱粥清，重重如此，以満瓮為限」と書いてある。したがって，この方法は現在の醤曲酪菜の製造工程と類似している。

　醤曲酪菜の製造の特徴は以下のとおりである。すなわち，下漬野菜原料（主に瓜類），曲黄（醤曲），食塩を同時にカメに入れると食塩の高浸透圧作用により野菜から水分が浸出してくるが，これが曲黄に吸収されることによって微生物が増殖し，発酵が進む。その結果，蛋白質，澱粉はそれぞれ分解してアミノ酸や糖分が作られ，この他の様々な風味物質が下漬野菜原料に吸収され，最終的には野菜と醤が共に熟成し，製品となる。

　製品の色合いは明るく透明感があり，濃厚な醤の香気，エステル香を醸し出す。また，適度に柔らかく，味覚的にも優れたものができる。したがって，本方法は絶えることなく現在まで代々受け継がれ発展してきた。中国の江蘇省南通および上海の省包瓜，河南省南丘の醤妞瓜，安徽省蚌の酪瓜，山西の醤玉瓜，臨清の甜醤瓜などは醤曲酪菜の製造工程で漬けられた著名な醤漬菜である。

1．原料と補助原料

　醤曲酪菜の野菜原料は一般的に生の瓜類，生姜（ショウガ），チシャ，玉根頭，白菜などである。下漬野菜を原料として使用する場合もある。補助原料は曲黄（味噌麹），食塩，香辛料などである。曲黄は通常，面醤曲黄（小麦粉を原料とした曲黄）を用いるが，豆醤曲黄（大豆を原料とした曲黄）と混合して用いても良い。

2．製造工程

　醤曲酪菜の製造工程を図7-3に示す。

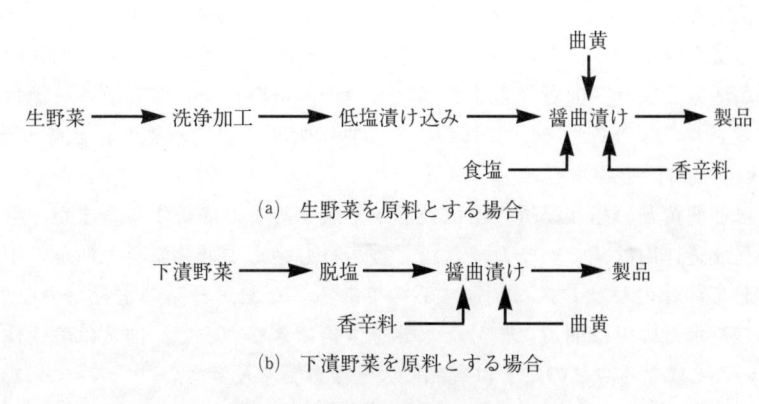

```
                                          曲黄
                                           ↓
生野菜 → 洗浄加工 → 低塩漬け込み → 醤曲漬け → 製品
                         ↑           ↑
                        食塩        香辛料
         (a) 生野菜を原料とする場合


下漬野菜 → 脱塩 → 醤曲漬け → 製品
                    ↑   ↑
                  香辛料  曲黄
         (b) 下漬野菜を原料とする場合
```

図7-3　醤曲酪菜製造工程

3. 製造方法
(1) 野菜原料処理
　野菜原料を種類に応じて適度に細刻し，それを低塩で3～7日間漬けてから，醬曲に漬ける。醬曲に漬ける際は，適切な配合になるように野菜原料，曲黄，食塩，香辛料の量を正確に量り取ってから，野菜原料を漬け込みタンクあるいはカメの底に置き，一定の食塩を撒く。次に曲黄，香辛料の順に積み重ねる。これを漬け込みタンクが一杯になるまで，交互に積み上げる。野菜原料の水分が少ない場合は，水が揚がりにくいので適量の差し水（食塩水）を加えても良い。なお，醬曲醱菜を製造する際の食塩量は野菜原料の15％以下にとどめる必要がある。

(2) 撹拌
　醬曲漬けの際は毎日1回，カメの中を撹拌あるいは別のカメに移し換えることによって，ムラのないように漬ける。撹拌を20日間程度行なった後は4～5日ごとに1回の撹拌に減らす。そして，2～3か月間熟成すると製品が出来上がる。熟成後，野菜原料に付着している醬を除去してから販売することになる。製品を貯蔵する必要がある場合は醬の中に漬けたままにし，カメの上部に虫よけネットをかぶせて長期保存する。

(3) 下漬野菜を用いて漬ける場合
　生の野菜ではなく，下漬野菜を原料として使用する場合は食塩濃度が高いので一部の食塩を除く必要がある。したがって，適当な食塩濃度になるよう脱塩した後，醬曲に漬けられる。脱塩した下漬野菜を同様に使う醬漬菜と醬曲醱菜の違う点は，醬漬菜の場合は圧搾脱水してから漬けるのに対し，醬曲醱菜の場合は脱水することなく醬曲に漬け込まれる。これは醬曲の水分が醬よりも少ないので，一定の水分を保つには野菜原料の脱水は必要がないからである。なお，漬け込みの方法は前述の方法と同じである。
　醬曲醱菜の製造では野菜原料と同時に醬も熟成するので，製品を取り出した後の醬は天然醸造の醬と同じであることから，それは再度，他の醬漬菜の製造に用いることが可能である。

4. 醬曲醱菜製造の特性
　醬曲醱菜製造の特徴は曲黄を野菜原料と同時に漬け込むことである。したがって，製造過程はかなり複雑な変化をたどる。浸透圧作用，微生物作用，酵素作用，生物化学的変化などが複雑に反応しながら熟成が進行するからである。以下にそれらの作用の特性について述べる。

(1) 相互浸透圧作用
　野菜原料と曲黄などを重ねて漬け込むことにより，野菜に含まれている水分は徐々に浸出し，浸出した水は曲黄を浸すようになるが，この過程は比較的長時間を要する。曲黄は水分を吸収すると酵素活動が活発となり，曲黄に含まれている澱粉，蛋白質などが分解され糖類，アミノ酸などが絶えず生産されるようになる。これらの生産物は野菜原料に浸透し，風味が形成されるが，この過程も比較的長時間を要する。
　この野菜原料と曲黄との相互浸透作用は製品が熟成するまで継続する。また，醬の中で貯蔵される場合も相互浸透作用は続く。また，食塩と香辛料も絶えず野菜原料と曲黄の中に浸透し，最終的に製品としての味のバランスに到達するのである。なお，野菜の水分が少なすぎる場合は，野菜から浸出した水だけでは曲黄に十分な水分を供給できないので，曲黄は酵素作用などを十分に発揮できないことになる。このことは製品に大きな影響を及ぼす。

(2) 微生物作用

醤曲醗菜の製造過程において各種微生物は野菜および醤曲の成分を利用することによって増殖し，様々な代謝活動が行なわれる。それには乳酸発酵，アルコール発酵，酢酸発酵などがあるが，それぞれの生産物である乳酸，酢酸，アルコール，エステル類などは醤曲醗菜の風味成分となる。

(3) 酵素作用

一般的な醤漬菜に使われる醤は完成したものを使用するので酵素作用による効果は小さいが，醤曲醗菜で使用する曲黄は漬けて水分を吸収し始めてから酵素作用が活発になる。この酵素分解作用は製造開始から完成までの間，継続して行なわれる。酵素分解作用の主なものは曲黄中の澱粉分解酵素による澱粉から糖類の生成と，蛋白分解酵素による蛋白質からアミノ酸などの窒素含有物質の生成である。

(4) 生物化学的変化

生物化学的変化も製造過程の全体を通して行なわれる。具体的には野菜細胞の組織の変化，色調の変化，香気および味覚成分の生成など様々な化学成分の変化が起きる。

以上が醤曲醗菜の製造過程における各種作用であるが，以下，各地の醤曲醗菜の具体的な製造例について述べる。

第5節 各地の醤曲醗菜

1. 南通甜包瓜（ウリ味噌漬）

甜包瓜は別名，燗瓜と呼ばれ，南通地域の伝統的な醤漬物である。清の時代の晩期頃に創始されたものであることから100年余りの歴史を有している漬物である。この醤漬物は日中戦争以前は香港や東南アジアで販売されていたことが記録されている。

甜包瓜の色調は黄色～茶褐色を呈しており，明るい透明感を有する漬物である。表皮はナツメの砂糖漬に似たしわ模様がある。醤の濃厚な香気があり，柔らかくて甘味もある。保存料は添加されていない。

(1) 原料および補助原料の配合例

南通甜包瓜の配合例は以下の通りである。生鮮瓜225kg，曲黄130kg，食塩45kg。

原料野菜の生鮮瓜は南通近郊で生産されている青い表皮と白い芯を有する菜瓜である。別名「牛角爪」とも呼ばれている瓜で，立秋の前の6，7月に市場に出てくるものが品質的にも良いものが多い。この時期のものは皮は薄く，肉厚であり，軟らかい。しかし，立秋を過ぎた8月の瓜になると皮は厚く，肉は薄くなり，種子も多くなるため通常は利用されなくなる。生鮮瓜を選択する際に注意すべき点は以下のとおりである。

(ア) 過熟の瓜は避ける。
(イ) 軟らかすぎる瓜は避ける。
(ウ) 曲がりの多い瓜は避ける。
(エ) 頭が大きく尻が小さい瓜は避ける。
(オ) 傷や斑点のあるものは避ける。
(カ) 色調の悪いものは避ける。

以上の点に注意して選択した瓜は，収穫した日のうちに工場に輸送し，加工することが望ましい。

(2) 製造工程

南通甜包瓜の製造工程は図7-4に示すとおりである。

(3) 加工方法

瓜は収穫した当日に加工するのが望ましいが，加工までに間があるときは日陰の涼しいところに保管する。

(ア) 穿 孔

収穫後の瓜に対して行なわれるのが穿孔処理である。穿孔処理とは生の瓜に針を刺して孔を開けることで，孔と孔の間隔は通常4～6cmである。太い瓜の場合は場所を変えて4～5回に分けて穿孔処理を行なう。瓜に針で孔を開けることにより，食塩の浸透および野菜汁の浸出を早めることができるので，瓜の収縮が促進される。孔を開けないまま漬けた場合は，果肉部分への食塩の浸透が浅いことからガスを伴う乳酸発酵が起こることが多い。その結果，瓜の内部にガスが充満し，そのガスを排出するために瓜に裂け目を生じ，著しく商品価値を減ずることとなる。したがって，穿孔は大変重要な作業である。なお，穿孔後の瓜は直ちに漬け込むことが必要である。

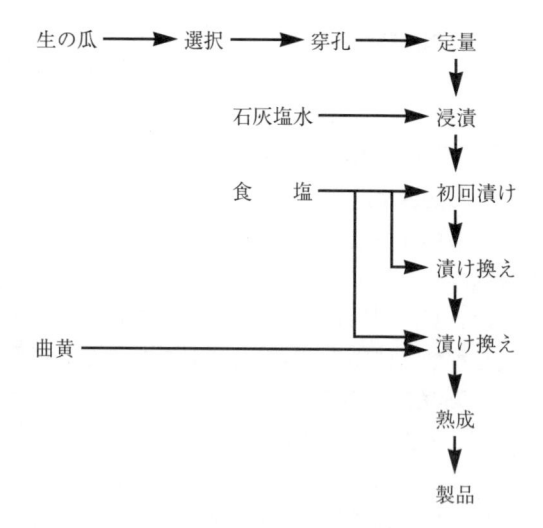

図7-4 南通甜包瓜の製造工程

(イ) 漬け込み

a) 石灰塩水処理

穿孔処理後の瓜は次に石灰塩水に漬けられる。瓜は竹カゴの中に順序良く入れることが大切である。1つの竹カゴには約25kgの瓜が入る。このような竹カゴが9個集まったところで石灰塩水に30秒ほど全てが完全に浸るまで浸漬し，その後ただちにカメに漬け込む。石灰塩水は20°Béの食塩水100kgに生石灰5kgを加え十分に撹拌した後，沈殿を待ち，その上澄みを得ることによって調製したものである。

石灰塩水に含まれるカルシウムは瓜のペクチンと結合し，ペクチン酸カルシウムを生じることによって歯切れを増強する。また，生石灰を溶解していることからアルカリ性となっているので漬け込み時の乳酸発酵によって生じる乳酸を中和することにも役立っている。さらに殺菌作用もある。しかし，石灰塩水処理の時間が長すぎた場合にはアルカリの影響が現れ，瓜の表面に凹みを生じることがあるので十分な注意が必要である。

b) 漬け込み（初期）

石灰塩水処理を終えた瓜は順序良くカメの中に漬け込む。225kgの瓜に対し5kgの砕塩（岩塩を砕いたもの）で漬け込むが，最初にカメの底に瓜を並べその上に食塩を撒き，それを交互に繰り返して漬け込む。これを1晩漬けてから，瓜を別のカメに漬け換えるが，その際，最初に用いたカメの中に残存していた食塩も同時に移し，さらに新たに5kgの食塩を加えて1日漬け込む。翌日，瓜をカメから出して曲黄を添加する。ここで注意すべき点は，瓜を漬けたカメを風通しが良く，日陰となっているところに置くことである。そうすることによって日や雨に曝されるのを防ぐことができる。また，瓜を漬ける際に用いる食塩量は総使用量を勘案して使用する必要がある。

(ウ) 醃菜下黄（下漬瓜に曲黄を撒く）

225kgの瓜に130kgの曲黄と35kgの食塩を加えて漬け込むが，初めはカメの底に瓜を並べ，その

上に曲黄と食塩を撒き，さらに瓜を漬ける。これを繰り返してカメに漬け込む。最上部に並べられた瓜には曲黄と食塩を瓜の緑の部分が見えないくらい多めに満遍なく撒く。次に，注意すべき点を以下に述べる。

 a) 曲黄，食塩は正確に量り取って漬けることで，より品質の良いものが出来る。
 b) 曲黄を添加する際はムラにならないよう満遍なく撒くことが大切である。
 c) カメに漬け込む時間は涼しい朝が良い。

(エ) 撹拌・漬け換え

カメに漬けられた瓜原料および曲黄に対し，その日の午後4時（最初の漬け込みから8時間後）に1回目の漬け換えを行なう。翌日からは朝と午後4時の1日に2回，漬け換えを行なう。これは3〜4日目まで行なわれ，瓜が収縮した段階でその後は数日間に1回の割合で漬け換えを行なう。漬け換えは曲黄の中に漬けられている瓜を手で引き出し，瓜の表面に付着している曲黄を手でしごいて除き，予め用意してある木桶に瓜を置くが，その際，アクも取り除かれる。瓜は砕塩を使って揉んでから別のカメの中に順序良く並べて漬け込む。漬け込みは先述した方法と同様にカメの底に瓜を並べた上に曲黄を重ね，その上にさらに瓜を並べて漬け込むことを繰り返す。最上部は曲黄で覆う。

漬け換える際に瓜の内部でガスが発生し，膨張がみられるものは針を刺して孔を開け，内部のガスを放出させてから漬け換える。収縮が良くないものやまだ硬さが残っているものは塩揉みを行なってから漬け込む。3〜4日目には瓜は徐々に収縮し曲黄は柔らかくなる。さらに1週間後には曲黄は粘稠となり，瓜は収縮し，瓜紋が出てくるようになる。3〜4日目以降は毎日，撹拌・漬け換えを行なう必要はなく，数日に1回の割合で行なう。このようにして3か月後には曲黄が熟成し，瓜の風味も形成される。

甜包瓜を製造する際のポイントはカメに漬け込んだ後の管理にある。カメの中の瓜と曲黄を撹拌し，漬け換えることによって瓜の中の野菜汁が排出され，曲黄が作りだすアミラーゼやプロテアーゼなどの各種酵素によって糖類，蛋白質などが分解される。分解・生成された風味成分は瓜に吸収され味が形作られる。蛋白質はアミノ酸となり味覚成分となる。アミノ酸の種類によっては甘味を形成する。例えば，グリシン，ヒスチジン，トリプトファンなどである。また，瓜の表面に付着していた乳酸菌や酵母は漬け込みの過程で乳酸発酵やアルコール発酵を起こすので，乳酸やアルコールが生産され，さらにエステル反応を起こし，より複雑な風味を形成することになる。以上述べた成分は全て風味物質であることから，南通甜包瓜は濃厚な醤香，エステル香，アルコールの風味が醸し出される。

乳酸発酵が進行するのに適切な温度は26〜30℃である。したがって，温度が35〜40℃と高過ぎ，かつ，十分に撹拌が行なわれずに嫌気的になる場合には酪酸発酵が起こり，不快な酪酸臭を呈することになる。したがって，撹拌は毎日行なうことが大切で，撹拌により酪酸臭の発生を抑制するだけでなく味覚成分を均一にし，温度を下げ，乳酸発酵を促進することとなる。

(4) 管 理

甜包瓜は熟成中に風味成分を含む液を吸収し，徐々に膨らみが出てきて完成する。熟成した瓜をカメの中から取り出し，1つ1つ丁寧に糸で縛り，製品とする。ひびの入ったもの，膨張のみられるもの，折れているものなどは商品性がないので不合格品として除く必要がある。

貯蔵する場合はカメに漬けた状態で行なうが，日陰の風通しの良いところにカメを置くことが望ましい。カメの中の温度が上昇すると製品の色調が悪くなるだけでなく，甘味が減少し，塩辛

さが強く出るようになるので，時々検査を行なうことが必要である。
(5) 歩留り
　生の原料瓜225kgからは85～90kgの製品が出来るので歩留りは約45％である。通常，1年目は85～95kgの製品となり，2年目からは約95kgの製品を得ることができるようになる。したがって，歩留りは年数の経過によって段々と増加する。しかし，あまり年数を経ると色調，甘味，歯切れ，風味などは低下するようになる。
(6) 製品の品質基準
(ア) 官能指標
　色調は黄茶褐色で明るく，透明感のあるものが良い。表面にはナツメの砂糖漬けの際に出るのと同じしわ模様が現れ，醤香およびエステル香を持ち，味が良く，塩辛い中にも甘味を感ずるものが良い。製品は適度な柔らかさと歯切れを持っており，形は丸みを有し，弾力性があり，ひび，裂け目などの欠陥がないものが良質である。
(イ) 理化学指標
　水分は65％以下，食塩濃度は12～15％，アミノ態窒素が0.25％以上あり，還元糖は19％以上，総酸は1％以下であるものが良質である。

2．上海甜包瓜（ウリ味噌漬）

　上海甜包瓜は上海で有名な漬物の1つであり，その起源は南通甜包瓜に由来している。その製造方法は南通甜包瓜と類似しているが，細部においては異なっている。その製品は色合いが黄色で明るく，透明感があり，濃厚な醤の香気を有している。また，歯切れが良く，甘味があって味覚に優れたものである。
(1) 原料および補助原料
　原料生瓜50kg，食塩9kg，砕塩0.5kg，小麦粉30kg，生石灰100g，曲黄17g。
　原料は鮮度の良い瓜を選択する。品種は特に決める必要はないが，青や白色の表皮のものが利用される。原料瓜は折れ曲がりがなく，虫害や腐敗のないものを選ぶことが必要である。また，斑点状に硬化した部分のある瓜は避ける。瓜の皮は適度に硬く，肉質は厚く，重量としては1～2kgのものが良い。しかし，あまり熟し過ぎたものは適さない。瓜の収穫時期は早いものは大暑（7月22日頃）の前後で，遅いものは立秋の前頃である。原料の1つである曲黄（味噌麹）は蒸煮小麦粉を用いて製曲する。
(2) 製造工程
　上海甜包瓜の製造工程は図7-5に示すとおりである。

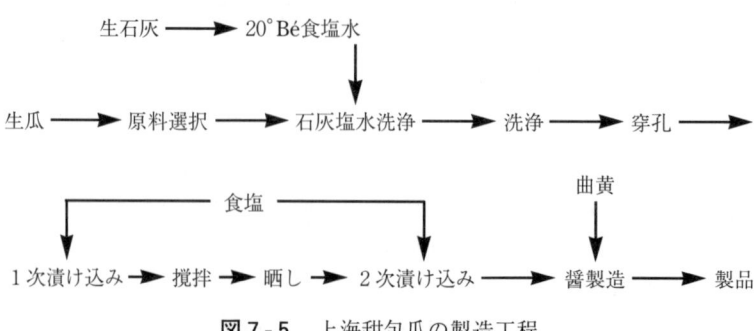

```
                生石灰 ──→ 20°Bé食塩水
                              │
                              ↓
生瓜 ──→ 原料選択 ──→ 石灰塩水洗浄 ──→ 洗浄 ──→ 穿孔 ──→

                食塩                    曲黄
          ┌──────┴──────┐               │
          ↓              ↓               ↓
      1次漬け込み ──→ 撹拌 ──→ 晒し ──→ 2次漬け込み ──→ 醤製造 ──→ 製品
```

図7-5　上海甜包瓜の製造工程

(3) 加工方法
(ア) 原料瓜の洗浄および穿孔

　まず，最初に3つのカメを用意する。そのうちの1つには石灰塩水を入れ，もう1つのカメには清水を入れる。あと1つは漬け込み用のカメである。虫害や腐敗のない新鮮な原料瓜を選択し，1つ1つ丁寧に石灰塩水で原料瓜の疣（いぼ）や表皮に付着している泥土を洗い落とすとともに，石灰の作用により瓜の皮部の組織を強固にし，歯切れを良くする。次に清水の入ったカメに移し，2度洗いすることにより石灰塩水を洗い除く。その結果，製品に光沢と歯切れの良さを付与することができる。なお，石灰塩水は約100kgの20°Béの食塩水に5kgの生石灰を加え均一に撹拌した後，沈殿物を取り除いたものである。

　穿孔は自転車のスポークの鋼線を利用して先端を尖らせた針を作製し，原料瓜の両端と全体に均一になるよう針で孔を開け，瓜内部の水の排出を促進させるとともに食塩水や醤の浸透を早め，瓜全体に行き渡らせる目的で行なうものである。孔の間隔は4～6cmで，深さは瓜の中子（種子のまわりの綿状の部分。ワタ）まで刺すが，両面からの孔が向かい合わないようにずらして開ける。瓜の両端は皮部が肉厚のことが多いので，しっかりと穿孔を行なうことが大切である。

(イ) 1次漬け込み

　1次漬け込みは大きなカメに250kgの新鮮な生瓜を漬けるが，食塩の使用量は原料瓜の重量に対し約9％である。漬け込みは工場内で行なう。最初に原料瓜をカメの底に1層に並べ，その上に食塩を均一になるように振る。さらにその上に1層の瓜を置き，同様に食塩を重ねる。これを繰り返してカメの上部まで漬け込む。全体的にはカメの下部は食塩を少なめにし上部は多めに使用する。漬け込んだ瓜の表面は割り竹で覆いきつく押す。さらに竹の上には約60kgの重石を載せる。6時間後，カメの内部を撹拌し，下にある原料瓜を上に，上にある瓜は下に移動させ天地返しを行う。通常，夕方漬け込んだものを翌日の朝7時頃に天地返しを行なう場合が多い。最初の天地返しから24時間経過後においても食塩が溶解せずに残っている場合には，2回目の天地返しを行なう。この1次漬け込みは通常2～3日間行なわれる。

(ウ) 晒しおよび2次漬け込み

　1次漬け込みが終了した瓜を全てカメから取り出し，日に晒す。晒しにより瓜の表面を白くすることができる。午前中，瓜の片側を晒した後，午後には反対側に日が当たるようにひっくり返し同様に日に晒す。そのようにして瓜の表面全体を白くする。

　晒して白くする工程は上海甜包瓜の製造における特徴の1つである。晒し工程の目的は瓜の水分を蒸発させ，塩分濃度を高めるとともに製品の色を艶やかにし，明るくするためである。

　次に白く晒した瓜に対し7％となるようにさらに食塩を加え2次漬け込みを行なう。漬け込み方法は1次漬け込みと同様にカメを用い，最初に日に晒した瓜を底に1層に並べた後，食塩を振り，それを交互に繰り返して漬け込む。2次漬け込みは24時間行なわれるが，その間に1度，撹拌および天地返しが行なわれる。

(エ) 曲黄漬け込み

　2次漬け込み後の瓜は曲黄とともに漬け込む。漬け込みは工場内で行なう。生瓜100kgに対し50kgの曲黄および10kgの食塩の割合で，あらかじめ用意してあったもので漬け込む。実際の漬け込みはカメの底に1層の曲黄を置きその上に食塩を撒いた後，2次漬け込みを終えた瓜を1つ1つ丁寧に1層になるようにきつく並べる。その上にさらに曲黄を重ねて漬ける。これを繰り返し行なった後，曲黄で表面を覆う。

最後は生瓜に対し5％となるような割合で，1次漬け込みで得られた漬け液の清澄な上澄み液を加え，醤の発酵を行なわせる。

(オ) 天地返し

曲黄に漬け込んだ当日の午後，カメに漬け込まれた瓜を取り出し，曲黄とともに別の新しいカメに移し換えることにより撹拌する。移し換える際は取り出した瓜をよくしごいて硬さにムラが出来ないようする。カメの中に瓜をきちんと並べて漬け込み，最後に表面を曲黄で覆う。翌朝，2回目の撹拌，午後に3回目の撹拌を行なう。このような撹拌を1週間ほど続けることにより曲黄は発酵して醤となり糊状となる。瓜は次第に細く軟らかく収縮するようになる。

収縮した表面がナツメの砂糖漬状のしわを呈した頃，糊状になった曲黄醤と瓜を室外のカメに移し，自然の下で発酵を行なわせる。毎日1回の割合で1か月間カメの内部を撹拌する。カメの内部を撹拌する場合，上下が入れ替わるようによく撹拌し，醤と瓜が均一になるようにする。撹拌ができたかどうかは醤の色ムラで確認することができる。1か月間，毎日撹拌を続けた後は熟成するので，その後は数日間に1回の割合で撹拌する。その間においても瓜や醤は徐々に熟成が進行していく。

(4) 製造後期の管理

(ア) 雨水管理

室外で熟成を行なっている際は雨水がカメの中に侵入するのを防ぐ必要がある。降雨があった場合は雨の後，直ちに蓋を開け味の低下を防ぐ。雨の後，蓋を開けずにそのままにしておくと製品の歯切れに影響を及ぼす。

(イ) 晒しの管理

室外に置いたカメで熟成を行なう際はカメの蓋を開けると日に晒されることになるが，強い日に晒され過ぎるとメイラード反応が促進され，製品の色合いや艶が低下し風味も悪くなるので過度の晒しには注意する。

(5) 歩留り

100kgの原料生瓜は製造3か月後には36～37kgの製品となるのが一般的である。熟成期間が長くなると徐々に醤を吸収して製品重量は増加し，100kgの生の原料瓜は5か月後には約40kg，6～7か月後には42～43kgの製品となる。

(6) 製品の品質基準

(ア) 官能指標

瓜の色合いは黄色で透明感があり醤の香気は強いものが良い。また，味は新鮮で程良い甘さがあり，肉質は軟らかく大きさが揃っていることが望ましい。

(イ) 理化学指標

水分は76～78％，食塩濃度は12～13％，還元糖は21％以上，アミノ態窒素は0.3％以上，総酸は1％以下であるものが望ましいとされている。

3．蘇州蜜汁小黄瓜（キュウリ味噌漬）

蘇州蜜汁小黄瓜は別名，王子小黄瓜と言い，蘇州地域の特産物の1つである。製品は小黄瓜（キュウリ）と曲黄（味噌麹）で漬けたものである。蘇州蜜汁小黄瓜は曲黄醤と小黄瓜が同時に熟成してから，さらに砂糖を加えて製造されるのが特徴である。製品の色合いは黄色で明るく，醤の香気が強く，肉質が軟らかいものが良い。また，甜醤は新鮮味に富んでいるのが良いとされて

いる。本製品は浙江省の消費者が好んで食べる。
(1) 原料および補助原料
生の小黄瓜50kgに対し，食塩10kg，曲黄12～13kg，砂糖7.5kg，安息香酸ナトリウム25gを使用する。

小黄瓜は呉江県平望で生産されたものを使用する。瓜は色は黄色で軟らかく，真っ直ぐな形状のものを用いる。収穫時期は6～7月で，収穫した当日に漬け込みを行なう。大きさは1kg当たり36～48本位のものが適している。食塩は砕塩を用いる。

(2) 製造工程
蘇州蜜汁小黄瓜の製造工程は図7-6に示すとおりである。

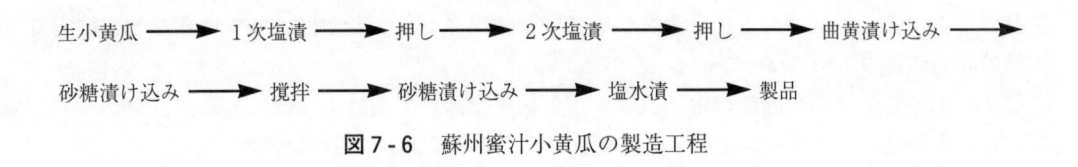

生小黄瓜 ─→ 1次塩漬 ─→ 押し ─→ 2次塩漬 ─→ 押し ─→ 曲黄漬け込み ─→
砂糖漬け込み ─→ 撹拌 ─→ 砂糖漬け込み ─→ 塩水漬 ─→ 製品

図7-6　蘇州蜜汁小黄瓜の製造工程

(3) 加工方法
(ア) 塩漬け
生の原料小黄瓜は工場に搬入した後，直ちにカメに入れ，食塩と小黄瓜を交互に漬け込む。50kgの小黄瓜に対し最初に使用する食塩量は3.5kgで，飽和食塩水の状態で使う。10時間後にカメの中の小黄瓜を撹拌し，重石を置き，再度漬け込む。さらに24時間後，カメから小黄瓜を出し漬け換えを行なう。漬け換えの際は50kgの小黄瓜に対し食塩6kgの割合で漬け込む。漬け方は最初に漬けた場合と同様，小黄瓜と食塩を交互に1層ずつ漬け込む。食塩は下少上多の方法で加える。最上部には重石を置く。5～7日後には漬け上がる。100kgの生小黄瓜からは約65kgの塩漬黄瓜が出来上がる。

(イ) 曲黄漬け込み
50kgの塩漬小黄瓜に対し，乾燥面曲黄（生黄瓜50kgに対し小麦粉が15kgとなるように乾燥曲黄に添加したもの）を20kg使用する。

乾燥面曲黄と小黄瓜をカメに漬ける際は，最初に乾燥面曲黄をカメの底に1層入れ，次に塩漬小黄瓜を1層となるように置き，それを繰り返して漬け込む。最後は面曲黄で表面を覆う。漬け始めは小黄瓜の水分が多いのでカメの蓋をすることができないが，3～4日後には蓋ができるようになるので漬け換え後，重石をして蓋をする。塩水が揚がってきたら重石を取り除き，面曲黄で覆い，約40日間漬け込むと醤漬ができる。

(ウ) 砂糖漬け
醤漬けが終了した醤漬小黄瓜50kgに対し，砂糖15kgの割合でカメに漬け込む。砂糖漬けは2回に分けて行なう。1度目は5kgの砂糖を用い，1層に小黄瓜，1層に砂糖の順で交互に漬け込む。2～3日後に撹拌を行ない，揚がり塩水を除いてからさらに10kgの砂糖を加え，時々撹拌しながら漬け込む。1週間後その表面に少量の揚がり塩水を加え，さらに4～5日間漬け込んでから熟成を行なう。

(4) 歩留り
100kgの生小黄瓜は約60kgの塩漬小黄瓜となり，砂糖漬け後の最終製品は35～38kgになる。

(5) 製品の品質基準
(ア) 官能指標
　色合いは黄色で明るく，香気は強いものが良い。また，適度な甘さがあり，肉質は軟らかく形状の揃ったものが望ましい。
(イ) 理化学的指標
　水分は56～57％，食塩濃度は10.5～11％，還元糖は20％以上，アミノ態窒素は0.2％以上，総酸は0.8％以下であることが望ましいとされている。

4．臨清甜醤瓜（ウリ味噌漬）

　臨清甜醤瓜は清の時代，同治年間に製造された醤菜で現在までに115年余りの歴史を有している。製品は日本，南イエメンおよび東南アジア各国に輸出された記録が残されているなど，国内外で人気の高い漬物の1つになっている。
　製造加工の特徴は瓜の内部の中子（ワタ）と種子を除いて漬けることにある。したがって，先述した上海甜包瓜のように穿孔する必要がないので穿孔による欠点が除かれている。

(1) 原料および補助原料
　種子と中子を除去した生の原料瓜100kgに対し，食塩は18～20kg，曲黄（味噌麹）は24～26kg使用する。原料瓜は地元で生産されている二青瓜あるいは六道瓜を用いる。収穫時期は7月が最も適しており，重量は1個当たり500g程度のものが良い。原料瓜は6割程度成熟が進んでいるものが適当であり，肉質は厚く，虫害や傷のないものを選択することが必要である。食塩は海塩を用いるが，均一に漬けるためには砕塩あるいは粒の大きな食塩を粉砕したものを用いる。
　曲黄の製造は以下のように行なう。100kgの小麦粉に35～40kgの水を加えて機械で混合してから適当な大きさに切り，蒸籠（せいろ）で蒸した後，包丁で切る。冷却してからさらに機械で約1cmの厚さに切り揃え，製曲室（製麹室）に入れて製曲を行なう。なお，製曲室の温度は28～30℃で，4日間の製造期間の間に撹拌，揉みほぐしを行ない，乾燥後，貯蔵し必要な時期に備えておく。

(2) 製造工程
　臨清甜醤瓜の製造工程は図7-7に示すとおりである。

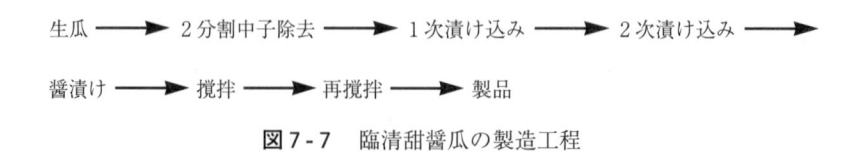

生瓜 ⟶ 2分割中子除去 ⟶ 1次漬け込み ⟶ 2次漬け込み ⟶
醤漬け ⟶ 撹拌 ⟶ 再撹拌 ⟶ 製品

図7-7　臨清甜醤瓜の製造工程

(3) 加工方法
(ア) 原料の選択および原料瓜の整形
　生の原料瓜は工場に搬入されたら，基準に従って原料の選択を行ない，洗浄する。洗浄後，瓜を半分に切り開き，竹べらを用いて種子と中子を取り除く。
(イ) 塩漬け
　中子と種子を取り除いた生の原料瓜の重量を測定した後，瓜の切り口が上を向くようにし，瓜が交互に縦横になるようにカメの底に置き，その上に食塩を振る。食塩量は整形後の生瓜100kgに

対し9～10kgを使用する。食塩の上にさらに瓜を置き，これを交互に繰り返して漬け込む。最上部には重石を載せる。翌日，漬け込んだ瓜を取り出し，別のカメに漬け換える。漬け換えの際は100kgの瓜に対し9～10kgの食塩を使用する。漬け方は1次漬と同様で，5日間漬けた後カメから取り出し，洗浄してから曲黄を加えて漬け込む。

(ウ) 醤漬け

100kgの塩漬瓜に対し48～53kgの曲黄を用いて醤漬けを行なう。最初にカメの底に1層の曲黄を入れ，その上に1層の塩漬瓜を隙間なく均一に並べ，さらに曲黄を重ねる。これを繰り返して上部まで漬け込む。最上部は曲黄で覆い，揚がり塩水を散布する。その後，日に晒し，夜露にあてる。毎朝，塩水を1回散布することを5～7日間続けた後，カメを撹拌する（曲黄と瓜の天地返しを行なう）。撹拌は毎日あるいは1日おきに行なう。この結果，瓜と曲黄は徐々に熟成が進行し，約45日で製品となる。塩水を使用する目的は，曲黄から一部の水分および食塩分を吸収し，曲黄による酵素分解の進行と変敗の防止に有効だからである。曲黄中の水分が多いと酵素の働きは抑制されやすい。

揚がり塩水の調製は次のように行なう。1次漬けおよび2次漬けの際に得られる塩漬瓜の揚がり塩水を用いる。塩水の中の泥砂を丁寧に除去したものに食塩を加え，11～12°Béとなるように調製する。

醤漬の製造方法は比較的容易であることから，江蘇省盱眙，連雲港近辺においてもこの方法で製造している。この方法は毎日カメを撹拌したり，瓜をしごく必要がないので労力も少なくて済む。しかも風味は甜包瓜に似ているなど有利な点が多い。

(4) 製品の品質基準

(ア) 官能指標

色はコハク色を呈し，半透明で光沢があり，醤の香気が強く，甘くて塩味があり，口当たりが良く，軟らかくて歯切れの良いものが望ましいとされている。

(イ) 理化学的指標

食塩濃度は14～16％，アミノ態窒素は0.55％以上，還元糖は18％以上，総酸は1.2％以下のものが望ましいとされている。

5．商丘醤黄瓜（キュウリ味噌漬）

商丘は予東平原にあり，古い歴史を持った伝統的な漬物の多い所である。醤黄瓜，混合醤包瓜，醤妞瓜，醤笋などの漬物製品が作られている。これらの地方の伝統漬物の多くは新鮮，甘味，歯切れ，軟らかさの4つの特徴を有している。また，曲黄（味噌麹）を利用している点も共通である。

(1) 原料および補助原料

生の原料黄瓜50kg，食塩11kg，曲黄22kgの配合割合で製造を行なう。

原料黄瓜は地元で生産される刺（とげ）黄瓜を使用する。刺黄瓜は一般の黄瓜よりも大型で表面に突起が多く刺があり，肉質部は厚いのが特徴である。漬物の原料には鮮度が良く，青緑色を呈し，形状が真っ直ぐで揃っており，長さは20～25cmのものが適している。また，選択にあたっては黄色に変色した部分がみられるものや斑点のあるもの，虫害，腐敗部分のあるものは避ける。原料を収穫した日のうちに工場に搬送し，直ちに加工することが望ましい。

(2) 製造工程

商丘醤黄瓜の製造工程は**図7-8**に示すとおりである。

```
                                                              曲黄
                                                               ↓
生黄瓜 → 清水浸漬 → 1次漬け込み → 2次漬け込み → 曲黄漬け込み →

晒し → 製品
```

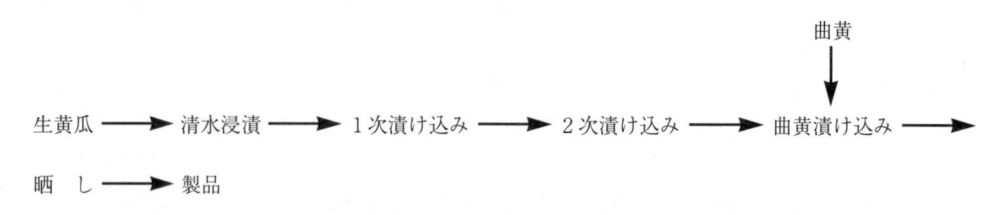

図7-8　商丘醤黄瓜の製造工程

(3) 製造方法

(ア) 清水浸漬

工場に搬入された原料黄瓜は丁寧に選択した後，まず最初に清水に浸漬し黄瓜の色合いと軟らかさを保持することに努める。清水に浸漬された黄瓜はその日のうちに必ず塩漬けする必要がある。もし，塩漬けしないのならば清水浸漬をしてはならない。

(イ) 1次漬け込み

清水に浸漬した黄瓜を取り出し，カゴに入れて水切りしてからカメに移し，砕塩を用いて漬け込む。清水浸漬後の原料黄瓜50kgに対し，最初は3kgの食塩を用い塩漬けを行なう。1層に黄瓜，一層に食塩を撒くことを繰り返して塩漬けする。翌日，塩漬黄瓜を取り出し，別のカメに漬け換える。1次漬け込みでは食塩の浸透圧作用により約20％の可溶性物質と水分が浸出する。したがって，約20％程度収縮するので塩漬黄瓜の重量は生の原料黄瓜の70～75％となり，表面は軟らかくなり一部はしわ状を呈するようになる。しかしながら，黄瓜の内層はまだ硬い状態にとどまっている。

(ウ) 2次漬け込み

1次漬け込みを終えた塩漬黄瓜は新たなカメに漬け換えられるが，その際は揚がり塩水で洗うのが普通である。2次漬け込みは塩漬黄瓜100kgに対し食塩18kgを用い，1次漬け込み同様に1層に黄瓜，1層に食塩を撒くことを繰り返して塩漬けする。塩漬けを行った日の午後に1度撹拌を行ない，その後は毎日1度ずつ撹拌を行なう。4日目には一旦取り出し，曲がったものや形が揃っていないものは2級品として処理し，優良なものだけ区別して別のカメに移し換える。その後3～4日ごとにカメの中の塩漬黄瓜を撹拌し，15～20日間漬け込むことで2次漬け込みを終了し，半製品を得る。2次漬け込みでは細胞組織は生理機能を失い，体積は約半分に収縮するので生の原料黄瓜100kgからは50～55kgの塩漬黄瓜を得ることになる。この段階で塩漬黄瓜のほとんどにしわ模様ができており，組織も軟らかい状態になっている。

(エ) 曲黄漬け込み

2次漬け込みを終えた塩漬黄瓜を取り出し，竹カゴに入れて塩水を切る。通常，午前中は塩水切りを行ない，午後に塩水を切った塩漬黄瓜を曲黄とともにカメに漬け込む。一般的に塩漬黄瓜100kgに対し，70kgの曲黄を使用する。カメに漬ける際は最初に曲黄をカメの底に入れ，次に塩漬黄瓜を置き，それを繰り返して漬け込む。最後は曲黄で表面を覆い，揚がり塩水をカメの中に入れる。その後，毎朝カメに漬けられている塩漬黄瓜を押すようにする。本品の場合は撹拌することはしない。4日目にカメの内部の漬物の表面を麻袋で覆い，その上に重石をする。その結果，黄瓜と曲黄は十分に接触するようになる。

黄瓜と曲黄を漬け込んだカメは雨にぬれるのを防ぎ約15日間漬け込む。この間はよく混ざるように撹拌を行なう。撹拌は一旦カメから黄瓜を取り出し曲黄をしごき取り，1層に曲黄，その上に1層となるように黄瓜を漬け込み，これを繰り返し，最上部は曲黄で覆うことによって行なわれる。この間，黄瓜は高い浸透圧により水分および可溶性物質が浸出し，曲黄に吸収されることによって収縮し，軟らかくなるとともに表面はしわ状となる。水分を吸収した曲黄は糊状となり，発酵・熟成が進行するので多くの還元糖とアミノ酸を生成し，甜醤（甘味噌）の状態になってくる。これ以外にも酵母や酵素によって酢酸エチルのようなエステル類が生成する。このようにして本品の風味が形成される。なお，発酵・熟成期間は通常3か月であるが，この間にはときどき撹拌を行なう。

(4) 歩留り

約100kgの生の原料黄瓜からは35～38kgの製品が出来上がる。

(5) 製品の品質基準

(ア) 官能指標

製品の黄瓜の表皮は深い青色を呈し，内部は金色あるいは微橙色を呈し，輝きを持っているものが良い。また，醤特有の香味とエステル香を呈するとともに適度な塩味と甘味を有し，組織は軟らかく，歯切れが良いものが望ましい。なお，酸味および異臭のあるものは好ましくないものとされている。

(イ) 理化学的指標

水分は75%以下，食塩濃度は15～17%，アミノ態窒素は0.25%以上，糖分は18%以上，酸度は1%以下のものが望ましいとされている。

6. 商丘醤妞瓜（ウリ味噌漬）

妞瓜は別名，女瓜と呼ばれ，河南省の商丘，拓城，鹿邑などの県および安徽省毫県の地域で生産されている。妞瓜は6月下旬頃成熟し始める。漬物原料として使用できるものは形状が楕円形で表皮は青緑色を呈しており，白く細かい絨毛が生えているものがよい。また，瓜の表面には8～10本の黄緑色の斑状紋があり，肉質は淡緑色で締まっており，苦味がないものが加工に適している。

(1) 原料および副原料

生の原料妞瓜100kgに対し食塩15～16kg，曲黄25kgの配合割合で製造する。

生の原料妞瓜は7～8割程度成熟しているものが適度な軟らかさを持っているので良いが，表皮が黄色を呈する頃は軟らかすぎる傾向になるので好ましくない。瓜の大きさは300～500gのものが適当である。

(2) 製造工程

商丘妞瓜の製造工程は図7-9に示すとおりである。

生妞瓜 ⟶ 2分割中子除去 ⟶ 1次漬け込み ⟶ 2次漬け込み ⟶

曲黄漬け込み ⟶ 製品
　　↑
　　曲黄

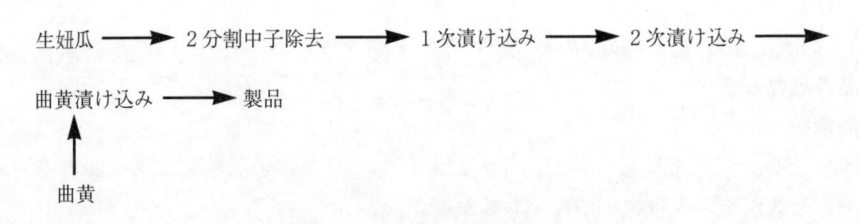

図7-9　商丘醤妞瓜の製造工程

(3) 製造方法

(ア) 2分割および中子の除去

原料瓜は工場に搬入した後、日の当たらない場所に一時保管しておく。最初に瓜に付いている花やつるを除去する。その後、2分割し内部の中子（ワタ）と種子を取り除く。中子や種子を残したまま漬け込むと腐敗しやすくなり、製品の品質に悪影響を及ぼすことになる。

(イ) 1次漬け込み

生の原料妞瓜100kg（中子および種子を除いたものは約75kgとなる）に対し、4.5kgの砕塩で漬け込む。最初にカメの底部に切り口の部分を上に向け1層になるよう丁寧に並べ、その上に食塩を1層になるように振り、さらにその上に瓜を並べて漬け込む。これを繰り返して上部まで漬け込み、最上部は食塩を振り、その上に竹、葦、高粱から（茎）などで編んだムシロをかぶせ、重石を載せて漬け込む。1次漬け込みで漬けられる瓜は「麻瓜」とも呼ばれる。

(ウ) 2次漬け込み

1次漬け込み後、約12時間経過してから瓜を取り出し、切断面を下に向けてカゴの中に移して水切りを行ない、別のカメに2次漬け込みを行なう。生瓜100kgは1次漬け込み後には約70kgになっている。この瓜に対し11kgの食塩を用いて、1次漬け込み同様に瓜と食塩を1層ずつ交互に漬け込む。午前中に2次漬け込みを終えた後、午後には撹拌を行なう。それ以後は毎日1回の撹拌を繰り返し、食塩を十分に溶解させる。

(エ) 漬け換え

2次漬け込みにより食塩が溶解したら瓜を取り出し、ゴミなどの夾雑物を除去する。そして再度漬け込みを行ない、澄みきった揚がり塩水を入れて漬け込む。その後、1日おきに1回撹拌を行ない、20日間漬け込むと半製品が完成する。

(オ) 曲黄漬け込み

午前中、半製品をカメから取り出し、カゴに入れて水切りをした後、その日の午後に曲黄とともに漬け込む。カメに漬け込む際は最初、底部に曲黄を1層になるように入れ、その上に半製品の瓜を同じように1層となるように丁寧に置く。さらにその上に曲黄を重ね、それを繰り返す。一般的に100kgの半製品に対し、65～70kgの曲黄を使用する。カメが一杯になったところで曲黄で表面を覆うようにする。その後、毎朝1回押しを行ない、しっかりと漬け込む。4日目に強く押しを行なった後、毎日様子を見、大体2週間経過後に曲黄が水分を吸収し発酵が進行し、糊状になった頃に別のカメに漬け換える。手順として、はまず最初にカメの表面の糊状になった曲黄を手で掬い取り別のカメの中に入れ、次に瓜を取り出して表面に付着している曲黄を除き、最初にカメの底部に入れた曲黄の上に並べてのせる。同様にして曲黄と瓜とを交互に漬け込んでいく。最後に表面は曲黄で覆う。このようにして3か月経過して熟成すると曲黄は醤となり製品が完成する。この間、雨水に会わないように十分な管理を行なう。

(4) 歩留り

100kgの生の妞瓜からは32～35kgの製品を得ることができる。

(5) 製品の品質基準

(ア) 官能指標

製品の色はオレンジ色を呈しており、光沢があり、濃厚な醤の風味とエステル香を持ち、肉質は軟らかく、酸味がなく、嫌味臭がないものが良い。

(イ) 理化学的指標

水分は75％以下，食塩濃度は約15％，アミノ態窒素は0.25％以上，還元糖は18％以上，酸度は1％以下であることが望ましい。

7．商丘醤笋（茎チシャ味噌漬）

笋は別名，萵笋，苔（薹）子とも呼ばれ，長円筒形あるいは長円錐形を呈し，表皮は淡緑色から緑色をしている。茎には緑，黄緑，淡緑色のものがある。

(1) 原料および副原料

生の原料茎チシャ100kgに対し食塩18kg，曲黄45kgの配合割合で製造する。生の原料茎チシャは茎の部分が太く，肉質が軟らかく虫害や損傷部分がないものを選択する。

(2) 製造工程

商丘醤笋の製造工程は図7-10に示すとおりである。

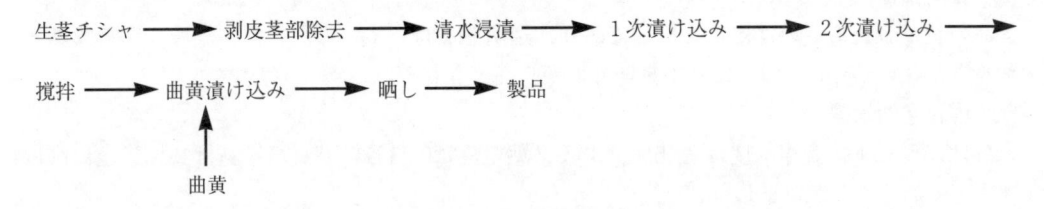

生茎チシャ → 剥皮茎部除去 → 清水浸漬 → 1次漬け込み → 2次漬け込み →

撹拌 → 曲黄漬け込み → 晒し → 製品
　　　　　　↑
　　　　　曲黄

図7-10　商丘醤笋の製造工程

(3) 製造方法

(ア) 皮の除去および清水浸漬

原料茎チシャは工場に搬入した後，直ちに葉を取り，表皮を除去する。また，同時に側根も除去する。その後，清水に浸漬し褐変を防止する。浸漬の時間は約4時間である。

(イ) 1次漬け込み

1次漬け込みのものは「麻菜」と呼ばれる。これは低食塩で1次漬け込みを行ない原料野菜からある程度水分を浸出させた後，もう1度塩漬け（2次漬け込み）を行なうものである。こうすると食塩を節約することができ，野菜の品質を高めることができる。生の原料茎チシャ100kgに対し，12kgの食塩で1日漬け込む。

(ウ) 2次漬け込み

1次漬け込み後，塩漬けされた茎チシャを取り出し，別のカメに食塩を用いて2次漬け込みを行なう。100kgの茎チシャに対し12kgの食塩を用いて，1次漬け込み同様に茎チシャと食塩を交互に漬け込む。午前中に2次漬け込みを終えた後，午後には撹拌を行ない，食塩を十分に溶解させる。100kgの生原料からは68kgの半製品が出来る。

(エ) 漬け換え

2次漬け込みにより食塩が溶解したら茎チシャを取り出し，カゴに入れて水切りを行ない，併せてゴミなどの夾雑物を除去する。そして再度，澄みきった揚がり塩水を入れて漬け込む。次に1日おきに1回撹拌を行なう。その後，3～4日の間隔で撹拌を行ない，20日間ほど漬け込む。その結果，茎チシャの表面からは泡が発生し，表面は淡緑色を呈するようになる。最後に竹で編んだ蓋をかぶせ重石を置く。

(オ) 曲黄漬け込み

午前中，2次漬け込みの半製品をカメから取り出し，カゴに入れて水切りをした後，その日の午後に曲黄とともに漬け込む。カメに漬け込む際は最初，底部に1層になるように曲黄を入れ，その上に半製品の茎チシャを1層になるように丁寧に置く。さらにその上に曲黄を重ねることを繰り返して漬け込み，最上部は曲黄で覆うようにする。

一般的に100kgの塩漬茎チシャに対し，55〜65kgの曲黄を使用する。曲黄とともに漬けた後の管理は，前述のカメが一杯になったところで曲黄で表面を覆うようにする。その後は商丘妞瓜と同様に管理する。3か月ほどで熟成する。

(4) 歩留り

100kgの生の茎チシャからは約24kgの製品を得ることができる。100kgの整形茎チシャからは約48kgの製品を得ることができる。

(5) 製品の品質基準

(ア) 官能指標

製品の色は金色あるいは褐色を呈しており，透明感を持っている。また，濃厚な醤の風味とエステル香と甘味を有し，口当たりの良いものが良品とされる。

(イ) 理化学的指標

水分は75％以下，食塩濃度は約15％，アミノ態窒素は0.25％以上，還元糖は18％以上，酸度は1％以下であることが望ましい。

8．商丘什錦醤包瓜（餡入りウリ味噌漬）

南丘什錦醤包瓜で使われている醤包瓜皮は妞瓜を原料とし，曲黄（味噌麹）を用いて製造されたものである。

(1) 原料および補助原料

醤菜を包むのに用いる瓜皮を製造するのに使われる原料および補助原料の配合は，生妞瓜100kgに対し食塩15〜16kg，曲黄25kgである。また，瓜の中に詰める餡（あん）となる醤菜の重さは上記の瓜皮に対し約40kgで，その配合比は醤漬蕪（千切り）20％，醤漬人参（千切り）20％，醤漬瓜（賽の目に切ったもの）5％，醤漬笋（賽の目に切ったもの）5％，醤漬黄瓜（賽の目に切ったもの）5％，醤漬落花生30％，醤漬胡桃（クルミ）7.5％，角又（ツノマタ）または天草（冷水で24時間浸漬した後，細かく切ったもの）5％，陳皮（洗浄後，お湯に浸し柔らかくしたものを千切り）0.5％，生姜（千切り）2％である。

(2) 製造工程

商丘什錦醤包瓜の製造工程は図7〜11に示すとおりである。

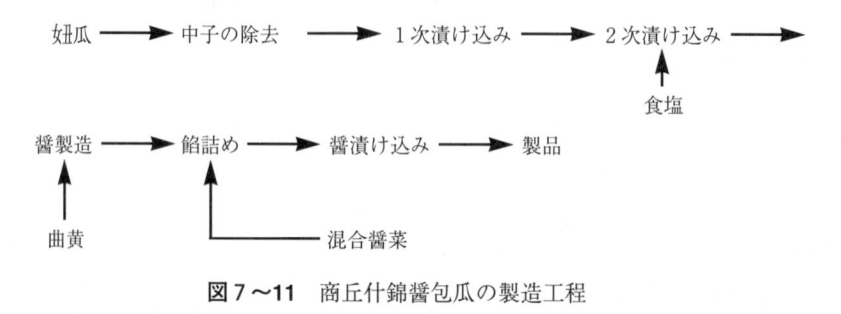

妞瓜 ⟶ 中子の除去 ⟶ 1次漬け込み ⟶ 2次漬け込み ⟶
　　　　　　　　　　　　　　　　　　　　　　　↑
　　　　　　　　　　　　　　　　　　　　　　食塩

醤製造 ⟶ 餡詰め ⟶ 醤漬け込み ⟶ 製品
　↑　　　　↑
　曲黄　　混合醤菜

図7〜11　商丘什錦醤包瓜の製造工程

(3) 加工方法

　醬包瓜は最初に瓜皮を醬漬けによって製造した後，様々な野菜で作られた醬菜を餡として詰め込むことによって作られる。醬包瓜皮の製造方法は醬妞瓜の製造方法とほとんど同じである。

(ア) 原料瓜の調製

　栽培後期に収穫した小妞瓜を用いる。その時期の瓜は皮が薄いので餡としての醬菜を入れるのに有利だからである。瓜の形は長円，色は翠緑色（エメラルドグリーン）で表面には綿毛があり，長径約12cm，短径約5cm，重さは150～200g程度のものが加工に適している。生の瓜を収穫したその日のうちに茎を除去し，ヘタから2cmの所で切断しないように注意しながら切れ目を入れる。切れ目から特製の銅柄杓（ひしゃく）（長さ19.6cm，頭の長さ8.5cm，幅3.4cm）を用いて瓜の中子（ワタ）と種子をきれいに掘り取る。この際，瓜の皮を傷つけないように注意して中子と種子だけを除去することが大切である。

(イ) 1次漬け込み

　中子を取り除いた瓜は直ちに砕塩で漬けることになるが，食塩は瓜の中と表皮に丁寧にまぶす。なお，その際は瓜の蓋にあたる部分は瓜の中に押し込んで漬けられる。1次漬け込みに使われる食塩の量は，75kgの原料瓜に対し約4.5kgである。瓜の切り口の方を上に向けて，食塩と共に漬ける。翌朝，塩漬瓜をカゴの中に取り出し揚がり塩水を切っておく。

(ウ) 2次漬け込み

　1次漬け込みが終了した瓜の蓋にあたる部分と瓜の内部に食塩が均一となるようによくまぶして漬け込む。なお，瓜の切り口同士を向かい合わせとしカメの中に丁寧に漬け込む。ここで用いる食塩量は約11.5kgで，その日の午後にはカメの内部を撹拌し，均一化をはかる。3日目には再度カメの内部を撹拌する。4日目には下漬けの際に揚がった塩水で瓜をよく洗浄し，瓜の開口部が下に向くようにして洗ってから，カゴに移して水を切る。5日目には下漬けの際に得られた揚がり塩水をカメの中に入れる。それ以降は3～5日ごとに1回の割合でカメの内部を撹拌するが，これを2～3度繰り返す。漬け込んでから15～20日間経過して瓜の色が明るい黄色になった頃，瓜皮は塩漬半製品として完成する。

(エ) 曲黄漬け込み

　2次漬け込み後の瓜は曲黄とともに漬け込まれる。真夏の頃は下漬瓜の80%，立秋の頃には65%に相当する曲黄を用いる。まず最初にカメの底に1層になるように曲黄を入れ，その上に瓜を1層になるように並べて漬ける。毎朝，日光の下で晒しを行なうが，その際には瓜を押して瓜の内部の水分を曲黄に吸収させる。雨天の時にはカメに蓋をし，雨で濡れるのを避ける。7～8日後には曲黄は瓜からの水分を十分に吸収し糊状となっているので，さらに撹拌を行ない均一化をはかる。曲黄の塊が見られる場合は細かく分散させる。10～15日後にもう1度カメの内部を撹拌し，日光の下で40～60日間晒しを行ない，瓜の色が金色を呈する頃に取り出す。取り出した瓜を清水で洗うことにより醬包瓜皮が出来上がる。

(オ) 瓜皮への詰め込み

　通常，中秋節（陰暦8月15日）の前後になった頃，あらかじめ調製した詰め込み用の醬菜（醬漬けした混合野菜）を瓜の中に詰め，細い麻糸を用いて縦横十字に縛り，長さ60cm，幅27cmの布袋の中に入れ，甜面醬を入れたカメに漬け込む。

(カ) 醬漬け

　甜面醬に漬け込んだ布袋は時々撹拌を行ない，均一に漬かるようにする。約半月ほどで製品が

出来るが，直ちに出荷しない場合はカメの中で漬け込んだままの状態で保存することができる。
(4) 歩留り
100kgの生妞瓜からは32～35kgの醬包瓜（皮の部分）および65～75kgの製品（餡を詰め込んだもの）を得ることができる。
(5) 製品の品質基準
(ア) 官能指標
瓜皮の色は褐色，瓜果肉部は濃い赤褐色を呈し，濃厚な醬の香気を有するものが良い。また，味は醬の風味を有し，適度な塩辛味と甘味を持ち，さっぱりした味を呈するものが良い。
(イ) 理化学指標
水分は75％以下，食塩濃度は13～14％，還元糖は16％以上，アミノ態窒素は0.25％以上，総酸は１％以下であるものが望ましいとされている。

9. 蚌埠琥珀醅瓜（ウリ味噌漬）

蚌埠琥珀醅瓜は伝統的な醅菜の製造工程を基本として発展してきた漬物である。伝統的な醅菜の製造は初期の頃は中原地域で行なわれてきたが，その後，黄淮地域に拡大した。琥珀醅瓜は1930年代になると地域の特産物として知られるようになった。

蚌埠は20世紀になって新しく発展した町の１つで，様々な物資が集まってくる所であったために市場（マーケット）が形成され，商工業が大いに発展した。

そのような中で醬製造業も大いに発展し，揚州の何公盛，上窖孫和太および山東，河南，浙江など各省で有名な多くの醬園（醬製造業）はこぞって蚌埠で営業を始めるようになった。そして，中国各地方それぞれの風味を持った醬漬菜が蚌埠に集められ販売されるようになった。

各地のそれぞれの名師（優れた技術者）達が互いに競争し，腕を奮い，伝統的な醅醬瓜の品質向上に全力を尽くしたので質の高い醅醬瓜が製造されるようになった。

その中でも揚州の邦公泰醬園，上窖邦泰醬園の両醬園で製造された醬菜の質が最も優れており，名声を博した。それらの醬菜の特徴は長めの瓜を用い，豊満で軟らかく，皮はコハク色に輝き，鮮度が良く，サッパリした味を有するものであった。

これらの特徴から「琥珀醅瓜」と命名され，蚌埠の同業者達も同じようなものを作るようになった。

包装は精緻な竹カゴを使い，赤茶色の貼り紙と縄で梱包したもので古風な趣を持っている。当地ではこれらのものを珍味とし，また地方からやってきた旅行者はこれらを買い求め，貴重な名産物として持ち帰ったので全国にその名が知られることとなった。したがって，蚌埠の「琥珀醅売り」の名声は今後も衰えることなく受け継がれていくものと思われる。

(1) 原料および補充原料
生の原料瓜100kgに対し，食塩20kg，曲黄50kgを使用する。

生の瓜は淮北で生産された糸形瓜を使用する。小暑前後（７月上・中旬）に収穫するのが良く，瓜の色は濃緑色で艶があり，軟らかく，真っ直ぐで大型のものを用いる。

(2) 製造工程
蚌埠琥珀醅瓜の製造工程は**図7-12**に示すとおりである。

第5節　各地の醤曲醃菜

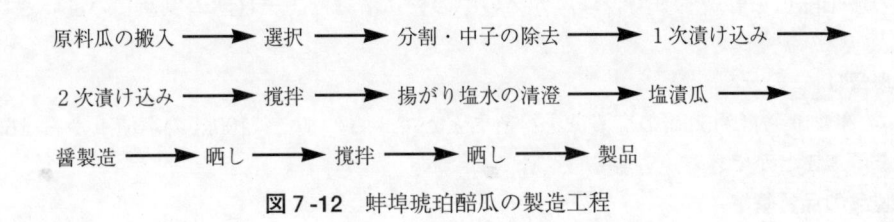

```
原料瓜の搬入 → 選択 → 分割・中子の除去 → 1次漬け込み →
2次漬け込み → 撹拌 → 揚がり塩水の清澄 → 塩漬瓜 →
醤製造 → 晒し → 撹拌 → 晒し → 製品
```

図7-12　蚌埠琥珀醃瓜の製造工程

(3) 加工方法

(ア)　1次漬け込み

生の原料瓜は工場に搬入した後，真っ直ぐで大きく軟らかいものを選び，2つ割りにしてから種子と中子（ワタ）を取り除き，切り口が上を向くようにしてカメに入れ，食塩と瓜を交互に漬け込む。100kgの瓜に対し使用する食塩量は8kgである。漬け込んでから6時間後にカメの中の瓜を撹拌する。

(イ)　2次漬け込み

翌日，塩漬けした瓜を揚がり塩水で洗いながら取り出し，塩漬瓜100kgに対し14kgの食塩を加えて2次漬け込みを行なう。その後，毎日1回の割合でカメの中の瓜を撹拌する。3回ほど撹拌するうちに食塩は溶解する。

(ウ)　揚がり塩水に漬け込み

2次漬け込みの食塩が溶解した後，塩漬瓜を取り出し，切り口が上を向くように新たなカメに入れる。残った揚がり塩水を静置しておき沈殿してきた泥土や夾雑物を除き，清澄になったものを再び塩漬瓜の入ったカメに注ぎ入れて漬け込む。翌日，撹拌し，3～4日後にもう1度撹拌を行なう。撹拌の作業は全部で4回行なうが，この間，3回の揚がり塩水の清澄作業を行なう。なお，漬け込みの際は切り口を上に向け，瓜が平らになるように注意深く漬け込むことが重要で，瓜が曲がるのを防がなければならない。約20日間漬け込むと塩漬半製品が完成する。半製品の塩漬瓜の色は明るい黄色で皮は柔らかく，形状は真っ直ぐで太いものが要求される。

(エ)　曲黄漬け込み

曲黄と塩漬瓜をカメに漬ける際は，最初に曲黄をカメの底に1層入れ，次に塩漬瓜を1層となるように置き，それを繰り返して強く押しながら漬け込む。なお，漬け込む際は切り口を下に向けておくことが大切である。最後は曲黄で表面を覆う。曲黄による漬け込みは約7日間行なう。

(オ)　漬け込み用塩水の注加

漬け込み用塩水は，2次漬け込みの際の揚がり塩水7割と清水3割を混合して12°Béの食塩水を作り，加熱後，冷却してからその清澄液を採取することによって調製される。曲黄で漬け込んでから1週間後に漬け込み用塩水を加える。翌日，カメの中の瓜を撹拌する。漬け込みが進行すると曲黄は糊状になるので，よく撹拌を行なって濃度が均一になるようにする。

(カ)　撹　拌

曲黄で漬けられた瓜は日中は日に晒して熟成を促進させる。数日すると曲黄は発酵し始め，醤となり上部に膨れ上がるようになるが，しだいに弱くなり，醤は下の方へ徐々に下がってくる。この時期によく撹拌を行なうことが大切である。撹拌により再び膨れが生じるが，始めと同様，しだいに醤は下がって熟成が進行する。そして，約1か月後に発酵を止める。

(4) 貯蔵

製品の琥珀醋瓜を貯蔵する場合は，カメの中の醤に漬けたまま日陰の風通しの良いところで保管する。

(5) 歩留り

100kgの生瓜からは約50kgの塩漬瓜を得ることができる。また，100kgの塩漬瓜からは65kgの最終製品を得ることができる。

(6) 製品の品質基準

(ｱ) 官能指標

色合いは黄色で明るく，醤の香気やエステル香の強いものが良い。また，適度な甘さがあり，肉質は軟らかく豊満で形状の揃ったものが望ましい。

(ｲ) 理化学的指標

水分は約52％，食塩濃度は約13％，還元糖は18％以上，アミノ態窒素は0.27％以上，総酸は1％以下であることが望ましいとされている。

10. 醤玉瓜（ウリ味噌漬）

醤玉瓜は古くから知られている伝統漬物の一種で清の時代に作られたのが最初と言われている。したがって，すでに100年余りの歴史を有していることになる。『中国実業志』によると，清の時代に晋省の製造した漬物は晋南の汾城，浮山，翼城，臨晋などの4県にも知られるようになったことが記録されている。また，その製造方法は潼関が伝えたものとされている。

1915年，醤玉瓜は中国の佳品（優れた製品）としてパナマ国際博覧会に出品し，銀賞牌を獲得し，歴史に名を残している。1973年より日本などの国外にも輸出されるようになった。

(1) 原料および補助原料

中子（ワタ）を除いた原料生瓜100kgに対し曲黄25kg，食塩16kg，香料1.5kgを用いる。醤玉瓜に使用する原料瓜は鮮度の良いものを選ぶ。熟度としては7から8割程度成熟したものが良く，表皮は白いものが利用される。果肉が厚く，種子は硬いものが良い。また，瓜の長さとしては30cm程度のものが加工に適している。

(2) 製造工程

醤玉瓜の製造工程は図7-13に示すとおりである。

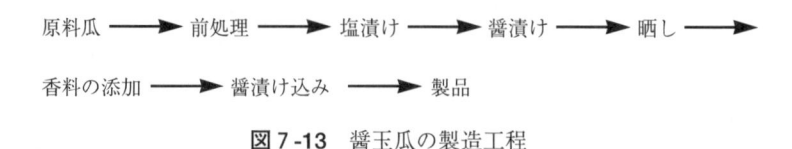

原料瓜 ⟶ 前処理 ⟶ 塩漬け ⟶ 醤漬け ⟶ 晒し ⟶

香料の添加 ⟶ 醤漬け込み ⟶ 製品

図7-13 醤玉瓜の製造工程

(3) 加工方法

(ｱ) 前処理

生の原料瓜のヘタを包丁で切り取り，2つ割りにしてから種子と中子を取り除き，清水で洗浄する。

(ｲ) 塩漬け

洗浄の終わった原料瓜をカメの底に1層に並べ，その上に食塩を均一になるように振る。さら

にその上に1層の瓜を置き，同様に食塩を重ねる。これを繰り返してカメの上部まで漬け込む。全体的にはカメの下部は食塩を少なめにし上部は多めに使用する。洗浄した瓜100kgに対し16kgの食塩を用いる。毎日，午前・午後の1回ずつ撹拌を行ない，7日間漬け込む。その後，瓜をカメの中から取り出し，瓜の表面の水分がなくなるまで日に晒す。100kgの瓜は塩漬けと晒しによって約40kgになる。晒しは晴天時に風通しの良いところで1日行なう。

(ウ) 曲黄漬け込み

よく晒した塩漬瓜は曲黄とともに大きな磁製の鉢に漬け込む。1つの鉢には30kgの塩漬瓜と20kgの曲黄を交互に漬け込み，最上部は曲黄で覆う。

(エ) 晒　し

塩漬瓜を曲黄とともに漬け込んだ鉢は衛生環境の良い室外に置き，7～8日間ほど日によく晒す。鉢の中の曲黄の表面が，鉢の中で生成された水蒸気が浸透し湿り気を帯びてきたら撹拌を行なう。日でよく晒されると鉢の温度は上昇し，一部の水分が蒸発して曲黄が乾燥すると塩漬瓜の水分が移行してくる。晒しの間は毎日1～2回撹拌を行ない，水分が全て曲黄に浸透した後は毎日3～4回撹拌を行なう。15日間程度経過すると曲黄の発酵により醤が出来てくる。なお，この間，醤の含水量によっては清水の添加を行なう場合もある。さらに撹拌を行ないながら，30日間経過すると鉢の中の醤は醤特有の黄色，瓜は赤味を呈するようになる。

(オ) 香料を加えた醤漬け込み

30日間の醤漬けの後に香料水を加えることがある。香料水は3回に分けて鉢に添加される。0.5kgの香料に水を加えて煮ることによって3kgの香料水を得ることができる。この香料水を鉢の中に加えて十分に撹拌を行なう。その後，20日間に渡る晒しと撹拌によって香気成分は塩漬瓜の中に浸透する。醤玉瓜の製造は合計で約55日を必要とする。

醤漬けの全工程が終わった後に醤を小塊に切り胡麻油と混ぜて食べることも可能である。製品として完成した醤玉瓜は洗浄した後も艶がある大変おいしい漬物であることから「玉瓜」と称するようになったと言われている。

(4) 製品の品質基準

(ア) 官能指標

瓜の色は淡黄褐色で鮮度が良く，適度に甘さを持つものが良いとされている。

(イ) 理化学指標

水分は65％以下，食塩濃度は10～12％，還元糖は16％以上，アミノ態窒素は0.25％以上であるものが望ましいとされている。

11. 北京醤黄瓜（キュウリ味噌漬）

北京の漬物の歴史は大変古く名声を博している。世界的に有名な「六必居醤園」は明の時代，嘉靖9年（1530年）に創始した漬物業者で，すでに460年余の歴史を有している。また，優れた漬物を製造している天源醤園も130年余の歴史を持っている。北京の醤園（醤および漬物製造業）は老醤園，京醤園，南醤園の3つの型に分けられる。老醤園で製造される漬物は河北省保定の作り方で，その味は比較的塩度が高いので長く保存することができる。京醤園で製造される漬物は北京の伝統的な製法で作られる漬物で別名「京作」と称し，甘味が比較的強い漬物である。また，南醤園で製造される漬物は蘇（江蘇省），浙（浙江省）の製法を模倣したものである。どの醤園においても，それぞれ独特の風味を持ち品質の高い漬物の製造を行なっている。

北京の醬園の以前の経営者達は「最高の品質のものを用い最高の価格で売る」，「価格が高いことを恐れず品質の悪いことを恐れる」という経営思想を持ち市場での販売競争を行なっていた。北京の漬物は日中戦争の際にも海外に輸出している。1939年に出版された『日下旧聞』という書物の中にも「北京の漬物は大変著名であり，毎年京東，東三省，上海，日本などに出荷している。甜醬菜（甘味のある醬漬物）は現在天源，東楊，桂香，天義順の4つの醬園で生産されているものが良い。全市の冬菜，漬物の輸出数量の統計によると東楊が第1位である」ことが記録されている。

北京醬黄瓜は数百年の歴史を有しており，その果肉は厚く赤褐色，皮色は濃緑色で醬の味は濃厚であるのが特徴である。近年，伝統的な製法に改良を加えた製造法で漬物を製造し，製品の品質を高めている。

(1) **原料および補助原料**

生の黄瓜（キュウリ）100kgに対し食塩35kg，曲黄（味噌麹）55kgを使用する。黄瓜の品種はとても多く北京の近郊では刺黄瓜，鞭黄瓜などが栽培されているが，北京醬黄瓜には刺黄瓜の「京元6号」が最も適している。その特徴は果肉が厚く，あっさりした風味を有する。

(2) **製造工程**

北京醬黄瓜の製造工程は**図7-14**に示すとおりである。

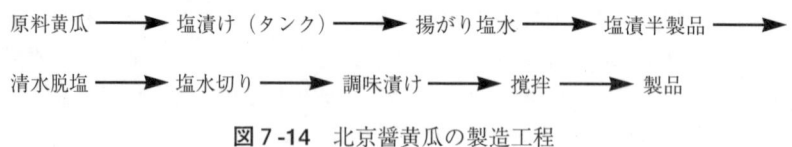

原料黄瓜 ⟶ 塩漬け（タンク）⟶ 揚がり塩水 ⟶ 塩漬半製品 ⟶

清水脱塩 ⟶ 塩水切り ⟶ 調味漬け ⟶ 撹拌 ⟶ 製品

図7-14 北京醬黄瓜の製造工程

(3) **加工方法**

(ア) **原料処理**

生の原料黄瓜を工場に搬入した後，軟らかく真っ直ぐなものを選択して醬黄瓜の原料とする。規格に合わない黄瓜は取り除き八宝菜（漬物）の混合材料として用いる。

(イ) **塩漬け**

生の原料瓜は塩漬けタンクに入れ，食塩と黄瓜を交互に漬け込む。黄瓜に対し12％の食塩と3～5％の水で漬け込む。3～4時間後に撹拌し，2～3日たってから塩漬黄瓜を取り出し水を切って別の塩漬けタンクに漬け直す。なお，その際に用いる食塩量は1次塩漬黄瓜の重量に対し25％である。その後，撹拌を行ない2週間経過すると貯蔵が可能な状態となる。100kgの生黄瓜からは92kgの塩漬黄瓜を得ることができる。

(ウ) **曲黄漬け込み**

醬黄瓜の必要量に応じ塩漬黄瓜（下漬黄瓜）を貯蔵タンクから取り出し，清水で脱塩する。夏期においては脱塩中に1度水を換え，冬期には2度水を換える。脱塩後，黄瓜を脱塩タンクから取り出し水をよく切ってから別のカメに入れる。調味漬けにおいては脱塩黄瓜に二醬（野菜の醬漬けに1度使用したもの）を等量用いて漬け込む。漬け込んだ後は毎日3～4回まぐわで撹拌し，3～4日後にカメから取り出し二醬をきれいに取り除いた後，新しいカメに入れる。再度の調味漬けの際は新しい甜面醬を用いて漬け込む。1次調味漬けした黄瓜100kgに対し75kgの甜面醬を使用する。1次調味漬けと同様に毎日3～4回まぐわで撹拌を行ない，2週間後に製品が完成す

る。歩留りは約70％程度になる。
(4) 製品の品質基準
(ア) 官能指標
　表面は濃緑色，果肉は赤褐色で艶があるものが良い。醤の香りおよびエステル香があり，塩味と甘味のバランスが取れ，肉質は軟らかく形状の揃ったものが望ましい。
(イ) 理化学的指標
　水分は70％以下，食塩濃度は10～12％，還元糖は5％以上，総酸は1％以下であることが望ましいとされている。

12. 北京醤甘露（チョロギ味噌漬）

　甘露（チョロギ）の中国名は草石蚕で，地下の塊茎が肥大化した部分が蚕（カイコ）の蛹（さなぎ）に似ていることからこの名が付けられた。甘露は各地で様々な名称で呼ばれている。例えば地梨，宝塔菜，地蝸牛，螺糸菜，土環などである。清時代の書物『便民図纂』の中に，甘露が生育しているときに「葉の上の露の玉が地面に落ち，その1滴が1つの実になった」という記述があるところから北京では甘露と称されるようになったと言われている。

　醤甘露の別名は醤宝塔菜であるが，これにも数百年の歴史がある。元の時代の売銘が甘露は醤漬に適していることを述べたことが記録されていることから，醤甘露は元の時代にはすでに存在していたことが分かる。

　北京醤甘露は伝統的な製法を堅持し，北京郊外の黒土地帯で生産された甘露を原料として用いている。この甘露は色は白く，形は大きくしっかりとしており皮はみずみずしくて軟らかいのが特徴である。また，製品は金色を呈し軟らかく，味は新鮮である。

(1) 原料および補助原料
　生の甘露100kgに対し甜面醤100kgを使用する。
(2) 製造工程
　北京醤甘露の製造工程は**図7-15**に示すとおりである。

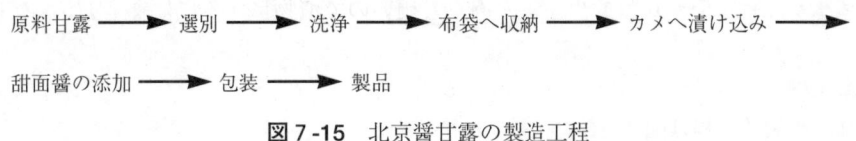

原料甘露　→　選別　→　洗浄　→　布袋へ収納　→　カメへ漬け込み　→

甜面醤の添加　→　包装　→　製品

図7-15　北京醤甘露の製造工程

(3) 加工方法
(ア) 原料処理
　生の原料甘露を工場に搬入した後は直ちに加工する。最初に篩（ふるい）で泥土および夾雑物を取り除き清水で洗浄する。2つの水の入ったカメあるいはタンクを用意し，始めに第1のカメ（タンク）に入れて笊（ザル）でよく撹拌しながら洗浄する。次に第2のカメ（タンク）に移し，さらに洗浄を行ない，甘露をきれいにする。
(イ) 甜面醤に漬け込む
　洗浄した甘露は布袋ごとに4～5kgずつ入れ，紐で袋の口をしっかりと縛った後，カメに入れ甜面醤で漬ける。漬け込んだ後は，まぐわで撹拌する。味を均一にするには，最初にカメの中に

3分の1ほど甜面醤を入れておき，甘露を入れた後に残りの3分の2の甜面醤を加える。通常午前中に甘露をカメに入れ，午後はまぐわを用いて撹拌を行なう。さらに夕方にもう1度撹拌を行なう。翌日からは毎日3～4回まぐわで撹拌をする。約2週間後には製品となる。

(4) 製品の品質基準

(ア) 官能指標

表面は金色で艶のあるものが良い。醤特有の香りおよびエステル香があり，塩味と甘味のバランスが取れ，肉質は軟らかく形状の揃ったものが望ましい。

(イ) 理化学的指標

水分は70％以下，食塩濃度は10～12％，アミノ態窒素は0.2％以上，還元糖は10％以上，総酸は1％以下であることが望ましいとされている。

(5) 注意事項

醤甘露は食塩で漬けることなく直接甜面醤に漬けるので，原料の洗浄は徹底的に行なう必要がある。製品に泥土や砂が入らないように十分に注意することが大切である。

醤漬け込みの過程でまぐわを用いた撹拌があるが，カメの中の布袋が均一になるよう上下の撹拌を丁寧に行なう必要がある。ムラがあると甘露に「色花」（均一に漬からずにムラができること）が現れやすい。また酸化による品質低下も起こりやすくなる。

醤の漬け込み期間が終了したものを保存する場合は，甘露の入った布袋を醤の上に出ないようにして貯蔵し，製品の色が黒くなるのを防止する。

13. 北京醤萵笋（茎チシャ味噌漬）

北京醤萵笋は数百年の歴史を有する古くから伝わる伝統的な漬物の1つである。近年，生活習慣の変化によって揚州，鎮江香菜芯の製造方法を参考にして改善された。

(1) 原料および補助原料

皮を取り除いた原料の生茎チシャ100kgに対し，食塩25kg，甜面醤65kgを使用する。北京醤萵笋に使用する原料茎チシャは北京郊外で栽培されているものを選択する。北京には青茎チシャと白茎チシャが栽培されている。白茎チシャの方は水分が多く，肉質は軟らかいので料理に向いている。青茎チシャは水分が比較的少なく，肉質も硬いので漬物にするには青茎チシャが向いている。

(2) 製造工程

北京醤萵笋の製造工程は図7-16に示すとおりである。

原料茎チシャ ⟶ 削皮 ⟶ カメに入れる ⟶ 塩漬け ⟶ 漬け換え ⟶ 放置 ⟶

塩漬半製品 ⟶ 細切 ⟶ 脱塩 ⟶ 布袋に入れる ⟶ 圧搾脱水 ⟶

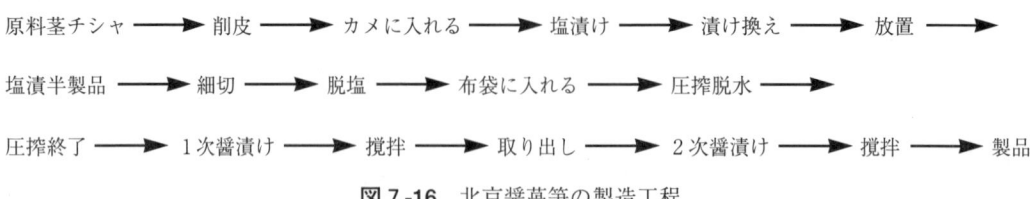

圧搾終了 ⟶ 1次醤漬け ⟶ 撹拌 ⟶ 取り出し ⟶ 2次醤漬け ⟶ 撹拌 ⟶ 製品

図7-16 北京醤萵笋の製造工程

(3) 加工方法

(ア) 原料処理

生の茎チシャを工場に搬入した日のうちに先端葉および外皮を取り除く。外皮を取り除く際は

筋を残さないようにする。
　(ｲ)　塩漬け
　整形を終えた茎チシャの重量を量ってから，茎チシャ100kgに対し食塩25kgの割合でカメの中に交互に漬け込む。漬け込み後4時間経過したところで別のカメに漬け換えながら撹拌を行なう。その後は毎日2回漬け換えを行なう。漬け換えは器具を用いると茎チシャが損傷しやすいので両手で茎チシャを持ち丁寧に扱う。これを3〜4日間続けた後，毎日1回の漬け換えを行ない，15日間それを継続することにより塩漬半製品が出来上がる。なお，この下漬けの状態で貯蔵することも可能である。歩留りは約65%である（100kgの主原料から65kgの下漬原料ができる）。
　(ｳ)　醤漬け込み
　下漬原料を縦に4つ割りにし，さらに長さが1.5cmの柳の葉形に切る。次に清水で脱塩してから布袋に入れ圧搾する。圧搾後，布袋を開けて脱塩原料をカメに漬け込むが，始めに醤をカメに入れたのち下漬原料を漬け込み，これを交互に繰り返して漬け込む。醤漬けは2回行なうが，1回目は65kgの脱塩原料に65kgの二醤（野菜を漬けるのに1度使用した醤）を用いて漬け込む。漬け込んだ後は毎日まぐわを用いて撹拌を行ない，3〜4日後にカメから野菜を取り出して新たなカメに漬け換える。
　2度目の漬け込みに用いる醤は新しい甜面醤を用いる。65kgの1回目の醤漬原料に対し65kgの甜面醤を使用する。漬け込み後は毎日まぐわで3回撹拌を行ない，2週間後に製品が完成する。歩留りは約70%である。
　(4)　製品の品質基準
　(ｱ)　官能指標
　製品の色は黄褐色で鮮度が良く，艶があり，醤特有の香りとエステル香を持つ。また，風味は濃厚で甘味と塩味のバランスがとれており，形が不揃いのものや異物の混入のないものが良いとされている。
　(ｲ)　理化学指標
　水分は75%以下，食塩濃度は10〜12%，還元糖は5%以上，総酸は1%以下であるものが望ましいとされている。
　(5)　注意事項
　北京近郊では春・夏2種類の茎チシャが栽培されており，醤漬原料としては春に栽培される茎チシャが適している。
　収穫時期は芒種6月6日頃）の前後に収穫された青茎チシャが漬物加工に適している。収穫が早過ぎると成熟の程度が低いので品質が悪くなり，歩留りも低い。逆に収穫が遅くなった場合にはスが入ったり，表皮に裂け目が入ることがあり，品質の低下を招くことになるので，収穫時期を誤らないようにしなくてはならない。

14. 北京醤銀苗

　北京醤銀苗は高粱根とも言われ，北京ではよく知られた漬物の1つである。醤銀苗は金色を呈しており醤の香りが濃厚な漬物である。
　(1)　原料および補助原料
　原料の生銀苗100kgに対し食塩（砕塩）5kg，甜面醤80kgを使用する。

(2) 製造工程

北京醤銀苗の製造工程は**図7-17**に示すとおりである。

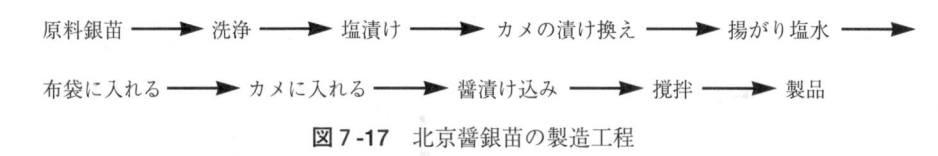

原料銀苗 → 洗浄 → 塩漬け → カメの漬け換え → 揚がり塩水 → 布袋に入れる → カメに入れる → 醤漬け込み → 撹拌 → 製品

図7-17 北京醤銀苗の製造工程

(3) 加工方法

(ア) 塩漬け

生の銀苗を工場に搬入した日のうちに清水で洗浄し，カメに入れて塩漬けを行なう。使用する食塩量は銀苗に対し5％である。カメに漬け込んでから4時間後に軽く撹拌を行ない，翌朝さらに1回撹拌を行なう。

(イ) 醤漬け込み

塩漬けした銀苗のうち，スの入ったものを取り除いてから布袋に入れ，甜面醤とともにカメに漬け込む。10kgの塩漬銀苗に対し100kgの甜面醤を加える。醤漬けの期間中は毎日4回まぐわで撹拌を行ない，15日後には製品となる。歩留りは約85％である。

(4) 製品の品質基準

(ア) 官能指標

製品の色は黄褐色で艶があり，醤特有の香りとエステル香を持つ。また，醤の風味は濃厚で甘味と塩味が調和し形に不揃いがなく，スのないものが良い。

(イ) 理化学指標

水分は75％以下，食塩濃度は10～12％，還元糖は8％以上のものが望ましいとされている。

(5) 注意事項

原料の銀苗は柔らかく折れやすいので塩漬けの際は注意深く丁寧に行うことが大切である。銀苗の塩漬けを行う場合，他の野菜で使用した揚がり塩水を用いると銀苗は黒くなることがあるので注意する。醤漬けが終了した後はカメの中の表面を平らにし，銀苗の入った布袋が表面から出ないように注意する。これは布袋が醤の表面から出てしまうと銀苗は黒く変色するからである。

15. 北京醤八宝瓜（餡入りウリ味噌漬）

北京醤八宝瓜（**写真7-1**）は北京の伝統的な漬物の1つで数百年の歴史を持っている。8種類の果実・果物などを飴（あん）として醤瓜の中に入れることからこの名がついた。新鮮な「竹葉青」あるいは「八道黒」と呼ばれる品種の瓜を原料とし，中子（ワタ）と種子を取り出し胡桃（クルミ），落花生，果実の砂糖漬，瓜の種子，干葡萄（干しブドウ），青赤糸，瓜条（ウリの千切り）などを瓜の中に詰め，甜面醤や醤に漬け込んだものである。醤の香りが強く，甘さと塩辛さのバランスが取れた風味に優れた漬物である。

写7-1 北京醤八宝瓜

(1) 原料および補助原料

餡を包むのに用いる原料の瓜は，皮がまだ緑色の未成熟の香瓜（マクワウリ）を用いる。原料の香瓜100kgに対し食塩25kg，甜面醤150kg，砂糖10kg，胡桃15kg，落花生34kg，干した果実砂

糖漬 6 kg，瓜種子 1 kg，干葡萄 3 kg，青梅 6 kg，青赤糸 2 kg，瓜条 3 kg，生姜糸（ショウガ千切り）2 kg を用いる。

(2) 製造工程

北京醤八宝瓜の製造工程は図 7 -18 に示すとおりである。

1．瓜皮の塩漬け

　　生香瓜 ──→ 選択 ──→ 洗浄 ──→ 1次漬け込み ──→ 漬け換え ──→

　　穿孔 ──→ 2次漬け込み ──→ 漬け換え ──→ 塩漬瓜皮（貯蔵）

2．瓜皮の醤漬け

　　塩漬瓜皮 ──→ ヘタ切り ──→ 中子・種子の除去 ──→ 脱塩 ──→ 布袋に入れる ──→

　　水切り ──→ 醤漬け ──→ 撹拌 ──→ 晒し ──→ 醤瓜皮（半製品）

3．果実の詰め込みおよび醤漬け

　　果実の加工 ──→ 混合 ──→ 瓜皮への詰め込み ──→ 布袋に入れる ──→

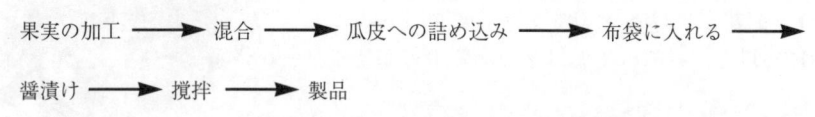

　　醤漬け ──→ 撹拌 ──→ 製品

図 7 -18　北京醤八宝瓜の製造工程

(3) 加工方法

(ア) 瓜皮の漬け込み

毎夏，大きさの揃った新鮮な香瓜を収穫する。直径約 5 cm，長さ 6 ～ 7 cm，重さ150～200g のものが加工に適している。虫害や傷のある瓜は避ける。原料香瓜を工場に搬入した後，清水で洗浄しカメの中に漬け込む。漬け込みは原料瓜を 1 層カメの底に並べ，その上に食塩を振り，これを交互に繰り返すことにより行なう。100kg の香瓜に対し 8 kg の食塩を用いる。3 時間漬け込んだ後，別のカメに漬け換える。日に 2 回の漬け換えを 2 日間行なう。塩漬けした瓜を取り出してからヘタの所に竹串で孔を開ける。この目的は瓜の中の塩水を排出しやすくさせるためである。孔の開けたヘタの方を下に向けて塩漬瓜をカゴの中に積み重ねる。瓜の入ったカゴを 2 つ重ね，それらの自重で塩水を切る。3 ～ 4 時間経過したら上下のカゴを入れ換えてさらに塩水を切る。そして 4 時間後にカメに入れ食塩で再度漬け込みを行なう。最終的には瓜100kg に対し25kg の食塩となるように漬け込み，その日のうちに漬け換えを行なう。その後は毎日 2 回の割合で漬け換えを行なう。2 週間後には瓜皮の下漬けが終わる。歩留りは約70％である。

(イ) 瓜皮の醤漬け

塩漬香瓜のヘタの所を約 1 cm ほど切り取り，竹べらで瓜の中子と種子をきれいに掘り取る。清水に 1 日浸けてから 1 回水を換える。清水に浸ける目的は塩漬香瓜に含まれている食塩の一部を減らすためである。その後，布袋に入れ圧搾し，水分を約70％程度に減少させる。圧搾後は 1 度目の醤漬けをカメの中で行なう。瓜皮100kg に対し甜面醤50kg を用いる。醤漬けの期間中は毎日 3 ～ 4 回の割合で撹拌を行なう。約 1 週間経過後，カメから取り出し日光の下で 1 ～ 2 日間晒しを行なう。この段階で歩留りは約70％になる。

(ウ) 果実の醤漬け

落花生の種子は蒸してから皮を取り除き，砂糖漬果実，青梅，瓜条などは賽の目に切る。8種類の果実と砂糖を均一に混合し，包み瓜皮の中に詰め込む。果実はできるだけ一杯に詰め，隙間のないようにする。また，逆に詰め過ぎると瓜皮を破ることになるので注意しながら詰め込む。果実を詰めた後は瓜のヘタをきつくかぶせ，白い糸で瓜の表面を十字に括り，瓜の中に詰めた果実が外に出ないようにする。このようにして糸で括った瓜皮を布袋に入れてカメに漬け込む。瓜皮100kgに対し150kgの甜面醤を用いて漬け込む。毎日3～4回まぐわで撹拌を行ない，約10日間の漬け込みで製品となる。歩留りは約110%（瓜皮と果実の総量として計算）となる。

(4) 製品の品質基準
(ア) 官能指標

瓜皮の色は緑色を呈し，濃厚な醤の香気を有するものが良い。胡桃や落花生など果実の臭みがなく，しっかりと瓜皮の中に詰まっているものが良い。

(イ) 理化学指標

水分は65%以下，食塩濃度は8～10%，還元糖は12%以上，アミノ態窒素は0.2%以上，総酸は1%以下であるものが望ましいとされている。

(5) 注意事項

生産過剰にならないように製造することが大切である。その理由は醤に漬けている時間が長引くと果実が軟化し，風味も低下するからである。したがって，漬物は売り切るように計画生産していくことが大切である。

写真7-2　北京醤八宝菜

16. 北京醤八宝菜（取り合わせ野菜の味噌漬）

北京醤八宝菜（**写真7-2**）は北京の漬物の中でも主要なものの1つで伝統的な漬物でもある。8種類ほどの野菜を配合原料としていることからこの名がついた。北京醤八宝菜は高，中，低級の3種類の等級に分けられる。高級なものは「高八宝」，中級のものは「甜八宝」，低級のものは「中八宝」と呼ぶ。3種類の八宝菜の違いは醤や配合原料の内容の相違に基づいている。高八宝，甜八宝は甜面醤に漬けた漬物で，中八宝は黄醤に漬けた漬物である。また，高八宝，甜八宝の配合原料には野菜の他に胡桃，杏仁（アンズの種子），落花生などの果実を配合するが，中八宝では果実としては少量の落花生を使用するだけである。北京醤八宝菜は多くの野菜や果実を配合しているので大変人気があり，長い間に多くの人々が喜ぶ漬物の1つとなった。

(1) 原料および補助原料
(ア) 原　料

原料の茎藍（コールラビ）は球茎甘藍あるいは玉蔓菁とも呼ぶ。アブラナ科に属する主な野菜の1つでもある。また，原料の黄瓜（キュウリ）は胡瓜あるいは王瓜とも呼ばれる一年生つる性草本植物である。

原料には茎藍，黄瓜の他に豇豆（ササゲ），白瓜，蓮根（レンコン），茄子（ナス），甘露（チョロギ），銀苗などの野菜を配合する。

(イ) 補助原料

補助原料としては食塩，甜面醤，黄醤，胡桃，落花生，杏仁，生姜の千切り，瓜の種などを使

第5節　各地の醤曲醃菜

用する。
(2) 原料および補助原料配合比
(ア) 高八宝菜

茎藍110kg，黄瓜20kg，蓮根15kg，ササゲ15kg，甘露15kg，銀苗5kg，落花生16kg，胡桃5kg，杏仁2kg，瓜の種1kg，生姜千切り1kg，甜面醤200kgを使用する。

(イ) 甜八宝菜

茎藍130kg，黄瓜20kg，蓮根10kg，ササゲ15kg，甘露5kg，銀苗5kg，落花生8kg，胡桃3kg，杏仁3kg，生姜千切り1kg，白瓜（賽の目切り）5kg，甜面醤150kgを使用する。

(ウ) 中八宝菜

茎藍130kg，黄瓜15kg，蓮根15kg，ササゲ15kg，甘露5kg，瓜（賽の目切り）7kg，茄子（ナス）7kg，生姜千切り1kg，黄醤100kgを使用する。

(3) 製造工程

北京醤八宝菜の製造工程は図7-19に示すとおりである。

野菜類の塩漬け ⟶ 塩漬野菜 ⟶ 配合原料 ⟶ 脱塩 ⟶ 圧搾脱水 ⟶
布袋に入れる ⟶ 醤漬け ⟶ 撹拌 ⟶ 製品

図7-19　北京醤八宝菜の製造工程

(4) 加工方法
(ア) 塩漬け

　茎藍，蓮根，ササゲ，甘露，銀苗などいろいろな野菜を用いる八宝菜は，それぞれの野菜の収穫時期に合わせて塩漬けを行なう。なお，黄瓜は伏瓜（春黄瓜），秋瓜と2つの季節に分けて漬け込む。黄瓜は2度漬けをするが，1度目は漬け込みタンクで100kgの黄瓜に対し12kgの食塩を使用して漬け込み，その後は毎日撹拌を行ない，3～4か月後，タンクを移し換えて2度目の漬け込みを行なう。その後，毎日下漬黄瓜を撹拌し，3週間後には貯蔵できるようになる。歩留りは65％である。

　茎藍は皮を剥いてから漬け込みタンクで漬け込むが，100kgの茎藍に対し25kgの食塩および20kgの水を使用する。漬け込んだ後は毎日1回撹拌を行ない，3週間後にはタンクの中で貯蔵できるようになる。歩留りは85％である。

　蓮根は節を除き，泥をよく洗い落としてから湯に浸漬し，水で冷却する。次にカメに漬け込むが，100kgの蓮根に対し25kgの食塩を加えて貯蔵する。

　ササゲ，甘露，銀苗などを漬ける場合は一般的な漬け方と同様，整形，洗浄，タンクへの漬け込み，塩漬けの順で行なう。

(イ) 整形

各下漬野菜の整形方法は以下のとおりである。
茎藍：厚さ2～3mm，梅花模様に整形。
黄瓜：長さ2cmの柳の葉形に切る。
ササゲ：長さ2cmに切る。
蓮根：厚さ2mmの切片にした後，大きなものは十字に切り4片とし，小さなものは2片に分

割する。
  銀苗：長さ2cmに切る。
  生姜：長さ1～1.5mmに千切り。
  白瓜：1cm角に切る。
  落花生：湯通しした後，剥皮。
  杏仁：湯通しした後，内皮を除去。

(ウ) 脱　塩

整形後の各下漬野菜は配合比に従って混合し，カメに入れてから清水で脱塩を行なう。清水はカメに入れた塩漬野菜の上部よりも20～30cm上になるよう注ぎ入れる。まぐわでよく撹拌し，脱塩しやすくする。脱塩は夏と冬で異なり，夏は残存食塩量を6～8％に，冬は3～5％にする。脱塩後，下漬野菜を1袋当たり2.5～3kgとなるように布袋に入れ，夏は60％程度，冬は40％程度の水分を圧搾により除去する。圧搾の目的は醤を野菜に十分に吸収させ，変質を防ぐためである。

(エ) 醤漬け

圧搾を終えた下漬野菜を入れた布袋を醤に漬け込む。まず最初にカメを醤を入れ，次に下漬野菜の入った布袋を入れる。まぐわでよく撹拌して均一に漬かるようにする。通常，毎日2～3回まぐわで撹拌を行なう。夏は毎日3回の撹拌を行なえば7～8日で製品が完成する。冬は同様に撹拌を行なえば10日ほどで製品が完成する。

(5) 製品の品質基準

(ア) 官能指標

製品の色は黄茶色で艶があるのが良い。醤の香味およびエステル香があり，濃厚な醤の香気を有するものが良い。また，適度な塩辛味と甘味を持ち，形状が揃い，夾雑物がないものが良い。

(イ) 理化学指標

水分は75％以下，食塩濃度は9～12％，還元糖は10％以上，アミノ態窒素は0.2％以上，総酸は1％以下であるものが望ましいとされている。

17．北京醤黒菜（ウリ味噌漬）

北京醤黒菜（写真7-3）は北京の伝統的な特産漬物である。この醤黒菜は数百年の歴史を有している。色は赤褐色で艶があり，醤の香りが濃く風味があり，芳醇で歯切れが良い。北京醤菜の独特の風味を有している漬物である。水分が比較的少ないので保存しやすく，夏でも変質することが少ない。

(1) 原料および補助原料

原料に使われている野菜は甜瓜（マクワウリ）で香瓜とも呼ばれる。補助原料として食塩，甜面醤，杏仁，生姜などを使用する。

(2) 原料および補助原料配合比

生鮮な甜瓜100kgに対し，食塩6.5kg，杏仁2kg，生姜2kg，甜面醤100kgを使用する。

(3) 製造工程

北京醤黒菜の製造工程は図7-20に示すとおりである。

写真7-3　北京醤黒菜

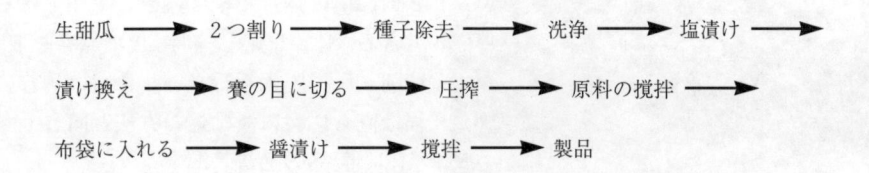

```
生甜瓜 ──→ 2つ割り ──→ 種子除去 ──→ 洗浄 ──→ 塩漬け ──→
漬け換え ──→ 賽の目に切る ──→ 圧搾 ──→ 原料の撹拌 ──→
布袋に入れる ──→ 醤漬け ──→ 撹拌 ──→ 製品
```

図7-20 北京醤黒菜の製造工程

(4) 加工方法

北京醤黒菜の製造には2通りの方法がある。1つは新鮮な原料瓜を塩漬け後ただちに醤に漬け込む方法で，これは古くから伝わる伝統的な方法である。もう1つは1次漬け込みは塩漬けを行ない，その後，適時醤に漬け込む方法である。ここではその2つの方法をそれぞれ紹介する。

(A) 醤に直ちに漬け込む方法

(ア) 原料処理

6～7割程度に成熟した「八線黒」甜瓜を選択する。熟し過ぎて柔らかくなったものは風味や歩留りが悪くなるので使用しない方が良い。選択した甜瓜は2分割し，中子（ワタ）と種子を除去する。

(イ) 塩漬け

中子と種子を取り除いた甜瓜を清水でよく洗浄し，カゴに入れて水切りを行なう。次にカメを用いて塩漬けを行なうが，中子を除去した甜瓜100kgに対し6.5kgの食塩を用い，瓜と食塩を交互に入れてカメが一杯になるまで漬け込む。漬け込んでから2～4時間後，別のカメに漬け換え，さらに当日の12時間のうちに2回目の漬け換えを行なう。

(ウ) 切削

塩漬けを行なって約20時間経過後，塩漬瓜を取り出し，揚がり塩水をよく切った後に1辺が約1cm程度になるように賽の目に切る。切削を始めてから4時間以内に作業を終了する必要がある。これは長時間放置すると変質するからである。

(エ) 圧搾脱水

切削を終えた塩漬瓜は早めに圧搾を行う。その後4時間経過後にもう1度圧搾を行なう。歩留りは25～30%である。

(オ) 醤漬け

圧搾後の塩漬瓜に杏仁，生姜を千切りにしたものなどの補助原料を混合し，均一に撹拌してから布袋に入れる（1袋には約3kgの材料が入る）。布袋は醤の入ったカメに漬け込む。適当な時期にまぐわで撹拌を行ない，醤が均一に瓜に浸透するようにする。カメに漬け込んだ当日のうちに最初の撹拌を行なう。翌日以降は夏期においては早朝5時半頃に最初の撹拌を行い，1日のうちに6回の撹拌を行なう。この撹拌は20日間継続して行う。その後は適時撹拌を行なう。醤に漬け込む期間は夏季で30～35日間，春，秋季で35～40日間である。製品の歩留りは生の甜瓜に対し約35%になる。

(B) 塩漬け後，適時醤に漬け込む方法

原料処理は直ちに醤に漬け込む方法と同様に行なう。処理した原料甜瓜をカメに入れ塩漬けする。塩漬けは常法どおり最初に原料瓜を丁寧に並べ，その上に食塩を撒く。それを交互に繰り返す。中子と種子を除いた原料瓜100kgに対し25kgの食塩を用いる。毎日2回，漬け換えを行なう。

写真 7-4 醤漬けにおける撹拌作業
（まぐわを用いて撹拌）

2週間漬け込んだ後は蓋をして保存することができる。必要に応じ適時，塩漬原料を取り出し，切削，圧搾脱水を行ない醤に漬け込む。この工程は直ちに醤に漬け込む方法と同じである。

(5) 製品の品質基準

(ア) 官能指標

製品の色は赤褐色で艶があるのが良い。醤の香味およびエステル香があり，濃厚な醤の香気を有するものが良い。また，適度な塩辛味と甘味を持ち，形状が揃っているものが良い。

(イ) 理化学指標

水分は60％以下，食塩濃度は10～12％，還元糖は10％以上であるものが望ましいとされている。

18. 上海萵笋条（千切り茎チシャの味噌漬）

上海萵笋条は上海で好まれている漬物の1つで，色は淡黄色で醤の香りが強く，味は新鮮で甘さを有し，歯切れが良い。

(1) 原料および補助原料

茎チシャの原産地は地中海の沿岸で，西アジア，中央アジアを経て中国南方に伝来し，その後，南方において普及した野菜である。茎チシャは栽培しやすく，生産量も高い。上海では夏の間に盛んに栽培されるが，その他の季節にも栽培することが可能である。食用部分は肥大した地上茎で水分が多くて柔らかい。

出来上がりの製品重量を100kgとすると，原料として生鮮な茎チシャ440kg，食塩79kg，甜面醤60kg，回収甜面醤60kg，甜油20kg，白砂糖30kg，甜草粉（甘草粉）1kg，味精母液（グルタミン酸ナトリウム溶液）1kg，糖桂花（キンモクセイの花の砂糖漬）2kg，保存料100g，糖精（サッカリン）15gを使用する。

(2) 製造工程

上海萵笋条の下漬製造工程は図7-21，製品製造工程は図7-22に示すとおりである。

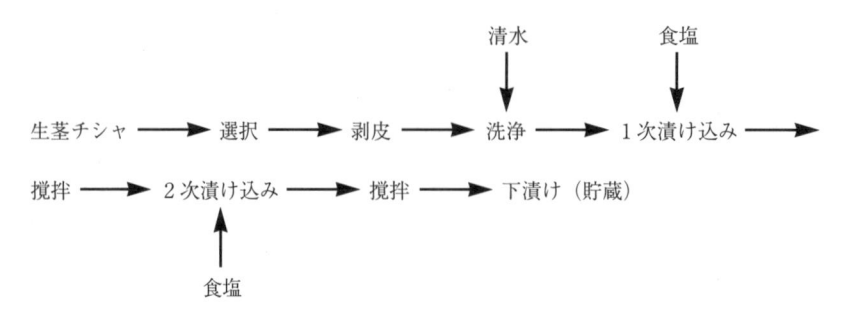

```
                              清水    食塩
                               ↓      ↓
生茎チシャ → 選択 → 剥皮 → 洗浄 → 1次漬け込み →

撹拌 → 2次漬け込み → 撹拌 → 下漬け（貯蔵）
           ↑
          食塩
```

図7-21 上海萵笋条の下漬製造工程

第5節　各地の醤曲醃菜

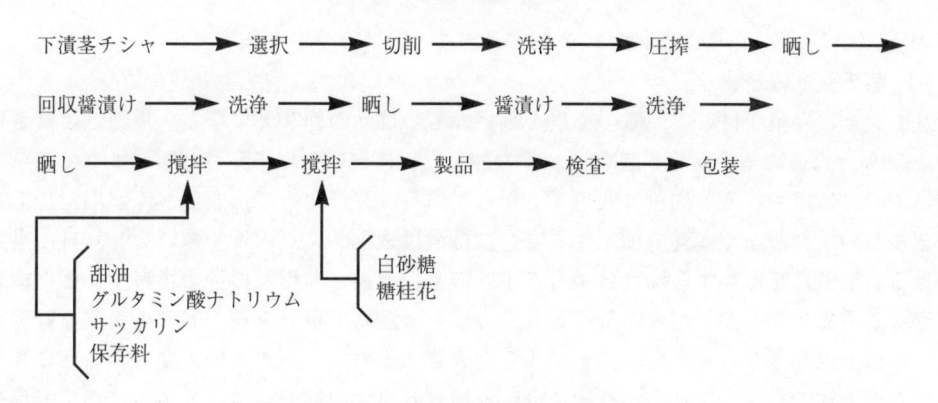

```
下漬茎チシャ → 選択 → 切削 → 洗浄 → 圧搾 → 晒し →
回収醤漬け → 洗浄 → 晒し → 醤漬け → 洗浄 →
晒し → 撹拌 → 撹拌 → 製品 → 検査 → 包装
         ↑       ↑
    甜油        白砂糖
    グルタミン酸ナトリウム  糖桂花
    サッカリン
    保存料
```

図7-22　上海萬筍条の製造工程

(3)　加工方法

(ア)　原料の選択

茎チシャの形状は太く，腐敗部分や傷のないものを選択する。青茎チシャの場合は長さが40cm以上，直径は3～3.5cm（中間部）のもの，白茎チシャの場合は長さが35cm以上，直径は3.5～4cm（中間部）のものが良い。皮は薄く，明るい色をしており，水分が多く，空洞の入っていないものを選ぶ。

(イ)　剥　皮

皮を剥いた茎チシャを丁寧にカゴに入れ，随時，塩漬け作業を行なう。皮を剥いた茎チシャは日に晒したり，一晩放置すると赤く変色するのでそれを避ける必要がある。

(ウ)　1次漬け込み

塩漬け作業を行なう前に塩漬け用タンクをよく洗浄しておく。皮を剥いた茎チシャの重量を量ってからタンクに入れ，約10cmの高さになった頃に木製の熊手を用いて茎チシャを切断しないように注意しながら表面を平らにならし，100kgの茎チシャに対し8kgの食塩を加える。茎チシャと食塩を交互に加えながら塩漬けを行なうが，下層に少なめ，上層に多めの食塩を加える。通常，タンクの下半部に30％，上半部に50％，表面に20％程度になるように食塩を加える。

(エ)　撹　拌

1次漬け込みは午前中に行ない，午後，撹拌を行なう。翌日の午前中に2回目の撹拌を行なうが，その際はタンクの上半部を新たなタンクに移し換え，撹拌してからさらに下半部を移し換えて漬け込みが均一になるようにする。

(オ)　2次漬け込み

翌日の夕方には塩漬けした茎チシャを竹カゴに移す。塩漬けした茎チシャの入ったカゴを2段に重ね，上には割り竹を敷き，40kg程度の重石を載せる。さらに，その翌日には2段重ねのカゴを入れ替える。次に100kgの原料に対し約10kgの食塩を加えて2次漬け込みを行なう。漬け込み方法は1次漬け込みと同様であるが，食塩の配分は下半部に20％，上半部に40％，表面には40％となるように漬け込みを行なう。

(カ)　揚がり塩水

1次漬け込みの際に揚がってきた塩水は塩度も低いので廃棄してもよいが，2次漬け込みで揚がってきた塩水は塩度が高いので再利用できる。茎チシャの変質を防ぐには食塩水濃度は20°Bé以上を保つ必要がある。そのためには2次漬け込みの揚がり塩水に食塩を加えて均一に撹拌し，

20°Bé以上になったものを下漬けに添加する。

　(キ)　茎チシャの処理

　茎チシャには葉が付いているので皮を剥いたものは元の約30％になる。塩漬け後はさらにその55～58％となる。茎チシャの場合は全ての加工工程において日に曝されないように注意する必要がある。日に曝されると褐色に変色するからである。したがって，なるべく室内で加工することが望ましい。やむなく室外で加工する場合には漬け込みタンクは竹で覆いをし，日の当たるのを避ける。下漬けを保存する場合は半月に1回の割合で揚がり塩水の量や塩濃度などを検査することが必要である。揚がり塩水の量が足りない場合は随時不足分を補う。このような管理を行なえば1年以上保存できる。また，雨水が入ると変質するので，雨水の侵入がないように管理を行なうことが大切である。また，保存中には時々揚がり塩水の様子について調べ，塩漬野菜の変質を防がなければならない。

　(ク)　下漬茎チシャの選択

　1次漬け込みから2次漬け込みまでの工程には約45日間が必要である。下漬茎チシャの品質としては歯切れが良く，空洞がなく，色は青みがかった淡黄色で，表面は皮がきれいに除去されているものが良い。また，大きさが揃い，茎チシャ特有の風味を有し，臭味のないものを下漬原料として選択する。

　(ケ)　塩漬茎チシャの切削および脱塩

　品質の良い下漬茎チシャを選択し，茎チシャの両端部を切断する。長さは約15～18cmにする。切断された両端部は保存しておき，別のものに用いる。切削した下漬茎チシャをタンクに入れ清水に浸漬する。木棒でよく撹拌しながら食塩含量が8～9％になるまで脱塩する。次に，脱塩した茎チシャを竹カゴに入れて水を切る。一般的にカゴの上にもう1つのカゴを載せ，その表面には割り竹を敷き，重石を載せる。5～6時間後に下のカゴと上のカゴを入れ替え，もう1度水切りを行なう。なお，圧搾機で脱水することも行なわれている。

　(コ)　晒し（1回目）

　次に脱水した下漬茎チシャを竹製のスノコに熊手を用いて広げ，3～4時間ほど日に晒し，野菜表面の水分を除去することにより漬物の品質を高めることができる。その後，回収甜面醤に漬け込む作業に入る。

　(サ)　回収甜面醤（1度漬け込みに使用した甜面醤）への漬け込み

　回収甜面醤に漬け込んだ茎チシャは毎日，午前と午後の2回撹拌を行ない，甜面醤に均一に漬かるようにする。4日間甜面醤への漬け込みを行なってから茎チシャを取り出し，2回目の晒しを行なう。

　(シ)　晒し（2回目）

　取り出した茎チシャは1回目の晒しと同様に日の下に晒す。竹製のスノコの上に広げ，時々熊手で天地返しを行ない均一に晒す。通常1日，日に晒すことが多い。

　(ス)　甜面醤への漬け込み

　深い茶褐色を呈し十分に熟成した甜面醤

写真7-5　漬物の晒し作業

をカメに入れ，その中に2回目の晒しを終えた茎チシャを漬け込む。漬け込み期間中は毎日3～4回撹拌を行ない，ムラなく均一に漬かるようにする。漬け込みは約15日間行なう。

(セ) 晒し（3回目）

甜面醬の漬け込みを終え，取り出した茎チシャを醬油の入ったカメに入れ，甜面醬の粕が表面に残らないように丁寧に洗い落とす。その後，竹製のスノコに広げ太陽光の下で2時間ごとに天地返しを行ないながら晒す。水分の減少をよく見ながら作業を行なう。一般的に冬期では3日，春秋期では2日，夏期では1日半晒しを行なう。

(ソ) 下漬茎チシャおよび補助原料の混合

3回目の晒しを終えた茎チシャをカメに入れ，補助原料と混合し漬け込みを行なう。まず最初にサッカリン15g，味精母液1kg，甜面醬20kg，保存料100gをムラがないように十分混合しておき，カメの中に入れ，茎チシャとよく混合し漬け込む。毎日1回撹拌を行ない満遍なく漬かるようにする。3日目に30kgの白砂糖を加えてよく撹拌し，その後，毎日撹拌すると5日目には製品が出来上がる。品質の良い製品は豊満で軟らかく，あっさりとした甘味があり，明るく深い黄色を呈している。

(タ) 容器包装

包装前に検査を行ない，規格に合った製品を包装しなくてはならない。包装する2日前に砂糖と糖桂花を製品に加えておく。包装は壺を用いて行なうが，包装作業は特に衛生に注意を払いながら実施する。壺の蓋を密閉してから倉庫で保存するが，糖分が比較的高いのでハエが寄ってくることがあるので注意する。したがって，保存倉庫の窓には鋼鉄製の網窓が必要である。

(4) 製品の品質基準

(ア) 官能指標

上海萵筍条の製品の色は明るく深い黄色を呈している。味はあっさりとした甘味があり，濃厚な醬の香気を有するものが良い。

(イ) 理化学指標

水分は75～80％，食塩濃度は8～9％，還元糖は30％以上，酸度は1％以下，アミノ態窒素は0.2％以上であるものが望ましいとされている。

19. 天津醬萵笋（茎チシャ味噌漬）

(1) 原料および補助原料

下漬茎チシャ100kgに対し甜面醬75kgの配合で漬け込む。

(2) 製造工程

天津醬萵笋の製造工程は図7-23に示すとおりである。

下漬茎チシャ ─→ 脱塩 ─→ 醬漬け ─→ 製品

図7-23　天津醬萵笋の製造工程

(3) 加工方法

(ア) 下漬茎チシャの脱塩

下漬茎チシャを3回に分けて清水に浸漬して脱塩を行なう。1回目は100kgの下漬原料に対し250kgの水を用い24時間浸漬する。2回目は1回目と同量の水で脱塩を行なう。3回目に用いる水量は200kgで12時間浸漬するが，3時間ごとに撹拌し，均一に脱塩が行なわれるようにする。その

後，茎チシャをカゴに入れ水を切るが，一般的に春から秋にかけては1時間ほど，冬には1時間半ほど静置する。水を切った後は3kgずつ茎チシャを布袋に入れる。

(イ) 醤漬け

始めに1つのカメに必要な甜面醤を入れ，次に茎チシャの入った布袋を漬け込むが，甜面醤と布袋が1層ずつ交互になるようにして漬け込む。その後，毎日2時間ごとに熊手を用いて撹拌を行ない，均一に漬かるようにする。春から秋期にかけては約10日間，冬期は約15日間醤漬けを行なえば製品ができる。

写真7-6 天津醤萵筍

(4) 保存管理

製品を保存する場合は製品の入った布袋をカメに入れ，その上に甜面醤をしっかりと重ね表面を平らにし，密封して保存する。春季は30日，秋季は20日，冬季は50日間程度常温で保存が可能である。保存期間を過ぎたものは色が黒く変色し組織が軟らかくなり，暖かい時期には酸味を呈するようになる。

(5) 歩留り

脱塩した茎チシャ100kgからは65kgの製品を得ることができる。

(6) 製品の品質基準

(ア) 官能指標

色は明るい金色を呈し，濃厚な醤の香気を有するものが良い。また，味は醤の風味を有し，適度な塩辛味と甘味を持ち，歯切れの優れたものが良い。

(イ) 理化学指標

水分は75％以下，食塩濃度は10～12％，還元糖は8％以上であるものが望ましいとされている。

20. 天津甜醤黄瓜（キュウリ甘味噌漬）

(1) 原料および補助原料

天津甜醤黄瓜を製造するには生の黄瓜（キュウリ）100kg，食塩27.5kg，23°Béの食塩水7～8kg，甜面醤75kgを使用する。黄瓜の長さは約20cm前後のものが適している。

(2) 製造工程

天津甜醤黄瓜の製造工程は**図7-24**に示すとおりである。

黄瓜 ⟶ 塩漬け ⟶ 脱塩 ⟶ 醤漬け ⟶ 製品

図7-24 天津甜醤黄瓜の製造工程

(3) 加工方法

(ア) 塩漬け

生の原料黄瓜を工場に搬入した日のうちに重量を測定し，カメに漬け込む。始めにカメの半量になるまで黄瓜を入れ，その後食塩を加える。さらに残りの黄瓜を入れてカメが一杯になったら残りの食塩を入れ，それに差し水として食塩水を注ぎ入れる。その後は毎日，朝晩2回の撹拌を15日間ほど行ない，均一に漬かれば下漬けが完成する。下漬けはカメにしっかりと漬け込んだ後，表面に2～3kgの食塩を撒き蓋をして貯蔵しておく。

(ｲ) 脱　塩

下漬黄瓜は125kgの清水で３回に分けて脱塩を行なう。１回目は24時間清水に浸漬し，２～３回目はそれぞれ12時間浸漬する。いずれの場合も浸漬中は２時間ごとに撹拌し，脱塩をスムーズに行なわせる。脱塩終了後は竹カゴに取り出し，水切りする。水切りは約1.5時間行なう。

(ｳ) 醤漬け

脱塩を終えた下漬黄瓜は別のカメの底に１層となるように入れ，その上に甜面醤を入れる。これを交互に繰り返して漬け込む。醤漬けの期間中は毎日４回の撹拌を行ない，均一に漬かるようにする。漬け込んでから２日目以降になると水分が出てきて黄瓜も軟らかくなるので撹拌しやすくなる。醤漬けを15日間ほど行なうと製品が完成する。

(4) 保存管理

製品の保存期間は30日間が限度である。保存期間が長くなると風味が悪くなり，また，黄瓜表面のしわ模様も消失する。保存期間中は毎日２回撹拌を行なう必要がある。

(5) 歩留り

通常，100kgの生黄瓜からは75kgの下漬黄瓜が出来るが，秋黄瓜の場合は80kgの下漬黄瓜が出来る。また，100kgの生黄瓜からは約65kgの製品を得る。

(6) 製品の品質基準

(ｱ) 官能指標

皮の色は緑色で濃厚な醤の香気を有するものが良い。また，味は醤の風味を有し，適度な塩辛味と甘味を持ち，さっぱりした味を呈するものが良い。

(ｲ) 理化学指標

水分は70％以下，食塩濃度は10～12％，還元糖は10％以上であるものが望ましいとされている。

21. 天津甜醤八宝瓜（餡入りウリ甘味味噌漬）

(1) 原料および補助原料

塩漬香瓜（マクワウリ）100kgを用いるが，香瓜の長さは８cm以下のものを用いる。八宝瓜についてはすでに述べたように，果実など多くの補助原料を用いる。胡桃（クルミ）は35kg用いるが，実に混ざっている夾雑物は丁寧に取り除いておく。干葡萄（干しブドウ）2.5kg，厚さ0.3～0.4cmに切った瓜（瓜条）2.5kg，青梅の千切り2.5kg，桃脯（モモの乾燥砂糖漬）2.5kgを0.5cm角に賽の目に切ったもの，青梅を0.5cm角に賽の目に切ったもの2.5kg，生栗（クリ）を４分割し煮てから皮を取り除いたもの20kg，その他の果実30kg，砂糖22kg，甜面醤110kgを使用する。

(2) 製造工程

天津甜醤八宝瓜の製造工程は図７-25に示すとおりである。

下漬け ─→ 脱塩 ─→ 醤漬け ─→ 晒し ─→ 果実詰め ─→

醤漬け ─→ 製品

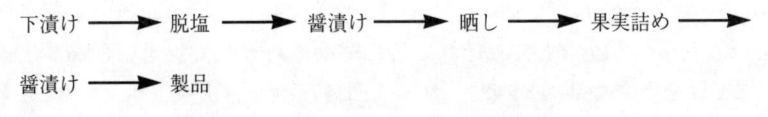

図７-25　天津甜醤八宝瓜の製造工程

(3) 加工方法

(ｱ) 瓜皮の脱塩

瓜皮の下漬けについては北京甜醤八宝瓜の項で述べたので省略し，天津甜醤八宝瓜では脱塩以

降について述べる。塩漬香瓜の末端部を約0.6cm切り，中子（ワタ）を取り除く。切り残した瓜の末端部を瓜の中に詰め込む。次に瓜を清水に浸漬し，3回に分けて脱塩を行なう。1回目は24時間浸漬し，2，3回目は12時間浸漬する。毎回1回水を換える。浸漬中は2時間ごとに撹拌を行ない脱塩しやすくする。脱塩後，瓜を取り出し水を十分に切ってから布袋（1袋に約3kgの瓜が入る）に入れ，紐で袋の口をしっかりと締める。

(ｲ) 瓜皮の醤漬け

最初にカメの中に甜面醤30kgを入れ，次に瓜皮を入れた布袋をカメの中に積み重ねるようにして入れる。さらにその上に甜面醤60kgを重ねて入れる。カメに漬け込んだ日から毎日4回撹拌を行ない，7日目まで続ける。

(ｳ) 補助原料の詰め込みおよび醤漬け

下漬けした瓜皮をカメから取り出し，日光の下に晒し，瓜皮の表面の水分がなくなった頃に瓜の中に詰め込んであった末端部を取り出し，一様に混合した補助原料（干葡萄，青梅，松の実，西瓜の種など）を瓜の中にしっかりと詰め込む。一杯になるまで詰め込んだ後，瓜の末端部に開けた穴を細紐で縛ってふさぎ，詰めたものが外に出ないようにする。詰め終えた瓜は布袋（約3kg入る）に入れ，さらに甜面醤を入れてカメの中に漬け込む。毎日4回撹拌を行ない，7日目には製品が出来上がる。

(4) 保存管理

製品を保存する場合は甜面醤に漬けたままカメの蓋を密閉する。冬期は50日間，春期は30日間保存することが可能である。保存期間が長引くと元の味が損なわれ，変質しやすくなるので注意が必要である。

(5) 歩留り

100kgの下漬瓜皮に補助原料を詰め込んで製品になると約90kgになる。

(6) 製品の品質基準

(ｱ) 官能指標

歯切れが良く，補助原料の果実などの風味が残っているものが良い。

(ｲ) 理化学指標

水分は65％以下，食塩濃度は8～10％，還元糖は8％以上，アミノ態窒素は0.2％以上であることが望ましいとされている。

22. 天津甜醤八宝菜（取り合わせ野菜の甘味味噌漬）

(1) 原料および補助原料

主な塩漬野菜原料は賽の目（約0.15×0.5×1.5cm）に切った茎藍（コールラビ）40kg，黄瓜（キュウリ）細切り（柳葉の形状で両端が0.2cm，中間部0.75cm，長さ4cm）30kg，三角形（底辺1cm，高さ1cm，厚さ0.75cm）に切った茄子（ナス）4kg，厚さ0.3cmで4分割した蓮根5kg，瓜（約0.6×0.6×1.4cm）4kgなどで，それ以外に補助原料として隠元豆8kg，生姜（ショウガ）千切り1kg，煮て皮を剥いた果実8kg，それに甜面醤75kg，青山椒（サンショウ）1kgなどを用いる。

(2) 製造工程

天津甜醤八宝菜の製造工程は図7-26に示すとおりである。

下漬け ⟶ 脱塩 ⟶ 醤漬け ⟶ 製品

図7-26 天津甜醤八宝菜の製造工程

(3) 加工方法

(ア) 脱 塩

上記の塩漬野菜原料（7種類）をカメに入れ，清水に浸漬し脱塩を行なう。脱塩は3回に分けて行なう。1回目は100kgの塩漬野菜に対し250kgの清水で24時間浸漬し，2回目は1回目と同様に24時間浸漬し，3回目は100kgの塩漬原料に対し200kgの清水で12時間浸漬する。その後，カゴに取り出し2時間ほど水切りを行なった後，布袋に約3kgずつ入れ袋の口を紐で縛る。

(イ) 甜面醤漬け

約40kgの甜面醤のうち半量の20kgをカメに入れ，次に野菜原料を入れた布袋を甜面醤に漬ける。その後，残りの甜面醤を加える。甜面醤漬け込みを開始した日から毎日5回の撹拌を繰り返し行なうが，撹拌の時間は午前8時，11時，午後2時，5時，8時が一般的である。上下が入れ替わるように丁寧に撹拌を行なう。漬け込み期間は冬季は10日間，秋季は7日間で製品が完成する。

(4) 保存管理

甜面醤に漬け込んだ状態でカメを密封して保存する。冬期では50日間，夏期では30日間，常温で保存することが可能である。保存期間を超えたものは軟化が進み風味も悪くなる。

(5) 歩留り

約100kgの脱塩野菜原料から90kgの製品を得ることができる。

(6) 製品の品質基準

(ア) 官能指標

製品の色は黄色で艶があるのが良い。醤の香味があり，適度な塩辛味と甘味を持ち，切り口の形状が揃っているものが良い。

(イ) 理化学指標

水分は75％以下，食塩濃度は10～12％，還元糖は10％以上，アミノ態窒素は0.2％以上であるものが望ましいとされている。

23. 天津醤香瓜（ウリ味噌漬）

(1) 原料および補助原料

塩漬香瓜（マクワウリ）を4.5cm以下に切ったもの100kg，甜面醤75kg，醤色（カラメル）2kgを用いる。

(2) 製造工程

天津醤香瓜の製造工程は図7-27に示すとおりである。

下漬け ⟶ 脱塩 ⟶ 醤漬け ⟶ 製品

図7-27 天津醤香瓜の製造工程

(3) 加工方法

(ア) 脱 塩

塩漬香瓜をカメに入れ，清水に浸漬し脱塩を行なう。脱塩は3回に分けて行なう。1回目と2

回目は塩漬香瓜100kgに対し250kgの清水で24時間浸漬する。3回目は塩漬香瓜100kgに対し200kgの清水で24時間浸漬し脱塩を行なう。その後，カゴに取り出し瓜の末端に竹串で孔を開け，3時間ほど水切りを行なった後，布袋に約3kgずつ入れ，袋の口を紐で縛る。

(イ) 甜面醤漬け

約40kgの甜面醤のうち半量の20kgをカメに入れ，次に脱塩香瓜を入れた布袋を甜面醤に漬ける。その後，残りの甜面醤を加える。甜面醤漬け込みを開始した日から毎日5回の撹拌を15日間繰り返し行ない製品となる。

(4) 保存管理

甜面醤に漬け込んだ状態でカメを密封して保存する。通常は最長50日間，常温で保存することが可能である。保存期間を超えたものは軟化が進みやすくなる。

(5) 歩留り

100kgの脱塩香瓜から60kgの製品を得ることができる。

(6) 製品の品質基準

(ア) 官能指標

製品の色は深紅緑色で醤の香味があり，適度な塩辛味と甘味を持ち，歯切れの良いものが良い。

(イ) 理化学指標

水分は70％以下，食塩濃度は10～20％，還元糖は10％以上であるものが望ましいとされている。

24. 揚州醤乳黄瓜（小キュウリ味噌漬）

漬物は揚州地方の特産物の1つとして知られており長い歴史を有している。唐の時代にすでに醤乳黄瓜があったことが歴史の資料からも明かとなっており，1200余年の歴史を経た漬物であることがわかる。

揚州は恵まれた自然条件，発達した経済文化，消費者の高い要求により独特な漬物の製造技術を発展させた。この結果，揚州の漬物は多くのコンクールで受賞している。例えば南洋物産交流会での銀メダル，パナマ国際博覧会での金メダル，北平（昔，北京は北平とも呼ばれていた）全国鉄路（鉄道）沿線物品博覧会1等賞，西湖博覧会金メダルなどである。

揚州の漬物は新鮮，甘味，歯切れ，柔らかさの4つの特徴を持っており，色，香り，味，形を大切にしている。漬物の種類によって加工法は少し異なるが，野菜を塩で漬ける工程は双漬法という2段階の工程で行なう。先漬後晒法などは下漬けの工程である。甜面醤を作る工程は大塊餅天然晒露法という伝統的な醤の製造方法によっているが，現在では多酵素糖化速醸法により甜面醤を製造する場合もある。

醤乳黄瓜は揚州郊外で栽培されている新鮮な乳黄瓜（小キュウリ）を用い，伝統的な製造法により甜面醤に漬け込み製造されている。

(1) 原料および補助原料

生の乳黄瓜100kg，食塩20kg，甜面醤50kgを使用する。原料は揚州郊外で栽培されている乳黄瓜から選択する。乳黄瓜の特徴は皮色は翠緑色（エメラルドグリーン）で細長く，肉厚で皮は薄い。また，中子（ワタ）は小さくて柔らかく，頭部と尻部の太さが揃っている。漬け込み時期は芒種（6月6日頃）から小暑（7月7日前後）であるが，これはこの間に収穫した黄瓜の質が一番良いからである。芒種前の黄瓜は肥料が十分で形が大きく，小暑後の黄瓜は皮が厚くなり軟らかさがなくなるからである。漬物加工に適している黄瓜は1kgで50本以上あるもので長さは11～15

第5節 各地の醤曲醗菜

cm, 大端（頭の方）直径1.2〜1.6cm, 小端直径1.0〜1.5cmのものである。なお，黄瓜に花を付けているものを収穫する。

(2) 製造工程
揚州醤乳黄瓜の製造工程は図7-28に示すとおりである。

乳黄瓜 ——→ 選別 ——→ 1次塩漬け ——→ 2次塩漬け ——→

1次醤漬け ——→ 2次醤漬け ——→ 製品

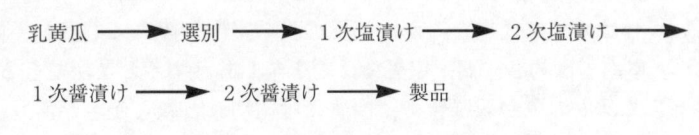

図7-28　揚州醤乳黄瓜の製造工程

(3) 加工方法
(ア) 選別
生の乳黄瓜は工場に搬入後，花を摘み取り，形状の良くないものや虫害のあるものを取り除く。その後，大中小の3つの等級に分け，それぞれ漬け込む。大は1kg20本以下，中は1kg約40本，小は1kg50本以上のものである。

(イ) 1次漬け込み
乳黄瓜を漬ける工程は双漬法による。これは塩漬けを2回に分けて行なう方法である。一般的に水分を多く含む野菜はこのような双漬法で行なう。2回に分けて塩漬けを行なう目的は次のとおりである。(1)食塩を節約する。(2)1度に食塩を加えると，食塩水の濃度が高過ぎ，その高浸透圧によって急激に水分が奪われ黄瓜が収縮し過ぎて色が暗くなり，豊満感がなくなるのを防ぐ。(3)未熟の黄瓜にはククルビタシンという苦味物質があるので揚がり塩水とともに排出させる。(4) 2回に分けて塩漬けを行なうと，1回目の時は食塩濃度が低いので乳酸発酵が旺盛で腐敗菌の生育を抑制する効果があるが，2回目では食塩濃度が高くなるため過度の乳酸発酵を抑制することができる。以上が2回漬けの効果である。

具体的な漬け方は以下のとおりである。生の乳黄瓜100kgに対し9kgの食塩で塩漬けを行なう。最初にカメに乳黄瓜を入れてから10〜12°Béの塩水を入れ，その後，食塩を均一になるように撒く。漬け込んでから4〜6時間後に撹拌を行ない，新しいカメに漬け換える。元のカメの底に残っているまだ溶けていない食塩を揚がり塩水とともに新しいカメに移す。さらに8〜10時間後に2回目の撹拌を行ない，その後，1回目の漬け換えの際の元のカメに再度漬け戻して均一化をはかる。それからさらに4〜6時間経過後に竹カゴの中に取り出し，揚がり塩水を切る。撹拌の順序を具体的に述べると，午前中にカメに漬け込み午後に撹拌を行ない，夜の10時にさらに撹拌を行なう。翌日の朝，撹拌を行ない，9〜10時にカメから塩漬乳黄瓜を竹カゴに取り出す（写真7-7）。

写真7-7　塩漬乳黄瓜

(ウ) 2次漬け込み
竹カゴに取り出し3〜4時間かけて揚がり塩水を切った塩漬乳黄瓜をカメに再び入れ，2次漬け込みを行なう。2次漬け込みは1次漬け込み後の塩漬乳黄瓜100kgに対し9kgの食塩を用いる。

12時間漬け込んだ後，十分に撹拌を行ない，カメから取り出し漬け込みタンクに入れる。タンクに漬け込む際は塩漬乳黄瓜を丁寧に平らになるように積み重ね，しっかりと押しながら漬け込む。最上部に食塩を撒き，竹ムシロで覆った後，木棒でしっかりと押し竹ムシロと木棒が隠れる程度に20°Béの食塩水を注ぎ入れて貯蔵する。食塩濃度が不足する場合は食塩を追加しておく。貯蔵用の漬け込みタンクは排水と通風が良く，雨水が入らず日光が差し込まない場所に設置する。貯蔵用のタンクがない場合はカメで代用するが，通風の良い室内に置いて貯蔵し，雨水の侵入や日に曝されるのを防ぐ。室内では約2年間，室外では約1年間貯蔵することができる。

　下漬黄瓜の規格としては皮の色が翠緑色で，肉質には歯切れと軟らかさがあり，貯蔵してある漬け込みタンクの揚がり塩水は透き通っているのが良い。水分は70％以下，塩分21％，揚がり塩水は20°Béであることが必要である。

　(エ)　1次醤漬け

　醤漬の善し悪しは製品の品質に直接影響するので重要な工程である。醤漬け工程は醤の風味を浸透させるだけでなく，下漬原料の苦味，塩辛味，渋味などの不快な成分を除く役目もある。醤漬け工程は具体的には以下のように行なう。

　色が翠緑色で形状が揃っている下漬乳黄瓜を選択し，カメに入れて清水で洗った後，脱塩を行なう。脱塩に必要な清水は下漬乳黄瓜の15cmほど上になるように注ぎ入れる。食塩濃度が6～7°Béに達した時に取り出して布袋に入れる。醤漬けに用いる布袋の直径は約40cmで長さは約90cmである。この布袋に12kgの脱塩した乳黄瓜を入れ，10袋ずつ一山にして約3時間ほど水を切り，その後カメに入れて醤漬を行なう。1次醤漬けに使う醤は1度醤漬けに使用した醤である。醤に脱塩した乳黄瓜を漬け込んだ後は熊手で十分に撹拌を行なう。撹拌は毎朝行ない，布袋は押して袋の中で発生したガスを除去する。1次醤漬けの主目的は醤の風味を付けるというよりも下漬原料の塩辛味，苦味，渋味などの不快な成分を除去することにある。したがって，1次漬け込みはあまり長く行なう必要はなく通常4～5日間である。

　(オ)　2次醤漬け

　1次醤漬けを終えた乳黄瓜を入れた布袋をカメから取り出し，布袋の外に付着している醤を取り除いてから棚に置いて余分な醤や水分を切る。約3時間経過後，上下を入れ替えてしばらく放置し，水分が出なくなったら2次醤漬けを行なう。100kgの1次醤漬け後の乳黄瓜を入れた布袋に対し，100kgの新鮮な稀甜面醤を用いて漬け込む。漬け込んだ後は毎朝1回撹拌を行なう。2次醤漬けの目的は甜面醤の風味を吸収させることにある。2次醤漬けの期間は春秋期で約10日間，夏期で約1週間，冬期で約2週間で熟成する。

(4)　保存管理

　(ア)　下漬乳黄瓜の管理

　下漬原料の品質は醤漬製品の品質に大きく影響する。下漬原料に酸味があったり，歯切れが悪いと甜面醤の品質がいくら良くても製品は良くなることはない。したがって，下漬原料の貯蔵管理はとても大切で，随時塩濃度のチェックを行なうことが必要である。また，貯蔵中に雨水が侵入した場合は下漬原料は黒く腐敗しやすくなる。管理は厳しく行ない，色や歯切れを損なわないように注意する必要がある。

　(イ)　醤漬製品の保存管理

　醤漬乳黄瓜製品を保存する場合は熟成後，直ちにカメを密封して保存する。密封しないと品質が低下する。

(5) 歩留り

生の乳黄瓜100kgからは52～55kgの下漬乳黄瓜を得ることができる。また，下漬乳黄瓜100kgからは80kgの醤乳黄瓜製品が出来上がる。

(6) 製品の品質基準

(ア) 官能指標

製品の色は翠緑色（エメラルドグリーン）で艶があり，醤の風味やエステル香，乳黄瓜のさっぱりとした香気があり，適度な塩辛味と甘味を持ち異味や酸味がなく，形状が揃い，歯切れの良いものが良い。

(イ) 理化学指標

水分は70～75％，食塩濃度は10～12％，還元糖は9％以上，総酸は0.8％以下，アミノ態窒素は0.18％以上であるものが望ましいとされている。

25. 揚州醤蘿蔔頭（ダイコン味噌漬）

揚州醤蘿蔔頭は揚州漬物の伝統的な特徴を有する漬物である。揚州郊外で栽培されている晏種小蘿蔔頭（中央部が太い大根）を用い，伝統的な製法によって作られた希甜面醤に漬け込んで製造される。製品は明るいコハク色を呈し，甘味があり，歯切れが良い。

(1) 原料および補助原料

生の蘿蔔頭100kg，食塩7～9kg，希甜面醤35kgを使用する。原料の晏種小蘿蔔頭の特徴は，皮は白くて薄く滑らかで，形は丸く頭部と尻部は小さい。糖分は高いが，水分は少なく，組織は緻密である。漬物加工には1kg当たりの蘿蔔頭が50本以上となるものが適している。加工の時期は小雪（11月22日頃）の後が良い。この頃の蘿蔔頭は糖分が高くなっているからである。晏種の他に無纓，二戸頭などの品種があり白色であるが，それらの組織は晏種よりも緻密さがなく，水分は比較的多い。したがって，晏種が漬物加工には最適なのである。赤皮の大根や長円形の大根も漬物加工には適さない。

(2) 製造工程

揚州醤蘿蔔頭の製造工程は図7-29に示すとおりである。

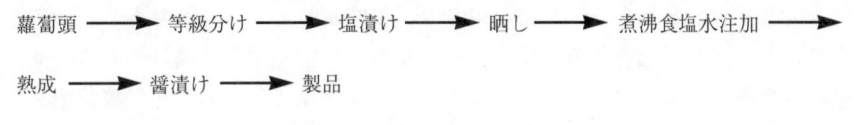

蘿蔔頭 ⟶ 等級分け ⟶ 塩漬け ⟶ 晒し ⟶ 煮沸食塩水注加 ⟶

熟成 ⟶ 醤漬け ⟶ 製品

図7-29 揚州醤蘿蔔頭の製造工程

(3) 加工方法

(ア) 選別

生の蘿蔔頭を工場に搬入後，形状の良くないものや虫害のあるものを取り除く。その後，大中小の3つの等級に分ける。等級に分ける操作は重要で，晒し工程で大小異なる原料があると漬け込みにおいてムラが生じ，品質にばらつきがでるからである。手の中に3本の蘿蔔頭が入る大きさが大の等級分けの標準である。したがって直径は4～5cm程度で，重量でいえば大体20gのものに当たる。このようにしてそれぞれ等級を分けて洗浄し，カメに漬け込む。

(イ) 下漬け

蘿蔔頭を下漬けする方法は最初に塩漬けを行ない，その後晒し（干し）を行なう方法である。

このようにすると大根からの糖分の流出を減少させることができる。具体的には生の蘿蔔頭100kgに対し食塩7～9kgを用いてカメの中で塩漬けする。上部の方に多めの食塩を撒く。その後は12時間間隔で撹拌を行ない，食塩が均一に浸透するようにする（**写真7-8**）。4回の撹拌の後，蘿蔔頭をカメから取り出し，強く日に晒す。

(ゥ) 晒し塩漬け

蘿蔔頭をカメから取り出しムシロに広げ，強く日に晒して脱水させる。これにより，大根に含まれている栄養物質，アミノ酸や糖分

写真7-8 蘿蔔頭の下漬け

の多くを残した状態で下漬製品を製造することができる。塩漬蘿蔔頭の晒しには10m^{3}の面積が必要で，晒しの期間中は毎日2～3回天地返しを行なって満遍なく晒す。一般的に蘿蔔頭にしわがより始め，手でつまんでもしこりがない状態になれば晒しは完成である。この状態の半製品のことを「晒貨（晒し物）」と称する。

このような晒しの方法以外に別の脱水方法がある。これは塩漬蘿蔔頭をカメから取り出し，晒すことなく圧搾によって脱水する方法である。この方法では栄養成分，糖分，風味成分などの大部分が流失するので品質は低下する。また，大根の中心部には水分が残存するので醤漬けの際に醤汁の吸収が悪くなり，品質の良くない製品となることが多い。

(エ) 煮沸食塩水の注加

晒し工程を終えた蘿蔔頭をカメに入れ，そこに一旦煮沸し，その後70～80℃にまで冷却した食塩水を注加する。カメに蘿蔔頭を入れる際は高さが15～20cmになるように積み重ねてその上に食塩水を注加し，さらに蘿蔔頭を重ね，これを繰り返すことにより漬け込む。カメの8割程度入れたところで漬け込みを終える。1つのカメには約200kgの蘿蔔頭を漬け込むことができる。

煮沸した食塩水を注加する目的は，大根のようなアブラナ科に属する植物の根や茎に含まれている苦渋辛味の原因物質となるグリコシドを食塩水を注加することで風味の良い辛子油（主にイソチオシアン酸アリル）とグルコースに分解させ，風味を良くするためである。煮沸した食塩水の温度が高過ぎたり，逆に低過ぎると反応が遅くなるので注意する。漬け込みの時期と関連するが，適温を維持する時間は約14時間が最適である。通常，第1日目の午後に蘿蔔頭をカメの中に入れ食塩水を注加し，翌日の午前中にカメから蘿蔔頭を取り出すのが一般的である。

(オ) 壺による熟成

食塩水に漬けた蘿蔔頭をカメから取り出し，日光に晒して水分を蒸発させてから壺に入れる。壺に入れる際は100kgの原料に対して9kgの砕塩をまぶして，十分に撹拌しながら木棒を用いてきつく入れる。一杯に入れた後は壺の口に食塩を撒き，密封する。この壺は室内に置き，日光を避けて貯蔵し熟成させる。熟成の期間中にグリコシドはさらに分解が進行し，特有の香気を有する芥子油とグルコースを生成する。したがって，よく熟成した蘿蔔頭は壺を開けた時に特有の香気が漂ってくる。

(カ) 醤漬け

壺から下漬蘿蔔頭を取り出し，規格に合わないものを取り除いてから頭部と末端部およびひげ

根を切り取りカメに入れる。醤油に4時間程度浸漬してから布袋（布袋の大きさは乳黄瓜で用いるものと同じである）に入れるが，入る量は約11kgである。この布袋を稀甜面醤（液状の甜面醤）に漬け込む。ここで用いる醤油は天然醸造により製造された良質のものを使用する。天然醸造醤油は色が良く，またアミノ酸含量が高く新鮮な風味を有するためである。このように醤油を吸収した蘿蔔頭がさらに甜面醤に漬け込まれることによって甘味や旨味が増加するのである。下漬蘿蔔頭100kgに対し稀甜面醤を100kg使用するのが一般的である。1つのカメには15個の布袋を漬け込むことができる。布袋は毎日1回撹拌を行なうが，夏期は10日間，春秋期は2週間，冬期は約20日間ほど撹拌を行ない熟成させ，製品となる。

(4) 保存管理

製品はカビが発生することがあるので，それを防止するために空気に触れないように甜面醤の中に入れ，密閉して保存する。

(5) 歩留り

生の蘿蔔頭100kgからは約35kgの下漬蘿蔔頭が出来る。また，下漬蘿蔔頭100kgからは110〜115kgの製品が出来る。

(6) 製品の品質基準

(ア) 官能指標

製品の色はコハク色で透明感があり，醤の風味やエステル香および特有の大根臭を持ち，さっぱりとした風味があり，形状が揃い歯切れが良く，ひげ根や斑点，空洞の入っていないものが良い。

(イ) 理化学指標

水分は60〜65％，食塩濃度は10〜12％，還元糖は9％以上，総酸は0.8％以下，アミノ態窒素は0.18％以上であるものが望ましいとされている。

26. 揚州醤嫩生姜（若ショウガ味噌漬）

揚州醤嫩生姜は揚州の醤菜の中でも特色を有する製品の1つで長い歴史を持っている。この醤菜は食欲を増進したり胃を温かくする機能があると言われている。「冬は生姜（ショウガ）があれば風霜を恐れることはない」という諺がある。また，清の時代の揚州八怪と呼ばれた有名な画家達の代表である鄭板橋は家書の中で「貧しい親戚を訪問すると1碗の妙めたご飯と1皿の醤嫩生姜が差し出されるが，これは寒気を除き，身体を温めるためである」と書いている。このように醤嫩生姜は昔から多くの人々に愛好されている漬物である。

醤嫩生姜は若い生姜を用いて加工されたもので醤仏手生姜と醤片生姜の2種類がある。

(1) 原料および補助原料

新鮮な若い生姜100kg，食塩25〜27kg，稀甜面醤（液状の甜面醤）84kgを使用する。生姜の収穫時期は普通，白露（9月7日頃）の前後である。良質な生姜は若い時期のもので色が白く，新鮮で水分が充実している。このような生姜は生姜独特の風味は強いが辛味の弱いものが多いからである。

(2) 製造工程

揚州醤嫩生姜の製造工程は**図7-30**に示すとおりである。

原料生姜 ⟶ 整形 ⟶ 除皮 ⟶ 塩漬け ⟶ 下漬半製品 ⟶

加工 ⟶ 醤漬け ⟶ 製品

図7-30　揚州醤嫩生姜の製造工程

(3) 加工方法
(ア) 整　形
　生の原料生姜を工場に搬入した後，根塊を均等になるように分割する。皮剥きは自動皮剥き機を用いるが，機械がない場合は人手による。その方法は原料の生姜をカメに入れた後，100kgの生姜に対し40～50kgの水を加え，長靴をはいてカメの中に足を入れ，カメの縁に沿って生姜を踏む。そのようにすることにより生姜の塊と塊が互いに擦れ合うので皮が除かれることになる。皮が取り除かれたら，生姜を取り出し清水で洗浄する。

(イ) 塩漬け
　生姜の塩漬けは塩水漬け法によって漬けられる。塩水漬け法は漂腌法あるいは浮かし漬け法とも呼ばれる高濃度の食塩水で漬ける方法である。漬け方は次のとおりである。100kgの原料生姜に対し60kgの20°Béの食塩水を加えて漬ける。3～4日後，揚がり塩水の食塩濃度が12°Bé程度になるまで漬け込まれるが，揚がりが遅いと生姜が変質することになるので，食塩濃度の管理は適切に行なう必要がある。塩度が低くなったら食塩を加えてさらに5日間ほど漬け込み，漬け込みが終了した段階で塩漬生姜を取り出し，新しいカメに移し換え，22°Béの食塩水を加え，さらに食塩を表面に撒いて貯蔵する。

(ウ) 1次醤漬け
　貯蔵しておいた塩漬生姜を取り出し，仏手状あるいは片状に切削する。切削した生姜は清水で洗浄脱塩を行なう。1袋当たり10～11kgとなるように布袋に入れ，軽く圧搾して脱水する。脱水の際は力を入れ過ぎないように注意する。脱塩，脱水した生姜の入った袋を1度使用した醤の中に入れ1次漬け込みを行なう。1つのカメの中には12個の袋を入れることができる。漬け込み後は毎日1回カメの中の袋を撹拌し，均一に醤の味が浸透するようにする。4日間漬け込んだ後，カメから袋を取り出し，2次醤漬けへと進める。

(エ) 2次醤漬け
　1次醤漬けを終えた生姜100kgごとに120kgの新しく製造した稀甜面醤に漬け込む。2次醤漬けにおいても1次醤漬けと同様，毎日1回カメの中の袋を撹拌し，熟成させる。熟成の期間は夏季においては約10日，春秋季では約2週間，冬季においては約20日間である。

(4) 保存管理
　生姜は変質しやすいので塩漬け段階における管理は大変重要である。貯蔵用のカメあるいはタンクは通風が良く，日光を避け，雨水が入らない場所に置く必要がある。

(5) 歩留り
　通常，100kgの新鮮な生姜からは80kgの下漬生姜が出来る。また，100kgの下漬生姜からは約80kgの醤生姜の製品を得ることができる。

(6) 製品の品質基準
(ア) 官能指標
　醤生姜は黄色く艶があり，濃厚な醤の香気，エステル香および生姜特有の香気を有するものが良い。また，味は醤の風味を有し，適度な柔らかさを持つものが良い。形は美しく，仏の手の形をしているものが良い。

(イ) 理化学指標
　水分は約70％，食塩濃度は11～12％，還元糖は9％以上，総酸は1％以下，アミノ態窒素は0.18％以上であるものが望ましいとされている。

第5節 各地の醬曲醱菜

27. 揚州醬宝塔菜（チョロギ味噌漬）

揚州醬宝塔菜は揚州の漬物の中でも特に秀でた漬物である。宝塔菜の植物名は草石蚕（チョロギ）で，他に甘露，土環などと呼ばれることもある。本製品は甘く，軟らかく，歯切れが良いという特徴を有している。また，チョロギの形状が宝塔に似ていることから宝塔菜と呼ばれるようになった。醬宝塔菜は日常食品であるとともに宴会ではさっぱりした食品として人気がある。また，患者の食欲をそそる病人食としても親しまれている漬物である。

(1) 原料および補助原料

原料宝塔菜100kg，食塩25kg，稀甜面醬75kgを使用する。宝塔菜は揚州の西南の郊外で多く栽培されている。良質な宝塔菜は環の部分が3つ以上あり，環は念珠形で先端は宝塔の頂のような形をしている。

(2) 製造工程

揚州醬宝塔菜の製造工程は図7-31に示すとおりである。

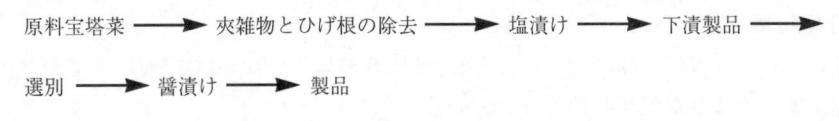

原料宝塔菜 ⟶ 夾雑物とひげ根の除去 ⟶ 塩漬け ⟶ 下漬製品 ⟶

選別 ⟶ 醬漬け ⟶ 製品

図7-31 揚州醬宝塔菜の製造工程

(3) 加工方法

(ア) 塩漬け

新鮮な生の宝塔菜を工場に搬入した後は，まず雑草を除去してから泥土を洗浄し，次にひげ根を除去する。宝塔菜の塩漬けは浮かし漬け法によって行なう。すなわち，約100kgの宝塔菜をカメに入れてから20°Béの食塩水を100kg加えて漬け込む。漬け込んだ後は毎日1回撹拌を行ない4～6日後には取り出し，別のカメあるいは漬け込みタンクに一杯になるまで移し換える。一杯になった塩漬宝塔菜の表面は竹あるいはムシロで覆い，きつく押さえる。そこに22°Béの清澄な食塩水を加えてからさらに食塩を撒いて貯蔵する。写真7-9に宝塔菜の塩漬けの様子を示した。

(イ) 醬漬け

宝塔菜の醬漬けは2度に分けて行なう。1次醬漬けを行う前に脱塩，脱水を行なう必要があるが，この作業は以下のようにして行なう。まず，塩漬けにして貯蔵していた宝塔菜を取り出し，清水で洗浄した後，適当な濃度になるまで脱塩する。次にそれらを布袋に入れたまま積み重ねることによって脱水する。脱塩，脱水した後の宝塔菜は袋のまま軽く振って撹拌し，均一にした後，1次醬漬けを行なう。

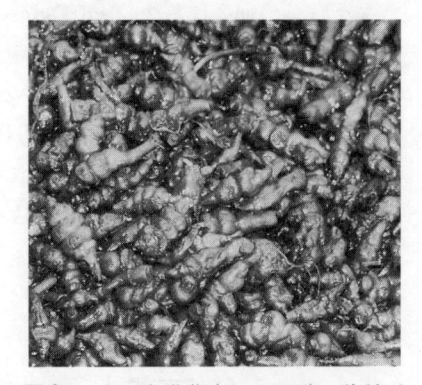

写真7-9 宝塔菜（チョロギ）の塩漬け

1次醬漬けには2次醬漬けに用いた稀甜面醬を使用する。袋に入れたままカメの中に漬け込む1次漬け込みは4～6日間行ない，その間は毎日1回撹拌を行う。

1次漬け込みを終えたら，宝塔菜の入った布袋を取り出し，そのまま積み重ねることにより余分な醬を取り除き2次醬漬けを行なう。2次醬漬けは1次醬漬けによって得られた宝塔菜100kgに対し，新しい稀甜面醬100kgを用いてカメの中に漬け込む。漬け込みの間は毎日1回撹拌を行ない，

均一に風味が浸透するようにする。熟成は夏季では10日間，春秋季では2週間，冬季では約20日間行なう必要がある。

(4) **保存管理**

宝塔菜は軟らかいので，塩漬けしたものが貯蔵中に変質しないように日光と雨水の侵入を厳しく抑制することが重要である。

(5) **歩留り**

100kgの生の宝塔菜に対し，約75kgの塩漬宝塔菜を得ることが可能で，塩漬宝塔菜100kgからは約95kgの揚州醤宝塔菜を得ることができる。

(6) **製品の品質基準**

(ア) **官能指標**

色合いが良く，濃い醤の香気と宝塔菜のあっさりした香気を持つとともに，歯切れが良く，好ましい風味が残っているものが良い。形状としては大きさが均一で宝塔の形を呈しているものが良い。

(イ) **理化学指標**

水分は68～70％，食塩濃度は10～12％，還元糖は9％以上，総酸は0.8％以下で，アミノ態窒素は0.18％以上であることが望ましいとされている。

28. 揚州醤香菜心（茎チシャ味噌漬）

揚州醤香菜心は揚州の地域特産物の1つである。原料に用いられている茎チシャは揚州郊外で栽培されている晏種緑葉萵笋で適切な時期に収穫し加工を行なう。収穫時期がずれると歯切れや香気の良くない製品が出来る。揚州醤香菜心は国内外でもよく知られ，人気のある製品となっている。

(1) **原料および補助原料**

主な原料の配合は茎チシャ100kg，食塩22kg，稀甜面醤50kgである。茎チシャは揚州で栽培されており，緑葉チシャおよび紫葉チシャの2種類がある。一般的には緑葉チシャが用いられる。収穫時期は立夏前後の頃が適している。漬物用に用いる茎チシャは晩生の晏種萵笋が良い。これは組織が緻密で水分が少なく，歯切れの良いものが得やすいからである。一方，早生のものは細長い形状をしており，水分が多く組織が軟らかいので，このようなものを漬物にした場合にはあまり良い製品が出来ない。漬物に用いる茎チシャは1kg当たり4～6本となるように選択する。

(2) **製造工程**

揚州醤香菜心の製造工程は**図7-32**に示すとおりである。

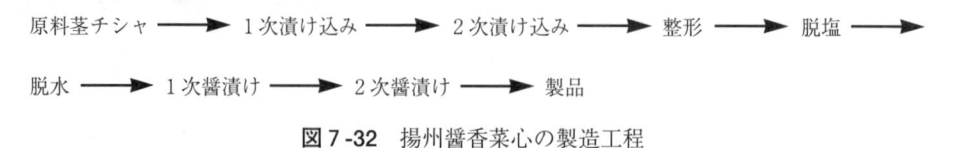

原料茎チシャ ⟶ 1次漬け込み ⟶ 2次漬け込み ⟶ 整形 ⟶ 脱塩 ⟶

脱水 ⟶ 1次醤漬け ⟶ 2次醤漬け ⟶ 製品

図7-32 揚州醤香菜心の製造工程

(3) **加工方法**

(ア) **1次漬け込み**

原料の茎チシャを工場に搬入後，外皮，根部やひねた茎部などを除いてからカメに漬け込む。茎チシャの塩漬けは1次と2次漬け込みの2回に分けて行なわれている（双漬法）。1次漬け込み

では100kgの原料茎チシャに対し，10kgの食塩を使用する。カメの中に１層になるように茎チシャを入れてから次に食塩を撒き，さらにその上に茎チシャを１層重ねて漬け込むようにする。これを交互に繰り返してカメの上部まで漬け込む。食塩は下に少なく，上に多くなるように加える。その後は12時間の間隔で２回，天地返しを行なって食塩が均一に行き渡るようにする。２回目の天地返しの後，カメから塩漬茎チシャを竹カゴに取り出し積み重ねることによって自重で圧搾し，揚がり塩水を切る。４時間後に天地返しを行なって同様に揚がり塩水を切る。

(ｲ) **２次漬け込み**

１次漬け込み後，揚がり塩水を切った塩漬茎チシャは再度２次漬け込みによって塩漬けされる。塩漬け方法は１次漬け込みと同様で100kgの塩漬け茎チシャに対し，10kgの食塩を使用する。カメの中に１層になるように茎チシャを入れてから次に食塩を撒き，さらにその上に茎チシャを１層重ねて漬け込むようにする。漬け込み後は，やはり12時間の間隔で２回天地返しを行なって食塩が均一に行き渡るようにする。２回目の天地返しの後，カメから塩漬茎チシャを取り出し漬け込みタンクや別のカメに竹や木棒で強く圧し，20°Béの食塩水を十分に加えて下漬けとして貯蔵する。

(ｳ) **整　形**

下漬けした茎チシャを取り出し，黒色斑点や錆色斑点のあるものなど不良な部分を除去する。末端部の直径が1.5cm以上のものを選択し，厚さが0.15〜0.2cm程度になるように薄く切る。この部分が醤香菜心となる。なお，茎チシャの末端部が1.5cm以下のものや根部は，長さ３〜４cm，幅0.8〜１cm程度になるように整形し，下漬けにする。

(ｴ) **脱塩・脱水**

整形が終了したものは清水を加えて脱塩するが，一般的には100kgの下漬茎チシャに対し120〜150kgの清水を使用する。脱塩による揚がり塩水が７〜８°Béに達した頃，脱塩を終え，醤漬け用の布袋に入れる。１つの布袋には約11kgの下漬茎チシャを入れることができる。袋を折りたたむようにして重ね，それらの自重で脱水を行なう（**写真7-10**）。脱水を始めてから５〜６時間後には積み重ねの位置を変え，均一になるようにしてから次の工程に進む。

(ｵ) **１次醤漬け**

脱塩した下漬けは１次醤漬けを行なうが，カメの中に下漬茎チシャを丁寧に入れた後，２次醤漬けに用いて回収した稀甜面醤を使い，４〜６日間漬け込みを行なう。なお，漬け込みの期間中は毎日１回の撹拌を実施する。

写真7-10 布袋を積み重ね，自重により脱水する

(ｶ) **２次醤漬け**

２次醤漬は１次醤漬品100kgに対し100kgの新鮮な稀甜面醤を用いる。漬け込み原料の入った布袋を稀甜面醤を入れたカメの中に12〜15個漬け込む。２次醤漬けは甘味，醤香，エステル香などの風味付けを行なう重要な工程である。したがって，２次醤漬けは厳しく管理する必要がある。毎朝１回，布袋の天地返しを行ない風味が均一になるように漬け込む。熟成期間は季節によって異なり，春秋季で約10日，夏季で約５〜７日，冬季では

約15日間熟成を行なう。

(4) 保存管理

漬け込みタンクあるいはカメは通風が良く，日光や雨水を防ぐことが可能な場所に設置することが必要で，そうでない場所では下漬け中に腐敗することがあり，茎チシャ全体が軟化し，酸味を呈するようになってしまう。これは俗に酸漿味といい，製品の品質に大きく影響する。したがって，下漬けの際は時々揚がり塩水の食塩濃度について検査をすべきで，常に一定の値を維持する必要がある。

(5) 歩留り

生の茎チシャ100kgから45～50kgの塩漬半製品（下漬品）を製造することができる。また，100kgの下漬品からは72kgの醤香菜心を得ることができる。筋皮を除いた100kgの下漬品からは70kgの醤萵笋条（千切り状の醤漬茎チシャ）ができる。

(6) 製品の品質基準

(A) 醤香菜心の品質基準

(ア) 官能指標

製品の色は薄黄色で光沢があるのが良い。醤の風味・エステル香および茎チシャ特有のあっさりした香りがあり，適度な甘味を持ち，口当たりが良く，切り口の形状および厚さが揃っていて黒斑やスのないものが良い。

(イ) 理化学指標

水分は約70％，食塩濃度は10％，還元糖は9％以上，総酸は0.8％以下で，アミノ態窒素は0.18％以上であるものが望ましいとされている。

(B) 醤萵笋条の品質基準

(ア) 官能指標

製品の色は黄緑色で光沢があり，醤の風味・エステル香および茎チシャ特有のあっさりした香りがあり，口当たりが良く，形状の揃っているものが良い。

(イ) 理化学指標

水分は約70％，食塩濃度は12％，還元糖は9％以上，総酸は0.8％以下で，アミノ態窒素は0.18％以上であるものが望ましいとされている。

29. 揚州醤什錦菜（取り合わせ野菜の味噌漬）

揚州醤什錦菜は揚州醤菜の中でも代表的な漬物で，揚州醤菜の色，香り，味，形の特徴をよく表している。揚州醤什錦菜は塩漬けした様々な野菜を用い，それらを賽の目状，千切り状，細長状，塊状，薄片状，角状に切ったものを取り合わせるとともに，素材の持つ天然色を利用したものである。天然色の赤，黄，黛（黒紫），翠（緑）色を組み合わせることで互いに引き立て合っている漬物である。また，製法は伝統的な方法によっており，発酵した稀甜面醤に漬け込むことによって作られている。製品は形状および色が美しく，醤特有の香気・エステル香とともに柔和な野菜の香りが調和したものとなっている。製品は一般家庭での日常食品となっているだけでなく，児童にとっても人気のある漬物である。写真7-11に各種下漬野菜の混合物を示した。

(1) 原料および補助原料

原料は下漬半製品で乳黄瓜（小キュウリ）20kg，大根15kg，萵笋（茎チシャ）16kg，生姜（ショウガ）5kg，宝塔菜（チョロギ）3kg，菜瓜14kg，人参13kg，蕪（カブ）14kg，甜面醤100kg

第5節 各地の醤曲醃菜

である。

揚州醤什錦菜は各種野菜材料および下漬野菜を混合して作られているので、それぞれの材料の品質が良くなければ良い製品は出来ないので品質管理は厳しく行なう必要がある。以下に各材料に要求される品質についてまとめた。

黄瓜：鮮やかな緑色の乳黄瓜を選択する。規格に合わないもの、種黄瓜、小さなものは取り除く。

大根：色が黄色のもの、しわのあるもの、黒い傷跡のあるもの、スの入っているものなど規格に合わないものを取り除き、ひげ根とヘタを切り取る。

写真7-11 揚州醤什錦菜（各種下漬野菜が入っている）

茎チシャ：直径が1.5cm以上の節長（全体の中での節の長さ）のものを選択し、黒い傷跡、スの入ったものを取り除き、錆状の斑点や古くなっている部分を切り取る。

菜瓜：歯切れの良いものを選び、根、ヘタ、斑点状の部分を取り除く。日の経過したものや種瓜は除外する。

生姜：軟かめの子生姜を選び、皮を丁寧に除く。日の経ったものや病徴が見られるものは取り除く。

人参：赤色の良いものを選択する。青みが残っているものや黒い傷跡のあるものは除く。

蕪：肉質の締まった歯切れの良いものを選ぶ。青みの残っているものや日が経ったものを除く。

宝塔菜：色は黛色で環数が3つ以上のものを選び、ひげ根などを取り除く。

(2) 製造工程

揚州醤什錦菜の製造工程は図7-33に示すとおりである。

下漬半製品 ⟶ 切削 ⟶ 脱塩 ⟶ 脱水 ⟶ 1次醤漬け ⟶

2次醤漬け ⟶ 製品

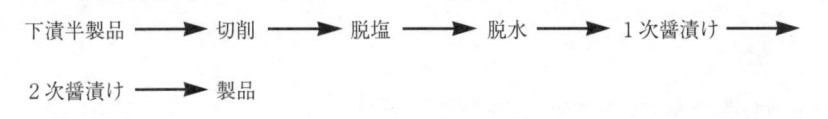

図7-33 揚州醤什錦菜の製造工程

(3) 加工方法

(ア) 切削

切削は揚州醤什錦菜のように多くの野菜を混合した醤菜を製造する場合には鍵となる工程である。揚州醤什錦菜は一般の取り合わせ醤菜と異なり、果料（青梅、松の実、西瓜の種、干葡萄などの総称）を使用しないで、各種下漬野菜の形状をうまく利用することによって製品の見た目や風味を形作っている醤菜である。形を重視する揚州醤什錦菜では下漬野菜の切削が特に重要な工程となる。したがって、包丁の良さが形状の美しさや風味にも影響を及ぼすので、包丁の取り扱いは慎重に行なう。

それぞれの下漬野菜の切削形状は以下のとおりである。

乳黄瓜：輪切りにし、黄色味を帯びているものは取り除く。

大根：三角形に切る。それぞれに皮が残るように切ることが大切である。

甜瓜：賽の目状に切る。1面が正方形の棒状のものをさらに立方体に切っていく。

菜瓜：千切りにする。

人参：斜め切りにする。千切りにする。

蕪：賽の目状に切る。千切りにする。

茎チシャ：輪切りにする。厚さは均一にすることが大切である。

生姜：小塊状，扇子状に切る。厚さは均一になるようにする。

宝塔菜：チョロギ特有の形状をそのまま残す。

以上のものの切削形状，規格，数量をまとめたものを**表7-1**に示した。

表7-1 揚州醤什錦菜の各野菜の形状規格

品 名	形 状	規 格 (cm)	数 量 (個数／50g)
乳黄瓜	輪切り	0.6×1.5	40～50
大 根	三角形	1×1	50
茎チシャ	輪切り	1.5×0.2	30～40
菜 瓜	千切り	0.4×8	70～80
甜 瓜	賽の目	1×0.9	40～50
人 参	斜め切り	0.3×1.5	75～85
人 参	千切り	0.3×8	100～110
蕪	賽の目	0.3×1.5	80～90
蕪	千切り	0.3×8	100～110
生 姜	小 塊	1.5×0.2	30～40
宝塔菜	自然形態		

(イ) **各種下漬野菜の配合割合**

揚州醤什錦菜の各種下漬野菜の配合割合は多種多様だが色，香り，味，形，風味のバランスが良い割合となるように配合することが重要である。一般的な配合割合は以下のとおりである。乳黄瓜（輪切り）20％，大根（三角形）15％，茎チシャ（輪切り）16％，菜瓜（賽の目）8％，菜瓜（千切り）6％，人参（斜め切り）8％，人参（千切り）5％，蕪（賽の目）8％，蕪（千切り）6％，生姜（扇子状）5％，宝塔菜3％。

(ウ) **脱 塩**

上記の下漬けしておいた乳黄瓜，茎チシャ，菜瓜，生姜，蕪，人参を配合比に従って量り取り，カメに入れ，清水で洗浄および脱塩を行なう。なお，人参の千切りは多少脱塩時間を短めにすると良い。脱塩したものは布袋に入れて脱水する。

(エ) **脱 水**

脱塩した下漬野菜を入れた布袋を積み重ねることによって自重で水を圧出させる。3～4時間後に上下を入れ替えてさらに水が出なくなるまで圧出を続ける。なお，布袋1袋に対し約12kgの下漬野菜が入る。

(オ) **醤漬け**

脱塩，脱水した下漬野菜の入った布袋を軽く振ってからカメの中に入れ，1次醤漬けを行なう。1つのカメには12個の布袋を漬け込むことができる。1次醤漬けに用いる稀甜面醤は2次醤漬けで1度使用したものを用いる。1次醤漬けは普通4～6日間行ない，その間は毎日1回カメを撹拌し，均一に漬かるようにする。漬け込みが終わったらカメの中から袋を取り出し，カメの縁に積み重ねて4時間ごとに上下を入れ替える。揚がり塩水が出なくなったら，人参千切り，蕪千切り，大根三角形切りを袋に加えて，新しい稀甜面醤で2次醤漬けを行なう。通常，100kgの下漬野菜に対し100kgの稀甜面醤を使用する。毎日1回，カメの中の袋を天地返しして熟成させる。熟成期間は一般的に7～10日間であるが，季節によって多少異なる。2次醤漬けを終えた稀甜面醤は1次醤漬けの稀甜面醤として利用される。

揚州醤什錦菜の風味は下漬半製品の品質だけでなく，稀甜面醤の品質と風味に大きく影響される。2回に分けて稀甜面醤に漬ける理由は，甜面醤の甘味と風味を十分に下漬半製品に吸収させるためであり，撹拌することにより下漬けからの揚がり塩水と醤の風味が混じり合うことによって甘く，歯切れの良い醤菜が出来るのである。カメの中で袋を天地返しする目的は，単に風味を

均一にするだけではなく，漬け込み中に発酵により発生した気体を圧出するためでもある。布袋の中で微生物の活動により発生した気体を圧出しないと醤と下漬野菜との接触が妨げられ，風味の浸透速度に影響し，醤菜の風味にも影響することになる。

(4) **保存管理**

下漬野菜をすぐに使用しない場合は，食塩水に漬け込んだままで保存することが大切である。また，醤漬け後の製品を保存しておく場合は稀甜面醤に漬け込んだ状態で貯蔵する。

(5) **歩留り**

100kgの下漬半製品からは85kgの製品を得ることができる。

(6) **製品の品質基準**

(ア) **官能指標**

製品の色，香り，味，形が良く，赤，黄，黛，緑色が鮮やかで製品には光沢があるものが良い。また，醤の濃い風味，エステル香および野菜のあっさりとした香気を持ち，適度な塩辛味と甘味があり，歯切れの良いものが良い。また，最も大切な形状は賽の目，千切り，細長状，塊状，輪切り，角切りなどが均一でバランス良く混合されているものが良い。

(イ) **理化学指標**

水分は約70%，食塩濃度は10〜12%，還元糖は9%以上，総酸は0.8%以下，アミノ態窒素は0.18%以上であるものが望ましいとされている。

30. 揚州醤甜瓜（ウリ味噌漬）

揚州醤甜瓜は揚州の伝統的な漬物の1つである。揚州の郊外で栽培されている花皮と呼ばれる瓜（マクワウリ）を収穫して加工したものである。その加工には2種類の方法がある。1つは古来から伝わる伝統的な方法で「醤盆瓜」と呼ばれる。醤盆瓜はコハク色を呈し，半透明で艶があり，醤特有の風味とエステル香を有する歯切れの良い漬物である。もう1つは甜醤に漬け込むもので「醤糖瓜」と呼ばれる。醤糖瓜は醤盆瓜よりも風味は劣る。ここでは「醤盆瓜」について説明する。醤盆瓜は新鮮な瓜を低塩のもとで醤油あるいは曲黄（日本の味噌麹に相当）を用いて製造するもので，中国の伝統的な漬物の加工法の1つを踏襲している。

南北朝時代の賈思勰は『斉民要術』の「作菹鹹菹法」の中でこの加工法について「菹一行，女曲間之」と記述している。その意味はカメに1層の菹（野菜）を並べ，その上に1層の醤曲（味噌麹）を重ねて漬けるということで，それを繰り返し，カメが一杯になるまで，漬け込むことである。

(1) **原料および補助原料**

新鮮な瓜35kg，食塩3kg，曲黄16〜18kgを使用する。瓜は揚州の東部郊外で栽培されているもので「花皮瓜」と「青皮瓜」の2種類の品種がある。花皮瓜は組織が緻密で皮は薄く，肉厚であり，種子とワタが小さく，歯切れが良いという特徴を持つ。青皮瓜は別名「玉皮瓜」とも呼ばれている瓜で肉質は比較的疎である。収穫時期は夏至から小暑（7月7日頃）までで，小暑の頃のものが品質的には最も良いといわれている。

瓜は形状が揃っていて特に頭部と尻部の太さが同等なものが良い。色は青く，縦線が入っており，表皮は滑らかでひび割れのないものを原料として用いる。加工用瓜の規格としては，瓜1つの重量は約500g，長さは約35cmで，形状は牛角状のものが良いとされる。加工に用いる瓜の熟度としては7割程度熟したものを用いる。理由は，その時期の瓜の植物細胞中のペクチン質は，ま

だプロトペクチンの状態であることから組織は比較的硬い状態にある。その状態で曲黄とともに漬け込むと熟成が進行し組織が軟らかくなるとともに，プロトペクチンはペクチンあるいはペクチン酸になる。この結果，糖含有量は増加し，曲黄の熟成が進むので徐々に風味は良くなるのである。

(2) 製造工程

揚州醬甜瓜の製造工程は**図7-34**に示すとおりである。

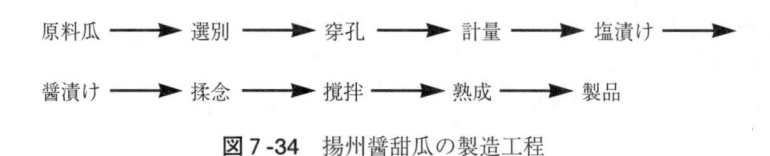

原料瓜 ⟶ 選別 ⟶ 穿孔 ⟶ 計量 ⟶ 塩漬け ⟶

醬漬け ⟶ 揉念 ⟶ 攪拌 ⟶ 熟成 ⟶ 製品

図7-34　揚州醬甜瓜の製造工程

(3) 加工方法

(ア) 整形および穿孔

生の原料瓜を工場に搬入した後，形状が揃い，品質が良く，斑点などのないものを選択する。熟し過ぎたものは除き，7割程度成熟したものを選択する。次に竹串あるいは鋼線で瓜の両端の部分に孔を開け，さらに約3cmの間隔で表皮全体に孔を開ける。孔の数は16～18個程度にする。そうすることにより漬け込みの際の食塩の浸透および瓜中の水分の排出を促進するとともに，熟成にともなう膨張を抑制することにもなる。

(イ) 塩漬け

揚州では醬盆瓜の漬け込みには口の大きなカメを用いるのが一般的である。カメは上部が広く底が狭い平底の素焼きのもので，1つのカメに35kgの瓜を漬け込むことができる。このようなカメを用いて漬け込む方法は揚州の特徴であり，他の地方と異なる点である。穿孔を終えた瓜の重量を測定し，瓜35kg当たり17°Béの食塩水0.75kgと4.5kgの食塩を用いて塩漬けを行なう。まず最初にカメの底に1層に瓜を並べ，その上に少量の食塩水を加えてから食塩を1層となるように撒き，さらに1層の瓜を置く。これを繰り返してカメが一杯になるまで漬け込む。食塩は下部では少なめに上部は多めに加える。漬け込みを終えてから12時間間隔で攪拌を行ない，漬け込み開始から36時間後に塩漬瓜をカメから取り出し，竹カゴに積み重ねるように入れて揚がり塩水を切る。35kgの原料瓜からは約22.5kgの下漬瓜を得ることができる。

(ウ) 醬漬け

22.5kgの下漬瓜に対し6～18kgの曲黄と2～3kgの食塩水を用い，醬漬けを行なう。醬漬けは最初に曲黄を粉砕したものに食塩水を加え，よく攪拌してからカメの底に入れる。次に下漬瓜を曲黄の上に重ね，その瓜の上にさらに曲黄を重ねる。それをカメが一杯になるまで繰り返して漬け込む。漬け込み後12時間後に1度攪拌を行なう。攪拌を行なう時は瓜を板の上に並べ1つ1つ丁寧に揉む。特に頭部の硬い部分は念入りに行ない，瓜から水分が出やすいようにする。その後，再び漬け込むが，その際は別のカメに漬け換える。すなわち，元のカメの上部にあった瓜は別のカメの底部に漬け込み，上下を入れ替えることによって均一に漬かるようにする。さらに24時間後にもう1回攪拌を行なう。このような天地返しによる漬け込みは約1週間繰り返し行なわれる（**写真7-12**）。

(エ) 醬での発酵

下漬瓜は醬漬け工程において食塩の高浸透圧によって瓜の水分が排出される。すなわち瓜の細

写真7-12　カメによる醤漬け

胞から水分が食塩によって奪われる結果，細胞の内圧が低下し瓜の組織は縮小し，表面には縞状の模様が現れる。瓜から排出された水分と野菜成分は曲黄に吸収されるので曲黄は徐々に柔らかくなる。その時期には曲黄中のプロテアーゼとアミラーゼの活動によって発酵が進行するので各種アミノ酸と糖分が生成され，風味が増加する。熟成中は毎日撹拌を行ない，均一に風味が形成されるようにする。熟成が進行すると芳香を持つエステル類が生成される。一方，曲黄も濃厚なものから薄い風味に変化する。このような下漬瓜からの水分と成分の排出，曲黄での水分の吸収や酵素による風味の形成がバランスよく行なわれて製品が完成する。

(オ) 熟　成

これは下漬瓜と醤の浸透圧のバランスが良くなり，風味が形成される過程である。熟成には通常，20日間以上の日数が必要である。揚州醤甜瓜を製造するのに適している季節は夏季である。春秋および冬季には製造しないことから揚州醤甜瓜は季節性の高い漬物といえよう。

(4) **保存管理**

揚州醤甜瓜を製造する時期は夏季であることから変質しやすい。したがって，以下の点に特に注意する必要がある。

(ア) 製造前期に雨に会うと初期の発酵がうまく進行しないことがあるので注意する。

(イ) 雨に会った場合はカメの中から瓜を取り出し，1度干してから食塩を加え再度曲黄の中に漬け込む。そうすることにより表面のカビの発生を防ぎ，腐敗を抑制することができる。

(ウ) カメに蓋をする場合は注意が必要である。蓋をした後は十分空気が流通するように時々換気を行なう。例えば，大雨の後は直ちに蓋を取り換気を行なわないとカメの内部が蒸し暑くなるので漬物の歯切れは悪くなり，品質が低下することになる。

(エ) 下漬瓜を揉みしごく作業（揉念）は揚州醤甜瓜においては重要な作業である。この作業は気温の比較的低い午前中に行なう必要がある。下漬瓜を揉みしごく作業は瓜の内部の水分を均一にする目的で余分な水分を排出させるために行なわれる。そうすることにより下積瓜全体が軟らかくなる。部分的に硬いところは水分が残っていることが多いのでその部分は丁寧に揉みしごき，全体が均一になるようにする。また，揉みしごくことは曲黄に漬け込んだ後，曲黄が発酵して生成された醤が瓜の内部に浸透するのを助けることにもなる。瓜の内部に浸透した後も発酵は進行し，風味が形成されるのである。

(5) **歩留り**

通常，100kgの生の原料瓜からは40kgの揚州醤甜瓜を得ることができる。

(6) **製品の品質基準**

(ア) 官能指標

揚州醤甜瓜はコハク色を呈し，半透明で艶があり，濃厚な醤の香気，エステル香および瓜特有の香気を有する。また，適度な歯切れを持ち，表面はきれいなしわ模様がついているものが良い。

(イ) 理化学指標

水分は60〜65％，食塩濃度は10〜11％，還元糖は18〜20％，総酸は0.8〜1.0％，アミノ態窒素は

0.25～0.35％であるものが望ましいとされている。

31. 揚州醤糖瓜（ウリ甘味噌漬）

揚州醤甜瓜の製造は夏の暑い時期に行なわれることから作業がきつくなる。また，手作業が多く，生産性も低いので消費者の需要に応えることができない。そこで，多量の原料瓜を食塩で下漬けを行なって貯蔵し，必要な時期に醤漬けを行なう方法で製造するようになった。この方法は醤曲に食塩水を加えて発酵させて作った甜面醤（液状の甘味噌）に下漬瓜を漬け込むことによって製造するものである。このような方法で製造されるものを揚州醤糖瓜と称する。この方法は揚州醤甜瓜（醤盆瓜）よりも少ない労力で製造が可能であるとともに生産性も良い。さらに大きな違いは季節を問わず年間を通して製造できることである。

(1) **原料および補助原料**

原料瓜100kg，食塩18kg，甜面醤50kgを用いる。原料瓜の規格は揚州醤甜瓜とほぼ同様である。

(2) **製造工程**

揚州醤糖瓜の製造工程は図7-35に示すとおりである。

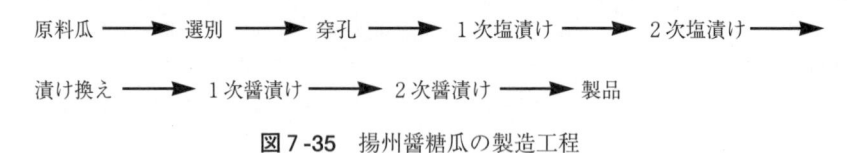

原料瓜 ⟶ 選別 ⟶ 穿孔 ⟶ 1次塩漬け ⟶ 2次塩漬け ⟶

漬け換え ⟶ 1次醤漬け ⟶ 2次醤漬け ⟶ 製品

図7-35 揚州醤糖瓜の製造工程

(3) **加工方法**

(ア) **選別**

規格は揚州醤甜瓜と同様であるのでそれに合うものを選択する。

(イ) **塩漬け**

瓜を塩漬けする方法には2種類ある。1つは瓜全体をそのまま漬け込むもので俗に「桶瓜」という。もう1つは瓜を切ってから漬ける方法で「片瓜」という。この2種類の方法はいずれも双漬法（2度漬けを行なうこと）で瓜を漬け込む。以下，それぞれの方法について紹介する。

(A) **桶瓜塩漬け法**

(a) **穿孔**

生の原料瓜を工場に搬入した後，瓜のヘタを除去してからヘタの場所に竹串あるいは鋼線で孔を開ける。次に瓜全体の表面に3～4cmの間隔で穿孔する。孔の数は瓜1つ当たり10～12個程度で，全体に均等になるように穿孔する。

(b) **1次塩漬け**

100kgの原料瓜に対し，9kgの食塩を用いて塩漬けを行なう。まず最初にカメの底に1層に瓜を並べ，その上に11°Bé程度の食塩水を少量加えてからさらに食塩を用いて塩漬けする。そうすると食塩の溶解を促進させることになるので漬かりも早くなる。その上に1層の瓜を置く。これを繰り返してカメが一杯になるまで漬け込む。食塩は下部では少なめに上部は多めに加える。漬け込みを終えた後，12時間間隔で撹拌を行なうが，その際は別のカメに漬け換える。そのようにすることで上下を均一に撹拌することができる。塩漬け開始後，30～36時間で塩漬瓜をカメから取り出し，竹カゴに積み重ねるように入れ，揚がり塩水を除去し，1次塩漬瓜を得る。

(c) 2次塩漬け

1次塩漬瓜100kg当たり9kg相当の食塩を加え2次塩漬けを行なう。その方法は1次塩漬けと同様である。12時間間隔で撹拌を行ない，2回目の撹拌の後，貯蔵タンクに塩漬瓜をしっかりと押さえながら漬け込み，20°Béの食塩水を十分に加える。塩漬瓜を貯蔵したタンクの表面には食塩を撒き，必要な時期まで保存漬けしておく。

(d) 歩留り

100kgの生原料瓜からは58kgの塩漬桶瓜を得る。これは柔軟で半透明状をしているものが良い。

(B) 片瓜塩漬け法

(a) 整 形

規格に合った原料瓜を選択し，半分に切ってから瓜の中の種子と中子（ワタ）を除去する。

(b) 1次塩漬け

100kgの整形原料瓜に対し，9kgの食塩を用いて塩漬けを行なう。方法は「桶瓜塩漬法」と同様である。

(c) 2次塩漬け

方法は，これも「桶瓜塩漬法」と同様である。

(ウ) 整 形

醬漬けを行なう前に塩漬瓜を約1cm角の賽の目状に裁断する。桶瓜の場合は半分に切ってから種子や規格外のものを除去し，それから賽の目状に裁断する。種子をきれいに除去しないと出来上がった醬糖瓜の風味が低下する。

(エ) 洗浄・脱塩

醬漬けの前に塩漬瓜を清水の中で洗浄，脱塩するが，脱塩時間は通常の塩漬野菜の場合よりも長めに行なう。これは瓜が肉厚であることから，塩分が外に出にくいからである。したがって，脱塩を効率良く行なうためには洗浄，脱塩中はよく撹拌することが大切である。脱塩には通常，約6時間かかる。脱塩後は竹カゴに入れ，揚がり水を除去する。洗浄，脱塩を行なってから布袋に入れ，それらを互いに積み重ねることによって余計な水分を除く。1つの布袋には通常，約12kgの塩漬瓜が入る。

(オ) 1次醬漬け

脱塩後，水分を取り除いた塩漬瓜は2次醬漬けに用いた使用済みの甜面醬の中に漬け込む。漬け込んだ後は毎日1回の割合でカメの中を撹拌し，醬が均一に瓜に行き渡るようにする。4～6日間漬け込みを行なったら瓜をカメから取り出し余分な醬を除く。

(カ) 2次醬漬け

1次醬漬けを終えた瓜は，次に2次醬漬けを行なう。2次醬漬けで用いられる醬は新しく調製した甜面醬である。100kgの下漬瓜に対し同重量の100kgの甜面醬を用いる。

(キ) 熟 成

夏季は1週間，春秋季は10日間，冬季は2週間ほど2次醬漬け中に熟成を行なう。

(4) 歩留り

100kgの下漬瓜（塩漬瓜）からは約80kgの醬糖瓜を得ることができる。

(5) 製品の品質基準

(ア) 官能指標

色合いは黄褐色で醬の香気とエステル香を有し，甘味があって歯切れの優れたものが良い。

(イ) 理化学指標

水分は約70％，食塩濃度は10～12％，還元糖は9％以上，総酸は0.8％以下で，アミノ態窒素は0.18％以上であることが望ましいとされている。

32. 山東糖醤黄瓜（キュウリ甘味噌漬）

(1) 原料および補助原料

秋黄瓜（キュウリ）を原料とするが，色は新鮮な緑色を呈し，大きさの揃ったものを選択する。1kg当たり13～15本程度の大きさのものが加工用に適している。主な原料および補助原料の配合割合は原料費瓜100kgに対し，食塩37kg，甜醤40kg，砂糖8kg，グルタミン酸ナトリウム30g，安息香酸ナトリウム25gである。

(2) 製造工程

山東糖醤黄瓜の製造工程は図7-36に示すとおりである。

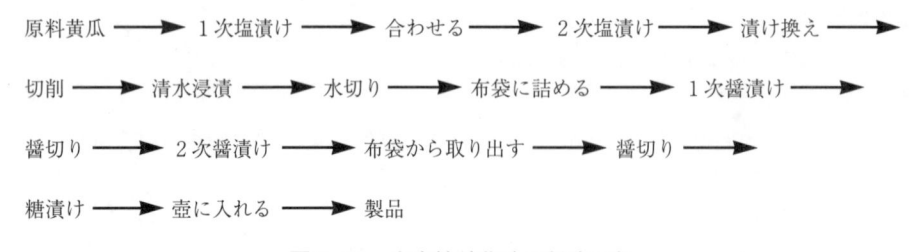

原料黄瓜 ─→ 1次塩漬け ─→ 合わせる ─→ 2次塩漬け ─→ 漬け換え ─→
切削 ─→ 清水浸漬 ─→ 水切り ─→ 布袋に詰める ─→ 1次醤漬け ─→
醤切り ─→ 2次醤漬け ─→ 布袋から取り出す ─→ 醤切り ─→
糖漬け ─→ 壺に入れる ─→ 製品

図7-36 山東糖醤黄瓜の製造工程

(3) 加工方法

(ア) 塩漬け

黄瓜の塩漬けは1次塩漬けおよび2次塩漬けの2回に分けて行なう。1次塩漬けはカメの中に原料瓜を入れてから食塩と少量の食塩水を加えるが，これをカメが一杯になるまで繰り返して漬け込む。1回目の塩漬けに使用する食塩は黄瓜100kgに対して15kgである。漬け込み後4～6時間で水が揚がる。その結果，黄瓜の容積が少し減少するのでカメ2つ分の黄瓜を1つのカメに合わせ，漬け込みを行なう。翌日カメから塩漬黄瓜を取り出し，揚がり塩水を切ってから新しいカメに移し換え，2次塩漬けを行なう。2次塩漬けには食塩12kgを使用する。翌日残った食塩を用いてさらに漬け換えを行なう。その後は4～5日間隔でカメの中を撹拌する。この下漬黄瓜は必要時まで貯蔵される。

(イ) 醤漬け

下漬黄瓜を15～18cmの円柱状に切ってから清水の中に入れ，24時間浸漬することによって脱塩を行なう。脱塩中に2回ほど撹拌を行ない，脱塩の促進をはかる。脱塩後は下漬黄瓜をカメから取り出し，水を切ってから布袋に入れ醤漬けを行なう。醤漬けは2回に分けて行なうのが一般的で，1回目の醤漬けは2回目の醤漬けで使用した甜醤に漬け込む。漬け込み期間は3～4日間で，その間は毎日1回撹拌を行なう。1回目の漬け込みを終了する時は布袋を甜醤から取り出し，それを積み重ねることによって余分な醤を排出させる。2回目の醤漬けは新たに調製した甜醤に漬け込むことによって行なわれる。漬け込み後の3日間は毎日1回布袋を漬け換える（別のカメに移す）ことによって撹拌を行ない，均一に漬かるようにする。3日後からは3日間隔で漬け換えを行なう。このようにして10～12日間漬け込んだ後，布袋から黄瓜を取り出し余分な醤を除いて

から鉢の中に移し，砂糖やグルタミン酸ナトリウムを加えて十分に混合する。この状態で3日間，毎日撹拌を行ないながら味を浸透させる。3日後にそれらを壺に入れて密封し製品とする。製品はその状態で保存することができる。

(4) 製品の品質基準
(ア) 官能指標
色合いは鮮やかな緑褐色で濃厚な醤の香気を有し，甘味と塩味のバランスが取れ，歯切れのあるものが良い。

(イ) 理化学指標
食塩濃度は12～13％，還元糖は15％以上，総酸は1.0％以下で，アミノ態窒素は0.3％以上であることが望ましいとされている。

33. 山東醤包椒（餡入りピーマン味噌漬）

(1) 原料および補助原料
(ア) 原　料
山東醤包椒の原料となる椒（ピーマン）は青緑色を呈し，形状は太くて軟らかく砲弾形をしている。漬物原料としては虫害や亀裂がなく，腐敗の兆候の見られないものを選択する。また，味覚的には甘味があり，辛味がまだ少ない新鮮なピーマンが使用される。

(イ) 補助原料
補助原料として甜醤（液状の甘味噌），刻み醤漬球茎甘藍（コールラビ），刻み醤漬瓜，刻み醤漬萵笋（茎チシャ），刻み醤漬生姜（ショウガ），胡桃（クルミ），落花生，石化菜（オゴノリの類），千切り赤唐辛子，食塩が用いられる。

(2) 原料および補助原料の配合
生ピーマン80kgに対し，上記の補助原料で製造した餡（あん）60kg，甜醤20kg，食塩15kgの配合割合で製造を行なう。

餡の配合は以下の割合で行なう。刻み醤漬球茎甘藍74％，刻み醤漬茎チシャ2％，刻み醤漬瓜2％，刻み醤漬生姜3％，胡桃1％，落花生17％，石化菜0.5％，千切り赤唐辛子2.5％。

(3) 製造工程
山東醤包椒の製造工程は図7-37に示すとおりである。

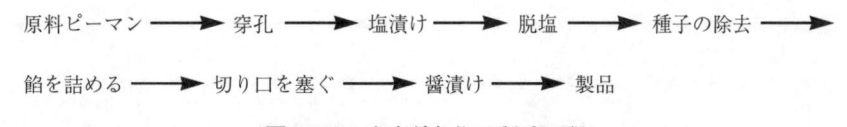

原料ピーマン ⟶ 穿孔 ⟶ 塩漬け ⟶ 脱塩 ⟶ 種子の除去 ⟶
餡を詰める ⟶ 切り口を塞ぐ ⟶ 醤漬け ⟶ 製品

図7-37　山東醤包椒の製造工程

(4) 加工方法
(ア) 塩漬椒（塩漬ピーマン）の製造
竹串を用いて生ピーマンの全体に対して5～6個の孔を開け，加熱した食塩水で2分間ほどブランチングを行ない，水を切った後，カメの中で塩漬けする。100kgのピーマンに対して15kgの食塩を使用する。3日間，毎日1回カメを移し換えることによって撹拌を行ない，その後は4～5日間隔でカメの移し換えを行ない均等に塩漬けされるようにする。3か月経過してから塩漬唐辛子を取り出し，揚がり塩水を切った後，清水中に5時間ほど浸漬する。洗浄・脱塩を終えた塩

漬ピーマンに包丁を入れて種子を取り除き，餡を詰めやすい状態にしておく。なお，この段階でのピーマンの食塩濃度は5～6％である。

(イ) 醤漬け

各種刻み醤漬補助原料（2mm程度の賽の目状に刻んだもの）などを混合撹拌して餡にしてからピーマンの中に詰め込む。ピーマンの切り口は糸で縫って閉じる。次に甜醤の入ったカメの中に漬け込む。始めの3日間は毎日1回撹拌を行ない，その後は3～5日間隔で1日1回の割合で撹拌を行なう。約15日間漬け込むと製品となる。

(5) 製品の品質基準

(ア) 官能指標

製品の色は赤褐色で餡はコハク色を呈しているものが良い。濃厚な醤の香気を持ち，餡はわずかな甘味と塩辛味を有しているものが良い。

(イ) 理化学指標

食塩濃度は8～10％，還元糖は10～12％であるものが望ましいとされている。

34. 山東醤石化菜（オゴノリ類の味噌漬）

(1) 原料および補助原料

(ア) 原 料

山東醤石化菜は石化菜（竜須菜ともいう。オゴノリの類），麒麟菜（キリンサイ），鹿角菜（ツノマタ）などの海産物を利用して製造される漬物である。石化菜には2種類あり，1つは偏平，もう1つは円形である。円形のものは中国での生産量が少ないことから，多くは輸入に頼っている。したがって，多くの山東醤石化菜は偏平のものを使用している。石化菜は柔らかく干されたものが良く，カビの生えていないものを使用する。

(イ) 補助原料

補助原料として醤漬生姜（ショウガ），甜醤などが用いられる。

(2) 原料および補助原料の配合

石化菜100kgに対し，千切り醤漬生姜20kg，甜醤100kgの配合割合で製造を行なう。

(3) 製造工程

山東醤石化菜の製造工程は図7-38に示すとおりである。

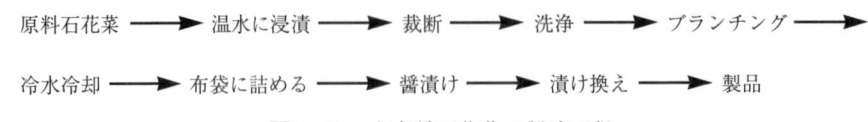

原料石花菜 ⟶ 温水に浸漬 ⟶ 裁断 ⟶ 洗浄 ⟶ ブランチング ⟶ 冷水冷却 ⟶ 布袋に詰める ⟶ 醤漬け ⟶ 漬け換え ⟶ 製品

図7-38 山東醤石化菜の製造工程

(4) 加工方法

(ア) 前処理

干した石化菜を約30℃の温水に24時間ほど浸漬し，石化菜が膨化してから夾雑物，雑草，砕石などを取り除く。次に手で細かく裂いてから清水で洗浄する。洗浄した石化菜は70～80℃の熱水で軽くブランチングしてから直ちに清水で冷却しておく。醤漬生姜は2mm幅で千切りにしておく。

(イ) 醤漬け

冷却しておいた石化菜の水を切ってから千切り醤漬生姜と混合撹拌し，布袋に入れて口をしっ

かり閉めてから甜醬の入ったカメに漬け込む。始めの3日間は毎日1回漬け換えして撹拌を行ない，その後は5〜7日間隔で1日1回撹拌を行なう。10〜15日間漬け込むと製品となる。

(5) 製品の品質基準

(ア) 官能指標

製品の色はコハク色を呈し，塩辛味と甘味のバランスが良く，歯切れがあり，醬の香気が良好なものが良い。

(イ) 理化学指標

食塩濃度は6〜8％，還元糖は14％以上，アミノ態窒素は0.2％以上，総酸は1％以下であるものが望ましいとされている。

(6) 注意点

(ア) 夏季など気温が高い時期に石化菜を醬漬けする場合は布袋に入れた後，8°Béの食塩水に2分間ほど浸漬してから漬け込むのが良い。

(イ) 布袋に入れて醬漬けする際，布袋には3〜3.5kgの石化菜を入れるのが良い。

35. 山東醬三仁

山東醬三仁は落花生，杏仁（きょうにん），胡桃（クルミ）の3種類の種子（仁）を原料とするので醬三仁という。

(1) 原料および補助原料

(ア) 原 料

主原料の落花生は粒が豊満で虫害がなく，カビの生えていないものを選択する。

杏仁は杏（アンズ）の種子である。杏仁には甘味のあるものと苦味のあるものの2種類がある。甘味のある杏仁（甜杏仁）は直接食べることができるが，苦味のある杏仁（苦杏仁）はアルカロイドを含むことから直接食べることはできない。しかし，アルカロイドを除去すれば食べることができる。漬物加工用の杏仁は粒が大きく，充実しており，大きさの揃ったものを選択する。なお，カビの生えたものや虫害のあるものは避ける。加工用の場合には甜杏仁，苦杏仁ともに使用できる。

胡桃は中国全土で広く栽培されている果実で，胡桃の食用部分を胡桃仁という。加工用にはカビの生えていないものを選択する。

(イ) 補助原料

補助原料としては食塩，甜醬などが用いられる。

(2) 原料および補助原料の配合

落花生60kgに対し，杏仁20kg，胡桃仁20kg，食塩15kg，甜醬100kgの配合割合で製造を行なう。

(3) 製造工程

山東醬三仁の製造工程は図7-39に示すとおりである。

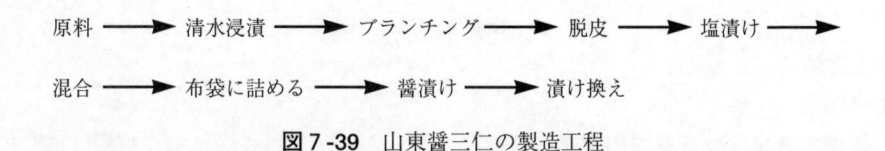

原料 ⟶ 清水浸漬 ⟶ ブランチング ⟶ 脱皮 ⟶ 塩漬け ⟶

混合 ⟶ 布袋に詰める ⟶ 醬漬け ⟶ 漬け換え

図7-39 山東醬三仁の製造工程

(4) 加工方法

規格に合った落花生，杏仁，胡桃仁をそれぞれ清水に浸漬して膨潤させ，その後，沸騰水で短時間ブランチングを行なう。ブランチング後は直ちに清水で冷却し，外皮を除去してからさらに4～6時間浸漬を行なう。浸漬後，表面の水を切り，配合割合に合わせて混合してから布袋に入れ，甜醤の入ったカメに漬け込む。漬け込んだ後は毎日1回撹拌を行ない，20日ほど経過すると製品が完成する。

(5) 製品の品質基準
(ア) 官能指標

製品の色はコハク色を呈し，透明感があり，光沢を有するものが良い。口当たりが良く，濃厚な醤の香気とそれぞれの果仁が持つ特有の香気を持っているものが良いとされている。

(イ) 理化学指標

食塩濃度は10～12％，還元糖は6～8％，アミノ態窒素は0.3％以上，総酸は1％以下であるものが望ましいとされている。

36. 山東醤包瓜（餡入りウリ味噌漬）

山東省の醤包瓜は明朝年間に創始された古い歴史を有する漬物で，貢ぎ物として朝廷に献上されたという記録がある。中国各地で販売されているが，日本，朝鮮，東南アジアなどの諸外国にも輸出されている。山東醤包瓜は軟らかい皮を持つ瓜を用い，その中に各種醤菜，果料（青梅，松の実，西瓜の種，干蘿蔔など），砂糖および胡麻油を混合したもの（餡）を詰めた漬物である。

(1) 原料および補助原料

山東醤包瓜の原料として使われる包瓜は香瓜，馬鈴瓜，果瓜，甘瓜とも言い，ウリ科に属する一年生つる性草本植物で，漬物として使われる所は果肉の部分である。

補助原料として塩漬萵笋（茎チシャ），塩漬茎藍（コールラビ），塩漬生姜（ショウガ），塩漬落花生，塩漬杏仁，塩漬胡桃（クルミ），生の蜜柑の皮あるいは陳皮，氷砂糖，青千切（青梅の千切り），赤千切（山査子の千切り），桂花醤，料酒（調味用の酒），胡麻油，食塩（海塩），甜面醤などを使う。

一般的な配合は塩漬包瓜皮50kg（約500個），刻み塩漬茎藍22kg，刻み塩漬茎チシャ10kg，塩漬落花生20kg，塩漬杏仁3kg，塩漬胡桃3kg，塩漬生姜千切り2kg，蜜柑皮千切り0.5kg，氷砂糖2kg，青千切0.5kg，赤千切0.5kg，桂花醤1kg，胡麻油0.5kg，料酒1kg，甜面醤100kgである。

(2) 製造工程

山東醤包瓜の製造工程は図7-40に示すとおりである。

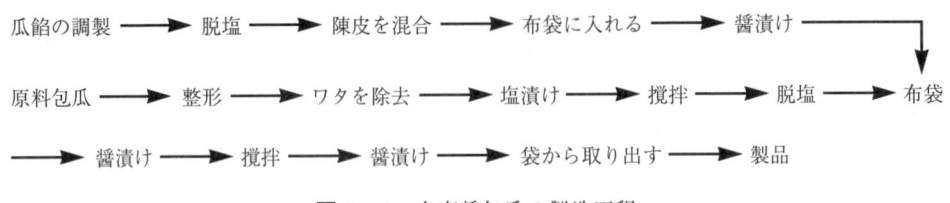

瓜餡の調製 → 脱塩 → 陳皮を混合 → 布袋に入れる → 醤漬け

原料包瓜 → 整形 → ワタを除去 → 塩漬け → 撹拌 → 脱塩 → 布袋

→ 醤漬け → 撹拌 → 醤漬け → 袋から取り出す → 製品

図7-40　山東醤包瓜の製造工程

(3) 加工方法
(ア) 選別

原料に使用する包瓜は新鮮で円形をしており，軟らかく，皮は青緑色で6割程度熟しているものが良い。また，損傷部分や虫害のあるもの，奇形のものは避ける。1kg当たり6～8個程度の

大きさが丁度良く，直径は6～7cmのものを選択する。収穫時期は小暑の頃（7月初め）が適している。

(イ) 原料処理

原料包瓜のヘタの部分を六角包丁で切り，開けた部分からサジを入れ，瓜の種や中子（ワタ）を全て取り出しておく。

(ウ) 塩漬け

細かく砕いた食塩を包瓜皮の中に入れ（100個の瓜に対し，約4kgの割合で食塩を使用する），次に切り取った瓜のヘタの部分も瓜の中に入れる。その作業が終わったら，瓜の切り口を上に向けてそれぞれカメの中に順に漬け込む。翌日，撹拌しながら食塩水を注入する。1～2日後，包瓜皮を取り出し，2度目の塩漬け（100個の瓜に対し，約3.5kgの食塩を使用する）を行なうが，1度目の塩漬けと同様，瓜の切り口を上に向けてカメの中に丁寧に漬け込む。2～3日後にカメの中を撹拌し，食塩濃度が22°Béとなるように食塩水を調整し，塩漬けにしておく。出来上がったものは塩漬包瓜皮となる。

(エ) 補助原料の整形

補助原料の整形および調製は以下のように行なう。

塩漬茎藍：幅3～4mmの短冊切り。

塩漬茎チシャ：幅3～4mmの短冊切り。

蜜柑皮：洗浄後，2mm幅に千切り。

落花生：熱湯に浸けてから脱皮し，特異臭を除いてから塩漬けを行なう。

胡桃：熱湯に浸けてから塩漬けを行ない，幅2mmに切る。

杏仁：熱湯に浸けてから脱皮し，清水で苦味を除去した後，塩漬けする。

氷砂糖：砕いて細かくしておく。

(オ) 醤漬け

整形した補助原料を清水につけて脱塩を行なう。塩漬包瓜皮は同様に清水に漬けて脱塩を行なうが，3～4時間清水に漬けてから1度カメの中で撹拌する。翌日，新しい清水に取り替えてさらに1日脱塩を行なう。脱塩した包瓜皮を取り出し，瓜の切り口を下に向けて竹板の上に置き，水切りを行なう。脱塩を終えた包瓜皮および補助原料はそれぞれ別々の布袋に入れてから醤漬けを行なう。醤漬けは約20日間行なうが，その間は毎日1回天地返しを行ない，均等に漬かるようにする。醤漬け終了後，布袋を開け，材料を取り出して余分な醤を切り，桂花醤，青千切，赤千切，胡麻油，落花生，胡桃，杏仁，料酒と混合して餡を作る。それを醤漬包瓜皮の中に指でしっかりと詰め込み，それぞれの瓜の中に少量の氷砂糖を入れ，隙間が出ないようにしっかりと押さえてからヘタの部分に蓋をして糸で縫って切り口を閉じる。蓋を閉じた包瓜皮は甜面醤を入れたカメに漬け込む。漬け込みを約20日間行なうと熟成するが，その間，カメの中を毎日1～2回まぐわを用いてよく撹拌する。

(4) 製品の品質基準

(ア) 官能指標

山東醤包瓜は皮の色は濃褐色，餡は黄色を呈して光沢と透明感があり，歯切れが良く，塩味と甘味のバランスが取れ，醤の香気とエステル香に優れているものが良い。

(イ) 理化学指標

食塩濃度は12～15%，還元糖は15%以上，総酸1.0%以下，アミノ態窒素は0.5%以上であるもの

第7章 醤漬菜（味噌漬）

が望ましいとされている。

(5) 注意事項

(ア) 本製品は季節性の強い製品で一定の時期に多く製造される。露天で製造されることが多いので日に曝される時間が長過ぎると製品の色が暗くなる傾向があるので注意する。

(イ) 夏は暑くなることが多いので果料（落花生，胡桃，杏仁）の脱皮後の塩漬けは12°Béの食塩水で4時間程度行なえばよい。長過ぎると品質が低下する。

(ウ) 原料の生包瓜を塩漬けする際，瓜の中に食塩を入れて漬けるが，そうすることにより歯切れが良く，新鮮な緑色を保つことができ，歩留りも良くなる。

37. 山東醤藕（レンコン味噌漬）

山東醤藕は水晶蓮根ともいう。この製品は清朝年間に製造が始まったものといわれており，200年の歴史を有している。

(1) 原料および補助原料

原料となる蓮根（藕）には赤蓮根と白蓮根の2種類がある。赤蓮根は細長く，質はやや劣る。白蓮根は質が良く，表皮は白くて柔らかい。また，成長する時期，長さなどによって早生の浅水蓮根と晩生の深水蓮根に分けられる。浅水蓮根には幸城種，小粗脖子（小さくて太首），小江刺などがあり，深水蓮根には大臥龍，瓦壠江蓮根，錦蓮根などがある。醤漬蓮根には白蓮根の中節のものが適している。一般的に処暑から秋分（8～9月）にかけて収穫される白蓮根は色は白く，柔らかくて歯切れの良いものが得られる。直径は6cm以上のものが漬物に適している。

補助原料として食塩，甜面醤が使用される。配合は原料蓮根100kgに対し，食塩6kg，甜面醤100kgが使用される。

(2) 製造工程

山東醤藕の製造工程は図7-41に示すとおりである。

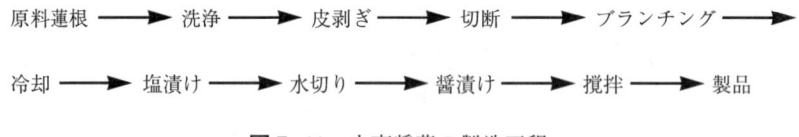

原料蓮根 → 洗浄 → 皮剥ぎ → 切断 → ブランチング →

冷却 → 塩漬け → 水切り → 醤漬け → 撹拌 → 製品

図7-41 山東醤藕の製造工程

(3) 加工方法

蓮根を洗浄してから清水の中で竹包丁で表皮を削る。2mm幅で輪切りにし，それを湯の中に入れて撹拌する。蓮根特有の臭いがなくなったら冷水の中に入れて冷却し，冷却後は10°Béの食塩水に2時間ほど浸漬する。次に蓮根を取り出し，塩水を切ってからカメの中で醤漬けを行なう。毎日2回まぐわで撹拌し，15日間醤漬けを行なうと製品となる。

(4) 製品の品質基準

(ア) 官能指標

色合いは金色で光沢があり，歯切れが良く，濃厚な醤の香気を有し，甘味と塩味のバランスが取れているものが良い。また，蓮根特有のあっさりとした香気を有するものが良い。

(イ) 理化学指標

食塩濃度は10～12%，還元糖は25%以上，総酸は1.0%以下，アミノ態窒素は0.5%以上であるこ

とが望ましいとされている。

38. 山東醬磨茄（ナス味噌漬）

山東醬磨茄は山東省の伝統的な食品の1つとして知られている。明の時代の中期に創始されたと言われていることから，すでに400年の歴史を有していることになる。山東醬磨茄は独特の製法と風味を持っており，中国の漬物の中では珍品の1つとなっている。

(1) 原料および補助原料

主原料として使われる茄子（ナス）の品種は大紅艶円茄あるいは五星円茄である。形が丸くて表皮は薄く，色は黒紫色のものが適しており，直径が5～7cm，大きさは1kgで12～15個のものを選択する。虫害や傷のあるものは避ける。甜面醬はよく熟成した金色を呈するものを使用する。原料茄子100kgに対し，食塩7kg，甜面醬150kgの割合で製造する。

(2) 製造工程

山東醬磨茄の製造工程は図7-42に示すとおりである。

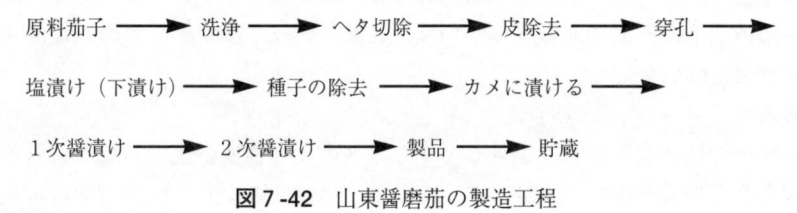

原料茄子 ⟶ 洗浄 ⟶ ヘタ切除 ⟶ 皮除去 ⟶ 穿孔 ⟶

塩漬け（下漬け）⟶ 種子の除去 ⟶ カメに漬ける ⟶

1次醬漬け ⟶ 2次醬漬け ⟶ 製品 ⟶ 貯蔵

図7-42　山東醬磨茄の製造工程

(3) 加工方法

(ア) 原料茄子の洗浄

茄子は栽培過程で泥土，埃，農薬などの汚染を表皮に受ける。これらは製品に影響を及ぼすので収穫後，工場に搬入する際には十分に洗浄することが必要である。洗浄が遅れると茄子の水分が失われ，表皮がしなびて製造工程に支障を来たすことになる。具体的には工場に搬入された原料茄子をきれいな清水の入った容器に入れ，短時間（通常1時間程度）浸漬してから棒で撹拌し，互いにこすり合わせることによって泥土や夾雑物を洗い流してから再び清水に1時間ほど浸漬する。清水に浸漬する際は直射日光を避け，水温の上昇を防ぐことが大切である。

(イ) ヘタの切除

ヘタを切除する目的は，次の工程で行なわれる表皮をこすり取る作業や種子の除去を容易にするとともに，形状を整えるためである。なお，茄子は変色しやすいので包丁は鉄製のものを避け，ステンレス製のものを使用する。

(ウ) 削皮（皮除去）

ヘタを切除した茄子を清水から取り出し，表皮をこすり取る作業を行なう。削皮する機械に入れて黒紫色をした表皮の部分をこすり取る。作業中は絶えず茄子を清水に浸漬しながら行なうことが大切である。そうしないと茄子が空気中の酸素と接触し，削り取られて白くなった表面が変色し，黒くなってしまうからである。変色すると製品にも悪影響を及ぼすことになる。また，表皮だけを除去し果肉の部分はできるだけ傷を付けないようにする。

削皮の機械設備がない所ではこの作業は手で行なわれる。作業方法は未使用の赤レンガ（建築用のもの）を清水の中に短時間浸したものを用い，手で茄子を持ち，それを水に浸した赤レンガの表面で回転させながら表皮をこすり取る方法である。作業中は機械を利用する場合と同様，終

始，清水に浸漬しながら，すばやく作業を行ない，こすり取られて白くなった表面を変色させないようにする。削皮作業で清水は黒灰色となりやすいので，新しい水と随時交換する必要がある。それは半製品の茄子の表面を白く保たせるためである。

(エ) 穿　孔

削皮を終えた茄子を清水から取り出し，直ちに直径0.3mmの竹串で茄子のヘタを除去した平らな部分に5～7個の小孔を開けるが，その深さは茄子の3/4の所まで刺す。浅すぎると茄子の種子を取り除くことが困難となり，逆に深すぎた場合は茄子が裂けてしまうことがある。穿孔を終えた茄子は直ちに清水に浸漬し，変色を防ぐ。

(オ) 塩漬け

削皮し，穿孔を終えた茄子を容器の底に1層になるように並べ，次に食塩を重ね，これを繰り返して漬け込む。20時間ほど漬けると茄子は収縮し，軟らかくなる。100kgの原料茄子に対し，7kgの食塩を使用する。

(カ) 種子の除去

塩漬け後，茄子を取り出し，手で塩漬茄子の一方の端からもう一方の端へ適度に力を入れてしごきながら，塩漬茄子の内部にある柔らかい種子と液汁を絞り出す。この際，塩漬茄子を傷つけないように注意深く行なう。

(キ) 1次醤漬け

種子を取り除いた塩漬茄子の重さを量ってからカメの1/3程度のところまで入れる。次に2次醤漬けで使用した甜面醤を用い，カメの2/3のところまで注ぎ入れる。24時間漬け込んだ後，茄子を取り出し，表面に付着している醤を除いてから別に用意したカメに入れ，新しく調製した甜面醤を2/3のところまで入れて2次醤漬けを行なう。

1次醤漬けの目的は，半製品の塩漬茄子に含まれている塩水を除くとともに茄子特有の不快臭を除去し，製品の品質を高めることにある。

(ク) 2次醤漬け

2次醤漬けを開始した直後にまぐわを使って茄子を撹拌し，茄子が醤に均一に漬かるようにする。撹拌は毎日午前と午後の2回行なうが，まぐわをカメの底まで入れてゆっくり撹拌し，カメの中全体が均一となるようにする。なお，茄子が醤の表面から外部に出ていると酸化され品質が低下することになるので，茄子は醤の中に押し込むようにして漬け，表面には出さないようにすることが大切である。

(ケ) 保　存

2次醤漬けを約80日間行なうと製品が完成する。完成した製品は保存することになるが，保存法には2つの方法がある。1つは2次醤漬けのまま保存する方法で，甜面醤をカメの上部まで一杯に詰めてから，その後プラスチック製シートで覆い，封をした後，光を避けて保存する。もう1つの方法は製品を取り出し，別の新しいカメに入れ直し，カメに振動を与えて内部の空気を押し出してからプラスチック製シートでカメの口を密封し，冷暗所で保存するものである。

(4) 製品の品質基準

(ア) 官能指標

色合いは淡黄赤色で光沢があり，表面は透明感がある。香気はエステル香と濃厚な醤の香気と茄子特有の香りを有しているものが良い。また，味覚はあっさりとしており，鮮度があり，醤の味が濃厚で適度な塩味を持つものが良い。形状は偏円形で裂け目がなく，歯切れが良く，夾雑物

がないものが良い。
　(イ)　理化学指標
　食塩濃度は9～10％，還元糖は10％以上，アミノ態窒素は0.6％以上であることが望ましいとされている。
　(5)　歩留り
　100kgの生の原料茄子からは80kgの醤漬茄子を得ることができる。

39.　杞県醤紅蘿蔔（ニンジン味噌漬）

　河南省にある杞県は中国の古代国家である杞国のかつての首都である。現在の杞県の漬物工場の前身は明徳堂莫家醤園で1815年に創業されていることから，すでに180年余の歴史を有していることになる。莫家の漬物の生産技術は古くから代々伝えられてきたもので各地にその名声が響き渡っている。莫家の第7代の孫である莫培堂は現在の漬物工場の責任者として活躍している。

　杞県の醤紅蘿蔔は品質が優れていることで知られている。色，香り，味のバランスがとれており，1933年には全国鉄道沿線商品展覧会において賞を獲得した。また，1972年，田中角栄が中国を訪問した際に杞県の醤紅蘿蔔を要望したという話がある。

　現在，杞県漬物工場の龍亭牌の醤紅蘿蔔の製造技術は莫家園の伝統的な製造技術を基礎として現代の技術を結び付けたものである。したがって，製品の質は高い。

　(1)　原料および補助原料
　(ア)　原料紅蘿蔔（人参）
　杞県の醤紅蘿蔔は特定の品種を使用し，特定の栽培法によって生産されている。人参はセリ科に属する一，二年生草本植物で食用部分は根部である。漬物に使われている人参は糖分が多く，ビタミンA，カルシウム，リン，鉄などのミネラル類も多く含んでいる。原料人参は杞県の坡呉村で栽培・生産されている。耕地面積の約1/8は人参の栽培に使われている。表皮は紅色で黄心がなく，歯切れが良く，また，組織は比較的軟らかいのが特徴である。長さは12cm，直径は3cm前後のものが適している。形状は円柱形で皮部と木質部との体積比は約9：1で，重量比は大体7：1程度のものが良い。

　このような規格の人参を栽培するためには小麦との輪作が適している。毎年，7月中・下旬に播種し，11月に収穫する。密植が良く，1畝（6.6アール）当たりの苗の数は約4万株である。元肥を十分に施肥すれば追肥する必要はない。密植する理由は根が太くなり過ぎるのと，ひげ根の発生を防ぐためである。1畝当たりの生産量は3000～4000kgで，この中で加工の規格に合うのは40～50％である。

　(イ)　甜面醤
　醤紅蘿蔔で使われる甜面醤は醤黄瓜（キュウリ）や醤瓜に用いた甜面醤を使用する。
　(ウ)　食　塩
　食塩は大塩と小塩を配合して使う。大塩とは海塩のことで，小塩とはアルカリ性土壌から得られる硝酸塩を含む塩類である。したがって，人参の紅色をさらに美しくする作用を持つ。なお，小塩は2～3時間炒めてから使うのが一般的である。
　(エ)　醤汁（液）
　醤汁に砂糖，グルタミン酸ナトリウムを加えて調味を行ない，それを濾過したものを使用する。

(2) 原料および補助原料の配合

生の人参100kgに対し，食塩8 kg（大塩70％，小塩30％），甜面醤70kgの割合で使用する。

(3) 製造工程

杞県醤紅蘿蔔の製造工程は図7-43に示すとおりである。

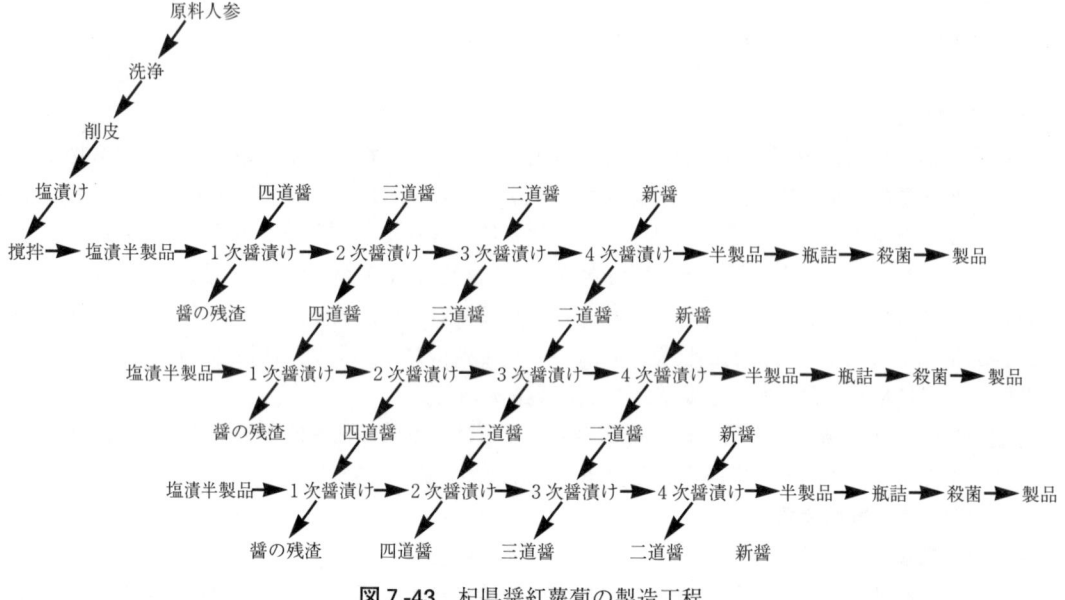

```
                    原料人参
                      ↓
                     洗浄
                      ↓
                     削皮
                      ↓
   塩漬け        四道醤    三道醤    二道醤    新醤
    ↓            ↓        ↓        ↓        ↓
  撹拌→塩漬半製品→1次醤漬け→2次醤漬け→3次醤漬け→4次醤漬け→半製品→瓶詰→殺菌→製品
                 醤の残渣    四道醤    三道醤    二道醤    新醤
                   ↓        ↓        ↓        ↓        ↓
            塩漬半製品→1次醤漬け→2次醤漬け→3次醤漬け→4次醤漬け→半製品→瓶詰→殺菌→製品
                       醤の残渣    四道醤    三道醤    二道醤    新醤
                         ↓        ↓        ↓        ↓        ↓
              塩漬半製品→1次醤漬け→2次醤漬け→3次醤漬け→4次醤漬け→半製品→瓶詰→殺菌→製品
                         ↓        ↓        ↓        ↓        ↓
                       醤の残渣    四道醤    三道醤    二道醤    新醤
```

図7-43 杞県醤紅蘿蔔の製造工程

(4) 加工方法

(ア) 選択および整形

上記の規格に合ったものを選択してから清水で洗浄する。洗浄後，両端を切り，長さを8～9cmに揃え，切り落とした両端部分は別に処理する。人参は人手あるいは機械で表皮を削り，円柱状に形を整える。

(イ) 塩漬け

表皮を削った後は直ちに塩漬けを行なう。塩の使用量は8％である。カメの底に人参を1層に並べ，その上に塩を撒き，さらにその上に人参を並べる。これを繰り返してカメに一杯になるように漬け込む。塩は下部は少なめに上部には多めに使う。12時間後に別のカメに漬け換え天地返しを行ない，揚がり塩水を加える。さらに12時間後，再度漬け換えを行なうが，方法は1回目の漬け換えと同様である。その後，24時間塩漬けを行なうが，その間に2～3回カメの中の塩漬人参を撹拌し，均等に漬かるようにする。100kgの生人参原料からは70kgの下漬（塩漬）人参ができる。

(ウ) 醤漬け

醤漬けは4回に分けて行なうのがこの漬物の特徴である。始めの3回は乏醤（1度漬け込みに使用した甜面醤）を使い，最後の1回（4回目）は以前に醤漬けに使用した甜面醤を用いて漬け込む。1回目の醤漬けに使用した甜面醤は二道醤，2回目の醤漬けに用いた甜面醤は三道醤，3回目の醤漬けに用いた甜面醤は四道醤と呼ばれる。

a) 1次醤漬け

下漬（塩漬）人参を4回に渡って醤漬けを行なうが，それぞれ100kgの下漬人参に対し，50kgの乏醤を使用する。1回目はカメの底に下漬人参を1層に並べ，その上に乏醤を入れ，それを繰り

返して漬け込む。毎日1回攪拌を行ない，均一になるようにする。1次醤漬けは約10日間行なう。2次醤漬けに移し換える際には人参に付着している醤をかき落とす。

　b）2次醤漬け

　1次醤漬けを終えた人参を三道醤に漬け込む。配合も漬け方も1次醤漬けと同じである。漬け込み期間は13〜15日間である。

　c）3次醤漬け

　2次醤漬けを終えた人参を二道醤に漬ける。漬け方は2次醤漬けと同じで，漬け込み期間は16〜20日間である。

　d）4次醤漬け

　3次醤漬けを終えた人参を取り出し，付着している醤を取り除く。残って付着している醤を醤汁を用いて洗うようにして取り除く。次に布袋に人参を入れて口を縛り，新しい甜面醤の入ったカメの中に漬け込む。100kgの醤漬人参に対し，80〜100kgの新しい甜面醤を使う。2〜3日後に1回，袋を攪拌する。15日間漬け込むことで完成するが，そのまま保存すれば翌年の4〜5月までは十分に保存できる。

　(エ) 包装（瓶詰め）殺菌

　容量450mLのねじ口ガラス瓶の中に250gの製品を入れ，その後，醤汁，砂糖，グルタミン酸ナトリウムで調製した200mLの調味液を加える。次に常法に従って蒸気で加熱し，排気してから加熱殺菌を行なう。加熱殺菌した瓶詰製品は長期間にわたって保存することができる。

　(5) 製品の品質基準

　(ア) 官能指標

　大きさがそろっており，歯切れの優れたものが良い。塩味と甘味のバランスが取れており，濃厚な醤の香気とエステル香がするものが良い。

　(イ) 理化学指標

　水分は67％以下，食塩濃度は8〜9％，還元糖は12〜13％，総酸は0.8％以下，アミノ態窒素は0.26％以上であるものが望ましいとされている。

　(6) 注意事項

　(ア) 皮を剥く際は全てきれいに取り除くことが大切である。残っているとその部分が黒い斑点状になる。

　(イ) 醤の質が異なるとそれに応じて醤漬けの期間を調整することが必要である。また，気温によっても期間を調整する。

　(ウ) 原料の人参を保管しておく場合は50cm以上積み重ねないようにする。そうしないと変質することがあり，製品になった時に黒斑点状のものを生じる場合がある。

40. 商丘醤胡芹（セロリ味噌漬）

　芹菜（セロリ）は中国ではごく一般的な野菜の1つである。通常，妙めたり煮たりするなど調理して食べる。河南省南丘で栽培されている芹菜は薬味があり，胡芹と呼ばれている。別名を「小花葉」という。この胡芹は，根は小さくて葉は大きいのが特徴で，茎が太く1株の高さは1mに達する。一つの重さは約400gで，これを用いて製造される商丘醤胡芹は予東地区（河南地域を指す）の伝統的な漬物の1つになっている。

第7章 醤漬菜（味噌漬）

(1) 原料および補助原料

(ア) 原　料

商丘醤胡芹の原料は胡芹で，茎は軟らかくて太い物を使用する。裂け目がなく，折れていないものを使う。

(イ) 補助原料

補助原料として食塩，甜面醤などが用いられる。

(2) 原料および補助原料の配合

胡芹100kgに対し，食塩12kg，甜面醤100kgの配合割合で製造を行なう。製品としては65kgになる。

(3) 製造工程

商丘醤胡芹の製造工程は図7-44に示すとおりである。

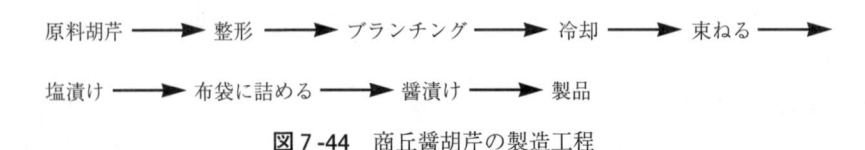

原料胡芹 ⟶ 整形 ⟶ ブランチング ⟶ 冷却 ⟶ 束ねる ⟶

塩漬け ⟶ 布袋に詰める ⟶ 醤漬け ⟶ 製品

図7-44　商丘醤胡芹の製造工程

(4) 加工方法

(ア) 原料の調整形

葉および根とひげ根を取り除き，根茎の太さによって根部を十字あるいは井の字形に切る。

(イ) ブランチング

原料の胡芹を整形した後，90℃の熱湯あるいは蒸気中で1～2分間ブランチングした後，急速に冷却する。ブランチングする理由は胡芹の色を安定化させ，一部の苦味成分を除去するためである。

(ウ) 塩漬け

冷却した原料を2～3kgずつ束にして縛ってから，カメの中に丁寧に1層となるように入れ，その上に食塩を撒く。これを交互に繰り返してカメが一杯になるまで漬け込む。翌日カメを撹拌して均一化を図る。その後は毎日1回撹拌を行なう。7～8日間漬け込むと下漬（塩漬）胡芹が出来る。

(エ) 醤漬け

塩漬胡芹をカメから取り出し，余分な塩水を切ってから束ごと布袋に入れ，甜面醤と合わせてカメに漬け込む。塩漬胡芹1kgに対し1kgの甜面醤を使用する。1日1回の割合で毎日撹拌を行なう。醤漬けを30日間行なうと熟成して製品が完成する。保存する場合は布袋で甜面醤に漬け込まれた状態で行なう。

(5) 製品の品質基準

(ア) 官能指標

製品の色は濃緑色を呈し，光沢があって明るく，醤の香気と胡芹特有の香りを有しているものが良い。

(イ) 理化学指標

食塩濃度は約12％，水分は75％以下，還元糖は10％以上であるものが望ましいとされている。

41. 商丘醤虎瓜

(1) 原料および補助原料

商丘醤虎瓜は商丘地方独特の漬物で，高粱（コーリャン）あるいは玉蜀黍（トウモロコシ）の側根芽（虎根芽ともいう）を原料として用いる。一般的には6月頃，高粱や玉蜀黍の苗を間引く時に側根芽を収穫する。商丘醤虎瓜は特殊な漬物で，注文を受けて加工されることから生産量は少ない。

新鮮で柔らかい高粱あるいは玉蜀黍の側根芽100kgに対し，8〜10°Béの食塩水，甜面醤100kgを用いる。製品は50〜60kgになる。

(2) 製造工程

商丘醤虎瓜の製造工程は図7-45に示すとおりである。

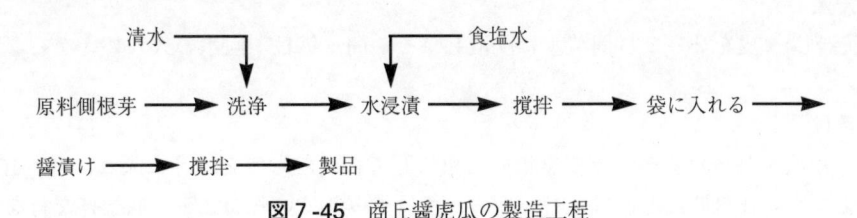

```
                    清水         食塩水
                     ↓            ↓
原料側根芽 → 洗浄 → 水浸漬 → 撹拌 → 袋に入れる →
醤漬け → 撹拌 → 製品
```

図7-45 商丘醤虎瓜の製造工程

(3) 加工方法

(ア) 洗　浄

高粱，玉蜀黍の側根芽を清水で洗浄する。

(イ) 浸　漬

8〜10°Béの食塩水に側根芽を浸漬する。側根芽をしっかりと押し，カメの口は蓋をして6〜8日間漬け込む。

(ウ) 醤漬け

浸漬した後，揚がり塩水を除き，虎瓜を布袋に入れ，醤に漬ける。醤への漬け込みは未使用の甜面醤と1度用いた甜面醤を3：7に混合したものを用いる。漬け込み期間は30日間であるが，この間に2〜3回カメの内部を撹拌し，製品が完成する。

(4) 製品の品質基準

(ア) 官能指標

高丘醤虎瓜の色は金色で歯切れが良く，醤の香気に優れているものが良い。

(イ) 理化学指標

食塩濃度は10%，水分は70%以下，糖分は10%以上であるものが望ましいとされている。

42. 商丘醤虎皮菜（茎チシャ皮の味噌漬）

新鮮な萵笋（茎チシャ）の茎の外皮は薄くて液汁が多いので加工，漬物に適しており，これを原料として漬けられたものが商丘醤虎皮菜である。

(1) 原料および補助原料

原料は新鮮な茎チシャの茎皮の部分を用いる。茎チシャは太くて虫害や損傷部分のないものを選択する。補助原料としては食塩水，甜面醤を使用する。配合は原料となる茎チシャ皮100kgに対し，食塩水は8〜10°Bé甜面醤100kgを使用する。最終製品は70〜80kgとなる。

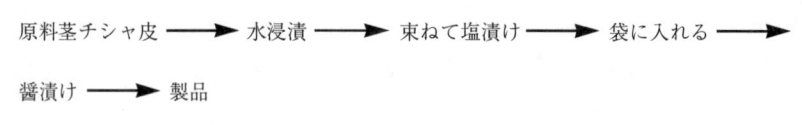

(2) 製造工程

商丘醬虎皮菜の製造工程は図7-46に示すとおりである。

原料茎チシャ皮 ⟶ 水浸漬 ⟶ 束ねて塩漬け ⟶ 袋に入れる ⟶ 醤漬け ⟶ 製品

図7-46　商丘醤虎皮菜の製造工程

(3) 加工方法

(ア) 剥皮

新鮮な茎チシャを選択し，茎の部分から外皮を竹包丁を用いて剥皮する。

(イ) 水浸漬

剥いだ茎チシャ皮を2～3日間清水に浸漬し，その間，毎日1回水の入れ替えを行ない，苦味を除去する。

(ウ) 塩漬け

清水での浸漬を終えた茎チシャ皮を集めて束にして縛ったものをカメに入れ，8～10°Béの食塩水を加えてから10日間ほど漬け込む。なお，漬け込みしている間2～3回撹拌を行ない，均一化を図る。

(エ) 醤漬け

塩漬けした茎チシャをカメから取り出し，布袋に入れてから，醤を入れたカメに漬け込む。醤への漬け込みは，未使用の甜面醤と1度用いた甜面醤を3：7に混合したものを用いる。漬け込み後は4～5日目ごとに撹拌を行ない，30日間漬け込むと製品が完成する。

(4) 製品の品質基準

(ア) 官能指標

色合いは赤褐色で斑紋があり，透明感があって歯切れが良く，甘味と塩味のバランスが取れているものが良い。また，醤の香りとチシャ特有の風味を有するものが良い。

(イ) 理化学指標

食塩濃度は約12％，水分は75％以下，糖分は10％以上であることが望ましい。

43. 商丘醤麒麟菜

(1) 原料および補助原料

主原料として使われる攪瓜（カボチャのような味のする瓜で長形をしている）は笋瓜のように淡黄白色である。原料の攪瓜はブランチングを行なってから千切りにし，調味料を加える。攪瓜は1個当たりの重量が0.5kg以上のものを選択する。

また，攪瓜の両端の太さが同じものを選ぶことが望ましい。補助原料として食塩水と甜面醤を使用する。

なお，配合は新鮮な攪瓜100kgに対し，8～10°Béの食塩水と100kgの甜面醤を使用する。製品は60～65kgとなる。

(2) 製造工程

商丘醤麒麟菜の製造工程は図7-47に示すとおりである。

第 5 節　各地の醤曲醗菜

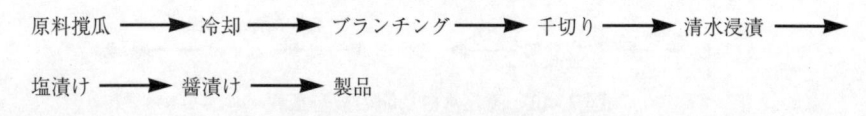

原料攪瓜 ⟶ 冷却 ⟶ ブランチング ⟶ 千切り ⟶ 清水浸漬 ⟶

塩漬け ⟶ 醤漬け ⟶ 製品

図 7-47　商丘醤麒麟菜の製造工程

(3) 加工方法

(ア) 原料攪瓜の冷却およびブランチング

　新鮮な攪瓜を工場に搬入後，一晩屋外に置き外気で冷却する。翌日，カメの中に入れ，熱湯を加えてブランチングを行なう。手で攪瓜を持った時に柔らかく感ずるまで浸漬する。

(イ) 千切り

　ブランチングにより柔らかくなった瓜を取り出し，瓜の根部を輪切りにして，開口部より瓜の中に竹箸を入れて回しながら芯を取り除く。外皮を包丁で千切りにする。

(ウ) 塩漬け

　攪瓜の千切りはカメに入れ清水に浸漬してから取り出し，8～10°Béの食塩水の入ったカメで塩漬けを行なう。翌日撹拌を行ない，6～7日間漬け込むと塩漬半製品が出来る。

(エ) 醤漬け

　塩漬けした瓜の千切りを取り出し，揚がり塩水を切ってから布袋に入れ，カメに入れた甜面醤に漬け込む。醤漬けは未使用の甜面醤と1度用いた甜面醤を3：7に混合したもので行なう。時々カメの内部を撹拌し，均一に漬かるようにする。約30日間漬け込むことにより製品が完成する。

(4) 製品の品質基準

(ア) 官能指標

　色合いは金色を呈して光沢があり，醤の香気を有しているものが良い。また，歯切れが良く，夾雑物がないものが良い。

(イ) 理化学指標

　食塩濃度は約12％，還元糖は10％以上であることが望ましいとされている。

(5) 補足説明

　河南省では多くの大豆が生産されているが，大豆の畑の中に「兎児系」と呼ばれる野生植物が大豆の株に巻き付いて生育する。これを醤麒麟菜の原料とする場合もあるが，その味は攪瓜よりも劣る。

44.　商丘醤白鳥卵（ハクサイ味噌漬）

　河南省は白菜を多く産出している地域で，大きな株では5～10kgのものがある。白菜の中で根部が特に太いものは加工され，醤漬に利用される。この醤漬のことを「白鳥卵」と言い，商丘の伝統的な漬物の1つとなっている。

(1) 原料および補助原料

　白菜の中でも根部が太い塊状となっているものを選択する。スの入っているものを避け，緻密で水分に富んでいるものを用いる。補助原料として食塩水と甜面醤を使用する。

　配合割合は新鮮な白菜根部100kgに対し，8～10°Béの食塩水および甜面醤100kgで，最終製品は70kgとなる。

(2) 製造工程

　商丘醤白鳥卵の製造工程は図 7-48に示すとおりである。

第7章　醤漬菜（味噌漬）

原料大白菜根　→　剥皮整形　→　塩水漬け　→　醤漬け　→　製品

図 7-48　商丘醤白鳥卵の製造工程

(3) **加工方法**

(ア) **剥皮および整形**

新鮮な白菜の太い根部を切り卵の形に整形する。

(イ) **塩漬け**

卵形に切った白菜根部をカメに入れ，8～10°Béの食塩水に浸漬し，重石を載せて漬ける。カメは時々撹拌し，7～8日間漬けると塩漬半製品が出来る。

(ウ) **醤漬け**

塩漬けした白菜根部をカメから取り出し，水を切ってから布袋に入れる。次にそれをカメに入れて甜面醤で漬け込む。甜面醤は未使用の甜面醤と1度用いた甜面醤を3：7に混合したものを用いる。醤漬けを約30日間行なうと製品が完成する。

(4) **製品の品質基準**

(ア) **官能指標**

色合いは金色を呈し，塩味と甘味のバランスが良く，歯切れがあり，異味のないものが良い。

(イ) **理化学指標**

水分は75％以下，食塩濃度は約12％，還元糖は10％以上であるものが望ましいとされている。

45. 保定醤什錦菜（取り合わせ野菜の味噌漬）

保定醤什錦菜は300年以上の歴史がある。清の時代の光緒29年(1903年)，慈禧皇太后は光緒皇帝とともに西陵に行くときに保定を通ったが，当地の役人は保定の漬物をお祝い物として差し出した。慈禧皇太后は漬物を食べた後，そのおいしさを大変褒めたと言い伝えられている。そして別名を「太平菜」と名付けたことから，それ以来有名になった。1kg当たりの価格は3両4銭（170g）の白銀に達する。保定の漬物は多くの大衆にも浸透しており，海外にも輸出されている。保定の郊外では漬物用の良質な原料野菜が豊富に栽培されている。例えば，ここで栽培されている黄瓜（キュウリ）は形が揃っており，新鮮で歯切れが良い。象牙白蘿蔔（大根）は形状が均一であり，また，紫大根は形が整っていて美しく，外皮は白くてきめが細かい。

(1) **原料および補助原料**

(ア) **原　料**

塩漬象牙白大根，塩漬球茎甘藍（コールラビ），塩漬紫大根，塩漬草石蚕（チョロギ），塩漬銀条，塩漬蓮根，塩漬隠元豆，塩漬キャベツ，塩漬茎チシャ，塩漬昆布，塩漬黄瓜，生姜（ショウガ），塩漬杏仁，果仁（果実の種子）を原料として用いる。混合漬物に使用する塩漬原料野菜はそれぞれの野菜の質が良い時期に収穫し，塩漬けされたものを用いる。以上の塩漬野菜は通常，100kgの原料野菜に対し，18～20kgの食塩を加えて製造する。塩漬野菜は歯切れと色合いが変化しないように保存しておくことが重要である。

(イ) **補助原料**

補助原料としては色合いが良く，明るく透明感があり，味の良い甜面醤を使用する。

(2) **原料および補助原料の配合**

塩漬象牙白大根22kg，塩漬球茎甘藍30kg，塩漬紫大根10kg，塩漬チョロギ9kg，塩漬銀条8kg，

塩漬蓮根5kg，塩漬隠元豆5kg，塩漬キャベツ3kg，塩漬茎チシャ3kg，塩漬昆布2kg，塩漬黄瓜10kg，生姜の千切り1kg，塩漬杏仁2kg，果仁10kg，甜面醤100kgの配合割合で製造する。

(3) 製造工程

保定醤什錦菜の製造工程は図7-49に示すとおりである。

各種塩漬野菜 ⟶ 切削 ⟶ 脱塩 ⟶ 醤漬け（3回）⟶ 製品

図7-49　保定醤什錦菜の製造工程

(4) 加工方法

(ア) 塩漬原料野菜の切削

外観の美しい混合漬物を製造するためには，それぞれの塩漬原料野菜を様々な形に切り，適切な配合で合わせる必要がある。塩漬象牙白大根は長さ2cm，幅0.5cmの長方形に切る。塩漬球茎甘藍は様々な形に切る。塩漬球茎甘藍を千切りにする際の長さは4～5cm，幅は0.2cmである。また，正方形に切る場合は1辺の長さが1.7cmで，厚さは0.2cm，球茎甘藍花（切ったときの模様）に切る場合は長さ2cm，幅，厚さはそれぞれ0.6cmに切る。塩漬紫大根は直径3cm以上のものは6分割，3cm以下のものは1～2分割となるように切る。塩漬銀条と塩漬隠元豆は長さが2cmの拍子木状に切る。塩漬キャベツは長さ2cm，幅1cmの長方形に，塩漬茎チシャは長さ4.5cm，幅0.6cmの薄切りにする。塩漬昆布は長さ2cmの千切りに切り，塩漬黄瓜は長さ2cm，幅と厚さはそれぞれ0.5cmの長方形に切る。生姜は長さ2cmの千切りにする。杏仁，果仁はブランチングして外皮を除いたものを使う。塩漬原料野菜を切削する際に，スが入っていたり硬くなっているもの，あるいは芯が黒く変色しているものは取り除く。

(イ) 脱　塩

配合割合に合わせて切った各種塩漬原料野菜（生姜千切り，果仁，杏仁は除く）を混合してからよく撹拌し，カメに入れる。1つのカメに入れる量は約100kgである。次に清水をカメに注ぎ浸漬を行なうが，食塩濃度が6～8％に達したらカメから取り出し水を切る。浸漬時間の目安は夏季で24時間，冬季で36時間である。水を切った塩漬野菜は9kgずつ布袋に入れる。

(ウ) 醤漬け

塩漬野菜を入れた布袋を12個カメの中に入れてから100kgの甜面醤を入れて醤漬けを行なう。甜面醤は一番上の布袋よりも10cm上になるように加える。7～8日間甜面醤に漬けたら，布袋を取り出して，布袋の中に入っている野菜を外に出し，一旦，余分な醤を切ってから再度布袋に入れ直し，カメに戻して2回目の醤漬けを行なう。2回目の醤漬けを10日間行なってから1回目と同様に布袋から野菜を取り出して3回目の醤漬けを行なう。3回目の醤漬けは10～15日間行なう。醤漬けを終了した後は布袋から野菜を取り出し，醤をきれいに除いて製品とする。なお，製品を保存しておく場合は布袋に入れ，醤に漬けた状態でカメの中で保存する。

(5) 製品の品質基準

(ア) 官能指標

色合いは鮮やかで美しく，透明感があって明るい赤褐色を呈しているものが良い。また，形，大きさが揃っており，甜面醤の香味に優れており，歯切れが良く，塩味と甘味のバランスがとれているものが良い。

(イ) 理化学指標

食塩濃度は10〜12％，水分は70％，還元糖は8〜10％，総酸は1.0％以下，アミノ態窒素は0.3％以上であるものが望ましいとされている。

46. 福州醤越瓜（シロウリ味噌漬）

福州醤越瓜は俗に「醤越」と呼ばれており，福建省の伝統的な漬物の1つである。清の時代の頃，福州地方の文献である『産録』の中に「越瓜，仲春に植え，苗を産し蔓を引き，花，葉は冬瓜のように小さく，青白2色があり，醤漬は好ましいものである」という内容のことが書かれている。この本は光緒丙戌年のものであることを考慮すると，福州醤越瓜は100年以上の歴史があることになる。

福州醤越瓜の特徴は色はコハク色で醤の香味が濃く，塩味と甘味のバランスが取れており，歯切れが良いことである。

(1) 原料および補助原料

原料の越瓜（シロウリ）100kgに対し，食塩25kg，面醤（小麦粉を原料とする醤）25kg，醤油10kg，1度使用した面醤15kg，老醤（醤漬けで使用済みの面醤）15kg，甘味料0.025kgを用いる。

(2) 製造工程

福州醤越瓜の製造工程は図7-50に示すとおりである。

原料越瓜 ⟶ 選択 ⟶ 整形 ⟶ 穿孔 ⟶ 1次漬け込み ⟶

2次漬け込み ⟶ 醤漬け（3回）⟶ 包装

図7-50 福州醤越瓜の製造工程

(3) 加工方法

(ア) 原料の選択

原料野菜に用いる越瓜はエメラルド色を呈し，歯切れが良く，苦味がなく，形状は瓜の頭部と尻部の大きさが揃っており，直径は約6cm，長さが約30cmのものが加工に適している。また，斑点や虫害がなく，表皮に硬い部分のないものを選択する。

(イ) 整形および穿孔

選択した原料瓜の両端を切り，竹串で穿孔する。通常，1つの瓜に対し，3方向に孔をあけるが，1方向当たり3〜4個の孔をあける。穿孔の目的は食塩を瓜の内部に速やかに浸透させ，水分の浸出を促進させるためである。したがって，穿孔する場所は均一にする必要がある。また，穿孔の際は度を超すと瓜が切断されることになるので，孔の深さは瓜の内部にとどめ突き通さないようにする必要がある。

(ウ) 1次漬け込み

1次漬け込みは100kgの原料瓜に対し，10kgの食塩と1kgの水を混合したものを均一となるように越瓜の上から加える。塩漬けは2日間行なった後，取り出す。

(エ) 2次漬け込み

1次漬け込みを終えた原料瓜をカメの中に丁寧に並べ，並べた瓜の上に食塩を撒くことを順に繰り返す。100kgの原料瓜に対し，15kgの食塩を使用する。漬け終えた瓜の上面には重石を置き，揚がり塩水が野菜の上になるようにする。塩漬けにして保存できる期間は1年以上である。100kg

の生の越瓜からは40kgの塩漬瓜を製造することができる。
　(オ)　醤漬け
　瓜の醤漬けは3回に分けて行なわれる。1次醤漬けは塩漬瓜100kgをカメの中に入れ，1度醤漬けに使用した面醤10kg加えて4～5日間漬け込む。漬け込み中は毎日1度は撹拌を行ない，均一になるようにする。撹拌の際はカメから瓜を取り出して日光の下に晒し，水分の一部を蒸発させてカメに戻す。1次醤漬けの終了の目安は，越瓜が醤を吸収して醤の色を呈し，醤の香りが浸透した状態になった時である。1次醤漬けが終了したら，越瓜の表面に付着している醤を丁寧に取り除き，2次醤漬けを行なう。2次醤漬けは15kgの老醤を用いて漬け込む。漬け込み期間は15～20日間である。その後，3次醤漬けを行なうが，この時は最も良質の老醤を用いて漬け込む。3次醤漬けは特に丁寧に行なわれる。すなわち，カメの底に越瓜を1層に並べて，その上に老醤を重ね，それを繰り返すことによってカメの上部まで漬け込む。カメの一番上層には厚目に面醤を加える。3次醤漬けは約20日間行なわれ製品が完成する。

付記：刻み醤越瓜の製造方法
　(ア)　刻み塩漬越瓜の製造
　品質の良い越瓜は醤越瓜として瓜全体が利用されるが，品質の良くない越瓜は刻み醤越瓜として使用される。加工法は越瓜の両端を切除し，切り開いてから瓜の内部の種子を取り除き，100kgの瓜に対し，8kgの食塩の割合で1次塩漬けを行なう。翌日，塩漬越瓜を取り出し，圧搾する。次に2次塩漬けを行なうが，100kgの原料瓜に対し12kgの食塩を使用して漬け込む。生の越瓜100kgからは31～33kgの刻み越瓜を得ることができる。
　(イ)　刻み越瓜の醤漬け
　刻み越瓜の醤漬けは比較的簡単である。最初に塩漬けした刻み越瓜の水分を日光に晒すことによって部分的に除去してから，醤漬けに1度使用した面醤に1日漬け込む。漬け込み後，醤をきれいに取り除き，次は新しく調製した面醤に漬け込む。100kgの1次醤漬瓜に対し，25kgの面醤，10kgの醤油，12gのサッカリンを加えて2～3日間漬け込みを行なえば製品が完成する。この刻み醤漬越瓜は通常10日間程度しか保存できないので，地元の福州地域で販売されるのが普通である。
　(4)　歩留り
　100kgの生の原料越瓜からは30～33kgの製品を得ることができる。
　(5)　製品の品質基準
　(ア)　官能指標
　製品の色は黒褐色で濃厚な面醤の風味があり，歯切れの優れたものが良い。また，形，大きさが揃っており，瓜の内部に腐敗のないものが良い。瓜の外部には花や汚れなどの付着物がないものが良い。
　(イ)　理化学指標
　食塩濃度は14～15％，水分は72～73％，還元糖は7～8％，総酸は0.19％以下，アミノ態窒素は0.2％以上であるものが望ましいとされている。

47.　紫油蜜椒（トウガラシ甘味噌漬）

　紫油蜜椒は黄淮流域の中原近辺で製造されている伝統的で特色のある漬物である。紫紅色で光沢があり，形状は美しく，醤の香りが濃厚で歯切れの良い漬物である。
　紫油蜜椒の製造において原料の選択は非常に厳しく行なわれる。製造に用いられる紫紅椒（唐

辛子）は現地で最も品質の良いものが使用される。この紫紅椒は紫紅色で短円錐形をしており，肉厚で種子が少なく，程良い辛さを持っている。醤漬に最も適している唐辛子である。紫紅椒の収穫時期は緑色の時期を過ぎてはいるが，まだ赤みが出ていない頃が最適で，紫紅色を呈する頃に漬け込みを行なう。

(1) 原料および補助原料

種子とヘタを除去した紫紅椒100kgに対し，食塩20kg，甜面醤100kgを用いる。

(2) 製造工程

紫油蜜椒の製造工程は図7-51に示すとおりである。

原料処理 ──→ 塩漬け ──→ 1次醤漬け ──→ 撹拌 ──→ 2次醤漬け ──→ 製品

図7-51　紫油蜜椒の製造工程

(3) 加工方法

(ア) 塩漬け

新鮮な紫紅椒を工場に搬入したら茎とヘタを摘み取り，カメに入れ，食塩を加えて塩漬けを行なう。最初の3日間は1日2回の割合で撹拌を行ない，塩水が十分に揚がった後は1日1回の割合で撹拌を行なう。塩漬けを7日間行なうと塩漬半製品が出来るのでカメから唐辛子を取り出し，布袋に入れる。

(イ) 醤漬け

1次醤漬けは100kgの塩漬唐辛子に対し，40kgの甜面醤を加えて漬け込む。毎日1回布袋を取り出し，天地返しを行なって均一に漬かるようにする。7日間漬け込んだら布袋を取り出し，余分な甜面醤を丁寧に取り除いてから70kgの新しい甜面醤を加えて，2次醤漬けを行なう。1次醤漬けの場合と同様に毎日布袋の天地返しを行ないながら漬け込む。15日間漬け込んだ後，布袋を取り出し，別のカメに丁寧に入れ直し，さらに新しい甜面醤30kgを加えて漬け込み，最後にカメに蓋をして密封後保存する。

(4) 注意事項

(ア) 甜面醤は必ず新しく調製したものを使用する。新鮮な甜面醤に漬けて貯蔵された紫油蜜椒は風味，品質，光沢，歯切れなどを変質させることなく長く保つことができる。

(イ) 製品の紫油蜜椒を保存する場合は，カメの口を二重に覆ってから蓋をして密封することが大切である。そうすることにより雨水を防ぐことが出来，長期に渡って保存することができる。

(5) 歩留り

種子，ヘタを除去した100kgの紫紅椒からは46〜48kgの製品を得ることができる。

(6) 製品の品質基準

(ア) 官能指標

製品の色は紫紅色で光沢があり，濃厚な甜面醤の風味を有し，塩味と甘味のバランスのとれたものが良いとされている。

(イ) 理化学指標

食塩濃度は8〜10％，水分は70〜75％，還元糖は8％以上であるものが望ましいとされている。

第5節 各地の醤曲醗菜

48. 貴州醤香瓜（ウリ甘味噌漬）

(1) 原料および補助原料

原料は花香瓜（マクワウリ）で，補助原料として甜面醤を用いる。花香瓜100kgに対し，甜面醤40kgの配合割合で製造する。

(2) 製造工程

貴州醤香瓜の製造工程は図7-52に示すとおりである。

花香瓜 ─→ 選択 ─→ ワタの除去 ─→ 洗浄 ─→ 醤漬け ─→ 製品

図7-52 貴州醤香瓜の製造工程

(3) 加工方法

(ア) 原料の選択

適度な軟らかさの花香瓜を選択し，果肉が厚く，虫害，斑点，腐敗部分のないものを選ぶ。収穫した日のうちに加工処理を行なうのが良い。

(イ) 中子（ワタ）の除去

生の花香瓜の頭部とヘタの部分を切り取り，2つ割りにしてから中子をきれいに取り除く。

(ウ) 洗浄

最初に8％の石灰水で瓜を洗浄してから，清水で2度洗浄し，付着している石灰を取り除く。

(エ) 醤漬け

石灰水で処理，洗浄した瓜は日光の下で水分が50％程度になるまで晒す（干す）。その後，カメに入れ，甜面醤を加えて2日間漬け込む。3日目に瓜を取り出して醤を取り除き，再度新しい甜面醤で2回目の漬け込みを4日間行なった後，1回目と同様に醤を取り除いてから，新しい甜面醤を加えて3回目の漬け込みを行ない，7日間経過すると製品が完成する。

(オ) 保存

製品はカメの中にしっかりと詰め，密封して保存する。食べるときに取り出し，甜面醤を取り除いて温湯で洗浄し，千切りにしてから食べるのが一般的である。

(4) 製品の品質基準

(ア) 官能指標

製品の色は茶褐色で光沢があり，濃厚な甜面醤の風味を有するものが良いとされている。

(イ) 理化学指標

食塩濃度は10～12％，水分は65～70％，還元糖は6％以上であるものが望ましいとされている。

49. 潼関醤笋（茎チシャ味噌漬）

潼関醤笋は陝西省潼関の伝統的な漬物で，製品の笋（茎チシャ）には1層の皮を残してあることから「連皮醤笋（皮を付けた茎チシャ味噌漬）」と呼ばれることがある。また，産地の潼関県は清の時代に庁に格上げになったことがあることから「庁醤笋」と呼ばれることもある。

潼関醤笋は清の時代の康熙年間（1661～1722年）に知られるようになったことから，約300年の歴史を有しているものと考えられる。創始者は姚大畏で元々は山西省の出身者である。姚大畏は康熙年間に潼関で漬物製造を主とする万新合醤園を設立し経営していた。製造法も改善を重ねることにより現在の方法になったものと思われる。潼関醤笋は清の時代から西北各省および北京，

天津，山西，河南などの省，都市で販売されていた。1931年に出版された地方の書物の中に潼関醬笋に関して「甘美天成，声称宇内」という記載がある。また，1915年，パナマで行なわれた博覧会に参加し，大会の褒章と賞状を得たという記録がある。

(1) 原料および補助原料

原料は青茎チシャを用いる。潼関醬笋の原料となる茎チシャは潼関で産出する「鉄棒笋」である。潼関の気候や風土がこの茎チシャの栽培に適している。茎チシャは10月中旬に植え，翌年の6月に収穫するのが一般的である。成長の周期が長いので茎は硬くなり葉は黄色くなる。

補助原料には面醬を使用するが，面醬は蒸煮した小麦粉に麹菌を接種し，自然培養によって麹を作り，さらに食塩水を加えて屋外で3か月間カメの中で熟成させることによって製造されたものである。面醬の他に乏醬（1度醬漬けに使用した面醬）および食塩を用いる。

原料の茎チシャ100kgに対し，食塩12kg，面醬60kg，乏醬60kgの配合割合で製造される。

(2) 製造工程

潼関醬笋の製造工程は図7-53に示すとおりである。

青笋 ──→ 前処理 ──→ 塩漬け ──→ 乏醬漬け ──→ 面醬漬け ──→ 製品

図7-53 潼関醬笋の製造工程

(3) 加工方法

(ア) 原料の前処理

毎年6月に茎チシャを収穫し漬物に適したものを選択する。包丁で外皮を剥皮した後，根を除去し，1つが13〜15cmになるように切り分ける。

(イ) 塩漬け

切り分けた茎チシャは直ちに18°Béの食塩水に入れ，塩漬けを行なう。塩漬けの時期は10日間であるが，その間は毎日1回撹拌を行なう。塩漬け中に乳酸発酵も進行する。

(ウ) 乏醬による醬漬け

10日間塩漬けされた茎チシャを取り出し，4回目の醬漬けに用いられた面醬に2〜3日間漬け込む。漬け込んだ後，茎チシャを取り出し，清水に3日間浸漬することによって一部の食塩と茎チシャから出てくる苦味物質を除去する。なお，水に浸漬している間は毎日1回撹拌を行なう。水から取り出した茎チシャを3回目の醬漬けの際に用いた面醬の中に7〜10日間漬け込む。次に2回目，1回目に用いた醬に順次漬け換えることによって均一に漬かるようにする。漬け込み日数はそれぞれ7〜10日間である。

(エ) 新しい醬を用いた醬漬け

乏醬に漬けられていた茎チシャを取り出し，新たに製造した面醬に漬け換えて約1か月ほど熟成させると製品になる。漬け込み期間中は4〜5日の間隔で撹拌を行ない，均一に漬かるようにする。長期にわたって保存する場合は面醬に漬けたままの状態で密封する。

(4) 製品の品質基準

(ア) 官能指標

製品の色は赤褐色でわずかな甘味があり，歯切れの優れたものが良いとされている。

(イ) 理化学指標

水分は68〜70%，還元糖は6〜7%，総酸は0.45〜0.5%，アミノ態窒素は0.15〜0.17%であるも

のが望ましいとされている。

50. 雲南玫瑰大頭菜（カブ味噌漬）

　雲南玫瑰大頭菜は別名を雲南玫瑰黒と言い，明時代の末期から清時代の初期にかけて作り始められたと伝えられていることから，すでに300年の歴史があることになる。この漬物は強い玫瑰（ハマナス）の醤の香気を有しているのが特徴である。千切りにした雲南玫瑰大頭菜を料理に添えて食べるのが一般的である。また，この漬物は保存性が良いので貯蔵したり，携帯するのにも利用されている。したがって，多くの消費者に好まれる漬物となっている。全国的に販売されており，香港や東南アジアにも輸出されている。1911年，パナマで開催された国際博覧会で入賞した記録がある。

(1) 原料および補助原料

　雲南玫瑰大頭菜の主原料は芥菜頭（芥菜の根がカブ状になったもの）で，0.3kg以上の大きなものを使用する。肉質は比較的硬く，芥菜（カラシナ）特有の強い辛味を有するものが良い。水分が多くて，肉質の軟らかいものは漬物に不適である。補助原料として以下のものを使用する。

　食塩：色は白く，水分および夾雑物が少なく，塩化ナトリウムの含量が高く，水に溶解しやすいものを使用する。

　赤砂糖：色は赤色を帯び，溶解しやすく，酸味及び苦味を含まないものが良い。100kgの赤砂糖に25kgの水を加え，水あめ状にしてから醤に加えて使用する。

　麦芽糖：色は淡黄色で透明性があり，特有の香味を有し，甘味は純粋で柔らかく，酸味，苦味を有しないものが良い。

　玫瑰糖：色は明るい黒褐色で，甘味があり，ハマナスの独特な風味を持ち，酸味，苦味がなく，夾雑物の少ないものを使用する。昆明（雲南省の省都）で取れる自然のハマナスを用いて製造したものからは良質の醤ができる。

　老白醤：黄褐色を呈し，適度な塩味があり，酸味，苦味，渋味やカビ臭のないものが良い。その製造法は，まず，最初に小麦粉を練って塊状にして蒸した後，10日間以上麹菌で発酵を行ない，その後，陰干しを行なってから粉砕し，粉状にしたものをカメに入れる。それに食塩水を加え，日に晒し，夜露に当てて約半年熟成して作られる。100kgの小麦粉に対し，20kgの食塩を用いる。老白醤は最終的には150kgのものができる。半年以上熟成したものが良く，半年に満たないものは醤の一部として使用する場合は良いが，多く使用した場合は芥菜頭が腐敗しやすくなる傾向がある。

　酪子醤：色は明るい黒色で，適度な塩味と甘味を持ち，玫瑰醤菜特有の香気があり，酸味，苦味，渋味がないものが良い。酪子醤は芥菜頭を醤漬けした時に残った醤である。毎年，芥菜頭の醤漬を製造した後に残った醤100kgに対し，食塩を5kg加え，カメの中で日に晒し夜露にあてて熟成させる。翌年100kgの酪子醤にさらに5kgの食塩を加えて，沸騰するまで煮沸し，冷却してから玫瑰醤漬けに使用する。生の芥菜頭100kg（製品は38～40kgになる）に対し，食塩9.5kgを使用する。食塩は精製塩が3kg，井塩が6.5kgである。赤砂糖は6.5kgで，そのうち6.0kgは水で溶解し，0.5kgはカラメルとして色の調整に使用する。麦芽糖は2.5kg，玫瑰糖は2.5kg，老白醤2.5kgで，酪子醤は10kg使用する。

(2) 製造工程

　雲南玫瑰大頭菜の製造工程は**図7-54**に示すとおりである。

芥菜頭 ⟶ 剥皮 ⟶ 整形 ⟶ 1次塩漬け ⟶ 撹拌 ⟶ 2次塩漬け ⟶

3次塩漬け ⟶ 醤漬け ⟶ 晒し ⟶ 後期発酵 ⟶ 製品

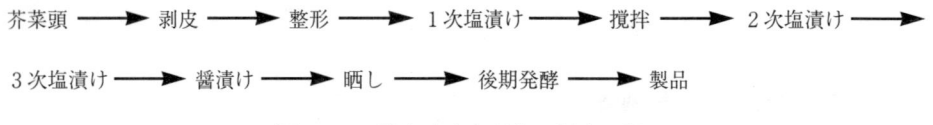

図7-54　雲南玫瑰大頭菜の製造工程

(3) 加工方法

(ア) 剥皮・整形

工場に搬入した生の芥菜頭は早いうちに処理することが大切である。通常，3日以内に加工するが，加工は早ければ早いほど良い。剥皮は最初に頭の部分（塊状部）に着いている葉を除去し，その後，泥土が付着しているひげ根を取り除く。このようにして塊状の部分をきれいにしてから，2分割する。カビが生えて腐敗している部分がある場合は丁寧に除去し，中空部分（ス）の所は周辺の硬い部分を除去する。なお，中空が大きい原料の場合は使用しない。

(イ) 1次塩漬け

芥菜頭を剥皮・整形処理し，塊状になったものを竹カゴに入れ，木桶の中で清水に浸漬する。浸漬後，取り出して水を切り，配合比に応じて食塩を加えて均一になるようによく撹拌しながら，芥菜塊にまぶしつけてカメの中で24時間塩漬けを行なう。塩漬け後は水洗浄し，水を切ってから別のカメに移す。

(ウ) 2次・3次塩漬け

1次塩漬けを終えて水切りした塩漬芥菜塊に食塩をまぶし，よく撹拌しながら別のカメで2次塩漬けを行なう。3日間塩漬けを行なってから，同じように洗浄して，水切りを行ない，3次塩漬けを行なう。3次塩漬けを3日間行なった後，カメから取り出し，表面の水を切る。塩漬け後の芥菜塊の表面は緑白色を呈し，肉質は軟らかくなっており，切断面には硬い部分や白い部分がなくなった状態となっている。

(エ) 新醅子醤の調製

最初に糖色（カラメル色素）を作るが，糖色は25kgの麦芽糖（水あめ）を鍋に入れ，さらに5kgの赤砂糖を加え，よく溶かした後，黒く艶がでるまで煮詰めることによって出来る。黒い色が着いた後は少しずつ水を加えて，再度溶解させてから濾過し，オリを除去する。その結果25kgの糖色ができる。糖色の濃度は30～33°Béで，色は明るい黒色で，苦味がないものが良い。

次に，糖液をつくる。60kgの赤砂糖を鍋の中に入れ，それに15kgの水を加えてから，約40°Béの72kgの水あめ状の糖液を作る。水あめには塊や夾雑物がないようにする。以上のものを使って新醅子醤を製造する。新醅子醤は赤砂糖の水あめ72kg，玫瑰糖25kg，老白醤25kgを均一に混合することによって出来る。この醤は色は明るい黒色で適度な塩味があり，香味に優れたものである。

(オ) 醤漬け

漬け込みタンクを丁寧に洗浄してから，水分がなくなるまで陰干しし，タンクの底と内壁に新醅子醤を付着させてから塩漬芥菜塊を入れ，さらに新醅子醤を加える。漬け込みタンクの上辺から20cm下まで塩漬芥菜塊を漬け込み，上部を平らにならしてから，醤を入れ，その上に重石を載せた板を置き，さらに醤を入れて，塩漬芥菜塊が醤の表面に出ないようにする。醤漬けの期間は約60日間であるが，その間，時々点検し，醤が常に芥菜塊の上にあることを確認する。少ない場合は，直ちに醤を加える。

(カ) 醤漬芥菜塊の晒し（干し）および貯蔵

醤漬けを終えた芥菜塊を取り出し，包丁で2つ割りにした時にその内側が茶褐色を呈し，光沢

があり，軟らかく，玫瑰醤の香味が十分にあるものは干すことができる。醤漬芥菜塊を干す際はカメから取り出してから醤汁を切り，スノコに広げて干す。晴れている場合は2日間干した後，3日目の午前中に上下を入れ替えて，さらに半日干してから，カメの中にしっかりと詰め込んで密封して保存する。

(キ) 熟成（後期発酵）

カメに密封された醤漬芥菜塊は日陰の涼しい場所で貯蔵し，熟成を行なう。約3か月の熟成期間を経ると製品が完成する。醤漬芥菜塊を晒すときは天気に十分注意する必要がある。雨に会ったり，日が強すぎると品質の低下を招くことになる。したがって，貯蔵する際も雨水，高温，油などに注意する。

(4) 製品の品質基準

(ア) 官能指標

色は明るい黒色を呈し，芯部はやや赤味があり，適度な塩味と甘味を有し，玫瑰醤特有の香りを有し，異味のないものが良い。

(イ) 理化学指標

食塩濃度は8〜10%，水分は45〜50%，還元糖は10〜12%，総酸は1.5%以下，アミノ態窒素は0.40〜0.44%であるものが望ましいとされている。

51. 雲南大頭菜（カブ味噌漬）

雲南大頭菜は全国的に有名な漬物の1つで，独特の風味を有し，保存性の高い漬物である。加工の歴史は古く，加工方法も独特である。

(1) 製造工程

雲南大頭菜の製造工程は**図7-55**に示すとおりである。

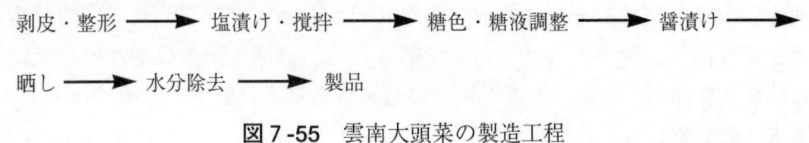

剥皮・整形 ⟶ 塩漬け・撹拌 ⟶ 糖色・糖液調整 ⟶ 醤漬け ⟶ 晒し ⟶ 水分除去 ⟶ 製品

図7-55　雲南大頭菜の製造工程

(2) 加工方法

(ア) 剥皮および整形

新鮮な大頭菜（根用芥菜，カブ）を工場に搬入した後は短期間のうちに処理する。少なくとも収穫後，5日以内には処理する必要がある。最初に根部と葉部を切り分けた後，斑点状の部分やひげ根を除去し，表皮を剥いてから，2分割する。

(イ) 塩漬けおよび撹拌

大頭菜の根部を2分割したものを原料とし，1次塩漬けを行なう。大頭菜を竹カゴに入れ，水にしばらく浸漬してから取り出し，水を切ってからタンクに食塩と交互に漬け込む。食塩の使用量は一般的に10tの大頭菜に対し，300kgの精製食塩を加える。24時間塩漬けした後，よく撹拌しながら，揚がり塩水で洗浄し，別の漬け込みタンクで2次塩漬けを行なう。1次塩漬けと同様に300kgの食塩で漬け込みを行ない，24〜48時間漬けたら撹拌し，取り出した後，3次塩漬けを行なう。3回目の食塩量は1次，2次と異なり，250kgである。3次塩漬けの期間は24〜48時間である。原料の大頭菜が大きく，食塩の浸透がうまくいかない場合は1日余分に漬け込みを行なう。

十分に塩漬けされたものは中心部まで軟らかくなっている。

(ウ) **糖色（カラメル色素）と糖液の調製**

10tの大頭菜原料に対し，糖度40度の250kgの水あめが必要である。水あめを鍋に入れて，常に撹拌しながら加熱し，溶解させる。加熱の初めは強火で行ない，徐々に弱火にしながら，糖を焦がし，明るい黒色になるまで煮詰める。木の棒を入れて引き上げると馬の尾のような状態になると夾雑物を取り除いて完成するが，硬く壊れやすい状態になった場合は水を加えて溶解し，鍋から取り出し，夾雑物を取り除く。水を加えるときは竹ブラシなどを用いて糖液から出てくる蒸気が徐々に出なくなるように少しずつ加える。急に水を鍋に入れると硬くなって，あめの状態が壊れてしまう。糖色の濃度は30～33°Béが適当である。色は明るい黒色で，焦げた部分がなく，苦味のないものが良い。

また，糖液は上質の赤砂糖850kgを鍋に入れ，適当量の水を加えて，加熱溶解させ，糖濃度を40～42°Béにする。糖液は冷却した後，使用する。一般的には100kgの赤砂糖からは180kgの糖液ができる。

(エ) **醤の調製**

1000kgの醤に上記の糖色および赤砂糖液を混合し，均一となるよう十分に撹拌して調製する。濃度は35～40°Béが適当である。

(オ) **醤漬け**

3回の塩漬けを終えた塩漬大頭菜を漬け込みタンクから取り出し，塩水を切っておく。次に，糖色，糖液などを混合した醤を別の漬け込みタンクに入れてから，塩漬大頭菜を入れる。これを交互に繰り返し，タンクの上辺から10cm下まで漬け込む。その後，大頭菜が見えなくなるまで醤を加え，その上に板を置いてから重石を載せ，大頭菜をしっかり漬け込む。漬け込み中に醤が乾き，大頭菜が醤より上に出ないように注意することが大切である。

(カ) **晒 し**

醤漬けは通常70～80日間で，その後，取り出されてから晒しが行なわれる。漬け込みタンクから醤漬大頭菜を取り出し，竹製のスノコの上で晒される。醤漬大頭菜は切り口を上にして平らに並べる。晴天時に2日間晒した後，上下を逆さにし，さらに半日晒すと作業は終了する。

(キ) **水分除去・貯蔵晒し**

作業を終えた醤漬大頭菜は別の新しい漬け込みタンクに隙間なく詰め込み，最上部には竹製のスノコとムシロをかぶせ，重石を載せて空気が入らないようにして押さえて貯蔵する。約3か月後には水分が除去されて製品が完成する。

貯蔵している間は外部から水の侵入がないようにするとともに，高温にさらされないような場所にタンクを設置する必要がある。

(3) **雲南大頭菜の特徴**

(ア) 雲南大頭菜の漬物は生の大頭菜を剥皮した後，食塩で脱水し，醤漬け，晒し，水分除去の工程を経て製造される。食塩の総使用量は原料の8.5%で，加工中に食塩の大部分は水とともに流失するので，製品の実際的な食塩含有量は8%以下となる。雲南大頭菜は脱塩することなく，直接醤漬けを行ない，また，醤には糖色，赤砂糖の糖液を加えるなど，他の漬物には見られない特徴を有している。

(イ) 雲南大頭菜の表面は明るい黒色で，切り口の内部は醤特有の赤色を呈しており，あまり塩辛くなく，甘味と香気がある。また，歯切れが良く，肉質は緻密で軟らかみがあり，噛めば噛む

第5節　各地の醤曲醡菜　　153

ほど味が出てくるといわれている。雲南大頭菜は食欲を増進し，消化を助ける効果もある。水分は約50％であることから，保存しやすく，また，携帯にも便利な漬物である。通常の瓶に保存することも可能で，10～20日間では品質はほとんど変わらない。

(ウ)　雲南大頭菜の製造方法は大変優れた特徴を持っているが，一方では，加工方法に多少の煩雑さがあると同時に原料および補助原料の用量が多く，コストが高くなる傾向がある。

(エ)　生の大頭菜には多くのアミノ酸が含まれているが，3回の塩漬けや水分除去作業の際に流失してしまうので，アミノ酸やその他の栄養物質の流失を加工方法の改善によって抑制することが望ましい。

(4)　製品の品質基準
(ア)　官能指標

表面は明るい黒色，内部は赤味を呈し，適度な水分があり，また，あまり塩辛くなくて甘味があり，醤の香気のするものが良い。

(イ)　理化学指標

水分は45～50％，食塩濃度は8～10％，還元糖は10～12％，総酸は1.5％以下で，アミノ態窒素は0.4～0.44％であることが望ましい。

52.　甜醤杏仁（杏仁の甘味噌漬）

甜醤杏仁の主な生産地は山東，河南，河北，山西省などの北方地域にある。製品は光沢のある歯切れの良い漬物で，中国の漬物の中では比較的高級な部類に属する。

(1)　原料および補助原料

主原料の杏仁（きょうにん）100kgに対し，甜醤100kg，精製食塩3kgを使用する。

(2)　製造工程

甜醤杏仁の製造工程は図7-56に示すとおりである。

杏仁 ⟶ 浸漬 ⟶ ブランチング ⟶ 塩漬け ⟶ 醤漬け ⟶ 製品

図7-56　甜醤杏仁の製造工程

(3)　加工方法
(ア)　浸　漬

杏仁（アンズの種子）は粒が揃い，大きさが均一で腐敗部分や虫害のないものを選択する。干した杏仁を清水に24時間程度浸漬し，膨潤して杏仁の表面のしわが見えなくなったら取り出して水を切っておく。

(イ)　ブランチング

浸漬を終えた杏仁を沸騰水に入れ，ゆっくりと撹拌しながら均一に加熱し，3～4分間ブランチングを行なう。熱湯から杏仁を取り出したら直ちに冷水で冷却する。ブランチングは加熱時間が短いと歯切れが悪くなったり，苦味が残ってしまう。また，逆に長すぎると肉質が軟らかくなり，風味も悪くなるので注意が必要である。

(ウ)　再浸漬

ブランチングの後は冷水で冷却するが，一般的には24時間冷水に浸漬してから水を交換し，新しい清水でさらに5日間浸漬して杏仁の苦味を除去する。

(エ)　塩漬け

　浸漬を終えた杏仁をカメに入れ，精製食塩で48時間塩漬けを行なう。均一に塩漬けされるように塩漬けを開始してから2時間後に1回撹拌を行ない，さらに4～5時間後に再度撹拌を行なう。

　(オ)　醤漬け

　塩漬けを終えた杏仁を布袋に入れてからカメの中の甜醤に漬け込む。布袋には3kgの杏仁を入れることが可能で，また，1つのカメには杏仁の入った布袋を20袋，甜醤を150kgまで入れることができる。漬け込みの間は1日1回撹拌を行ない，均一に醤が行き渡るようにする。7日間漬け込むと製品が完成する。

(4)　製品の品質基準

　(ア)　官能指標

　形状が揃い，色合いは金色を呈して透明感のある光沢があり，醤の香気と杏仁特有の香気を有しているものが良い。味は比較的さっぱりして，塩辛味と甘味とがバランス良くとれているものが良い。

　(イ)　理化学指標

　食塩濃度は8～10％，還元糖は10～12％，水分は50～55％であることが望ましいとされている。

53.　甜醤茎藍（コールラビ甘味噌漬）

(1)　原料および補助原料

　甜醤茎藍の原料となる茎藍（コーラルビ）の表皮を剥いたもの100kgに対し，25kgの食塩，6kgの23°Béの食塩水および75kgの甜面醤を使用する。

(2)　製造工程

　甜醤茎藍の製造工程は図7-57に示すとおりである。

生茎藍　→　整形　→　塩漬け　→　下漬半製品　→　漬け換え　→

脱塩　→　醤漬け　→　製品

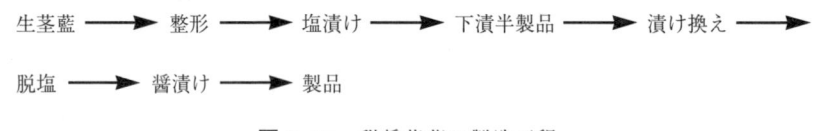

図7-57　甜醤茎藍の製造工程

(3)　加工方法

　(ア)　塩漬け

　甜醤茎藍を製造する際に行なわれる塩漬けには，二通りの方法がある。

　a)　原料の茎藍を工場に搬入後，等級分けをしてから剥皮，筋の除去を行ない，重量を量ってからカメに入れ，食塩と茎藍を交互に漬け込んでカメが一杯になったら，食塩水を注ぎ入れて漬け込む。漬け込み後は毎日2回の撹拌を行ない，食塩の溶解を促進させるとともに茎藍が均等に漬かるようにする。20日間の漬け込みを終えたら，塩漬茎藍をカメから取り出し，別のカメに移し，木棒で井の字の形になるように中心部を空けて詰め，揚がり塩水を濾過したものをカメ一杯に注ぎ入れる。その後，日光の下で晒しを行なうが，揚がり塩水が減ってきた場合は食塩水を補う。なお，揚がり塩水は20°Béに保つように濃度の調整を行なう。

　b)　生の茎藍を工場に搬入し，剥皮を行なった原料100kgに対し，25kgの食塩で塩漬けする。漬け込んだその日のうちに塩漬茎藍を別のカメに移し，食塩を加えて再度塩漬けを行なう。漬け込んでから6時間後に再び，別のカメに漬け換えを行ない，3日目からは毎日2回，別のカメに漬

け換える。25日間漬け込みを行なうと塩漬は完成するので塩漬茎藍を別のカメに移し換え，新しい食塩水を加える。食塩水は塩漬茎藍の上端より12cm以上になるまで注ぐことが大切である。

(ｲ) 脱　塩

塩漬茎藍をカメから取り出し，厚さ0.6cmに薄切りしたものを3回に分けて清水を用いて脱塩する。1，2回目はそれぞれ100kgの塩漬茎藍に対し，250kgの清水を用いて24時間浸漬することによって脱塩し，3回目は200kgの清水に12時間浸漬して脱塩を行なう。浸漬中は2時間おきに撹拌して脱塩を促す。脱塩後は竹カゴに入れて約2時間放置して水切りする。

(ｳ) 醤漬け

脱塩した塩漬茎藍を布袋に入れ，予め半分ほど甜面醤を入れたカメの中に漬け込む。漬け込んだ後は毎日5回撹拌を行なって，均一に醤が浸透するようにする。漬け込みを約20日間行なうと製品になる。

(4) 製造管理の要点

(ｱ) 食塩水による漬け込みの際は食塩濃度が20°Béを保つように管理することが大切である。

(ｲ) 醤漬けした製品を保存する場合はカメの中で醤に漬けたままにする。そうすると，60日間程度は保存が可能である。

(5) 歩留り

100kgの生の茎藍からは80kgの塩漬茎藍を得ることができる。また，100kgの塩漬茎藍からは90kgの製品を得ることができる。

(6) 製品の品質基準

(ｱ) 官能指標

醤の赤味を帯びた色と光沢を呈し，醤の香気があり，塩味と甘味のバランスが良く，歯切れの優れたものが良い。

(ｲ) 理化学指標

水分は70～72%，食塩濃度は10～12%，還元糖は10～12%であるものが望ましいとされている。

54. 甜醤蒜苗（ニンニク花茎の甘味噌漬）

(1) 原料および補助原料

甜醤蒜苗の原料は塩漬大蒜苗（ニンニク花茎）で，75kgの塩漬大蒜苗に対し，75kgの甜面醤を使用する。

(2) 製造工程

甜醤蒜苗の製造工程は図7-58に示すとおりである。

原料ニンニク苗の整形　→　塩漬け　→　脱塩　→　醤漬け　→　製品

図7-58　甜醤蒜苗の製造工程

(3) 加工方法

(ｱ) 塩漬け

生の大蒜苗の先端部を除去し，重量を測定してから塩漬けを行なう。100kgの大蒜苗に対し，25kgの大塩（大粒の食塩）と30kgの食塩水を使用して漬け込む。大蒜苗は丁寧に並べ，食塩と交互にタンクに漬け込む。毎日2回，別のカメに漬け換えながら均一に漬かるようにする。10日間ほ

ど漬け込むと塩漬大蒜苗ができる。保存する場合は食塩水を十分に加えて蓋をして保存する。
　(イ)　脱　塩

　塩漬大蒜苗は3cmの長さに切ったものを3回に分けて脱塩を行なう。1回目は100kgの塩漬大蒜苗に対し，250kgの清水を用い，24時間かけて脱塩を行なう。2回目は1回目と同様に行ない，3回目は200kgの清水で12時間かけて脱塩を行なう。脱塩後は竹カゴに入れ，2時間程度水切りし，重量を測定してから布袋に2.5kgずつ入れ，袋の口を紐で締める。

　(ウ)　醤漬け

　甜面醤をカメに入れてから脱塩した大蒜苗を入れた布袋を漬け込む。均一になるように毎日5回撹拌を行ない，12日間漬け込むと製品ができる。

(4)　製造後の管理

　製品を保存する場合は醤に漬けたままにする。冬季は60日間，春季は20日間保存が可能である。

(5)　製品の品質基準

　(ア)　官能指標

　色合いは金色で美しく，甜面醤の香味に優れており，歯切れが良く，塩味と甘味のバランスがとれているものが良い。

　(イ)　理化学指標

　食塩濃度は10～12％，水分は65～70％，還元糖は10～12％であるものが望ましいとされている。

55.　甜醤西瓜条（細切スイカ皮の甘味噌漬）

(1)　原料および補助原料

　甜醤西瓜条（条は細長いことを意味する）の主原料は塩漬西瓜皮で，90kgの塩漬西瓜条（細切）に対し，1kgの塩漬生姜（ショウガ）の千切り，10kgの果仁（果物の種子），75kgの甜面醤を使用する。

(2)　製造工程

　甜醤西瓜条の製造工程は図7-59に示すとおりである。

原料西瓜皮　→　塩漬け　→　整形（細切り）　→　脱塩　→　醤漬け　→　製品

図7-59　甜醤西瓜条の製造工程

(3)　加工方法

　(ア)　塩漬け

　生の西瓜の中子（ワタ）をきれいに取り除いてから，重さを量り塩漬けにするが，100kgの西瓜皮に対し25kgの食塩（大粒塩）を用いる。漬けた後は毎日2回別のカメに漬け換えることによって食塩が均一になるようにする。2日後，竹カゴに取り出して水切りを行ない，肉質側の方を上に向けてムシロの上で1日晒す。晒した後は揚がり塩水の入った元のカメに戻す。その後，毎日1回漬け換え作業を行ない，10日後に塩漬西瓜皮ができる。

　(イ)　整　形

　塩漬けされた西瓜皮をカメから取り出し，1×1×5cmの長方形に切る。また，生姜は切り口が2×2mmの千切りにする。果仁は水洗して夾雑物を除去する。

(ウ) 脱　塩

整形した漬物原料を混合し，3回に分けて脱塩を行なう。1回目は100kgの塩漬原料に対し，250kgの水で24時間かけて脱塩作業を行なう。2回目は1回目と同様に行ない，3回目は200kgの水を使い12時間かけて脱塩を行なう。脱塩を終えたら，脱塩原料を竹カゴに入れて水切りし，それに果仁を加えてよく混合する。次に，それらの重量を測定してから1袋当たり215kgとなるように布袋に入れる。

(エ) 醤漬け

甜面醤をカメに入れてから脱塩した西瓜皮条，生姜千切り，果仁を入れた布袋を漬け込む。均一になるように毎日2回撹拌を行ない，12日間漬け込むと製品ができる。

(4) 製造後の管理

製品を保存する場合は醤に漬けたままにする。冬季は40日間，春季は20日間，保存が可能である。

(5) 歩留り

100kgの脱塩原料からは80kgの製品を得ることができる。

(6) 製品の品質基準

(ア) 官能指標

色は金色を呈し，甜面醤の香味と西瓜独特の香気を有し，歯切れが良く，塩味と甘味のバランスがとれているものが良い。

(イ) 理化学指標

食塩濃度は10～12％，水分は70～75％，還元糖は10％以上であることが望ましいとされている。

56. 甜醤小茄子（小ナス甘味噌漬）

(1) 原料および補助原料

甜醤小茄子の主原料である塩漬小茄子（ナス）100kgに対し，75kgの甜面醤を使用する。

(2) 製造工程

甜醤小茄子の製造工程は図7-60に示すとおりである。

原料小茄子 ⟶ 塩漬け ⟶ 塩漬け小茄子 ⟶ 脱塩 ⟶ 醤漬け ⟶ 製品

図7-60　甜醤小茄子の製造工程

(3) 加工方法

(ア) 塩漬け

生の小茄子はクルミ大のものを使用するが，工場に搬入してからは，速やかに選別作業を行ない，硬い柄の部分を除去する。100kgの小茄子に対し，25kgの食塩（大粒塩）および25kgの20°Béの食塩水を用いて塩漬けを行なう。漬けた後は毎日1回別のカメに漬け換えることによって食塩が均一になるようにする。12日後に塩漬小茄子ができる。歩留りは通常，生のものの約70％である。次に，塩漬小茄子を竹カゴに取り出して水切りを行ない，別の新しいカメに入れ，ムシロでしっかりと蓋をして保存する。揚がり塩水が少なくなったら，食塩を加える。食塩濃度は20°Béとなるように管理する。

(イ) 脱　塩

塩漬小茄子は3回に分けて脱塩を行なう。毎回100kgの塩漬け原料に対し，250kgの水で24時間

かけて脱塩作業を行なう。脱塩作業を終えたら，脱塩原料を竹カゴに入れて水切りを約2時間行なう。次に，1袋当たり2.5kgとなるように布袋に入れ，醤漬けを行なう。

(ウ) 醤漬け

甜面醤をカメに入れてから，脱塩した原料小茄子を入れた布袋を漬け込む。その後は，均一になるように毎日2回撹拌を行ない，15日間漬け込むと製品が完成する。

(4) 歩留り

100kgの脱塩原料からは90kgの製品を得ることができる。

(5) 製品の品質基準

(ア) 官能指標

色は深い褐色を呈し，光沢があり，甜面醤の香味と茄子独特の香気を有し，肉質は軟らかく，塩味と甘味のバランスがとれているものが良い。

(イ) 理化学指標

食塩濃度は10〜12%，水分は65〜70%，還元糖は10%以上であるものが望ましいとされている。

57. 甜醤藕片（刻みレンコン甘味噌漬）

(1) 原料および補助原料

塩漬藕片（塩漬刻み蓮根）100kgおよび天然醸造の甜醤75kgを用いる。

(2) 製造工程

甜醤藕片の製造工程は図7-61に示すとおりである。

生蓮根 ⟶ 塩漬け ⟶ 調整（細刻）⟶ 脱塩 ⟶ 醤漬け ⟶ 製品

図7-61 甜醤藕片の製造工程

(3) 加工方法

(ア) 塩漬け

新鮮な生の蓮根（レンコン）のひげ根および先端部を切り取った後，泥土を洗い落とす。100kgの生蓮根を100kgの食塩水（100kgの水に対し25kgの食塩を溶解させ，清澄化したもの）に3日間漬け込む。次に4分割し，3mm幅で刻み，熱湯で約10分間ブランチングしてから，冷水に1時間ほど浸漬して冷却する。冷水は多く使うほど良い。冷水から刻み蓮根を取り出し，ザルに入れて水を十分に切ってから100kgの刻み蓮根に対し5kgの食塩を均一になるように加え，よく撹拌してカメで漬け込む。5日間漬け込みを行なうが，この間，毎日2回漬け換えを行なう。漬け込みの際は食塩水は漬け込んだ蓮根の上部より12cm以上になるようにする。

(イ) 脱塩

塩漬刻み蓮根の脱塩は3回に分けて実施する。1回の脱塩に使用する水の量は100kgの塩漬刻み蓮根に対し250kgである。1回目，2回目の脱塩は24時間かけて行ない，3回目は12時間かけて行なう。その後，刻み蓮根をカゴの中に入れて2時間ほど水切りを行ない，重量を量ってから布袋に入れて袋の口をしっかりと締める。

(ウ) 醤漬け

天然醸造の甜醤75kgの半量をまず最初にカメに入れ，次に刻み蓮根の入った布袋の総量の約半量を入れ，さらに残りの半量の甜醤，刻み蓮根の入った布袋の順にカメに入れる。漬け込み後は

毎日5回撹拌を行なって均一に漬かるようにする。約10日間漬け込むと製品となる。
(4) 保 存

甜醬藕片を保存する場合はカメに入れた状態で甜醬で表面を覆い，カメに蓋をして密封する。冬期では約40日間保存できる。長期間保存すると塩味がきつくなり，色合いも悪くなる。

(5) 歩留り

脱塩した刻み蓮根100kgからは95kgの製品ができる。

(6) 製品の品質基準

(ア) 官能指標

色は透明感のある紫紅色を呈し，歯切れが良く，濃厚な醬の風味があり，適度な塩味と甘味を有しているものが良い。

(イ) 理化学指標

食塩濃度は10～12％，水分は65～70％，還元糖は10～12％であるものが望ましいとされている。

58. 甜醬冬瓜（トウガン甘味噌漬）

(1) 原料および補助原料

塩漬冬瓜（トウガン）100kgを1×1×3cmの拍子木状に切ったものを原料として使う。冬瓜は肉厚で軟らかいものを使う。甜面醬は75kg使用する。

(2) 製造工程

甜醬冬瓜の製造工程は図7-62に示すとおりである。

冬瓜 ⟶ 塩漬け ⟶ 調整（切削）⟶ 脱塩 ⟶ 醬漬け ⟶ 製品

図7-62 甜醬冬瓜の製造工程

(3) 加工方法

(ア) 塩漬け

新鮮な生の冬瓜を2つに割り，中子（ワタ）を取り除く。100kgの生の冬瓜に対し，37.5kgの食塩を用いて塩漬けを行なう。漬け込みはカメの底に1層の冬瓜を入れてから食塩を重ねる。これを繰り返して漬け込みを行なう。漬け込み後は毎日2回別のカメに漬け換える。2日後，塩漬冬瓜をカゴの中に取り出し，水を切ってからムシロの上で1日晒し，その後カメの中に戻し，元の揚がり塩水を加える。15日間，毎日カメを移し換えると，塩漬冬瓜が完成する。

(イ) 切削および脱塩

塩漬冬瓜を1×1×3cmの拍子木状に切断してから3回に分けて脱塩を行なう。1回の脱塩に使用する水の量は100kgの塩漬冬瓜に対し250kgである。脱塩は冬瓜を水の中に24時間浸漬し，その間，4時間ごとに撹拌を行なう。3回目の脱塩を終えたら冬瓜を取り出してカゴの中に入れ，水をよく切る。脱塩した冬瓜の重量を量り2.5kgずつ布袋に入れ，細紐でしっかりと袋口を締める。

(ウ) 醬漬け

75kgの甜面醬の半量をまず最初にカメに入れ，次に脱塩した冬瓜の入った布袋の総量の約半量を入れ，さらに残りの半量の甜醬，冬瓜の入った布袋の順にカメに入れる。漬け込み後は毎日2回撹拌を行なって均一に漬かるようにする。甜面醬に約15日間漬け込むと製品が完成する。

(4) 保　存

甜醤冬瓜を保存する場合はカメに入れた状態で甜面醤で表面を覆い，カメに蓋をして密封する。冬季で約30日間，夏季は約20日間保存できる。

(5) 歩留り

脱塩した冬瓜100kgからは80kgの醤漬製品ができる。

(6) 製品の品質基準

(ア) 官能指標

色は金色を呈し，歯切れが良く，濃厚な醤の風味があり，適度な塩味と甘味を有しているものが良く，また，切り口の揃っているものが良い。

(イ) 理化学指標

食塩濃度は10～12％，水分は70～75％，還元糖は10％以上であるものが望ましいとされている。

59. 甜醤果仁（種実の甘味噌漬）

(1) 原料および補助原料

100kgの果仁（種実）をブランチングした後，きれいに皮を除去したものを原料とし，補助原料として天然醸造の甜面醤を100kg使用する。

(2) 製造工程

甜醤果仁の製造工程は図7-63に示すとおりである。

果仁　→　ブランチング　→　布袋に充填　→　醤漬け　→　製品

図7-63　甜醤果仁の製造工程

(3) 加工方法

(ア) 布袋へ入れる

ブランチングを終えた果仁を一旦，水で洗浄し，夾雑物を除去してからカゴの中に入れ，水を十分に切ってから重さを測定し，1つの布袋に約3kgずつ入れ，細紐でしっかりと袋口を締める。

(イ) 醤漬け

100kgの甜面醤の半量をまず最初にカメに入れ，次に果仁の入った布袋の総量の約半量を入れ，さらに残りの半量の甜面醤，果仁の入った布袋の順にカメに入れる。漬け込み後は毎日3回攪拌を行なって均一に漬かるようにする。果仁への甜面醤の浸透が早いので，約10日間漬け込むと製品が完成する。

(4) 保　存

甜醤果仁を保存する場合はカメに入れた状態で甜面醤で表面を覆い，カメに蓋をして密封する。冬季で約40日間，春季で約30日間である。保存期間が長くなると黒くなりやすく，また，歯切れが悪く，硬くなる傾向がある。

(5) 歩留り

果仁100kgからは150kgの甜醤漬製品ができる。

(6) 製品の品質基準

(ア) 官能指標

色は金色を呈し，果仁の香りと濃厚な醤の風味があり，適度な塩味と甘味を有しているものが

良い。
(ｲ) 理化学指標
食塩濃度は8～10％，水分は45～50％，還元糖は12～14％であるものが望ましいとされている。

60. 甜醤仏手菜（カラシナ甘味噌漬）

甜醤仏手菜の製造工程は蕪菁（カブ）の醤漬け工程とほぼ同じで，天然醸造された甜面醤を補助原料として使用する。2回に分けた塩漬けおよび晒しの工程を経て製造される。甜醤仏手菜の仏手菜（芥菜の一種）は北京の「仏手芥」の醤漬の製造法とも類似しており，単に原料が異なるだけである。「仏手芥」の醤漬の原料は醤油，糖色（カラメル）などであるが，甜醤仏手菜の場合は天然醸造の甜面醤を使用することから，その風味は「仏手芥」の醤漬より優れている。

甜醤仏手菜は製造が工夫されており，風味が良く，水分が比較的少ないので貯蔵に耐え，保存しやすい特徴を有する。

(1) 原料および補助原料

原料は葉付きの新鮮な芥菜で，虫害や腐れのない葉のものを選択する。補助原料としては食塩，天然醸造の甜面醤，桂花，五香料（茴香，山椒，八角，桂皮，丁香の5種類の香料を混合したもので料理の調味料としてよく利用される）を使用する。100kgの芥菜に対し，食塩10kg，甜面醤100kg，桂花0.5kg，五香料0.18kgを使用する。

(2) 製造工程

甜醤仏手菜の製造工程は図7-64に示すとおりである。

葉付き生芥菜 ─→ 前処理 ─→ 塩漬け ─→ 1次醤漬け ─→ 蒸煮 ─→ 1次晒し ─→

2次醤漬け ─→ 2次晒し ─→ 密閉 ─→ 製品

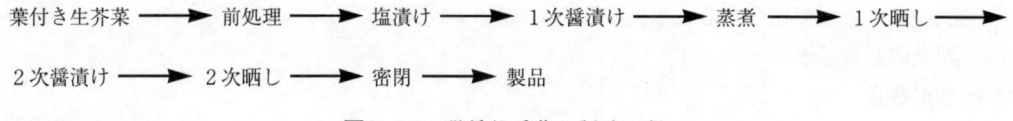

図7-64 甜醤仏手菜の製造工程

(3) 加工方法

(ｱ) 前処理

葉付き芥菜の外皮を包丁で丁寧に剥いてから，根部から縦割りにする。大きなものは3～4つ，小さなものは2つに割る。その後，約2cmの幅で刻む。

(ｲ) 塩漬け

処理した芥菜をカメに入れて塩漬けを行なう。最初にカメの底に少量の食塩を入れた後，芥菜を1層入れ，その上に食塩を均一に重ねる。それをカメの口まで一杯になるまで繰り返す。翌日，別のカメに漬け換え，その後は毎日1回漬け換えることによって均一に漬かるようにする。塩漬けは約10日間行なう。

(ｳ) 1次醤漬け

塩漬けした芥菜をカメの中から取り出し，葉を除いてから，もう1度カメの中に入れ，塩漬芥菜100kg当たり50kgの甜面醤を加え，翌日，別のカメに漬け換える。その後，15日間，毎日漬け換えを行ない，均一に甜面醤に漬かるようにする。

(ｴ) 蒸 煮

15日間醤漬けされた醤漬芥菜を取り出し，芥菜の表面に付着している甜面醤をきれいに取り除き，蒸籠（せいろ）に入れて半煮えの状態になるまで蒸す。通常，常圧で5分間ほど蒸せば良い。

(オ) １次晒し

蒸した醤漬芥菜は日光の下で２日間晒しを行なう。天気が悪く，曇っている場合は晒しの時間を延長する。晒しの際は，醤漬芥菜を回転させて均一に晒されるように注意して行なう。晒しを行なう目的は醤漬芥菜の水分を蒸発させ，醤漬芥菜の質および風味を向上させるためである。日光で晒す以外に，室内で熱風を当てることによって水分を蒸発させることも行なわれる。現在，大多数の工場は室外での晒しを行なっている。

(カ) ２次醤漬け

晒しを終えた醤漬芥菜をカメの中に入れてから甜面醤を加える。醤漬芥菜100kgに対し，甜面醤50kgの配合割合で漬け込みを行なう。翌日以降は，毎日別のカメに漬け換える。漬け換えの目的は，甜面醤の糖分，食塩，アミノ酸などの呈味成分を均一に早く醤漬芥菜の中に浸透させるためである。２次醤漬けは約15日間行なう。

(キ) ２次晒し

２次醤漬けを終えた醤漬芥菜を取り出し，きれいな布で醤漬芥菜に付着している余分な甜面醤を拭き取る。その後，日光の下で２日間，晒しを行なう。晒しは竹あるいは葦で編んだムシロの上で時々，醤漬芥菜の上下を返しながら行なう。通常，２時間ごとに１回上下を入れ替えて晒す。

(ク) 密 閉

密閉の目的は，乾性調味料（五香料）の香りを醤漬芥菜の中に浸透させ，製品に独特の風味を付与させるためである。最初に桂花などの香料をよく混合し，それを均一に晒した醤漬芥菜の切り口に撒く。香料をまぶした醤漬芥菜を壺の中に強く押しながら詰め込み，泥で壺の口を封ずる。このように密閉した状態を保ち，常温で約30日間経過すると製品が完成する。完成した製品は涼しく通風の良い場所で保存する。販売する時に壺の口を開封する。

(4) 製品の品質基準

(ア) 官能指標

製品の内部，外部とも明るい黒色を呈し，濃厚な風味と適度な甘味を有する。甜醤仏手菜を千切りにし，肉と一緒に妙めておいしいものが良い。

(イ) 理化学指標

水分は60～65％，食塩濃度は8～10％，還元糖は12％以上，アミノ態窒素は0.2～0.3％であるものが望ましいとされている。

61. 甜醤合錦菜（取り合わせ野菜の甘味噌漬）

甜醤合錦菜は山東省の漬物の中でも代表的なものの１つで300余年の歴史を持っている。甜醤合錦菜は南方の漬物と比べて補助原料，製造工程，製品の形態，風味などの点において異なっている。甜醤合錦菜は明るい色を呈し，醤の香味が強いのが特徴である。製品は日本，アメリカ，朝鮮，香港などの国および地域に輸出しており，国内外から広く称賛されている。

(1) 原料および補助原料

塩漬茎藍（コールラビ）30kg，塩漬梢瓜（シロウリ）20kg，塩漬萵笋（茎チシャ）15kg，塩漬落花生20kg，塩漬胡桃（クルミ）5kg，塩漬杏仁5kg，塩漬生姜（ショウガ）3kg，蜜柑皮の千切り2kg，甜面醤100kg，砂糖8kgを使用する。用いる野菜は新鮮で傷のないものを選択する。

(2) 製造工程

甜醤合錦菜の製造工程は図7-65に示すとおりである。

下漬け（塩漬け）　→　切断　→　脱塩　→　脱水　→　配合　→

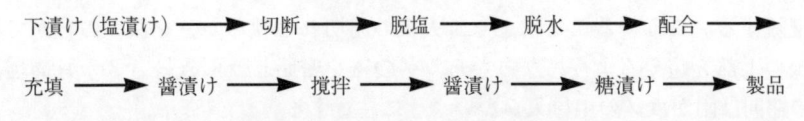

充填　→　醤漬け　→　撹拌　→　醤漬け　→　糖漬け　→　製品

図 7-65　甜醤合錦菜の製造工程

(3)　加工方法

　塩漬茎藍，塩漬梢瓜，塩漬茎チシャはそれぞれ0.7cmの賽の目に切る。塩漬生姜は0.1cm幅の千切りにし，蜜柑皮は0.2cm幅の千切りにする。塩漬胡桃は小さく刻んでおく。以上の塩漬材料をきれいな水の中に入れて脱塩する。10時間ごとに新しい水に換えて脱塩するが，合計3回水を換える。脱塩中は2時間ごとに撹拌し，塩出しを促進する。脱塩後は野菜材料を取り出し，布袋や竹カゴに入れて圧搾し，水を切る。落花生，杏仁はブランチングしてから外層の紅皮を取り除き，食塩で約2時間漬け込む。食塩の使用量は100kgの落花生，杏仁に対し3kgである。

　以上の塩漬野菜および落花生，杏仁，胡桃などを配合比に従って均一に混合し，5kgずつ布袋に入れてから醤の入ったカメの中に漬け込む。漬け込み後は毎日，午前と午後に1回袋を動かしてから袋の口を開け，出てきた空気を排出する。この操作を2週間行なった後，野菜類を布袋から取り出し，カメの中で砂糖を加え，48時間漬け込んだら製品が完成する。

(4)　製品の品質基準

(ア)　官能指標

　色合いは金色で美しく，甜面醤の香とエステル香に優れており，歯切れが良く，塩味と甘味のバランスがとれており，規格がそろい，胡桃，落花生の皮の残存のないものが良い。

(イ)　理化学指標

　食塩濃度は6～10％，水分は65～70％，総酸は1.5％以下，還元糖は10％，アミノ態窒素は0.2％以上であるものが望ましいとされている。

62.　醤紫蘿（ダイコン味噌漬）

(1)　原料および補助原料

　原料の紫蘿（紫大根）は毎年春に収穫したものを使用する。その頃の紫大根は細く小さくて，白く軟らかい。また，外形が整っている。醤に漬ける紫大根は毛根，傷，割れ目のあるものは取り除く。大きさが揃っているものが良く，1kgの紫大根は大体160本以上になる。補助原料として食塩，甜面醤を使う。

　紫大根100kgに対し，食塩25kg，甜面醤100kgの割合で漬け込む。

(2)　製造工程

　醤紫蘿の製造工程は図 7-66に示すとおりである。

生紫大根　→　塩漬け　→　脱塩　→　醤漬け（3回）　→　製品

図 7-66　醤紫蘿の製造工程

(3)　加工方法

(ア)　塩漬け

　工場に搬入後，紫大根を前処理してからカメの中で塩漬けするが，100kgの大根に対し，25kgの食塩を用いる。翌日，別のカメに移し，揚がり塩水を加える。漬け換えは毎日1回行ない，こ

れを15日間継続する。こうすることにより，大根の歯切れと軟らかさを保つことができる。揚がり塩水が大根の上部を超えるようになったらカメの蓋を密閉し，引き続き3か月間塩漬けを行なう。塩漬けの期間は雨がカメの中に入らないように注意する。

(イ) 脱　塩

200kgの下漬大根をカメから取り出し，別のカメに入れて200kgの水を加え，24時間浸漬し，脱塩を行なう。この間，2回の撹拌を行なう。その後，再度200kgの水を加え，6時間浸漬し，脱塩を行なったら取り出して水切りする。

(ウ) 醤漬け

水切りを終えた脱塩大根を9kgずつ布袋に入れ，その布袋をカメの中に12個入れる。次に，3次醤漬けで使用した甜面醤を200kg加え，布袋が甜面醤に均一に漬かるようによく撹拌する。布袋が甜面醤に隠れるまで甜面醤を加える。10日間甜面醤に漬け込んだ後，布袋を取り出し，袋の表面に付着している余分な甜面醤を除いてから別のカメに入れ，再度，3次醤漬けに使用した甜面醤で漬け込む。2次醤漬けを12日間行なった後，再び布袋を取り出し，袋を開けて中の大根を外に出す。大根に付着している甜面醤を除いてから新しい布袋に入れ，カメの中に漬け込む。この3次醤漬けは仕上げの醤漬けであるので，ここで用いる甜面醤は新鮮な甜面醤を用いる。10日間漬け込むと製品が完成する。漬け込みの間は1日あるいは2日ごとに布袋の上下を入れ換えて撹拌を行ない，均一に漬かるようにする。なお，3次醤漬けで用いた甜面醤は1次，第2次醤漬けの甜面醤として使用する。

(4) 製品の品質基準

(ア) 官能指標

形が揃っており，皮がしっかりして裂けることがなく，1kgの生の紫大根からは160個以上の製品が製造できるのが良い。また，甜面醤の香味を有し，歯切れが良く，塩味と甘味のバランスがとれているものが良い。色合いは明るい赤褐色で光沢のあるものが良い。

(イ) 理化学指標

食塩濃度は10～11%，水分は70～75%，還元糖は9%以上，総酸は1%以下，アミノ態窒素は0.3%以下であることが望ましいとされている。

63. 金糸香（カラシナ千切りの甘味噌漬）

金糸香は新鮮な芥菜（カラシナ）を原料とし，製造される漬物である。

(1) 原料および補助原料

金糸香の主原料は芥菜の塊根（球状のもの）で，虫害や腐敗部分のないものを選択する。補助原料として食塩，胡麻（ゴマ），甜面醤を使う。

芥菜100kgに対し，甜面醤40kg，胡麻4kg，食塩20kgを使用する。

(2) 製造工程

金糸香の製造工程は図7-67に示すとおりである。

芥菜 ⟶ 塩漬け ⟶ 千切り ⟶ 脱塩 ⟶ 醤漬け ⟶ 混合 ⟶ 製品

図7-67　金糸香の製造工程

(3) 加工方法

(ア) 塩漬け

生の芥菜の塊根部のひげ根を除いてから洗浄する。次に，芥菜を漬け込みタンクに入れて食塩を加えて漬け込むが，100kgの芥菜に対し15kgの食塩を使用する。その後，差し水（30kgの16°Béの食塩水）を加える。5日間漬け込んだ後，別の漬け込みタンクに移し，再度漬け込みを行なう。このような漬け込みは5日間行なわれるが，これを5～6回行なうのが一般的である。芥菜の中には辛味の強いものもある。塩漬けは30日間行なわれるが，漬け換えをしないで揚がり塩水をポンプで循環させて均一に浸透させる。通常，秋に塩漬けしたものは翌年の春に本漬けし，製品化する。塩漬けの期間が短いと醬漬製品の質は低下する。

(イ) 千切り

塩漬芥菜をタンクから取り出し，切断機あるいは包丁で幅2mm，長さ4～6cmに千切りにする。機械で千切りにしたものは規格外品が出ることが多いのでそれらを取り除く。包丁を使って手作業で切る場合は包丁をよく研ぎながら切ることが大切である。そうしないと切り出した千切り製品の表面は滑らかさや光沢がなく，品質の悪い製品となる恐れがある。

(ウ) 脱塩

千切りにした塩漬芥菜をカメの中に入れ，清水に12時間浸漬して脱塩を行なう。100kgの塩漬芥菜に対し，100kgの清水を加えて脱塩する。12時間後に千切り芥菜を取り出して圧搾し，次の醬漬けに供する。圧搾した千切り芥菜の水分は60～65％で食塩含量は約10％である。

(エ) 醬漬け

圧搾した千切り芥菜を布袋（袋の幅は15～20cm，長さは70cm）に入れて袋の口を紐できつく縛る。布袋を甜面醬を入れたカメの中に入れて醬漬けする。ここで用いる甜面醬は水分55～60％，還元糖20～24％，総酸2％以下，醬の色は黄褐色～赤褐色の品質を持つものを使用する。醬漬けの期間は夏季で7日間，冬季で15日間である。醬漬けの間は2～3日の間隔で風を通す。風を通す目的は，カメから千切り芥菜の入った布袋を取り出し，カメの中をよく撹拌してから再びカメの中に漬け込み，甜面醬が均一に千切り芥菜に浸透するようにするためである。醬漬け工程で使用する器具類は衛生的な状態を保つように注意する。そうでないと酸を生産しやすい微生物が芥菜に付着し酸敗させてしまうからである。

(オ) 混合

醬漬けを終えた千切り芥菜を布袋から取り出し，配合比に従い，炒った胡麻を均一になるように加えると製品が完成する。胡麻は炒ったら直ちに使用するのが良く，遅くとも1週間以内に使用することが大切である。

(4) 製品の品質基準

(ア) 官能指標

色は黄褐色から赤褐色を呈し，肉質は軟らかく，塩味と甘味のバランスがとれているものが良い。

(イ) 理化学指標

食塩濃度は10～12％，水分は60～65％，還元糖は10％以上であるものが望ましいとされている。

64．醬芸豆（インゲンマメ甘味噌漬）

芸豆（隠元豆）は別名，白架豆とも言い，柔らかい莢は薄い緑色を呈し，形は円筒形，長さは13～15cm，莢の表面は滑らかで毛がなく，肉厚で繊維は非常に少ない。カルシウム，リンの含有

量は比較的高い豆である。9，10月に収穫される芸豆は特に質の良いもので新鮮で柔らかく，変質しにくい特徴を持っている。醤で漬けられた芸豆は消費者に大変人気のある漬物の1つとなっている。

(1) 原料および補助原料

原料に使う芸豆は新鮮で軟らかく，虫害や腐敗部分のないものを選ぶ。補助原料として食塩，老塩鹹（前年の塩漬けの際に得られた揚がり塩水）および甜面醤を使用する。生の芸豆100kgに対し，食塩25kg，老塩鹹30kg，甜面醤80kgの配合割合で漬け込む。

(2) 製造工程

醤芸豆の製造工程は図7-68に示すとおりである。

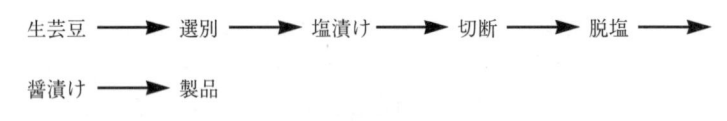

生芸豆 ── 選別 ── 塩漬け ── 切断 ── 脱塩 ── 醤漬け ── 製品

図7-68 醤芸豆の製造工程

(3) 加工方法

(ア) 選別

規格外の芸豆を除去した後，すじを取り除く。

(イ) 塩漬け

選別した芸豆をカメの中に入れ，その上に食塩を加え，さらに芸豆を入れる。それを交互に繰り返してカメが一杯になったら配合比に従って老塩鹹を加える。翌日，別のカメに漬け換えて均一に漬かるようにする。その後は毎日別のカメに漬け換えを行なうが，食塩が完全に溶解するまでには約15日間かかる。15日間経過すると揚がり塩水は芸豆の上を覆うようになるので，この時点でカメに蓋をして塩漬けを引き続き行なう。塩漬けは半月以上行なう。

(ウ) 切断

醤芸豆の芸豆の形には全芸豆と段芸豆の2種類があり，全芸豆は芸豆のそのままの形であり，段芸豆は芸豆を2～3cmに切断したものである。切断の際，規格外のものがある場合は随時取り除いておく。

(エ) 脱塩

そのままあるいは切断した塩漬芸豆をカメの中に100kg入れ，次に水を100kg加えて，夏季は24時間，冬季は36時間浸漬し，脱塩を行なう。脱塩中，3回ほど撹拌を行なう。

(オ) 醤漬け

脱塩した芸豆の半製品を取り出して水を切り，それを布袋（袋の幅は15～20cm，長さは70cm）に入れて袋の口を紐できつく縛る。1つの布袋には約9kgの芸豆半製品を入れることができる。この布袋を18個カメに入れてから，配合比に従って甜面醤を加える。甜面醤は布袋の上になるように気をつける。醤漬けの期間は30～40日間であるが，その間，10日ごとに1回の割合で撹拌を行なう。撹拌の方法は一旦布袋を取り出し，袋の中の芸豆を桶の中に出して撹拌し，再び袋に戻してカメの中に漬け込む。同様に，甜面醤もカメに戻す。

(4) 製品の品質基準

(ア) 官能指標

色は赤褐色を呈し，光沢がある。甜面醤の香味とエステル香があり，肉質は軟らかく，塩味と

甘味のバランスがとれているものが良い。
(ｲ) 理化学指標
　食塩濃度は10〜11％，水分は60〜63％，総酸は1％以下，アミノ態窒素は0.35％以上であるものが望ましいとされている。

65. 醤海帯糸（千切りコンブ甘味噌漬）
　醤海帯糸は山東省の漬物の中でも特色のあるものの1つで海帯（昆布）に生姜（ショウガ），陳皮（ちんぴ）を加え，甜面醤で漬けたものである。この漬物は消費者に大変人気がある。山東省は沿海にあり，昆布が豊富に採れるので製造するのに有利な地域である。

(1) 原料および補助原料
　乾燥昆布87kgに対し，生生姜の千切り12kg，陳皮あるいは桂皮（けいひ）1kg，甜面醤250kg，醤油25kgを使用する。乾燥昆布は通常，1，2級品を使用する。1，2級品の昆布のことを一般的に牛皮昆布という。

(2) 製造工程
　醤海帯糸の製造工程は図7-69に示すとおりである。

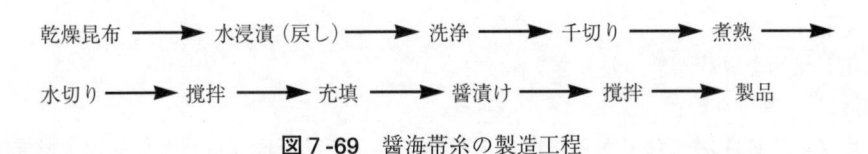

乾燥昆布 ⟶ 水浸漬（戻し）⟶ 洗浄 ⟶ 千切り ⟶ 煮熟 ⟶

水切り ⟶ 攪拌 ⟶ 充填 ⟶ 醤漬け ⟶ 攪拌 ⟶ 製品

図7-69　醤海帯糸の製造工程

(3) 加工方法
　乾燥昆布は水の中で4〜6時間浸漬してから洗浄し，夾雑物を取り除く。洗浄は丁寧に行なわないと口当たりが悪くなったり，不快な味を呈することになるので注意を要する。洗浄した昆布は2mm幅に千切りにする。その後，沸騰水に入れて柔らかくなるまで煮る。煮る時間は昆布の質によって異なるので時々口に入れて確認する。煮えた昆布は直ちに冷水に入れて，1時間ほど冷却する。冷却後，昆布を取り出して水を切る。この昆布に生姜の千切り，千切り陳皮，醤油を配合比に従って加え，よく攪拌してから布袋に入れ，カメの中で甜面醤を加えて醤漬けを行なう。醤漬けは8〜12日間行なうが，この間，毎日1回攪拌する。

(4) 歩留り
　100kgの昆布の千切りからは110kgの醤海帯糸を製造することができる。

(5) 製品の品質基準
(ｱ) 官能指標
　色は明るく，甜面醤の香味と醤油の香味があり，肉質は柔らかく，塩味と甘味のバランスがとれているものが良い。

(ｲ) 理化学指標
　食塩濃度は6〜7％，水分は60〜65％，還元糖は8％以上，総酸は1.5％以下，アミノ態窒素は0.1％以上であるものが望ましいとされている。

66. 杞県醤刺黄瓜（キュウリ甘味噌漬）
　中国での黄瓜（キュウリ）の生産地は多く，種類もたくさんあるが，杞県の醤刺黄瓜は黒油条

および五瓜竜という品種の黄瓜を原料としている。漬物の原料として使う場合は，小さくて細く，花と刺（とげ）がついているものでなくてはならない。

(1) 原料および補助原料

原料に使う生の黄瓜は細くて小さく，形が揃っているものを選択する。補助原料で用いる食塩は泥土や夾雑物がないものを選び，それを炒めてから使う。また，醤黄（味噌麹）も使用する。生の黄瓜100kgに対し，醤黄70kg，食塩12.5kg，食塩5.5kg，唐辛子0.1kgを使用する。

(2) 製造工程

醤刺黄瓜の製造工程は図7-70に示すとおりである。

生黄瓜 ⟶ 整形 ⟶ 塩漬け ⟶ 混合 ⟶ 漬け換え ⟶ 醤漬け ⟶ 製品

図7-70 杞県醤刺黄瓜の製造工程

(3) 加工方法

(ア) 選別

黄瓜は細くて小さなもので形が揃っているものを選ぶ。直径は1cm以下で虫害や傷のないものを選択する。

(イ) 整形

黄瓜の花と果柄を取り除き，泥土を洗浄する。

(ウ) 塩漬け

黄瓜をカメの中に1層入れてから食塩を1層加える。これを繰り返してカメの上部まで漬け込む。24時間塩漬けを行ない，次の工程に移る。

(エ) 醤黄の混合

カメの中に醤黄を1層入れ，その上に塩漬黄瓜を1層入れ，これを繰り返して漬け込む。麹漬けの間は毎日カメの蓋を開けて晒しを行なうとともに，よく撹拌する。

(オ) 漬け換え

約1か月間麹漬けを行なって黄瓜を取り出し，別のカメに漬け換えて引き続き1か月間，麹漬けおよび晒しを行なう。

(カ) 醤漬け

2か月間麹漬けを終えた黄瓜を取り出し，黄瓜の表面に付着している醤を除いてから布袋に入れ，それをカメの中に甜面醤とともに漬け込む。15日間経過すると製品が完成する。

(4) 注意事項

(ア) 黄瓜は洗浄し，軽く干してから漬け込みを行なう。そうしないと腐ることがある。

(イ) 1層1層漬け込むことが大切である。1層は黄瓜が約5kgでカメの中で丁度良い厚さになる。そうでないと食塩が均一に浸透しない場合がある。

(ウ) 漬け換えを行なう際は泥土を持ち込まないようにする。そうしないと酵母によって製品が発酵し，膨張することがある。

(5) 製品の品質基準

(ア) 官能指標

黄瓜の形状は細くて小さく，揃っているものが良い。色は緑色を呈し，甜面醤の香味があり，肉質は軟らかく，塩味と甘味のバランスがとれているものが良い。

(ｲ) 理化学指標

食塩濃度は12～13％，水分は70～75％，総酸は1％以下，還元糖は10％以上であるものが望ましいとされている。

67. 杞県醤瓜（ウリ味噌漬）

菜瓜（シロウリの一種）の品種は多いが，杞県の醤瓜は通常，蒲棒槌瓜を用いて漬けられる。歩留りが比較的良く，製品は透明感があり，艶が良い。

(1) 原料および補助原料

(ｱ) 原料に使う菜瓜は7～8割程度熟した頃のものを用いる。成熟し過ぎたものは歯切れが悪くなる。カビの発生がなく，傷や虫害のないものを選択する。

(ｲ) 食塩は夾雑物の少ないものを使用する。塩漬けに使用する岩塩は炒ってから用いる。なお，岩塩は別名，製塩ともいう。

中子（ワタ）を除去した菜瓜100kgに対し，食塩12.5kg，岩塩5.5kg，醤黄（味噌麹）70kgおよび四川唐辛子0.1kgを用いる。

(2) 製造工程

杞県醤瓜の製造工程は図7-71に示すとおりである。

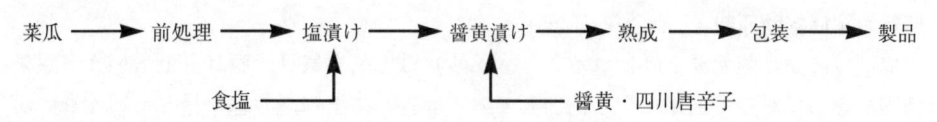

菜瓜 → 前処理 → 塩漬け → 醤黄漬け → 熟成 → 包装 → 製品
           　　　　　↑　　　　↑
         　　　食塩　　　醤黄・四川唐辛子

図7-71 杞県醤瓜の製造工程

(3) 加工方法

(ｱ) 原料の選別と処理

虫害や傷のないものを原料とし，よく洗浄した後，2つ割りにし，中子を除去してから布で水を拭き取っておく。

(ｲ) 塩漬け

食塩を加えて漬け込む際は正確に重量を測定し，多すぎたり，少なすぎたりすることのないように注意深く行なう。塩漬け24時間後に新しいカメに漬け換え，さらに48時間漬け込んだらカメから塩漬菜瓜を取り出し，醤黄に漬け込む。

(ｳ) 醤黄漬け

醤黄に塩漬菜瓜を漬け込む際は，塩漬菜瓜と醤黄を交互に漬け込んでいく。そして，漬け込みの最後に揚がり塩水を加える。醤黄は発酵し醤となる。毎晩，カメに蓋をし，日中は日光下での晒し作業を行なう。

(ｴ) 熟成

約1か月間の醤黄漬けと晒し作業を終えたら，カメの中で熟成を行なう。熟成中はカメの中で菜瓜の天地返しを時々行ない，均一に熟成させる。熟成は約1か月間行なう。

(ｵ) 晒し

醤袋に醤漬菜瓜を入れて約2か月間，晒しを行なうとほぼ熟成は終了する。次に菜瓜を入れた醤袋を醤汁に浸漬し，15日程度経過すると色合いも良くなり，製品が完成する。

(4) 注意事項

(ア) 醬瓜を製造する時期は製品の優劣に大いに関係してくるので適切な時期に漬け込むことが大切である。それは醬黃と同時に漬け込むために醬黃の発酵も同時進行するからである。

(イ) 醬漬けは気温の高い時期に行なわれる。天日での晒し作業があるので雨の影響をこうむることがある。その結果，菜瓜は軟化し，カビの発生をみることになる。また，醬の風味も低下する。したがって，風雨に注意するとともに通風条件の良い所で漬け込みを行なうことが大切である。

(ウ) 塩漬けおよび醬黃漬けの際の食塩の使用量は正確であることが大切である。そうでないと菜瓜醬漬製品は質の劣ったものとなる。

(5) 製品の品質基準

(ア) 官能指標

色は透明感のある黄色を呈し，肉質は軟らかくて歯切れが良く，濃厚な醬の風味があり．，塩味と甘味のバランスが取れているものが良い。

(イ) 理化学指標

食塩濃度は12～13%，水分は70～72%，還元糖は10%以上，総酸は1%以下であるものが望ましいとされている。

68. 沈陽醬扁豆（フジマメ味噌漬）

(1) 原料および補助原料

原料の扁豆（藤豆。隠元豆と呼ばれることもある）は別名を気豆，豚耳豆ともいう。豆果（莢）の形は楕円形をしており，扁平で少し湾曲している。青緑，濃緑，紫緑を呈しているものが多い。扁豆特有の風味は，塩漬けによっても多少残存する。しかし，醬漬けする頃には醬の風味に置き変わる。補助原料として食塩，大醬（大豆醬），面醬を使用する。

配合割合は扁豆100kgに対し，食塩20kg，大醬80kgあるいは面醬85kgを使用する。

(2) 製造工程

沈陽醬扁豆の製造工程は図7-72に示すとおりである。

扁豆 ⟶ すじを除去 ⟶ 洗浄 ⟶ カメに入れる ⟶ 食塩の添加 ⟶

重石で押す ⟶ 漬け換え ⟶ 撹拌 ⟶ 食塩の添加 ⟶ 脱塩 ⟶

換水 ⟶ 水切り ⟶ 布袋に入れる ⟶ 醬漬け ⟶ 撹拌 ⟶ 製品

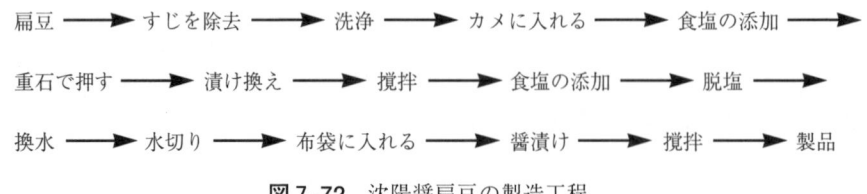

図7-72 沈陽醬扁豆の製造工程

(3) 加工方法

(ア) 塩漬け

新鮮な扁豆のすじを取り除いてから洗浄し，余分な水を切ってカメに入れ，塩漬けする。塩漬けの際は，まず最初に1層の扁豆を置き，その上に1層の食塩を撒き，これを繰り返すことによって漬け込む。100kgの扁豆に対し，16kgの食塩を用いる。なお，上部には重石を載せておく。翌日，別のカメに漬け換えてから，さらに4kgの食塩を加えて漬け込む。その後は1日おきに別のカメに漬け換えて均一に漬かるようにする。約20日間の後に塩漬品が完成する。

(イ) 醬漬け

塩漬扁豆を清水に2～3時間浸して脱塩するが，その間に2～3回ほど水を取り換える。脱塩

が終わったら，1日陰干ししてから布袋に入れ，次に布袋ごとカメの中に入れて醤漬けを行なう。醤漬けの期間中は毎日，3回撹拌を行ない，扁豆に醤の風味と栄養分が均一に行き渡るようにする。約30日間醤漬けを行うと製品が完成する。醤の中でも大醤で漬けられたものを醤扁豆，面醤で漬けられものを面醤扁豆として区別している。

(4) 製品の品質基準

(ア) 官能指標

色は濃緑色を呈し，塩味と甘味のバランスが取れているものが良い。

(イ) 理化学指標

食塩濃度は10～12％，水分は65％以下，還元糖は6％以上，総酸は1％以下，アミノ態窒素は0.2％以上であるものが望ましいとされている。

69. 黄醤黄瓜（キュウリ味噌漬）

黄醤黄瓜は華北および東北地区でよく知られている漬物の1つである。皮の色は濃緑色，内部は赤褐色を呈し，光沢がある。濃厚な醤の香味があり，味覚は塩辛味が強い。肉質は軟らかく，歯切れがある。貯蔵期間は甜醤で漬けられたものより長く保存できる。ポピュラーな漬物であり，多くの消費者に親しまれている。

(1) 原料および補助原料

生の黄瓜（キュウリ）100kgに対し，食塩 30kg，黄醤（大豆醤）75kgを用いる。

(2) 製造工程

黄醤黄瓜の製造工程は図7-73に示すとおりである。

黄瓜 ─→ 選別 ─→ 塩漬け ─→ 脱塩 ─→ 脱水 ─→ 醤漬け ─→ 製品

図7-73 黄醤黄瓜の製造工程

(3) 加工方法

(ア) 選 別

黄醤黄瓜の原料となる黄瓜は秋に収穫されるものを用いる。収穫した黄瓜を工場に搬入後，直ちに選別を行なう。色は青緑で肉質は軟らかく，形状は細長く，熟した種子の少ないものを選択する。1kg当たり6本程度の大きさのものを使用するのが良い。

(イ) 塩漬け

選別を終えた黄瓜は直ちに塩漬けにする。塩漬けの際はまず最初にカメあるいは漬け込みタンクの底に少量の食塩を撒き，その上に黄瓜を1層の高さが約15cmとなるように並べ，その上にさらに食塩を撒く。これを繰り返してカメあるいは漬け込みタンクが一杯になるまで漬け込み，最上部には多めの食塩を撒く。翌日には食塩が溶け始めるので，その後は毎日1回，別のカメに漬け換えて撹拌を行ない，均一に漬かるようにする。始めの頃は溶けきらない食塩が残るので，それを黄瓜とともに漬け込む。食塩が全部溶解した後は2日に1回の割合でカメの内部を撹拌する。約10日間塩漬けを行なった後，保存する。黄瓜が塩水よりも上に出ていると，その部分は緑色が弱くなり黄色に変色するので，黄瓜は完全に塩水に漬かるようにしておく。

(ウ) 脱 塩

塩漬黄瓜の食塩濃度は20％以上となっており，製品を作るには脱塩を行なう必要がある。脱塩

は通常，水に浸漬する方法で行なわれる。塩漬黄瓜をカメあるいは漬け込みタンクから取り出し，清水に浸漬して脱塩を行なう。4時間ごとに1回撹拌を行ない，約12時間浸漬してから塩漬黄瓜を取り出し，水を切る。さらに，新たな水を加えて，撹拌を続け，12時間後に取り出して，水を切る。脱塩後の黄瓜の食塩濃度は通常約10％になっている。

(エ) 脱　水

脱塩後の塩漬黄瓜には多くの水が含まれているので，そのまま醤漬けを行なうと醤の吸収がうまくいかない。したがって，脱水を行なう必要がある。脱水方法には自然脱水，圧搾脱水，布袋に入れて自重で脱水する方法など，いくつかの方法がある。黄醤黄瓜では一般的に布袋に入れて圧搾脱水する方法が用いられる。まず，最初に塩漬黄瓜を布袋に入れるが，1布袋当たり約3 kgの塩漬黄瓜を入れる。その後，木製圧搾機の中に入れ，徐々に圧力を加えながら脱水を行なう。急に圧搾を行なうと黄瓜の皮部が破れることがあるので注意する必要がある。100kgの塩漬黄瓜から約65 kgの脱水黄瓜を得られるように圧搾を行なう。

(オ) 醤漬け

脱塩，脱水を終えた原料黄瓜を布袋から取り出し，全体をほぐしてからもう1度布袋に入れる（通常1袋に約3 kgの脱水黄瓜が入るが，5 kg入る布袋もある）。布袋に入れた脱水黄瓜を醤の入ったカメに漬け込む。通常，1つのカメには約150kgの醤が入っており，黄瓜を入れた布袋を約20個漬け込むことができる。漬け込んだ後は毎日1回，撹拌を行ない，醤が均一に吸収されるようにする。撹拌の方法は下層の袋を上層に，上層のものは下層になるように漬け直す。

一般的に冬季では約15日間，夏季では約10日間漬け込むと製品が完成する。

(4) 製品の品質基準

(ア) 官能指標

表皮は濃緑色で光沢があり，内部は赤褐色を呈しているものが良い。食味は醤特有の濃厚な風味を有し，歯切れのあるものが良い。

(イ) 理化学指標

水分は70〜75％，食塩濃度は8〜10％，アミノ態窒素は0.25％以上であるものが望ましいとされている。

70. 黄醤蘿蔔（ダイコン味噌漬）

黄醤蘿蔔は伝統的な漬物で，全体が白色の白蘿蔔（白大根）を原料として製造される。製品は金色を呈し，濃厚な醤の香りとエステル香を持ち，味が良く，歯切れの良い漬物である。黄醤蘿蔔は主に中国の湖南，江西地方で生産されているが，一部北方でも生産されている。北方の生産方法は南方の製造方法と大きく異なっている。本書では南方における製造方法を紹介する。

(1) 原料および補助原料

大根は冷涼で湿度の高い環境を好み，多くの水分，多種類のビタミンおよび糖分を含んでいるので消化を助ける機能を持っている。原料に用いる大根は表皮が薄くて水分が多く，繊維分の少ない白皮大根が使われる。原料大根100kgに対し，食塩6 kg，黄醤75kgの割合で使用されている。

(2) 製造工程

黄醤蘿蔔の製造工程は**図7-74**に示すとおりである。

大根 ⟶ 整形 ⟶ 塩漬け ⟶ 半製品 ⟶ 乾燥 ⟶ 塩水の加熱 ⟶

醤漬け ⟶ 製品

図7-74　黄醤蘿蔔の製造工程

(3) 加工方法
(ア) 整　形
　全体が白く，歯切れの良さそうな大根で，直径は3～4cm，長さが約15cmのものを選択し，大根の上端と末端を除去してから，洗浄し，泥土を取り除く。
(イ) 塩漬け
　洗浄した大根の塩漬けは，まず最初にカメあるいは漬け込みタンクの底に少量の食塩を撒き，その上に大根を1層並べ，その上にさらに食塩を撒く。これを繰り返してカメあるいは漬け込みタンクが一杯になるまで漬け込み，最上部には多めの食塩を撒く。表面に撒く食塩の厚さは約2cm程度にするのが良い。翌日には食塩が溶け始めるので，その後は毎日1回，別のカメに漬け換えながら撹拌を行ない，均一に漬かるようにする。約5日間塩漬けを行なうと塩漬大根が完成する。
(ウ) 乾　燥
　塩漬大根を取り出してから，大根の頂端に麻糸を通し，通風の良い，雨水のかからない場所に懸けて干す。脱水されて徐々に大根は柔らかくなるが，100kgの生大根が25kg程度まで乾燥した段階で取り下ろす。次に麻糸を抜いてからカメの中にしっかり強く押しながら入れ，蓋で覆って密閉・貯蔵し，醤漬原料とする。
(エ) 加　熱
　乾燥して貯蔵しておいた大根を清水に24時間浸漬した後，取り出して水を切っておく。次に，大根を塩漬けした際の揚がり塩水の上澄み液で夾雑物を除いたものを鍋に入れて80℃になるまで加熱する。この加熱した揚がり塩水を，上記の大根半製品の上に注ぎながら加え，約7時間浸漬してから取り出して食塩水を切っておく。
(オ) 醤漬け
　加熱処理を終えた大根をカメに中に並べながら醤を加えていく。カメが大根と醤で一杯になったら，表面を食塩と醤で覆う。1か月後，カメの内部を撹拌し，元通りに漬け直す。その後，5日間ほど毎日撹拌を行ない，そのまま2か月間醤漬けを行なうと製品となる。
(4) 製品の品質基準
(ア) 官能指標
　大根の内部の色合いは明るい金色で美しく，濃厚な醤の香味とエステル香に優れており，歯切れが良く，形状が揃っているものが良い。
(イ) 理化学指標
　食塩濃度は10～12％，水分は65～70％，アミノ態窒素は0.25％以上であるものが望ましいとされている。

71. 北京醤蘿蔔（ダイコン味噌漬）
　北京醤蘿蔔は北京の伝統的な漬物で，広く消費者に好まれている。醤漬は漬けるときの醤の種類によってそれぞれ特徴ある風味を持っている。黄醤で漬けたものは小醤蘿蔔，甜面醤で漬けたものは甜醤蘿蔔と言い，黄醤と甜面醤の両方の醤に漬けたものは醤蘿蔔と言う。

北京醬蘿蔔は甜面醬と黄醬に漬けた漬物で，両方の醬香とエステル香を併せ持った深い風味を有するものである。

(1) 原料および補助原料

原料の生大根100kgに対し，食塩6kg，黄醬50kg，甜面醬50kgを使用する。原料生大根は北京で生産される二英子品種を用いる。この品種は表皮および内部が共に白いのが特徴である。また，形状は長さが10～15cm，直径が2～3cmのものを用いる。

(2) 製造工程

北京醬蘿蔔の製造工程は**図7-75**に示すとおりである。

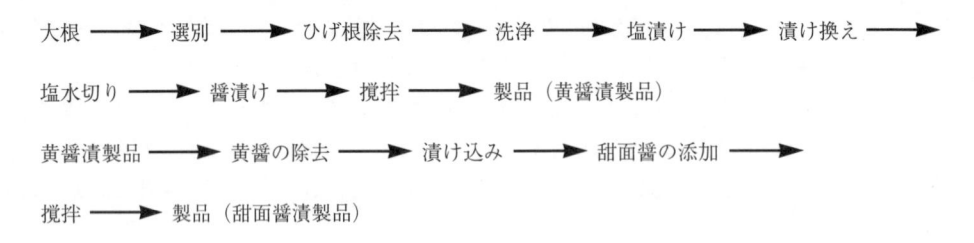

大根 ⟶ 選別 ⟶ ひげ根除去 ⟶ 洗浄 ⟶ 塩漬け ⟶ 漬け換え ⟶

塩水切り ⟶ 醬漬け ⟶ 撹拌 ⟶ 製品（黄醬漬製品）

黄醬漬製品 ⟶ 黄醬の除去 ⟶ 漬け込み ⟶ 甜面醬の添加 ⟶

撹拌 ⟶ 製品（甜面醬漬製品）

図7-75 北京醬蘿蔔の製造工程

(3) 加工方法

(ア) 塩漬け

原料の生大根を工場に搬入後，最初にひげ根を除去し，大き過ぎるものや小さ過ぎるものを除き，塩漬けにする。形状の揃っているものを洗浄してから水を切り，塩漬けにするが，塩漬けには2種類の方法がある。

a) 1つは春の大根を収穫し，塩漬けにした後，貯蔵しておいたものを必要に応じて醬漬け加工するものである。塩漬けは生大根100kgに対し，食塩15kg，水18kgを使用する。カメの中に1層の大根を並べ，その上に食塩を撒き，それを繰り返すことによって漬け込む。なお，上部には多めの食塩を用いる。食塩が完全に溶けるまでは毎日2回，別のカメに漬け換えながら撹拌を行ない，均一に漬かるようにする。食塩が溶解してからは1日置きに1回，別のカメに移して漬け換えを行ない，1週間後は2～3日の間隔で漬け換えを行なう。約20日後には塩漬大根が完成する。貯蔵する際は重石でしっかり押して，食塩水が大根よりも上になるようにしておく。醬漬けの際は塩漬大根を取り出し，脱塩と脱水を行なってから醬漬けする。

b) もう1つの塩漬け方法は比較的少ない食塩で漬け，脱水後は直ちに醬漬けを行なう場合である。この方法は食塩を節約できるだけでなく，少ない労力で短期間に製造できることが特徴である。しかし，貯蔵期間が短いので製造時期に季節性があり，1年中生産することができない。塩漬けは洗浄した生大根100kgに対し，6kgの食塩を用いて漬ける。毎日2回，別のカメに漬け換えながら撹拌を行ない，均一に塩漬けされるようにする。2日後には大根をカメから取り出し，揚がり塩水を切ってから，そのまま醬漬けを行なう。

(イ) 黄醬漬け

前項のa)の方法で貯蔵用に塩漬けされた大根の場合は，必要時に脱塩，脱水して醬漬けを行なうが，b)の少量の食塩で塩漬けした場合は，塩漬け後は直ちにカメに入れて醬漬けを行なう。醬漬けは100kgの塩漬大根に対し，50kgの黄醬を加え，毎日4回撹拌を行ない，20日間経過すると黄醬漬製品となる。この状態で販売すると小醬蘿蔔となる。

(ウ) 甜面醤漬け

黄醤漬けを終えた大根をカメから取り出し、大根の表面に付着している黄醤を丁寧に除いてから、別の新しいカメに入れて甜面醤による醤漬けを行なう。黄醤漬けした大根100kgに対し、50kgの甜面醤を加え、毎日4回撹拌を行ない、2週間経過すると製品の甜面醤の風味が付加された醤蘿蔔が完成する。

(エ) 歩留り

100kgの生大根からは80kgの塩漬大根ができ、100kgの塩漬大根からは80kgの製品を作ることができる。

(4) 製品の品質基準

(ア) 官能指標

色は赤褐色で光沢がある。醤の香りとエステル香および醤の濃厚な味があり、塩味と甘味のバランスがとれているものが良い。また、歯切れが良く、形状が揃っており、ひげ根やスのないものであることが必要である。

(イ) 理化学指標

食塩濃度は12%以下、水分は75%以下、還元糖は5%以上、総酸は1%以下、アミノ態窒素は0.2%以上であることが望ましいとされている。

72. 北京醤什香菜（取り合わせ野菜の味噌漬）

醤什香菜は北京の漬物の中でも伝統的な漬物の1つで古い歴史を有する漬物である。厳選された原料を用いて製造される。北京醤什香菜は野菜を包丁で紙の薄さに切り、その後千切りにし、さらに生姜（ショウガ）の千切りと混合して黄醤と甜面醤で漬けられたもので、その特殊な技法で作られた漬物は世界に有名である。製品は濃厚な醤香とエステル香を有し、黄醤と甜面醤の両方の風味を合わせ持った漬物である。近年、需要の増加に従って専門の職人が包丁で醤什香菜を製造することが困難になっており、現在は機械で製造するようになっている。しかし、やはり人が包丁で切って製造した醤什香菜の方が風味および色や光沢が優れている。

(1) 原料および補助原料

茎藍（コーラルビ）塩漬原料100kgに対し、塩漬生姜の千切り1kg、甜面醤35kg、黄醤35kgを用いる。生の茎藍は北京地区で栽培されているもので伏（春）茎藍と秋茎藍の2種類がある。醤什香菜に使われるものは秋茎藍である。秋茎藍は色が良く、肉質は緻密で歯切れが良いからである。形状としては1つが750g以上あるものを選択する。

(2) 製造工程

北京醤什香菜の製造工程は図7-76に示すとおりである。

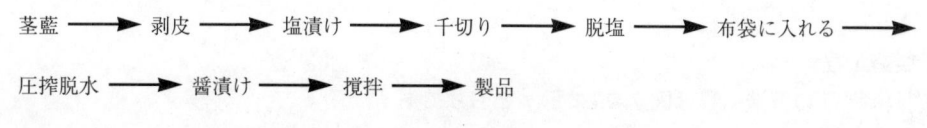

茎藍 ── 剥皮 ── 塩漬け ── 千切り ── 脱塩 ── 布袋に入れる ──

圧搾脱水 ── 醤漬け ── 撹拌 ── 製品

図7-76 北京醤什香菜の製造工程

(3) 加工方法

(ア) 塩漬け

生の茎藍は工場に搬入後、まず表皮を剥いてからカメの中で塩漬けを行なう。生の茎藍100kgに

対し，25kgの食塩，20kgの水を用いて漬け込む。毎日2回撹拌を行なって食塩を溶解させるとともに均一に漬かるようにする。食塩が溶解した後は，毎日1回の割合で別のカメに漬け換えを行ない，3～4日後からは2日間隔で漬け換えを行なう。約20日後に塩蔵品が完成する。なお，塩蔵品は封をして貯蔵することが可能である。

(イ) 千切り

塩漬茎藍の中から直径が10cm以上のものを選択し，中間から2つに切り分ける。塩漬茎藍はまな板の上で包丁を用いて薄く切り，さらに千切りにする。千切りの太さは1～2mmであるが，長さは特に制限はない。

(ウ) 醤漬け

100kgの塩漬茎藍の千切りと1kgの塩漬生姜の千切りをカメの中に入れて脱塩を行なう。脱塩時間は1昼夜行なえば良く，脱塩を行なっている間は時々撹拌する。脱塩が終わったら布袋に塩漬け茎藍を入れて醤漬を行なう。脱塩・脱水を終えた茎藍の千切り100kgに対し35kgの甜面醤と35kgの黄醤を加えて漬け込む。醤漬けを開始してからは毎日3～4回の撹拌を行ない，1週間後に製品となる。

(エ) 歩留り

100kgの茎藍（表皮を除去したもの）からは約85kgの塩漬製品を得ることができる。また，100kgの脱塩半製品からは85kgの醤漬製品を得ることができる。

(4) 製品の品質基準

(ア) 官能指標

色は金色で光沢があり，濃厚な醤の風味とエステル香を有する。肉質は柔らかく，塩味と甘味のバランスがとれているものが良い。また，千切りの形状は揃っていることが望ましい。

(イ) 理化学指標

食塩濃度は9～12％，水分は75％以下，還元糖は5％以上であるものが望ましいとされている。

73. 武漢醤白蘿蔔（ダイコンの味噌漬）

武漢醤白蘿蔔は武漢地方の名産で，その加工方法は両湖（湖南，湖北）および武漢の特色を保ちながら江蘇省揚州の特色をも取り入れたものとなっている。

武漢醤白蘿蔔の加工法は主に漬け晒し法である。本法は大根の塩漬半製品を作った後，揚がり塩水を加熱したものに漬けてから，醤に漬けることによって製造される。

(1) 原料および補助原料

白蘿蔔（白大根）100kgに対し，食塩6～7kg，黄醤35kg，甜面醤17kg，白砂糖2～3kgを使用する。

原料に使用する大根は武漢娘子湖の近辺で栽培されている馬椿種の白条子蘿蔔で皮が薄く，肉質が充実しており，水分は少なく，糖分の多いのが特徴である。漬物には長さが15～20cm，直径が3～4cm程度のものを使う。

(2) 製造工程

武漢醤白蘿蔔の製造工程は図7-77に示すとおりである。

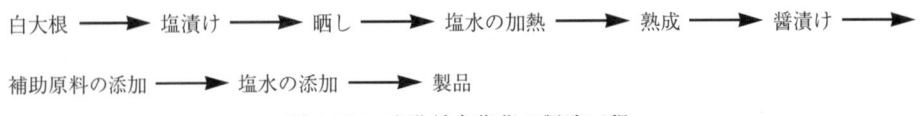

白大根 ⟶ 塩漬け ⟶ 晒し ⟶ 塩水の加熱 ⟶ 熟成 ⟶ 醤漬け ⟶

補助原料の添加 ⟶ 塩水の添加 ⟶ 製品

図7-77 武漢醤白蘿蔔の製造工程

第5節　各地の醤曲醸菜

(3) 加工方法
(ア) 塩漬け

　生の大根を工場に搬入し，水で洗浄した後，カメの中に入れて塩漬けする。生大根100kgに対し，6～7kgの食塩を用いて漬ける。カメの底に1層の大根を並べ，その上に1層の食塩を撒き，これを交互に繰り返すことによって漬け込む。上部に多めの食塩を撒く。漬け込んだ後は12時間ごとに別のカメに漬け換えることによって撹拌を行ない，均一に漬かるようにする。撹拌を8～10回行ない塩漬大根を製造する。

(イ) 晒し（干し）

　塩漬大根をカメから取り出し，揚がり塩水を切る。次に麻糸を大根に通して繋ぎ，日当たり，風通しの良いところに懸けて乾燥させる。なお，麻糸1m分が1つのまとまりである。大根が乾燥してくると表皮にしわができ，中心部が徐々に柔らかくなってくる。普通，7日間程度晒しを行なう。100kgの生大根からは約35kgの塩漬干し大根ができる。

(ウ) 揚がり塩水による加熱

　揚がり塩水を加熱する工程は漬物の膨張を防ぐために行なわれるもので，揚州の醤蘿蔔頭の加工方法にヒントを得改良した方法である。このようにして漬けた醤漬の風味はとても良い。

　揚がり塩水を加熱して漬ける方法は以下のとおりである。

　塩漬大根を漬ける際に得られた揚がり塩水を取り出して静置し，その上澄み（7～8°Bé）を取って一旦沸騰させる。次に，上澄み液を70～80℃まで冷却し，そのうちの70kgを100kgの塩漬干し大根を入れたカメの中に加える。なお，上澄み液を加える際は，まず最初に50kgの塩漬干し大根をカメの中に平らに並べて重ねて入れ，表面を竹製のムシロで覆い，その上から加熱した揚がり塩水の半量をカメの周囲から均一になるように中心に向かって旋回させながら注いでいく。注ぎ終わったらムシロを取り出し，残りの50kgの塩漬干し大根を並べて重ね入れ，1回目と同様に竹製のムシロで覆い，その上から残りの揚がり塩水を注ぎ入れる。このような方法で食塩水による再漬け込みを行なうが，カメの大きさによっては1カメ当たり200～250kgまで交互に漬け込むことも多い。

　揚がり塩水は過度に加熱したものを用いると大根の皮が損傷を受けることになる。また，逆に温度が低すぎると塩辛味が残ったり，皮のしわが取れないで残ることがある。

　揚がり塩水に漬ける時間は通常，14時間ほどであるから，前日の午後に揚がり塩水で加熱処理し，翌日の早朝にカメから取り出す。取り出した大根は竹のムシロに広げ，陰干しにしてから再びカメに入れて貯蔵する。カメで貯蔵する場合は丁寧に隙間なく並べて詰め，表面には食塩を撒いておく。このようにすれば1年間は変質することなく貯蔵することが可能である。

(エ) 熟　成

　揚がり塩水に漬けて貯蔵しておいた大根を取り出して，それに1.5kgの食塩をまぶしてカメに入れ，木棒で押しながら詰め込む。次に，カメの口に稲わらを固く詰め，3日後，カメの口を下に向けて倒置し，浸出した食塩水を濾過する。次に，石膏あるいはセメントでカメの口を密封し，日の当たらない所で貯蔵，熟成させる。熟成期間は約1か月間である。

(オ) 醤漬け

　熟成させた大根を取り出し，良質なものを選別してカメに入れ，16°Béの天然醸造醤油あるいは醤汁に4時間浸漬した後，100kgの大根に対し，100kgの醤（甜面醤と黄醤を50%ずつ混合したもの）に漬け込む。漬け込み後は毎日1回カメを撹拌し，発酵によって生じるガスを放出させる。

醤漬けの期間は夏季で10日間，春秋季で15日間，冬季で20日間が一般的である。

　(カ)　**砂糖の添加**

　醤漬けを終えた大根を鉢に入れ，醤漬大根100kg当たり白砂糖4～8kgを加えてよく混合する。なお，白砂糖の量は消費者の好みに合わせて加減する。

　(キ)　**調味液の添加**

　甜面醤を用いて作った醤汁を布袋に入れ，木製圧搾機で圧搾して搾汁液をこし取り，100℃に加熱してから75～80℃に冷却し，20分間放置し，沈殿してきたオリを7層に重ねた布で濾過する。この濾液にグルタミン酸ナトリウム0.25％，安息香酸ナトリウム0.1％を加えて溶解し，調味液を作り，醤漬けを終え，砂糖を混ぜた大根に加え，製品とする。

(4)　**歩留り**

　100kgの生大根から約35kgの塩漬干し大根ができる。100kgの塩漬干し大根からは110kgの醤漬大根製品ができる。

(5)　**製品の品質基準**

　(ア)　**官能指標**

　色は赤褐色を呈し，光沢がある。濃厚な醤の香味とエステル香があり，肉質は軟らかく歯切れがあり，塩味と甘味のバランスがとれているものが良い。

　(イ)　**理化学指標**

　食塩濃度は11～12％，水分は60～65％，還元糖は9％以上，総酸は0.8％，アミノ態窒素は0.15～0.20％であるものが望ましいとされている。

74.　天津醤蘿蔔（ダイコン味噌漬）

(1)　**原料および補助原料**

　主原料の鮮二英子（大根の品種）は北京郊外で栽培されている大根で，長さが16cm程度，直径が4cm以内のものを使用する。この大根100kgに対し，食塩5kg，天然醸造黄醤75kg，甜面醤50kgを使用する。

(2)　**製造工程**

　天津醤蘿蔔の製造工程は**図7-78**に示すとおりである。

整形　→　塩漬け　→　黄醤漬け　→　甜面醤漬け　→　製品

図7-78　天津醤蘿蔔の製造工程

(3)　**加工方法**

　(ア)　**塩漬け**

　100kgの大根に対し，大塩（大粒の食塩）5kgを用いて塩漬けを行なうが，まず最初にカメに大根の50％を入れ，その上に2.5kgの大塩を撒き，さらに残りの大根50％と大塩2.5kgを入れて塩漬けを行なう。その後，毎日2回漬け換えを行なうことによって均一に漬かるようにする。3日目に塩漬大根を取り出し，カゴに入れて約1時間ほど水切りを行なう。

　(イ)　**黄醤漬け**

　100kgの大根を75kgの黄醤に漬け込む。最初に黄醤の50％をカメに入れておき，それに大根と残りの黄醤を交互に漬け込んでいく。毎日1回撹拌を行ない，15日間程度漬けてから取り出し，

カゴの中で約1時間ほど醤汁を切っておく。

(ウ) 甜面醤漬け

甜面醤の半量をカメの中に入れ，その中に黄醤に漬けた大根の半量を漬け込み，その後残りの甜面醤と大根を漬け込む。毎日3回撹拌を行ない，10日間経過すると製品となる。醤漬けの期間中は撹拌を多くすればするほど大根特有の臭いを減らすことができ，品質も向上する。

(4) 製造後管理

甜面醤漬けを終えた製品はカメに入れ，醤で表面を覆った後，密封することにより冬季で3か月，春季で50日，夏季で30日間保存することが可能である。

(5) 歩留り

100kgの生の大根からは60kgの製品を得ることができる。

(6) 製品品質基準

(ア) 官能指標

色は黄褐色で天然の醤特有の風味を有し，甘味と塩味のバランスが取れており，歯切れが良く，表面はクルミのようなしわのあるものが良い。

(イ) 理化学指標

食塩濃度は10～12％，水分は68～72％，還元糖は8％以上，アミノ態窒素は0.3％以上であるものが望ましいとされている。

75. 上海大頭菜漬（カブ味噌漬）

上海大頭菜は1950年代に全国的にも有名な雲南大頭菜を移植したものである。最初の頃，製品の名称も雲南大頭菜であったが，1960年代の始めの頃までには上海の風味が確立するようになり，現在の上海大頭菜という名称になった。上海大頭菜と雲南大頭菜との共通点は原料の選択が厳格であること，製造法が緻密であることなどであるが，相違点は上海大頭菜の方が雲南大頭菜よりも大きく，また水分も多いことから比較的軟らかい歯ごたえのものである。

(1) 原料および補助原料

生の上海大頭菜（根用芥菜，カブ）110kgに対し，回籠醤（1度，1次漬け込みに使用した醤）30kg，食塩8kg，甜面醤16kg，豆粕醤8kg，醤油14kg，甜面醤液2kg，回籠糖液15kg，白砂糖28kg，赤砂糖0.4kg，サッカリン10g，甘草粉200g，五香粉（茴香，山椒など5種類の香辛料を配合した粉末香辛料）80kg，甘草粗粉は適当量，安息香酸ナトリウム40gを使用する。原料野菜の上海大頭菜は上海郊外で栽培されたものを用いる。俗に芥種大頭菜と称し，根部が大きく，歯切れの良いものを選ぶ。また，中空のあるもの，虫害，腐敗部分のあるものは除去する。収穫時期，塩漬けの時期は主に12月である。

(2) 製造工程

上海大頭菜の製造工程は図7-79に示すとおりである。

(3) 加工方法

上海大頭菜は通常，7回の晒し工程，7回の漬け込み工程を経て製造される。熟成期間は約半年で，製品の歩留りは約40％である。

第7章 醬漬菜（味噌漬）

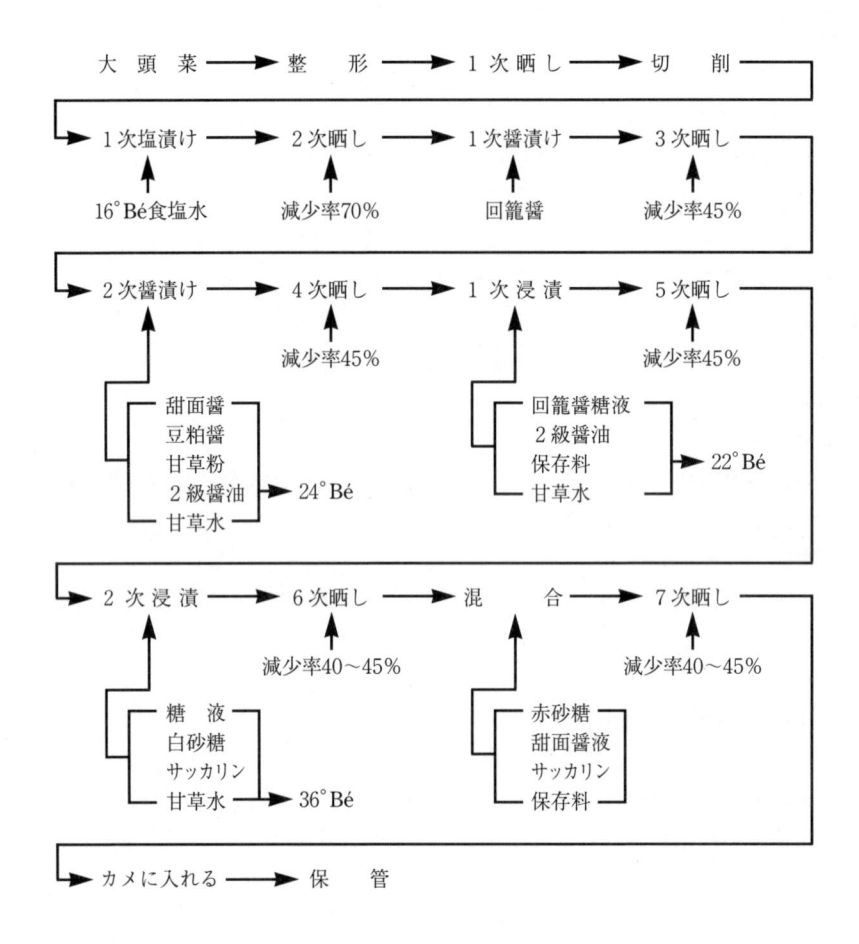

```
大頭菜 → 整 形 → 1次晒し → 切 削 ─┐
┌─────────────────────────────────────┘
└→ 1次塩漬け → 2次晒し → 1次醬漬け → 3次晒し ─┐
     ↑           ↑          ↑          ↑       │
  16°Bé食塩水  減少率70%    回籠醬    減少率45%   │
┌─────────────────────────────────────────────┘
└→ 2次醬漬け → 4次晒し → 1次浸漬 → 5次晒し ─┐
     ↑          ↑         ↑         ↑       │
   ┌甜面醬┐  減少率45%  ┌回籠醬糖液┐ 減少率45% │
   │豆粕醬│            │2級醬油  │           │
   │甘草粉│→24°Bé      │保存料   │→22°Bé     │
   │2級醬油│            │甘草水   │           │
   └甘草水┘            └─────────┘           │
┌─────────────────────────────────────────────┘
└→ 2次浸漬 → 6次晒し → 混 合 → 7次晒し ─┐
     ↑          ↑         ↑         ↑    │
   ┌糖 液 ┐ 減少率40~45% ┌赤砂糖  ┐ 減少率40~45%
   │白砂糖 │            │甜面醬液│           │
   │サッカリン│→36°Bé    │サッカリン│          │
   │甘草水 │            │保存料  │           │
   └──────┘            └────────┘           │
┌─────────────────────────────────────────────┘
└→ カメに入れる → 保 管
```

図 7-79 上海大頭菜の製造工程

(ア) 原料野菜の整形

新鮮な上海大頭菜は1個当たりの重量が0.5kg以上のものが必要で，形状は丸く滑らかなものを使用する。なお，凍傷や中空のあるものは使用しない。曲根，葉茎，ひげ根を取り除く。なお，皮を取らずにひげ根だけ取り除くようにする。きれいな水で泥土をよく落として洗浄する。

(イ) 原料野菜の晒し（1次晒し）

原料野菜を竹製のスノコに内面（切り口側）を上に向けて並べ，1～2日晒した後，反転させ，満遍なく水分を蒸発させ，柔軟にする。

(ウ) 1次塩漬け，撹拌，2次晒し

予め，16°Béの食塩水をカメの中に入れておき，それに整形し，1次晒しを終えた原料をカメが一杯になるまで入れる。その上に食塩を撒き，2～3時間後に1度撹拌を行なってから24時間塩漬けを行なう。塩水濃度が10～12°Béに下がった時に塩漬半製品をカメの中の塩水で洗いながら取り出し，別のカメに漬け換える。カメには16°Béの食塩水を入れておく。1度目と同様に24時間塩漬けを行ない，時々撹拌をしながら24時間ほど漬け込む。塩水濃度が約13°Béになった頃の半製品の食塩濃度は約8°Béで，丁度良い濃度になっている。半製品の食塩濃度は塩水を用い

第5節　各地の醤曲醃菜　　　　　　　　　　　　　181

て推定する。その方法は7°Béの食塩水に半製品を入れると沈み，9°Béの食塩水に入れると浮かぶことで判定する。

半製品が完成したら，晒しを行なう。晒しは切り口の方を上に向け，皮の付いている方を下に向けて行なう。2～3日間晒すと内面に収縮したしわ模様が出来るので晒しを終える。一般的に晒しを終えた頃は約70％にまで重量が減少しており，次の回籠醤に漬け込むことができるようになる。

(エ)　**回籠醤による1次醤漬**

晒した半製品を回籠醤に漬け込む。カメの大きさによって異なるが，通常1つのカメに約250kgの半製品を入れてから，150kgの回籠醤を入れて3～4日間漬け込んだ後，別のカメに漬け換える。漬け換えた後は5～6日間に1回の割合で撹拌を行ない，約1か月間醤に漬け込む。この漬け込み期間は天候や回籠醤の質に応じて調整する必要がある。

(オ)　**3次晒し**

回籠醤に漬け込まれていた半製品の醤を取り除いてから竹製のスノコに広げ，内面を上に向けて晒しを行なう。必要な場合は上下を入れ換えて晒す。表面にはしわ状の模様が出るまで晒しを行なうが，通常3～4日間晒すことによって目的を達することができる。重量が約45％になるまで晒しを行なう。気候が良くない場合や長雨となった場合は16～20°Béの回箟醤の中に戻し，晴天になったら再び晒し直す。

(カ)　**混合醤による漬け込みと4次晒し**

3次晒しを終えた半製品の重量を量り，1つのカメに250kgを入れ，次に，甜面醤，豆粕醤，甘草粉，醤油などを加える。漬け込みの際は半製品を醤の表面から浮き出さないように漬け込み，3～4日間経過後に別のカメに漬け換える。醤に漬け込む期間は45～60日間である。天候が良い時に別のカメに時々漬け換えることにより漬け込む期間を短縮することができる。熟成期間の後期になった頃，カメの中から半製品を1つ取り出して切り開き，内部まで醤が浸透しているかどうかを検査する。十分に浸透していることを確かめたら，カメの中から半製品を取り出し，醤をよく取り除いてから竹製のスノコに並べて4次晒しを行なう。晒しは表面にしわ模様が出来るまで行なうが，重量にして約45％減少する。

(キ)　**回籠醤糖液への浸漬および5次晒し**

前年に使用し，保存しておいた回籠醤糖液に醤油2.5kg，安息香酸ナトリウム12.5g，甘草水を加えた22°Béの糖液を製造し，冷却した液に半製品を1週間漬け込む。漬け込みが終了したら，半製品を取り出してカメに移し，余分な回籠醤糖液を一晩放置して除いてから竹製のスノコ上で5次晒しを行なう。晒しは重量が約45％まで減少したら終了する。

(ク)　**糖液への浸漬および6次晒し**

前年に使用した糖液を利用し，白砂糖1.4kg，サッカリン40g，安息香酸ナトリウム5gを加え，甘草水を用いて36°Béの糖液を製造し，それに半製品を浸漬する。浸漬の期間は長いほうが良い。晴天の時にはカメの蓋を開放して撹拌，晒しを行ない，天気が良くないとき時は蓋をかぶせたままにして雨水で濡れるのを防ぐ。市場に出すときにカメから半製品を取り出し，6次晒しを行ない，次の工程に移す。なお，6次晒しは重量が40～45％に達したときに終了する。

(ケ)　**混合と7次晒し**

0.4kgの赤砂糖を0.15kgの水で煮詰めたものに甜面醤1kg，サッカリン1g，安息香酸ナトリウム2.5gを加えて混合し，それに6次晒しによって出来た半製品を入れて撹拌し，カメの底にたまっている糖液を半製品の上から注ぎ，再度蓋を閉めて3日間浸漬してから，半製品を取り出し，

7次晒しを行なう。この7次晒しが最後の晒しとなるので，晴天の場合はよく晒して製品とするが，雨天の場合は晒さないで半製品を36°Béの糖液の中で保存しておき，晴天の時に晒しを行なうようにする。晒しは重量で40〜45%になるまで行なう。製品の保存期間は約1年間である。

(ㄅ) 保　管

茴香（ウイキョウ）2.5g，山椒（サンショウ）2.5g，食塩0.07kg，生姜（ショウガ）5g，安息香酸ナトリウム0.5g，サッカリン0.5gを混合し，五香粉に挽いたものを予め製造しておく。保管にはカメを洗浄し，乾燥したものを使用する。最初にカメの底に五香粉を撒き，その上に12.5kgの製品を置き，さらにその上に五香粉を撒いてから油紙とクラフト紙で覆い，空気が入らないように包装して保管する。

(4) 製品の品質基準

(ア) 官能指標

乾燥して濃い甜面醤の香りを持ち，味は甘い。色は淡い茶褐色をしており，表面にはしわ模様が付いており，中心は黄色みを帯びている。また，木芯，中空，ひげ根などがないものが良い。製品は1個100g以上であるものが良い。

(イ) 理化学指標

食塩濃度は10〜12%，水分は60〜65%，還元糖は12%以上，アミノ態窒素は0.3〜0.4%，総酸は1%以下であるものが望ましいとされている。

(5) 注意事項

(ア) 本漬物で用いる大頭菜は洋種のものを用いる。適度な大きさがあり，繊維は比較的軟らかく，成熟が早く，木芯，花芯，筋が少ないものが良い。国内種の大頭菜は上記のような欠点を比較的多く持っているので使用できない。

(イ) 上海大頭菜は新鮮な生の原料を用いて作る。塩漬製品から作り始めると多くの有効成分が破壊される。

(ウ) 回籠醤に漬け込む時間は毎回の回籠醤の品質の差に大きく影響を受ける。したがって，漬け込む時間は経験を積むことによって得ることが必要である。

(エ) 本製品は製造に要する時間が長いので天然醸造の醤を使用することが必要である。

76. 亳県醤黄花菜（カンゾウの味噌漬）

亳県醤黄花菜は亳県の伝統的な特産食品の1つで長い歴史を持っている。

(1) 原料および補助原料

生の黄花菜（キスゲ・カンゾウの類，金針菜ともいう）350kgに対し，食塩35kg，甜面醤150kg，醤油50kgを用いる。

黄花菜は亳県で栽培されているもので，太くて柔らかい開花前のものを選択する。時期的には端午の節句（陰暦5月5日）の後に取り入れて加工する。

(2) 製造工程

亳県醤黄花菜の製造工程は図7-80に示すとおりである。

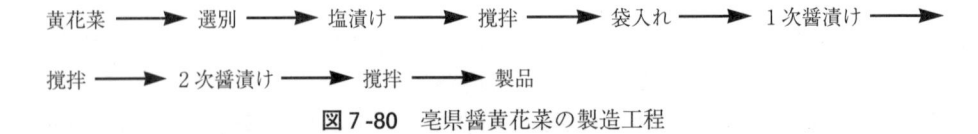

黄花菜 ⟶ 選別 ⟶ 塩漬け ⟶ 撹拌 ⟶ 袋入れ ⟶ 1次醤漬け ⟶

撹拌 ⟶ 2次醤漬け ⟶ 撹拌 ⟶ 製品

図7-80　亳県醤黄花菜の製造工程

第5節 各地の醤曲醤菜

(3) 加工方法
(ア) 塩漬け
亳県醤黄花菜の原料となる黄花菜は工場に搬入後,古い茎を取り除く。次に,柔らかいヘタの部分を持って,花弁や夾雑物を洗浄しながら取り除き,カメの中に入れ,平らにならしてから板を置き,その上に石を載せてゆっくりと圧力を加える。

塩漬けは,黄花菜100kgに対し16°Béに調整した食塩水150kgを加え,24時間浸漬した後,カメから取り出し,揚がり塩水を切ってから布袋に入れる。

(イ) 1次醤漬け
塩漬黄花菜を入れた布袋をカメに入れ,1度使用した甜面醤で1次醤漬けを行なう。なお,黄花菜100kgに対し,100kgの甜面醤を使用する。醤漬けは毎日1回撹拌を行ない均一に漬かるようにする。20日間漬け込んだ後,取り出して余分な醤を切り,2次醤漬けを行なう。

(ウ) 2次醤漬け
2次醤漬けは混合醤に漬け込む。混合醤100kgは甜面醤75kg,醤油25kgから出来ている。塩漬半製品100kgに対し,混合醤100kgを使用して漬け込み,20日間熟成させると製品が完成するが,この間,毎日1回撹拌を行なう。製品は日陰の風通しの良いところで貯蔵する。

(4) 歩留り
100kgの生の黄花菜からは33kgの醤黄花菜を得ることができる。

(5) 製品の品質基準
(ア) 官能指標
色は金色で,形状が揃っており,醤特有の濃厚な風味を有し,風味のすぐれたものが良い。

(イ) 理化学指標
水分は70%以下,食塩濃度は10〜12%,還元糖は6%以上,アミノ態窒素は0.2%以上,総酸は1%以下であるものが望ましいとされている。

77. 亳県醤荊芥（ケイガイ甘味噌漬）

亳県醤荊芥は亳県の特産物の1つで,風邪,咽喉の痛み,麻疹などを抑え,蕁麻疹などの病気を治癒する効果を有すると言われている。したがって,亳県醤荊芥は保健機能を有する漬物であるといえる。製品は醤香,野菜香およびハッカの清涼味を有しているのが特徴である。

(1) 原料および補助原料
荊芥（ケイガイ）は亳県で栽培されている新鮮で良質なものを選ぶ。端午の節句前後に加工するのが一般的である。

原料の荊芥400kgに対し,食塩40kg,甜面醤150kg,醤油50kgを使用する。

(2) 製造工程
亳県醤荊芥の製造工程は図7-81に示すとおりである。

荊芥 ⟶ 選別 ⟶ 塩漬け ⟶ 1次醤漬け ⟶ 2次醤漬け ⟶ 製品

図7-81　亳県醤荊芥の製造工程

(3) 加工方法
(ア) 塩漬け
荊芥を工場に搬入後,ひねた茎,黄葉,雑草,夾雑物などを除去し,きれいな水で洗浄する。

洗浄したものをカメの中に入れるが，通常，1つのカメに約200kgの荊芥を入れる。カメの中の荊芥を平らにならしてから板を載せ，その上に重石を置いて軽く押し，16°Béの食塩水100kgを注ぎ入れて塩漬けを行なう。24時間塩漬けを行なってから1度撹拌を行ない，それから再度，24時間漬け込んだ後，カメから取り出す。

(ｲ) 醤漬け

荊芥をカメから取り出してから布袋に入れ，しばらく放置して余分な揚がり水を除く。その後，塩漬荊芥100kgに対し，75kgの甜面醤と25kgの醤油を加えて20日間ほど1次醤漬けを行なう。この間，毎日1回撹拌を行ない，均一に漬かるようにする。1次醤漬けの後，布袋をカメから取り出し，しばらく放置して余分な醤汁を切り，再度，75kgの甜面醤と25kgの醤油で2次醤漬けを行ない，20日間ほど熟成させると製品が完成する。

(4) 歩留り

生の荊芥100kgから35kgの醤荊芥を得ることができる。

(5) 製品の品質基準

(ｱ) 官能指標

葉茎の色合いは明るい濃緑色で，濃厚な醤の香味に優れており，歯切れが良く，清涼感のあるものが良い。

(ｲ) 理化学指標

食塩濃度は10～12％，水分は70％以下，還元糖は6％以上，アミノ態窒素は0.2％以上であるものが望ましいとされている。

78. 醤大頭菜糸（カブ千切り味噌漬）

醤大頭菜糸は甜面醤と醤油を混合したものに漬けたもので，原料野菜には蕪菁甘藍（洋種大頭菜）を使用する。豊富な量が生産されており，人気のある漬物の1つである。

(1) 原料および補助原料

原料の大頭菜200kgに対し，食塩32kg，甜面醤60kg，回収甜面醤（1度使用した甜面醤）60kg，回収醤油20kg，砂糖3kg，グルタミン酸ナトリウム液3kg，甘草粉1kg，粉唐辛子300g，グルタミン酸ナトリウム100g，五香粉300g，サッカリン15gを使用する。

原料の大頭菜は水分が多く，軟らかく，歯切れが良い大きなものを選ぶ。このような原料を使って千切りにしたものは長くてきれいなものが出来る。中空のあるものや芯の固いもの，虫害や凍害のあるものは避ける。また，奇形のものや傷のあるものは別にして加工する。

(2) 製造工程

醤大頭菜糸の製造工程は図7-82に示すとおりである。

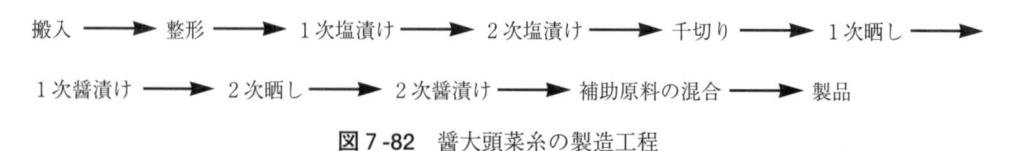

搬入 → 整形 → 1次塩漬け → 2次塩漬け → 千切り → 1次晒し → 1次醤漬け → 2次晒し → 2次醤漬け → 補助原料の混合 → 製品

図7-82 醤大頭菜糸の製造工程

(3) 加工方法

(ｱ) 1次塩漬け

原料の大頭菜を工場に搬入後，最初に葉，根，皮を除去してから洗浄する。100kgの大頭菜を漬

け込みタンクの底に1層に並べ，その上に1層の食塩を均一に撒き，これを交互に繰り返して漬け込む。食塩は下部の方は少なめに，上部の方は多めに撒くが，一般的には下部に総量の約35％，上部に45％を使い，残りの15％は表面に撒く。一杯に漬け込んでから竹で表面を覆い，重石をする。漬け込んで3日後に別の漬け込みタンクに撹拌しながら漬け換え，均一に漬かるようにする。揚がり塩水を上部から注ぎ，最初の漬け込みと同様に竹で表面を覆い，重石で押す。1週間塩漬けを行なった後，再度別の漬け込みタンクに漬け換え，2次塩漬けを行なう。

　(ｲ)　2次塩漬け

　1次塩漬けの野菜を取り出し，100kgの塩漬野菜に対して4kgの割合で食塩を加え1次塩漬けと同様に漬け込みタンクで塩漬けを行なう。この時，1次塩漬けで得られた揚がり塩水のうち，上澄みの部分を取り，2次塩漬けに用いる。表面は竹で覆い，重石で押す。表面から15～20cm上に揚がり塩水が来るようにする。2次塩漬けは約1か月半行なう。常に食塩濃度のチェックを行ない，濃度が低い場合は20°Béの食塩水を用いて調整する必要がある。調整を怠るとカビの発生や塩漬野菜の軟化を生じることがある。

　熟成した塩漬野菜は淡褐色を呈し，切り口は光沢があり，歯切れが良いものである。色の暗いものおよび酸味や塩辛味が強いものは2級品となる。

　(ｳ)　千切り

　熟成した塩漬大頭菜を選び，塩水で洗浄してから千切りにするが，千切りには2種類の方法がある。1つは人手による方法で，長く，細く千切りにすることができ，光沢のあるものができる。もう1つの方法は機械で千切りにする方法である。機械で千切りにする方法には遠心式と円盤式の2種類があるが，1時間当たり250kgの塩漬野菜を処理することができる。人手の場合の約10倍量を処理することができるが，人手のものより形状が揃っておらず，切断面もきれいでなく，光沢もないなど，品質的には人手による千切りよりもかなり劣る。

　(ｴ)　晒　し

　千切りした塩漬大頭菜をきれいな水で洗浄，脱塩する。脱塩は水に2～3時間浸漬することによって行なう。脱塩した水の食塩濃度が10～11°Béに達した時に，千切りを竹カゴに入れて積み重ねて脱水する。1度積み重ねたものの上下を入れ替えてさらに脱水を行なうが，通常脱水は3～4時間ほど行なう。次に，脱水を行なったものを竹製のスノコの上に広げて晒す。晒す際は均一に重ならないように薄く広げ，時々混ぜながら一様に晒すようにする。晴天であれば1日晒せば十分である。

　(ｵ)　1次醬漬け

　晒しを終えた千切りをカメの中に入れ，回収甜面醬を加えて漬け込む。千切り大頭菜100kgに対し，60kgの回収甜面醬，10～20kgの回収醬油を加える。浸漬後は1日1～2回，木棒を用いて撹拌を行ない，2日後に漬け終えた千切りを取り出す。

　(ｶ)　2次醬漬け

　1次醬漬けを終えた千切り大頭菜をもう1度2次醬漬けとして漬け込むが，漬け込み方法は1次醬漬けとほぼ同様である。漬け込み後は約20％の水分が蒸発するまで晒しを行なう。

　2次醬漬けは千切りしたものを長さが80cm，幅が30cmの布袋に入れて漬け込む。1つの布袋には約12kgの千切りを入れることができる。布袋はきつく紐で縛ってからカメに入れる。醬漬けには甘草粉を入れた甜面醬を使う。千切り大頭菜100kgに対し，60kgの甜面醬を用いる。1つのカメには大体12～13袋を入れることができる。毎日1回撹拌を行ない，通常5～7日間熟成を行なう。

(キ) 補助原料の混合

 2次醬漬けを終えた千切り大頭菜をカゴに取り，しばらく放置して余分な醬汁を切る。その後，千切りを取り出してムシロの上に広げて1～2日間晒しを行ない，千切りが収縮し，しわ模様ができるようになったら再びカメの中に入れる。晒しは重量が70～75%程度になるまで行なう。

 千切り大頭菜をカメに戻す前にカメの中を熱水で洗浄し，その後，砂糖，グルタミン酸ナトリウム，サッカリン，保存料をよく混合したものを千切りと交互に入れ，均一になるように十分に撹拌する。その後は毎日2回の割合で撹拌を行ない，5日目の午前中に五香粉および粉唐辛子を混ぜて撹拌し，その日の午後にもう1度撹拌すると製品が完成する。

(4) 歩留り

100kgの生の大頭菜からは50kgの製品を得ることができる。

(5) 製品の品質基準

(ア) 官能指標

 色は濃い黄色で，五香粉および唐辛子の赤褐色を呈し，味は塩味と甘味のバランスがとれているものが良い。

(イ) 理化学指標

 食塩濃度は12～13%，水分は70～72%，還元糖は9～10%，総酸は0.2%以上であることが望ましいとされている。

79. 醬桂花白糖大頭菜条（刻みカブ甘味噌漬）

 醬桂花白糖大頭菜条は上海大頭菜をもとに，消費者の好みを加味して発展した漬物で20年余の歴史を有している。その特徴は濾郊（上海郊外）で栽培された蕪菁甘藍（洋種大頭菜）を原料とし，黄醬甜面醬，醬油，糖桂花（キンモクセイの花の砂糖漬），白砂糖を混合した補助原料を使用することが特徴である。製品は醬香および桂花の香りと甘味を有するもので，消費者に非常に好まれている漬物である。

(1) 原料および補助原料

 原料の大頭菜250kgに対し，食塩40kg，黄醬20kg，甜面醬40kg，白砂糖30kg，サッカリン15g，グルタミン酸ナトリウム100g，甘草粉1kg，糖桂花2kg，安息香酸ナトリウム100gを使用する。製品は100kgとなる。

 蕪菁甘藍（洋種大頭菜）は，水分が多く，歯切れが良く，繊維が比較的少ないのが特徴で，漬物の製造時期は通常，12月頃である。漬物に利用される大頭菜は1つの重さが0.5～1kgで，形状は丸く滑らかで大きさが揃っているものが適している。中空のあるもの，腐敗部分のあるもの，虫害や凍傷のあるものを取り除く必要がある。

(2) 製造工程

 醬桂花白糖大頭菜条の製造工程は図7-83に示すとおりである。

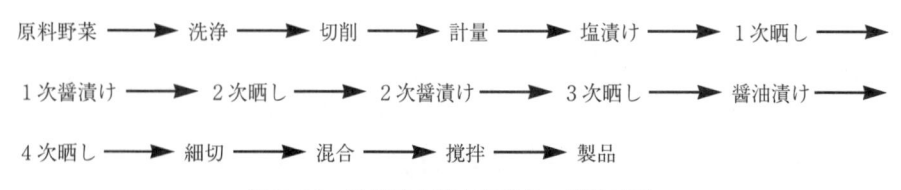

原料野菜 → 洗浄 → 切削 → 計量 → 塩漬け → 1次晒し →
1次醬漬け → 2次晒し → 2次醬漬け → 3次晒し → 醬油漬け →
4次晒し → 細切 → 混合 → 撹拌 → 製品

図7-83 醬桂花白糖大頭菜条の製造工程

第5節　各地の醤曲醗菜　　　187

(3) 加工方法
(ア) 塩漬け
　原料の大頭菜のヘタと皮を除去してから半分に切断し，カメに入れ，次に濃度が15°Béの食塩水を注いで漬ける。食塩水は漬け込んだ野菜の上部から5cm以上となるように加える。2日間漬け込みを行なう。

(イ) 1次晒し
　塩漬けを終えた大頭菜は竹のムシロに広げて晒しを行なう。塩漬大頭菜の切断面を上に向けて2～3日間晒してから上下を入れ替え，さらに晒しを続ける。塩漬大頭菜の縁が巻き上がり，収縮し始めるまで晒すのが適切であるが，通常それには8～10日間かかる。100kgの塩漬大頭菜は晒しによって60～70kgになる。晒しの間に，雨が降ると品質に大きな影響を及ぼすことになるので，降雨の際は直ちにカメに蓋をすることが重要である。晒しが不十分で水分が多くなると歯切れと酸度に影響を及ぼす。晒しの際に雨の影響を受けた場合は，塩漬けに用いた食塩水に戻して浸漬した後，再度，晴天時に晒しを行なう。

(ウ) 1次醤漬け
　晒しを終えた半製品を回収甜麺醤で漬け込む。100kgの半製品に対し，回収甜麺醤60kgを用いてカメに8割程度になるように漬け込み，毎日1回，木棒で撹拌を行ない均一に漬かるようにする。約30日間醤漬けを行ない，カメから取り出す。

(エ) 2次晒し
　醤漬けを終えた半製品を竹のムシロに広げて2次晒しを行なう。晒しは切り口を上に向けて積み重なりがないようにして行なう。1日晒した後，上下を入れ換え，表皮にしわが出来るまで約4日間晒す。

(オ) 2次醤漬け
　2次晒しを終えた半製品の重量を量ってからカメに入れ，2次醤漬けを行なう。2次醤漬けに用いる醤は混合醤で，通常1つのカメに300kgの半製品を入れてから混合醤（50kgの半製品に対し，甜麺醤20kg，黄醤10kg，甘草粉500g，醤油10kgを混合したもの）に漬け込む。漬け込んだ後，毎日カメを撹拌する。天気が良く，気温が高いと熟成が促進される。野菜の中心まで赤褐色に漬け上がったらカメから取り出す。

(カ) 3次晒し
　混合醤を用いた2次醤漬けを終えてカメから取り出した大頭菜を竹製のムシロに広げ，3次晒しを行なう。表面にしわが出来るまで晒しを行なう。100kgの主原料からは約38kgの製品を得ることができる。

(キ) 細切および補助原料の混合
　3次晒しを終えた半製品の大頭菜を長さ5cm，幅1.5cmの細切（細長く切ったものを条という）し，重さを量ってからカメに入れる。100kgの細切半製品に対し，白砂糖30kg，サッカリン15g，グルタミン酸ナトリウム100g，安息香酸ナトリウム100gを加え，均一となるように混合する。午前中にカメに入れ，午後に1回撹拌を行ない，その後，毎日別のカメに移し換えながら漬け込み，砂糖が溶解したら糖桂花を加える。以後，2回カメの撹拌を行ない，均一に漬かると製品が完成する。

(4) 製造後の管理
　この漬物は糖分が高いのでハエなどの虫の汚染に注意する必要がある。それにはカメの中で補

助原料を混合した後，カメの口を湯できれいに拭いてから蓋をすることが大切である。

(5) 歩留り

大頭菜の生原料100kgから40kgの製品を得ることができる。

(6) 製品の品質基準

(ア) 官能指標

色は濃い黄色で光沢があり，濃厚な醤の風味と桂花の香りを有する。肉質は軟らかく，甘味があり，形状の揃っているものが良い。

(イ) 理化学指標

食塩濃度は11～12%，水分は70～73%，還元糖は35～38%，総酸は0.9%，アミノ態窒素は0.2%以上であるものが望ましいとされている。

80. 玫瑰香片（キクイモ甘味噌漬）

玫瑰香片の原料は地生姜（一般的に洋生姜，脆生姜ともいう。菊芋）で，製品は歯切れが良く，甘味があり，玫瑰（ハマナス）の香りを有することから玫瑰香片と呼ばれる。玫瑰香片は半乾性の漬物で製造期間も短く，通常，10日間の醤漬を行なえば製品が完成する。

(1) 原料および補助原料

原料および補助原料の配合は次のとおりである。地生姜100kgに対し，食塩18kg，回収甜面醤（1度使用した醤）20kg，回収醤油10kg，甜面醤液3.5kg，醤油7kg，食塩水（16°Bé）13kg，グルタミン酸ナトリウム1kg，白砂糖2.5kg，甘草粉0.7kg，茴香（ウイキョウ）粉70g，サッカリン5g，白酒180g，玫瑰花（ハマナス花弁）17g，ハマナス香料6g，保存料適量を使用する。

(2) 製造工程

玫瑰香片の製造工程は図7-84に示すとおりである。

地生姜 ⟶ 原料選択 ⟶ 塩水漬け ⟶ 1次塩漬け ⟶ 撹拌 ⟶ 2次塩漬け ⟶

塩漬半製品 ⟶ 切削 ⟶ 脱塩 ⟶ 1次醤漬け ⟶ 調味液浸漬

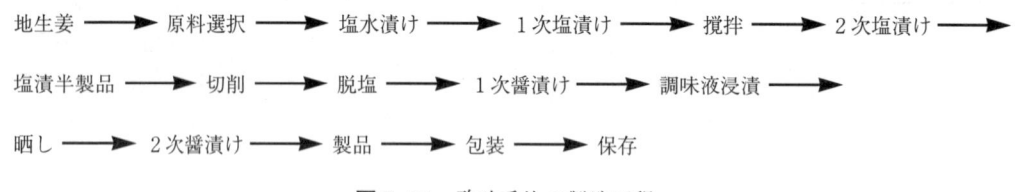

晒し ⟶ 2次醤漬け ⟶ 製品 ⟶ 包装 ⟶ 保存

図7-84 玫瑰香片の製造工程

(3) 加工方法

(ア) 原料選択

鮮度が良く，一定の太さと歯切れがあり，ひげ根が少ない地生姜を原料として選択する。原料を工場に搬入した後は，なるべく早く漬け込みを行なうのが良いが，市場に原料が大量に出ている場合は風通しの良い日陰に一時的に保管してから漬け込みを行なう。保管場所が湿っていると地生姜は褐変し，変色してしまうので注意が必要である。

(イ) 塩水漬け

250kgの原料地生姜をカメの中に入れた後，竹製のスノコを載せ，さらにその上に重石を置いて16°Béの食塩水をカメ一杯に注ぎ入れる。2日間塩水漬けを行なった後，地生姜に付着していた泥土を洗い，カメの中の食塩水濃度が10°Béまで下がったら，地生姜をカメから取り出す。

(ウ) 1次塩漬け

カメを洗浄してから，塩水漬けを終えた地生姜を中に入れ，その上に食塩を撒く。これを繰り

返して塩漬けを行なう。漬け込みには食塩の約70％を用い，残りの30％は表面に撒き，さらに重石（1個は40kg）を2個使って漬け込む。

　(エ)　撹　拌

　カメに漬け込んだ翌日，1回目の漬け換えと撹拌を行ない，4日目に2回目，5日目に3回目の漬け換えと撹拌を行なう。毎回の漬け換えと撹拌は空のカメを洗浄してから行なう。漬け換えは漬け込まれた地生姜の上半分を新しい空のカメの下半分に入れ，その上に残りの下半分を重ねて漬け換える。そして，上部を平らにしてから竹製のスノコを置き，きつく押してから重石を載せる。それから揚がり塩水と食塩を地生姜の上部に均一に注ぎ入れる。2回目，3回目の漬け換え，撹拌は1回目の方法と同様に行なう。

　(オ)　2次塩漬け

　7日目には大きなカメに合わせて漬け込む。漬け込んだ後は竹製のスノコを載せてからその上に重石を置く。漬け液の食塩濃度が20°Béとなるように食塩を加える。3日間漬け込むと塩漬半製品が出来る。

　(カ)　切　削

　地生姜の塩漬半製品を取り出し薄切りにするが，それには2種類の方法がある。1つは包丁を用い，手作業によって3～4mmの厚さに切り揃える方法で，もう1つは機械を利用して薄切りにする方法である。機械を利用する場合は速度が速いので生産量は多いが，屑が発生したり，切り口がきれいでなく，形状も不揃いとなりやすいなどの欠点がある。

　(キ)　洗浄および脱塩

　薄切りにした地生姜を空のカメに入れ，それに清水を加えて木棒で撹拌を行なった後，24時間そのまま放置して脱塩を行なう。脱塩後は竹製のカゴに入れて一定時間放置して自然脱水を行なう。4時間経過したら上下を入れ替えて再び脱水を行なう。

　(ク)　1次醤漬け

　脱水を終えた地生姜の薄切りをカメの中に入れ，回収醤を用いて1次醤漬けを行なう。醤漬けは2日間行ない，その後カメから取り出し，醤の粕を丁寧に取り除いてから竹カゴに入れ，余分な液汁を切っておく。

　(ケ)　加熱調味液への浸漬

　醤油，グルタミン酸ナトリウム液，甘草粉，茴香粉，塩水を混合して60℃まで加熱し，カメの中に入れておく。次に，脱水を終えた地生姜の薄切り半製品をカメに入れ，2日間浸漬を行なう。

　(コ)　晒　し

　調味液への浸漬を終えた地生姜の薄切りを取り出し，よく液汁を切った後，竹製のムシロの上に広げ晒しを行なう。晒しの間は地生姜の薄切りの上下を入れ換えて，均一に晒しが行なわれるようにする。乾燥の程度が約40％に達したところで晒し作業を終える。

　(サ)　2次醤漬け

　晒し作業を終えた半製品を空のカメに入れ，グルタミン酸ナトリウム液，甜面醤液，サッカリン，白砂糖，保存料を加え，さらにハマナス花弁，ハマナス香料，白酒を加えて均一となるように良く撹拌し2日間，そのままにしておくと包装が可能となる。

　(シ)　包装および保存

　製品は厳密な検査を行ない，合格したものを包装し，貯蔵する。包装は12kg容量の陶製の壺が用いられる。製品を壺に入れる際は，空気が残存しないようにきつく詰め込むようにする。壺に

入れた後はクラフト紙で壺の口を覆ってからプラスチック製包材できつく密閉し，湿気の入り込むのを防ぐようにする。また，製品の貯蔵は風通しの良い倉庫で行ない，雨や日に当たるのを避けることが必要である。

(4) 製品の品質基準

(ア) 官能指標

色は濃い茶褐色を呈し，甘味と醬香，ハマナスの香りを持つものが良い。

(イ) 理化学指標

食塩濃度は12～13%，水分は69～73%，還元糖は14～15%，総酸は0.9%以下，アミノ態窒素は0.21%以上であるものが望ましいとされている。

81. 醬磨茄（丸小ナス味噌漬）

醬磨茄は山東省で独特な製法で製造される伝統的な漬物で，特有の風味を有している。明朝の時代に仙家居醬園で製造されたのが最初と言われていることから，すでに350年以上の歴史を有する漬物ということができる。醬磨茄は軟らかくて丸い小茄子を原料として使用する。剥皮した茄子を良質の甜面醬と醬油で漬けたもので，製品は明るい金色を呈し，口当たりが良く，塩味と甘味のバランスが取れた漬物である。したがって，特に子供や老人に人気がある。山東省では多くの場所で様々な醬磨茄が製造されているが，基本的な製造工程は共通している。異なるのは使用される醬で，甜面醬のみで漬けられる場合と，甜面醬と醬油を混合した混合醬に漬けられる場合がある。ここでは混合醬の例について述べる。

(1) 原料および補助原料

醬磨茄の主原料は茄子であるが，茄子100kgに対し，甜面醬100kg，醬油12kg，食塩8kgを使用する。茄子には早生種と晩生種の2種類があるが，山東省の醬磨茄には晩生種の大紅袍茄を用いる。工場に搬入された茄子は通風の良い日陰に保管することが大切で，日の当たるところに置いておくと製品の品質と色沢に大きな影響が出ることになるので注意が必要である。

(2) 製造工程

醬磨茄の製造工程は図7-85に示すとおりである。

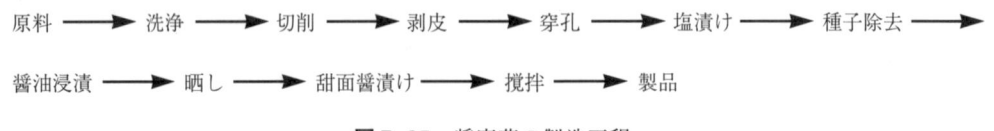

原料 → 洗浄 → 切削 → 剥皮 → 穿孔 → 塩漬け → 種子除去 →
醬油浸漬 → 晒し → 甜面醬漬け → 撹拌 → 製品

図7-85 醬磨茄の製造工程

(3) 加工方法

(ア) 剥皮および整形

新鮮な茄子を工場に搬入した後，品質の悪いものを除去し，直ちにきれいな水で洗浄し，包丁でヘタを切り取って再び水で洗浄してから，皮剥き機械を用いて剥皮する。剥皮した後，竹串を用いて茄子の表面に4～5箇所孔を開けて，塩の浸透を促すようにするが，その孔の深さは約3～4cmにする。

(イ) 塩漬け

刺し孔をつけた茄子は直ちにカメに入れ，カメが一杯になったら静かに20°Béの食塩水を注ぎ

入れて塩漬けを行なう。20時間塩漬けした後，茄子をカメから取り出し，1つずつ丁寧に揉みながら種子を絞り出す。力を入れ過ぎると茄子の形が崩れるので注意深く行なう。この作業を終えたら，時間を空けることなく，カメに戻して塩漬けを行なう。塩漬けが遅れると酸化が進行し，皮の部分が茶褐色になって，製品の色沢に影響を及ぼすことになるので注意する。通常，塩漬けの歩留りは45〜50％である。

(ウ) 醤油漬け

塩漬けした茄子を取り出して別のカメに入れ，16°Béの醤油で漬け込む。醤油の量は茄子の上にまで達するように加える。12時間ほど醤油に漬け込んだ後，取り出して甜面醤漬けを行なう。

(エ) 甜面醤漬け

醤油漬茄子を取り出し，余分な醤油を切ってからカメに入れ，甜面醤で漬け込む。1つのカメには200kgの甜面醤と約300個の茄子が入る。始めの10日間は毎日2回の割合で撹拌し，その後，晒しを行なう。後の10日間は毎日1回撹拌を行なう。その後はカメの内部に空気が残らないようにして密封し，日の当たらない所で約40日間熟成を行なう。次に，熟成を終えた茄子の表面についている醤を落とし，10％の白砂糖および保存料を加えると製品となる。

(4) 製造後管理

醤磨茄は1年に1回製造するだけなので貯蔵期間は比較的長い。製品は熟成の後，日陰で風通しの良い所で保管する。

(5) 歩留り

100kgの生の茄子からは約70kgの醤磨茄の製品を得ることができる。

(6) 製品の品質基準

(ア) 官能指標

色は黄褐色で醤特有の濃厚な風味を有し，甘味と塩味のバランスが取れており，歯切れが良く，茄子の風味のあるものが良い。また，形状が揃っていて丸みのあるものが良い。

(イ) 理化学指標

食塩濃度は8〜10％，水分は65〜70％，還元糖は15％以上，アミノ態窒素は0.4％以上，総酸は1％以下であるものが望ましいとされている。

82. 武漢醤白，紅蘿蔔（ダイコン，ニンジン味噌漬）

武漢醤白，紅蘿蔔（白蘿蔔：大根，紅蘿蔔：人参）は武漢の特産物で天然発酵で得られた醤と高塩固体発酵によって製造された醤油で漬けるのが特徴である。本製品は醤の香気が強く，歯切れが良い。

(1) 原料および補助原料

生の大根（または人参）100kgに対し，食塩6kg，醤5kg，醤油28kg使用する。原料野菜の大根は武漢で栽培される「条子蘿蔔」を用いる。大根の長さは15〜18cmで直径は3〜6cmのものが良い。人参は武漢で生産されている「青山枯木種」を使用する。この人参の特徴は皮部，芯部とも赤いことで，頭部と尻部の太さがほぼ同じものがよい。

(2) 製造工程

武漢醤白，紅蘿蔔の製造工程は図7-86に示すとおりである。

原料大根（人参）　⟶　塩漬け　⟶　晒し　⟶　醤漬け　⟶　製品

図7-86　武漢醬白，紅蘿蔔の製造工程

(3) 加工方法
(ア) 塩漬

生大根100kgに対し，6kgの食塩を用いて塩漬けを行なう。最初にカメの底に1層の大根を並べ，次に大根の上に食塩を1層となるように撒く。これを交互に繰り返して，カメが一杯になるまで漬け込みを行なう。上部にやや多めになるように食塩を撒く。漬け込んだ後は毎日カメの中の大根を撹拌して食塩が均一に行き渡るようにする。人参も大根の場合とほぼ同様に塩漬けを行なう。塩漬けの期間は一般的に5日間で，塩漬けを終えた大根は次の晒しの工程に進む。

(イ) 塩漬野菜の晒し

塩漬けを終えた大根をカメから取り出して余分な塩水を切り，1mほどの麻糸を大根の頭部に刺し通して棚に懸けて日中は日に晒し，夜は夜露にあてる。次の日から10～15日間程度，大根を風に当て，日に晒す。

(ウ) 醤積け

甜面醤14kgと醤油40kgをカメに入れ，糊状になるように均一に混合する。この混合した醤に100kgの塩漬大根（または人参）を入れ，よく撹拌しながら大根全体が混合醤に漬かるようにする。次に混合醤が付着した大根を1層1層丁寧にカメの中に並べて，きつく漬け込み，カメが一杯になったら表面を竹製のムシロで覆い，その上に木棒を置き，さらにその上に重石を載せて漬け込む。次にムシロの上を覆うまで醤油を注ぎ，そのまま1か月間醤漬けを行なうと製品になる。

(4) 製造後の管理

製品を保管する場合は醤に漬け込まれたままの状態で行ない，製品を販売する際も醤を付着させた状態で消費者に提供する。消費者が本製品を食べる際は醤を取り除き，洗って食べることが多い。一般的には漬物を賽の目状に切り，添え物や前菜にしたり，冷麺と混ぜ合わせて食べる。

(5) 製品の品質基準
(ア) 官能指標

醤漬大根は明るい黄色，醤漬人参は明るい赤色を呈し，形状は均一で揃っているのがよい。また，醤の香りを持ち，歯切れの良いものが好まれる。

(イ) 理化学指標

食塩濃度は10～12％，水分は68～72％，還元糖は4％以上，アミノ態窒素は0.2％以上であるものが望ましいとされている。

83. 辣油香菜糸（茎チシャ千切り辛味噌漬）

辣油香菜糸（糸は千切りの意味）は醤漬に分類される漬物で，揚州で比較的新しく生産されるようになった。この漬物に用いられる原料野菜は太くて軟らかい緑葉萵笋（茎チシャ）で，漬け終えた後に赤唐辛子と胡麻油を混ぜて作られる。製品は，赤澄色を呈し，醤の香気に混ざって野菜の風味と唐辛子の香気があり，味は少し辛味があるが，比較的さっぱりとしており，消費者に人気のある漬物の1つとなっている。

(1) 原料および補助原料

塩漬け茎チシャ100kgに対し，食塩4～5kg，甜面醤50kg，赤唐辛子3kg，胡麻油2kg，グル

タミン酸ナトリウム150g，砂糖1kgを使用する。
(2) **製造工程**
辣油香菜糸の製造工程は**図7-87**に示すとおりである。

塩漬茎チシャ ─→ 千切り ─→ 脱塩 ─→ 圧搾 ─→ 乾燥 ─→ 浸漬 ─→

補助原料混合 ─→ 製品

図7-87 辣油香菜糸の製造工程

(3) **加工方法**
(ア) **塩漬け**
辣油香菜糸の原料となる茎チシャは最初に皮を剥いて塩漬けにするが，その方法は香菜心とほぼ同じである。塩漬けした茎チシャは先端および末端部を取り除き，中間部を使用する。なお，斑点のあるものは品質が良くないので除去する必要がある。

(イ) **千切り**
塩漬茎チシャを7～8cmの長さに切ってから，幅4mmの千切りにする。生の状態で切る場合は機械を用いて千切りすることができるが，塩漬製品は柔らかくなっているので機械で千切りにするのは困難である。

(ウ) **脱　塩**
塩漬茎チシャの千切りをカメの中に入れ，清水を加えて脱塩を行なう。100kgの千切りに対し，120kgの水を用いて脱塩を行なうが，脱塩時間は夏は1時間，冬では2時間である。通常，食塩濃度が6～7％になるまで脱塩するが，塩漬品が輸出品の場合はさらに脱塩する場合もある。

(エ) **晒　し**
脱塩した半製品を圧搾し，水分を除く。通常，100kgの脱塩半製品は脱水により約30kgになる。脱水後，ムシロの上に広げて1～2日間晒しを行なう。この晒しにより約20kgになる。晒しの間は時々攪拌し，満遍なく晒しが行なわれるようにする。

(オ) **甜面醤塩水への浸漬**
甜面醤塩水は甜面醤25kg，水75kg，食塩4kgを混合し，沸騰させた後，表面に現れる泡を取り除き，60℃まで冷却して製造されたものである。晒しを終えた半製品の千切り20kgをカメに入れ，甜面醤塩水70kgを注ぎ入れ，1日浸漬を行なう。浸漬後，千切りを取り出して余分な液を除く。浸漬時間は気候，温度によって多少異なる。

(カ) **補助原料の混合**
補助原料の1つである唐辛子油の製造は以下のとおりである。胡麻油あるいは落花生油2kgと赤唐辛子粉（種子を除く）3kgを用いる。最初に油を鍋の中に入れて，加熱したところに赤唐辛子粉を加え，さらに沸騰するまで加熱し，水分がなくなるまで2～3時間続ける。泡が出なくなったら，火を止めて冷却してから取り出す。次に千切りの半製品を赤唐辛子油とよく攪拌し，均一に混合する。千切り100kgに対し，赤唐辛子油11kg，グルタミン酸ナトリウム150g，糖2kgを用いる。瓶詰にする場合はグルタミン酸ナトリウムや糖を加えずに別の調味液を加えることが多い。

(4) **歩留り**
100kgの茎チシャ千切りの塩漬品からは50kgの製品を得ることができる。

(5) 製品の品質基準
(ア) 官能指標
　色は淡黄色で光沢があり，醤香は辛味香および野菜香があり，塩味と辛味が口に合い，千切りの形状が揃っているものが良い。
(イ) 理化学指標
　食塩濃度は7～8％，還元糖は約8％，アミノ態窒素は0.16％以上，総酸は0.8％以下であるものが望ましいとされている。

84. 鮮甜蘿蔔片（新鮮な甘味のある刻みダイコン味噌漬）

　鮮甜蘿蔔片は近年，上海で発展してきた漬物の新製品である。味は甘く，口当たりが良いので消費者に大変人気のある漬物である。また，製造も比較的簡単である。

(1) 原料および補助原料
　原料の大根300kgに対し，食塩48kg，回収甜面醤液60kg，甜面醤液60kg，甘草粉1kg，白砂糖15kg，グルタミン酸ナトリウム液8kg，白酒500g，サッカリン15g，保存料100gを使用する。原料大根は白皮白果肉の丸白大根を使うが，皮は薄く滑らかで中心部に空洞のないもので，1本当たりの重量が100～150gのものを使用する。製造時期は一般的には10月頃である。

(2) 製造工程
　鮮甜蘿蔔片の製造工程は図7-88に示すとおりである。

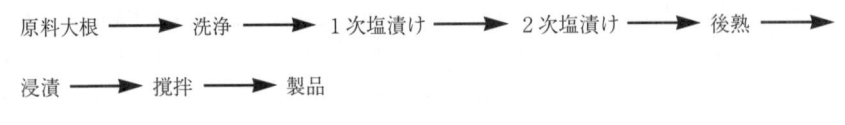

原料大根 → 洗浄 → 1次塩漬け → 2次塩漬け → 後熟 →
浸漬 → 撹拌 → 製品

図7-88　鮮甜蘿蔔片の製造工程

(3) 加工方法
(ア) 1次塩漬け
　原料大根を工場に搬入後，両先端部を除去し，きれいな水で洗浄する。洗浄したものを漬け込みタンクに1層に並べ，大根100kgに対し食塩8kgの割合で塩を撒き，さらに大根を1層並べて塩を撒く。これを繰り返して漬け込みタンクが一杯になるまで漬け込む。なお，漬け込みタンクの上部に塩が多めになるように使用し，表面には使用する食塩の約20％程度を用いるようにする。漬け込みを終えた後は表面に竹棒を並べ，その上に重石を置いて漬ける。
　漬け込んでから3日後，塩漬大根を天地返しして均一に漬かるようにし，始めと同様に表面に竹棒を敷き，重石を載せる。5日後，1回目の天地返しと同様に2回目の天地返しを行ない，さらに食塩が均一に行き渡るように漬け込む。重石は漬け込みタンク1個当たり，塩漬大根の表面の竹棒の上に縦横3個ずつ，計9個を載せるのが一般的な方法である。また，重石1個当たりの重量は45kgのものが普通である。

(イ) 2次塩漬け
　1次塩漬けによって得られた大根を取り出して2つに切り，漬け込みタンクに再度漬け込む。タンクが一杯になったら表面に竹棒を置き，その上に重石を載せて強く押すようにする。100kgの大根が約42kgになった時に，新たに食塩を加えて漬け込む。

(ウ) 保存（後熟）

2次塩漬け後の塩漬大根は1年を通して加工することができる。しかし，高温多湿な状態にあるとカビが発生する場合があるので，保存容器に塩漬大根を一杯に詰め，空気が入らないように強く押して保存することが大切である。容器は通風が良く，乾燥した日陰に置く必要がある。また，漬け込みタンクで保存する場合は，タンクを丁寧に洗浄し，乾燥させてからタンクの底に食塩を撒き，その上に食塩と大根を交互に重ねながら漬け込む。表面には食塩を多めに撒いて強く押して密封する。必要な時に保存容器あるいは漬け込みタンクから塩漬大根を取り出し，その後，再びきつく押して残りのものを密封し，保存する。後熟は約40日間かかるので，後熟期間を過ぎたものを使用するのが望ましい。

(エ) 甜面醤液への浸漬

最初に後熟後の塩漬大根を取り出し，清水で洗浄してから脱塩を行なう。脱塩終了の目安は塩水濃度が約10°Béになった時である。脱塩終了後は，木製圧搾機を用いて脱水を行なう。脱水作業を行なう際は1度に圧搾しないで，徐々に圧力を加えていくようにする。脱水後は，圧搾した大根を晒し（干し），水分を減少させる。晒しは竹製のスノコの上に広げ，途中で天地返しを行なって水分が均一になるようにする。通常，100kgの脱水大根が80kgになるまで晒しを行なうが，普通1日の晒しで十分である。

晒しを終えた大根を1回目の甜面醤液への浸漬として回収甜面醤液（1度使用した甜面醤液）に3日間浸漬する。浸漬後，余分な醤液を除き，1日間，100kgの大根が80kgになるまで晒しを行なう。次に2回目の甜面醤浸漬を行なうが，この際に用いる甜面醤は新しいものを使用する。1回目の甜面醤浸漬を終えた100kgの大根に対して60kgの新しい甜面醤液，8kgのグルタミン酸ナトリウム液，15gのサッカリン，1kgの甘草粉，50gの保存料を均一に混合し，カメに入れて浸漬する。その後は，3回の晒しと3回の浸漬を繰り返して，甜面醤などの風味が十分に行き渡るように作業を行なう。

(オ) 撹拌

3回の晒しと3回の浸漬を終えた大根100kgに対し，8kgの白砂糖，50gの保存料を加え，カメの中で撹拌し，均一に漬かるようにする。その後，毎日1～2回カメを撹拌し，5日後に熟成を終え製品となる。製品を包装する際は直前に白酒を散布し，香味を付ける。

(4) 製品の品質基準

(ア) 官能指標

製品の色合いは濃褐色で，表面は光沢があり，濃厚な醤の香味と甘味に優れており，歯切れが良く，大根の香気を持ち，形状が揃っているものが良い。

(イ) 理化学指標

食塩濃度は10～12％，水分は65～66％，還元糖は15％以上，アミノ態窒素は0.3％以上であるものが望ましいとされている。

85. 爽甜蘿蔔条（爽快な甘味を持つダイコン千切り味噌漬）

上海で製造されている爽甜蘿蔔条は20年余の歴史を持つ漬物である。主に南洋群島一帯に輸出されており，特に華僑達に好まれている。この漬物の特徴は甘くて口当たりが良く，あっさりとした香味を有することである。

(1) 原料および補助原料

原料の大根（上海郊外で生産されている大根で晩長白種あるいは筒大根ともいう）は根部は円錐形で先端がとがっており，1つの重さが0.5～1.5kgのものを使用する。この大根は甘味があり，水分は比較的少ない。加工の時期は一般的には11月5日前後であるが，原料大根を工場に搬入したら溜めることなく直ちに加工することが大切である。

最終製品100kgを製造するのに，原料生大根658kg，食塩105kg，グルタミン酸ナトリウム200g，甜醤油20kg，サッカリン15g，白砂糖10kg，保存料100g，白酒（65度）0.5kgを使用する。

(2) 製造工程

爽甜蘿蔔条の製造工程は**図7-89**に示すとおりである。

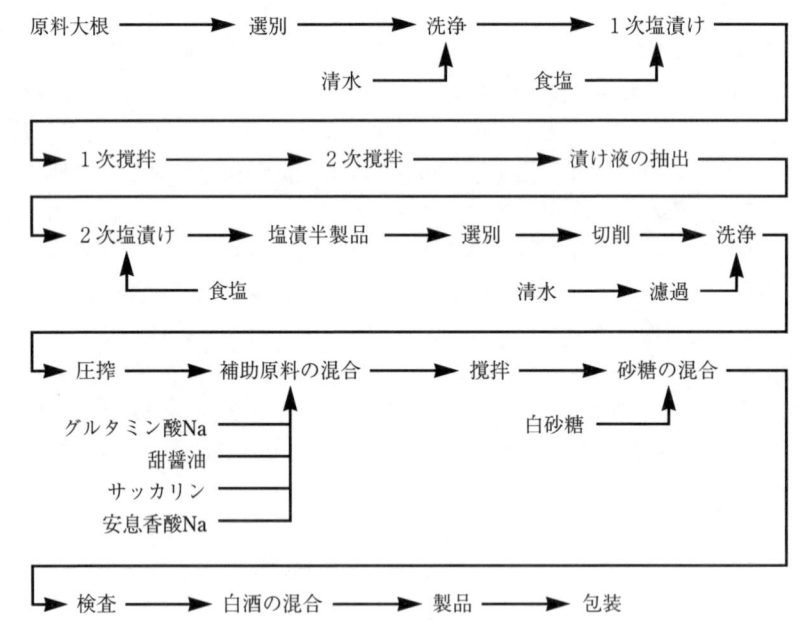

図7-89 爽甜蘿蔔条の製造工程

(3) 加工方法

(ア) 原料の調製

原料の大根は表面が滑らかで充実しており，斑点や黒芯，中空のないものを選択する。原料大根に付着してきた夾雑物や雑草を取り除いてから水の中で洗浄し，カゴに入れて水を切って塩漬けを行なう。

(イ) 1次塩漬け

洗浄を終えた原料大根を4m³（2m×2m×1m）の漬け込みタンクに塩漬けする。この大きさの漬込みタンクには3000kgの原料大根を漬け込むことができる。使用する食塩は240kg（食塩濃度8％）である。漬け込みタンクの底に洗浄した大根を並べて食塩を撒き，さらにその上に大根を置く。これを交互に繰り返してタンクが一杯になるまで漬け込む。食塩を撒く時は下部に20％，中部に30％，上部に50％の割合で撒くのが基本である。大根をタンク一杯に漬け込んだら，表面に割り竹を格子状に置き，次に片寄りがないように9個の重石（1個は約50kg）を置いて押す。

漬け込んでから3日目に漬け込みタンクの撹拌を行ない均一に漬かるようにする。撹拌の方法

は，まず最初にタンクの上半分にある塩漬大根を空の別の漬け込みタンクに移し，平らに広げてから，残りの下半分の塩漬大根を移し，同様に平らに広げる。次に，塩漬けによって得られた食塩水と未溶解の食塩を共に移し，原料大根の上に注ぎ入れ，表面に割り竹を敷き，重石を載せる。5日目に2回目の撹拌を1回目と同様の方法で行なう。

(ウ) **圧搾および2次塩漬け**

2次塩漬けの前に圧搾を行なう。圧搾は1次塩漬けを終えた大根を取り出し，別の漬け込みタンクに移し換える。このタンクの底部には竹製のスノコが置いてある。大根を移し換え，タンクが一杯になったら表面に割り竹を敷き，その上に40個の重石（1個は約50kg）を載せて圧搾する。竹製のスノコの下に押し出された食塩水はポンプを用いて汲み出す。8日目に2次塩漬けを行なう。2次塩漬けは別の漬け込みタンクで行なうが，塩漬け方法は1次塩漬けと同様に行なう。

使用する食塩は大根に対し8％である。食塩を撒く方法は1次塩漬けと同じで，タンクの下部は少なめに，上部には多めに使用する。表面に割り竹を敷いて，重石を載せるが，2次塩漬けでは重石（1個は約50kg）を12個載せて漬け込む。2週間後に食塩濃度を測定し，品質のチェックを行なうが，正常に漬けられている場合は17°Bé前後に達している。

(エ) **塩漬大根の保存**

このようにして出来た塩漬大根は，1年を通してさらに加工するための原料として保存される。品質の良い状態で加工するには，半年以内の塩漬原料大根を使用するのが良いが，保存している間に表面に近い大根が乾燥するので，食塩水を追加する必要がある。また，長期に保存する場合は表面を密封する必要があるが，それには泥土が使われる。表面にある大根がある程度乾いた時に，重石や割り竹を除き，真ん中を多少盛り上げた状態にして，カマス（わらを編んで作った袋）できつく表面を覆ってから400kgの乾いた泥土を加えて，表面を平らにして踏み固める。

その後，3日目に再度踏み固めて密封する。密封した後は定期的に検査を行なう。検査はカマスを通して行なわれる。カマスが塩水で濡れている場合は良好であるが，乾燥している場合は大根が変質するのを防ぐために食塩水を加える。また，表面の泥土には水をかけないようにする。泥土が水で濡れると下にある大根の塩度が低下し，カビが発生することがあるからである。

(オ) **塩漬大根の選択および切削**

良い製品を作るには検査が重要で，塩漬大根や加工途中の大根を随時検査する。品質の良い塩漬大根の条件としては，表面が滑らかで，黄色あるいは白色を呈し，斑点，泥土，夾雑物がないことをあげることができる。このような塩漬大根を原料とし，表面のひげ根を除去し，長さが10～11cm，幅が1.5～1.7cmの形に切削する。この作業の際に黒芯，硬芯，中空の原料がある場合はそれらを取り除く。

(カ) **脱塩および圧搾**

切削した塩漬大根は重量を量って記録しておく。塩漬大根の塩度は通常17°Béで，製品の塩度は6～8％であることから，製品にするには脱塩する必要がある。脱塩は塩漬大根を清水に浸漬することで行なうが，普通12時間程度浸漬し，その後，圧搾する。歩留りは28～30％であれば良い。

(キ) **補助原料の混合**

脱塩，圧搾された塩漬大根を正確に計量してから，適切な割合に合わせた補助原料を加え，調味を行なう。補助原料のグルタミン酸ナトリウム，サッカリン，甜醤油，保存料の安息香酸ナトリウムをカメの中で混合して溶解したところに，塩漬大根の千切りを入れ，調味漬けを行なう。毎日2回，カメの中を撹拌し，調味が均一に行なわれるようにする。5日目に白砂糖を加え，1日に

2回撹拌を行なうと2日目には製品が完成する。

(ク) 包装および保管

検査に合格した製品は6kgずつ，食品用プラスチック袋に入れ，25gの白酒を加えて密封する。輸出品の規格は1袋6kgの製品を1箱30kgに詰めることになっている。このように包装したものを倉庫で保管する。製品の貯蔵期間は約半年である。良質品を製造するためには衛生面での強化が必要で，加工にあたっては可能な限り製品に直接人手が触れないように注意することが大切である。

(4) 製品の品質基準

(ア) 官能指標

爽甜蘿蔔条は淡黄色を呈し，香味，歯切れに優れ，塩味と甘味のバランスが取れており，異味がなく，幅が1.5～1.7cm，長さが10～11cmの短冊形をしており，夾雑物がないものが良い。

(イ) 理化学指標

食塩濃度は10～11％，水分は72～73％，還元糖は6％以上，アミノ態窒素は0.2％以上であることが望ましいとされている。

(5) 注意事項

(ア) 専任者は責任を持って検査を行ない良品を提供する必要がある。

(イ) 製品の衛生および環境衛生を強化し，容器や使用器具類の消毒を随時行なう必要がある。

86. 醤汁八宝菜（取り合わせ野菜の醤液漬）

醤汁（醤液）を用いて漬物を製造する方法は近年開発されたもので，旧来の方法に比べて製造時間が短縮された。製造方法は単純化され，生産コストも下げることができた。製品品質は安定しており，衛生管理も良く，作業員の労働も軽減された。

(1) 原料および補助原料

原料の配合は塩漬秋蕪（カブ）40kg，塩漬秋黄瓜（キュウリ）15kg，塩漬刻み蓮根（レンコン）10kg，塩漬隠元豆（インゲンマメ）5kg，塩漬豇豆（ササゲ）4kg，塩漬洋生姜（キクイモ）5kg，塩漬草石蚕（チョロギ）8kg，塩漬萵笋（茎チシャ）5kg，塩漬大蒜（ニンニク）茎4kg，生姜（ショウガ）千切り2kg，杏仁（きょうにん）2kg，甜面醤100kgを使用する。

(2) 製造工程

醤汁八宝菜の製造工程は図7-90に示すとおりである。

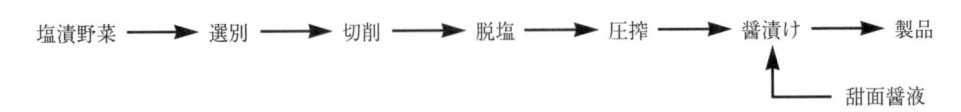

塩漬野菜 → 選別 → 切削 → 脱塩 → 圧搾 → 醤漬け → 製品
　　　　　　　　　　　　　　　　　　　　　　　↑
　　　　　　　　　　　　　　　　　　　　　　甜面醤液

図7-90 醤汁八宝菜の製造工程

(3) 加工方法

(ア) 塩漬半製品の選別

9種類の塩漬野菜を漬け込みタンクから出して質の良いものを選択する。肉質の締まったものを選び，中空のあるもの，カビの生育のみられるもの，異臭のするもの，腐敗部分のあるものは除去する。また，色の悪いものも除去する。

(イ) 切削

　塩漬チョロギはそのまま使用するが，それ以外の8種類の塩漬野菜はそれぞれ整形・切削作業を行なう。塩漬蕪は厚さが2～3mmの梅花形，塩漬黄瓜は薄い三角形，塩漬隠元豆は2cmの棒状，塩漬ササゲは1辺の長さが1cmの三角形，塩漬洋生姜は厚さ3cmの薄切り，塩漬茎チシャは1辺2～3cm，厚さ2～3mmの薄切り，塩漬大蒜茎は長さ2cmの千切り，生姜は1mmの千切りに整形・切削するが，形状や大きさが揃うようにする。杏仁はブランチングを行なってから剥皮する。

(ウ) 脱塩・圧搾

　切削した各種塩漬野菜は配合比に応じてそれぞれ計量し，脱塩装置に塩漬野菜とその重量の1.5倍の水を入れ，脱塩装置で撹拌を行なうことにより脱塩する。醤汁八宝菜の場合は通常，脱塩装置による撹拌を1.5～2時間行なえば十分である。なお，脱塩時間は水温によって影響を受け，水温が高い場合は短くて済むが，低い場合は脱塩時間を多少長くする必要がある。また，脱塩後の食塩含量は季節によって変化させる。夏季の食塩濃度は通常10～12％と高めにし，冬季の場合は6～8％と低めにする。撹拌を終えた後は脱塩装置に水を注ぎ入れ，排出口を開けて，水とともに圧搾機に入れ，約1時間ほど圧搾を行なう。圧搾脱水により，40％程度の水分が脱水されたところで脱水作業を終了する。

(エ) 醤液の製造

　醤液は天然醸造の甜面醤を圧搾して製造する。具体的には甜面醤を最初，布袋に入れ，袋口をしっかりと紐で縛る。カメの中にスノコを置き，その上に甜面醤を入れた袋を重ねて載せ，上部には板と重石を置いて袋を圧搾し，その力で醤液をカメの中に搾り出す。24時間ほど圧搾すると甜面醤からは約50kgの1回目の醤液を得ることができる。この1回目の醤液は各種成分の含有量が高く，濃厚であることから高級な漬物を製造する際に使用される。

　1回目の醤液を搾った残り粕に3回目に搾った醤液80kgを加え，再度袋口を縛ってから，1回目に圧搾した方法と同様な方法でカメの中のスノコの上に袋を重ね，重石を載せて24時間圧搾し，2回目の醤液を得る。2回目の圧搾では70kgの醤液を得ることができる。この2回目の醤液は中級漬物の製造に使用される。

　2回目の醤液を得た残り粕に160kgの13°Béの食塩水を加え，1回目，2回目と同様に24時間圧搾を行なうと140kgの3回目の醤液を得ることができる。この3回目の醤液は2回目の醤液を製造するのに使用される。

　圧搾して得られた醤液は80℃，10分間加熱して，酵母などの微生物を殺菌し，保管する。長期間にわたって保存する場合は適量の保存料を加える必要がある。なお，ここで記した醤液の重量は最初に用いられる甜面醤100kgを初発重量としたものである。

(オ) 醤漬け

　脱塩，脱水した各塩漬半製品，杏仁および生姜千切りなどを醤液に入れ，醤漬けを行なう。醤漬けに要する時間は気温によって調整する必要がある。通常は7～10日間漬け込むが，夏期は5日間で醤漬ができる。醤漬けの間，2～3回撹拌し，製品が完成する。

(4) 製品の品質基準

(ア) 官能指標

　醤の風味があり，光沢は濃い小豆色を呈し，テリがあり，適度な甘味を有するものが良い。

(ｲ) 理化学指標

食塩濃度は 8〜10％，水分は70〜75％，還元糖は10〜12％，アミノ態窒素は0.2〜0.25％であるものが望ましいとされている。

87. 盤香蘿蔔（ダイコン味噌漬）

盤香蘿蔔は中国北方では一般的な醤漬物で，甜面醤に漬け込むのが普通であるが，黄醤（大豆醤）に漬け込まれる場合もある。また，盤香蘿蔔は大衆向きの漬物で，多くの消費者に好まれている。

(1) 原料および補助原料

盤香蘿蔔は塩漬蘿蔔（大根）100kg，甜面醤75kgを用いて製造する。盤香蘿蔔には通常，二纓子蘿蔔が使用される。二纓子蘿蔔の特徴は細長く，歯切れがよく，糖分が高く，水分が低いことである。

(2) 製造工程

盤香蘿蔔の製造工程は図7-91に示すとおりである。

原料 ⟶ 整形 ⟶ 塩漬け ⟶ 脱塩 ⟶ 脱水 ⟶ 醤漬け ⟶ 製品

図7-91 盤香蘿蔔の製造工程

(3) 加工方法

(ｱ) 塩漬け

新鮮な大根を工場に搬入した後，まず，葉とひげ根を除去し，直ちにきれいな水で洗浄する。100kgの大根に対し，12kgの食塩と25kgの苦汁（ニガリ）を加える。苦汁がない場合は食塩を17kgとし，水を25kg加えても良い。カメの中に食塩と大根を交互に入れ，カメが一杯になるまで漬け込む。以後は毎日1回漬け換えて，食塩が均一に行き渡るようにする。

(ｲ) 整形・脱塩

塩漬大根の両端部を切り揃え，ひげ根を除いた後，大根を斜め切りにする。厚さが2mm，長さが約16cmの斜め蘭花状に切る。その後，100kgの塩漬大根に対して水250kgの割合で脱塩を24時間行なうが，その間に2時間に1回の割合で撹拌を行ない，脱塩を促す。なお，脱塩の際は大根が途中で切れないように注意する。脱塩が終わったら，大根をカゴにとって十分に水を切り，布袋に入れる。布袋には約2.5kgの脱塩した大根を入れることができる。

(ｳ) 醤漬け

カメの中に甜面醤と脱塩した大根を入れた布袋を交互に漬け込むが，甜面醤と大根の配合は同量にする。漬け込んだ後は，毎日カメの撹拌を行ない，醤が均一に浸透するようにする。15日間醤漬けを行なうと製品となる。

(4) 歩留り

生の大根100kgからは80kgの塩漬半製品を得，100kgの脱水した塩漬大根からは70kgの製品を得ることができる。

(5) 塩漬大根の保存管理

塩漬大根を保存する場合は，常に揚がり塩水が塩漬大根の上になるようにする。揚がり塩水が減少している時は必ず食塩水を補充しておく。

(6) 製品の品質基準
(ア) 官能指標
色は黄褐色で醤特有の濃厚な風味を有し，甘味と塩味のバランスが取れており，歯切れが良く，切断面が整っており，形状が揃っているものが良い。

(イ) 理化学指標
食塩濃度は10～12％，水分は70～72％，還元糖は8％以上であるものが望ましいとされている。

88. 上海精製什錦菜（取り合わせ野菜の味噌漬）
(1) 原料および補助原料
上海精製什錦菜は表7-2の材料を用いて製造される。

表7-2 上海精製什錦菜の原料

原料野菜	配合量(kg)	補助原料	配合量(kg)
塩漬蕪千切り	25	甜面醤液	50
塩漬青大根千切り	15	甜面醤	30
塩漬切干し赤大根	15	白砂糖	4
塩漬白大根千切り	14	サッカリン	15g
塩漬茎チシャ刻み	10	グルタミン酸ナトリウム	100g
塩漬瓜千切り（賽の目）	5	安息香酸ナトリウム	100g
塩漬大根短冊切り	5		
塩漬菊芋刻み	5		
塩漬チョロギ	5		
唐辛子（細長）	3		
生姜千切り	3		

(2) 製造工程
上海精製什錦菜の製造工程は図7-92に示すとおりである。

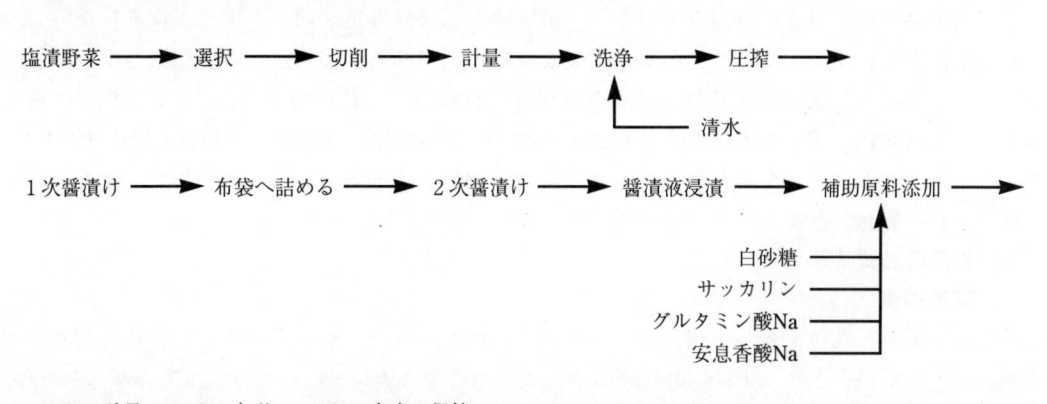

塩漬野菜 → 選択 → 切削 → 計量 → 洗浄 → 圧搾 →
　　　　　　　　　　　　　　　　　↑
　　　　　　　　　　　　　　　　清水

1次醤漬け → 布袋へ詰める → 2次醤漬け → 醤漬液浸漬 → 補助原料添加 →
　　　　　　　　　　　　　　　　　　　　　　　　　　　　　↑
　　　　　　　　　　　　　　　　　　　　　　　　白砂糖
　　　　　　　　　　　　　　　　　　　　　　　　サッカリン
　　　　　　　　　　　　　　　　　　　　　　　　グルタミン酸Na
　　　　　　　　　　　　　　　　　　　　　　　　安息香酸Na

→ 計量 → 包装 → 倉庫で保管

図7-92 上海精製什錦菜の製造工程

(3) 加工方法
(ア) 切削
各塩漬原料野菜を漬け込みタンクから取り出し，中空，虫害，腐敗部のあるもの，異味のある

ものなど，品質の悪いものを除いた後，各野菜の特色を生かした切削を行なう。蕪（カブ），青大根，干し赤大根，白大根の塩漬は千切りにする。この漬物は色が重視されるので，それぞれ赤，緑，白色をきれいに保っている材料を選択することが大切である。唐辛子は細くて小さなものがよい。

　唐辛子とチョロギは切削の必要がなく，そのまま使用するが，他の塩漬野菜原料は千切り，賽の目，刻みなどに切削する。切削の際は形状を揃える必要があるので，それぞれ厚さや大きさなどを決めておく必要がある。切削器具はよく切れるものを用いて作業をすることが望ましい。また，切削機械で切ると手作業で行なうよりも短時間に大量処理できるが，形状の悪いものが多く出るので，それらを取り除く作業が必要となる。

(イ) **脱塩洗浄・圧搾**

　塩漬原料野菜を切削した後，生姜千切り以外の10種類の原料を配合比に従って計量し，それらを全てカメの中に入れ，同量の水を加えて1～2時間洗浄を行なう。千切りは細いので比較的短時間で洗浄を終えることができる。気温が10℃以下の場合は食塩濃度が6～8°Béに，気温が10℃以上の場合は10°Béになる程度に脱塩洗浄を行なう。気温が20℃以上の場合は12～14°Bé程度にする必要がある。カメから脱塩洗浄を終えた塩漬原料野菜を取り出し，ザルに入れて水を切ると同時に細かい夾雑物を除去する。次に圧搾機で約1時間ほどかけ，50～55％にまで圧搾する。

(ウ) **1次醤漬け**

　ザルから取り出した圧搾原料野菜をカメの中に入れた回収甜面醤液（1度醤漬けに用いた甜面醤液）に24時間漬け込んだ後，カメから取り出して布袋に入れる。布袋は約7.5gの原料野菜が入る程度のものを使用する。布袋の口を紐でしっかりと縛り，天然醸造の甜面醤を入れたカメの中に漬け込む。3日間漬け込みを行なうが，毎日2回，上下に撹拌を行ない，均一に浸透させる。生姜（ショウガ）千切りは同量の水で洗浄して，水を切り，加熱した甜面醤に1時間浸漬してから，他の原料野菜と混合し，布袋に入れて漬け込む。

(エ) **2次醤漬け**

　甜面醤液に漬け込んだ布袋から原料野菜を取り出し，白砂糖などの調味料・補助原料すべてを加えた甜面醤の中に再度漬け込みを行なう。漬け込んだ後は毎日2回，上下に撹拌を行ない，均一に漬かるようにする。ここで使用する甜面醤は約70kgである。甜面醤液の食塩濃度は気温の違いによって異なる。気温が10℃以下の場合は製品の食塩濃度は約10％で甜面醤液は10°Béが適当である。気温が10～20℃の場合は製品の食塩濃度は約13％で甜面醤液は13～14°Béが適当である。さらに気温が20℃以上になると製品の食塩濃度は約14％，甜面醤液は15°Bé'を必要とする。72時間漬け込むと製品が完成するので計量後，瓶に詰めて倉庫で保管する。

(4) **製品の品質基準**

(ア) **官能指標**

　明るい茶褐色，黄色，青，黒色などの色が適当に混ざり合い，形も千切り，短冊状，刻みなどの形状のものが混合され，味は醤の風味の他に大根の香味，チシャの清香味，生姜の辛味と香味，唐辛子の辛味などがバランスよく混ざり合っているものが良い。

(イ) **理化学指標**

　総窒素は0.35％以上，アミノ態窒素は0.2％以上，還元糖は0.2％以上，食塩濃度は10～14％であるものが望ましいとされている。

89. 石家庄金糸香（カラシナ塊根千切り味噌漬）

石家庄金糸香は新鮮な芥菜（カラシナ）を原料とした漬物で，製品は茶褐色で歯切れが良く，塩味と甘味のバランスが取れた漬物である。原料として使用する芥菜は二年生草本植物で黄色の花をつけ，茎葉や塊根を食べることができる。塊根部分が石家庄金糸香の原料となる。

(1) 製造工程

石家庄金糸香の製造工程は図7-93に示すとおりである。

原料野菜 ──→ 塩漬け ──→ 千切り ──→ 脱塩 ──→ 醤漬け ──→ 胡麻を炒る ──→ 製品

図7-93　石家庄金糸香の製造工程

(2) 加工方法

(ア) 塩漬け

石家庄金糸香の主原料となる芥菜のひげ根を除去し，洗浄する。次に，100kgの芥菜に対し，20kgの大粒食塩，30kgの水を用い，漬け込みタンクに漬け込む。漬け込み後，5日目に1度タンク内を撹拌し，均一に漬かるようにする。撹拌の際は揚がり塩水をすくい取り，上から散水するようにして注ぎ入れる。そうすることにより，芥菜の余分な辛味を減少させることができる。さらに，漬け込み後20～30日目にポンプで揚がり塩水を循環させながら，食塩を均一に行き渡らせると同時に，一部の良くない風味を揮散させる。このようにして出来た塩漬芥菜は翌年まで保存することができる。

(イ) 千切り

熟成した塩漬芥菜を千切りにする。千切りは機械あるいは人手で行なうが，厚さ，幅は約2mm，長さは4～6cmにする。機械で切る場合は形状の良くないものが出やすいので，そのようなものは取り除く必要がある。また，時々切削用の刃を変えて切り口をきれいにすることが必要である。切れ味の良くない刃で切った千切りは光沢がなく，製品の品質を低下させる原因になる。

(ウ) 脱塩

塩漬芥菜の千切りをカメの中に入れ，清水を加えて脱塩を行なう。100kgの千切りに対し，100kgの水を用いて脱塩を行なうが，脱塩時間は約6時間である。脱塩後，千切りを取り出し，含水量が60～65%になる程度に圧搾する。食塩濃度は約10%になる。

(エ) 醤漬け

脱塩・圧搾した千切り芥菜を布袋（幅15～20cm，長さ66cm）に入れ，袋口を紐でしっかり縛り，良質な甜面醤の中に漬ける。甜面醤は水分含量が55～60%，還元糖が20～24%，総酸が2%以下の品質のものを使用する。甜面醤の色はあまり濃くない方が良く，黄褐色あるいは赤褐色のものを使用する。100kgの千切りに対し，80kgの甜面醤を用いる。通常，醤漬けの時間は夏季では7日間，冬季では15日間である。醤漬けの間，2～3日の間隔で布袋から千切りを取り出し，撹拌を行なう。良くないものがあればそれを除去してから元の袋に戻し，袋口を縛り直して再び醤の中に漬け込む。

製造にあたっては器具・機械は清潔に保つようにする。そうしないと変敗菌によって汚染され，漬物が酸敗しやすくなる。醤漬けが終了した後は，布袋を開けて醤漬千切りを取り出し，100kgの千切りに対し，5kgの炒り胡麻を加え均一に混合すると石家庄金糸香の製品が完成する。製品は茶褐色あるいは赤褐色を呈する。胡麻は出荷する時に加えるのが良い。それは胡麻は時間の経過

に伴い風味が悪くなるためで，品質を保てるのは1週間以内である。

90. 甜醬芽姜（ショウガ甘味噌漬）

生姜（ショウガ）は多年生の草本植物である。生姜の中には黄色油状のジンゲロンと揮発性の生姜油が含有されていることから独特の辛味と香味を持っている。また，生姜には豊富なミネラルとビタミンがあることから，ヒトの健康を保つ上でも有用な野菜である。魚などを調理するときに生姜を使うと魚の生臭さを和らげる機能もあることから，生姜は調理する上で重要な調味料の1つとなっている。生姜を原料とした漬物は古い歴史を有している。湖南省馬王堆の西漢古墓の中から豆豉漬生姜に類するものが副葬品として出土したが，生姜の漬物としてはこれが一番古いものであると推定されている。

(1) 原料および補助原料

甜醬芽姜の主原料は芽生姜で，芽生姜140kgに対し，食塩13～14kg，回収甜面醤60kg，甜面醤60kg，甜面醤液30kg，グルタミン酸ナトリウム100g，白砂糖6kg，サッカリン15g，安息香酸ナトリウム100gを使用する。

(2) 製造工程

甜醬芽姜の製造工程は図7-94に示すとおりである。

原料芽生姜 ⟶ 剝皮 ⟶ 塩漬け ⟶ 1次醤漬け ⟶ 2次醤漬け ⟶ 製品

図7-94　甜醬芽姜の製造工程

(3) 加工方法

(ア) 原料の選択

生姜には新生姜とひね生姜の2種類があり，新生姜には伏（春）生姜と秋生姜がある。甜醬芽姜に使用する生姜には伏生姜が適している。それは伏生姜は繊維が細くて軟らかく，生姜の味が薄く，生姜汁が比較的多いからである。加工の前に軟らかい生姜を選び，皮を剥いておく。生姜の塊を小塊に切り分ける。また，先端が紫色の柔らかい芽の部分も用い，長さが約30mm，厚さが約10mmに切る。生姜の皮は薄い竹べらを用いると剥きやすい。生姜は小さいカメに入れ，厚手のゴム手袋で強く撹拌するか，または草履を履いて軽く足で踏みながら皮を剥く。皮剥きが終わったら，カメから生姜を取り出し，洗浄する。

(イ) 塩漬け

洗浄した生姜をあらかじめ準備しておいた約12°Béの食塩水に漬ける。食塩水には1日浸漬するが，その間2回ほど撹拌を行なう。浸漬後取り出し，100kgの生姜に対し，食塩5kgの割合で塩漬けする。なお，塩漬けの際は生姜と食塩を交互に漬け込むのが良く，下部は少なめに，上部には多めになるように食塩を加える。漬け終えた後は表面に竹棒を並べ，その上に重石を置いて漬ける。漬け込んでからは毎日1回天地返しして均一に漬かるようにし，10日目頃に生姜の食塩濃度が10°Bé程度になったら塩漬けを終了する。通常，歩留りは75％となる。

(ウ) 1次および2次醤漬け

塩漬生姜を取り出し，塩水で洗浄してから布袋に入れカメの中で醤漬けを行なう。1つの布袋には10kgの生姜を入れる。1次醤漬けは13～15°Béの回収甜面醤（1度醤漬けに用いた甜面醤を回収したもの）に漬け込む。漬け込み後，2～3回布袋を動かして撹拌し，2日後に布袋をカメ

から取り出し，布袋を積み重ねる方法で圧搾し，余分な醤を除去する。通常，布袋を5個重ね，その上に板を置いて圧搾する方法が取られる。布袋の外部は衛生に注意しながら圧搾を行なう。

圧搾によって浸出した醤は回収し，再利用する。圧搾を6時間行なった後，布袋を20°Béの新しい甜面醤を入れたカメの中に漬け込む。1次醤漬けを終えた生姜100kgに対し，60kgの甜面醤を使用する。1週間漬け込んだ後，カメから布袋を取り出し，白砂糖，サッカリン，グルタミン酸ナトリウム，安息香酸ナトリウムを加え，2次醤漬けを行なう。2次醤漬けは1次醤漬け後の生姜100kgに対し，30kgの甜面醤を使用する。時々撹拌しながら，4～5日間浸漬すれば製品となる。

(4) **製品の品質基準**
(ア) **官能指標**
形状は扇子の形に整形され，歯切れが良く，辛味と甘味のバランスがとれているものが良い。
(イ) **理化学指標**
食塩濃度は8～10%，水分は60～65%，還元糖は8%以上であるものが望ましいとされている。

第8章　糖醋漬菜（砂糖漬，酢漬，甘酢漬）

第1節　糖醋漬菜の分類

　糖醋漬菜（砂糖漬，酢漬，甘酢漬類）は原料となる塩漬野菜を脱塩，脱水した後，糖漬け，酢漬け，あるいは糖醋漬け（甘酢漬け）により加工される漬物の総称である。したがって，糖醋漬菜（広義）はその漬け方に応じて，糖漬菜，醋漬菜，糖醋菜（狭義）の3つに分類される。

　糖漬菜は砂糖，蜂蜜を主な補助原料とし，それに桂花（キンモクセイの花），食塩などの調味料を加えて製造される。糖漬菜の味覚の特徴は甘味を主体としており，それに酸味と塩味が少し加わったものである。代表例として白糖大蒜（ニンニク砂糖漬），甜酸乳瓜（キュウリ砂糖漬），桂花糖熟芥（カブ砂糖漬）などがある。

　醋漬菜は食酢に浸漬して製造される漬物である。風味は酸味が主体で，それに塩味が加わった味覚を呈する。例として醋薤（酢漬ラッキョウ），醋萵筍（酢漬茎チシャ）などをあげることができる。

　糖醋漬菜は砂糖，食酢を混合した液（甘酢液）に脱塩した原料野菜を浸漬して製造される漬物で甘酢っぱい味が特徴である。代表例には糖醋薤（甘酢ラッキョウ），糖醋生姜（甘酢ショウガ），糖醋大蒜（甘酢ニンニク漬）などがある。以下，代表的な糖醋漬菜の製造方法を説明する。

第2節　各地の糖醋漬菜

1．鄭州白糖大蒜（甘酢ニンニク漬）

鄭州白糖大蒜は鄭州で生産されている伝統的な糖醋漬物の1つである。

(1) 原料および補助原料

原料および補助原料の配合割合は，大蒜（ニンニク）100kgに対し，食塩7kg，白糖（白砂糖）44kg，醋（酢）1kgである。

(2) 製造工程

鄭州白糖大蒜の製造工程は図8-1に示すとおりである。

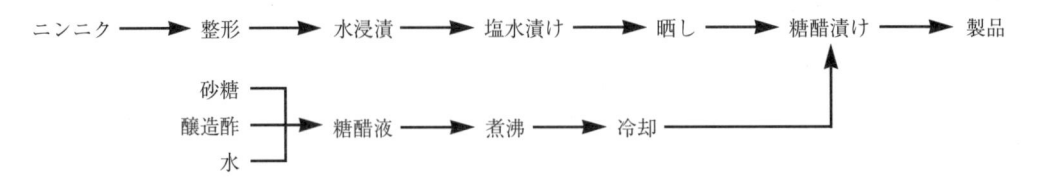

図8-1　鄭州白糖大蒜の製造工程

(3) 加工方法

(ア) 整形

ニンニクの根部を切り，皮を剥く。上部の茎は1cmほど残したままにし，塊が分離しないよう

にする。
　(ｲ)　水浸漬
　冷水をカメに入れ，その中にニンニクを入れて水浸漬をする。冷水には井戸水が最適で，5～7日間浸漬する。天気が悪い場合は2日間余分に浸漬し，暑い日が続く場合は2日間短縮するとよい。水浸漬を行なっている間は毎日1回水を交換し，辛味成分を浸出させる。
　(ｳ)　塩漬け
　水浸漬したニンニクを取り出して別の新しいカメに入れて，塩漬けを行なう。効率の良い方法は1人がカメから水浸漬ニンニクを取り出し，残りの1人が食塩を撒きながら別のカメに塩漬けを行なう方法である。そうすると空気に接触する時間が短いのでニンニクが黄色く変色するのを防ぐことができる。塩漬けはニンニクと食塩を交互に漬け込む。塩漬けした翌日から1日1回の割合でカメを撹拌し，均一に漬かるようにする。3～4日後にカメから取り出し，晒しを行なう。
　(ｴ)　晒　し
　塩漬けを終えたニンニクを竹製のムシロの上に広げて1日晒しを行なう。満遍なく晒しができるように薄く広げることが大切である。
　(ｵ)　糖醋漬け
　白糖，醋に100kgの水を加えて沸騰するまで加熱して糖醋液を作る。その後，40℃以下まで冷却してから，晒しを終えたニンニクを入れたカメの中に注ぎ入れる。ニンニクの表面から6～7cm上になるまで糖液を加え，さらに白糖を2kg加える。カメの口を隙間がないようにしっかりと締め，日陰の涼しい所において2～3か月熟成させると製品が完成する。
　(4)　品質基準
　(ｱ)　官能指標
　色は透明感のある白色を呈し，光沢があり，歯切れが良く，甘味のなかに少し酸味を感ずるものが良い。
　(ｲ)　理化学指標
　糖濃度は30％以上であるものが望ましいとされている。

2．北京白糖大蒜（ニンニク砂糖漬）

　北京白糖大蒜は北京の有名な特産物の1つである。製造工程は複雑で高い製造技術が要求される。北京白糖大蒜は季節性の強い漬物で，原料に用いるニンニクは春に植える「紫皮大六弁」という品種である。ニンニクは夏至（6月22日頃）の3日前に収穫したものを使用するが，それはこの時のニンニクは皮が白くて肉質は軟らかく，辛味が少ないからである。収穫時期が早いとニンニクの弁（塊を作っている1片）が小さく，歩留りが低く，歯切れも良くない。一方，収穫が遅れると品質が悪くなる。ニンニクの大きさは「一虎一」以上のものを使用する。「一虎一」とは親指と人差指でものを掴む場合の大きさのことである。
　北京白糖大蒜は色は白く，甘味の中にわずかの辛味を有するもので，あっさりとした香りがあって，口当たりが良い。北京白糖大蒜は北京料理として知られている羊肉のしゃぶしゃぶ料理には欠かすことのできない漬物である。
　(1)　原料および補助原料
　北京白糖大蒜の主原料は上記のニンニクで，補助原料として白糖，食塩を使用する。ニンニク100kgに対し，白糖50kg，食塩5kgの割合で使用する。

(2) 製造工程

北京白糖大蒜の製造工程は**図8-2**に示すとおりである。

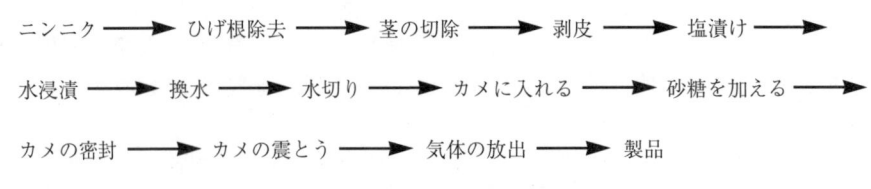

ニンニク ⟶ ひげ根除去 ⟶ 茎の切除 ⟶ 剥皮 ⟶ 塩漬け ⟶
水浸漬 ⟶ 換水 ⟶ 水切り ⟶ カメに入れる ⟶ 砂糖を加える ⟶
カメの密封 ⟶ カメの震とう ⟶ 気体の放出 ⟶ 製品

図8-2　北京白糖大蒜の製造工程

(3) 加工方法

(ア) 整　形

ニンニクを工場に搬入後，早めに1～2層の外皮を剥き（2～3層の柔らかい皮は残しておく），その後，ひげ根，茎を切り取るが，茎は15cmほど残したままにしておく。外皮を剥く作業の中で質の悪いものがあったら随時取り除く。

(イ) 塩漬け

整形を終えたニンニクをカメの中に入れ，100kgのニンニクに対し5kgの割合で食塩を加え，塩漬けを行なう。食塩を撒き終えた後，少量の水を加えて，塩漬けを促す。

(ウ) 水への浸漬

塩漬けの翌日，水をカメに加えて浸漬する。3日目の朝に新しい水をカメが一杯になるまで加え，さらに，その日の晩にも水を換える。

(エ) 水切り

1週間の水浸漬を終えた後，ニンニクをカメから取り出して水を切り，晒しを行なう。晒しは通常，8～12時間行なう。

(オ) 糖液漬け

小口のカメを用意し，中をきれいに洗い，よく拭いておく。次にニンニクをカメに入れ，白糖で漬け込むが，ニンニク1kgに対し，白糖0.5kgの割合で交互に漬け込む。カメが一杯になったらニンニク重量の約10%の量の18°Béの食塩水を加え，合成繊維製の布でカメの口を密封する。

(カ) カメの震とう

糖漬けされたニンニクの入ったカメを通風の良い日陰において熟成させるが，木の上にカメを傾斜させて置き，毎日4回，一定時間おきにカメを震とうさせて浸透を促進させる。

(キ) ガス抜き

密封したカメは1日の間隔で蓋を開けて内部に溜まった辛味臭を発散させる。夕方に蓋を開け，翌日の朝，再び蓋を密封するのが一般的な方法である。

(ク) 製　品

カメを密封してから処暑の頃（8月23日頃）まで約2か月熟成させると白糖大蒜製品が完成する。歩留りは生のニンニクに対して100%である。

(4) 製品の品質基準

(ア) 官能指標

乳白色で光沢があり，ニンニクの香気を持ち，甘味のあるものが良い。また，ニンニクの形状が揃っているものが良い。

(ｲ) 理化学指標

食塩濃度は2％以下，水分は65％以下，総酸は1.5％以下で，糖濃度が30％以上であるものが望ましいとされている。

(5) 注意事項

(ｱ) 収穫・製造の時期を厳密に行なうことが重要である。時期が早くても遅くても品質の良いものは出来ない。

(ｲ) ニンニクをカメに入れて密封した後は温度管理に注意する。温度が高過ぎるとニンニクが赤くなったり，軟化することがある。

(ｳ) カメを回転させたり，ガス抜きを行なうのは良質のものを製造するためには大切な工程である。

3．天津蜂蜜蒜粒（ニンニク蜂蜜漬）

天津蜂蜜蒜粒は糖濃度の高い漬物の1つで，天津が主な生産地である。この漬物は透明感のある黄色を呈しており，軟らかく，甘味があり，多くの人に好まれている。製品は中国国内で販売されるだけでなく，日本にも輸出されている。天津蜂蜜蒜粒の製造工程はやや複雑で，良質のものを製造するには原料の選択を厳密にする必要がある。以前は多くの中国漬物と同様にカメを用いて製造していたが，最近は大きな漬け込みタンクを使う工場が増加している。

(1) 原料および補助原料

原料の大蒜（ニンニク）は幼・中・老期の3つの成長段階に分けられる。天津蜂蜜蒜粒に使用されるニンニクは成長段階が中期のもので，天津地区では夏至の5日前から5日後の間に収穫されたものが最適であるといわれている。収穫適期よりも以前に収穫されたものは塊が分離しておらず，小さいものが多い。一方，収穫適期を過ぎてしまったものは加工しにくいだけでなく，出来上がった製品の質もあまり良くないものになる。

補助原料として白砂糖，蜂蜜，粉塩，塩水を使用する。

配合比はニンニク100kgに対し，白砂糖60kg，蜂蜜20kg，20°Bé塩水25kg，粉塩2kgを使用するのが一般的である。

(2) 製造工程

天津蜂蜜蒜粒の製造工程は図8-3に示すとおりである。

ニンニク ─→ 加工 ─→ 水浸漬 ─→ 水切り ─→ 糖漬け ─→ 蜂蜜漬け ─→ 製品

図8-3　天津蜂蜜蒜粒の製造工程

(3) 加工方法

(ｱ) 原料の選択

天津蜂蜜蒜粒に使用するニンニクは夏至の前後5日の間に収穫した赤皮大蒜で，6割程度成熟したものである。この完全に成熟していないニンニクのことを俗に「青苗大蒜」と呼び，直径は4cm以上のものを使用する。

(ｲ) 加　工

青苗大蒜を工場に搬入した後はなるべく早く加工する。放置時間が長くなると発熱現象を起こし，黄色に変色したり，腐敗することがあるからである。搬入したニンニクの皮を剥く作業を行ないながら，黒点や傷のある品質の悪いものを随時取り除く。

(ウ) 水浸漬

剥皮した原料ニンニクは速やかに浸漬することが必要で，放置時間が長くなると表面は黄色く変色し，品質が低下する。したがって，剥皮作業を行なったその日のうちに浸漬作業を行なう。予めカメに調製しておいた塩水に原料ニンニクを浸漬するが，塩水は原料ニンニクの上部5〜10cmまでなるように追加する。浸漬中は毎日1回塩水を入れ換える。3回目の塩水を換えるときには塩水の中に大量の泡が出ているので，清水に漬け換える。浸漬中に夾雑物を取り除く作業も並行して行なう。

浸漬の目的は主にニンニクに含まれている辛味成分を除去するためで，2段階を経て除去される。1段階目はニンニクを塩水に浸漬することによってニンニク内部の水溶性の辛味成分を浸出させるもので，2段階目は大量の気泡が発生するときに気泡の中に辛味成分を放出させるものである。比較的低濃度の食塩水に浸漬するので，一部の雑菌の増殖が抑制されると同時に，気泡を発生する微生物を緩やかに増殖させる。

(エ) 糖漬け

浸漬したニンニクを取り出し，竹カゴに入れて24時間水切りを行う。次にカメに白砂糖と塩水を入れ，均一になるようによく撹拌して糖液を調製した後，水切りを終えたニンニクを入れる。なお，糖液の配合割合はニンニク100kgに対し，白砂糖45kg，20°Béの塩水25kgである。糖漬けの工程は3段階に分けられる。

第1段階の期間は7日間で，毎日1回カメの漬け換えを行ない，1日6回撹拌を行なう。撹拌は上下が均一になるように行なう必要がある。特に前半の撹拌は重要で，均一に撹拌が行なわれないとニンニクの一部に辛味成分が残ることがあり，品質に大きな影響を及ぼす。カメの漬け換えをする目的は，糖分を十分に溶解させ，全てのニンニクを同じ糖濃度の液に接触させるためである。また，糖液の温度上昇を防ぐために，熱気を放散させ，温度を下げる役割もある。第2段階の期間は第1段階と同様，7日間である。2日に1回カメの漬け換えを行ない，撹拌は毎日6回行なう。第1，第2段階でカメの中の糖液の温度が上昇する現象が見られるが，第2段階が終わるまでには温度の上昇は見られなくなる。温度の上昇は気温との関係が深く，30℃以下に保つようにする。糖液の温度が高過ぎるとニンニクは変質を起こすことがある。37℃を超えた場合は漬け換えの回数を増やし，撹拌の回数も増やす必要がある。

第3段階の期間は76日間で，この段階では漬け換えの必要はなくなるが，1日6回の撹拌は引き続き行なう。糖液がニンニクに吸収された段階で100kgのニンニクに対して白砂糖15kgの割合で加え，毎日6回の撹拌はそのまま続ける。

(オ) 蜂蜜漬け

90〜100日間糖漬けを行なったニンニクを取り出し，規格外のものと作業中に出た薄皮を除去する。余分な糖液を切ってから，カメに入れる。別の容器に漬け込みに使用した糖液を移し，90℃まで加熱したものに蜂蜜を加え，均一になるように撹拌しながら加熱する。十分に溶解したら蜂蜜入りの糖液を濾過して夾雑物を除き，常温まで冷却する。蜂蜜入り糖液が冷えたら，ニンニクを入れたカメの中に加え，1か月間漬け込むと製品が完成する。

(4) 保　存

保存用のカメは内部を最初にきれいな水で洗浄し，次にサラシ粉を溶解した水で洗浄し，最後にもう1度きれいな水ですすぎ，内部を清浄にする。カメの内部をきれいな布で拭いて水分を取り除いてから，一定量のニンニク製品と漬け込みに使用した蜂蜜入り糖液を製品が浸るところま

で加え，カメの口を密封して保存する。
(5) 製品の品質基準
(ア) 官能指標
色は淡い蜜柑色で，粒が揃い，傷がないものが良い。また，口当たりが良く，軟らかいものが良い。
(イ) 理化学指標
水分は50〜55％，全糖は30〜35％，食塩濃度は6〜7％であるものが望ましいとされている。

4．沙市甜酸独蒜（甘酢ニンニク漬）

沙市甜酸独蒜は湖北省荊州の特産漬物で200年余の歴史を有じている。清朝の乾隆帝（在位1735〜95年）が江南を遊覧した時に，当地の地方官が沙市甜酸独蒜を皇帝に献上したことがあり，それに関して表彰を受けた。それ以後，毎年朝廷に貢ぎ物として沙市甜酸独蒜が捧げられ，貴族達も食べていたとされている。そこで，一般大衆は争って沙市甜酸独蒜を製造するようになり，1900年に至っては大量に生産されるようになった。沙市甜酸独蒜は長江の流域で多く消費されている。1964年には東南アジアの各国に輸出されるようになった。しかし，その後，原料不足が原因で生産量が年ごとに減少していったが，近年に至り，伝統食品が見直されるなかで再び生産量は増加するようになっている。

原料に使用される独頭大蒜の特徴は，通常のニンニクと異なり，いくつかの小片に分かれることなく1つの塊になっていることである。当地では麦大蒜ともいわれている。形状は独特であるが，この独頭大蒜は1つの品種ではなく，通常のニンニクが変形したものである。中国の全国高等農業学院の教材である『蔬菜栽培学各論』（農業出版社，1979年版）の解説では，通常のニンニクが成長の過程で独頭大蒜となってくることを説明している。ニンニクの苗が成長する過程で水肥が不足するか，あるいは葉が虫害によって損傷を受け，鱗茎が形成する時期に成長量が少ない場合に独頭大蒜が形成されるとしている。したがって，独頭大蒜は1つの品種ではなく，ニンニクを栽培する過程で形成される一種の異常現象であると説明している。

湖北省の江陵県，荊門県，鍾祥県の農民はこのような特性をうまく利用して，独頭大蒜を栽培している。栽培の要点はニンニクと大根を間作することにある。ニンニクを先に植え，ニンニクの葉が約3cmにまで伸びだした時に当地でよく栽培されている大根の種子を蒔き，ニンニクと大根の間で競争させる。通常，大根の成長が早いので12月には大根を収穫する。一方，ニンニクは大根の成長の影響で水肥と光線が不足するので独頭大蒜が形成されてくる。ニンニクにはアリインを始め多くの成分を含んでいる。成分の1つには微生物の制御・殺菌作用のあることが知られている。ニンニクを口の中に入れて5分間ほど噛むと口内細菌の多くが殺菌されることが報告されている。また，真菌類に対しても増殖抑制効果のあることが知られている。

(1) 原料および補助原料

沙市甜酸独蒜の主原料は独頭大蒜で，この独頭大蒜100kgに対し，食塩15kg，砂糖54.5kg，クエン酸200g，安息香酸ナトリウム25g，調味液50kg（砂糖20kg，食塩2kg，安息香酸ナトリウム25g，水40kgを混合し，加熱して溶解させ，熱いうちに120gの活性炭を加えて濾過し，冷却後，200gのクエン酸を加えて溶解する）である。

(2) 製造工程

沙市甜酸独蒜の製造工程は図8-4に示すとおりである。

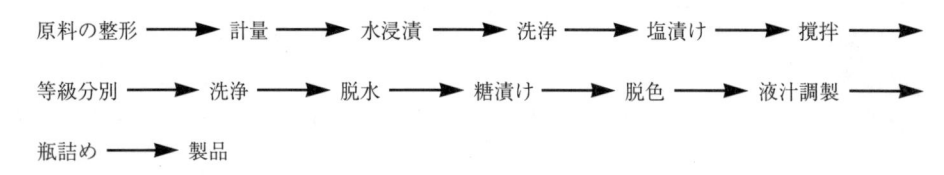

原料の整形 ⟶ 計量 ⟶ 水浸漬 ⟶ 洗浄 ⟶ 塩漬け ⟶ 撹拌 ⟶

等級分別 ⟶ 洗浄 ⟶ 脱水 ⟶ 糖漬け ⟶ 脱色 ⟶ 液汁調製 ⟶

瓶詰め ⟶ 製品

図8-4　沙市甜酸独蒜の製造工程

(3) **加工方法**

(ア) **水浸漬**

　主原料の独頭大蒜を洗浄後, カメの中に入れ, 水をカメ一杯に加えて, 2～3日水浸漬を行なう。カメには220～250kgの独頭大蒜が入る。水浸漬の目的は泥土を洗浄するだけでなく, 辛味成分の一部を除去するためでもある。

(イ) **塩漬け**

　水浸漬を終えた独頭大蒜を取り出し, 十分に水を切ってから食塩を加えて塩漬けを行う。100kgの独頭大蒜に対し, 15kgの食塩を使用する。1つのカメには約250kgの独頭大蒜を漬け込むことができる。始めにカメの底に1層の独頭大蒜を置いてから, 食塩を加え, それらを交互に繰り返して塩漬けを行なう。なお, カメの下部よりも上部の方に食塩を多めに加える。

(ウ) **撹　拌**

　12時間, 塩漬けを行なった後, 毎日1回の割合で撹拌を行なう。塩漬けされた独頭大蒜は透明感のある白色を呈するようになる。

(エ) **等級分別**

　次に塩漬け独頭大蒜の等級分別を行なう。1級品はニンニクの直径が約3cmのもので全体の約20％になる。2級品は直径が約2.5cmのもので約35％である。3級品は30％, 残りの15％は4級品である。等級分別された1, 2級品は表皮を除いてから分級し, ナイロン製の袋に入れる。通常, 40～45kgの塩漬独頭大蒜を1つの袋に入れ, 袋を重ねて自重を利用して脱水を行なう。1袋34～35kgになるまで脱水を行なったら, 独頭大蒜を袋から取り出し, 糖漬けを行なう。3級, 4級品は別個にバラ売り用の甘鹹大蒜の原料として使用する。

(オ) **糖漬け**

　1級品の塩漬独頭大蒜の場合は独頭大蒜100kgに対し45kgの砂糖を加え, 2級品の場合は100kgに対し40kgの砂糖を加えて, 十分に撹拌してからカメに入れ, カメが一杯になったところで, 独頭大蒜の上3～4cmになるまで砂糖を加え, 蓋をしてカメを密封する。

　砂糖が溶解したら, 独頭大蒜の上に竹製の押し蓋を置き, 耐酸性のタイルを重石にして入れ, 最後にクラフト紙でカメの口を固く密封して3か月間熟成させると糖漬大蒜の半製品ができる。

(カ) **脱　色**

　糖漬け後の独頭大蒜の半製品は黄色を呈しているので, それを白くするために独頭大蒜を取り出して糖液を切り, それに7.5kgの砂糖を50kgの水に溶解し, 煮沸後冷却した糖液に1日浸漬して脱色を行なう。脱色を終えると製品が完成する。

(4) **包装および殺菌**

　ねじ蓋付きのガラス瓶容器に250gの糖漬独頭大蒜製品と200gの糖液を入れ, 加熱, 脱気, 瓶詰め, 加熱殺菌を行なって冷却, 保存したものは長期に保存することができる。

(5) 製品の品質基準
(ア) 官能指標
形状や大きさが揃っており，肉質は軟らかく，透明感のある白色を呈し，甘酸っぱい味の中にニンニクの香りのあるものが良い。
(イ) 理化学指標
水分は60％以下，全糖は30％以上，食塩濃度は4～5％，総酸は0.6％以下であるものが望ましいとされている。

5. 甜酸乳瓜（キュウリ甘酢漬）

甜酸乳瓜は酸黄瓜（キュウリ酢漬）が元になって発展した漬物である。その特徴は漬け液が透明で香気に富み，甘酢の味覚に優れており，形状が揃っていることである。品質が良いので国内，国外で高い評価を得ている。

(1) 原料および補助原料

甜酸乳瓜の主原料である乳瓜（小型のキュウリ）は江蘇省および浙江省で主に生産されている。甜酸乳瓜は生産地で収穫された後，直接漬物工場に運ばれ加工される。通常，収穫から加工されるまでの時間は8～10時間以内で，この時間は短ければ短いほど良い。甜酸乳瓜の製造期間は6月～8月上旬の約70日間である。特に6月上旬から7月上旬の1か月間に製造される甜酸乳瓜の品質が良い。しかし，製造時期は気温が高い頃であることから製品は変質しやすく，製造管理には十分注意を払う必要がある。生の乳瓜100kgに対し，精製塩3kg，粗食塩10kg，石灰1kg，砂糖30kg，水100kgの配合割合で製造する。

(2) 製造工程

甜酸乳瓜の製造工程は図8-5に示すとおりである。

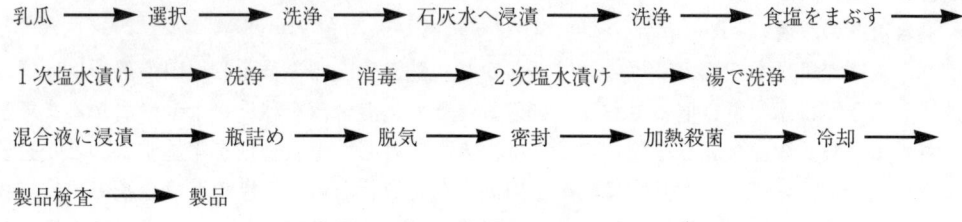

乳瓜 → 選択 → 洗浄 → 石灰水へ浸漬 → 洗浄 → 食塩をまぶす →
1次塩水漬け → 洗浄 → 消毒 → 2次塩水漬け → 湯で洗浄 →
混合液に浸漬 → 瓶詰め → 脱気 → 密封 → 加熱殺菌 → 冷却 →
製品検査 → 製品

図8-5 甜酸乳瓜の製造工程

(3) 加工方法
(ア) 原料の選択

甜酸乳瓜では原料の選択が最も重要である。工場に搬入した乳瓜は規格に合った形状の揃ったものを選択し，曲がったものや中間が膨れているものは使用を避ける。

(イ) 洗　浄

規格に合った乳瓜を選択した後，きれいな水を入れたカメの中に入れ，ゆっくり撹拌し，乳瓜の表面に付着している汚れを除去する。

(ウ) 石灰水へ浸漬

洗浄した乳瓜を石灰水（100kgの水に1kgの石灰を溶解させたもの）に浸漬し，乳瓜の歯切れを良くする。浸漬時間は1～2分間で，その後，乳瓜を取り出してきれいな水を入れたカメに入れ，石灰を洗い落とした後，竹カゴに入れて水をよく切っておく。

(エ) 塩漬け

午前中に水切りを終えた乳瓜に1本ずつ丁寧に塩をまぶし，カメに入れ，カメが一杯になったら蓋で覆いをする。その日の午後，カメの中の乳瓜を丁寧に手で軽く撹拌し，塩が均一に行き渡るようにする。あまり強く撹拌すると乳瓜が折れることがあるので丁寧に行なうことが大切である。撹拌を終えたら，再び蓋をして24時間塩漬けを行なう。

(オ) 1次塩水漬け

90kgの水に10kgの食塩を溶解し，一旦沸騰させてから冷却した塩水を予め用意しておく。この塩水100kgをカメに入れ，塩漬けを終えた乳瓜100kgをそれに漬け込む。漬け込みの間に1～2回ほど撹拌を行なう。24時間の漬け込みが終了したら，乳瓜をカメから取り出して竹製のカゴに入れ，水をよく切っておく。

(カ) 2次塩水漬け

1次塩水漬けと同様に，一旦沸騰させて冷却しておいた塩水に1次塩水漬けを終えた乳瓜を漬け込み，カメに蓋をして2次塩水漬けを行なう。漬け込み中は毎日1～2回撹拌を行なう。時間の経過にともない，発酵を起こすようになり，乳瓜の表面の色が徐々に淡黄色になるとともに気泡が発生し，塩水が濁り始めるようになる。濁り始める頃は発酵が進んでおり乳酸が生成されている。乳酸が生成したら塩水から乳瓜を取り出し，湯洗してから竹製のカゴに入れて水を切っておく。2次塩水漬けは通常48時間ほど行なう。

製造中は生水がカメの中に入らないように注意を払う必要がある。水が入ると品質の良くない製品となる場合があるからである。また，発酵を促すためには時々撹拌を行なうことも大切である。

(キ) 混合液の調製

鍋に入れた50kgの水に30kgの砂糖を加えて沸騰させ，溶解したら冷却しておく。この糖液に塩水を混合し，混合液を調製する。

(ク) 混合液への浸漬

水切りを終えた乳瓜を空のカメ（カメはあらかじめ熱湯で内側を殺菌し，口の部分は同様に熱湯で洗浄し，丁寧に水を拭き取っておく）に入れ，それに混合液を乳瓜が十分に漬かるまで加えて発酵させる。良質の甜酸乳瓜を製造するには，きちんとした衛生管理を実施することが必要である。製造に使用する工具，器具類は熱湯を用いて消毒を行ない，工場の窓は金網で覆って害虫の侵入を防ぐ。従業員は必ず清潔な作業衣と作業帽を着け，工場に入るときは必ず消毒液で手を洗浄する習慣をつけることが大切である。

毎日1～2回カメの中を撹拌し，7日間経過すると熟成が終了する。

(ケ) 瓶詰め

瓶詰め工程は甜酸乳瓜の製造の中でも重要な工程の1つである。管理が不十分だと微生物や夾雑物の侵入を許してしまい，製品の品質低下を招くからである。瓶詰めは通常，乳瓜の瓶への詰めと混合液の注入の2つの工程から成っている。乳瓜の瓶詰は製品規格を満たすものでなければならない。例えば，重量は基準値よりも多少，多めとなることはそれほど問題はないが，基準値を下回ることは許されない。これは製品の重量を保証するためである。また，瓶詰にする際は色沢や形状を揃えておく必要がある。混合液は過不足なく注入することが大切である。

(コ) 脱　気

加熱脱気は瓶詰めの際に行われる作業で，一定度の真空状態にならないと瓶詰め殺菌がうまく

第2節　各地の糖醋漬菜　　　　　　　　　　　　215

できないことになる。加熱脱気は瓶を直接過熱蒸気で加熱することによって瓶内に残存している空気を膨張させて瓶の外部に放出させる。したがって，脱気温度，時間を決めることはとても重要なことである。脱気温度は90～100℃，時間は6～15分間行なうのが一般的である。

(サ) 密　封

瓶詰食品が長期保存でき，変質しないのは瓶の中の微生物が殺菌されることの他に，瓶の内部と外部とが完全に遮断されているからである。瓶詰で現在一番多く利用されている瓶は，ねじ口付きの瓶，ブリキ製の蓋およびゴム製パッキングから成るもので，現在は瓶詰め作業は機械によって自動化されるようになっている。

(シ) 冷　却

瓶詰にした製品を竹製のカゴに入れ，3段階の水温(60, 40, 20℃)を持つ水槽に順に入れて徐々に冷却する。3段階にするのは，急激に冷却するとガラス瓶が破損することがあるからである。

(ス) 製品検査

漬物製品の品質に責任を持ち，不良品や長期保存ができない瓶詰製品を取り除くためには製品検査が必須である。検査は具体的には以下の4項目に渡って実施されている。(1)冷却後の瓶蓋の緩み，(2)瓶蓋からの液漏れ，(3)製品を恒温器に入れ，37℃で保管し7日後に膨張，カビ発生の有無について検査，(4)瓶蓋を指ではじき，その音を聴いて気体漏れを検査，項目についての検査を行なう。

(セ) 保管および搬送

瓶詰製品は貯蔵および運搬中に湿気に触れるのを避けなければならない。そうしないと瓶蓋に錆（さび）が発生するからである。したがって，雨天時の搬送はなるべく避け，止むを得ない場合は防水シートで覆うなどして湿気の侵入を防ぐ。瓶詰製品は日の当たるところを避けて保管すべきで，貯蔵庫では床に木板を置きその上に製品を並べて貯蔵する。

(4) 製品の品質基準

(ア) 官能指標

製品の乳瓜は明るい緑色を呈し，香りが良く，甘味と酸味のバランスがとれたものが良い。また乳瓜の長さは9cm前後で形状はまっすぐで太さが揃っており，異物の混入がないものが良く，液汁は清澄で沈殿物がないものが良品とされる。

(イ) 理化学指標

食塩濃度は3～4%，水分は75～78%，還元糖は25%以上，総酸は2.5%以下，アミノ態窒素は0.05%以上であるものが望ましいとされている。

6．桂花糖熟芥（カブ砂糖漬）

桂花糖熟芥は熟成漬物の一種である。熟成漬物とはとろ火で煮ることによって製造される漬物である。桂花糖熟芥は光沢のある赤褐色をしており，表皮は胡桃紋（クルミの表面のしわ模様）がある。歯触りが柔らかいので老人や幼児に人気がある。

北京の糖熟芥は100年余りの歴史を有している。製造された当時，清宮御善房に差し上げたところ，大層この漬物のことを称賛されたという。漬物を製造していた店主は，そのことを「御上が用いた糖熟芥」として大いに宣伝したといわれている。このような歴史からもわかるように，製造は伝統的な手法で行なわれている。

原料は北京郊外の馬駒橋あたりで栽培されている「両道眉」芥頭菜（根用芥菜，カブ）である。

また，煮るときに使われる液汁は繰り返し使われることから，製品は独特の風味を呈する。

(1) 原料および補助原料
塩漬芥頭菜100kgに対し，砂糖25kg，桂花（香りの良いキンモクセイの花）1kgを使用する。

(2) 製造工程
桂花糖熟芥の製造工程は図8-6に示すとおりである。

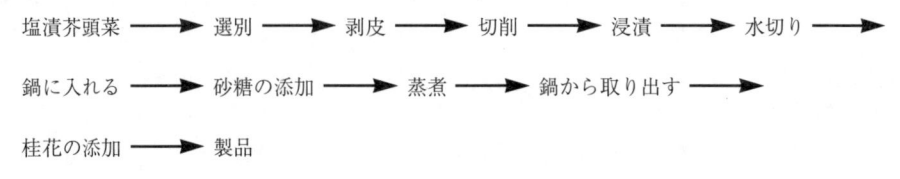

塩漬芥頭菜 ⟶ 選別 ⟶ 剥皮 ⟶ 切削 ⟶ 浸漬 ⟶ 水切り ⟶
鍋に入れる ⟶ 砂糖の添加 ⟶ 蒸煮 ⟶ 鍋から取り出す ⟶
桂花の添加 ⟶ 製品

図8-6　桂花糖熟芥の製造工程

(3) 加工方法
中空のない良質の塩漬芥頭菜を選択（基準となる重さは200〜250gである）し，皮を剥く。皮を薄く剥きすぎると製品の品質に影響を与え，厚すぎると歩留りが悪くなるので20〜25％程度の皮を剥くのが良い。皮を剥いた後は，約2/3の深さに3〜4本切れ目を入れ，脱塩しやすくする。加工後，塩漬芥頭菜をきれいな水に入れて脱塩を行なう。冬から春にかけては3昼夜，夏から秋にかけては2昼夜脱塩を行なう。脱塩の間は毎日1回水を換える。食塩含有量が6〜8％になった頃，水から取り出し，2〜3時間水切りを行なう。水切り後，脱塩した芥頭菜を鍋に老卤（何度も煮直した塩の入ったスープのような液汁）とともに入れて強火で煮る。沸騰したら砂糖を加えて次はとろ火で煮る。約3時間ほど煮たら，竹串を用いて1つ1つその固さを確かめながら，適度に軟らかくなったものから順に鍋から取り出す。長く煮ると軟らかくなり過ぎるので注意が必要である。鍋から取り出した芥頭菜は加熱してない老卤に浸漬し，さらに桂花を加えて1〜2昼夜漬け込んだら製品が完成する。歩留りは約75％である。

(4) 製品の品質基準
(ア) 官能指標
色は茶褐色で光沢があり，甘味と塩味のバランスが良く，適度に軟らかく，口当たりの良いものが良い。また，大きさは150〜200gで揃っており，外皮にはクルミのしわ模様がついているものが良い。

(イ) 理化学指標
水分は55％以下，食塩濃度は8〜10％，糖濃度は10％以上であるものが望ましいとされている。

(5) 注意事項
桂花糖熟芥を製造する際に最も重要なことは鍋で煮る時の火加減である。沸騰した後，とろ火で煮る工程があるが，これはとても大切で，そのまま沸騰を続けると芥頭菜の表皮にクルミのしわ模様がつかなくなる。また，塩漬芥頭菜の下漬け期間によって火加減を変えなければならないが，この火加減を会得するには長い経験を必要とする。長期間下漬けされた塩漬芥頭菜は煮る時間を長くする必要があり，下漬け期間の短い塩漬芥頭菜の場合は比較的短い時間で煮ることができる。芥頭菜を鍋から取り出し，桂花を加えた後，もとの老卤に1〜2日間浸漬するが，これは味をさらに濃くするためである。

7. 桂花白糖瓜片（刻みウリ砂糖漬）

桂花白糖瓜片は甘味，醤および桂花の香味が豊かな漬物で，20年以上の歴史を有している。上海地域の人々に朝食の前菜として好まれている漬物である。桂花白糖瓜片は徐々に発展してきた漬物である。1960年代の前半，甜面醤で漬けた瓜が消費者に好まれていた。この漬物は醤の香味には優れていたが，甘味が少なかったので，甘味を加えたところ，消費者に大変喜ばれる結果となった。原料の塩漬瓜を細長く切り，甜面醤に浸漬し，次に砂糖を加えて漬け込むことによって製造されるようになってからはさらに販売量も増加した。一般の消費者だけでなく，病人の朝食の前菜としても利用されるようになった。その後，この漬物に桂花を使用し，香味をつけるようになって，現在の形の桂花白糖瓜片となった。製品は緻密で色合いが良く，半透明状の漬物である。

(1) 原料および補助原料

桂花白糖瓜片の主原料は菜瓜（シロウリの一種）で，別名として越瓜，梢瓜，蘇瓜，生瓜，老羊瓜と呼ばれることもある。原産地は中国南部および東南アジアで古くから南北各地方で栽培されている。菜瓜はメロンの一種であることから性状もメロンに類似している。菜瓜の長さは60cm以上に達し，重量も1～1.5kgのものが多い。菜瓜には多くの品種があり，南北で呼び名が異なることも多い。上海の近郊で栽培されているものは外皮が比較的薄く，青緑の中に白色が混ざっているものが多い。生産量は比較的多く，毎年，7月下旬から8月が収穫時期となっている。

原料の瓜は虫害がなく，形状が揃っていて肉質は締まっており，長さは30cm以上，重量は1～2kg以上のものを使用する。製品を100kg製造するには原料の瓜が240kg，食塩43kg，甜面醤60kg，回収甜面醤（1度漬け込みに使用した甜面醤）50kg，甜醤油（甘醤油）10kg，砂糖30kg，サッカリン15g，甘草粉1kg，グルタミン酸ナトリウム150g，糖桂花（キンモクセイの花の砂糖漬）2kg，安息香酸ナトリウム100gを使用する。

(2) 製造工程

桂花白糖瓜片の製造工程は図8-7に示すとおりである。

(1) 塩漬の製造工程

原料生瓜 ⟶ 選別 ⟶ 切削 ⟶ 1次塩漬け ⟶ 撹拌 ⟶ 圧搾 ⟶

2次塩漬け ⟶ 塩漬製品（下漬半製品）

(2) 製品の製造工程

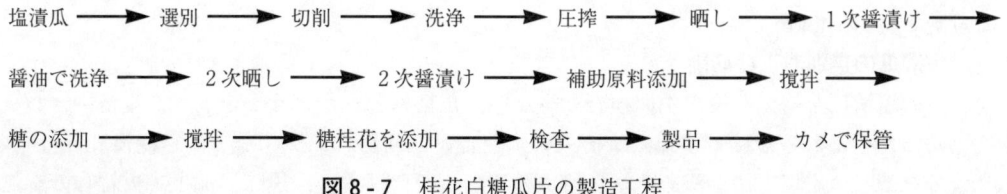

塩漬瓜 ⟶ 選別 ⟶ 切削 ⟶ 洗浄 ⟶ 圧搾 ⟶ 晒し ⟶ 1次醤漬け ⟶

醤油で洗浄 ⟶ 2次晒し ⟶ 2次醤漬け ⟶ 補助原料添加 ⟶ 撹拌 ⟶

糖の添加 ⟶ 撹拌 ⟶ 糖桂花を添加 ⟶ 検査 ⟶ 製品 ⟶ カメで保管

図8-7　桂花白糖瓜片の製造工程

(3) 加工方法

(ア) 原料の選別

最初に原料の中で基準に達しないものを除いてから加工されるが，上海では通常，7月中旬から8月中旬までの期間に桂花白糖瓜片を製造している。製造期間は気温の高い時期であることか

ら，工場に搬入した原料菜瓜は早めに加工することが大切である。そうでないと，菜瓜にカビが生育し，腐敗することになる。

(イ) 1次塩漬け

原料の菜瓜は日に曝されない場所に保管する。日に曝されると表皮が変色し，まだらになるからである。基準に達した原料菜瓜を庖丁で2分割し，瓜の内部の種子や中子（ワタ）をサジ（磁器製あるいはアルミニウム製）で丁寧にすくい出してきれいにする。種子や中子を除いた瓜はきれいな水の中で洗浄し，竹カゴを用いて水を切った後，重さを量って記録し，その重量に基づいて必要な食塩量を計算で求め，塩漬けの準備を行なう。通常，コンクリート製の漬け込みタンクで塩漬けを行なうが，容量は3000kgである。最初に竹カゴ2つ分（約300kg）の半割りの瓜をタンクに入れて食塩を撒き，その上に再び竹カゴ2つ分の瓜を丁寧にタンクに漬け込み，その上に食塩を撒く。これを交互に繰り返して，タンクが一杯になるまで漬け込みを行なう。

一般的に漬け込みタンクの下部には使用する食塩の25％，上部には45％，表面には残りの30％の割合で撒くのが良い。すなわち，下は少なめに，上は多めに食塩を撒くのが原則である。食塩を撒き終えたら，浸透を速めるために食塩水を表面から注ぎ入れる。最後は表面に割り竹を縦横に敷き，その上に9個の重石（1個40kg）を載せて漬け込む。

(ウ) 撹拌

漬け込みタンクの塩漬瓜を2日間に分けて撹拌する。撹拌の方法は1日目は漬け込まれた塩漬瓜の上半分を取り出し，別の漬け込みタンクに漬け換える。2日目に残りの下半分を同様に取り出して先に漬け込んだ塩漬瓜の上に重ねて漬け込む。次に元のタンクに残っていた塩水を汲み出して，新たに漬け込んだ塩漬瓜に注ぎ入れる。その上には竹の棒を敷き，重石を載せて漬け込む。

(エ) 圧搾および2次塩漬け

撹拌から3日目の午前中に塩漬瓜を漬け込みタンクから取り出し，それぞれ竹カゴに入れ，それらを重ねることによって自重で圧搾を行なう。昼になったら重ねた竹カゴのうち，下半分と上半分を入れ替え，上部には重石（竹カゴの中の瓜の半分の重さ）を載せて圧搾を続ける。3時間圧搾を続けると100kgの塩漬瓜は約60kgに減少する。塩漬瓜は白くなるが，まだ，薄く緑色が残っている状態で肉質は軟らかくなる。竹カゴを用いた圧搾は6時間以内で終わるようにする。圧搾を終えた塩漬瓜を漬け込みタンクに入れ，再び塩漬けを行なう。表面にはムシロと竹の棒を敷き，その上に重石を載せて14日間漬け込みを行なう。

通常，中国の国内で販売する場合は16～20°Bé，国外に輸出する場合は22～23°Béの塩度で漬け込みを行なうのが一般的である。2回目の塩漬けにより，瓜の色は黄色を呈するようになり，また，形状においても表面にしわ模様が現れるようになる。原料生瓜100kgから2回目の塩漬けを終えた段階で約40～45kgになる。

(オ) 塩漬瓜の選別および切削

2回目の塩漬けを終えた後，中間検査を行ない，規格に合うかどうかを調べ，規格に合わないものがあったらそれらを除外する。まず最初に色合い，歯切れ，風味などの官能検査を行ない，次に塩分を調べ，脱塩方法を決める。塩漬瓜の切削の際にはカビ，黒味，泥土，夾雑物の有無をチェックしながら切削する。切削は長さ4～4.5cm，幅3～3.5cmとなるように行なう。

(カ) 洗浄および圧搾

切削した塩漬瓜の塩度は約18％であるが，それを洗浄（脱塩）によって6％までにする。脱塩は水の中に入れた塩漬瓜を上下に棒で撹拌しながら行なう。脱塩の時間は瓜の食塩濃度によって

第2節 各地の糖醋漬菜

決める。脱塩後は塩度を調べ，基準に達していたら塩漬瓜を取り出し，ザルに入れて水を切る。圧搾はザルを重ねてそれらの自重を利用して行なう。一般的には午前中いっぱいかけて圧搾を行なう。

(キ) 1次晒し

圧搾しただけの瓜では表面に水分がかなり残存しているので，そのまま甜面醤に漬けると製品の品質に影響を及ぼすことになる。そこで，晒し（干し）を行なって水分を減少させる。晒しはムシロの上に脱塩した瓜を広げ，まぐわで時々かき混ぜながら行なう。3～4時間晒しを行なうと瓜の表面の水分が減少する。しかし，曇天の場合には多少時間がかかる。

(ク) 1次醤漬け

晒しを終えた瓜をカメの中にある回収甜面醤に入れて漬ける。甜面醤に漬けるとカビが生えなくなる。100kgの脱塩・切削瓜に対して50kgの回収甜面醤を用いる。4～5日間（気温の高いときは3日間でも良い）甜面醤への漬け込みを行なうが，その間は毎日，木棒で1日1～2回撹拌を行なう。晴れた日にカメの蓋を開け，日光で晒しを行なう。

(ケ) 2次晒し

回収甜面醤での漬け込みを終えた瓜はカメから取り出してザルに入れ，余分な甜面醤を落として，醤油で洗浄してから竹製のムシロの上に広げて日光によく晒す。晒しは5～6時間ほど行なう。晒しを終えた瓜は再び甜面醤を入れたカメに入れて漬け込む。

(コ) 2次醤漬け

2次晒しを終えた瓜を甜面醤の入ったカメの中に入れ，2次醤漬けを行なう。晒しを終えた瓜100kgに対し60kgの甜面醤を使用する。通常，9～10日間醤漬けを行なうが，暑い日が続く場合は7～8日間で終えることもある。醤漬けの間は毎日木棒で1～2回撹拌を行ない，均一に漬かるようにする。晴れた日に晒しを行ない，夜は蓋を閉め，雨の日は雨がカメの中に入らないように蓋を閉めて管理する。雨の日が続くと甜面醤の表面にカビが生育することがあるので厳重に管理を行なう。

(サ) 補助原料の添加

グルタミン酸ナトリウム，サッカリン，保存料，甜面醤を混合したものを予め用意しておく。晒しを終えた瓜を室内に置いたカメの中に入れ，補助原料を加えて漬け込む。翌日，午前中にカメの中を1度撹拌して均一にしておき，午後，砂糖を加える。砂糖を加える際は瓜と砂糖が交互になるように漬け込む。砂糖を加えた漬け込みは10日間行なうが，その間は毎日2回ずつ木棒を使って撹拌を行ない，均一に漬かるようにする。漬け込みが終わる2日前に糖桂花を加えて製品が完成する。

(シ) 保存

製品は検査を行なった後，規格に合わないものを除外し，三元壺と呼ばれる陶器の壺に入れて包装する。1つの壺には12.5kgの製品を入れることができる。プラスチック製の袋で保存する場合は1袋には500，250，100gの瓜を入れて保存するが，保存期間は3か月である。壺に入れて保存する場合は瓜を入れた後，壺の入口に漏斗を置いて漬け汁を壺に入れる。瓜や漬け汁は壺に1度に入れることはしないで何回かに分けて交互に入れ，木棒を使って丁寧に押し込み，空気が入り込まないようにする。あまり強く押し込むと瓜を破損することになるので注意深く行なうことが大切である。壺が一杯になったら入り口のまわりに付着した漬け汁を拭き取ってきれいにし，入り口を油紙で覆い，密閉する。

この漬物は食塩濃度が比較的低いので気温が高いときにはカビの発生がみられる場合がある。したがって，製品を入れた壺は雨水のかからない場所に保管し，なるべく早い期間に販売することが必要である。

(4) 製品の品質基準
(ア) 官能指標
製品は黄金色を呈し，明るく光沢があり，甜面醤の香気と桂花の風味を持ち，甘味のあるものが良い。形状としては3～3.5cmの幅を持ち，長さは4～4.5cmで揃っているものが良い。

(イ) 理化学指標
食塩濃度は8～9％，水分は70～72％，総酸は0.9％以下，アミノ態窒素は0.16％以上，還元糖は8％以上，全糖は30％以上であるものが望ましいとされている。

8．桂花白糖茄（ナス砂糖漬）

桂花白糖茄は20年余りの歴史を有しており，特徴は醤の香味を持つことである。桂花白糖茄は上海や江南地域で非常に人気の高い漬物である。桂花白糖茄は醤漬茄子に由来している。醤漬茄子は当時から人気があったが，それを元にさらに工夫して新製品開発を行なって出来たものが桂花白糖茄である。

(1) 原料および補助原料
茄子（ナス）の原産地は熱帯のインドで，タイを経由して中国に伝わったといわれている。五代（紀元前）の時代に茄子に関する記録があり，また，六朝（220～280年）の頃には茄子が栽培されていたという記録もある。したがって，茄子は中国の野菜のなかでも古い歴史を有しているものの1つと言えよう。茄子は黄河，長江の中・下流地域，南方はほとんどの地域，北方は東北地方の南部までの広い地域で栽培されている。茄子は炒めたり，茹でて食べるだけでなく様々に調理される。北方では，茄子を洗浄して切り開き，味噌漬にして食べられているが，とてもおいしく人気がある。

茄子はナス科の一年生植物に属し，熱帯地方では多年生である。桂花白糖茄の原料に使用する茄子は主に上海郊外で栽培されている条子茄（長茄子）で，寧波茄あるいは寧波条子茄とも呼ばれている。細長い形をしており，色は濃紫色で光沢があり，軟らかく，種子が少ない特徴を有する。一般的には小寒（1月5～6日頃）の頃に植えられ，6月中旬から7月中・下旬にかけて収穫される。桂花白糖茄に適している茄子は形状が良く，泥土や腐敗部分がないものである。

収穫された茄子は風雨や日光を避けて保管する。風雨や日光に晒されると萎（しな）びて変質し，腐敗することがある。したがって，加工が間に合わない場合は茄子を入れてあるカゴを時々入れ替えて放熱させ，冷暗所に保管する。茄子を扱うときは傷を付けないように注意する。茄子を整形するときは腐敗しているものや虫害にあっているものは予め除去し，大きさの揃っているものを選択する。

100kgの製品を製造するには生の原料（茄子）300kg，食塩18kg，甜面醤60kg，回収甜面醤60kg，回収醤油20kg，甜醤油（甘醤油）10kg，砂糖30kg，人工甘味料15kg，甘草1kg，保存料100g，グルタミン酸ナトリウム150g，糖桂花（香りの良いキンモクセイの花の砂糖漬）2kgを使用するのが一般的である。

(2) 製造工程
桂花白糖茄の製造工程は**図8-8**に示すとおりである。

第2節 各地の糖醋漬菜

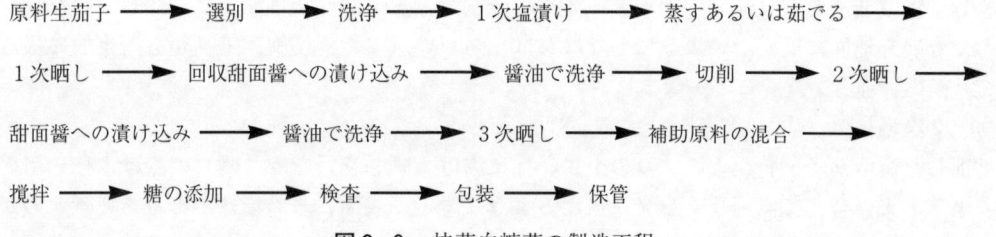

原料生茄子 → 選別 → 洗浄 → 1次塩漬け → 蒸すあるいは茹でる →

1次晒し → 回収甜面醤への漬け込み → 醤油で洗浄 → 切削 → 2次晒し →

甜面醤への漬け込み → 醤油で洗浄 → 3次晒し → 補助原料の混合 →

撹拌 → 糖の添加 → 検査 → 包装 → 保管

図8-8 桂花白糖茄の製造工程

(3) 加工方法

(ア) 原料の選別

原料の茄子を購入する際は厳格に検査を行ない，良質なものを選別する。ひねた茄子は赤紫色を呈し，重みがあり，また種子も多く，味も良くない。このようなひねた茄子を用いて漬物を製造した場合は品質の良くないものが出来るので選別は重要である。原料を選別した後はきれいな水でよく洗浄した後，竹カゴに入れて水を切っておく。

(イ) 塩漬け（2種類の方法がある）

方法1：塩漬け後に加熱する方法

最初に空のカメを準備しておき，食塩（粉砕塩）と大きな木皿を用意する。塩漬けは茄子を木皿に入れ，6％の食塩を用いて，手で茄子をこすって皮に軽い傷をつけながら均一になるようにまぶしつけ，カメに入れる。茄子をカメの口まで一杯になるように漬け込み，1日塩漬けする。加熱は蒸すことによって行なう。竹製のカゴに1日塩漬けした茄子をカメから取り出して入れ，次にカゴを蒸気鍋に入れ蒸気管に蒸気を通して加熱する。1つの蒸気鍋には4～5個の竹カゴを入れることができる。加熱時間は茄子が柔らかくなるまで行なうが，時々茄子を取り出して観察しながら終了時を決める。

方法2：加熱後に塩漬けする方法

加熱は茹でる方法を用いる。最初に，鍋に入れた水を沸騰させてから，生の茄子を入れる。鍋に蓋をして強火で加熱する。約15分間茹でた後，一旦，蓋を開けて茄子を撹拌して上下を入れ替え，再度，蓋をして沸騰させる。沸騰したら，はさみ棒で茄子の1つを取り出して柔らかさの程度を調べ，濃褐色となり軟らかくなったら，ザルで全ての茄子を取り出して竹カゴに移し，放熱しておく。熱が冷めた茄子をカメに入れ，食塩と茄子が交互に重なるように塩漬けを行なう。なお，食塩は下部は少なめに，上部は多めに使う。翌日，1回カメの中を撹拌して均一に漬かるようにする。

(ウ) 1次晒し

塩漬けした茄子を竹カゴに取り出し，カゴを重ねる方法で一部の水の脱水を行なってからムシロの上に広げて晒しを行なう。時々かき混ぜながら満遍なく晒しが行なわれるようにする。1～2時間晒しを行なって茄子の表面の水分がなくなったら，次の醤漬けを行なう。

(エ) 醤漬け（回収甜面醤を使用）

晒しを終えた茄子をカメに入れ，回収甜面醤を用いて醤漬けを行なう。醤漬けは3～4日間行なうが，この間，毎日，午前・午後に各1回ずつ撹拌を行ない，醤を均一に浸透させるとともに茄子の水分を減少させる。醤漬けを終了したら余分な醤を切り，切削し，晒しを行なう。

(オ) 切削

醤漬茄子を回収醤油（1度醤油漬けに用いた醤油）に入れて，その中で洗浄を行ない切削作業

に移る。醤漬茄子を切り開いてから3～4つに分割する。切削作業は衛生に注意して行ない，分割したものを地面に置かないようにしなければならない。また，切削用工具類も衛生的に扱うべきで，衛生管理者を置くことが望ましい。

(カ) 2次晒し

切削した醤漬茄子を竹製のスノコの上に一様に広げて晒しを行なう。晒しの際は木棒を用いて時々上下を入れ替えて満遍なく日光に当たるようにする。表面にしわ模様が出るまで晒すのが良いが，通常，1日晒すことが必要である。

(キ) 甜面醤漬け

晒しが終わった茄子を甜面醤を入れたカメの中に入れて醤漬けを行なう。醤漬けの間は毎日，午前・午後の各1回ずつ撹拌を行ない，均一に漬かるようにする。撹拌は木棒を用いて上下，周辺を満遍なくかき混ぜる。カメの表面の醤の色が濃褐色から淡褐色になるように撹拌を行うのが良い。半日経過すると表面は再び濃褐色になるので，再度，撹拌を行なう。このような撹拌を15日間ほど続けて醤漬けを終了する。ここで使用した甜面醤は次回の回収甜面醤として利用する。良好な回収甜面醤は優れた香味と甘味が残存する。時々，醤の香気の減少したものや酸味，苦味を生じた回収甜面醤の出来ることがあるが，このようなものは醤漬けに用いることはできない。

(ク) 3次晒し

醤漬けの後，中間検査を行ない，規格に合えばカメから取り出して回収醤油の入ったカメの中に入れ，茄子に付着している余分な甜面醤を洗浄する。次に，竹カゴに入れて余分な醤油を切ってから，竹製のムシロの上に広げて晒しを行なう。晒しは日光が満遍なく当たるように時々，木まぐわを用いてかき混ぜて乾燥を速める。天気が良い場合は8～10時間晒せば良い。日の光が弱いときは晒しの時間を延長する。通常，夏では1日，冬では2日間かかる。

(ケ) 補助原料の混合

予め茄子の量に合わせて補助原料を調製し，カメの中に入れておく。茄子をカメに入れて補助原料に漬け込みよく撹拌する。4～5日間漬け込みを行なうが，この間，1日に午前・午後の各1回ずつ撹拌を行なう。この後，砂糖を加えて撹拌し，同様に撹拌を引き続き行ない，8日目に糖桂花を加えて2回ほど撹拌を行なうと製品が完成する。

(コ) 検 査

製品が完成した時点で検査を行ない，規格に合格したものは証明書を付けて包装する。

(サ) 包 装

包装には2種類の方法がある。1つは12.5kgの製品を入れることができる陶製の壺に入れる方法で，もう1つは同様に0.5kgの製品を入れることができるプラスチック製袋を用いる方法である。壺は口をクラフト紙で密閉し，プラスチック製袋の製品は木箱に入れて風通しの良い冷暗所で保管する。通常，1～2か月間保存することができる。

(4) 製品の品質基準

(ア) 官能指標

色は赤褐色で甘味と醤の風味があり，形状は幅2cm，長さ4.5～4.7cmの長方形で揃っているのが良い。

(イ) 理化学指標

水分は70～72％，食塩濃度は10～12％，還元糖は9～10％，全糖は25～30％，アミノ態窒素は0.18～0.2％であるものが望ましいとされている。

9. 甜辣蘿蔔干（切り干しダイコン甘辛漬）

甜辣蘿蔔干は別名，糖辣干と呼ばれる。甜辣蘿蔔干は北京の漬物の中でも比較的よく売れているものの1つである。二纓子蘿蔔（大根）を原料として使用するが，二纓子蘿蔔は別名，京蘿蔔とか象牙白蘿蔔とも呼ばれる。漬物に適している大根の形状は長さが約12cm，直径が2～3cmで，皮および内部が白色で歯切れが良いものを使用する。大根は選別，洗浄，塩漬けの後，幅と厚さが1cmの拍子木状に切り，脱塩・脱水した後，砂糖と唐辛子ペーストに漬け込み製品となるものである。

(1) 原料および補助原料

甜辣蘿蔔干の主原料である二纓子大根は甜辣蘿蔔干の他にも小醤蘿蔔や甜面醤蘿蔔にも使用される。甜辣蘿蔔干に使用される大根はこのような漬物の不合格品を原料として使用される場合が多い。したがって，原料はかなり不揃いな大根が多い。塩漬大根100kgに対し，砂糖20kg，唐辛子ペースト6kgを使用する。

(2) 製造工程

甜辣蘿蔔干の製造工程は図8-9に示すとおりである。

塩漬大根　→　洗浄　→　切削　→　脱塩　→　脱水　→　糖漬け　→　撹拌　→　製品

図8-9　甜辣蘿蔔干の製造工程

(3) 加工方法

塩漬大根のひげ根を除去した後，きれいな水で洗浄し，幅，厚さが1cmになるように切削する。長さは大根の長さによって決めるが，一般的には約10cmのものが多い。長すぎるものは半分に切ることがある。切削した大根を水の中に入れて24時間かけて脱塩を行なうが，水は大根の2倍量を使用する。脱塩の間，1回水を新しいものと換える。脱塩後の大根の食塩濃度が6～8％になるまで脱塩を行ない，次に圧搾機にかけて脱水する。40～50％の水分を除去する。圧搾が終了したらカメの中に大根を入れ，配合比に従って砂糖，唐辛子ペーストなどを入れて，均一になるように撹拌する。撹拌は毎日，午前と午後に各1回ずつ，別のカメに漬け換える方法で行う。3～5日間漬け込むと製品が完成する。

(4) 製品の品質基準

(ア) 官能指標

色は鮮やかで美しい白色の中に唐辛子の赤い色が混ざり，大根と野菜の香気を有し，甘味があり，形状が揃っているものが良い。

(イ) 理化学指標

水分は60～65％，食塩濃度は5～7％，全糖は20％以上であるものが望ましいとされている。

10. 酸藠頭（ラッキョウ酢漬）

酸藠頭は酢漬の一種である。藠頭（ラッキョウ）を原料とし，洗浄，整形，塩漬けの後に食酢に漬け込んで製造する。塩味に酸味と甘味がバランスよく加わった味を呈する。

(1) 原料の選別

粒が大きく，充実した新鮮なものを選択し，青く変色しているものや皮の破れているものは除

去する。
(2) 原料および補助原料
原料のラッキョウ100kgに対し，食酢25kg，食塩18kgを使用する。
(3) 製造工程
酸藠頭の製造工程は図8-10に示すとおりである。

ラッキョウ ⟶ 洗浄 ⟶ 整形 ⟶ 塩漬け ⟶ 酢漬け ⟶ 製品

図8-10 酸藠頭の製造工程

(4) 加工方法
　まず最初に原料ラッキョウに付着している泥土や表皮の粘質物を洗い落とし，ひげ根や茎を除去する。次に，ラッキョウを洗浄し，カメの底に1層のラッキョウを入れ，その上に食塩を撒く。これを交互に繰り返してカメが一杯になるまで漬け込む。カメの下部には少なめに，上部には多めに食塩を使用する。漬け込みが終わったら，100kgのラッキョウに対し9％の食塩水5kgを差し水としてジョウロを用いて加え，漬け込んだラッキョウの表面に，さらに食塩を撒いて塩漬けする。
　翌日，塩漬けしたラッキョウの中央部に窪みをつくり，カメの底部にある食塩水をすくい取って表面に注ぐ。4時間後にもう1度同様に食塩水を注ぐ。これを3日間繰り返す。4日目に塩漬ラッキョウをカメからカゴに取り出して，余分な食塩水を切っておく。100kgの原料からは約80kgの塩漬ラッキョウを得ることができる。
　次に，出来上がった塩漬ラッキョウをカメの中の食酢に漬けるが，最初に使用する食酢は塩漬ラッキョウの重量の5％程度にする。その後さらに食酢を加えてラッキョウの上に9～10cmとなるように食酢を注いでから重石をする。食酢に漬け込んでから10日後に，塩漬ラッキョウ100kgに対し，食塩5kgの割合で食塩を補給し，漬け込みを続ける。約3か月間漬け込みを行なったら，製品が完成する。

(5) 製品の品質基準
(ア) 官能指標
　色は淡黄色で光沢があり，塩味と酸味のバランスが良く，適度に軟らかく，わずかな甘味を持ち，歯切れのあるものが良い。また，揮発酸の香気があり，粒が充実しているものが良い。
(イ) 理化学指標
　水分は65～70％，食塩濃度は10～12％であるものが望ましいとされている。

11. 湖北甜酸藠頭（ラッキョウ甘酢漬）
　藠頭（ラッキョウ）の別名は薤，藠子，蕎頭ともいう。また，「藠」という字は草かんむりと3つの白の字から成り立っていることから，ある地方では「三白」とも呼んでいる。主な成分は澱粉，食物繊維，蛋白質で，その他に有機硫化物などを含んでいる。ラッキョウは中国では長江流域や雲南，貴州，広東，台湾などで栽培されている。特に湖北省の武昌，鄂城梁子湖の一帯は土壌や気候がラッキョウの栽培に適していることから，そこで生産されるラッキョウは国際市場においても高い評価を受けている。中国以外では日本や韓国でも栽培されている。
　甜酸藠頭は湖北省の伝統的な漬物加工品である。1970年代に製造工程の改善を行なうことにより，製品の色，香り，味，形状などが向上した。

第2節　各地の糖醋漬菜

(1) 原料および補助原料

生ラッキョウ：鮮度が良く，身は締まっており，黄色い芯や腐敗部分がなく，青皮のものが全体の1％以下のものを選択する。

白砂糖：ショ糖の含有量が95％以上，で異物を含まないものを使用する。

氷酢酸：純度は99％以上で，凝固点は14.8℃前後のものを使用する。

クエン酸：食用のものを使用する。

ミョウバン：硫酸アルミニウムカリウムを使用し，硫酸アルミニウムアンモニウムは使用しない。

食塩：海塩を使用し，岩塩は使用しない。

(2) 製造工程

湖北甜酸藠頭の製造工程は**図8-11**に示すとおりである。

ラッキョウ ⟶ 1次整形 ⟶ 洗浄 ⟶ 塩漬け ⟶ 2次整形 ⟶

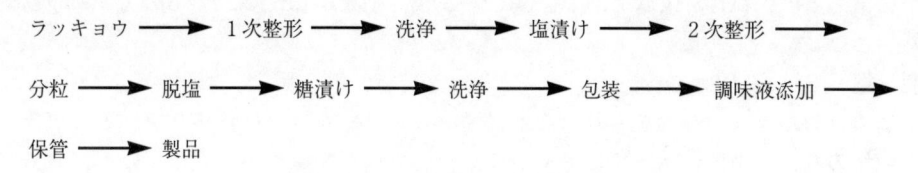

分粒 ⟶ 脱塩 ⟶ 糖漬け ⟶ 洗浄 ⟶ 包装 ⟶ 調味液添加 ⟶

保管 ⟶ 製品

図8-11　湖北甜酸藠頭の製造工程

(3) 加工方法

(ア) 1次整形

原料のラッキョウは7月に収穫するが，その頃の気温は非常に高いので，収穫後は直ちに現地で整形作業を行なう。現地での整形作業は泥土を落としてひげ根を取り，地上に出ている茎を1.5～2cm残して他は切り落とす作業である。現場での整形作業を終えたものは直ちに工場に搬送し，加工する。工場で原料のラッキョウを放置する時間が長くなると熱を発生し，黄芯が出やすくなる。黄芯は腐敗の原因となるので注意が必要である。

(イ) 洗　浄

搬入されたラッキョウを電動式ふるい機にかけ，噴水装置で水を注いで洗浄を行なう。洗浄により，泥土を洗い落とすとともに大部分の余分な皮を取り除く。

(ウ) 塩漬け

塩漬けは高塩で漬ける場合と低塩で漬ける場合がある。

a) 高塩で漬ける場合

洗浄したラッキョウ100kgに対し，食塩18kg，ミョウバン200gを使用し，大きなカメあるいはコンクリート製の漬け込みタンクに漬け込む。塩漬けは最初にラッキョウをカメ（タンク）の底に高さが20～30cmとなるように1層に並べ，その上に食塩とミョウバンを撒く。それをタンクが一杯になるまで交互に行なう。食塩は下部に約40％，上部に約60％となるように撒くのが良い。

b) 低塩で漬ける場合

洗浄を終えたラッキョウ100kgに対し，食塩9kg，ミョウバン200gで塩漬けを行なうが，塩漬け方法は高塩の場合と同じである。塩漬けは大きなカメあるいは漬け込みタンクを使用し，毎日，朝と夕方の2回，カメを回転（撹拌）し，別のカメに移し換えることにより塩が均一に浸透するようにする。ラッキョウを移し換えた後，揚がり塩水をラッキョウの上から注ぎ入れる。4，5日間撹拌を継続して塩漬けを行なう。

(エ) 2次整形

2次整形作業にはステンレス製のナイフを使用し、茎側はラッキョウの膨れた部分が残るように切り落とし、根は付け根の部分から切り落とす。切削作業を行なう際に同時に余分な皮を取り除く。ラッキョウの中には皮が青くなっているものがあるので、それらは取り除いて2級品として用いるか、青皮を剥いてから使用する。

(オ) 粒の選別（分粒）

ラッキョウの粒の大きさにより、大・中・小の3種類に選別する。選別に用いる機械は粒分機で孔径が異なる3層の篩（ふるい）から出来ている。篩は一定の傾斜があり、それらが往復運動の振動を繰り返すことによって、移動するラッキョウを選別する。大粒は第1層の篩の末端から、中粒は第2層の、小粒は第3層の篩の末端部から出るようになっている。一番小さな等外品は選別機の下に落ちる。大粒は3.4g以上、中粒は2.2～3.4g、小粒は1.5～2.2gのもので、1.5g以下のものは等外品となる。

(カ) 脱　塩

脱塩は塩漬けしたラッキョウをきれいな水に浸漬し、ラッキョウに含まれている食塩分を減少させる。脱塩の量は、中国の南方ではやや少なめにしてラッキョウ中に食塩を残し、北方ではやや多めに脱塩を行ない、ラッキョウ中の食塩含量を減らす傾向がある。脱塩方法は塩漬ラッキョウをカメに入れ、次にきれいな水を注ぎ入れ、一定時間放置した後、カメの下部から食塩水を抜く。これを1日に2回、毎日繰り返す。脱塩中にサンプリングを行ない、ラッキョウ中の食塩濃度が5％になったら脱塩を終了する。直ちに製品にしない場合は塩漬けの状態で保存する。

(キ) 糖漬け

脱塩したラッキョウの重さを測定し、その重量の20％の砂糖をラッキョウに加え、均一になるようよく撹拌してからカメに入れ発酵させる。発酵時間は20～30日間である。その間、カメを3～5回程度撹拌する。発酵終了後にpHを測定し、pHが3.0に達していない場合は酢酸を加えて調整し、プラスチック製フィルムで表面を覆い、保存する。保存期間は3か月以内で、それ以上保存するとラッキョウの乳白色が次第に黄色味を帯びるようになり品質は低下する。

(ク) 洗　浄

糖漬けしたラッキョウのカメから上澄み液を取り、その上澄み液で1度ラッキョウを洗浄した後、夾雑物を取り除く。上澄み液での洗浄がうまく行かない場合は少量の5°Béの食塩水で1回洗浄を行ない、異物が残らないようにする。

(ケ) 調味液の充填および包装

調味液には糖濃度の高いものと低いものとがある。高濃度の糖液を用いる場合は100kgの湯に100kgの砂糖を加え、低濃度の糖液を用いる場合は150kgの湯に100kgの砂糖を加えて調味液を調製する。糖液を溶解した後、クエン酸と酢酸で調味液のpHが2.5となるように調整し、そのまま2～3日経過してから上澄み液を取り、ガーゼで濾過し、調味液を完成させる。

包装には2種類の方法がある。1つは壺に入れるもので、1つの壺には20kgのラッキョウと8～9kgの調味液を入れる。もう1つの方法は瓶詰である。瓶詰の場合は275gのガラス瓶を用い、1個のガラス瓶には120gのラッキョウと40～70mLの調味液を入れる。

(4) 製品の品質基準

(ア) 官能指標

酸味と甘味のバランスがとれており、青色の皮の付着がなく、粒の大きさがそろっており、異

味や異物のないものが良い。
(ｲ) **理化学指標**
食塩濃度は3～5％，pHは2.5～3.0，全糖は20％以上であるものが望ましいとされている。ここで，甜酸藠頭の製造原理にについて解説する。

付記：甜酸藠頭（ラッキョウ甘酢漬）の製造原理
(1) **基本原理**
(ｱ) ラッキョウの塩漬けは食塩の浸透圧と防腐作用を利用したものである。食塩がラッキョウに接触するとその浸透圧によってラッキョウ内部の自由水と可溶性物質が細胞内から浸出してくる。一方，細胞外の食塩水は逆に細胞内に浸透し，内部と外部の食塩濃度が同濃度になったところで平衡状態となり，物質の移動は停止する。

低濃度の食塩で漬けた場合は，浸透圧作用よりも主要な役割は保存効果である。微生物は浸透圧が低い場合は正常な代謝活動を行なっているが，食塩濃度が高く，高浸透圧の状態の場合はその代謝活動は抑制され，増殖速度も遅くなったり，停止することになる。低食塩でラッキョウを漬ける場合食塩濃度は4.5～5.0％で，漬け込みの初期においては明らかに微生物の増殖を抑制している。同じラッキョウを対象に食塩の量（0，1，2，3，4，5％）を変えて同じ大きさの壺の中で発酵を行なわせ，5日，8日，11日目に官能検査を行なった結果，食塩濃度が3％以上のものではいずれも異常はなく，香りも良好であった。このことは4.5～5.0％の低食塩でラッキョウを漬けることは，漬け込み初期の腐敗を防ぎ，良好な発酵を行なわせるのに適していることを実証している。

(ｲ) **微生物による発酵**
低食塩でラッキョウを漬けると，乳酸発酵はホモ型乳酸発酵とヘテロ型乳酸発酵が同時に進行するので，乳酸の他に少量のエタノールや酢酸も生成される。低塩度でラッキョウを漬けた場合の発酵過程で生成される主な物質は乳酸，エタノール，酢酸などで，同時に二酸化炭素を放出する。有機酸とエタノールはエステル化合物を生成し，ラッキョウの香気成分の一部となる。また，少量の酢酸はラッキョウ漬の風味を増加させている。乳酸発酵によって漬け液のpHが変化するとともにエタノールは保存効果を付与する。また，二酸化炭素も微生物の増殖抑制に寄与している。ラッキョウを低温で漬けることで乳酸発酵による乳酸の生成が早くなり，pHが4.0以下に低下するのも早くなる。したがって，大腸菌，サルモネラ菌や腐敗菌などの増殖が抑制されるとともに外部からの雑菌の侵入を防ぐことができる。乳酸発酵がこのように正常に行なわれると漬け込み後期まで乳酸発酵が順調に進行することになる。

(ｳ) **微生物による発酵は香味形成に役立つ**
発酵は乳酸などの生成だけでなく，ラッキョウが有する辛味を和らげるとともに臭気を改善するのに役立っている。良質なラッキョウ漬の第1の条件は芳香成分を生成するとともに辛味成分と臭気を低減することである。ラッキョウの臭気成分の主なものは硫化物質である。これらの物質はラッキョウの中では配糖体の形で存在している。漬け込みタンクで塩漬けされたラッキョウの細胞内からは食塩の浸透圧によって水分や可溶性物質が浸出してくる。これらの物質は乳酸菌などの微生物が生産する酵素によって様々に変化する。乳酸の他に酵素の作用によって強い抗菌作用を有する硫化物質も生産する。それらの物質は酵素によってさらに還元され，刺激臭のあるジプロペニル二酸化物を生成する。これはさらに還元されてメルカプタン化合物が生成され，最終的には分解されたり，揮発性物質として消失する。このようにラッキョウは発酵中に様々な変

化を遂げ，辛味や異臭は次第に揮発して消失する。

　良質なラッキョウ漬の第2の条件は，熟成によって独特の風味が形成されることである。ラッキョウは微生物が利用できる栄養成分を豊富に持っており，炭水化物（6炭糖と5炭糖が利用される）やアミノ酸の一部が乳酸発酵に利用される。乳酸発酵によって，有機酸や低級脂肪酸が生成され，この有機酸とエタノールが反応して，エステルやラッキョウの芳香性物質が生産される。ラッキョウに含まれている蛋白質は微生物の蛋白質分解酵素の作用によって，ポリペプチドあるいはペプチドに分解され，さらにアミノ酸にまで分解される。また，アミノ酸よりアミノ基が除去（脱アミノ反応）されるとケト酸，脂肪酸やカルボニル化合物が生成される。

　これらのアミノ酸やアミノ酸の分解物はラッキョウ製品に独特の風味を与えている。低塩で漬けられるラッキョウは発酵中に酵母の増殖が見られ，酵母による発酵によって各種アルコール類やカルボニル化合物，アミノ酸およびアミノ酸の代謝産物を生成するので，乳酸菌の代謝産物と一体となってラッキョウ漬独特の風味が形成されるのである。

　良質なラッキョウ漬の第3の条件は天然の白色を形成し，それを保持することである。ラッキョウ漬の天然の白色を保持するには以下の点に注意を払う必要がある。まず，使用する海塩（食塩）は白色で夾雑物がないものを選択することが大切である。そうでない場合は漬け込みの過程で細胞内の食塩濃度が増加するため，酵素の正常な供給が阻害され，野菜の細胞は活性を失う。その結果，細胞膜は損傷を受け，半透膜の性質は変化し，物質は容易に透過するようになり，野菜の細胞の中に食塩に含まれている着色物質が侵入し，ラッキョウの色が悪くなってしまう。また，漬け込みに使用する道具類や重石などもきれいに洗浄しておく。そうしないと道具類からもラッキョウを着色することがある。

　ラッキョウの中の蛋白質が漬け込みの過程で加水分解を受けアミノ酸になると，酵素的あるいは非酵素的褐変を生ずる可能性があり，ラッキョウ漬を発色させることになる。したがって，このような変色を防ぐための有効な対策をとる必要がある。順調に発酵したラッキョウを用いて製造されたラッキョウ甘酢漬は白く適度な光沢を持っているが，これは漬け込みの際にカリミョウバンを使用することによって野菜細胞の膨圧を維持するとともに，食塩や道具類からの着色物質と結合して白色を維持するからである。

　良質なラッキョウ漬の第4の条件は歯切れの良さであるが，時々，歯切れが悪く，軟化したラッキョウ漬が出現することがある。この原因をいくつか挙げることができる。第1は漬け込みタンク内の食塩水がコンクリート製タンクのひび割れなどの破損のためにタンクから洩れ出してしまい，塩漬ラッキョウが空気にさらされて酸化し，軟化する場合である。第2は，有害微生物が増殖し，それらが生産する酵素のペクチナーゼによってラッキョウのペクチン質が分解され，軟化する場合である。第3は生の原料ラッキョウを直ちに加工しないで放置したために軟化する場合である。第4はラッキョウが機械による損傷を受けたためにペクチンの加水分解が起こり，軟化する場合である。第5は漬け込み過程でラッキョウの水分が奪われ，委縮してしまうことが原因となる場合である。

　このような原因を取り除き，歯切れの良いラッキョウ漬を製造するには以下の対策が有効である。それは適切な時期にラッキョウを収穫し，直ちに漬け込みタンクで塩漬けを行ない，有害微生物の増殖を抑制しながら適切な発酵を行なうことである。そのためには塩漬けの際にミョウバンを使用するのが良く，具体的には100kgの食塩に対し200gのミョウバンを混合して塩漬けする。ミョウバンの中のアルミニウムおよび食塩の中のカルシウムやラッキョウ自体が有するカルシウ

ムはペクチンと結合し，細胞の張りを維持することによって歯切れの良さを保持することができるのである。

(2) ラッキョウ漬の発酵条件

(ア) 食塩の純度

食塩には塩化ナトリウムのほかにマグネシウム塩やその他の塩類が含まれており，塩漬け工程で食塩がラッキョウに浸透する速度に影響を及ぼす。したがって，食塩をラッキョウに早く浸透させるためには，できるだけ純度の高い食塩を選ぶことが必要である。また，食塩の中の$MgSO_4$とNa_2SO_4の含有量が高いと苦味が強くなるので，この点からも食塩の純度は高い方が良いので，ラッキョウの塩漬けには2級以上の海塩であることが望ましい。

(イ) 温度の制御

ラッキョウを塩漬けし，適切な乳酸発酵を行なわせるには温度が20～30℃にコントロールされていることが必要である。この温度よりも高過ぎても低すぎても発酵の進行は遅くなる。漬け始めの温度が30℃よりも高温の場合は発酵によって酪酸の生成が見られることがあり，風味を損ねることになるので，漬け込みタンクの設置場所，タンクの深さ，容量などについては慎重に検討する必要がある。

(ウ) 酸素の制御

ラッキョウの製造には嫌気的な環境が向いている。それは乳酸発酵を行なう乳酸菌は嫌気的な環境を好む細菌だからである。したがって，ラッキョウを漬け込みタンクに一杯になるよう入れた後は，重石を用いてなるべく空気が残らないように塩漬けを行なう。

(エ) pHの制御

低塩度のラッキョウ漬物の発酵では特にpHの制御が重要である。発酵の前期では，できるだけ早期に乳酸菌を増殖させ，pHを4.0以下にする。pH 4.0以下では腐敗菌，大腸菌，酪酸菌などの有害微生物の生育が阻害され，乳酸菌，酵母，カビなどが生育しやすい環境となる。乳酸菌は嫌気状態の方がよく生育するので，そのような条件下で発酵を行なえば乳酸菌が優勢的に生育する。したがって，pH制御は乳酸菌が十分に生育し，乳酸発酵を順調に行なわせるのに極めて大切な制御技術である。

(3) 注意事項

(ア) ラッキョウ漬は低，中程度の食塩濃度で漬けることにより乳酸発酵が進行するが，発酵の成熟期ではピーク時よりも酸度はやや低下する傾向が認められる。これは発酵の中・後期では生化学的な反応が進行し，香気成分などが生成されるので酸の一部が減少するからである。

(イ) うまく乳酸発酵が行なわれなかったラッキョウを用いて製造された甘酢漬は色が暗くなる傾向が見られる。その原因は製造時に糖，酸を加えるが，発酵がうまく進行しない場合，糖や酸が余分に残存するために加熱によって非酵素的褐変を生じるからである。したがって，そのような漬物を常温で保存しておくと，さらに非酵素的褐変が進行する。一方，乳酸発酵が順調に行なわれたラッキョウを使って製造すると，乳酸が十分に生成されているので乳酸が非酵素的褐変を抑制する結果，ラッキョウの白色が維持されるのである。

(ウ) 乳酸発酵を余計に行なうと品質の低下した製品となる場合があるので，9.5割程度の熟成にとどめて発酵を行なうのが良い。このようにして製造された塩漬半製品を用いた甘酢ラッキョウ製品は，色が白く，光沢を持ち，香味に優れた製品となる。

(エ) 甘酢ラッキョウ製品の良し悪しは半製品である塩漬ラッキョウの良し悪しで決まる。また，

塩漬ラッキョウはコンクリート製漬け込みタンクからの食塩水の漏れや水の浸入などがあると品質に大きな影響を受けることになる。タンク内の塩水がタンクの外に漏れていると，漬けたラッキョウの上部のものが空気にさらされるので酸化されて風味の低下を招く。また，表面に好気性菌が生育し，品質を劣化させたり，食塩水を追加する時に，雑菌が侵入し発酵に影響することもある。また，逆にタンクのひび割れなどを通して水が浸入し，塩漬ラッキョウが腐敗することがある。これは塩水が洩れ出す場合よりも被害が大きくなることが多く，タンク内の塩漬ラッキョウのすべてを廃棄するに至ることもある。

12. 広東糖醋瓜纓（千切りキュウリ甘酢漬）

広東糖醋瓜纓は広東地方の特産の1つである。明るい色沢を持ち，口当たりが良く，甘味の中に酸味のある漬物である。

(1) 原料および補助原料

黄瓜（キュウリ）を原料として用いる。黄瓜は唐代の初期には既に栽培されており，改良を重ねて現在の形になった。数多くの品種があり，現在では，中国各地で栽培されている。広東糖醋瓜纓の製造時期は春黄瓜を原料とした場合は4～6月上旬，秋黄瓜を原料とした場合は8月中旬～10月中旬である。原料には大きさが揃い，曲がりが少なく，明るい緑色を呈する歯切れの良いものを選択する。

補助原料としては食塩（粉砕したもの），酸度が6～7％の食酢（合成酢を使用しない）および砂糖を使用する。塩漬けの配合は黄瓜100kgに対し，食塩を25kg使用する。また，糖醋漬け（甘酢漬け）は塩漬黄瓜100kgに対し，食酢50kg，砂糖100kgを使用する。

(2) 製造工程

広東糖醋瓜纓の製造工程は図8-12に示すとおりである。

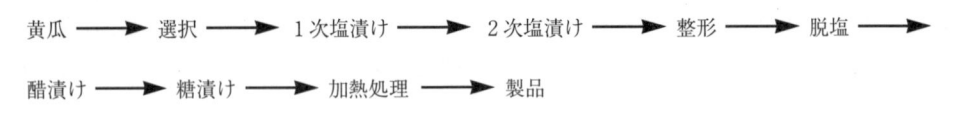

黄瓜 ⟶ 選択 ⟶ 1次塩漬け ⟶ 2次塩漬け ⟶ 整形 ⟶ 脱塩 ⟶

醋漬け ⟶ 糖漬け ⟶ 加熱処理 ⟶ 製品

図8-12 広東糖醋瓜纓の製造工程

(3) 加工方法

(ア) 原料の選択

原料には新鮮な若い黄瓜を選ぶ。黄瓜の端には花が付着し，種子部分が少ない若いものが良い。原料の黄瓜は工場に搬入後，きれいな水で洗浄する。

(イ) 1次塩漬け

洗浄した新鮮な黄瓜を樽の底に1層並べ入れ，食塩を撒き，それを交互に繰り返して樽が一杯になるまで重ねる。100kgの黄瓜に対し，18kgの食塩を用いる。最後の黄瓜の1層の上には1～2kgの食塩を撒き，防腐効果を高める。漬け込んだ黄瓜の上に竹製のスノコを置き，黄瓜重量の半分の重さの重石を載せて漬ける。3時間漬けた後，揚がり塩水の一部をゴム管などで外に吸い出す。ただし，漬けられた黄瓜の上には常に6cm程度の揚がり塩水があるようにする。塩漬けを開始してから24時間後に，黄瓜を樽から竹カゴに移して揚がり塩水を切る。100kgの黄瓜は塩漬けによって60kgになる。塩漬けした後も，黄瓜の色はきれいな緑色を保っているが，肉質はしんなりと軟らかくなっている。

第2節　各地の糖醋漬菜

(ウ)　2次塩漬け

　1次塩漬けを終えた塩漬黄瓜を1次塩漬けと同様に樽に入れ，塩漬黄瓜100kgに対し，16kgの食塩を加えて漬け込む。最後に食塩を黄瓜の上に多めに撒く。重石を載せて漬け込むが，1次塩漬けのように揚がり塩水は出ないので吸い出す必要はない。24時間漬け込むと半製品の塩漬黄瓜ができる。2次塩漬けを終えた黄瓜は1次塩漬けの時よりも黄色みを帯び，形状もさらに柔らかくなり，しわが表面に現れるようになる。1次塩漬けの黄瓜からさらに重量は減少し，48kgまでになる。したがって，2回の塩漬けで100kgの生の黄瓜に対して25kgの食塩を使い，48kgの塩漬黄瓜の半製品が得られたことになる。この半製品（下漬）の状態で6～8か月保存ができ，必要に応じ，製品の糖醋瓜纓を製造する。

(エ)　整形・脱塩

　樽の中の塩漬黄瓜を取り出し，揚がり塩水をよく切った後，包丁で2つに切り，さらに長さが3～4cm，幅が0.4cmの千切りにする。

　なお，千切りの際に品質の悪い塩漬黄瓜があった場合は併せて除去しておく。千切りの後，きれいな水で30分間洗浄してから，カメに入れ，それに水を注いで12時間ほど浸漬し，脱塩を行なう。脱塩のときは黄瓜より常に水が10cm上にあることが必要である。脱塩後，千切り黄瓜をカメから取り出して，竹カゴに入れ水切りをする。水切りは最初4時間ほど行ない，1度よく撹拌して，もう1度，4時間ほど水切りを行なう。

(オ)　醋漬け（酢漬け）

　水切りを終えた千切り黄瓜をカメの中に入れ，黄瓜重量の約50％の量の食酢を注ぎ入れる。次に竹製のスノコを載せ，約12時間かけて醋漬けを行なった後，竹カゴに取り出して余分な食酢を切っておく。この時点では千切り黄瓜は色も良く，重さも醋漬けの前よりも増加する。

(カ)　糖漬け

　醋漬けを終えた千切り黄瓜を再度カメの中に入れ，黄瓜と同重量の砂糖を加え，よく撹拌してから表面を平らにし，麻布で覆ってからカメに蓋をして3日間糖漬けを行なう。十分に糖が吸収されると黄瓜は黄緑色に変わる。黄瓜をカメから取り出して，竹カゴに入れて静置し，余分な糖液を除く。除いた糖液は鍋などに取っておく。

(キ)　加　熱

　糖液を鍋に入れてオリや夾雑物を取り除いた後，沸騰するまで加熱する。次にその鍋に糖漬けした千切り黄瓜を入れて，鍋に蓋をし，直ちに火力を弱めて弱火で煮る。煮ている間は木の棒を用いて時々撹拌し，糖液が均一になるようにする。糖液が再び沸騰し始める頃には黄瓜の色は黄緑色から青緑色になるので，黄瓜をすぐに取り出して竹カゴに入れ，均一に広げて放熱させる。また，鍋の中の糖液はカメに入れて自然に冷ます。カメの糖液が完全に冷えたら，千切り黄瓜を糖液の入ったカメの中に入れると糖醋瓜纓が完成する。100kgの塩漬黄瓜からは110kgの糖醋瓜纓ができる。

(4)　製品の品質基準

(ア)　官能指標

　製品は軟らかく，表面の糖液の濃度が高く，色は新鮮で明るい青緑色を呈し，酸味と甘味のバランスが取れて，あっさりとした味を持つものが良い。

(イ)　理化学指標

　水分は42～45％，食塩濃度は10～12％，全糖は55～60％，アミノ態窒素は0.2％以上，総酸は1.0％

以下であるものが望ましいとされている。
 (5) **注意事項**
 (ア) 糖醋瓜縷の甘味が薄く，アルコール臭があり，色が暗いものは2級品である。
 (イ) 糖醋瓜縷の保存方法はカメの中に入れたままにし，風通しが良く，温度の低いところで保管するのが良い。

13. 広東糖醋酥姜（ショウガ甘酢漬）

広東糖醋酥姜は広東の特産物の1つである。辛味と酸味を有し，比較的さっぱりとした味である。広東糖醋酥姜は製品そのものを単独で食べるだけでなく，料理素材として利用されることも多い。実際，広東糖醋酥姜はお茶を飲むときに一緒に食べたり，あめのようにして食べることもある。また，五香乾豆腐（乾燥豆腐）の千切り，蓮根の千切り，生姜（ショウガ）の千切りなどと広東糖醋酥姜を混ぜたものに胡麻油，醤油，食塩，酢などの調味料を加えて食べる料理もある。また，白菜，魚を混ぜて炒めて食べたり，広東糖醋酥姜を千切りにしたものを小麦粉に混ぜ，餅状にしたものを焼いて食べることもある。

(1) **原料および補助原料**

原料の生姜は丁寧に洗浄し，泥土やひげ根を除去したものを使用する。また，腐敗した部分や傷，凍傷のないもの（凍傷を受けたものは外皮が脱落し，軟化している場合が多い）を選択する。塩漬けは生姜100kgに対し，食塩24kg，食酢30kgの割合で行ない，糖醋漬けは塩漬生姜104kgに対し，食酢50kg，砂糖70kg，花紅粉（着色料）100gを使用する。

(2) **製造工程**

広東糖醋酥姜の製造工程は図8-13に示すとおりである。

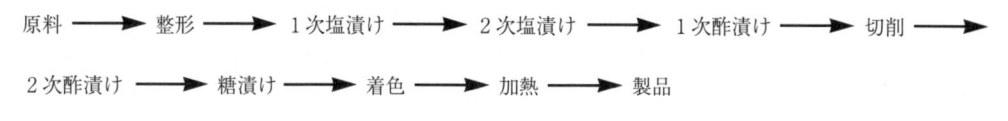

原料 → 整形 → 1次塩漬け → 2次塩漬け → 1次酢漬け → 切削 → 2次酢漬け → 糖漬け → 着色 → 加熱 → 製品

図8-13 広東糖醋酥姜の製造工程

(3) **加工方法**

(ア) まず最初に工場に搬入した原料生姜に付着している泥土を洗い落とし，ひげ根などを除去する。搬入後は遅くとも3～4日以内には加工すべきである。滞留期間が長引くと生姜の表皮にしわを生じ，歩留りに影響するだけでなく，表皮が剥きにくくなるので最終製品の品質を低下させる。また，整形を行なうときは，鮮度が良く，生姜の根の部分が充実したものを選択し，包丁を使って生姜芽，小生姜（小さな瘤（こぶ）の部分）などを取り除く。大きなものは適当な大きさに分割しても良い。不要部分を切除した原料生姜は水できれいに洗った後，竹べらを用いて表皮をこすり取る。なお，皮は薄く剥くようにする。厚く剥き過ぎると歩留りが悪くなる。通常，100kgの原料生姜からこすり取られる皮の量は18～19kgであるので，それに収まる程度に皮を剥くのが良い。皮を取り除いた生姜は水で丁寧に洗浄する。

(イ) **1次塩漬け**

整形を終えた生姜は木桶で塩漬けを行なう。木桶の底に，高さが約10cmになるように生姜を平らに並べ，その上に食塩を均一に撒く。皮を剥いた生姜100kgに対し，食塩18kgの割合で漬け込む。その際は撹拌を行なう必要はない。2時間ほど経過すると生姜から水分が浸出し，生姜のか

第2節　各地の糖醋漬菜

写真 8-1　中国で最も有名な漬物の老舗である「六必居」（1560年創業，北京）の看板。看板が何時つくられたかは不明。

写真 8-2　1869年創業の「天源醤園」（北京）の看板。北京でも近代的なデパートが並ぶ西単に立地。

写真 8-3　「六必居」の店内風景。多種類の漬物が量り売りされている。瓶の中が見えやすいように鏡が傾けてある。

さが下がるので，その上に新たに生姜と食塩を加える。表面の生姜には多めに食塩を撒く。食塩を撒いた上には竹製のスノコを置き，その上に生姜の重さの約50％の重さになるように鵞鳥石（ガチョウの卵のような石）を載せて重石とする。スノコの中央には鵞鳥石を多めに置く方が良い。

3時間ほど経過するとさらに多くの水分が出てくるので一部の塩水をゴム管などを使って外に吸い出し，生姜の上面から6cm程度の高さにまで塩水が来るように調整する。吸い出し過ぎて水量が少なくなり，生姜が塩水から露出するようになると生姜は変色し，カビが生えやすくなるので注意が必要である。

このようにして木桶で24時間塩漬けを行なった後，竹カゴに生姜を取り出して，その上に竹製のスノコを置き，さらに，その上に塩漬生姜と同重量の重石を載せて一部の水を脱水する。脱水は約3時間ほど行なう。その結果，皮を剥いた原料生姜100kgからは約50kgの塩漬生姜を得ることができる。脱水の際に出てくる揚がり食塩水は他の漬物を製造する際の塩水として利用することができる。

(ウ)　2次塩漬け

約3時間かけて脱水した1次塩漬けの生姜を再び木桶に入れ，100kgの塩漬生姜に対し12kgの食塩の割合で2次塩漬けを行なう。漬け込んだ生姜の表面には多めの食塩を撒く。1次塩漬けの場合と同様に竹製のスノコで表面を覆い，重石を載せる。2次塩漬けでは揚がり塩水は少ないので浸出液を排出する必要はない。このまま24時間塩漬けを行なった後，塩漬生姜を竹カゴに取り出し，カゴの中に入れたままで塩漬生姜の重さの約50％相当の重石を載せて脱水を行なう。3時間ほど経過すると脱水が終了する。その結果，生姜は軟らかくなり，薄っぺらな状態になる。重量は1次塩漬けのものより8～9％減少するのが一般的である。

(エ)　1次酢漬け

2次塩漬け，脱水の終了した生姜を木桶に入れて食酢に浸漬する作業を行なう。まず最初に5％食酢を木桶の底に少量入れておく。次に生姜を木桶の口から約15cm下まで入れて，生姜の重

さの約25％の5％食酢を注ぎ入れる。その後，竹製のスノコを載せ，その上に生姜重量の約20％の重石で押す。桶の中の食酢は一般的に生姜の表面から約9cmの高さになるのが良いとされている。これよりも少ない場合は食酢をさらに加える必要がある。このようにして24時間程度浸漬すると酢漬下漬製品が完成する。下漬製品は明白色となり，浸漬前よりもやや大きく膨らむ状態となり，重さも5～10％程度増加する。

(オ) 切削および脱塩（一部）

下漬製品を2つに縦割りにし，さらに円あるいは半円状に薄切りにする。薄切りにしたものはきれいな水に30分ほど浸漬し，洗浄する。その後，別の桶またはカメの中に入れてから水を加え，12時間浸漬する。次に，浸漬を終えた下漬製品を取り出して竹カゴに入れ，竹製のスノコを表面に置き，さらにその上に重石をおいて8時間ほど脱塩を行なう。脱塩中には一度全体をかき混ぜて脱塩を効果的に行なわせる。

(カ) 2次酢漬け

脱塩を終えた下漬生姜を木桶の中に入れ，桶の口から約15cmの高さまで生姜を入れる。重石は下漬生姜の重さの約半分程度とする。食酢液は下漬生姜の上部よりも約9cm上になるまで入れる。このようにして約12時間，食酢液に浸漬する。浸漬後，酢漬生姜を取り出して竹カゴに入れて余分な食酢液を除く。漬け終えた後に残った食酢液はカメに取って置き，再利用する。3時間ほど水切りを行なってから次の糖漬を行なう。

(キ) 糖漬け

酢漬けを終えた薄切り生姜をカメの口から約15cm下まで入れる。次に，カメの中の生姜重量の70％の砂糖を加えてから手でよく撹拌し，均一になるようにする。生姜の表面を平らにし，麻布と竹製のスノコで表面を覆い，24時間漬け込みを行ない，糖液を十分に吸収させる。その後，漬け終えた生姜を竹カゴに取り出し，余分な糖液を十分に切ってから着色する。

(ク) 着 色

酢漬け，糖漬けを終えた薄切り生姜をカメの口から12cm下まで入れる。その後，下漬生姜100kgに対し100gの割合で花紅粉を加え，手でよく撹拌して均一に着色する。次に表面を平らにし，さらに糖漬けで出てきた残りの糖液を加え，麻布と竹製のスノコで覆って7～8日間漬け込み，糖液を十分に浸透させる。

(ケ) 加熱処理

糖液のみを鍋に入れて沸騰させ，液の中の夾雑物を除去する。次に，糖漬生姜を鍋の中に入れ，約3分間沸騰するまで加熱し，撹拌してから竹カゴに取り出して平らに広げて自然冷却させる。糖液はカメに入れ，冷えところで薄切り生姜を入れて完成する。

(4) 製品の品質基準

(ア) 官能指標

色は赤く，ムラなく着色しているものが良い。味はさっぱりとしており，甘味の中に辛味と酸味を併せ持つものが良い。また，歯切れがあり，軟らかみのあるものが良い。

(イ) 理化学指標

水分は52～54％，食塩濃度は10～12％，全糖は35～40％，アミノ態窒素は0.2％以上，総酸は0.9％以下であるものが望ましいとされている。

(5) 注意事項

(ア) 糖醋酥姜は酸味が強いもの，甘さが少ないもの，エタノール臭を呈するもの，硬いもの，

色が濃く暗いもの，表面にしわがあるものなどは品質の劣るものなので2級品となる。

(イ) 糖醋酥姜を保存する場合は製品をカメに入れたままにし，3～4cm幅の割り竹を十字の形において生姜が膨れるのを押さえる。糖液は生姜の表面から3cm上になるまで注ぎ入れる。その後，竹製の蓋でカメを覆い，風通しの良い場所で保管する。1か月間保存が可能である。温度が低い所ではより長く保存できる。

(ウ) 長期にわたって保存あるいは輸送する場合は，糖醋酥姜をガラス容器に入れて糖液を注ぎ，密封してから木箱に入れる。木箱の中のガラス容器の間にもみ殻を入れ，容器同士がぶつかって破損するのを防止する。

14. 刀豆花（ナタマメ甘酢漬）

刀豆花は漬物の芸術品と称される。主に湖南省寧郷県で生産され，100年以上の歴史を有している。新鮮で軟らかい白色の刀豆（ナタマメ）を原料とし，ブランチング，浸漬，晒し，切削などの工程を経て細切した刀豆を「花胡蝶」，「鵲（カササギ）に梅花」などの花形に編み，着色してから糖液に漬け込み製品としたものである。きれいな形をしていることから，宴席の中で前菜の飾り付けに利用される。また，親類や友人などへの贈り物としてもよく利用されている。国内で販売されている他，日本や東南アジアの国々にも輸出されている。

(1) 原料および補助原料

下漬刀豆100kgに対し，白砂糖100kg，食塩3kg，米酢10kg，ミョウバン1kg，食用紅10gを使用する。

(2) 製造工程

刀豆花の製造工程は図8-14に示すとおりである。

原料 → ブランチング → 洗浄 → 晒し → 切削 → 半製品 →
浸漬 → 水切り → 着色 → 浸漬 → 糖漬け → 晒し → 製品

図8-14 刀豆花の製造工程

(3) 加工方法

良質の刀豆を良く洗浄してから，熱湯でブランチングを行ない，洗浄後，直ちに取り出して，ムシロの上に広げて日光の下で色が白くなるまで晒し作業を行なう。その後，洗米水の上澄みに半日浸漬してから，きれいな水で洗浄し，再び晒してから各種花形を編むのに適した形状に薄く切削する。次に花形を編む工程となるが，花形を編む際は最新の注意を払って作業を行なう。花形に適した図案を予め準備しておく。

刀豆花に用いられている花形の主なものは，「花胡蝶」，「鵲に梅花」，「娃娃蓮花」，「蘭」などがある。花形は洗米水の上澄みに浸漬してから，取り出して水を切り，次に食用紅，ミョウバン，食塩を50kgの湯温に加えて溶解し，冷却した液に2日間浸漬する。その後，きれいに着色された刀豆花を取り出し，食酢に砂糖を加えて出来た甘酢液とともに平らな容器に入れ，上部を虫よけで覆い，日光の下で糖液が全て吸収されるまで晒しを行なう。通常，2日間の晒しを行なって製品が完成する。

(4) 製品の品質基準
(ア) 官能指標
薄く切削されていて，軟らかく，適度な甘味を有して口当たりが良く，形状が美しく，花形が優れているものが良い。
(イ) 理化学指標
水分は60％以下，全糖は30％以上であるものが望ましいとされている。

15．苦瓜花（ニガウリ甘酢漬）

苦瓜花は刀豆花と同様，湖南省の特産の1つで，100年以上の歴史を有する伝統的な漬物である。当地で生産されている新鮮な苦瓜（ニガウリ）を原料として製造されている。苦瓜花の特徴は造形が精密で，きれいな模様を有していることである。

(1) 原料および補助原料
原料に用いる苦瓜は切り口の直径が約4cm前後で丸く，形は真っ直ぐに長くのびており色は青白色で新鮮なものを用いる。苦瓜は虫害や傷痕のないものを選択する。補助原料は，新鮮な生の苦瓜100kgに対し，砂糖23kg，食用紅10g，食酢2kg，食塩1kg，ミョウバン100gの割合で用いる。

(2) 製造工程
苦瓜花の製造工程は図8-15に示すとおりである。

原料 ⟶ 整形 ⟶ ブランチング ⟶ 洗浄 ⟶ 晒し ⟶

浸漬 ⟶ 花形を編む ⟶ 着色 ⟶ 糖漬け ⟶ 晒し ⟶ 製品

図8-15　苦瓜花の製造工程

(3) 加工方法
(ア) 整形
原料の苦瓜は両端を切除した後，1cm幅に輪切りにし，種子と中子（ワタ）を取り除く。次に湯の中に1～2分間入れ，輪切りにした苦瓜が軟らかくなったら，鍋から取り出す。
(イ) 晒し
鍋から取り出した輪切りの苦瓜の水を切ってから，日光の下で白くなるまで1～2日間晒す。整形と晒し作業によって100kgの生の苦瓜は20～22kgに減少する。
(ウ) 水浸漬
晒し終えた輪切りの苦瓜はきれいな水に約半日浸漬し，さらに苦瓜の色が白くなるまで洗米水の上澄み液に浸漬し，最後にきれいな水で洗浄する。
(エ) 花形を編む
輪切りの苦瓜を用いて，様々な形の花形に編む。花形の種類は刀豆花と同じように「花胡蝶」，「鵲（カササギ）に梅花」などがある。花形は形状が重要であることから，花を編むときは，細心の注意を払って行なう。
(オ) 着色
ミョウバンと食用紅を7.5kgの温湯に加えて溶解したものに輪切りの苦瓜を浸漬し，着色する。一般的に15分間程度浸漬を行なうときれいに着色するので，浸漬が終了したら苦瓜を取り出してきれいな水で洗浄後，日光の下で晒しを行なう。晒し終えた段階で約22kgとなる。晒しを終えた

輪切りの苦瓜を食酢（一定濃度の食塩を含む）に1～2日間浸漬した後，取り出して水をよく切っておく。

(カ) **糖漬け**

着色した輪切りの苦瓜半製品をカメの中に入れ，糖漬けを行なう。糖漬けを行なう際は，まず最初に苦瓜をカメの底に1層となるように置き，その上に砂糖を撒く。これを繰り返してカメが一杯になるまで漬け込む。糖漬けは2日間行ない，漬け込みが終了したら取り出す。

(キ) **晒 し**

糖漬けを終えた苦瓜は鉢に移し，日光の下で糖が濃縮し，糸を引くようになるまで晒す。1つの鉢には約5kgの苦瓜が入る。晒しの間は時々撹拌を行ない，均一になるようにする。

(4) **製品の品質基準**

(ア) **官能指標**

製品は口当たりが良く，甘味のあるものが良い。

(イ) **理化学指標**

水分は50％以下，全糖は20％以上であるものが望ましいとされている。

16. 沈陽糖醋円葱（タマネギの甘酢漬）

沈陽糖醋円葱に利用される円葱（タマネギ）は別名，洋葱，葱頭とも言う。タマネギはごく普通にみられる野菜で，多くは料理や調味料に使用されている。沈陽糖醋円葱は低塩，低糖であるが，甘味と酸味がよく調和した漬物である。

(1) **原料および補助原料**

原料のタマネギ20kgに対し，食塩1kg，食酢25kg，砂糖6kg，生姜（ショウガ）または紫蘇（シソ）葉を少量用いる。

(2) **製造工程**

沈陽糖醋円葱の製造工程は**図8-16**に示すとおりである。

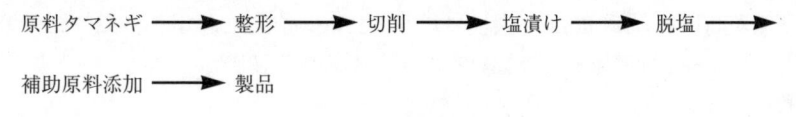

原料タマネギ ──→ 整形 ──→ 切削 ──→ 塩漬け ──→ 脱塩 ──→

補助原料添加 ──→ 製品

図8-16 沈陽糖醋円葱の製造工程

(3) **加工方法**

生のタマネギの乾燥表皮を除去した後，きれいな水で洗浄し，約3mm幅の千切りにしてから容器の中で塩漬けにする。塩漬けの間は時々撹拌し，食塩を均等に拡散させる。1昼夜塩漬けを行なった後に容器から取り出し，日陰の涼しい所で水を切る。5～6時間水切りを行なった後，食酢，砂糖を加え，軽く撹拌して漬け込む。2昼夜漬け込めば食べることができる。なお，漬け込みの際に少量の生姜や紫蘇葉を入れると一層風味が良くなる。

(4) **製品の品質基準**

(ア) **官能指標**

製品は黄褐色を呈し，甘味と酸味のバランスがとれているものが良い。

(イ) **理化学指標**

水分は70％以下，食塩3～5％，全糖は10～15％であるものが望ましいとされている。

17. 揚州糖醋蘇（响）（干しダイコン甘酢漬）

揚州糖醋蘇（响）は酢漬に属し，揚州の漬物の中でも伝統的な漬物の1つである。揚州糖醋蘇は南洋物産交流会の展示会において銀メダルを獲得している。原料に用いる野菜は揚州郊外で栽培されている大頭紅蘿蔔（大根）である。良質の大頭紅蘿蔔を選択してから，塩漬け，加工した後，さらに糖酢液に浸漬することによって製造される。製品はアルコールの香りを有し，甘味と酸味が程よく混ざった口当たりの良い漬物である。また，消化を助ける機能を有していることから多くの消費者に人気がある。

(1) 原料および補助原料

原料に用いる大頭紅蘿蔔は揚州郊外で栽培されているものを使用する。その特徴は表皮は赤く滑らかで，組織は緻密で軟らかく，水分は低く，糖分は高い。漬物に用いられる大頭紅蘿蔔は1つの重量が150g以上のもので，霜降（10月23～24日頃）から小雪（11月22日頃）の間に収穫される。
大頭紅大根100kgに対し，食塩10～12kg，食酢70kg，砂糖35～38kgの配合割合で漬け込む。

(2) 製造工程

揚州糖醋蘇の製造工程は**図8-17**に示すとおりである。

原料大根 ⟶ 洗浄 ⟶ 塩漬け ⟶ 1次晒し ⟶ 温水浸漬 ⟶ 整形 ⟶ 2次晒し ⟶ 糖醋液に浸漬 ⟶ 製品

図8-17 揚州糖醋蘇の製造工程

(3) 加工方法

(ア) 塩漬け

原料大根を工場に搬入後，最初に洗浄を行ない，その際，中空や黒斑のあるものなど品質の悪いものを取り除く。大根100kgに対し，10～12kgの食塩を用い，大根を1層並べ，その上に食塩を撒き，これを交互に繰り返して塩漬けを行なう。塩漬け中は毎日1回，撹拌を行ない，食塩が均一に行き渡るようにする。食塩の添加量や撹拌の回数は漬け込み時の気温によって加減する。すなわち，気温が高い場合は100kgの大根に対し，12kgの食塩を使用し，12時間に1回の割合でカメを撹拌する。3～4日間塩漬けを行なってからカメから取り出す。

(イ) 1次晒し

塩漬けした大根をカメから取り出し，揚がり塩水を切った後，葦で編んだムシロの上に広げて日光の下で晒し（干し）を行なう。晒しは通常1週間ほど行なう。晒しの間は毎日1～2回撹拌して満遍なく晒しが行なわれるようにする。晒しによって大根の端が巻くようになったら，再びカメの中に入れ，しっかりと押した後，食塩を表面に撒き，貯蔵する。

(ウ) 温水浸漬

熱湯を70～80℃にまで冷ましておく。次に，塩漬大根を晒したものをカメに入れ，それに湯を注いで浸漬する。浸漬条件は季節によって多少異なるが，一般的に夏季においては40～50℃，12～14時間，温水浸漬を行なう。

(エ) 整形

温水浸漬を終えた大根を包丁で斜めに薄く切って整形する。

(オ) 2次晒し

整形した大根の薄切りを葦で作ったムシロの上に広げて晒しを行なう。晒す時間は気候，季節

によって異なるが，通常2～3日間行なうと大根の端が巻き上がるようになる。その後，洗浄し，脱塩する。脱塩は塩漬大根100kgに対し，120kgの水を使用する。脱塩を終えた大根はよく水を切ってから，さらに2～3日晒しを行なう。1回目の晒しと温水浸漬は大根の中に含まれている塩分や辛味成分を除去するためである。2回目の晒しは脱塩した後の水分を除去し，その後の糖漬けの際に糖分を吸収しやすくするためである。100kgの薄切り大根は晒しによって約35kgとなる。

(カ) 糖醋漬け（甘酢漬け）

糖醋液の調製は食酢100kgを鍋で沸騰するまで加熱した後，砂糖を50～55kg加えて溶解させ，引き続き撹拌を行なった後，夾雑物を濾過によって取り除いて保存しておく。糖醋漬には2通りの方法がある。

第1の方法は晒した薄切り大根をカメに入れた後，上部に生姜と葱を置いてから糖醋液をカメ一杯に注ぎ入れ，カメに蓋をして石膏で口を封じるものである。カメには大根などを隙間なくしっかり漬け込むことが大切である。この方法はやや面倒な方法なので生産量も少ないが，香気に優れているのが特徴である。

第2の方法は晒した薄切り大根を大カメに入れた後，糖醋液をカメが一杯になるまで注ぎ入れる。その後，毎日撹拌を行なう。この方法は1度に多くの量を漬け込み，比較的楽にできるので生産量も多い。この方法は，香気はあるが第1の方法よりも劣る。100kgの薄切り大根に対しては80kgの糖醋液が必要である。熟成を進行させるために温かいままの糖醋液に漬ける方法もあるが，管理が難しい。通常の方法によれば熟成期間は約1か月である。

(4) 製造後の管理

大カメで漬け込む場合は，3～4日ごとに撹拌，検査を行なえば長期に保存することも可能である。注意する点は大根を空気に触れさせないように密封しておくことである。

(5) 歩留り

100kgの生の大根からは30kgの塩漬乾燥半製品を得ることができる。また，この塩漬け乾燥半製品100kgからは70～72kgの製品を得ることができる。

(6) 製品の品質基準

(ア) 官能指標

色は赤褐色で光沢があり，酸味と甘味のバランスが取れており，歯切れの良いものが良い。

(イ) 理化学指標

全糖は約25％，総酸は約1.25％であるものが望ましいとされている。

18. 揚州糖醋大蒜頭（ニンニク甘酢漬）

揚州糖醋大蒜頭は揚州の甘酢漬に属する漬物の中でも伝統的なものの1つである。新鮮な大蒜（ニンニク）を伝統的な方法で加工し，塩漬けした後に糖醋液に浸漬することによって製品となる。製品は酸味と甘味があり，軟らかい。したがって，老人にも食べやすい漬物である。また，春先，呼吸器系の疾患や脳膜炎などの病気が流行する時期に本製品を食べると予防に効果があると言われていることから多くの人に人気がある。これは，ニンニクの精油にはインフルエンザのウイルスや球菌，桿菌などの病原菌を殺菌する効果のあることが知られているからである。そのような病気に対するニンニクの効能について，李時珍は「其気熏烈，能通五臓，達諸竅，出寒湿，辟邪悪，消痛腫，化症積肉食，此其功也」と述べている。

(1) 原料および補助原料

新鮮なニンニク100kgに対し，食塩15kg，砂糖38kg，食酢72kgの割合で使用する。原料に用いるニンニクは皮が白く，形状は大きくて鱗茎が揃っているものを選択する。直径は約5cmのものが良い。収穫の時期は小満（5月21日頃）の前後1週間が最適である。これよりも遅い時期に収穫したものは味は辛く，表皮も赤くなり製品の品質を低下させる。

(2) 製造工程

揚州糖醋大蒜頭の製造工程は図8-18に示すとおりである。

原料ニンニク ⟶ 洗浄 ⟶ 塩漬け ⟶ 壺に入れる ⟶ 晒し ⟶

糖醋漬け ⟶ 製品

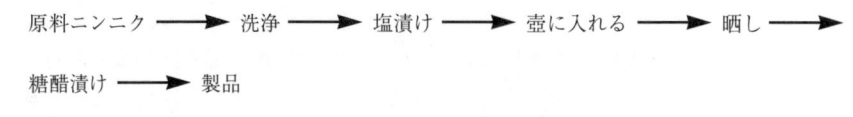

図8-18 揚州糖醋大蒜頭の製造工程

(3) 加工方法

(ア) 洗　浄

原料のニンニクはきれいな水に5～6時間浸漬してから，表皮および泥土を洗浄・除去する。

(イ) 塩漬け

生のニンニク100kgに対し，食塩10kgの割合でニンニクと食塩を交互にカメに入れて塩漬けを行なう。1つの大カメで250kgのニンニクを塩漬けすることができる。漬け始めてから12時間後に最初の撹拌を行ない，その後は毎日2回ずつ撹拌する。3日目に撹拌する際に100kgのニンニクに対し，20kgの割合で18°Béの食塩水を加える。その後は毎日1回撹拌を行なう。撹拌の方法は毎日，正午頃にカメの中で塩漬けされているニンニクの中央部に窪みを作り，その中の出てくる食塩水をすくい出して，周りのニンニクに注ぐことによって，均一に漬かるようにする。塩漬けは通常10日間ほど行なわれる。このような撹拌方法を俗に「九天十八交，中前午后把鹵澆（9日間に18回，午前と午後に液を注ぐ）」と言う。このような言葉が使われているということは，この漬物が歴史のある伝統的なものであることを表している。

(ウ) 壺に入れる

塩漬けしたニンニクをカメから取り出し，食塩水を切ってから小口の壺に入れる。ニンニクを壺に入れる時はきつく押さえながら詰め込む。最後にニンニクの表皮で表面を覆い，揚がり塩水の上澄み液を注ぎ入れる。1つの壺には約2kgの塩漬ニンニクを入れる。漬け込んでから18～24時間後に壺を動かして撹拌を行ない，48時間後には壺を倒して塩水を除いてから，日陰の涼しい場所に壺を3～4個積み重ねて置き，熟成を行なう。約1か月間熟成させると塩漬ニンニクが出来る。

(エ) 糖醋漬け

熟成を終えた塩漬ニンニクをカメから取り出し，葦で編んだムシロの上に広げて日光の下で晒しを行なう。100kgの塩漬ニンニクが70kgになる程度まで晒しを行なうのが良い。晒しが終わったら壺あるいはカメに塩漬ニンニクを入れ，その上に糖醋液を注ぎ入れる。糖醋液は食酢を鍋で沸騰するまで加熱した後，砂糖を加えて溶解させ，撹拌を行なった後，夾雑物を濾過して取り除いて調製し，保存しておいたものを使用する。糖醋液を入れた壺あるいはカメは密封して熟成を行なう。糖醋漬けでの熟成期間は通常1か月で，熟成を終えたら製品となる（**写真8-4**）。

第2節　各地の糖醋漬菜

(4) 歩留り

100kgの生のニンニクからは90kgの塩漬半製品を得ることができる。この塩漬半製品100kgからは95kgの製品を得ることができる。

(5) 製品の品質基準

(ア) 官能指標

色は赤褐色で光沢があり，ニンニクの特異臭を持ち，酸味と甘味のバランスが取れており，歯切れの良いものが良い。

(イ) 理化学指標

全糖は20～25％，総酸は約1.25％であるものが望ましいとされている。

写真8-4　糖醋大蒜頭（ニンニク甘酢漬）の製品

19. 糖醋漬盤香蘿蔔（ダイコン甘酢漬）

糖醋漬盤香蘿蔔は中・低級の漬物で，白大根を原料とし，塩漬け，切削，脱塩，圧搾の後，食酢，人工甘味料などの補助原料を添加して漬け込んだものである。本製品は甘味と酸味があり，軟らかい。大衆向けの甘酢漬として知られている。

(1) 原料および補助原料

色が白く，軟らかい白大根を原料として用いる。中空や腐敗部分のないものを選択する。塩漬け工程では白大根100kgに対し16kgの食塩を用いる。また酢漬け工程では塩漬大根100kgに対し食酢25kg，人工甘味料15gの配合割合で使用する。

(2) 製造工程

糖醋漬盤香蘿蔔の製造工程は図8-19に示すとおりである。

(1) 塩漬け段階

白大根 ──→ ひげ根除去 ──→ 洗浄 ──→ 塩漬け ──→ 下漬け

(2) 醋漬け段階

下漬大根 ──→ 洗浄 ──→ 整形 ──→ 脱塩 ──→ 脱水 ──→ 糖醋漬け ──→ 製品

図8-19　糖醋漬盤香蘿蔔の製造工程

(3) 加工方法

原料の白大根のひげ根，葉柄を除去し，きれいな水で洗浄した後，カメの中で塩漬けを行なう。100kgの大根に対し，16kgの食塩を用い，大根と食塩を1層ずつ交互にカメが一杯になるまで漬け込む方法で塩漬けする。下部は少なめに，上部には多めに食塩を使用する。翌日，別のカメに漬け換えながら撹拌を行ない，食塩が均一に行き渡るようにする。その後は毎日1回撹拌を行なう。大きな漬け込みタンクで塩漬けを行なう場合は，揚がり塩水を循環させる（ホースなどを用いて下部の塩水を汲み取り，表面に注ぎ入れる）ことによって食塩が均一に行き渡るようにする。1週間塩漬けを行なった後，塩漬大根を別のカメに移し換えるか，漬込みタンクの場合は液の循環を行なう。カメに移し換えてから3週間後にカメの口を封じて下漬大根として保存する。

糖醋漬盤香羅葡を製造する際は，カメに保存しておいた塩漬大根を取り出し，きれいな水で洗

浄してから斜めに0.5cmの厚さに薄切りする。その後，きれいな水で大根の食塩濃度が約6％になるまで脱塩する。脱塩した薄切り大根をカメから取り出してきれいな竹製のザルに入れ，そのザルを重ねて放置することによって自重で脱水を行なう。3～4時間経過したらザルの上下を入れ換えてさらに脱水を行なう。1回目と同様に3～4時間脱水を行なったら糖醋漬けをする。配合割合に従って人工甘味料と食酢で調製した糖醋液（人工甘味料を予め水で溶解したものに食酢を加えたもの）に脱塩した薄切り大根を漬け込む。毎日1回，カメを移し換えることによって撹拌を行う。撹拌を5日間行なった後，5～6日間経過すると製品が完成する。

(4) 製品の品質基準
(ア) 官能指標
色は淡黄色で酸味と甘味のバランスが取れており，薄切りの厚さが揃い，歯切れの良いものが良い。

(イ) 理化学指標
食塩濃度は5～7％，総酸は1～1.2％であるものが望ましいとされている。

20. 蜜汁辣黄瓜（キュウリ甘辛漬）

蜜汁辣黄瓜は1980年代に開発された比較的新しい北京の漬物である。製造し始めてからは多くの消費者に好まれるようになった。蜜汁辣黄瓜は小さくて軟らかい塩漬黄瓜（キュウリ）を原料として整形，脱塩，脱水（圧搾）の工程を経て，醤油，砂糖，蜂蜜，唐辛子などの補助原料を使用して製造される。

(1) 原料および補助原料
色が青緑の軟らかい塩漬黄瓜を原料として用いる。製造は塩漬黄瓜100kgに対し，回収醤油（1度使用した醤油）30kg，2級醤油30kg，砂糖10kg，蜂蜜2kg，人工甘味料15g，胡麻油1kg，唐辛子ペースト（唐辛子粉を食塩水でペースト状にしたもの）5kgの配合割合で行なう。

(2) 製造工程
蜜汁辣黄瓜の製造工程は図8-20に示すとおりである。

塩漬黄瓜 ⟶ 整形 ⟶ 脱塩 ⟶ 脱水 ⟶ 醤漬け ⟶

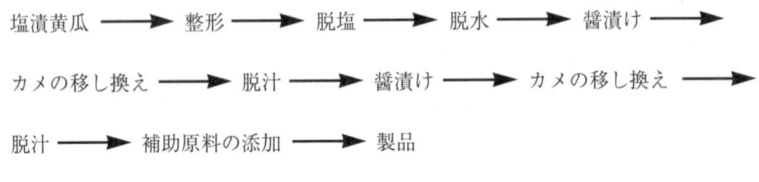

カメの移し換え ⟶ 脱汁 ⟶ 醤漬け ⟶ カメの移し換え ⟶

脱汁 ⟶ 補助原料の添加 ⟶ 製品

図8-20　蜜汁辣黄瓜の製造工程

(3) 加工方法
塩漬黄瓜を2cm幅の輪に切りにし，きれいな水に浸漬して脱塩を行なう。塩漬黄瓜と水の比率は1：1.5である。冬・春季は2日間脱塩を行ない，その間2度水を換える。夏・秋季は1昼夜脱塩を行ない，その間1度水を換える。換水は塩漬黄瓜をカメの水の中から取り出し，一旦水を切ってから，別のカメに移し換え，次にきれいな水を注いで脱塩する方法で行なう。脱塩後の食塩含有量が春・冬季で6％，夏・秋季で8％になるように脱塩する。

目的の濃度まで脱塩したら，黄瓜をカメから取り出してきれいな竹カゴに入れ，それらを2個重ねることにより自重で脱水（圧搾）を行なう。3～4時間経過したら，上下を入れ替えてさらに3～4時間脱水する。脱水を終えた黄瓜はカメに入れ，それに回収醤油を注ぎ入れて漬け込み，

第2節　各地の糖醋漬菜

毎日1回別のカメに移し換えながら撹拌を行ない，均一に漬かるようにする。冬・春季には3日間，夏・秋季には1～2日間，回収醬油での漬け込みを行なう。回収醬油での漬け込みを終えた黄瓜をカメからカゴに取り出して，脱汁する。脱汁方法は脱水の場合と同じようにカゴを重ねることによって，それらの自重で行なう。脱汁後は新しい2級醬油に漬け込む。毎日1回別のカメに漬け換えることによって撹拌を行なう。2級醬油に漬ける時間は通常，夏・秋期で1～2日間，春・冬期で2～3日間である。漬け込み後は，黄瓜をカメから取り出してカゴに入れ，脱汁する。脱汁の時間は2～3時間である。その後，砂糖，人工甘味料，胡麻油，蜂蜜，唐辛子ペーストを混合して調製した調味液に脱汁した黄瓜をカメで漬け込む。漬け込み後は1日1回別のカメに漬け換えることによって撹拌を行ない，均一に漬かるようにする。2～3日間漬け込むと製品となる。

(4) 製品の品質基準
(ア) 官能指標
色は濃緑色で光沢があり，固有の香気を持つ。また，甘味と塩辛味のバランスが取れており，輪切りの幅が揃っているものが良い。

(イ) 理化学指標
食塩濃度は6～8％，水分は75％以下，全糖は10～11％であるものが望ましいとされている。

21. 白糖乳瓜（キュウリ甘辛漬）

白糖乳瓜は1860年に上海で創立された老紫陽観土産食品商店で製造された伝統漬物である。

原料の乳瓜（小型のキュウリ）は色が淡黄色の平望品種や緑色の揚州品種が使用される。製造方法には下漬原料を使用する場合と生原料を直接使用する場合の2通りの方法がある。

(1) 原料および補助原料
100kgの製品を得るには生鮮な乳瓜250kg，砂糖30kg，食塩20～25kg，人工甘味料15g，回収甜面醬（1度使用した甜面醬）60kg，甘草粉0.5kg，回収糖漿50kg，安息香酸ナトリウム0.1kg，新鮮な甜面醬60kgを使用する。

(2) 製造工程
白糖乳瓜の製造工程は図8-21に示すとおりである。

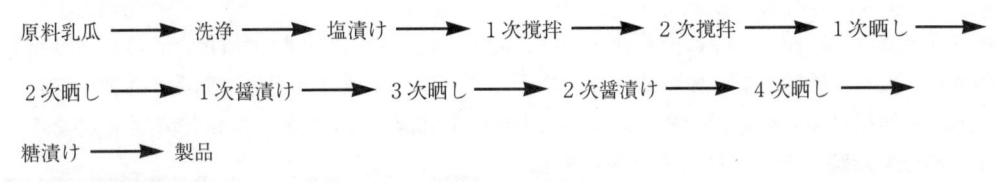

原料乳瓜 ─→ 洗浄 ─→ 塩漬け ─→ 1次撹拌 ─→ 2次撹拌 ─→ 1次晒し ─→
2次晒し ─→ 1次醬漬け ─→ 3次晒し ─→ 2次醬漬け ─→ 4次晒し ─→
糖漬け ─→ 製品

図8-21　白糖乳瓜の製造工程

(3) 加工方法
(ア) 原料の調製
原料の乳瓜のうち，平望品種の場合は1kgが10本以上の大きさのもの，揚州品種の場合は1kgが9本以上の大きさのものを選択する。上記の2品種のものを同時に漬ける場合は種類ごと別々に漬ける。そうしないと青緑色と淡黄色のものが混在し，外観を損ねるからである。原料の乳瓜は曲がりや虫害のないものを使用する。

乳瓜は新鮮で軟らかいものを収穫後，直ちに加工する。まず最初に，6～7°Béの薄い食塩水

で泥土を洗い落とし，両端および表面をよく洗浄してから塩漬けする。100kgの生乳瓜に対し，気温が30℃以下の場合は晴れた日であれば8kg，雨の日であれば9kgの食塩で塩漬けする。また，気温が30℃以上の場合は晴れた日であれば9kg，雨の日であれば10kgの食塩で塩漬けする。食塩は精製塩を使うのが最も良い。

塩漬けは最初，カメの底に1層の乳瓜を約15cmの厚さに並べ，その上に食塩を均一になるように撒く。その後，乳瓜と食塩を交互に重ねていく。全体的には食塩を下部は少なめに，上部には多めに撒くのが良い。表面には4kgの食塩を撒く。塩漬乳瓜は軟らかいので重石をしないで漬け込む。塩漬けを開始してから6時間後に撹拌を行ない，まだ溶解していない食塩を上部に戻す。その上に麻袋，竹製のスノコを載せ，重石を置く。重石は塩水が乳瓜の表面より上になる程度の重さのものを用いる。12時間後に撹拌を行なった後，さらに食塩を加える。

撹拌を行なった後，約30時間後（最初にカメに塩漬けを行なってから48時間後にあたる），塩漬乳瓜をカメから取り出し，棚に広げて晒しを行なう。一方の側を白く晒した後，反対側を晒し，乳瓜を濃縮する。夜間は空のカメに入れ，スノコを載せてその上に重石を置く。翌日，再び塩漬乳瓜をカメから取り出し，同様に晒しを行なう。雨天が続く場合は，塩漬乳瓜はカメの中に漬けたままで保存し，晴天の時に晒しを行なう。

(ｲ) **醤漬け**

2回晒した塩漬乳瓜を取り出し，別のカメで回収甜面醤と一緒に漬け込む。漬けるときは最初に少量の回収醤をカメに入れた後，カメの90%まで塩漬乳瓜を入れ，さらに回収醤を加えて漬け込む。その後は毎日1回1週間ほど撹拌を行ない，均一に漬かるようにする。1回目の醤漬けを終えたら乳瓜を取り出し，棚で晒しを行なう。晒しは朝行ない，退勤する前に元のカメに戻す。戻した後，60kgの新しい甜面醤，0.5kgの甘草粉を均一になるように加え，撹拌してから漬け込む。漬け込みは約15日間行なわれるが，その間，毎日，日中はカメの蓋を開けて室外で晒し，夜は夜霧に当たらないように蓋を閉めて室内に置く。また，日中，雨が降った場合は直ちに蓋を閉めて，雨の侵入を防ぐ。

(ｳ) **糖漿（濃厚な糖液）への浸漬**

醤漬けを終えた乳瓜をカメから取り出して棚で1日晒し，夕方，別のカメに入れ，回収糖漿に4～5日間浸漬する。撹拌は毎日1回行ない，日中は日光の下で晒しを行ない，雨天と夜間は蓋を閉じて雨や夜露の侵入を防ぐ。

糖漿は糖漬けを行なった際に得られる糖液である。最初に回収糖漿で漬けた乳瓜を取り出して別のカメに入れ，砂糖を撒いて糖漬けを行なう。糖漬けは塩漬けと同様に乳瓜と砂糖を交互に漬け込み，表面には多めの砂糖を撒く。全体として，100kgの製品に対して30kgの砂糖になるように配合割合を調整する。毎日別のカメに移し換えることで撹拌を行ない，均一に漬かるようにする。漬け換えの際は溶解せずに沈殿した砂糖を次のカメの乳瓜の表面に加える。糖漬けを始めると徐々に乳瓜の中の水分が抜けるので，次第に乳瓜は収縮する（**写真8-5**）。

5日後になると安定し始め，15日目に15gの人工甘味料（サッカリン）と100gの保存料（安息香酸ナトリウム）を水に溶解してから乳

写真8-5 乳瓜をカメに漬け込む

瓜に加える。そのまま，4～5日間漬け込むと製品が完成する。なお，糖漬けを行なう際に天気が良くないと晒しができなくなるので製品が変質する場合がある。そのようなことが予想される場合は保存料を先に加えておき，15日後にサッカリンを加えても良い。製品の糖漿は33°Bé以上にすれば良い。

(4) 塩漬乳瓜を原料として製造する場合

塩漬乳瓜を原料として製造する場合は，18～22°Béの塩漬乳瓜を約8°Béまで脱塩してから製造する。脱塩は塩漬乳瓜100kgに対し，水120kgの割合でカメの中で浸漬し，随時撹拌しながら脱塩を行なう。食塩含量が8°Béに達したところで脱塩を終了する。脱塩時間は短いほど良い。脱塩後はカメから取り出して棚に載せて軽く乾燥してから醬漬けを行なう。それ以降は先述した方法と同様に行なう。

塩漬乳瓜を原料として使用する方法には別法がある。それは水浸漬による脱塩をしないで圧搾によって食塩含量を減少させる方法である。18°Béの塩漬乳瓜100kgを50kgになるまで圧搾すると食塩含量は半分に減少し，醬漬けによって元に復元すると9°Béとなるので，水を使用した脱塩は必要がなくなる。それ以降は先述した方法と同じである。圧搾で9°Bé以下にならない場合は水を用いた脱塩によって9°Bé以下にする必要がある。

(5) 製品の品質基準

(ア) 官能指標

透明感があり，甘味と醬の風味を有し，歯切れが良いものが良い。

(イ) 理化学指標

食塩濃度は10～12％，水分は50～55％，全糖は30％以上であるものが望ましいとされている。

22. 台湾酸辣菜（カラシナ酢漬）

台湾酸辣菜は原料の大芥菜（葉用芥菜）を塩漬けした後，調味料を加えて発酵させ，酸味を付与した漬物で辛味の強いのが特徴である。台湾酸辣菜は風味に優れており，天候に左右されずに塩漬けすることができる。台湾酸辣菜に使用する大芥菜は巻芯，広葉，厚肉質のものが特に向いているが，どの大芥菜でも製品にすることができる。

製造方法：

(1) 収　穫

大芥菜は成熟適期に直ちに収穫する。適期を過ぎると質が粗くなり，早いと軟らかすぎて収穫量が少なくなる。収穫時は全ての株を収穫する。晴れた日が続く場合は収穫が遅れると水分が減少し，品質にムラが生じるからである。

(2) 選　別

大芥菜の中に黄変葉のあるもの，虫害のあるものは取り除く。

(3) 洗　浄

大芥菜の葉を開きながら，流水で十分に洗浄し，菜に付着している泥土，埃（ほこり），虫，夾雑物などを除去する。

(4) 整　形

大芥菜を束にしてから，先に葉の基部を包丁で縦割りにし，その後，葉柄を横に3～4段に切る。

(5) 1次塩揉み

整形した大芥菜を大きな木鉢に入れ，約3％の食塩を加えて水が浸出してくるまで十分に揉む。しかし，揉み過ぎると大芥菜が軟らかくなりすぎるので適当なところでやめる。

(6) 1次塩漬け

塩揉みした大芥菜をカメに入れて，しっかりと押さえ，きれいな重石を上において1日漬け込む。

(7) 2次塩揉み

塩漬けした大芥菜を取り出して水を切ってから別の大木鉢に入れ，5％の食塩水を加えて十分に揉む。

(8) 2次塩漬け

1次塩漬けと同様に行なう。

(9) 3次塩揉み

3日間，2次塩漬けを行なった後，大芥菜を取り出し，揚がり塩水を除いてから大木鉢に入れ，5％の食塩を加えて塩揉みを行なう。

(10) 3次塩漬け

1次塩漬けと同様に行なう。日数は4〜5日である。

(11) 調製

大芥菜をカメから取り出して塩水を切ってから，重量を測定する。大芥菜の重量に応じてそれぞれの調味料を加える。その配合割合は，塩漬け後の大芥菜100kgに対し，砂糖8kg，唐辛子粉1kg，1級酒1kgの割合で加え，よく混合する。

(12) 壺へ漬け込み

調製した大芥菜をしっかりと押しながら壺が一杯になるまで詰める。

(13) 発酵

壺に入れた後，しっかりと蓋を閉め，蓋の外部はガーゼや油紙などで覆い，密閉する。これはハエや小さな虫の侵入を防ぐためである。大芥菜は調味料によって乳酸発酵を起こし，約半月経過すると発酵が終了し，製品が完成する。

(14) 保存

十分に発酵させた酸辣菜は風味に優れており，日陰で保存することができる。長期に保存する場合は小瓶に分け，瓶詰にして保存すると良い。

第9章　蝦油漬菜

第1節　蝦油漬菜の特徴

　蝦油漬菜は，蝦油（エビを原料とした魚醤の一種）を用いて製造される中国の伝統的な漬物で数百年の歴史を有している。中国の沿海地方で製造される蝦油漬菜は品質の良いものが多く，独特の風味を有する。特に，錦川蝦油什錦小菜や蝦油小黄瓜は色沢が良く，濃厚な蝦の風味を有する中国でも優れた漬物の1つである。本章では蝦油漬菜の中でも主なものを紹介する。

第2節　各地の蝦油漬菜

1．錦州蝦油什錦小菜（野菜蝦油漬の取り合わせ）

　錦州蝦油什錦小菜は中国の特産漬物の1つで，清朝康熙帝（在位1661～1722年）の時代に最初に製造されたものと言われている。したがって，300年以上の歴史を有していることになる。錦州蝦油什錦小菜は，毎年，中秋（陰暦8月15日）の頃に製造されているが，きれいな緑色を呈し，濃厚な蝦油の風味を持っている。本製品は中国各地はもとより，日本，タイ，シンガポールおよび東南アジアの国々へ輸出され，人気を博している。錦州蝦油什錦小菜の特徴は保存性が良いことで，加熱殺菌を行なわなくても，常温下で何か月も保存することが可能である。

(1) 原料および補助原料

　錦州蝦油什錦小菜がこの地方の特産物となった理由の1つは良質な原料と副原料を使用していたからである。原料野菜は品質が良く，虫害や腐敗部分，斑点などがないものを使用する。原料の1つである小黄瓜（キュウリ）は，色は濃緑色で，長さは約4cm，直径0.4cm，1kg当たりの本数が200本程度のものが適している。また，原料の糸青豇豆（ササゲ）は独特なもので，形状は細長く，色は濃緑色で，軟らかく，種子がなく，漬物加工に適した野菜である。その他の原料としては，油唐辛子，小隠元豆（インゲンマメ），小茄子（ナス），芹（セリ）などを使用する。また，主な補助原料は蝦油であるが，漬物工場で自製した蝦油を使うなど，品質には特に注意している。

　原料および補助原料の配合比は，小黄瓜15kg，油唐辛子10kg，ササゲ20kg，芹12kg，球茎甘藍（コールラビ）5kg，小茄子1kg，小隠元豆1kg，地梨（チョロギ）3kg，生姜（ショウガ）千切り1kg，杏仁（きょうにん）2kg，蝦油30kg，食塩25kgの割合で製造される。

(2) 製造工程

　錦州蝦油什錦小菜の製造工程は図9-1に示すとおりである。

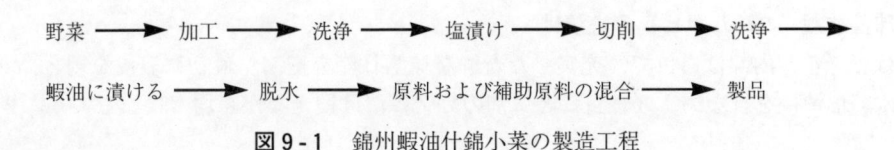

野菜 ━━▶ 加工 ━━▶ 洗浄 ━━▶ 塩漬け ━━▶ 切削 ━━▶ 洗浄 ━━▶

蝦油に漬ける ━━▶ 脱水 ━━▶ 原料および補助原料の混合 ━━▶ 製品

図9-1　錦州蝦油什錦小菜の製造工程

(3) 加工方法
(ア) 小黄瓜の塩漬け

　長さが約4cmで，頭頂花や刺（とげ）の付いている新鮮な小黄瓜を選び，収穫した当日のうちに塩漬けを行なう。小黄瓜100kgに対し，10kgの食塩の割合で塩漬けを行なうが，黄瓜を栽培している農家で直接行なわれるのが一般的である。塩漬けされた黄瓜を工場に搬送し，再度，塩漬けされる。最初の塩漬けで頭頂の黄色い花を取り除いた後，塩漬けした黄瓜をきれいな水で洗浄し，表面に付着している食塩や夾雑物を洗い流す。次に，軽く表面の水を切ってから，カメの中に入れる。なお，洗浄の際は，黄瓜の刺がなくならないように注意しながら行なう。その後，塩漬黄瓜に対し蝦醤10％，食塩26％の割合で，再度塩漬けを行ない，36時間経過したところで，蝦油を加え，7日間漬け込むと小黄瓜の製品が完成する。

(イ) 油唐辛子の塩漬け

　錦州で栽培されている「碾臼油唐辛子」を用いて塩漬けを行なう。この品種は果肉が厚くて種子が少ないため，充実した組織を有する。果肉は碾臼（ひきうす）のような形をしており，塩漬け後もその形状を保つことができる。塩漬けの際は，油唐辛子の柄を除去してから，竹串を用いて，柄が付いていた場所に3～4個の小孔を開け，その孔を通して唐辛子の中の仕切り膜を破る。そうすることにより塩水が浸透しやすくなる。その後，21～22°Béの食塩水に浸漬し，塩漬けを行なう。塩漬けの間は，3時間に1回の割合でカメの中を撹拌し，均一に漬かるようにする。また，カメの中に，円形の押し蓋を置いて，油唐辛子が表面に浮かぶのを防ぐ。塩漬けを60時間行なったら，油唐辛子をカメから取り出して，余分な液を切る。その時，同時に不合格となる2級品を取り除く。質の良い1級品の油唐辛子を選択し，別のカメに入れ，その後，蝦油を加えて，15日間ほど漬け込むと濃緑色で軟らかい塩漬油唐辛子ができる。

(ウ) ササゲ（および隠元豆）の塩漬け

　新鮮なササゲ（隠元豆）の柄を取り除いてからカメの中に入れ，15～16°Béの食塩水を加えて，塩漬けを行なう。3時間ほど漬けたら，カメからササゲを取り出し，一旦，塩水を切ってから，さらに20°Béの塩水に浸漬する。その後は毎日1回別のカメに漬け換えながら撹拌を行ない，均一に漬かるようにする。なお，漬け換えの際には少量の食塩を加える。5～6日間塩漬けを行なうが，食塩の使用量は20％以内にとどめる。塩漬けを終えたら，カメからササゲを取り出し，きれいな水に約30分間浸漬する。次に，2.5mm幅に切り，再度カメに入れ，15°Béの食塩水を加えて，約16時間，塩漬けを行なう。塩漬け後，液を十分に切り，もう1度カメに入れ，そこに蝦油を加えて10日間ほど漬けるとササゲ（隠元豆）の製品が完成する。

(エ) 芹の塩漬け

　濃緑色をした柔らかい芹を選び，根，葉および白色の部分を取り除いた後，軸を2.5cmの長さに切り，沸騰した湯の中に1度さっと通して，直ちに冷水で冷却する。冷水は1回換えて効率良く冷やすようにする。冷却した芹を取り出して，余分な水を切り，食塩が26％になるように加えて，カメで漬ける。16時間ほど塩漬けを行なったら，芹をカメから取り出し，液汁を切って，蝦油を入れたカメで7日間ほど漬け込み製品とする。

(オ) 球茎甘藍（コールラビ）の塩漬け

　表皮は青緑色，内部は白色で，充実した新鮮な球茎甘藍を選ぶ。最初に表皮を剥き，20°Bé以上の塩水で塩漬けを行ない，3日目ごとに別のカメに漬け換えながら均一になるように2週間ほ

第2節　各地の蝦油漬菜

ど塩水漬けを行なう。塩漬けを終えたら，カメから取り出し，対角線の長さが約3cmの菱形に切る。菱形は両端の形がきれいに揃うように切ることが大切である。切り揃えたら，カメの中に入れ，蝦油で7日間漬け込む。

(カ)　**杏仁の塩漬け**

粒が揃い実の充実した杏仁を選ぶ。それらを沸騰水で湯通しを行ない，直ちに冷水で冷却する。次に，外皮を揉み落とし，きれいな水に3日間ほど浸漬する。なお，浸漬の間は，毎日1回水を換える。浸漬を終えたら，23°Béの塩水で夾雑物を洗い出してから，20°Béの塩水に7日間漬けるとあっさりとした香りを有する白い杏仁が完成する。

(キ)　**生姜千切りの塩漬け**

良質の生姜を選び，外皮を揉み落とした後，きれいな水で洗浄し，細く千切りにして，20°Béの塩水に浸漬する。2日後，カメから生姜千切りを取り出し，別のカメに漬け換えて，さらに3～5日間浸漬すると生姜千切りの塩漬が完成する。

(ク)　**チョロギの塩漬け**

本漬物で使うチョロギの形状は比較的小さいものを選ぶ。塩水の中に，チョロギを入れて塩漬けを行なうが，塩漬けの間は毎日2回，別のカメに漬け換えることにより撹拌を行ない，均一に漬かるようにする。2日間塩漬けを行なった後，カメから取り出して，ひげ根および夾雑物を取り除き，カメの中に入れ戻し，再度塩漬けを行なう。食塩の使用量は約25％で，7日間塩漬けした後，取り出して，7日間ほど蝦油に漬け込むとチョロギの蝦油漬が完成する。

(ケ)　**小茄子の塩漬け**

長さが5cm以下の小茄子を選び，柄を取り除いてから沸騰水でブランチングを行なう。ブランチング後は，直ちに冷水の中で冷却する。冷却中は2回水を換える。冷却を終えたら，水から小茄子を取り出し，余分な水を切ってから25％の食塩を加え，16時間ほど塩漬けする。塩漬け後，小茄子をカメから取り出し，塩水を切ってから蝦油に漬け込み，7～10日間すると製品となる。

(コ)　**蝦油の製造**

蝦油は蝦醤と塩汁を混合，調製することによって得られる。

蝦醤の製造：蝦醤の原料には，主に海蝦（海洋でとれるエビで，大麻糸蝦という）を使用する。最初に，エビを磨砕し，ペースト状にする。次は蝦醤の製造であるが，エビに対して20％になるように食塩を加えてカメに入れて発酵させる。毎日2回の撹拌を行なう。1回目の撹拌は午前4時から8時の間に行ない，カメの内部を上下に撹拌し，気泡などを除去する。日中は日光に晒し，水分の蒸発を促す。2回目の撹拌は午後4時から8時の間に行なう。カメの中の蝦醤を糊状にし，濃度を一定にする。このような操作を60日間継続して行なうと表面には蝦油が生成される。この蝦油は赤褐色を呈し，好ましい独特の風味を有する。

塩汁の製造：沸騰させた1tの湯の中に，それぞれ500gの山椒（サンショウ），大茴香（ダイウイキョウ），茶葉を加え，さらに20～22°Béになるように食塩を加えて溶解させ，冷却した後，3日後に濾過すると塩汁を得ることができる。

蝦油の製造：蝦醤に対し70％の割合で塩汁を加え，均一になるようによく撹拌する。静置して，上澄みを取ると蝦油を得ることができる。100kgの蝦醤からは100kgの蝦油が取れる。蝦油は半透明で混濁や沈殿物がなく，新鮮な風味を有するものが良質とされる。

(サ)　**錦州蝦油什錦小菜の調製**

蝦油に漬け込んで製造されたそれぞれの漬物と補助原料を配合し，均一になるように混合した

後，30％の割合で蝦油を加え，瓶や袋に詰め合わせると製品が完成する。

(4) 製品の品質基準

(ア) 官能指標

色は小黄瓜，油唐辛子，芹，ササゲ，小隠元豆は濃緑色，球茎甘藍は黄褐色，チョロギは濃褐色，生姜千切りは淡黄色，杏仁は白色を呈するものが良い。香気としては濃厚な蝦油の香りと野菜の香りを呈するものが良い。味は濃厚な蝦油の風味を有し，苦味，異味のないものが良い。調製具合は小黄瓜，小隠元豆の長さは約4cm，生姜千切り，チョロギの長さは約3cm，芹，ササゲの長さは約2.5cmに揃っているのが良い。

(イ) 理化学指標

水分は70％以下，食塩18～20％，総酸1％以下，アミノ態窒素は0.5％以上であることが望ましいとされている。

(5) 注意事項

(ア) 新鮮な野菜を工場に搬入した後は，厳しく品質検査を行ない，良質の原料を選択することが必要である。洗浄は塩漬けの直前に行ない，洗浄したものを保管することは避ける。

(イ) 小黄瓜は収穫後はなるべく早く塩漬けを行なう。そうすることにより，頭頂花と刺を保持することができる。

(ウ) 油唐辛子は軸元に串で孔を開け，塩漬けが効率良く行なわれるようにする。そのようにしないと食塩の浸透が遅くなり，腐敗することが多い。

(エ) ブランチングを行なう原料野菜は，温度と時間に注意を払うことが必要である。時間が短かすぎると野菜に熱が通らないので色ムラができる。また，逆に長くなりすぎると緑色が熱によって褐色になってしまう。したがって，操作を行なう際は，湯の中にすばやく入れ，取り出した後は直ちに冷却することが大切である。

(オ) 野菜色を保持する必要のある小黄瓜，油唐辛子，ササゲ，小隠元豆は工場内で塩漬けを行なう必要がある。それは日光が当たると色が悪くなるからである。

(カ) 塩漬けを行なう際は，適切な量を使用することが大切である。食塩量が少ないと乳酸発酵を起こしやすく，pHの低下により色が悪くなるからである。

2．錦州蝦油小黄瓜（キュウリ蝦油漬）

錦州蝦油小黄瓜は中国の地方名産物の1つである。錦州で栽培されている小黄瓜を原料とし，塩漬けした後，良質な蝦油に漬け込んで製造される。錦州で生産される小黄瓜は細長い形状をしており，長さが3～4cmであることから，500gの小黄瓜は約200本に相当する。色は濃緑色をしており，頭頂花と刺を有し，蝦油に漬けると非常に好ましい風味を呈する。

(1) 原料および補助原料

新鮮な小黄瓜100kgに対し，食塩35kg，蝦油80kgを使用する。

(2) 製造工程

錦州蝦油小黄瓜の製造工程は図9-2に示すとおりである。

小黄瓜 ⟶ 塩漬け ⟶ 加工整形 ⟶ 洗浄 ⟶ 塩漬け ⟶ 洗浄 ⟶ 脱水 ⟶ 蝦油に漬ける ⟶ 製品

図9-2　錦州蝦油小黄瓜の製造工程

(3) 加工方法

新鮮な小黄瓜を収穫した後，収穫した場所の農家で最初の塩漬けが行なわれるのが一般的である。それは，新鮮な状態で塩漬けを行なったほうが質の良い製品ができるからである。塩漬けは100kgの小黄瓜に対し，10kgの食塩を使って行なわれる。塩漬けはカメの底に1層の黄瓜を並べた上に食塩を撒き，その上にさらに黄瓜を置くようにして，黄瓜と食塩を交互に入れて漬け込む。食塩が溶解した後は，適当な時間に工場に搬入し，もう1度塩漬けが行なわれる。

農家から持ち込まれた塩漬黄瓜は黄花を取り除いた後，水で洗浄し，表面の食塩と夾雑物を取り除く。なお，洗浄の際は黄瓜表面の刺がなくならないように丁寧に洗浄する。その後，余分な水を切ってから，もう1度カメに入れ，食塩26kg，蝦油10kg，塩汁15kgを加えて漬け込む。食塩が完全に溶解したら，カメに蓋をして貯蔵することができる。そして，製品を製造する際にカメから取り出し，蝦油に漬け込むことにより，製品が完成する。工場での塩漬半製品100kgに対し，100kgの蝦油を使用し，約1週間漬け込むと製品となる。

(4) 製品の品質基準
(ア) 官能指標

色は濃緑色で味は塩辛く，形状が揃っているものが良い。特に，小黄瓜の長さは4～5cmに揃っているのが良い。

(イ) 理化学指標

水分は70％以下，食塩濃度は16～18％，アミノ態窒素は0.2％以上であるものが望ましいとされている。

3．瀋陽蝦油豇豆（ササゲの蝦油漬）

瀋陽蝦油豇豆は瀋陽地方の漬物の1つで，新鮮な糸青豇豆（ササゲ）を原料とし，塩漬けを行なった後，良質な蝦油で漬け込んだものである。蝦油は新鮮な海蝦（エビ）を用いて醸造された魚醤の一種で，漬物の風味を高めている。蝦油は成分分析の結果から，100gの中に蛋白質17g，脂肪0.6g，熱量75kcal，カルシウム40mg，リン161mg，鉄0.7mgを含んでいることが知られている。蝦油豇豆の色は濃緑色で，蝦油の香りが濃いので，地域の多くの消費者に好まれている。

(1) 原料および補助原料

新鮮なササゲ100kgに対し，食塩25kg，蝦油50kgを使用する。

(2) 製造工程

瀋陽蝦油豇豆の製造工程は図9-3に示すとおりである。

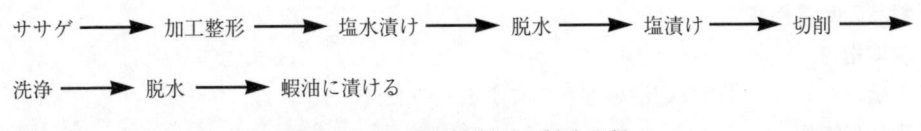

ササゲ → 加工整形 → 塩水漬け → 脱水 → 塩漬け → 切削 →

洗浄 → 脱水 → 蝦油に漬ける

図9-3 瀋陽蝦油豇豆の製造工程

(3) 加工方法

新鮮なササゲを選び，ヘタと柄を除去してから，15°Béの塩水に漬ける。約3時間後に取り出し，余分な水を切り，カメに入れて再度塩漬けを行なう。塩漬けは，ササゲ100kgに対し，食塩20kgを使用し，カメの底に1層のササゲを並べた上に食塩を撒き，その上にさらにササゲを置くようにして，ササゲと食塩を交互に入れて漬け込む。漬け込み後は毎日1回，別のカメに漬け換えな

がら撹拌を行なう。1週間後，カメに蓋をして貯蔵する。製品を調製する際は，貯蔵してある塩漬けササゲをカメから取り出し，3cmの長さに切った後，きれいな水で洗浄し，水に30分間ほど漬けた後，表面の水を切り，蝦油に10日間ほど漬け込むと製品が完成する。

(4) 製品の品質基準
(ア) 官能指標
色は濃緑色で蝦油の香りが強く，味は塩辛いものが良い。
(イ) 理化学指標
食塩濃度は16～18%，水分は70%以下であるものが望ましいとされている。

4．沈陽蝦油隠元豆（インゲンマメ蝦油漬）

沈陽蝦油隠元豆は沈陽で生産されている漬物の中でも比較的上質の漬物である。原料は小隠元豆で，塩漬け後，良質の蝦油で漬け込んだものである。色は濃緑色で，あっさりとした香りを持つ。

(1) 原料および補助原料
小隠元豆100kg，食塩25kg，蝦油50kgの配合割合で製造する。

(2) 製造工程
沈陽蝦油隠元豆の製造工程は図9-4に示すとおりである。

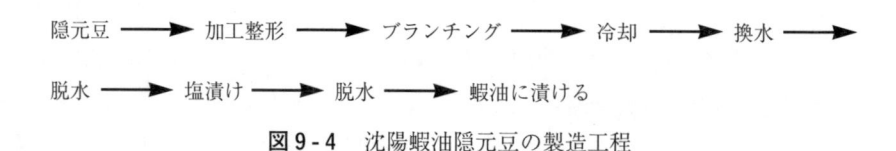

隠元豆 ⟶ 加工整形 ⟶ ブランチング ⟶ 冷却 ⟶ 換水 ⟶

脱水 ⟶ 塩漬け ⟶ 脱水 ⟶ 蝦油に漬ける

図9-4　沈陽蝦油隠元豆の製造工程

(3) 加工方法
長さ約4cm程度の小隠元豆を選び，筋を取り除いてからブランチングを行なう。ブランチング時間が長すぎると品質を落とすので，注意する必要がある。通常，沸騰水に1～2分間ほど通して直ちに冷水で冷却する。冷却の際は，途中2回ほど水を換える必要がある。冷却された小隠元豆を取り出し，余分な水を切ってからカメに入れ，塩漬けを行なう。塩漬けはカメの底に1層の小隠元豆を並べた上に食塩を撒き，その上にさらに小隠元豆を置くようにして，小隠元豆と食塩を交互に入れて漬け込む。塩漬けは約1週間行なわれるが，その間，毎日1回別のカメに漬け換えることにより撹拌を行ない，均一に漬かるようにする。製品を作る場合は，塩漬けした小隠元豆を取り出し，余分な塩水を切ってから良質の蝦油に1週間ほど漬け込むと完成する。

(4) 製品の品質基準
(ア) 官能指標
色は濃緑色を呈し，濃厚な蝦油の香りを有するものが良い。
(イ) 理化学指標
食塩濃度は16～18%，水分は70%以下であることが望ましいとされている。

5．蝦油黄瓜毛（キュウリ蝦油漬）

蝦油黄瓜毛は別名，蝦油小黄瓜とも呼ばれる蝦油漬で，北京で製造されている伝統的な漬物の1つである。原料として使われるのは長さが約5cmの小黄瓜（キュウリ）で頭頂花や刺のあるも

のが良い。それらの原料は塩漬けした後，蝦油に漬け込んで製品とする。
(1) 原料および補助原料
小黄瓜100kgに対し，食塩25kg，蝦油50kgの配合割合で製造する。
(2) 製造工程
蝦油黄瓜毛の製造工程は図9-5に示すとおりである。

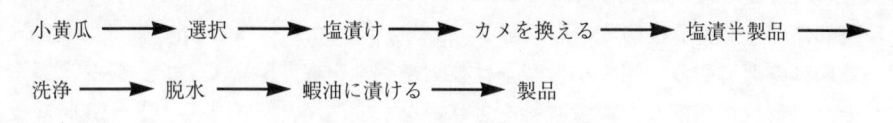

小黄瓜 ⟶ 選択 ⟶ 塩漬け ⟶ カメを換える ⟶ 塩漬半製品 ⟶
洗浄 ⟶ 脱水 ⟶ 蝦油に漬ける ⟶ 製品

図9-5　蝦油黄瓜毛の製造工程

(3) 加工方法
長さが約6cm以下の小黄瓜を選び，塩漬けを行なう。塩漬けは，カメの底に1層の小黄瓜を並べ，食塩を撒き，その上にさらに小黄瓜を置くようにして，小黄瓜と食塩を交互に入れて漬け込む。塩漬けは約20日間行なわれるが，その間，毎日1回，別のカメに漬け換えることにより撹拌を行ない，均一に漬かるようにする。塩漬けを終えたら，カメに蓋をして貯蔵する。貯蔵は日の当たらない，通風の良いところで行なう。製品を調製する場合は，塩漬けした小黄瓜を取り出し，きれいな水で洗浄してから，余分な水を切り，良質の蝦油に10日間ほど漬け込むと完成する。

(4) 製品の品質基準
(ア) 官能指標
色は濃緑色を呈し，濃厚な蝦油の香りを有するものが良い。また，小黄瓜の長さは6cm以内で形状の揃ったものが良い。
(イ) 理化学指標
食塩濃度は16％以下，水分は65％以下であることが望ましいとされている。

6．蝦油小菜（取り合わせ野菜の蝦油漬）
蝦油小菜は塩漬けされた球茎甘藍（コールラビ），黄瓜（キュウリ），豇豆（ササゲ），紅根（人参）などを原料とし，切削によって様々な形状に加工してから，蝦油に漬け込んで作られた漬物である。蝦油小菜は色沢が豊かで，見た目の美しい漬物である。北京の蝦油小菜は季節感のある漬物で冬季の間は味も良く，多くの消費者に好まれ，製造，販売ともに盛んであるが，夏季においてはあまり歓迎されない。

(1) 原料および補助原料
塩漬球茎甘藍は色の白いものを選ぶ。塩漬黄瓜，塩漬ササゲ，塩漬けした芹（セリ）は緑色がきれいなものを選ぶ。また，塩漬小唐辛子は，色は緑で，形状は細長く，先端が尖っているものを選ぶ。塩漬人参は色の赤い品種である「鞭桿紅」を使用する。

配合割合は塩漬球茎甘藍50kg，塩漬黄瓜20kg，塩漬芹6kg，塩漬ササゲ10kg，塩漬人参6kgに対し，塩漬け小唐辛子8kgの配合割合で製造する。

(2) 製造工程
蝦油小菜の製造工程は図9-6に示すとおりである。

各種塩漬野菜 ⟶ 洗浄 ⟶ 切削 ⟶ 洗浄 ⟶ 脱水 ⟶

蝦油に漬ける ⟶ 製品

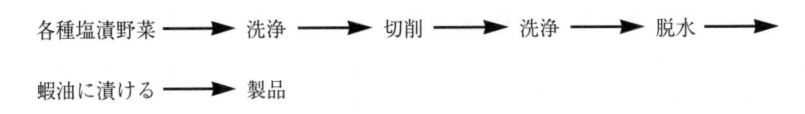

図9-6　蝦油小菜の製造工程

(3) **加工方法**

各種塩漬野菜原料をそれぞれの形状に切る。一般的には，球茎甘藍は0.2cmの幅に切った後，梅花あるいは菱形に切り，黄瓜は柳葉の形に切る。また，芹，ササゲは3cmの幅で切り，人参は犬歯の形状あるいは菱形に切る。塩漬小唐辛子は枝葉やヘタを取り除いておく。製品を製造する場合は，それぞれの形状に切削した塩漬原料をきれいな水で洗浄，浸漬する。2～3時間後に水を切った後，カメに入れ蝦油を注ぐ。時々撹拌しながら，1週間ほど漬けると製品が完成する。

(4) **製品の品質基準**

(ア) **官能指標**

色はあざやかで美しく，赤，白，緑色のコントラストがはっきりしているものが良い。また，蝦油特有の香気を有し，形の揃っているものが良い。

(イ) **理化学指標**

食塩濃度は18～20％，水分は78～82％であることが望ましいとされている。

第10章　糟漬菜・糠漬菜

第1節　糟(粕)漬菜の製造工程

　糟漬(粕漬)は,新鮮な酒糟あるいは醪糟(諸味粕,もろみかす)に漬け込んで製造する漬物である。酒糟で漬けられるものは,下漬原料野菜を,新鮮な酒糟,白酒,食塩および香辛料を混ぜ合わせたものに漬け込んで製造される。醪糟で漬けられるものは,下漬原料野菜を醪糟,調味料,香辛料を混ぜ合わせたものに漬け込んで製造される。

　酒糟で漬ける漬物の製造は,中国ではあまり広く行なわれておらず,比較的限定された地域で製造されている。したがって,このような技術は絶やすことなく,守り育てていく必要がある。

1．糟腌蘿蔔（ダイコン粕漬）

糟腌蘿蔔は下漬大根を新鮮な酒糟や醪糟に漬けて製造される漬物である。

(1) 原料および補助原料

糟腌蘿蔔は蘿蔔(大根)100kg,食塩10kg,酒糟100kgの配合割合で製造される。

(2) 製造工程

糟腌蘿蔔の製造工程は図10-1に示すとおりである。

白大根 ─→ 洗浄 ─→ 切削 ─→ 酒糟に漬ける ─→ 密封 ─→ 製品

図10-1　糟腌蘿蔔の製造工程

(3) 加工方法

　形は細長く,色が白い大根を選択し,きれいな水で洗浄した後,3～4mmの厚さに切る。次に容器の底に酒糟を入れ,その上に切った大根を並べ,さらにその上に酒糟と食塩を重ねる。これを交互に繰り返し,容器が一杯になるまで漬け込む。最上部には酒糟を置き,食塩は多めに入れる。最後にプラスチックシートの覆いをかけて密封し,1週間経過すると製品が完成する。歩留りは約65％である。

(4) 製品の品質基準

(ア) 官能指標

色は淡黄色で,酒と野菜の香りと塩味を有し,歯切れの良いものが好まれる。

(イ) 理化学指標

水分は75％以下,食塩濃度は4～6％であることが望ましいとされている。

(5) 注意事項

　この漬物は食塩濃度が低いことから,長期の保存には向かない。したがって,一般的には家庭で漬けられることが多く,工場生産の場合でも,少量を製造し,製造後は直ちに販売されることが多い。

2．糟瓜（ウリ粕漬）

　糟瓜は,原料として黄瓜や菜瓜(シロウリ)を塩漬けし,脱塩,晒し工程の後,新鮮な黄酒の

糟で漬け込んで製造される。
(1) 原料および補助原料
　黄瓜を原料とする場合は，色は濃緑色で形が揃っているものを選択する。大きさは1kg当たり8～10本程度のものが良い。

　菜瓜を原料とする場合は，色は青白色で中子(ワタ)が少なく，傷や虫食いのないものを選択する。

　塩漬けにおいては，瓜100kgに対し，食塩18kgを使用する。糟漬けは，塩漬瓜100kgに対し，食塩7kg，白酒15～20kgを用いて漬け込む。

(2) 製造工程
　糟瓜の製造工程は図10-2に示すとおりである。

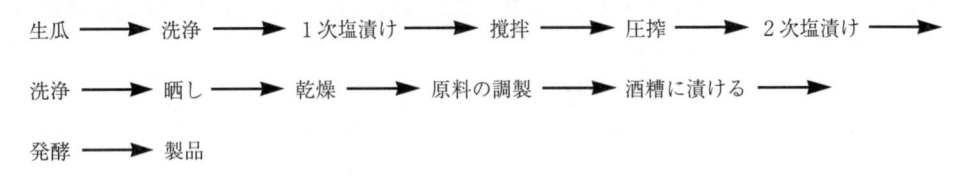

生瓜 ⟶ 洗浄 ⟶ 1次塩漬け ⟶ 撹拌 ⟶ 圧搾 ⟶ 2次塩漬け ⟶

洗浄 ⟶ 晒し ⟶ 乾燥 ⟶ 原料の調製 ⟶ 酒糟に漬ける ⟶

発酵 ⟶ 製品

図10-2　糟瓜の製造工程

(3) 加工方法
　新鮮な瓜（黄瓜あるいは菜瓜）をきれいな水で洗浄した後，菜瓜の場合は，竹串を使ってヘタのところに2箇所，それ以外の場所には4～5cmの間隔で瓜の表面に孔を開けて，漬かりやすいようにする。次に，瓜をカメに入れ，塩漬けを行なう。100kgの瓜に対し，9kgの食塩を用いる。瓜と食塩を交互に重ね，漬け込む。最上部には多めに食塩を使用する。その後は，8時間ごとに天地返しを行ない，食塩を完全に溶解させ，均一に漬かるようにする。4日間，塩漬けを行なった後，塩漬瓜を取り出し，圧搾，脱水を行ない，次に2度目の塩漬けを行なう。

　2度目の塩漬けは，1度目の塩漬けと同様に9kgの食塩を用い，カメの底に1層の瓜を並べた上に食塩を撒き，その上にさらに瓜を置くようにして，瓜と食塩を交互に入れて漬け込む。毎日1回，食塩が均等に行き渡るようにカメの中の瓜を撹拌する。3日間塩漬けを行なったら，カメの蓋を密封し，保存する。

　必要な時に，塩漬け瓜をカメから取り出し，脱塩してから酒糟で漬け込む。なお，脱塩は，塩漬け瓜と水の比が1:1.5の割合で，きれいな水に6～8時間ほど浸漬し，食塩含量が約8％になったらカメから取り出し，水を切っておく。次に，瓜を日光によくあてて晒しを行ない，酒糟に漬け込む。なお，酒糟は新鮮な黄酒の酒糟に配合比に従って，食塩，白酒を加えて調製したものである。壺の中に晒しを終えた塩漬瓜と調製した酒糟を交互に重ねて漬け込む。最上部の表面はプラスチックシートで覆い，次に，壺に蓋をして粘土で密封する。密封後，約1か月熟成させると製品が完成する。

(4) 製品の品質基準
(ア) 官能指標
　製品は光沢があり，エステル香を有し，やや塩味のあるものが良い。
(イ) 理化学指標
　水分は70～75％，食塩濃度は6～8％のものが望ましいとされている。

3. 醪糟漬菜（カラシナ諸味粕漬）

醪糟漬菜は大葉芥菜（カラシナ）を原料とし，塩漬けを行なった後，もち米の醪糟に，大蒜（ニンニク），食塩，砂糖などの補助原料を加えて出来た醪糟に漬け込んで製造される漬物である。

(1) 原料および補助原料

醪糟漬菜には原料として大葉芥菜を使用するが，青緑色を呈し，葉柄が広く，薹（花茎）の長さが約5cmのものを選択する。

塩漬け工程では，新鮮な大葉芥菜100kgに対し，食塩8kg，苦汁（ニガリ）1.8kg，白酒3.6kgを使用する。また，醪糟に漬ける工程では，塩漬大葉芥菜100kg（葉柄および葉は91kg，花茎および茎部分は9kg）に対し，ニンニク9kg，醪糟118kg，粉唐辛子9kg，食塩10kg，砂糖9kg，安息香酸ナトリウム0.26kgを使用する。

(2) 製造工程

醪糟漬菜の製造工程は**図10-3**に示すとおりである。

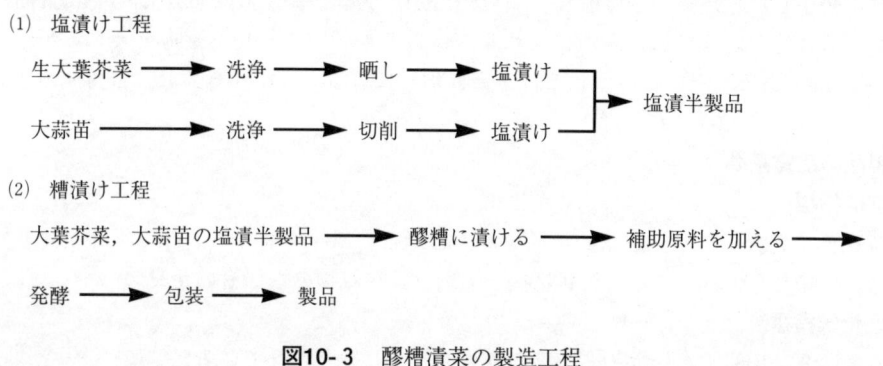

(1) 塩漬け工程

生大葉芥菜 → 洗浄 → 晒し → 塩漬け ┐
　　　　　　　　　　　　　　　　　　├→ 塩漬半製品
大蒜苗　　 → 洗浄 → 切削 → 塩漬け ┘

(2) 糟漬け工程

大葉芥菜，大蒜苗の塩漬半製品 → 醪糟に漬ける → 補助原料を加える →

発酵 → 包装 → 製品

図10-3　醪糟漬菜の製造工程

(3) 加工方法

(ア) 大蒜苗（ニンニクの花茎）の塩漬け

大蒜苗のひげ根を除去し，きれいな水で洗浄した後，ニンニクの葉と花茎を分ける。葉は大葉芥菜と一緒に塩漬けを行なう。また，花茎は2～3cm幅に切り，塩漬けする。塩漬けは大蒜苗100kgに対し，8kgの食塩を用いて漬け込む。最初にカメの底に1層の大蒜苗を入れ，その上に食塩を撒く。大蒜苗と食塩は交互に漬け込み，最上部は多めに食塩を撒く。漬け込んだ後は，毎日1回カメを動かして撹拌を行ない，食塩が均一に行き渡るようにする。

(イ) 大葉芥菜の塩漬け

大葉芥菜をきれいな水で洗浄し，表面の水を切っておく。水が切れたら，それらを棚の上に並べ，通風の良い場所に置いて日に晒す（干す）。毎日，2～3回，大葉芥菜を裏返して，十分に日に晒すことが大切である。一方，大葉芥菜の花茎部分は2～3cm幅に切り，同様に晒す。大体，重さが約半分になるまで晒すのが良い。晒しが終わったものから順次カメに入れて塩漬けを行なう。100kgの大葉芥菜を晒しの後，8kgの食塩で塩漬けを行なう。塩漬けを行なうには，それぞれの野菜を屋根に瓦を葺くように重ねて漬け込む。すなわち，1層になるように大葉芥菜を並べた後，その上に1層のニンニクの葉を重ね，食塩はそれらの上に撒く。カメが一杯になるまでこれを交互に繰り返す。翌日，揚がり塩水を汲み出して，再度，晒した後，苦汁と白酒を加えて漬け込む。これを毎日1回，5日間続けた後，密封して貯蔵する。30～40日間貯蔵すると塩漬大葉芥菜が完成する。

(ウ) 醪糟漬け

塩漬大葉辛菜をカメから取り出し，葉の部分を切り取り，すじを取り除いてから幅0.6cm，長さ約2～3cmに刻む。また，花茎部分は表皮を除去し，長さ2～3cm，幅0.6cm，厚さ0.2～0.3cmの大きさに切る。ニンニク葉は長さ2～3cmに切る。

以上のように準備した大葉芥菜の葉柄，葉，花茎，茎，ニンニクの葉，花茎の塩漬を醪糟とよく混合しておき，さらに，粉唐辛子，食塩，砂糖や安息香酸ナトリウムを混合したものを塩漬野菜に加える。3～4回程度撹拌を行ない，均一に漬かるようにする。次に，きれいな水で洗浄し，よく乾燥させた壺を用意し，その中に，塩漬けされた野菜を5～6層分ずつ取り出し，しっかりと押しながら詰める。その後，きれいな水を少量注ぎ入れ，20～25℃程度の部屋に置いて壺の中で発酵させる。

2～3日すると発酵し始め，少量の気泡が出るようになる。その後，発酵が進むと気泡が盛んに出るようになる。さらに，5～6日経過すると気泡の量は少なくなり，発酵はほとんど終了する。発酵が終了したら，その後は醪糟に漬け込むが，発酵が終了した日から15～20日間は醪糟に漬け込む。漬け込みが終了したら壺に入れる。壺の大きさに合わせて漬物を入れるが，通常のものは0.5～1.5kgである。その後，漬物の汁を壺に均一になるように注ぎ入れ，密封すると製品が完成する。

(4) 製品の品質基準

(ア) 官能指標

色は黄緑色で光沢があり，酒糟のエステル香と野菜の風味を有する。味は塩味が比較的強い中にも甘味と酸味を有する。また，形状は揃っており，夾雑物のないものが良い。

(イ) 理化学指標

食塩濃度は8～10％，水分は70～75％のものが望ましいとされている。

第2節　糠漬菜の製造工程

糠漬菜は塩漬野菜を糠（ぬか）で漬けた漬物である。糠には粟（アワ）や米の糠を使う。この糠に食酢，砂糖などを混ぜ，これに塩漬野菜を漬け込んで製造する。通常は象牙白羅蔔（白大根）を原料として製造され，「米糠蘿蔔」と呼ばれる。日本のタクアンに類似している。米糠蘿蔔は，色が鮮やかで美しく，甘味と酸味がある。米糠蘿蔔は低塩，低糖のものが消費者に好まれている。

1. 米糠蘿蔔（ダイコン糠漬）

米糠蘿蔔は低塩，低糖の漬物である。粟糠あるいは米糠を主な補助原料として製造される。米糠は，ヒトの健康に欠くことのできないビタミンを多く含んでいる。栄養学者は，都会に住んでいる人々はいつも精白米を食べていることからビタミンBが不足するので，適度に雑穀を食べることを推奨している。米糠を補助原料とした漬物は，ヒトに対してビタミンBを供給することのできる漬物である。

また，米糠蘿蔔は食塩濃度が低いので主に乳酸発酵による風味が付与される。したがって，米糠蘿蔔は比較的さっぱりとした味を有するだけでなく，健康面の点からも優れた漬物である。米糠蘿蔔は象牙白蘿蔔を主な原料として加工されたものである。象牙白蘿蔔の形状は円柱形で外皮，内部ともに白色である。そのままでも食べることができ，やや甘味がある。通常，8月上旬頃に

第2節 糠漬菜の製造工程

植え付け，10月下旬に収穫する。成長期間は約80日間である。

(1) 原料および補助原料

米糠蘿蔔の主原料の象牙白蘿蔔は，形状は細長く，外皮は薄く，歯切れがよく，色は白く，スの入らない，黒斑点のないものを選択する。

補助原料として米糠，人工甘味料（サッカリン），食塩，食用黄色素を使用する。

白大根100kgに対し，食塩6kg，米糠4kg，黄色素25g，サッカリン25gの配合割合で使用する。

(2) 製造工程

米糠蘿蔔の製造工程は図10-4に示すとおりである。

白大根 ⟶ 洗浄 ⟶ 塩漬け ⟶ 補助原料の混合 ⟶ 糠漬け ⟶ 製品

図10-4 米糠蘿蔔の製造工程

(3) 加工方法

(ア) 洗　浄

工場に搬入した白大根のうち，品質の悪いものを除去した後，水に1～2時間浸漬する。浸漬中に麻袋の一部を使って，大根の表面をこすり洗いし，表面に付着している泥土やひげ根を除去する。

(イ) 塩漬け

洗浄した白大根を木桶あるいはカメの中にきちんと並べ，その上に食塩を撒く。大根と食塩を交互に入れ，容器が一杯になるまで漬ける。最上部には多めの食塩を撒く。大根の上には木の蓋を置き，それに重石を載せる。重石は大根重量の約半分の重さにする。2～3日後には食塩水が揚がってくる。

もし，水の揚がりが悪く，全ての大根を浸すことができない場合は，3％の食塩水を差し水として加える。5～7日間塩漬けを行なうとしんなりとしてくる。この段階で揚がり塩水の食塩濃度は約3％になっているので，乳酸菌が増殖し，乳酸発酵が進行する。5～7日間で大方の乳酸発酵は終了するが，この頃には大根の水分のうち，約20％が浸出する。

(ウ) 補助原料の混合

米糠，黄色素，サッカリンを配合割合に合わせてよく混ぜておく。

(エ) 糠漬け

塩漬けした大根を取り出し，表面に付着している水を切ってから，カメの中に入れ，1層となるように並べる。塩漬大根の上に補助原料を混合したものを均等に撒き，さらにその上に1層の塩漬大根を置く。大根と副原料の混合物を交互にカメ一杯になるまで漬け込む。カメが一杯になったら，その上に蓋と重石を載せる。重石は塩漬大根の約半分の重さにする。漬け込んでから3日までには水が揚がってきて，全ての大根が浸出液に浸かるようになる。浸出液が足りなくて大根が浸からない場合は重石を増やす必要がある。2～3週間漬け込むと完成する。

(4) 製品の品質基準

(ア) 官能指標

色は鮮やかな黄色を呈し，歯切れの良いものがよい。

(イ) 理化学指標

食塩濃度は3～4％，水分は70～75％であることが望ましいとされている。

第11章　醤油漬菜

第1節　醤油漬菜の特徴

　醤油漬菜は塩漬野菜を脱塩，脱水（圧搾）した後，醤油，化学調味料，砂糖などを含む調味液に浸漬することにより製造される漬物である。醤油漬菜の製造工程は比較的簡単である。製造期間は短く，また，需要に応じて甘味，酸味，辛味のあるものを製造することができる。したがって，製品は多様性に富み，消費者の好みに合わせたものが製造されている。このようなことから，近年，醤油漬菜は中国各地で生産量が最も多い漬物の1つになっている。多くの消費者に好まれている醤油漬菜には北京辣菜，甜辣黄瓜，西条蘿蔔，五香大頭菜などがある。

第2節　各地の醤油漬菜

1．北京桂花大頭菜（カブ醤油漬）

　北京桂花大頭菜は北京仏手芥菜の製造工程に，雲南玫瑰大頭菜の特徴を結びつけ，1960年代に開発された漬物である。原料には皮を剥いた塩漬大頭菜（根用芥菜，カブ）を使用する。切削するときは伝統的な手作業で行なわれることもあるが，現在は切削機械を用いる場合が多い。形は扇形で厚さは約2cmに切るのが一般的である。醤油を主とする調味料に漬ける際は，良質の補助原料を使用することが大切である。製品の色は赤褐色で光沢があり，独特の風味を有しており，比較的貯蔵しやすい。

(1) 原料および補助原料

　皮を除去した塩漬大頭菜100kgに対し，2級醤油65kg，砂糖4kg，サッカリン15g，桂花（キンモクセイの花）0.83kg，調味酒0.42kg，安息香酸ナトリウム40gの配合割合で製造される。

(2) 製造工程

　北京桂花大頭菜の製造工程は**図11-1**に示すとおりである。

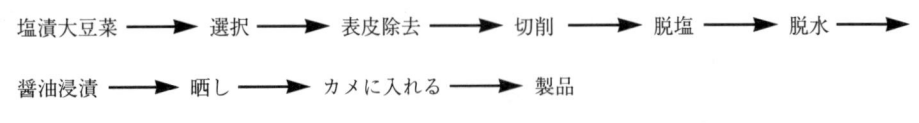

塩漬大豆菜　→　選択　→　表皮除去　→　切削　→　脱塩　→　脱水　→

醤油浸漬　→　晒し　→　カメに入れる　→　製品

図11-1　北京桂花大頭菜の製造工程

(3) 加工方法

　良質の塩漬大頭菜を選択し，皮を除去する。皮は注意深く，適度な厚さで切り取る。これは，あまり薄く切り過ぎると製品の品質に影響を及ぼし，また，厚く切り過ぎると製品の歩留りに影響するからである。皮の除去率は20〜25％が適当である。塩漬大頭菜の皮を除去した後，手作業あるいは機械で2〜3mmの厚さに薄切りにする。厚さにムラがないように薄切りすることが大切である。薄切りしたものはきれいな水に浸漬し，脱塩を行なう。脱塩は食塩含有量が8〜10％になるまで行ない，圧搾，脱水する。脱水率は約50％である。脱水後は，カメに入れた醤油に浸

漬し，毎日1回漬け換えることによって撹拌し，均一化をはかる。

約2週間，醤油漬けを行なった後，カメから大頭菜を取り出し，醤油などを切ってから，日中は日光に晒す。夜間は積み上げて覆いをかぶせ，翌日再び広げて晒しを行なう。通常，2～3日間晒しを行なうと約70％の歩留りとなるので，野菜を回収し，再度カメに入れ，甘味料，安息香酸ナトリウムを添加した醤油に漬け込む。漬け込み後は，毎日1回漬け換えることにより撹拌し，均一化を図る。1週間漬け込んだら，カメから大頭菜を取り出し，6～8時間日に晒してから，カメに戻す。その後，さらに，桂花，調味油，砂糖などの補助原料を加えて漬け込む。カメが一杯になるまで詰めた後，プラスチック製フィルムで密封し，2週間漬け込むと製品が完成する。製品の歩留りは60～65％（皮を除去した塩漬大頭菜に対し）である。

(4) 製品の品質基準
(ア) 官能指標
色は赤褐色で光沢があり，濃厚な桂花の香りを有し，甘味と塩味のバランスが良く，歯切れの良いものが好まれる。また，製品は形状が均一で揃っているものが良い。

(イ) 理化学指標
水分は62％以下，食塩15～18％，還元糖は5.0％以上，総酸は1.0％以下，アミノ態窒素は0.3％以上であることが望ましいとされている。

(5) 注意事項
(ア) 北京桂花大頭菜は，比較的水分が低い漬物であるから晒しの工程が重要である。したがって晒しを行なうための設備（棚，晒し台など）を整えておくことが必要である。近年，北京のある製造業者はガラス室を設置し，晒しを行なったが，これだけでは良い製品は製造できない。なぜならば，ガラス室は埃（ほこり）や昆虫などを防止するには大変有効であるが，通風が良くないため，乾燥に時間がかかるからである。また，ある製造業者は，ビルの屋上に晒しの設備を置いたが，この場合は，埃も少なく，また，通風も良いので晒しには都合が良いことがわかったという。

(イ) 半製品を晒す時には，十分に撹拌することが大切である。そうしないと均一に乾燥しないからである。

(ウ) 北京桂花大頭菜の包装形態としては，30kg入りの陶壺，200～300gのプラスチック製袋，紙製箱などがある。

2．北京辣菜（キムチに類似）

北京辣菜は，主に北京で1960年代に製造され始めた醤油漬の一種である。韓国のキムチが原型となり，発展してきたものである。1950年代の初期にキムチが販売され，好評を博していた。その後，塩漬大根を原料として，キムチと同様の補助原料や製造法によって北京辣菜が製造されるようになった。北京辣菜は消費者に人気があり，販売量においても売り上げの多い漬物の1つとなっている。

(1) 原料および補助原料
塩漬大根100kgに対し，醤油70kg，胡麻（ゴマ）油1kg，グルタミン酸ナトリウム0.1kg，調味酒0.2kg，砂糖2kg，甘味料（サッカリン）15g，胡麻1kg，唐辛子粉0.14kg，生姜（ショウガ）0.4kg，安息香酸ナトリウム30gの配合割合で製造する。

(2) 製造工程

北京辣菜の製造工程は**図11-2**に示すとおりである。

塩漬大根 ⟶ 調製・洗浄 ⟶ 千切り ⟶ 脱塩 ⟶ 脱水 ⟶ 取り出し ⟶

柔らかくしてカメに入れる ⟶ 補助原料の添加 ⟶ 製品

図11-2 北京辣菜の製造工程

(3) 加工方法

北京辣菜の製造には長円形で大型の比較的硬めの大根が適している。そのような大根は塩漬大根にしてからも機械で千切りにするのに都合が良いからである。千切りの形状は幅が2mm，長さは5cm以上であることが必要で，千切りは大根の縦方向に行なう。なお，機械による千切り作業の前にひげ根や先端部分を切除し，きれいな水で洗浄しておくことが大切である。機械で千切りされた塩漬大根の形状が揃っていない場合は，機械の検査を行ない，修理しておく必要がある。塩漬大根の千切りは，きれいな水に浸漬し，塩分を減少させる。

塩分を減少させる方法には2種類ある。1つは機械的に回転させながら塩分を減少させる方法で，効率が良く，短時間で目的を達することができる。もう1つの方法は，カメの中の水に浸して塩分を減少させる方法で，通常，2昼夜かけて行なわれる。なお，その間に1度水を換える必要がある。次に，塩分を減少させた大根を圧搾により脱水するが，脱水率は60～70％である。一般的に，春・冬季は60％，夏・秋季は70％の脱水率にする。特に，夏季においては脱水率が70％以下の場合は品質が低下し，保存性が低下するからである。

漬け込み用の調味料は塩漬大根の千切りを漬け込む前に調製しておく。それには，カメに補助原料を入れ，よく撹拌・混合し，醤油の一部は加熱してから，安息香酸ナトリウムやグルタミン酸ナトリウムなどの補助原料を溶解させて混合しておく。

この調味液の入ったカメに塩漬大根を千切りにしたものを入れ，浸漬する。約3時間後にカメを移し換え，その後は，毎日2回，同様にカメを移し換えることによって撹拌し，均一化を図る。夏・秋は5日間，冬・春は1週間漬け込むと製品が完成する。歩留りは70～75％（塩漬大根に対して）である。

(4) 製品の品質基準

(ア) 官能指標

製品は黄褐色で光沢があり，味は辛味と塩味を有し，千切りの太さや長さなどの形状が揃っていることが望ましい。

(イ) 理化学指標

水分は75％以下，食塩濃度は9～12％，還元糖は3.0％以上，総酸は10％以下，アミノ態窒素は0.2％以上であるものが望ましいとされている。

3．上海蜜棗蘿蔔頭（ダイコン醤油漬）

上海蜜棗蘿蔔頭は丸くて小さい蘿蔔（大根）を原料とし，それを醤油に漬け込んだ漬物で古い歴史を有している。その形が蜜棗（ナツメの砂糖漬）に似ていることからこの名前がある。製品は香味と甘味があり，歯切れが良い漬物である。半乾性の漬物であることから，長期間保存しても変化が少ない。上海蜜棗蘿蔔頭は質の良い原料を選択することが大切である。

(1) 原料および補助原料

上海蜜棗蘿蔔頭に使用する大根は主に上海郊外で栽培されている円形種を用いる。この品種は外皮，根部ともに白い中型種の大根で加工や塩漬に適している。原料の大根は卵大のものを使用する。

大根を収穫する時期は，生産量や品質に対し大きな影響を及ぼす。収穫時期が早過ぎると生産量が低くなり，逆に収穫時期が遅過ぎると大根の内部にスが入り品質が低下する。通常，収穫時期は9～12月である。収穫時には大根内部にスが入っているかどうか，あるいは黒芯，凍傷などがあるかどうかをチェックする必要がある。チェックする方法であるが，スのある場合は表皮は暗黄色で凹凸のある状態となり，手に取ると軽く感じられ，指ではじくと軽い音がすることが多い。また，黒芯の大根は表皮は暗色化し，端部には小さな穴ができることが多く，手に取ると軽く感じられ，押さえると崩れることもある。凍傷にあった大根の場合は表皮は黒くなり，小さな泡状物が出来る。凍傷がひどい場合には表皮の泡状物が裂けて腐乱することがある。

100kgの製品を得るには，新鮮な生大根240kg，食塩29kg，回収醤油60kg，醤油60kg，酒0.5kg，グルタミン酸ナトリウム100g，五香粉0.5kg，味液（グルタミン酸ナトリウム液）1kg，保存料100g，甘味料（サッカリン）15g，砂糖3kg，甘草粉1kgを使用する。

(2) 製造工程

上海蜜棗蘿蔔頭の製造工程は**図11-3**に示すとおりである。

(1) 下漬け

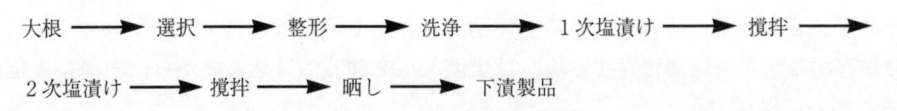

大根 ⟶ 選択 ⟶ 整形 ⟶ 洗浄 ⟶ 1次塩漬け ⟶ 撹拌 ⟶

2次塩漬け ⟶ 撹拌 ⟶ 晒し ⟶ 下漬製品

(2) 製品

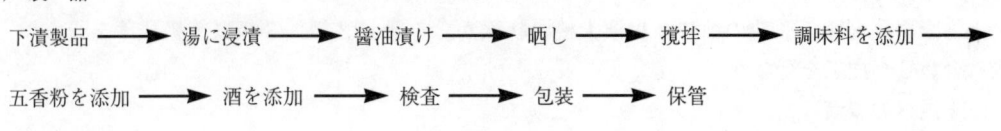

下漬製品 ⟶ 湯に浸漬 ⟶ 醤油漬け ⟶ 晒し ⟶ 撹拌 ⟶ 調味料を添加 ⟶

五香粉を添加 ⟶ 酒を添加 ⟶ 検査 ⟶ 包装 ⟶ 保管

図11-3　上海蜜棗蘿蔔頭の製造工程

(3) 加工方法

(ア) 原料の選択

新鮮で形状の揃った大根を選択する。形状は製品の品質に大きな影響を及ぼすので注意深く行なう。外観がきれいで表皮の色が良く，スの入ったものや黒芯のあるものなどは取り除いておく。原料野菜を工場に搬入した後は，2～3日以内のなるべく早い時期に加工する。保管が長引くとスを生じやすい。また，保管時期に天気が悪い場合は，凍傷を引き起こすことがあるので注意が必要である。搬入した後は，大きさによって等級分けを行ない，次に，ひげ根や泥土を除去する。

(イ) 1次塩漬け

原料大根100kgに対し，食塩8kgの割合で漬け込みタンク内で塩漬けを行なう。まず最初に，少量の食塩を漬け込みタンクの底に撒き，その上に大根を厚さ10cm程度になるまで入れる。次にその大根の上に食塩を撒く。これらを交互に繰り返して漬け込みタンクが一杯になるまで大根と食塩を漬け込む。なお，食塩の量は下部よりも上部の方に多めに撒く。最後に最上部に竹製のスノコを置き，その上に重石をおいて漬け込む。

(ウ) 漬け換え

1次塩漬けを行なった翌日に，漬け込みタンク内の塩漬大根を漬け換えて，食塩が均一になるようにする。漬け換えは塩漬大根をザルにとり，空の漬け込みタンクに入れて漬け込む。したがって，最初上部にあった大根は下に，下部にあった大根は上に移動するので，均一に漬かるようになる。なお，塩汁も同様に移す。最後は1回目と同様に，表面には竹製のスノコを置き，その上には野菜重量の40～50％の重石を載せて漬け込む。

(エ) 2次塩漬け

漬け換えた翌日，塩漬大根を竹カゴに入れて，水切りを行ない，再度，別の漬け込みタンクに漬け換えて均一に漬かるようにする。漬け込みは100kgの塩漬原料に対し，4kgの食塩を加えて行なう。表面には竹製のスノコを置き，その上に重石を載せて塩漬けを行なう。

(オ) 晒し（干し）

10日間ほど塩漬けした大根は晒しを行なう。最初に塩漬大根を漬け込みタンクから取り出して竹カゴに入れ，水気を切ってから竹製のスノコに広げ，3～4日間日光の下で晒しを行なう。晒しの際は大根を時々ひっくり返して全体に晒しが行なわれるようにする。夜間は夜露に会わないように，覆いをしておく。また，雨天の際は油布で塩漬大根を覆っておく。一般的に，塩漬大根の頭部にしわが出るようなるまで晒す。歩留りは25～30％程度である。なお，晒しの際に雨に会った場合は，一旦，漬け込みタンクに戻しておき，天気が良くなったところで再度晒しを行なう。

(カ) 塩漬大根の保存

晒しを終えた後は，元の漬け込みタンクに戻して保存する。気温や湿度が高い場合はカビが増殖して品質を低下させるので，注意を要する。短期間保存する場合は空気を入れないようにしっかりと踏んで保存するが，長期間保存する場合は塩漬大根を強く漬け込んでから，表面に食塩を約5cmの厚さに撒いて保存する。

(キ) 等級付け

上海蜜棗蘿蔔頭の製造の前に，塩漬大根の状態から1級，2級，3級に等級分けを行ない，等級に合わせた加工を行なう。

(ク) 湯への浸漬

保存しておいた塩漬大根を取り出してカメに入れ，次に，湯を注ぎ入れて撹拌する。一般的に塩漬大根100kgに対し，100kgの湯を使用し，約15分浸漬を行なう。浸漬後，大根を取り出して，竹カゴに入れ余分な水を切る。水切りは，大根の入った竹カゴを3つ重ねることによって互いの重みで行なわれる。午前から午後にかけて水切りを行なうが，途中で上下を入れ替える。水切りは3～4時間行なうのが一般的で，この浸漬により大根は一定程度膨張する。

(ケ) 醤油漬け

水切りを終えた大根をカメに入れ，100kgの大根に対し，回収醤油（1度漬け込みに使用した醤油）を60kg使用し，醤油漬けを行なう。3日間漬け込みを行なった後，カメから大根を取り出し，カゴに入れて余分な回収醤油を切る。次にカメに新しい醤油60kg入れたものに保存料を加え，再度，大根を漬け込む。漬け込みの時間は約10日間である（通常，9～10日間であるが，冬季は13～15日間漬け込む）。

(コ) 晒 し

醤油漬けを終えた大根をカメから取り出し，竹製のスノコの上にできるだけ薄く広げて日光に晒す。毎日，まぐわで3～4回かき混ぜて均一に晒しが行なえるようにする。表皮にしわが出来

るまで晒すが，通常，天気が良い場合は2日間ほどで100kgあった大根が70kgにまで乾燥する。夜間はスノコの中心に大根を集め，油布で全体を覆って雨や夜露に会わないようにする。油布で覆っている場合は1～2日間は問題がないが，雨天が続く場合は品質が低下するので，一旦カメの中に漬け込んで，再度晒しを行なう。

(サ) 混 合

晒した大根を室内のカメ（カメはあらかじめ熱湯でよく洗浄し，きれいな布で拭いておく）の中に入れ，さらに甘味料（サッカリン）15g，味液1kg，グルタミン酸ナトリウム100g，砂糖3kg，醤油5kg，保存料（安息香酸ナトリウム）50gを均一になるように混合したものを大根の上から注ぎ込む。当日，1度よく撹拌した後，翌日から午前と午後にそれぞれ1回ずつ5日間にわたって撹拌を行なう。そして，包装の前日に五香粉と白酒を混合する。

(シ) 包 装

包装前に検査を行ない，合格したものを製品として包装する。現在，包装は12.5kg入りの陶製壺，12.5kg入りのプラスチック製袋，0.5kg入りのプラスチック製袋の3種類の方法で行なわれている。

(4) 製品の品質基準

(ア) 官能指標

1級品：色は明るい赤褐色で内部，外部共に色が浸透しており，適度な塩辛さと甘味を有する。また，形状は丸みがあり，大きさが均一で揃っている。製品500gには40個以上の刻み部分があり，中心は硬くなく，表皮にはしわがあって薄いものが良い。また，スや黒斑点がなく，ひげ根がきれいに除去されている。

2級品：色は茶褐色で内部と外部とではやや色の浸透が均等ではなく，塩辛さがやや強い。形状は丸いが，大きさはあまり揃っておらず，500gの製品の中に刻み部分は30個程度にとどまっている。また，一部にスの入ったものや黒斑点のあるものが混ざっている。

(イ) 理化学指標

食塩濃度は12～13％，水分は60～62％，還元糖7～8％，アミノ態窒素0.18～0.2％，総酸0.8％以下のものが望ましいとされている。

4. 安順百花串醤菜（取り合わせ野菜の醤油漬）

安順百花串醤菜は貴州省安順地方の特産漬物である。四季ごとの季節野菜を使用し，108種類の漢方薬や香辛料などを含む醤油に浸漬して製造する。

製造業者の夏紹栄は少年の頃，深山で僧侶になった。夏紹栄が12歳の時，寺の和尚が危篤に陥った。和尚は夏を呼び，3代続く先祖伝来の安順百花串醤菜の秘伝の処方を伝えた。中国が建国した後，夏紹栄は山を降り，安順地区にある会社の招待所の従業員となり，泊まり客に安順百花串醤菜をつくって食堂で提供していた。安順百花串醤菜を食べた内外の宿泊客はこの漬物のことを称賛したという。

祖国の文化遺産を守り，発展させる目的から，中国各地の伝統的な漬物の製造法を発掘し，紹介する催し物として，第1回全国漬物学術交流会が1982年開催された。この交流会に夏紹栄が招待され，安順百花串醤菜の製造技術を紹介した。

安順市漬物工場は夏紹栄を技術顧問に招き，製造を開始し，市販するようになった。その後，安順百花串醤菜は多くの人々に知られるようになり，人気の高い漬物となっている。

現在，当地の人々は勿論のこと，地方からの旅行者は壺や袋を持って漬物を買いに来るという。

また，この漬物は以下のように詩が書かれるほど有名になっている。

1. 百花醤菜質嫩脆，咸（鹹）甜適度醤香著。
   潤肺止咳降血圧，心臓病者得之悦。
2. 百花醤菜実在香，"方丈"四代伝秘方。
   薬料一百零八種，民族遺産放宝光。
3. 百花醤菜味可口，工芸流程為"五走"。
   根快瓜茎作原料，一年四季知多少。
4. 百花醤菜人人誇，開胃増食作用大。
   久貯不減香与脆，誉伝中外説奇葩。

(1) 原料および補助原料

　安順百花串醤菜を製造する際に使用される主な原料は，紅（赤）・白大根，人参，棒瓜，黄瓜（キュウリ），茭瓜，羊角菜（榨菜），蕪（カブ），茎藍（コールラビ），蓮花白桿，洋姜（キクイモ），芋（サトイモ），草石蚕（チョロギ），大蒜苔，大蒜球，若生姜（ショウガ），豇豆（ササゲ），萵笋（茎チシャ）などがある。1年を通して，塊根，茎桿，瓜，豆などの季節野菜を原料にすることができる

　補助原料には，主な香辛料，漢方薬として山椒，胡椒，大茴香，扣仁，公丁，小茴香，山奈，草果，茴草，使君子，杜仲，紅棗，光条，桂枝，桂仁，霍香，草香，木香，交香，蘇麻，桐花，瓜荽仁，西仁，党参，当帰，杏仁，木仁，芯極，香松，救架，甘草，芯松，青果，地米菜，野木花，山楂，紅牡丹，白牡丹，環草，死藍，銀藍，白藍，香花，芍叶，刺梨，魚腥草，白架豆，竜眼，茘枝，金瓜，木瓜片，香蕉片，苹果片，桔皮などが使われる。

　また，甜蒿枝，蘇麻桿，甜蔗梢，老蒜桿，干唐辛子，蘇菜（全草），生姜，老蒜弁，陰包谷，葱須，芹須，白頭菜（キャベツ），蘿葡頭なども利用される。葱須，芹須はそれぞれ葱と芹を千切りにし，陰干ししたものである。

　その他に醤油，赤砂糖，白砂糖，氷砂糖，食塩が使われる。

　配合は，野菜100kgに対し，醤油100kg，食塩5kg，薬料0.1kg，その他の補助原料1〜5kg，赤砂糖，白砂糖，氷砂糖少々を使用する。

(2) 製造工程

　安順百花串醤菜の製造工程は**図11-4**に示すとおりである。

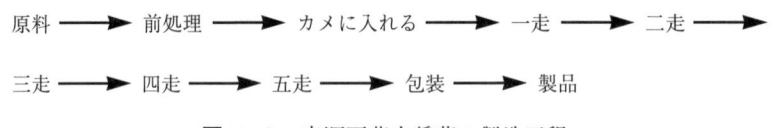

原料 ⟶ 前処理 ⟶ カメに入れる ⟶ 一走 ⟶ 二走 ⟶
三走 ⟶ 四走 ⟶ 五走 ⟶ 包装 ⟶ 製品

図11-4　安順百花串醤菜の製造工程

(3) 加工方法

　安順百花串醤菜の製造工程の順序を特に「五走」という特別な呼び方で表現している。

(ア) 原料の選択

　安順百花串醤菜に使用される原料野菜は，いずれも新鮮なものを選び，収穫された日のうちに加工することが望ましい。収穫後3日以上経過した野菜や日光に晒されたものは加工には適さない。

(イ) 前処理

野菜を洗浄し，泥土や夾雑物を除去した後，それぞれの野菜原料ごとに表皮や根などを切除する。例えば茎藍，羊角菜（ザーサイ），茎チシャなどは表皮を除去し，大根や蕪などはひげ根を除去する。その後，千切りや薄切りなどに加工する。

(ウ) 一走

「一走」は切削した原料を塩漬けする工程である。原料野菜を洗浄した後，水切りし，カメに入れる。通常，100kgの野菜に（対し）5％濃度の食塩水を漬け込まれた野菜の上部より5〜10cm上になるまで加え，5日間ほど浸漬する。浸漬の間は毎日1回撹拌を行ない，均一に漬かるようにする。

(エ) 二走

一走の後，塩漬野菜をカメから取り出し，醤油の中に約5日間浸漬するが，この工程を「二走」と呼ぶ。

(オ) 三走，四走

二走後の塩漬野菜半製品を別のカメ醤油に浸漬するが，その醤油漬け工程のことを「三走」といい，さらに同様の醤油漬け工程のことを「四走」という。また，一走から四走までの4つの工程を総称して「随缸」あるいは「跑缸」と呼ぶ。この醤油漬けの工程では毎日，撹拌することが大切であるが，これはそのまま放置しておくと表面に産膜酵母が増殖し，製品の品質を低下させるからである。「随缸」は野菜の水分が醤油や補助原料の風味成分と置換する工程といえる。

(カ) 五走

四走が終わった後，野菜を取り出し，別のカメに入れる。香辛料，漢方薬をそれぞれ別々に細かく切削し，ガーゼを重ねたものに包んでからカメの中に入れ，野菜と一緒に漬け込む。さらに，甜蒿枝，老蒜桿，葱須，蘿蔔頭，白菜頭などの補助原料および少量の赤砂糖，白砂糖，氷砂糖を加えて約7日間漬け込むと製品が完成する。

一走から四走までの工程で野菜は次第に香味，甘味などの風味成分を吸収し，次の漢方薬浸漬の工程で，新しく調製した漢方薬のカメに漬け込まれる場合は，甘味や薬味は比較的強く現れるが，3回以上使用したカメに漬け込まれた場合は，薬味はうまく混ざり合い，甘味も適当な味となる。漬け込まれる原料のうち，大蒜桿，生姜，老蒜弁などは防腐作用があることが知られている。

製品は千切り，短冊切り，拍子木切りにし，少量の「五十香」（10数種〜20数種の香辛料を混合した粉末状の香辛料）を降りかけるとよりおいしく食べることができる。

安順百花串醤菜の包装は瓶詰とプラスチック包装の2種類がある。多くはバラ売りで販売されている。現地の消費者は自分で用意した壺を持って買いに行くのが普通である。この壺の中に漬け液を一緒に入れておけば，20日間は味が変わらずに保存することができる。また，瓶詰のものは長く保存しておいても品質を保つことができる。安順百花串醤菜は冷暗所で保存する。日に当てたり，高温下におくと品質の低下を招く。

(4) 製品の品質基準

(ア) 官能指標

色は濃褐色で光沢があり，香気が強く，塩味と甘味のバランスがとれ，歯切れの良いものが良い。

(イ) 理化学指標

食塩濃度は10〜12％，水分は78〜80％，アミノ態窒素0.5％以上，総酸1.0％以下であることが望ましいとされている。

5. 蚌埠五香大頭菜（カブの醤油漬け）

蚌埠五香大頭菜は蚌埠の伝統的な漬物の1つである。本漬物の特徴は，その製造過程において，五香塩を用い，密閉されたカメの中で半年近く発酵させて作られることである。製品は黒褐色を呈し，味は濃厚で高い保存性を有する。

(1) 原料および補助原料

原料は淮北近辺で多く生産される円形の大頭菜（根用芥菜，カブ）を使用する。1個の重さは500g程度のものが多い。表皮は薄く，身は軟らかく，腐敗部がなく，スの入ってないものを選ぶ。補助原料としては食塩の他に醤油，麦芽糖，大茴香（ダイウイキョウ），小茴香，山椒（サンショウ），桂皮（シナモン），丁香（丁字），白芍薬（シロシャクヤク），豆蔲（草果），陳皮などの香料を使用する。

大頭菜100kgに対し，食塩9kg，醤油15kg，カラメル7kg，五香料100gの配合割合で製造を行なう。

(2) 製造工程

蚌埠五香大頭菜の製造工程は**図11-5**に示すとおりである。

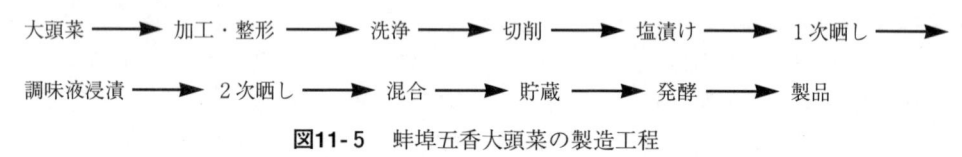

大頭菜 ⟶ 加工・整形 ⟶ 洗浄 ⟶ 切削 ⟶ 塩漬け ⟶ 1次晒し ⟶ 調味液浸漬 ⟶ 2次晒し ⟶ 混合 ⟶ 貯蔵 ⟶ 発酵 ⟶ 製品

図11-5 蚌埠五香大頭菜の製造工程

(3) 加工方法

(ア) 塩漬け

毎年11月頃，淮北近辺で生産される大頭菜を収穫する。大頭菜を漬物工場に搬入し，品質の良いものを選択した後，夾雑物を除き，泥土を洗浄する。その後，ひげ根や変質部を除去し，表皮を削り落とした後，1個当たり約50gの三角塊に切り，カメの中に入れて塩漬けを行なう。100kgの大頭菜に対し，9kgの食塩を使用する。塩漬けの際は，少量の水を加えて溶解させながら行なうと漬かりが早くなる。なお，食塩は下部は少なめに，上部には多めに撒くのが良い。漬け込み当日のうちに1度カメの中を攪拌し，均一に漬かるようにする。翌日，15kgの醤油を添加する。漬け込み後，約20日間ほど経過して黄褐色を呈するようになると半製品が完成する。

(イ) 1次晒し（干し）

予め晒しを行なう場所をよく整理し，ムシロを敷いておく。塩漬けで得られた大頭菜の下漬製品をカメから取り出してカゴに入れ，余分な水をよく切ってから晒し場所に持ってゆき，晒しを行なう。1m²当たり約25kgとなるように下漬製品をムシロの上に広げて晒し作業を行なう。あまり厚く重ならないように注意する。

下漬製品は満遍なく風や日光があたるように，時々まぐわを用いて攪拌を行なう。夜間は毎日ムシロを筒形に巻いて，夜露がかからないようにする。翌日天気が良ければ，再度同様の方法で晒し作業を行なう。晒しは下漬製品の硬さが「手を刺す」感じになるまで行なわれる。晒しを終えた半乾燥下漬製品は手で混ぜるとぶつかるときに軽い音がする程度まで硬くなる。通常100kgの生大頭菜が約20kgになるまで晒しを行なうが，この程度にまでなるには一般的に7～8日間を要する。全ての原料は元日の前までには晒して半乾燥下漬製品とし，保存する。

(ウ) 調味液の配合

塩漬けの際に得られた揚がり塩水100kgに対し，醤油20～30kg，カラメル10kg，香料0.2kgを加

えて，加温し，12°Béになるまで煮る．その後，40℃まで冷却して浸漬を行なう．
　(エ)　**調味液浸漬**
　最初に晒しを終えた半乾燥下漬製品をカメの中に入れ，後で調味液を注ぎ入れる際に半製品が浮かばないように重石を載せる．カメの中の半乾燥下漬製品100kgに対し，調味液160～200kgを注ぎ入れる．翌日カメの内部を撹拌して均一に漬かるようにする．毎日1回，20日間にわたってカメの内部を撹拌しながら浸漬を行なう．製品の外部も内部も同様な黒褐色を呈するようになったらカメから取り出して晒しを行なう．
　(オ)　**2次晒し**
　晴れた日を選んで，ムシロやカゴなどの用具を清掃し，清潔にしておく．浸漬を終えた半製品をカメから取り出してカゴの中に入れ，余分な食塩水を切ってから，ムシロの上に広げて晒し作業を行なう．晒しの間は時々上下を入れ替えて満遍なく晒しをなう．1～2日間晒しを行なった後，手で軽く握ったときに表面から水分が出なくなる時点で晒し作業を終え，次の作業に移る．晒しを行なっている間に雨になった場合は室内に入れて，天気が回復したところで，引き続き晒しを行なう．
　(カ)　**混　合**
　食塩を妙めてから，その中に大茴香，小茴香，山椒，桂皮，丁香，白芍薬，豆蔲，陳皮を入れて，さらに妙めてから合わせて粉末にする．配合は3kgの食塩に対し，五香粉を0.1kgの割合で混合し，五香塩を製造する．晒しを終えた半製品100kgに対し五香塩3kgの割合で竹カゴに入れて均一になるようによく撹拌し，予め清潔にしておいたカメに入れる．
　(キ)　**発　酵**
　半製品と五香塩を混ぜたものをカメに入れて発酵を行なう．カメに半製品などを入れる際は，木棒を用いてしっかりとカメの中に漬け込む．上部は五香塩を多めに撒き，さらにその上に乾燥した蓮の葉や紙を用いて表面を覆い，カメに蓋をして密封し，室内あるいは冷暗所において約半年間発酵を行なうと最終製品が完成する．
　(4)　**製品の品質基準**
　(ア)　**官能指標**
　外形色は黒褐色で光沢があり，香気が強く，味があり，塩味のバランスがとれたものが良い．
　(イ)　**理化学指標**
　水分は53～55％，食塩濃度は19～21％であることが望ましいとされている．
　(5)　**注意事項**
　(ア)　原料を選択する場合は，丁寧に選択すること．
　(イ)　塩漬けの際は雨水の浸入を防ぐ．
　(ウ)　撹拌は忘れずに実施する．
　(エ)　半製品を晒す際は，満遍なく，ムラがないように行なう必要がある．
　(オ)　揚がり塩水は均一の濃度にする．
　(カ)　晒し作業は晴れた日に行なう．
　(キ)　五香塩は均一となるようによく混合する．
　(ク)　カメに入れる際は，きつく詰め込むことが必要である．
　(ケ)　カメは日光に当たらないように冷暗所で貯蔵する．
　(コ)　発酵は半年間行なう．

6. 面条蘿蔔（麺状ダイコン醤油漬）

面条蘿蔔は，形が美しく，価格も手頃なので多くの消費者に好まれている漬物である。

(1) 原料および補助原料

(ア) 下漬蘿蔔（下漬大根）

原料生大根100kgに対し，食塩を10kg使用する。

(イ) 面条大根

下漬大根100kgに対し，原色醤油30kg，唐辛子味噌10kg，唐辛子10kg，グルタミン酸ナトリウム400g，胡麻油3kg，安息香酸ナトリウム100kgの配合割合で製造する。

(2) 製造工程

面条蘿蔔の製造工程は**図11-6**に示すとおりである。

大根 ⟶ 塩漬け ⟶ 洗浄 ⟶ 切削 ⟶ 脱塩 ⟶ 圧搾 ⟶ 混合 ⟶ 製品

図11-6 面条蘿蔔の製造工程

(3) 加工方法

(ア) 塩漬け

面条大根に使用する大根は黄州種のものが適している。それは黄州種大根は太くて短い形をしているからである。長さが約30cm，直径は5～7cm程度のものが一般的である。大根を工場に搬入したら，なるべく早く塩漬けを行なう。漬け込みタンクには10tの大根を漬け込むことが多いが，その場合は500kgの食塩を使用する。なお，大根は5回に分けて漬け込む。1～4回目までは大根を2t，食塩は約75kgを，それぞれ交互に4回に分けて均一になるように漬け込む。最後の5回目は大根の量は2tであるが，食塩は200kgで1～4回目の場合よりも多く使用する。塩漬け後は3日ごとに1度，漬け込みタンクの内部を撹拌し，均一に漬かるようにする。撹拌は合計4回行なう。最後の撹拌の後は揚がり塩水を使用しないで，別の漬け込みタンクに入れてから，新たに食塩を500kg使用して漬け込む。その上に竹製のスノコ，木棒を用い，重石を置くことにより長期保存することができる。

(イ) 洗　浄

塩漬大根を漬け込みタンクから取り出し，一旦，揚がり塩水で洗浄した後，きれいな水で洗浄する。

(ウ) 麺状に切る

洗浄した大根を麺状に切るが，麺状に切るためには熟練した作業員が必要である。最初に大根の両端を切ってから，ひげ根と損傷部を除去する。次に大根を平らにおいて左手で大根を押さえて，右手に持った包丁で薄片状にする。薄片を得るには包丁とまな板との角度を約15度の鋭角にして大根を回転させながら2～3mmの薄片状に切る。薄片の長さは60～100cmとなる。これを麺状に切る。

(エ) 脱　塩

100kgの麺状塩漬大根に対し，100～150kgの水を使用して，カメのなかで脱塩を行なう。冬季は一晩，春季と秋季は3～4時間，夏季は2時間程度浸漬を行なう。

(オ) 圧　搾

脱塩を終えた麺状大根に付着している余分な水を切ってから，圧搾機にかけ，徐々に圧力を加

第2節 各地の醤油漬菜

えて圧搾を行なう。圧搾は100kgの脱塩麺状大根から40～50kgの水が圧搾されるまで行なう。

(カ) **補助原料の混合**

圧搾を終えた麺状大根をほぐし、醤油、唐辛子味噌、唐辛子、グルタミン酸ナトリウム、安息香酸ナトリウムを混合した調味液の中に入れ、撹拌を行なう。その後、2日間浸漬を続けるが、その間に2回、撹拌を行ない、製品が完成する。なお、販売する際は少量の胡麻油をまぶして販売するのが一般的である。

(4) **製品の品質基準**

(ア) **官能指標**

製品は黄褐色で光沢があり、大根の香りを残し、異味異臭のないものが望ましい。

(イ) **理化学指標**

水分は55～60%、食塩濃度は10～12%であるものが望ましいとされている。

(5) **注意事項**

① 基本的な製造工程はほぼ同様であるが、補助原料は各漬物工場によって多少異なる場合がある。

② 本製品の食塩含量は比較的少ないので通常バラ売りによって販売される。保存期間は冬季では約2週間、夏季においては約1週間である。

7. 閩南萵笋（茎チシャの醤油漬）

萵笋（茎チシャ）は多くのビタミンを有しているが、特にビタミンKを多く含んでいることが知られている。茎チシャは味が良く、香気に富んでおり、そのまま食べてもおいしいが、炒めて食べてもおいしい。醤油漬にしたものは独特の風味を有し、多くの消費者に好まれている。

(1) **原料および補助原料**

閩南萵笋に使用する茎チシャはキク科植物に属し、原産地は地中海沿岸である。7世紀初頭西アジアを経て、中国に伝来した。茎チシャは閩南各地で栽培されている一年生あるいは二年生作物で、幅が比較的せまく細長い葉を持ち、淡緑色である。品種によって、葉面が平滑なものとしわのあるものがある。成長すると中心から笋（タケノコ）のような花茎を生じることから萵笋と呼ばれるようになった。

茎チシャ100kgに対し、食塩30kg、1級醤油30kg、2級醤油25kg、白砂糖1kgの配合割合で製造される。

(2) **製造工程**

閩南萵笋の製造工程は**図11-7**に示すとおりである。

(1) 塩漬け

新鮮茎チシャ ⟶ 選択 ⟶ 剥皮 ⟶ 1次塩漬け ⟶ 発酵 ⟶

2次塩漬け ⟶ 下漬半製品

(2) 製品

下漬半製品 ⟶ 切削 ⟶ 脱塩 ⟶ 醤油漬け ⟶ 混合 ⟶ 包装

図11-7 閩南萵笋の製造工程

第11章　醤油漬菜

(3) 加工方法

(ア) 原料の選択

新鮮で形状の揃った茎チシャを選択する。形状は製品の品質に大きな影響を及ぼすので注意深く行なう。形は太くて短く，真っ直ぐのものを選ぶ。外観がきれいで表皮の色が良いものを選び，スの入ったものは取り除く。選択された茎チシャは水できれいに洗浄し，泥土を洗い落としておく。

(イ) 前処理

原料の茎チシャは最初に包丁で根部および厚い繊維皮，残葉を取り除いてから，外皮をきれいに削る。

(ウ) 1次塩漬け

前処理を終えた茎チシャは速やかに食塩を用いて塩漬けを行なう。塩漬けが遅れると茎チシャは褐変し，品質に大きな影響を及ぼすことになる。塩漬けに先立ち，漬け込みタンクの底に一定量の食塩を撒いておく。次に茎チシャを厚さ50cmになるように漬け込みタンクの底から順に入れる。さらにその上に食塩を撒いて，さらに茎チシャを漬け込む。このように茎チシャと食塩を交互に漬け込む。漬け込みタンクが一杯になるまで漬け込んだら，茎チシャの最上部に多めの食塩を撒き，さらに茎チシャの総重量の約15%に相当する重石を載せて漬け込む。1次塩漬けは原料茎チシャ100kgに対し，食塩20kgの割合で行なう。

(エ) 発酵

1次塩漬けを2～3日行なうと食塩水が揚がってくるので，一部の重石を外して，茎チシャが揚がり塩水に浸る程度に軽くする。その後，2週間ほど発酵を行なうと濃緑色だった茎チシャは徐々に黄色を呈するようになる。

(オ) 2次塩漬け

1次塩漬けを終えた茎チシャを漬け込みタンクから取り出し，別の新しい漬け込みタンクに漬け換える。塩漬けは1次塩漬けと同様に茎チシャと食塩を交互に漬け込む。使用する食塩量は100kgの茎チシャに対し，10kgである。漬け込みタンクに一杯になるまで漬け込んだら上部に多めに食塩を撒き，さらに軽めの重石を置く。4～5日後には食塩水が揚がってくるので，一旦，全ての重石を取り除いてから，表面に竹製のスノコを置いてその上に数個の重石を載せ，茎チシャが揚がり塩水に浸っている状態にする。揚がり塩水の濃度が20°Béに達したら，長期に保存することが可能となる。もし，食塩濃度が低い場合は適量の食塩を補う必要がある。

(カ) 貯蔵

貯蔵中の原料は明るい黄色の色沢を持ち，全体がムラなく漬かるようにし，中空や黒芯，白芯ができないように食塩濃度を20°Béに保つように管理することが大切である。

(キ) 塩漬け半製品の処理

塩漬半製品を小片に切削した後，水に浸漬して脱塩を行なう。脱塩は最初2.5時間浸漬し，水を換えてさらに1.5時間浸漬する。脱塩を終えたら圧搾を行ない，脱水する。

(ク) 醤油漬け

1級醤油30kg，2級醤油25kgを用いて製造した調味液で，1度漬込みに使用したものに脱塩・脱水した塩漬半製品を漬け込み，1次漬け込みとする。1次漬け込みは約10時間行なう。2次漬け込みは新しく調製した醤油の調味液に漬け換えて行なう。2次漬け込みも1次漬け込み同様10時間行なう。この2次漬け込みを終えると製品が完成する。

(4) 製品の品質基準
(ア) 官能指標
色は濃褐色で歯切れが良く，大きさが均一で揃っており，夾雑物がないものが良い。
(イ) 理化学指標
食塩濃度は14～15％，水分は82～83％，アミノ態窒素0.2％以上，総酸1.0％以下のものが望ましいとされている。

8．沈陽四合菜（4種野菜の醬油漬）
沈陽四合菜は醬油漬の1つで，茎藍（コールラビ），豇豆（ササゲ），芹（セリ），大蒜（ニンニク）の4種類の野菜を使用することからこの名称がついた。製品の色はあざやかで美しく，味が良い。当地の消費者にとって沈陽四合菜は日常生活に欠くことができない漬物となっている。

(1) 原料および補助原料
原料には茎藍，芹，ササゲ，ニンニクを使用し，補助原料として食塩と醬油を用いる。茎藍100kgに対し，芹8kg，ササゲ8kg，ニンニク5kg，食塩20kgの配合割合で製造されている。

(2) 製造工程
沈陽四合菜の製造工程は**図11-8**に示すとおりである。

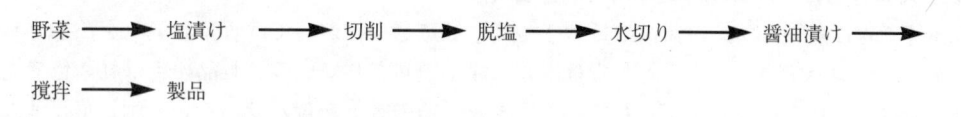

野菜 → 塩漬け → 切削 → 脱塩 → 水切り → 醬油漬け → 撹拌 → 製品

図11-8　沈陽四合菜の製造工程

(3) 加工方法
(ア) 塩漬け
茎藍：表皮を除去してから洗浄し，カメの中に入れ塩漬けする。100kgの茎藍に対し15kgの食塩を用いる。翌日，別のカメに漬け換えることによって撹拌を行ない，均一に漬かるようにする。同様な漬け換えを4日目および7日目に行なう。その後は毎月1回漬け換えを行なう。カメは乾燥した涼しい場所に置く。

芹：根および葉を除去し，洗浄した後，約3cmの長さに切る。1～2分間ブランチングしてから水で冷却し，食塩を均一にまぶしてカメに入れ，重石を載せて塩漬けを行なう。なお，芹と食塩の配合比は100：15である。翌日1度撹拌を行ない，その後は3日に1回の割合で漬け換えを行なうことにより，均一に漬かるようにする。日光による晒しは行なわず，冷暗所で漬ける。

ササゲ：莢のヘタを切除し，洗浄する。次に水を切り，16°Béの食塩水に浸してからカメに入れ，100kgのササゲに対し10kgの食塩の配合割合で塩漬けを行なう。翌日，一旦，揚がり塩水を取り除き，再度100kgのササゲに対し10kgの食塩の配合割合で塩漬けを行なう。

ニンニク：ニンニク100kg，食塩15kgを用いて塩漬けを行なう。最初にニンニクのひげ根，鱗茎および外皮を除去し，カメの中に入れる。ニンニクと食塩は交互に入れ，カメが一杯になったら，17°Béの食塩水を差し水として入れる。差し水の量は漬け込まれたニンニクを丁度覆うようなところまで入れる。翌日，手でカメの縁に沿ってニンニクを押し下げるとともにカメの底にあるニンニクを上に移動させる。このように撹拌することにより，均一に漬かるようにする。以後，毎日同様の方法で2週間ほど継続して撹拌を行なう。撹拌終了後，ニンニクは自然にカメの底に

沈むようになる。また，カメには蓋をしない。これは辛味を散逸させるためである。約20日間経過すると辛味も散逸し，塩漬ニンニクが完成する。

(ｲ)　**醤油漬け**

塩漬茎藍，塩漬ササゲをそれぞれ3～4cmの長さに切ってから4種類の野菜を混合（配合割合は自由に選択する）し，きれいな水に2～3時間浸漬して脱塩を行なう。この間，水を2～3回換える。脱塩を終えたらザルに入れて余分な水を切る。次に，脱塩した野菜原料をカメに入れ，醤油を注ぎ入れて醤油漬けを行なう。翌日1回別のカメに漬け換え，さらに4日間ほど漬け込むと製品が完成する。

(4)　製品の品質基準

(ｱ)　**官能指標**

製品の色は黄，白，緑色などがそれぞれはっきりとしており，味覚が良好で塩味のバランスがとれており，規格がそろっているものが良い。

(ｲ)　**理化学指標**

食塩濃度は10～12％，水分は75％以下，アミノ態窒素0.2％以上，総酸1.0％以下であることが望ましいとされている。

9．天津竹葉青（カブの竹葉青酒入り醤油漬）

天津竹葉青は蕪（カブ）の醤油漬けの1つで，製造過程において「竹葉青酒」を添加することからその名がついている。天津竹葉青は主に天津で製造されている。製品の色は紅紫色で光沢があり，塩味と甘味のバランスがとれている。また，酒の香気を含んでいる。天津竹葉青は人気のある漬物である。

(1)　原料および補助原料

天津竹葉青の製造には原料として直径が8cm以上の蕪が使用される。蕪は収穫した後，現地においてひげ根，茎，頂端を除去し，工場に搬入する。また，補助原料としては醤油，サッカリン，白砂糖，竹葉青酒，食塩が使用される。

蕪100kgに対し，醤油28kg，竹葉青酒0.35kg，サッカリン0.028kg，白砂糖4kg，食塩20kg，20°Béの食塩水20kgの配合割合で製造される。

(2)　製造工程

天津竹葉青の製造工程は**図11-9**に示すとおりである。

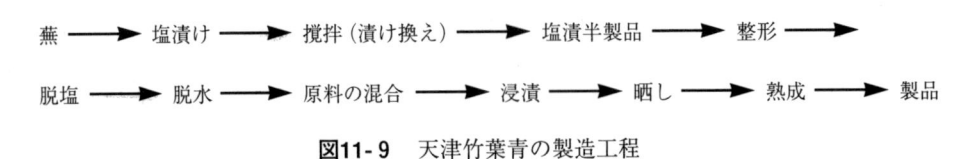

蕪　→　塩漬け　→　撹拌（漬け換え）　→　塩漬半製品　→　整形　→
脱塩　→　脱水　→　原料の混合　→　浸漬　→　晒し　→　熟成　→　製品

図11-9　天津竹葉青の製造工程

(3)　加工方法

(ｱ)　**塩漬け**

原料の蕪を工場に搬入後，洗浄してから漬け込みタンクに入れ，塩漬けする。塩漬けは蕪と食塩を交互に入れながら行なわれる。食塩は上部に多めに撒く。漬け込みタンクに蕪が一杯になったら，20°Béの食塩水を加える。

塩漬けされた蕪は5日目ごとに1回，漬け込みタンクを換えて漬け換えることによって撹拌を

行ない，食塩が均一に浸透するようにする。4〜5回漬け換えを終えたら，サンプルの蕪を取り出して切断し，食塩が蕪の内部にまで浸透しているかどうかをチェックする。浸透が確認されたら，撹拌を終了する。この塩漬けは蕪の下漬として貯蔵される。2〜3か月間塩漬けを行なうと蕪は均一に漬かるようになる。

(イ) 整 形

貯蔵しておいた塩漬蕪を取り出して，表皮を剥き，さらに機械で厚さ0.2〜0.3cmに薄切りにする。

(ウ) 脱塩・脱水

整形した塩漬蕪をカメに入れてから，100kgの塩漬蕪に対し清水200kgの割合で注ぎ，翌日まで浸漬して脱塩を行なう。脱塩後は蕪をザルに取り出して水を切ってから，圧搾機を用いて脱水を行なう。圧搾により，蕪重量の60%の水分を除去する。したがって，塩漬蕪100kgから脱塩・脱水した蕪が約40kg得られることになる。

(エ) 浸 漬

醬油にサッカリンを添加し，均一になるようによく撹拌を行なう。この醬油調味液に脱塩・脱水を終えた蕪を浸漬する。浸漬後は毎日1回，カメの内部を撹拌し，均一に漬かるようにする。

(オ) 晒 し

1週間，醬油漬けを行なった後，蕪を取り出し，余分な醬油を切る。次に，通風が良く，日光がよく当たる所で醬油漬蕪をムシロの上に広げ，晒しを行なう。晒しによって，余分な水分が蒸発し，濃厚な味となる。夜間は夜露をさけるためにムシロをかぶせておく。天津では通常，春季に晒し作業を行なう。その時期は日光が十分にあり，乾燥した日が続くからである。晒し作業中は1日1回，ムシロの上の蕪を撹拌し，ムラなく晒しが行なわれるようにする。天気が良ければ3日間で晒し作業を終えることができる。通常，晒しにより40〜50%の水分が蒸発する。

(カ) 熟 成

晒しを終えた蕪をカメに入れ，それに適量の白砂糖を加え，均一にかき混ぜる。さらに竹葉青酒を注ぎ入れて強く押し，カメに蓋をした後，プラスチック製フィルムでしっかりとカメの口を密封し，エタノールが揮散するのを防止する。このまま1か月間熟成させると天津竹葉青の製品が完成する。製品の段階で食塩含量は約13%になる。食塩含量が高過ぎると製品は硬くなる。また，逆に低すぎる場合は軟らかくなるので，食塩含量には十分注意することが必要である。

(4) 製品の品質基準

(ア) 官能指標

製品の色は紅紫色を呈し，味覚が良好で塩味のバランスがとれており，規格がそろっているものが良い。

(イ) 理化学指標

食塩濃度は12〜13%，水分は60〜65%，還元糖7〜8%，アミノ態窒素0.30〜0.35%であることが望ましいとされている。

10. 丹東甜辣黄瓜（キュウリ甘辛醬油漬）

丹東甜辣黄瓜は良質の原料を使用し，加工が丁寧に行なわれており，味が良いことから多くの消費者に歓迎されている。

(1) 原料および補助原料

丹東甜辣黄瓜の製造には原料として良質の黄瓜（キュウリ）が使用される。生黄瓜100kgに対し，補助原料として食塩20kg，醤油30kg，白砂糖20kg，サッカリン30g，唐辛子2kg，生姜（ショウガ）0.5kg，グルタミン酸ナトリウム200g，胡麻（ゴマ）1kgの配合割合で製造される。

(2) 製造工程

丹東甜辣黄瓜の製造工程は図11-10に示すとおりである。

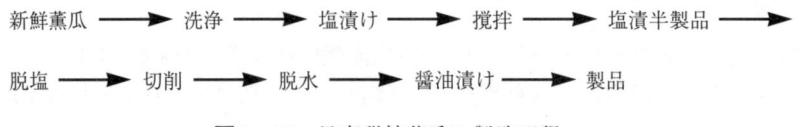

新鮮黄瓜 → 洗浄 → 塩漬け → 撹拌 → 塩漬半製品 →

脱塩 → 切削 → 脱水 → 醤油漬け → 製品

図11-10　丹東甜辣黄瓜の製造工程

(3) 加工方法

(ア) 塩漬け

原料の黄瓜を洗浄した後，カメに入れ食塩を加えて塩漬けを行なう。黄瓜と食塩は交互に漬け込み，最上部には重石を置く。翌日，撹拌を行ない，少量の18°Béの食塩水を加える。その後は毎日1回の撹拌を5日間行なう。このまま，20日間経過すると塩漬け黄瓜（下漬）が完成するので貯蔵する。

(イ) 醤油漬け

貯蔵しておいたカメから塩漬黄瓜を取り出し，きれいな水に浸漬して脱塩を行なう。浸漬時間は1日であるが，その間，2回水を換える。脱塩中に黄瓜は水を吸って膨張する。次に，黄瓜を長さ3～4cm，幅1cmの短冊状に切ってカメに入れた後，醤油，白砂糖，唐辛子および生姜千切り，グルタミン酸ナトリウムなどの補助原料を加えて混合し，毎日2回撹拌を行なう。7日目の後，胡麻を混合すると製品が完成する。

(4) 製品の品質基準

(ア) 官能指標

製品は緑褐色を呈し光沢がある。甘味と塩味のバランスがとれており，良好な香気を有し，規格がそろっているものが良い。

(イ) 理化学指標

食塩濃度は12％以下，水分は75％以下，還元糖10％以上，総酸1.0％以下，アミノ態窒素は0.2％以上であることが望ましいとされている。

11. 雲南祥雲醤辣椒（トウガラシ醤油漬）

雲南祥雲醤辣椒は明の末期あるいは清の初期の頃に初めて製造されたものと考えられていることから，すでに300年以上の歴史を有している漬物である。毎年8月末頃，丁度，唐辛子が成熟する頃から10月中頃の間に加工される。

(1) 原料および補助原料

原料は新鮮な青唐辛子を使用する。雲南祥雲醤辣椒は青唐辛子100kgに対し，補助原料として醤油125kg，蜂蜜3kg，食塩6.25kgの配合割合で製造される。

(2) 製造工程

雲南祥雲醤辣椒の製造工程は図11-11に示すとおりである。

第2節　各地の醤油漬菜　　　　　　　　　　　　　277

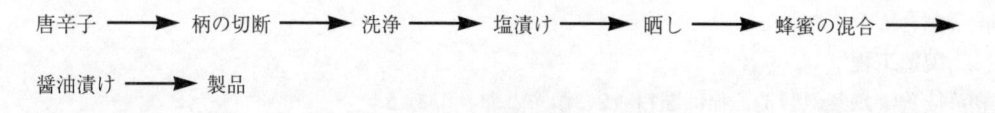

唐辛子 ━━▶ 柄の切断 ━━▶ 洗浄 ━━▶ 塩漬け ━━▶ 晒し ━━▶ 蜂蜜の混合 ━━▶

醤油漬け ━━▶ 製品

図11-11　雲南祥雲醤辣椒の製造工程

(3) 加工方法

(ア) 前処理

良質の青唐辛子を選択した後，ヘタを残して1つ1つ柄を除去する。種子は莢に入ったままにしておく。柄を除いた唐辛子をきれいな水で洗浄し，泥土や夾雑物を取り除く。

(イ) 塩漬け

唐辛子を洗浄した後，ザルに取って余分な水を切っておく。次に，唐辛子に食塩を混合しながら素焼きのカメの中に入れて塩漬けする。塩漬けは48時間行なわれる。

(ウ) 晒し

塩漬けを終えた唐辛子をカメから取り出し，余分な水分を切ってから，ムシロの上に広げて晒しを行なう。晒しは唐辛子の表面の水分が乾燥し，色が灰白色になったところで終了する。

(エ) 蜂蜜の混合

晒しを終えた唐辛子をカメの中に入れ，唐辛子100kgに対し，3kgの割合で蜂蜜を混合し，均一に攪拌した後，48時間ほど漬け込む。

(オ) 醤油漬け

蜂蜜で漬けた唐辛子を別のカメに入れ直し，それに醤油を注ぎ入れる。醤油は漬け込まれた唐辛子よりも3〜5cm上まで浸るように入れる。醤油に漬け込んでいる間は，毎日1回攪拌を行ない，均一に漬かるようにする。晴れた日にはカメの蓋を開けた状態で日に晒し，夜間や雨天の日にはカメの蓋をしっかりと閉め，水分の侵入を防止する。そのまま1年間，漬け込むと唐辛子の色は黒くなり，製品が完成する。

(4) 製品の品質基準

(ア) 官能指標

色は黒色で光沢があり，味覚に優れ，塩味のバランスがとれたものが良い。また，カスや夾雑物がなく，大きさがそろっているものが良い。

(イ) 理化学指標

水分は70〜75％，食塩濃度は14〜16％，アミノ態窒素は0.25％以上であることが望ましいとされている。

12. 朝鮮族狗宝鹹菜（キキョウの根の醤油漬）

中国，東北地区の朝鮮族の人々が製造している漬物で桔梗根（キキョウの根）を原料としている。桔梗は多年生の草本植物で葉は卵形あるいは卵状針形を呈し，花は濃青あるいは濃紫色である。根部は大きくて太く，長さは35〜70cmである。根を乾燥させると漢方薬になる。1950年代，各地の製薬工場は朝鮮族の人々の漬物の原料として，乾燥した桔梗を北京の漬物工場に盛んに販売したことが伝えられている。

(1) 原料および補助原料

主な原料は桔梗根で，桔梗根100kgに対し，醤油80kg，粉唐辛子3kg，生姜（ショウガ）3kg，大蒜（ニンニク）3kg，砂糖1kg，胡麻（ゴマ）1kg，五香粉0.2kg，グルタミン酸ナトリウム20g

の配合割合で製造される。
(2) 製造工程
朝鮮族狗宝鹹菜の製造工程は**図11-12**に示すとおりである。

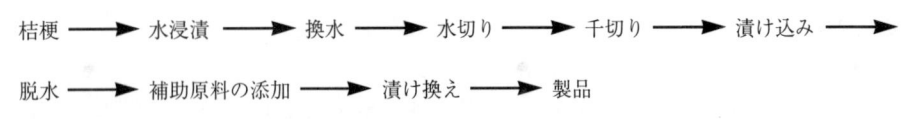

桔梗 ─→ 水浸漬 ─→ 換水 ─→ 水切り ─→ 千切り ─→ 漬け込み ─→

脱水 ─→ 補助原料の添加 ─→ 漬け換え ─→ 製品

図11-12 朝鮮族狗宝鹹菜の製造工程

(3) 加工方法
桔梗根を日光の下で晒した後，外皮を除去する。次に，きれいな水に1昼夜浸漬した後，桔梗根をザルに取り出し，水を切る。数本の太い釘を板に打ち付けた道具を利用して，桔梗根を千切りにし，さらにきれいな水に2～3日間浸漬する。浸漬中は毎日1回水を交換する。浸漬を終えたら，圧搾により脱水を行なう。圧搾率は25～30％である。脱水後は千切りした桔梗根をカメに入れ，補助原料を添加して漬け込む。

漬け込み後は毎日2回別のカメに漬け換えることによって撹拌を行ない，補助原料が均一に行き渡るようにする。5日間漬け込みを行なうと製品が完成する。歩留りは300～350％（干した桔梗根に対して）である。

(4) 製品の品質基準
(ア) 官能指標
製品は黄褐色で光沢があり，塩味と甘味のバランスがとれ，千切りの形状がそろっているものが望ましい。

(イ) 理化学指標
水分は65％以下，食塩濃度は8～10％，総酸は1％以下であるものが望ましいとされている。

13. 丹東盤香蘿蔔（ダイコン醤油漬）
丹東盤香蘿蔔は大根醤油漬の一種で，白大根を原料とし，塩漬け，切削，醤油漬けの主な工程を経て製造される。製品の形状に特徴がある漬物で多くの消費者に好まれている。

(1) 原料および補助原料
丹東盤香蘿蔔に使用する蘿蔔（大根）は白大根で日本で開発された品種である。現在，中国北方の多くの場所で栽培されている。この大根は水分に富み，大根の中では比較的長めである。また，外皮は白く，成長すると根の半分は地上に出る。白大根は「地八寸」あるいは「絆倒驢」とも呼ばれている。補助原料としては，食塩，醤油，食酢，赤唐辛子，生姜（ショウガ），大蒜（ニンニク）を使用する。

配合割合は大根100kgに対し，食塩20kg，食酢7kg，唐辛子0.7kg，醤油20kg，生姜0.7kg，ニンニク1kgである。

(2) 製造工程
丹東盤香羅蔔の製造工程は**図11-13**に示すとおりである。

白大根 → 両端の切断 → 洗浄 → 晒し → 塩漬け → 漬け換え →

切削 → 脱塩 → 水切り → カメに入れる → 補助原料添加 →

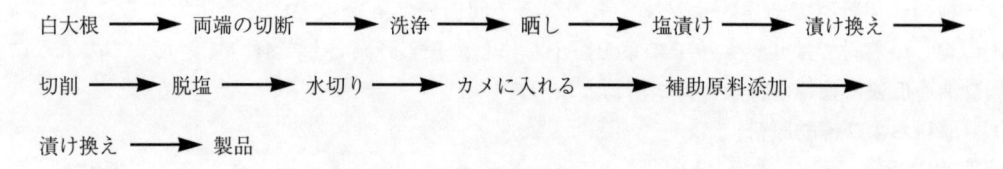

漬け換え → 製品

図11-13　丹東盤香蘿蔔の製造工程

(3) 加工方法
(ア) 原料処理

新鮮で形状が揃い，中空や損傷部のない白大根を選択する。両端，ひげ根などを除去し，きれいな水で洗浄してから，半日ほど，日光の下で晒しを行なう。

(イ) 塩漬け

前処理を終えた白大根をカメに入れ，速やかに塩漬けを行なう。塩漬けに先立ち，漬け込みタンクの底に一定量の食塩を撒いておく。次に大根を漬け込みタンクの底に入れ，さらにその上に食塩を撒いてから大根を漬け込む。このように大根と食塩を交互に漬け込む。漬け込みタンクが一杯になるまで漬け込んだら，大根の最上部に多めの食塩を撒き，さらに重石を載せる。なお，漬け込みには食塩の90％を使用し，残りの10％は別のカメに漬け換える際に使用する。翌日1度，別のカメに漬け換えながら撹拌を行ない，残りの10％の食塩を撒く。その後は，2～3日間に1回の割合で撹拌を行なう。20日間ほど塩漬けを行なうと下漬半製品が完成する。

(ウ) 醤油漬け

下漬けした大根を取り出し，包丁で花模様の形に切る。厚さは0.2～0.3cmにする。切削された大根は水に浸漬し，脱塩を行なう。脱塩時間は約3時間で，その間に2～3回水を入れ替える。脱塩した後は水を切り，1～2日間陰干しを行なう。唐辛子と生姜はみじん切り，ニンニクは押し潰してペースト状にする。それらを醤油，食酢と混合したものと脱塩した大根を一緒にカメに入れて漬け込む。2，3日目にそれぞれ1回，漬け換えを行なうことにより撹拌し，均一に漬かるようする。4日目には製品となる。

(4) 製品の品質基準
(ア) 官能指標

色は淡褐色で酸味，甘味，塩味のバランスが取れ，歯切れが良く，大きさが均一で揃っており，夾雑物がないものが良い。

(イ) 理化学指標

食塩濃度は10～12％，水分は75％以下，アミノ態窒素は0.2％以上のものが望ましいとされている。

14. 朝鮮族醤油地瓜秧（サツマイモづる醤油漬）

朝鮮族醤油地瓜秧は中国に居住する朝鮮族が製造している醤油漬の一種である。地瓜（サツマイモ）は別名，甘藷，紅薯，白薯，山芋とも呼ばれる。一年生あるいは多年生の草本植物で，つるは細長く地面の上を匍匐する。塊根の表皮は赤あるいは白色を呈しており，内部は淡黄色である。サツマイモは食品として直接食べる以外に，糖，澱粉に加工したり，エタノールの発酵原料としても利用される。地瓜秧はサツマイモのつるで栄養成分は多く，100gのつるの中には水分90g，蛋白質2.8g，脂質0.8g，炭水化物4.1gを含み，熱量は35kcalである。この他に，カルシウム16mg，リン24mg，鉄2.3mg，カロチン6.4mg，ニコチン酸0.07mg，ビタミンC32mgを含んでいる。地瓜

蔓は一種の代用野菜である。サツマイモのつるを間引いても塊根の成長を阻害することはない。中国の貧しい農村ではサツマイモの葉を陰干しにし，長年野菜として食べていた。このように朝鮮族醤油地瓜秧は独特の特徴を持つ漬物となっている。

(1) 原料および補助原料

地瓜秧100kgに対し，食塩10kg，醤油10kg，粉唐辛子1kg，大豆油，グルタミン酸ナトリウムが少量使用される。

(2) 製造工程

朝鮮族醤油地瓜秧の製造工程は図11-14に示すとおりである。

地瓜秧 ⟶ 陰干し ⟶ 塩漬け ⟶ 醤油漬け ⟶ 製品

図11-14 朝鮮族醤油地瓜秧の製造工程

(3) 加工方法

新鮮で柔らかい地瓜秧を選択し，葉を除去した後，通風の良い所で1日陰干しにしてから約10cmの長さに切り，カメに入れて塩漬けを行なう。塩漬けは地瓜秧と食塩を交互に漬け込んだ後，重石を載せる。漬け込みは1週間行なうが，その間，毎日1回撹拌し，均一に漬かるようにする。

塩漬けを終えたら，地瓜秧をカメから取り出し，きれいな水に浸漬し，脱塩を行なう。脱塩は2日間行なう。その間，適時水を換えるが，その際には地瓜秧を絞ってアクを除去する。次に，醤油，大豆油を混合し，一旦沸騰するまで加熱し，この中に地瓜秧を入れ，常に撹拌しながら20分間ほど茹でる。その後，外に取り出して余分な調味液を切り，冷暗所で乾燥させる。醤油漬けし乾燥させたものに粉唐辛子，グルタミン酸ナトリウムを混合すると製品が完成する。

(4) 製品の品質基準

(ア) 官能指標

製品の色は赤褐色で適度な辛味があるものが良い。

(イ) 理化学指標

食塩濃度は10〜12％，水分は80〜83％であることが望ましいとされている。

15. 朝鮮族醤油辣土豆（ジャガイモ醤油漬）

朝鮮族醤油辣土豆は朝鮮族の人々が好む漬物の1つである。この漬物は家庭で漬けられることが多く，工場で大量に作られることはない。

(1) 原料および補助原料

原料となる直径3〜5cmの小さなジャガイモ100kgに対し，補助原料として醤油40kg，干し唐辛子5kg，生姜千切り2kg，グルタミン酸ナトリウム100gの配合割合で製造される。

(2) 製造工程

朝鮮族醤油辣土豆の製造工程は図11-15に示すとおりである。

ジャガイモ ⟶ 洗浄 ⟶ 茹でる ⟶ 漬け込み ⟶ 製品

図11-15 朝鮮族醤油辣土豆の製造工程

(3) 加工方法

外皮を取らないようにジャガイモを良く洗浄する。醤油を沸騰するまで加熱し，その中に干し唐辛子，生姜千切り，ジャガイモを入れ，さらにジャガイモの上まで浸るように湯を加える。その後，弱火でゆっくりと加熱するが，その際，外皮が破れないように注意する。醤油などの味が十分にジャガイモに浸透したら，ジャガイモと醤油液をカメに入れて冷却し，グルタミン酸ナトリウムを加えて撹拌する。そのまま，1週間ほど漬け込むと製品が完成する。

(4) 製品の品質基準

(ア) 官能指標

味覚が良好で塩味のバランスがとれているものが良い。

(イ) 理化学指標

食塩濃度は10～12％，水分は60～65％であることが望ましいとされている。

16. 朝鮮族鹹紫蘇葉（シソの葉の醤油漬）

朝鮮族鹹紫蘇葉は朝鮮族が好む漬物の1つである。紫蘇（シソ）は一年生の草本植物で，茎は方形，葉は卵形で緑褐色である。花は薄紫色をしており，小さな種子を着ける。この種子を圧搾することにより，油を得ることができる。葉は柔らかく，そのまま食することができる。また，葉，種子は漢方薬としても利用され，咳を鎮め，胃を良くし，利尿を促進する効果がある。紫蘇の栄養成分は豊かで，紫蘇100gの中にカロチン9.09mg，蛋白質3.8g，脂質1.3g，糖6.4gを含み，熱量は52kcalである。

この他にも，カルシウム3mg，鉄23mg，ビタミンC47mg，チアミン0.03mg，ビタミンB_2 0.35mg，ニコチン酸1.3mgを含んでいる。このように，朝鮮族鹹紫蘇葉は独特な風味のほかに高い栄養分を持っている。朝鮮族の人は家庭で訪問者をもてなすときにも，この朝鮮族鹹紫蘇葉を振る舞うことがある。

(1) 原料および補助原料

朝鮮族鹹紫蘇葉の製造には，原料として新鮮な紫蘇葉100kgに対し，醤油60kg，グルタミン酸ナトリウム100g，ニンニクペースト500gを用いて製造する。好みによって粉唐辛子を加えることがある。

(2) 製造工程

朝鮮族鹹紫蘇葉の製造工程は図11-16に示すとおりである。

紫蘇葉 ⟶ 洗浄 ⟶ 晒し ⟶ 蒸煮 ⟶ 水切り ⟶ 補助原料の添加 ⟶ 浸漬 ⟶ 製品

図11-16 朝鮮族鹹紫蘇葉の製造工程

(3) 加工方法

新鮮で柔らかい紫蘇の葉を摘み，水で洗浄した後，日光の下で葉が少し萎（しお）れるまで晒す。晒した紫蘇の葉を鍋に入れて，約20分間ほど蒸してから取り出し，熱が取れたら，醤油，グルタミン酸ナトリウム，ニンニクペースト，粉唐辛子を混ぜ合わせ，2日間ほど経過すると食べることができる。

(4) 製品の品質基準
(ア) 官能指標
製品は緑褐色で塩味のバランスがとれており，良好な紫蘇の香気を有しているものが良い。
(イ) 理化学指標
食塩濃度は8～10％，水分は75～80％，アミノ態窒素は0.2％以上であることが望ましいとされている。

17. 朝鮮族鹹辣椒葉（トウガラシの葉の醤油漬）

新鮮で柔らかい唐辛子の葉は多くの葉緑素を含んでおり，それらを塩漬けにすることにより独特の風味を持つ漬物を製造することができる。近年，北京や天津においても製造されるようになり，その多くは日本へ輸出されている。中国では，東北地方に住んでいる朝鮮族の人々がこの漬物を好んで作っている。

本漬物は家庭で加工される場合と工場で大量に加工される場合がある。

家庭での加工方法は次のとおりである。新鮮で柔らかい唐辛子の葉を摘み，水で洗浄後，鍋の湯の中でサッと茹で，直ちに冷水で冷却する。水分をきれいに切ってから醤油に浸し，粉唐辛子，生姜（ショウガ），葱（ネギ），グルタミン酸ナトリウムなどの調味料を加える。毎日1回撹拌し，5～7日間漬けた後，炒った胡麻を入れて食べる。

以下は工場での製造方法について記述する。

(1) 原料および補助原料
朝鮮族鹹辣椒葉の製造には，原料として新鮮な唐辛子葉100kgに対し，食塩30kgを使用する。

(2) 製造工程
朝鮮族鹹辣椒葉の製造工程は**図11-17**に示すとおりである。

唐辛子葉 ⟶ 検査 ⟶ 洗浄 ⟶ 食塩の混合 ⟶ 漬け込み ⟶ 製品

図11-17 朝鮮族鹹辣椒葉の製造工程

(3) 加工方法
唐辛子の上半部の新鮮で柔らかい緑葉を選ぶ。葉は厚く，虫害，硬い葉柄，唐辛子の花，汚染などがないものを用いる。唐辛子葉を工場に搬入後，重量を測定し水で洗浄した後，唐辛子葉の20％の食塩を混合し漬け込みタンクに入れ，表面に残りの10％の食塩を撒き，塩漬けを行なう。表面には重石を載せる。1か月ほど漬け込むと製品が完成する。なお，歩留りは約88％である。

(4) 製品の品質基準
(ア) 官能指標
製品は濃緑色で塩辛味のバランスがとれているものが良い。
(イ) 理化学指標
食塩濃度は18～20％，水分は70％以下であることが望ましいとされている。

18. 榨菜蘿蔔（ダイコン醤油漬）

榨菜蘿蔔は蘿蔔（大根）を原料とし，製造方法が榨菜を真似たことからこの名がある。

(1) 原料および補助原料

榨菜蘿蔔の製造には原料として新鮮な大根を使用する。大根にはスの入ることが少ない象牙白蘿蔔を使用する。この大根100kgに対し，食塩14〜18kgを用いて塩漬けを行なう。

製品は，塩漬大根100kgに対し，醬油5kg，山椒（サンショウ）50g，小茴香（ショウライキョウ）50g，白砂糖12kg，黄酒2kg，唐辛子ペースト2.5〜3kg，グルタミン酸ナトリウム0.2kg，安息香酸ナトリウム0.1kgの配合割合で製造される。

(2) 製造工程

榨菜蘿蔔の製造工程は**図11-18**に示すとおりである。

(1) 塩漬け

大根 ⟶ 洗浄 ⟶ 1次塩漬け ⟶ 2次塩漬け ⟶ カメを密閉・貯蔵 ⟶

下漬半製品

(2) 調味漬け

下漬半製品 ⟶ 切削 ⟶ 脱塩 ⟶ 脱水 ⟶ 調味液漬け ⟶ 撹拌 ⟶ 製品

図11-18 榨菜蘿蔔の製造工程

(3) 加工方法

(ア) 塩漬け

新鮮な大根をきれいな水で洗浄してから塩漬けを行なう。100kgの大根に対し，5kgの食塩を用いる。塩漬けに先立ち，カメの底に一定量の食塩を撒いておく。次に大根をカメの底に入れる。さらにその上に食塩を撒いてから大根を漬け込む。このように大根と食塩を交互に漬け込んでいく。漬け込み後は2日ごとに撹拌し，均一に漬かるようにする。1週間漬けた後，一旦カメから塩漬大根を取り出し，別のカメに移し換えて2度目の塩漬けを行なう。2度目は100kgの塩漬大根に対し，12kgの食塩を用いる。漬け込み方法は1度目の塩漬けと同じ方法で行ない，撹拌は6〜7日ごとに1回行なう。食塩が全て溶解したら，しっかりと押し，塩漬けしたまま貯蔵する。

(イ) 切削，脱塩，脱水

榨菜蘿蔔を製造するには，貯蔵しておいた塩漬大根を花形に切削し，薄い食塩水を用いて脱塩する。具体的には塩漬大根100kgを花形に切削してから，6°Béの食塩水に2〜4時間浸漬し，その後，圧搾して脱水する。塩漬大根100kgは脱塩・脱水により約50kgになる。

(ウ) 調味液漬け

予め，五香汁と調味液を準備する。五香汁の調製方法は次のとおりである。山椒，小茴香を3〜4時間ほど水に浸漬してから，30分間沸騰させ風味成分を煮出す。その後，濾過により残渣を除いたものが，五香汁となる。また，調味液は，一旦，醬油を沸騰するまで加熱してから，冷ましておく。冷ました醬油に白砂糖，黄酒，グルタミン酸ナトリウム，安息香酸ナトリウムを配合比に従って加えると調味液が完成する。この調味液に先の五香汁および唐辛子ペーストを混合してよく撹拌したものを，脱水した下漬大根と合わせて撹拌する。その後，毎日，朝晩2回の撹拌を2〜3日続けると製品が完成する。

(4) 製品の品質基準

(ア) 官能指標

製品は黄褐色でエステル香を含む香気があり，辛味と甘味を有し，形状が揃っているものが良

い。
　(ｲ)　理化学指標
　食塩濃度は8～10％，水分は65～70％であることが望ましいとされている。

19. 五香熟芥（カブ醤油漬）

　五香熟芥は中国北方地域の伝統的な漬物の1つで，主に天津や北京で製造されている。この製品は比較的軟らかい漬物であることから高齢者が食べるのに適している。良質の塩漬けした水芥菜（根用芥菜（カブ）の一種）を脱塩した後，山椒（サンショウ），大茴香（ダイウイキョウ），桂皮（けいひ），小茴香などの五香料を加え，鍋で加熱することによって作られている。

(1) 原料および補助原料

　塩漬水芥菜100kgに対し，補助原料として醤油50kg，塩漬け液50kg，桂皮（シナモン）0.2kg，山椒0.1kg，大茴香0.1kg，小茴香0.1kgの配合割合で製造される。秋冬に水芥菜を塩漬けし，翌年の春夏に製品の原料として使用する。

(2) 製造工程

　五香熟芥の製造工程は図11-19に示すとおりである。

塩漬水芥菜 ──→ ひげ根の除去 ──→ 洗浄 ──→ 水切り ──→ 鍋で茹でる ──→

カメに移し換える ──→ 調味液に浸漬

図11-19　五香熟芥の製造工程

(3) 加工方法

　大きさの揃った塩漬水芥菜のひげ根をきれいに除去してから，水洗浄する。洗浄後，余分な水気を切って鍋に入れる。次に，配合比に従って，醤油，塩漬け液（塩漬けに使った残りの液），および五香料を加える。五香料は布袋に入れ，入り口をしっかりと紐で結んだ状態で使用する。原料や補助原料を鍋に入れた際は，水芥菜の上9cm程度まで液汁が入った状態にしておく。次に強火で鍋を沸騰させてから，弱火で続けて1時間ほど加熱し，火を止め，約2時間そのまま放置する。その後，鍋の中から水芥菜などを形が崩れないように丁寧にカメに移し換える。鍋に残っている調味液を次にカメに移し，3，5日間ほど漬け込むと製品となる。歩留りは約90％（塩漬水芥菜に対して）である。

　鍋で加熱する際は，火加減には十分注意する必要がある。

(4) 製品の品質基準

　(ｱ)　官能指標

　製品は黒褐色で五香料の香気が濃く，適度な塩味があり，肉質は軟らかいものが良い。

　(ｲ)　理化学指標

　食塩濃度は13～14％，水分は70～75％，アミノ態窒素は0.25％以上であることが望ましいとされている。

20. 三鮮菜（混合野菜の醤油漬）

　三鮮菜は庶民的な漬物の1つで主に北京で製造されている。塩漬大根，塩漬人参，塩漬青唐辛子の3種類の塩漬野菜を主に使用することから三鮮菜の名がある。三鮮菜に使う原料野菜の質は

あまり高くない。それは，他の高級漬物の切り屑などを利用しているからである。したがって，製造工程も簡単なので低価格の大衆向けの漬物となっている。以前は，建築現場や食堂で働いている労働者達が好んで食べていたが，現在のように生活レベルが上昇したなかでは，次第にこのような漬物が食べられなくなってきた。しかし，歴史のある漬物であることには変わりがない。

(1) 原料および補助原料

塩漬大根84kg，塩漬人参11kg，塩漬青唐辛子5kg，醤油20kg，再醤油（1度醤油漬けに使用した醤油）20kgの割合で製造する。

(2) 製造工程

三鮮菜の製造工程は図11-20に示すとおりである。

塩漬大根・塩漬人参 ⟶ 洗浄 ⟶ 千切り ⟶ カメに入れる ⟶

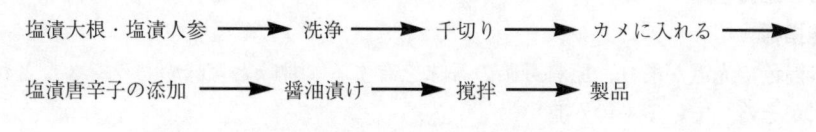

塩漬唐辛子の添加 ⟶ 醤油漬け ⟶ 撹拌 ⟶ 製品

図11-20　三鮮菜の製造工程

(3) 加工方法

塩漬大根，塩漬人参のひげ根を除去し，きれいな水で洗浄してから切削機で千切りにし，カメに入れる。次に，塩漬青唐辛子を加えてさらに混合し，再醤油に漬ける。その後は，毎日1回カメを移し換えることによって撹拌を行ない，約1週間漬け込むと製品が完成する。なお，製品を取り出した後の醤油は次に製造する三鮮菜の再醤油として使用する。

(4) 製品の品質基準

(ア) 官能指標

製品は大根の黄褐色の間に人参と青唐辛子の赤と緑色がバランス良く混ざっており，夾雑物や異味のないものが良い。

(イ) 理化学指標

食塩濃度は14～16％，水分は70～75％，アミノ態窒素は0.2％以上であることが望ましいとされている。

21．辣醤芥（カブ醤油漬）

辣醤芥は北京の大衆向けの漬物の1つである。1970年代に製造が始まった。塩漬水芥菜を原料とし，切削，脱塩，脱水の後に醤油，グルタミン酸ナトリウム，サッカリン，粉唐辛子などの補助原料を添加して漬けられたものである。この製品は甘味があり，多くの消費者に好まれている。

(1) 原料および補助原料

大きさが揃った（1つの重さは150g以上）塩漬水芥菜を選択し，原料とする。この塩漬水芥菜100kgに対し，醤油50kg，粉唐辛子0.5kg，グルタミン酸ナトリウム0.1kg，サッカリン10gを使用する。

(2) 製造工程

辣醤芥の製造工程は図11-21に示すとおりである。

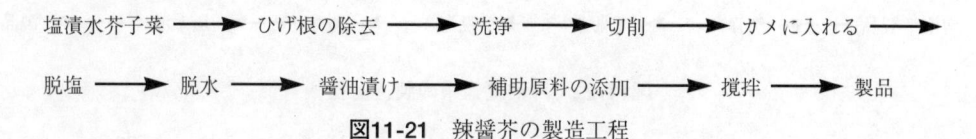

塩漬水芥子菜 ⟶ ひげ根の除去 ⟶ 洗浄 ⟶ 切削 ⟶ カメに入れる ⟶

脱塩 ⟶ 脱水 ⟶ 醤油漬け ⟶ 補助原料の添加 ⟶ 撹拌 ⟶ 製品

図11-21　辣醤芥の製造工程

(3) 加工方法

塩漬水芥葉のひげ根を除去し，円盤型切削機で厚さが約0.5cmの薄切りにする。ただし，薄切りは野菜を切り離さないで，両面から切れ目は入れるが中心部では繋がっているようにして切る。切削後，カメに入れて水を注ぎ，脱塩を行なうが，水の割合は100kgの塩漬水芥菜に対し，150kgである。脱塩は24時間行なうが，脱塩中は時々，撹拌して脱塩を促進させる。2日目には一旦水を換える。脱塩後の食塩含量は約8％になる。脱塩したものは晒し作業によって脱水させるが，大体30～40％の水分を取り除く。脱水後は，カメに入れて醤油，粉唐辛子，グルタミン酸ナトリウム，サッカリンなどの補助原料を加えて漬け込む。毎日1回撹拌を行ない，均一に漬かるようにする。7～10日間の漬け込みを行なった後，製品が完成する。

(4) 製品の品質基準

(ア) 官能指標

製品は赤褐色で光沢があり，原料野菜の香味を有する。甘味と塩味のバランスがとれており，また，形状がそろっているものが良い。

(イ) 理化学指標

食塩濃度は10～12％，水分は65～70％，アミノ態窒素は0.25％以上であることが望ましいとされている。

22. 辣油蘿蔔糸（千切りダイコン醤油漬）

辣油蘿蔔糸は大根を原料として塩漬けした後，千切りにし，脱塩，脱水などの工程を経て，醤油漬けを行なう。醤油漬けの際は，併せて胡麻（ゴマ）油，グルタミン酸ナトリウム，胡麻，白砂糖，唐辛子ペーストなどの補助原料を使用して漬け込む。大根は各地で作られていることから，本漬物も多くの場所で製造されている。

(1) 原料および補助原料

辣油蘿蔔糸の原料には上部が青く，身が白い大根を使用する。これらの大根は俗に「露八分」と呼ばれている。あまり硬くなく，中空などがないものを選択する。また，大根の重さは0.5kg以上のものを使用する。配合割合は生大根100kgに対し，食塩16kgを使用する。

塩水漬けは塩漬大根100kgに対し，醤油50kg，白砂糖8kg，唐辛子ペースト5kg，胡麻1kg，胡麻油1kg，グルタミン酸ナトリウム0.5kg，糖桂花（キンモクセイの花の砂糖漬）2kg，黄酒2kg，サッカリン15g，生姜（ショウガ）千切り2kg，安息香酸ナトリウム100gの配合割合で製造する。

(2) 製造工程

辣油蘿蔔糸の製造工程は図11-22に示すとおりである。

(1) 大根の塩漬け

大根 ⟶ 整形 ⟶ 洗浄 ⟶ 塩漬け ⟶ 撹拌 ⟶ 塩漬半製品

(2) 塩水漬け

塩漬半製品 ⟶ 洗浄 ⟶ 千切り ⟶ 脱塩 ⟶ 脱水 ⟶ 塩水漬け ⟶ 製品

図11-22 辣油蘿蔔糸の製造工程

第2節 各地の醤油漬菜

(3) 加工方法
(ア) 塩漬け
　生大根のひげ根などを除去し，水洗浄した後，漬け込みタンクに入れて塩漬けを行なう。100kgの大根に対して16kgの食塩を用いて，食塩と大根を交互に重ねて塩漬けを行なう。常法どおり下部は少なめに上部には多めに食塩を使用する。漬け込みタンクが一杯になったら，翌日から毎日1回タンクの内部を撹拌し，食塩が均一に浸透するようにする。食塩が溶解した後は，2日ごとに撹拌を行なう。1週間経過後は3日ごとに撹拌を行なう。1か月間，塩漬けを行なったら，塩漬けは完成するので表面を封じて必要な時期まで貯蔵する。

(イ) 切削および脱塩・脱水
　貯蔵しておいた塩漬大根を取り出して，水で洗浄してから，切削機で厚さが約2mmの千切りにする。長さは特に指定しない。次は，脱塩であるが，きれいな水の入ったカメに千切りした塩漬大根を入れる。塩漬大根の千切りと水の比は大体1：1.5である。脱塩は2〜4時間行なうが，その間，2回ほど水を取り換える。脱塩後の食塩濃度が約8％になるようにする。脱塩後は脱水を行なう。100kgの塩漬大根から25〜30kgの脱水した大根の千切りを得るようにする。脱水後は大根の千切りをほぐしながらカメに入れる。

(ウ) 塩水漬けに使用する補助原料の調製
　醤油を100℃に加熱し，その中に白砂糖，安息香酸ナトリウムを加え，溶解させる。さらに，唐辛子ペースト，生姜千切り，グルタミン酸ナトリウム，胡麻油などの補助原料を添加し，均一に撹拌する。この醤油調味液を脱塩した大根千切りを入れたカメに注ぎ入れる。均一に撹拌した後，毎日午前，午後の2回撹拌を行ない，7日間ほど継続すると製品が完成する。歩留り（塩漬け大根に対して）は70〜75％である。

(4) 製品の品質基準
(ア) 官能指標
　製品は赤褐色で光沢があり，大根の香味とわずかなエステル香を有する。甘味と塩味のバランスがとれており，また，千切りの太さがそろっているものが良い。

(イ) 理化学指標
　食塩濃度は12〜14％，水分は60〜65％，アミノ態窒素は0.25％以上であることが望ましいとされている。

23. 紫香蘿蔔干（切干しダイコン醤油漬）

　紫香蘿蔔干（大根の切干し）は略して「紫香干」とも言う。塩漬大根を原料とし，脱塩，脱水した後，醤油漬けし，さらに調味酒，桂花（キンモクセイの花）などの補助原料を添加して製造する。この漬物は半乾燥した製品であることから，保存性に富む漬物となっている。

(1) 原料および補助原料
　原料には塩漬けした二纓子あるいは露八分を使用するが，比較すると二纓子蘿蔔の方が適している。醤蘿蔔の不合格品を利用しても良い。
　塩漬大根100kgに対し，醤油50kg，白砂糖1kg，サッカリン15g，桂花0.1kg，調味酒0.4kg，安息香酸ナトリウム20gの配合割合で製造される。

(2) 製造工程
　紫香蘿蔔干の製造工程は**図11-23**に示すとおりである。

塩漬大根 ⟶ 洗浄 ⟶ 拍子木切り ⟶ 脱塩 ⟶ 圧搾・脱水 ⟶

醤油漬け ⟶ 撹拌 ⟶ カメから取り出す ⟶ 晒し ⟶

カメに入れる ⟶ 補助原料の添加 ⟶ 密封 ⟶ 製品

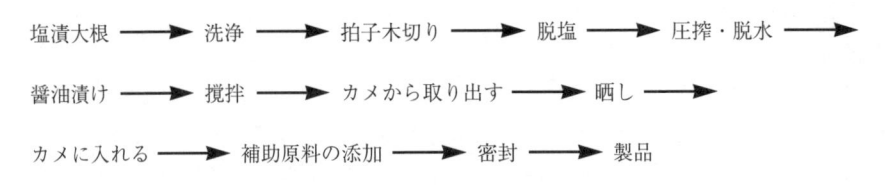

図11-23　紫香蘿蔔干の製造工程

(3) 加工方法

塩漬大根のひげ根を除去し，水洗浄を行ない，長さが6〜8cm，幅が0.8cmの拍子木に切る。次に，カメの中に入れ，脱塩を行なう。塩漬大根と水の比は約1：1.5である。1昼夜浸漬し，その間，1回水を換える。脱塩後圧搾機で50％程度の脱水を行なう（100kgの塩漬大根から脱水した大根50kgを得る）。脱水後はカメに入れ，醤油を加えて浸漬する。毎日1回，撹拌を行ない，7日間漬け込んでからカメから取り出す。取り出した大根は晒しによって乾燥させる。晒しは重量が約65％になるまで行なう。晒した大根はカメに入れ，さらに補助原料を加える。補助原料は白砂糖，サッカリン，安息香酸ナトリウムを醤油に入れた後，沸騰させて溶解させたものである。大根と補助原料を混合した後はプラスチック製フィルムで表面を封じて製品とする。歩留り（塩漬大根に対して）は約60％である。

(4) 製品の品質基準

(ア) 官能指標

製品は黒褐色で光沢があり，桂花の香気を有する。甘味と塩味のバランスがとれており，夾雑物がなく，形状がそろっているものが良い。

(イ) 理化学指標

食塩濃度は12〜13％，水分は65〜70％，アミノ態窒素は0.25％以上であることが望ましいとされている。

24. 台湾醤瓜（ウリ醤油漬）

台湾醤瓜は瓜を原料に塩漬け，切削，圧搾などの工程を経て，醤油あるいは諸味（もろみ）に漬けて製造される。調味の主体は醤油である。

製品の瓜の硬さによって加工方法が少し異なる。すなわち，製品を硬い瓜にする場合は生瓜を塩漬けにした後，通常の醤油に浸漬するが，製品を軟らかい瓜にする場合は塩漬けした後，発酵作用のある諸味あるいは生醤油に浸漬することによって軟らかくする。

(1) 加工方法

(ア) 原料の選択

虫害のあるもの，奇形のもの，過熟の瓜や傷のある瓜を除去して，正常なものだけを選択する。

(イ) 洗浄および前処理

原料の瓜を水で1度洗浄し，大きな瓜は半分に切り，種子を取り除く。小さな瓜は木棒で瓜の両端に孔を開けておく。これは食塩水の浸透を良くするためである。

(ウ) 塩漬け

瓜を塩漬けするのは，瓜に含まれる水分を減少させ，保存性を高めるためである。したがって，食塩の量は製品の必要な貯蔵期間の長さによって決められる。先に少量の食塩で瓜に含まれる水分の大部分を除き，さらに食塩を加えて保存する。通常の食塩使用量は瓜の重量の15〜20％であ

第2節 各地の醤油漬菜

る。塩漬けの際は，食塩を瓜の表面にまぶし，よく揉むことにより食塩の浸透を促進させることができる。塩漬けはカメあるいは漬け込みタンクで行なうが，瓜を漬けた上部に押し蓋を置き，その上に重石を載せて漬け込む。押し蓋より上に揚がり塩水があれば長期に保存することができる。

(エ) 脱　塩

塩漬けして貯蔵していた瓜を必要な時に取り出して醤瓜を製造するが，醤油に漬ける前に脱塩を行なう。塩漬瓜をカメに入れ，瓜の重量の4倍量の水を使って脱塩する。脱塩にかかる時間は約5時間で，食塩濃度が5％程度になるまで行なう。なお，軟らかい瓜の製品を作る場合は食塩濃度が約8％になるまで脱塩を行なう。

(オ) 圧　搾

脱塩した後，瓜を圧搾機に入れ，徐々に瓜を圧搾し，瓜を手で掴んだときに余分の水が出なくなるまで圧搾する。

(カ) 硬い台湾醤瓜の製造法

醤油に白砂糖，グルタミン酸ナトリウム，少量の香料を加えて調味液を調製し，それに圧搾した瓜を漬ける。1日漬け込んだら取り出して包装し，製品とする。

なお，次に調味液の配合例を示す。

圧搾した瓜10kgに対し，醤油5kg，白砂糖1kg，グルタミン酸ナトリウム4g，少量の香料。

(キ) 軟らかい台湾醤瓜の製造法

最初にカメの底に1層の諸味を入れ，次に圧搾した瓜を1層になるように入れる。諸味と瓜をこのように交互に入れ，カメが一杯になるまで入れて漬け込む。最上部には諸味を入れ，蓋で覆ってから晒す。晒しの際は，虫害や雨の侵入を防ぐことが大切である。瓜を諸味の中で約1か月漬け込むと次第に軟らかくなり，製品が完成する。製品は包装して販売する。生醤油に漬け込む場合も諸味に漬け込む方法と同様にして行なう。

(ク) 包　装

製品は木製あるいはガラス容器に入れる。ガラス容器の場合は，容器に一杯になるまで入れた後，軽く蓋をし，75℃の熱水で約30分間（容器の大きさによって異なる）脱気する。脱気後，蓋を閉め，80℃の熱水で約15分間加熱して殺菌することにより長期に保存できる。

25. 台湾福神菜（福神漬）

台湾福神菜は日本の福神漬に類似した漬物で，多種類の塩漬野菜を脱塩，脱水後，醤油に漬け込んだものである。台湾福神菜は7種類の野菜を配合して製造される。これは七福神に因んだ名称である。台湾福神菜は塩漬野菜を貯蔵したものを使用して製造される。製品は薄く小さく切った野菜を混合したもので，多数の果実，茎菜，根菜から成り，風味にも富んだ漬物である。

(1) 加工方法

(ア) 野菜の選択

原料野菜は虫害や腐敗部分のないものを選択する。原料には大根，蕪（カブ），瓜，笋（タケノコ），茄子（ナス），蓮根（レンコン），紫蘇（シソ），生姜（ショウガ），刀豆（ナタマメ），黄瓜（キュウリ）などが使用される。

(イ) 洗浄

泥土や昆虫などの夾雑物を除去するために洗浄を行なう。

(ｳ) **切削**

大根, 笋, 蕪, 瓜, 蓮根など, 形が大きい野菜原料は塩漬けする前にいくつかに切り分け, あるいは半分に切り開いて均一に塩漬けが行なわれるようにする。

(ｴ) **塩漬け**

野菜原料はそれぞれ15～20％の食塩でカメに入れて漬け込む。食塩で漬ける場合, 数回に分けて食塩を加えていくこともある。

表11-1 福神漬の各種野菜の配合例

野菜	配合量(kg)	野菜	配合量(kg)
瓜	35	茄子	15
大根	35	蕪	10
笋	15	蓮根	5
生姜	2.5	紫蘇	1

(ｵ) **配合**

野菜の配合は製造業者によって多少異なるが, 一般的なものは**表11-1**のとおりである。

(ｶ) **切削**

切削機を用いて厚さが約2mm, 大きさは野菜によって異なるが, 通常1～2cmにする。厚さはなるべく同じにする。

(ｷ) **調味液の調製**

100kgの製品に必要な調味液の調製は次のようにする。

醤油45kg, 白砂糖7kg, グルタミン酸ナトリウム180gを使用する。最初に醤油を沸騰するまで加熱し, 白砂糖およびグルタミン酸ナトリウムを加えて溶解させ, その後, 自然に冷却してから使用する。

(ｸ) **脱塩, 圧搾**

薄く切った各種野菜原料をカメに入れ, きれいな水を加えて脱塩を行なう。脱塩時間は約半日である。その後, 圧搾機に野菜を入れて, ゆっくりと圧搾する。圧搾は100kgの野菜原料が約33kgになる程度まで行なう。

(ｹ) **調味**

圧搾により十分に脱水した野菜原料を調味液に浸漬するので, 短時間のうちに調味液を吸収する。したがって, 野菜を調味液に浸漬する時間は1日で終了する。

(ｺ) **包装**

包装は缶詰あるいは瓶詰にされるのが一般的である。台湾では通常, 扁平の4号缶（No. 4 Flat）が使われ, 140gの野菜と60gの調味液を入れて製造されている。

第12章　清水漬菜・塩水漬菜

第1節　清水漬菜の製造工程

　清水漬菜は葉菜を原料とし，食塩を用いることなく，清水（水）に漬け込み発酵させて作る漬物である。

　清水漬の方法には，野菜を生のまま水に漬ける「生漬」と，野菜をブランチングしてから水に漬ける「熟漬」がある。

　清水漬に分類される漬物としては「酸白菜」と呼ばれる漬物が1種類あるだけである。清水漬は乳酸発酵を利用した漬物で，生成された乳酸により有害微生物の増殖を抑制している。

　製造方法そのものは比較的簡単である。原料野菜を洗浄してから，直接カメに入れ（あるいは，ブランチングしてから直ちに冷水で冷却し，カメに入れる），押し蓋をした後，重石を載せて冷水を注ぐ。野菜汁が出るようになると，野菜汁中の糖分を利用して乳酸発酵が進行する。こうして，酸菜が（発酵漬物）完成する。

　出来上がった酸菜は必ず低温保存する必要がある。そうしないとすぐに腐敗してしまうことになる。

1．酸白菜（ハクサイの発酵漬物）

　酸白菜は中国東北部や華北地方で製造されている。酸白菜を製造している地域は冬が長いので，野菜を生で長く保存しておくことが困難である。しかし，酸白菜のように野菜を乳酸発酵させることにより，保存性を高めることができる。

　この方法で製造された酸白菜は約半年間は保存することが可能である。酸白菜の製造方法は比較的簡単で，補助原料を必要としない。酸白菜は工場でも生産されるが，家庭で作られている場合の方が多い。

　酸白菜は食べるときにカメから取り出して，洗浄し，その後，炒めたり煮たりして食べるのが一般的である。酸白菜の製造方法には生漬と熟漬の2つの方法がある。

(1) 原料および補助原料

　酸白菜の原料は白菜（約1kgのもの）を用い，比較的柔らかくて外葉が白く，虫害のないものを選択する。

(2) 製造工程

　酸白菜の製造工程は**図12-1**に示すとおりである。

(3) 加工方法

　白菜の茎，根を切り落とし，外菜を除去する。なお，白菜の重さが1kgを超える場合は2つ割りとし，2kgを超えるものは4つ割りにする。次に水でよく洗浄し，泥土や夾雑物を取り除く。

(1) 生漬酸白菜

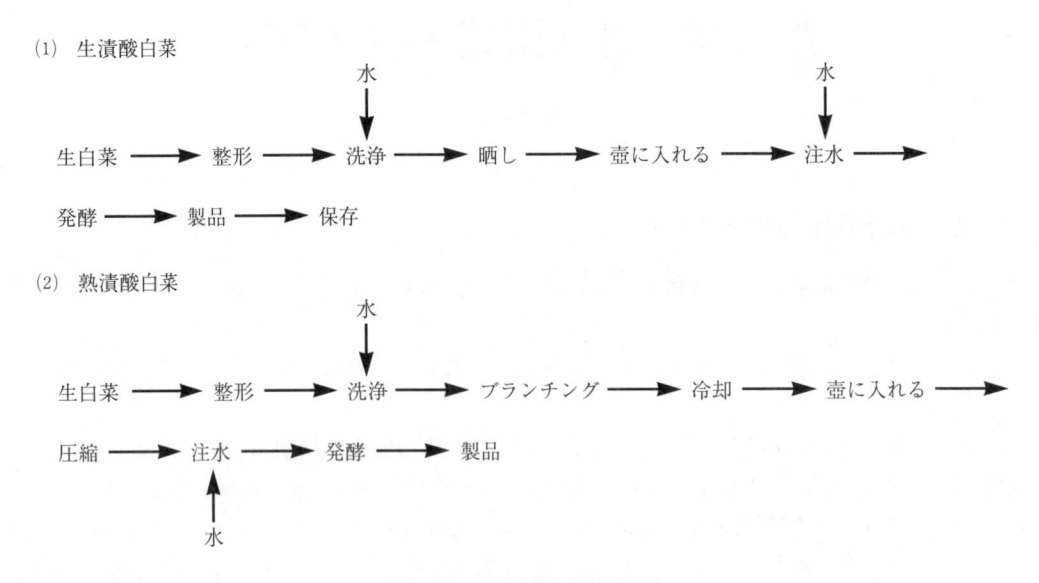

生白菜 → 整形 → 洗浄(←水) → 晒し → 壺に入れる → 注水(←水) →

発酵 → 製品 → 保存

(2) 熟漬酸白菜

生白菜 → 整形 → 洗浄(←水) → ブランチング → 冷却 → 壺に入れる →

圧縮 → 注水(←水) → 発酵 → 製品

図12-1　酸白菜の製造工程

そして，このまま漬けると生漬であるが，熟漬の場合は洗浄した白菜をブランチングする。ブランチングは鍋に沸かした湯に白菜を根元から徐々に入れるようにする。ブランチングの時間は約2分間で，外側の葉が透明感のある乳白色を呈するようになったら，鍋から取り出して直ちに水の中に入れて冷却する。

生漬の場合は洗浄後のものを，熟漬の場合はブランチング後，冷却したものをカメに並べ入れる。白菜をカメの中に並べる方法は，1層を葉先を同方向に並べてから，その上には葉先を逆方向にして並べる。カメが白菜で一杯になったら，表面に押し蓋を置き，その上に重石を載せる。重石の重さは白菜重量の約15％が適当である。次に，白菜の表面から10cmほど上になるまで水を注ぎ入れる。その後は，カメの中で約20日間，乳酸発酵を行なうと製品となる。

生漬の場合は熟漬のようにブランチングを行なう必要はないが，原料の白菜を洗浄した後，日光の下で2～3時間ほど晒し（干し）てから，カメに入れて発酵させる。

(4)　**製品の品質基準**
(ｱ)　**官能指標**
色は透明感のある乳白色で，光沢があり，白菜が有する香気と乳酸発酵による酸味を含む香気を持つ。さわやかな酸味があり，口当たりが良い。

(ｲ)　**理化学指標**
総酸が1.0～1.5％であることが望ましいとされている。

(5)　**保存管理上の注意点**
保存温度は0～15℃を保持し，10日目ごとに発酵した液の3分の1を取り出し，清水（水）を元の液量まで加える。液量は白菜の表面から約10cmほど上になるように保持する。保存中に液体の表面が菌膜で覆われることがあるが，静かにすくい上げて除去すれば白菜を食べることができる。しかし，白菜に菌膜が付着し，増殖した場合は，腐敗に至ることが多い。保存期間は通常5

第2節 塩水漬菜の製造工程

　塩水漬菜の代表的な漬物は泡菜で，文字通り新鮮な野菜を塩水に漬け，発酵させて製造する。一般的に，塩水漬菜は食塩濃度が2，4，6，8，10％で，気温が高い時期には多めの食塩を用い，気温が低い場合は，少なめの食塩で製造する。食塩水で野菜を漬ける工程は，塩水漬菜に共通にみられる工程で乳酸発酵を伴うことも多い。

1．朝鮮族辣白菜（ハクサイの発酵漬物）
(1) 原料および補助原料
　主な原料は白菜で1個の重さが1～1.5kgのものを使用する。白菜100kgに対し，補助原料として青大根50kg，葱（ネギ）2kg，大蒜（ニンニク）1.25kg，干し唐辛子1kg，生姜（ショウガ）1kg，蝦油（エビを原料とした魚醤）2kg，精製塩2.5kg，海塩7.5kgの配合割合で製造される。
(2) 製造工程
　朝鮮族辣白菜の製造工程は図12-2に示すとおりである。

　　白菜 ⟶ 整形 ⟶ 塩水漬け ⟶ 補助原料の添加 ⟶ 塩漬け ⟶ 製品

　　　　　　　図12-2　朝鮮族辣白菜の製造工程

(3) 加工方法
(ア) 整　形
　白菜の外葉，黄変した葉および根の部分を除去し，きれいな水で洗浄する。
(イ) 塩水漬け
　7.5kgの海塩を溶解して8°Béの食塩水を調製する。食塩水を容器に入れた後，水で洗浄した白菜を漬ける。食塩水は白菜が十分に漬かるまで入れておく。塩水漬けを2～3日間行なった後，きれいな水で1度洗浄してから，表面の水を切り，再び別の容器に入れる。
(ウ) 補助原料の添加
　青大根，葱，生姜を千切りにし，ニンニクをすり潰す。大根の千切りを容器に入れて，食塩を混ぜ，1～2時間塩漬けした後，干し唐辛子を均一に混ぜ，蝦油，葱，ニンニク，生姜を入れ，ペースト状にする。風味を高めるために，地方によってはリンゴや梨を千切りにして加えることもある。
(エ) 塩漬け
　最初に大根を1層となるようにカメの底に並べ，その上に白菜，さらにその上にペースト状にした補助原料を重ねる。この順序に従って，カメが一杯になるまで詰め，一番上は白菜の外葉で覆うようにし，重石を載せて塩漬けを行なう。漬け込みを終えたカメは地面に穴を掘って地中に埋め，カメの口だけが地面の上に出るようにする。2～3日後に食塩水を入れ，全体が漬かるようになったらそのまま蓋をし，20日ほど経過すると食べることができる。
(4) 製品の品質基準
(ア) 官能指標
　適度な酸味と辛味を有する。

軟らかくて歯切れがあり，白菜の風味を有するものが望ましい。
(イ) 理化学指標
水分は90～95%，食塩濃度は7～9%，酸度は0.8～0.9%であるものが望ましいとされている。

2．酸黄瓜（キュウリの発酵漬物）

酸黄瓜は自然の乳酸発酵を利用して製造される漬物である。色は黄緑で酸味と辛味があり，乳酸発酵特有の風味を有する。古い歴史があるといわれている。

(1) 原料および補助原料

酸黄瓜の主な原料は小黄瓜（キュウリ）で，12～16cm程度の長さのものを使用する。上海ではこの黄瓜のことを春黄瓜と呼び，5月中旬頃に収穫し，漬物に加工する。原料，補助原料の配合割合は，小黄瓜100kgに対して，食塩6kg，粉唐辛子0.8kg，香草0.65kg，丁香（丁字）粉60g，山椒（サンショウ）粉100g，辣根（西洋ワサビ）0.8kg，大蒜（ニンニク）3.5kg，芹（セリ）0.8kg，肉桂30g，保存料100gである。

(2) 製造工程

酸黄瓜の製造工程は図12-3に示すとおりである。

原料小黄瓜 ⟶ 整形 ⟶ 粗製 ⟶ 仕上げ製造 ⟶ 包装

図12-3　酸黄爪の製造工程

(3) 加工方法

(ア) 原料の選択

原料に使用する小黄瓜は真っ直ぐで，花がついていて，形状の揃ったものを選択する。加工場に搬入後は早いうちに加工する。

(イ) 工具と設備

加工に用いる器具，機械類は清潔にしておく。加工室の入り口は金網のドアを付け，床面は排水しやすいようにしておく。加工器具には黄瓜に孔を開けるための針，木板，カメ，桶などがある。

(ウ) 整　形

酸黄瓜は工場に原料の小黄瓜を搬入後は速やかに加工すべきである。特に春黄瓜は1日おくと中空が大きくなり，品質の低下を招く。整形の順序は以下のとおりである。

a) 加工器具の準備

必要とする加工器具を揃えて準備する。具体的には石膏，黄砂，木板，カメ，ザル，竹カゴなどである。また，殺菌，漂白，組織を強固にする溶液として，0.1%亜硫酸塩および塩化カルシウム溶液を調製しておく。

b) 選　択

原料の小黄瓜の中で大きすぎるものや曲がったもの，腐敗した所があるものなどを除去し，加工に適したものを選択する。

c) 穿　孔

黄瓜の表皮は浸透性が良くないので，塩漬けを行なう前に針で孔を開ける必要がある。そうすることにより，食塩水は黄瓜の内部に浸透し，カメの底に沈みやすくなる。黄瓜に孔を開ける方

法は，釘を打ち付けた木板に3本の黄瓜を同時に打ち付けることによって行なうのが一般的である。これにより，1本の黄瓜に5～6個の孔をあけることができる。

d）溶液に浸透

穿孔した黄瓜を亜硫酸塩・塩化カルシウム溶液に軽く浸漬し，竹カゴに入れて水を切っておく。100kgの溶液には100～150kgの小黄瓜を浸漬することができる。同じ溶液は3回使用することができる。2回目に浸漬する時は，新しい溶液を半分ほど追加する。3回使用して臭気が出てきた場合は使用を中止する。

(エ) 粗製工程

溶液に浸漬し，水を切った小黄瓜に補助原料を加えて壺に入れ，下記のように調製した湯を注いで20日間ほど発酵させると食べることができるようになるが，この工程はまだ粗製段階である。

まず最初に必要な加工器具類や道具（黄砂，油紙，クラフト紙，ホウロウ鉢，サジ，木桶，ゴム管など）を準備し，殺菌しておく。また，香辛料として，香草および芹を約3cmに切ったもの，辣根の薄切り，肉桂の粉末を用意し，それらのものをホウロウ製の壺に入れておく。一方，湯は約60kgの水に食塩6kgおよび安息香酸ナトリウム50gを加えたものを沸騰させ，用意しておく。この湯は100kgの黄瓜に使用できる。

小黄瓜を熱湯を注いで殺菌したホウロウ製の壺に入れる。最初に小黄瓜を壺の底に1層並べ，その上に混合した香辛料を重ねる。これを交互に繰り返して，壺が一杯になったら調製しておいた湯を注ぎ入れて，密封包装する。密封包装は壺の口を油紙，クラフト紙をそれぞれ1枚ずつ用いて紐で縛ってから，石膏と黄砂で密封する。

密封してから，20日間（春～初夏）あるいは1か月（初冬）発酵させる。製造の際は，以下の点に注意すべきである。

a）壺に湯を注ぐときは，沸騰後のまだ熱い湯を使用し，生水や冷ました湯を使うべきではない。
b）密封は包装開始後，2時間以内に完了すべきである。
c）壺の口は丁寧に密封し，外気が侵入しないようにする。
d）密封した後は十分に発酵させ，途中で開封してはならない。

(オ) 仕上げ工程

粗製工程の後の黄瓜は発酵を終了して酸味はすでに付与されているが，仕上げ工程は酸黄瓜の味をさらに良くする目的と保存性を高める目的で行なわれる。仕上げ工程では発酵で生じた液を切ってから，リンゴ酢を含む調味液を加える。

まず最初に，仕上げ工程で必要な加工器具類を揃え，それらを殺菌しておく。調味液に使用する補助原料の配合は粗製工程のものと同じである。混合した補助原料を布袋に入れ，それを水を張った鍋に入れて，約30分間加熱する。加熱した煮汁を4層の布で濾過して調味液を調製する。この調味液の10％になるようにリンゴ酢あるいは梅酢を加え，ホウロウ製の壺に入れる。

粗製工程で出来た酸黄瓜の入った壺を開封し，壺の中に溜まっている発酵液を利用して，酸黄瓜を洗浄しながら，ガラス瓶の中に竹箸で1本ずつ丁寧に並べ入れる。その後，仕上げ用に調製した調味液を注ぐ。500g容量の瓶には400gの小黄瓜と100mLの調味液を入れる。調味液を入れた後，しっかりと蓋を締める。

(4) 製品の品質基準

(ア) 官能指標

色は黄緑色で酸味，辛味のバランスが取れ，歯切れが良く，発酵漬物特有の香味を有し，腐敗

臭のないものが良い。

　(ｲ)　**理化学指標**

　食塩濃度は5～6％，水分は77～80％，アミノ態窒素は0.15％以上のものが望ましいとされている。

　(5)　**注意事項**

　(ｱ)　酸黄瓜の製造工程の中で，補助原料の調製は重要な工程である。配合割合は常に同じにしないと品質に影響を及ぼすことになる。

　(ｲ)　100kgの小黄瓜に5kgの食塩を加えるのが最適である。この食塩濃度は長期に保存するには不適である。7kgの食塩を加えると保存性は高まるが，塩味が強く出過ぎる傾向となる。

　(ｳ)　粉唐辛子を使用することから，翌年の春まで貯蔵している場合は，辛味が強く出過ぎるので調味液を取り換える必要がある。補助原料の調製および調味液の調製は酸黄瓜の製造方法と同様の方法で行なう。

3．四川泡菜（混合野菜の発酵漬物）

　泡菜は低濃度の食塩水あるいは少量の食塩を用い，様々な野菜を使って塩漬けと乳酸発酵によって製造する漬物である。通常，食塩濃度は2～4％である。泡菜は乳酸菌を利用し，低濃度の食塩水のもとで乳酸発酵を行なわせ，発酵によって生産される乳酸で酸味を付与する。乳酸の含有量が一定濃度に達した後は，製品を空気と遮断することにより長期間の保存が可能となる。

　泡菜は製造するための経費が少なく，操作は比較的容易である。風味が良く，都市，農村部の家庭，食堂などでも泡菜を製造する習慣がある。

　(1)　**原料および補助原料**

　組織が緻密で軟化することが少ない野菜であれば，どのような野菜でも原料となる。例えば，白菜，人参（ニンジン），大根，甘藍（キャベツ），黄瓜（キュウリ），芹（セリ），隠元豆，刀豆（ナタマメ），萵苣（チシャ），生姜（ショウガ），草石蚕（チョロギ），青唐辛子，大蒜（ニンニク），薤（ラッキョウ），トマトなども原料として利用される。季節に出回る野菜を泡菜として漬けるのも良い。また，何種類もの野菜を同時に泡菜として漬け込むと，それぞれの風味がうまく合わさっておいしい泡菜ができる。ホウレンソウ，油菜（アブラナ），ヒユ，小白菜（体菜）などの野菜は薄くて柔らかいので，漬け込むと軟化する傾向がある。したがって，泡菜の原料野菜としては適さない。また，葱（ネギ），玉葱（タマネギ）を泡菜として漬け込むと他の野菜の風味を落としてしまうので使用を避けるべきである。

　補助原料として，食塩，黄酒（あるいは白酒），山椒（サンショウ），赤唐辛子などが使用される。生姜は厚さを3～6mmの薄切りにして使用する。

　通常，生野菜100kgに対し，食塩8kg，山椒0.1kg，赤唐辛子3kg，生姜3kg，黄酒3kg（白酒でも良い）の配合割合で製造される。

　(2)　**製造工程**

　四川泡菜の製造工程は**図12-4**に示すとおりである。

原料処理　→　壺に入れる　→　発酵　→　製品

図12-4　四川泡菜の製造工程

第2節　塩水漬菜の製造工程

(3) 加工方法

泡菜は野菜に 3 ～ 4 ％の食塩を混ぜ合わせて，泡菜壺に入れるか，または，一定濃度の食塩水（通常 6 ～ 8 ％）と同量の生野菜を一緒に泡菜壺に入れる。泡菜壺の蓋の周りに水を満たして密封しておくと乳酸発酵が始まり，最終的には塩味と酸味を有し，発酵漬物特有の風味を持つ泡菜ができる。

(ア) 泡菜壺

泡菜の製造に使われる壺は泡菜壺（**写真12-1**）あるいは上水壺と呼ばれる。泡菜壺は長い歴史を経て考え出された極めて合理的な加工道具である。泡菜壺は酸，アルカリ，食塩に対して耐性のある素材で出来ている。壺の内部で発生したガスは外部に排気されるが，外気は壺の内部に入らないように工夫がされているので，内部は嫌気状態が保たれることになる。したがって，嫌気状態でも生育可能な乳酸菌は活動が活発になり，嫌気状態を好むカビや有害菌の生育は抑制されるとともに，空気の侵入がないので外部からの微生物の侵入も防止される。

泡菜壺に適した素材は陶土で，壺の内側・外側とも釉薬が塗られている。陶土製の壺は泡菜の味を変化させないので都合が良い。壺は口が小さく，中間部が膨れた格好をしており，口の周囲には 6 ～10cm の幅で麦わら帽子のツバの形状のもの（**写真12-2**）が付けてある。これには水溝を設けてあり，水溝の縁は壺の口よりも少し低い位置にある。壺の口に深皿を逆さにして蓋のようにかぶせてある。そして，この水溝に水を注ぎ入れることによって空気の流通を遮断している。

写真　12-1

写真　12-2

泡菜壺の大きさは様々で，野菜を1kg程度しか入れることのできない家庭用のものから，1度に数百kgも入れることのできる大きな壺もある。

(イ) 原料処理

生の原料野菜をよく洗浄してから整形する。皮，粗葉脈，ひげ根，腐敗部分，変色部分などは丁寧に除去する。原料として，大根，人参，生姜，チシャ，黄瓜などを用いる場合は，厚さは約0.5cm，長さは約4cm程度に揃えて千切りにする。白菜，キャベツ，隠元豆，ピーマンなどの場合は正方形に切る。白菜，キャベツは幅1cm，長さ4cmの短冊形に切っても良い。刀豆などは3～4cmに切る。小さな青唐辛子，チョロギはそのまま使う。それぞれ整形・洗浄を終えた原料野菜はザルに入れ，通風の良い場所に置いて，わずかにしなびる程度に陰干しを行なう。通常，2～3時間ほど陰干しを行なえば良い。野菜に付着した水が残っていると泡菜壺の中の食塩水はカビを生じやすくなり，野菜の変質を招くことがある。

(ウ) 食塩水の調製

泡菜を製造する際は，先に食塩水を調製しておく必要がある。水は鉱物質を多く含む井戸水か鉱泉水を用いると泡菜の歯切れが良くなる。軟水を用いる場合は，歯切れを良くするために塩化カルシウムを0.05％になるように食塩水に加えると良い。塩化カルシウム以外に炭酸カルシウム，硫酸カルシウムやリン酸カルシウムなどを使うことも可能である。

食塩水に用いる食塩は品質の良いものを使用すべきで，苦味物質である$MgSO_4・7H_2O$やNa_2SO_4，$MgCl_2$の含有量が少なく，NaClの含有量は少なくとも98％以上のものを用いる。泡菜に用いる食塩水の濃度は一般的に6～8％である。調製した食塩水は一旦，沸騰するまで加熱し，食塩水の中に含まれる微生物を殺菌する。沸騰させた食塩水はしばらく冷却した後，使用する。まだ温かいうちに野菜を入れると野菜が変敗することがある。食塩水の濃度は重要で，高過ぎても低すぎても良くない。食塩濃度が高過ぎると乳酸菌の活動は抑制されるので酸の生成がうまくいかない。逆に，濃度が低過ぎる場合は乳酸発酵が進み，酸味が強くなりすぎたり，雑菌が増殖して腐敗することがある。

泡菜の品質を高めるために食塩水に黄酒や赤唐辛子を加えても良い。また，香辛料を加えることも行なわれている。一般的には100kgの食塩水に0.05kgの草果（ソウカ），0.1kgの八角（大茴香），0.05kgの山椒（サンショウ），0.08kgの胡椒（コショウ）および少量の陳皮（ちんぴ）を加える。上記の香辛料はそれぞれ粉にし，布で包んでから壺の中に入れておく。

新しく調製した食塩水には既に出来上がった泡菜を入れ，乳酸菌を補給することによって乳酸発酸を順調に行なわせることができるようになる。

(エ) 壺に野菜を漬ける

泡菜壺は使う前によく洗浄し，水を切っておく。洗浄し，整形した野菜原料を泡菜壺に半分ほど入れたところで布で包んだ香辛料を入れ，さらに残りの野菜を入れる。壺の口から約6cmのところまで入れたら，野菜を圧縮して下に押し込む。これは食塩水の上に浮かぶのを防ぐためである。野菜の上に来るまで食塩水を注ぎ入れてから，野菜が浮き上がらないように小皿を野菜の上に載せる。次に，泡菜壺の蓋となる深皿を壺の上にかぶせ，壺のツバにある水溝の中に冷却した水あるいは塩水を入れる。壺を涼しい所に1～2日間置くと，食塩の浸透圧の作用で壺の中の野菜の体積が小さくなり，食塩水の高さも低くなるので，適当な量の野菜とそれに見合った食塩水を加える。その際，壺の口から3cm下までは入れても良いが，それ以上入れるのは避ける。

(オ) 発 酵

泡菜壺に入れた野菜は複雑な発酵過程を経て泡菜ができる。泡菜の発酵過程は壺の中の微生物の活動状況と生成される乳酸量によって大きく3段階に分けることができる。

a) 発酵初期

新鮮な原料野菜を壺に入れると食塩の浸透圧によって，野菜の中の水分や可溶性成分，例えば糖分なども食塩水に浸出する。逆に食塩は野菜の内部に浸透する。最終的には泡菜壺の食塩水の食塩含量は2～4％にまで低下していく。この過程では，乳酸菌，酵母，大腸菌群など食塩に強い微生物も弱い微生物も同時に増殖し，活動している。したがって，発酵初期には大腸菌群が優勢になることが多い。大腸菌群に属する細菌は糖分を乳酸，酢酸，コハク酸，エタノール，炭酸ガスおよび水素などに変換するので，発酵初期の壺の中は大量のガスが生成し，壺の中から次々と泡菜壺のツバの水溝を通して外部に出てくる。発酵初期で生じる乳酸量は少なく，通常 0.3～0.4％である。

b) 発酵中期

　発酵初期の乳酸生成量は約0.3%であるが，徐々に増加してくると壺の内部のpHは低下し，大腸菌群は増殖できなくなり，死滅するようになる。大腸菌群に代わって優勢となるのはホモ型乳酸菌群である。ホモ型乳酸菌は糖分を全て乳酸に変換し，ガスを発生しない。発酵中期はガスの生成量は減少するが，乳酸量は急速に増加し，0.4〜0.8%に達する。この乳酸量になると酸に弱い微生物は増殖できなくなり，死滅に至る。したがって，発酵中期では，大腸菌群，腐敗細菌や酪酸菌などは死滅し，乳酸菌と酵母が生育している状態となる。

c) 発酵後期

　泡菜の発酵は引き続き継続するが，この段階では特に耐酸性のある乳酸菌しか生育することはできない。この段階で乳酸量は1%以上に達する。さらに乳酸発酵が進行すると乳酸量は1.2%以上にまで達するが，この状態になると全ての乳酸菌の活動が抑制されるようになる。

　以上が，各発酵段階の主な特徴である。この中では発酵中期の泡菜の品質が最も良く，乳酸量としては約0.6%の頃が最もおいしい時期である。乳酸量が1.0%を超えると泡菜の味覚は低下する。

(カ) 泡菜の最適発酵時期

　泡菜の発酵に適している時期は使用する野菜の種類，食塩水濃度，気温によって異なる。夏季では5〜7日間で発酵が終了するが，冬季では12〜16日間の発酵期間が必要である。原料が葉菜類の場合は発酵期間は比較的短いが，根茎野菜類は長くかかるのが一般的である。

　出来上がった泡菜を取り出した後に残っている発酵汁には乳酸や乳酸菌などが豊富に含まれているので，そのまま壺に再び新しい野菜を漬け込むことができる。続けて新しい野菜を漬け込む場合は適当に食塩や香辛料などの補助原料を補い，それぞれの濃度が一定になるようにすることが大切である。すでに出来ている泡菜の発酵汁の中には乳酸菌，乳酸，エステル，食塩，香辛料が含まれているので，これに新しい野菜を漬け込むときは発酵期間は短くて済む。通常，2〜3日間発酵させるだけでおいしく食べることができる。発酵汁は使う回数が多くても味は落ちることはなく，古いものでは数十年間使用されている泡菜汁もある。

(4) 製品の品質基準

(ア) 官能指標

　新鮮な野菜の色を保持しており，香気があり，甘味，酸味と塩味のバランスがとれているものが良い。

(イ) 理化学指標

　食塩濃度は2〜4%，総酸は0.4〜0.8%であることが望ましいとされている。

(5) 注意事項

(ア) 泡菜壺の水溝の管理

　泡菜は発酵初期に大量のガスが発生し，壺の中から水溝を通して外部に排出され，内部は次第に嫌気状態となり，ホモ型乳酸菌の生育が有利になる。したがって，外部からの酸素の侵入を防ぐことが重要である。発酵が終わり，壺の中の泡菜を取り出すときには深皿の蓋を開けることになるが，その際は水溝の水が壺の中に入らないように注意する。それは水溝の水を汚染している微生物が混入するからである。安全を保つために水溝には15〜20%の食塩水を入れておく場合もある。当然のことながら，乾燥して水が減った場合はその分を補い，常に水溝には水がある状態にしておくことが重要である。

(イ) 監　視

泡菜は適時に食べるのが良く，時期を過ぎると味は低下する。泡菜の量が多く，短期間のうちに食べることができない場合は，食塩を加え，壺の口を密封しておくと長く保存することができる。しかし，あまり長すぎると酸度が高くなり，品質は低下する。

(ウ) 微生物管理

泡菜を壺から取り出す際は，衛生管理に注意する。特に油脂類が入った場合は泡菜が臭くなることがある。また，水溝の水が乾燥し，空気との遮断がうまくいかないときは，外部から酸素が内部に入るので泡菜の空気に触れている部分に白膜状に産膜酵母が増殖する。この酵母は酒花酵母とも呼ばれる。産膜酵母は乳酸を分解するのでpHが上昇し，野菜の軟化を招いたり，有害微生物が増殖する原因ともなる。これを防止するには新鮮な野菜を一杯に加えて，水溝には十分に水を入れ，早い時期に壺の内部を嫌気状態にすることである。また，野菜を入れる際に少量の白酒や生姜の切れ端を入れることも良い方法である。

4．鹹藕片（塩漬レンコン）

(1) 原料および補助原料

主原料は新鮮な藕（蓮根，レンコン）でその中間部分を使用し，補助原料としては食塩を使う。蓮根100kgに対し，食塩20kg，水30kgで製造を行なう。

(2) 製造工程

鹹藕片の製造工程は**図12-5**に示すとおりである。

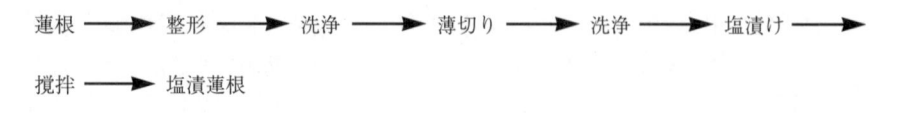

蓮根　→　整形　→　洗浄　→　薄切り　→　洗浄　→　塩漬け　→
撹拌　→　塩漬蓮根

図12-5　鹹藕片の製造工程

(3) 加工方法

(ア) 洗　浄

蓮根の中間部分を切り取り，皮を剥ぎ，きれいな水で洗浄した後，水を切る。次に，ステンレス包丁を用い，厚さが約1cmの薄切りにし，もう1度水で洗浄し，表面の水を切っておく。

(イ) 塩漬け

100kgの蓮根の薄切りを20kgの食塩で塩漬けにする。食塩20kgのうち，10kgは食塩水を作るのに使用する。蓮根を塩漬けにする際は，先にカメに30kgの水と10kgの食塩を入れ，食塩水を作っておく。この中に蓮根を1層に並べながら入れ，その上に食塩を撒く。その後は蓮根と食塩を交互に入れて漬け込む。上部には多めに食塩を撒く。カメが一杯になるまで蓮根と食塩を入れ，24時間経過後に1度カメの内部を撹拌し，食塩が均一になるようにする。その後，毎日1回カメを撹拌し，均一に漬かるようにする。3～4日間漬け込むと塩漬蓮根ができる。

塩漬蓮根はそのまま漬物として食べることができるが，塩漬蓮根を細かく切り，胡麻油と合わせるとよりおいしく食べることができる。通常は，塩漬蓮根をカメの中でそのまま保存し，必要なときに醤漬蓮根にしたり，醤油漬にして食べることが多い。

(4) **製品の品質基準**
(ｱ) **官能指標**
色は灰白色で，塩味が合っており，形状が揃っているものが良い。
(ｲ) **理化学指標**
食塩濃度は15～20％，水分は70～75％であることが望ましいとされている。
(5) **注意事項**
(ｱ) 蓮根を薄切りにした後は直ちにきれいな水で洗浄する。そうしないと黒く変色する。
(ｲ) 蓮根をカメの中に漬け込む際は必ず食塩水に浸かるようにする。空気に触れている部分があると変色したり，変質しやすくなる。

第13章　塩　漬　菜

第1節　塩漬菜の製造工程

　塩漬菜は野菜を原料とし，食塩で漬け込まれた漬物である。製品中の水分の割合によって「湿態」，「半乾態（半乾燥）」，「乾態（乾燥）」の3種類に分けられるが，水分量の境界ははっきりとはしていない。

　塩漬菜の塩漬けの方法には乾圧漬法と乾漬法の2種類がある。中国南部や日本の漬物の多くは乾圧漬法である。乾圧漬法は原料野菜を洗浄した後，水を使用することなく，タンクに野菜と食塩を一定の割合で漬け込み（通常，下半分は40％，上半分は60％の割合で食塩を使用する），最上部には1層の食塩を撒いてから蓋を置き，その上に重石を載せて漬け込む。重石の圧力と食塩の浸透圧によって，野菜の水分は外部に浸出し，逆に食塩などが野菜内部に浸透し，貯蔵性が得られる。一方，乾漬法は重石や水を使わずに食塩だけで漬け込む方法である。

　塩漬けに用いる食塩の使用量は塩漬菜の種類によって異なるが，一般的に製造後の早い時期に販売される塩漬菜の場合は，100kgの原料野菜に対して6～8kgの食塩で漬け，長期に貯蔵する目的で漬ける場合は16～18kgの食塩を使用して漬け込む。

　水分の多い野菜を塩漬けにより保存する場合は塩漬けを2～3回に分けて行なうことがある。この方法は，以下に示すような長所を有する。

(1)　高濃度の食塩に野菜が漬け込まれた場合は，食塩の浸透圧が強いために急激に水分が奪われ，野菜の表面にしわを生じるが，塩漬けを2～3回に分けて行なった場合は，徐々に浸透圧を高めていくので，比較的良好な状態で野菜の形状を保つことができる。

(2)　回数を分けて塩漬けを行なうと，初回の食塩濃度は低いので野菜は乳酸発酵を起こし，乳酸が生成される。この乳酸はその後の有害な微生物の増殖を抑制するのに有効である。

(3)　野菜を塩漬けする際，高濃度の食塩で1度で漬け込むと野菜組織の表層部と内部の食塩濃度の差が大きくなり，結局のところ，均一になるまでに時間がかかることになるが，2～3回に分けて行なった場合は，野菜の表層部と内部の食塩濃度が均一になるのが比較的早い。以上の点から，食塩濃度が高い塩漬菜を製造する場合は，回数を分けて塩漬けを行なった方が効果的であるといえる。

1．塩漬菜の一般的な製造工程

　塩漬菜の一般的な製造工程は図13-1に示すとおりである。

原料野菜　⟶　前処理　⟶　洗浄　⟶　塩漬け　⟶　漬け換え　⟶　製品

図13-1　塩漬菜の一般的な製造工程

2．塩漬菜の一般的な加工方法

　塩漬菜は漬物の中でも多く作られている漬物である。塩漬菜はそのまま製品として販売される

だけでなく，下漬として貯蔵される場合にも塩漬けが行なわれる。したがって，下漬けの際の塩漬けの良否が漬物製品の品質に大きな影響を及ぼすことになる。

(1) 野菜の洗浄および前処理
　原料野菜は工場に搬入されると検査が行なわれ，質の悪い原料野菜は除去される。不要な部分は切除され，洗浄が行なわれる。洗浄後の放置時間が長引くと野菜の品質が低下するので，洗浄後は直ちに塩漬けを行なう。

(2) 塩漬け
　塩漬けは野菜に食塩が均等に接触するように漬け込むことが基本である。漬かりにムラがあると腐敗の発生や品質低下の原因となる。

(3) 漬け換え
　漬け換えは塩漬けが均等に行なわれるようにするための工程で，漬物の品質を一定にするとともに塩漬けを効率的に行なうことができる。

(4) 下漬け
　下漬けは漬物の半製品を長期保存するために行なわれるものである。保存中の微生物の増殖を抑制するとともに空気を遮断することにより，下漬野菜の腐敗変質を防止することができる。

第2節　各地の塩漬菜

1．上海雪里蕻鹹菜（カラシナ塩漬）
　上海雪里蕻鹹菜は上海市民の間で大変人気のある塩漬で，100年の歴史を持っている。1年中消費されている。

(1) 原料および補助原料
　主な原料は雪里蕻で別名，雪菜ともいう。日本の高菜（タカナ）に類似している。上海に多くの品種があり，塩漬には黄渡種，川砂種，安黄種，馬純種などが使われる。雪里蕻は春と秋の2回栽培される。加工には秋ものの方が品質が良い。葉が大きく，茎は細く，虫害や凍傷のない新鮮なものを使用する。補助原料は食塩のみを使用する。野菜原料100kgに対し，食塩12～13kgを用いる。

(2) 製造工程
　雪里蕻鹹菜の製造工程は図13-2に示すとおりである。

原料 ⟶ 整形 ⟶ 1次塩漬け ⟶ 2次塩漬け ⟶ 密封 ⟶ 包装

図13-2　上海雪里蕻の製造工程

(3) 加工方法
(ア) 整　形
　雪里蕻をゆるくはたき，泥土や虫などを落とす。次に，変色した葉やひねた葉を取り除いてから，葉の大きさなどに基づいて，等級に分ける。日光に2～4時間晒しを行ってから，竹カゴに平らに並べ入れ，重さを計って食塩の準備をする。当日のうちに塩漬けを終えないと重なり合った雪里蕻が腐敗することが多いので注意する。

(イ) 塩漬け（漬け込み）
　カメの中に，雪里蕻と食塩を漬け込む。最初に雪里蕻を1層になるように入れてから食塩を1

層になるように撒き，これを交互に繰り返してカメの口まで一杯になるように漬け込みを行う。最上部には多めに食塩を撒く。雪里蕻を漬けるカメは陶土製で通常地面に半分埋めて使用する。また，南密カメは11～12担（1担は約50kg）の雪里蕻を漬けることができる。漬け込みタンクを利用して雪里蕻を漬け込む場合もある。漬け込みタンクは，通常，全体の約70％は地表から下にある。容量は約15m³（長さ3m，幅2.5m，深さ2m）のものがよく利用されるが，このタンクの場合は雪里蕻を約300担（1.5t）ほど1度に漬込むことができる。

　カメあるいは漬込みタンクをよく洗浄し，内部が乾いてから漬け込みを行なう。カメの底に薄く1層の食塩を撒き，その上に雪里蕻を並べ入れる。雪里蕻はタンクの周辺から中心に向かって，らせん状に直立させて1層となるように並べ入れる。直立させて入れる際は，根を上に葉が下になるように並べる。1層並べ終えたら，次に食塩を撒き，これを交互に繰り返してカメあるいはタンクの口まで一杯になるように漬け込む。等級に分けた雪里蕻はそれぞれ別のカメあるいはタンクに漬け込むが，これはそれぞれ食塩濃度が少しずつ異なるからである。

　塩漬けに用いる食塩量は製品の品質や貯蔵期間に影響するので，その量には十分注意をはらう。

　春に栽培する雪里蕻を塩漬けする頃は地中温度が高いので，陶土カメで塩漬けする場合も漬け込みタンクで塩漬けする場合もほぼ同様の食塩濃度で漬け込む。一般的に雪里蕻を漬け込みタンクで漬け込むとタンクの内部の温度はカメのものより高くなる傾向があるので，カメの場合よりも食塩を0.5～1kgほど多めに使用する。

　雪里蕻はタンクの中では周辺から中心に向かって，らせん状に漬け込むことを述べたが，周辺は低く中心部は高めに饅頭のようにするのが最もよい漬け込み方である。底に漬け込むものは特にしっかりと踏みつけながら漬け込む。そうしないと漬け汁が十分に上部に揚がらず，品質の悪いものができることがある。

　(ウ) 密封・貯蔵

　雪里蕻の塩漬けは2回に分けて行なう。1回目はカメ（漬け込みタンク）に雪里蕻を一杯になるまで入れて漬け込む。最上部に食塩を撒いてから井形状に割り竹を置き，その上に重石を載せる。カメを使用する場合は50～60kg，漬け込みタンクの場合は約500kgの重石を用いて漬け込む。1日後，食塩が完全に溶けていなかったり，漬け汁が野菜の上まで達していなかった場合は，もう1度，雪里蕻をよく踏んで押し込み，雪里蕻の上に漬け汁が揚がるようにする。

　1回目の漬け汁が揚がったら，2回目の塩漬けを行なうが，漬け込み方法は1回目と同じである。2回目の漬け込みを終えたら，密封し，保存する。密封の方法は漬け込まれた雪里蕻の最上部をカマス（わらで編んだ袋）で覆い，周辺部は割り竹を用いて密封し，さらに重石を載せて貯蔵する。貯蔵期間が長い場合は，カマスの上に直径を約5cmに束ねた稲わらを敷き詰め，さらにその上に土を重ねて密封する。土はカメの場合は5～6cm，漬け込みタンクの場合は8～9cmの厚さに踏み固める。20日間後に，もう1層，土を重ねて固める。

　密封されたカメは室内あるいは屋根のある場所で貯蔵し，漬け込みタンクは屋根のある場所で密封する。露天にカメあるいは漬け込みタンクがある場合は必ず覆いをし，雨水の浸入を防ぐ。カメあるいは漬け込みタンクに漬けられた漬物は，定期的に色沢の変化や漬け汁が野菜よりも上にあることなどをチェックする。梅雨，酷暑，大雨など，大きな気候の変化がある時は，漬物の品質に与える影響が大きいので慎重に検査を行なう。検査方法は漬け込みタンクやカメの周辺部の1，2箇所で固めた土を掘り返してカマスを開け，漬け汁と野菜の状態を調査する。

　雪里蕻鹹菜を遠隔地に輸送する場合は，丸口の壺に50kgの雪里　鹹菜と3～5kgの食塩を交互

に詰め込んだ後，石灰で蓋を密封する。丸口の壺に詰め込む方法はカメに雪里蕻を塩漬けする方法と同じである。すなわち最初に壺の底に食塩を薄く撒き，その上に雪里蕻鹹菜の葉を下に，根を上に向けて壺の周辺から中心に向かってらせん状に詰める。次に食塩を1層になるように撒き，その上に雪里蕻鹹菜を同じように詰める。これを交互に繰り返して，雪里蕻鹹菜が壺一杯になるまで詰め込んだら上部を平らにし，その上に食塩を撒く。上部で用いる食塩量は1.5kgである。食塩の層の上に新しいカマスを詰め込み，壺口の内側に割り竹をX字型にしっかりとカマスを押さえるように入れる。次に，元のカメあるいは漬け込みタンクの漬け汁を割り竹の上に来るまで壺の中に注ぎ込み，室内の冷涼な場所で2～3日間置く。そうすると少し雪里蕻鹹菜は下がるので，その上に0.15～1kgの食塩を撒く。漬け汁をチェックして良好であれば壺に蓋をし，周りに石灰を塗って密封する。このようにカメあるいは漬け込みタンクで出来上がった雪里蕻鹹菜は適時，壺

表13-1　100kgの雪里蕻に使用する基準食塩量と製品量

季節	貯蔵期間 (日)	カメで塩漬けする場合			漬け込みタンクで塩漬けする場合		
		食塩使用量 (kg)	歩留り (%)	熟成期間 (日)	食塩使用量 (kg)	歩留り (%)	熟成期間 (日)
春	15	7	82	15	—	—	—
	30	9	80	20	10	10	20
	60	11	77～78	20	11～12	11～12	20
	90	12	75～78	30	12	13	40
	120<	13～15	75	30	14～17	14～17	40
冬	120<	7	80	15	—	—	—
	15	9	78	20	11	11	20
	30	10	78	45	12	12	30
	60	11	76	60	12	12	40
	120<	11～13	76	60	14～16	14～16	40

に入れて貯蔵し，販売する。

(エ) **食塩の使用量**

原料野菜の収穫時期，貯蔵期間，漬込み方法に応じて塩漬に使用する食塩量は異なるが，その目安を**表13-1**に示した。

(4) **製品の品質基準**

(ア) **官能指標**

色沢は黄色で，味覚に優れ，歯切れが良く，異味がないものが良い。低濃度の食塩で漬ける場合は色が緑色を保持しているものが良い。

(イ) **理化学指標**

水分は73～78%，食塩濃度は12～16%，還元糖0.3～0.34%，アミノ態窒素0.13～0.15%，pH約5.0であるものが望ましいとされている。

(5) **注意事項**

(ア) 黄色と黒色が半々に混ざった状態のものが出来ることがあるが，これは食塩が均一にならなかったか，使用量が少なかったのが原因である。したがって，基準に従い，適正な食塩量を使用すると同時に，均一になるように漬け込みには十分注意することが大切である。

(イ) 「麻雀窟」は1層の野菜の一部が黒く変質している状態のことを言う。これは野菜の長さ

を揃えないで漬け込んだために厚さが均一でなくなり，食塩の浸透が不均一になったためである。したがって，この場合は野菜の長さを揃えて漬け込み，食塩が均一に浸透するようにする必要がある。

(ウ)「走辺菜」は容器周辺の野菜が黒く変色した状態のことを言う。これにはいくつかの原因が考えられる。1つは稲わらをしっかりと詰めなかった場合，2つ目は野菜が沈下して表面に固めてあった土の層が破れて空気が侵入した場合，3つ目は熟成後の土による密閉状態が悪い場合，4つ目は雨水が浸入した場合である。これを防止するには密閉を丁寧にきちんと行なうことが大切である。

(エ) 下半分が良く，上半分の品質が悪くなることがある。これは2回目の塩漬けを行なう際に，上半分に使用する食塩量が少なかった場合に生じる。

(オ) カメの表面近くの野菜の品質が悪くなる原因の主なものは，表面を覆う土が少なかったり，漬け汁が野菜の上まで満たされていなかった場合である。したがって，漬け汁が野菜の最上部よりも上にあることを確認して密封するとともに，適切な量の土を使用する。

(カ) カメの中の野菜の全てが変質する場合がある。この主な原因は貯蔵期間を考慮した適正な食塩量を使用しなかったためで，食塩不足あるいは食塩過剰となったからである。これを防ぐには貯蔵期間に合った適正な食塩量を用いることが必要である。

2．広東酸笋（タケノコの発酵塩漬）

酸笋は広東でとても人気のある漬物である。生の笋（タケノコ）をそのまま食べることはないが，漬物にするとおいしく食べることができる。例えば，酸笋を薄切りにし，豚肉あるいは魚の薄切りと合わせて蒸し上げた料理はとてもおいしいものである。また，スープを作る際に，豚肉を細かく切ったものと酸笋を合わせ，さらに剥きエビを入れて煮たスープもおいしい。酸笋は酸味と塩味のバランスがとれ，さっぱりとした味を有する。

(1) 原料および補助原料

原料には孟宗竹の笋を用いるのが一般的である。孟宗竹は別名，東南竹ともいい，イネ科に属する植物である。笋は孟宗竹の地下茎にできる若芽に相当する。

原料の笋の角切り100kgに対し，食塩は7〜8kgを使用する。

(2) 製造工程

広東酸笋の製造工程は**図13-3**に示すとおりである。

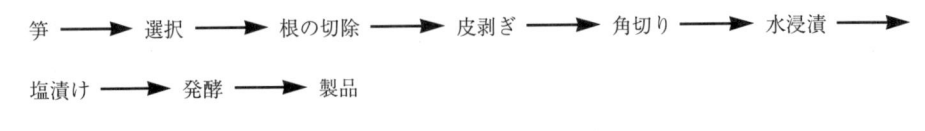

笋 ⟶ 選択 ⟶ 根の切除 ⟶ 皮剥ぎ ⟶ 角切り ⟶ 水浸漬 ⟶

塩漬け ⟶ 発酵 ⟶ 製品

図13-3　広東酸笋の製造工程

(3) 加工方法

(ア) 原料の選択

原料に使用する笋は新鮮で形の揃ったものを選択する。加工場に搬入後は早いうちに加工する。

(イ) 整形

笋を調理板に平らに置き，基部を切り取り，柔らかく加工しやすいところを切り出す。

(ウ) 皮剥き

笋の皮は丁寧に剥く。

(エ) 角切り

笋は3～4個の角切りにする。1個の角切りの重さは約250gにそろえる。

(オ) 水浸漬

笋の角切りを木鉢に入れ，水に浸漬する。

(カ) 塩漬け

最初に食塩水を調製する。笋の角切り100kgに対し，70～80kgの水と7～8kgの食塩を使用するので，カメに食塩と水を入れて，よく撹拌し，十分に溶解させておく。溶解後，1時間ほど経過したところで表面に浮かんだ夾雑物を取り除いておく。別のカメに笋の角切りを入れ，これに調製した食塩水を注ぎ入れる。この時，食塩水を調製した時に出来た沈殿物がカメの底に沈んでいるので，それが笋の角切りを入れたカメに入らないように注意する。食塩水はカメの口の縁から6cmほど下になるまで入れる。次に中蓋を入れ，その上には4本の割り竹を井形になるように交差して置き，その上に笋の重量の25％の重さの重石を載せて漬け込む。

(キ) 発　酵

塩漬けした笋の角切りを入れたカメを日の当たらない所に置いて発酵させる。4日間ほど発酵させると角切りは小さくしんなりとなる。

(ク) 貯　蔵

前述した方法で製造された笋の角切りを長期に貯蔵する場合は，さらに食塩を加える必要がある。食塩を加える役割は2つある。1つは酸笋のさらなる発酵を抑制することで，2つ目は貯蔵能力を高めることにある。発酵後は笋の角切りは小さくなっているので，2つのカメの中の酸笋を1つのカメに合わせて入れる。次にそれぞれのカメに残っている食塩水を合わせ，100kgの食塩水に対して10kgの割合で食塩をさらに加えて溶解する。溶解後，表面に浮かぶ夾雑物や沈殿物を取り除いておく。

酸笋の角切りを入れたカメに上述のように調製した食塩水を注ぎ入れるが，酸笋100kgに対し，60kgの割合で食塩水を加える。その後，中蓋を入れ，その上に割り竹を井形に組んで，さらに重石を載せて貯蔵する。食塩を追加しない場合は15日程度しか貯蔵できないが，食塩を追加した場合は，半年以上貯蔵することができる。歩留りは生の笋に対し約80％である。

(4) 製品の品質基準

(ア) 官能指標

貯蔵しない酸笋は先端部が赤褐色で多くは乳白色を呈し，貯蔵用の酸笋は全てが乳白色である。味は酸味と塩辛味のバランスが取れており，歯切れや口当たりが良い。また，形状がそろっているものが良い。

(イ) 理化学指標

食塩濃度は8～9％（貯蔵用の場合は18～19％），水分は82～85％，アミノ態窒素は0.18～0.2％，総酸度は1.0～1.2％以上のものが望ましいとされている。

(5) 注意事項

(ア) 酸笋を製造する場所は空気の流通が良く，日光を避けることができる所で，水道設備が整っていることが望ましい。

(イ) 貯蔵用の酸笋は日光を避け冷暗所で貯蔵する。貯蔵が良好な場合は酸笋の色は常に乳白色

を保っている。もし，食塩水が濁った場合は酸笋は変色するので，直ちにカメを変え，新しく調製した食塩水を加えて貯蔵する。

3．福健鹹竹笋（タケノコ塩漬）

福建鹹竹笋は山珍美味（おいしい食べ物の意味）の1つで，栄養に富み，肉厚で柔らかく，口当たりの良い笋（タケノコ）の塩漬製品である。豊富な蛋白質とビタミンを含むだけでなく，多くの食物繊維を有している。食物繊維は腸の蠕動（ぜんどう）運動を刺激する効果があり，消化吸収を促進する。笋はそのまま煮て食べる以外に，缶詰，切干し，千切りなど10数種類の加工法があるといわれている。近年，日本では笋の塩漬の消費量が増加しており，中国の有望な日本向け輸出品の1つとなっている。

(1) 原料および補助原料

原料には新鮮な笋を使用し，笋100kgに対し，食塩を45kgの割合で塩漬けを行なう。

(2) 製造工程

福建鹹竹笋の製造工程は**図13-4**に示すとおりである。

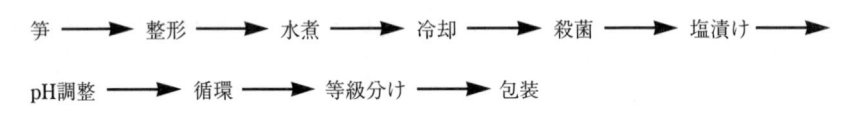

笋 ─→ 整形 ─→ 水煮 ─→ 冷却 ─→ 殺菌 ─→ 塩漬け ─→

pH調整 ─→ 循環 ─→ 等級分け ─→ 包装

図13-4 福健鹹竹笋の製造工程

(3) 加工方法

収穫した笋を加工場に搬入した後は，当日のうちに外皮と根元の部分を取り除く。

(ア) 水 煮

たっぷりと多めの湯に笋を入れ，強火で煮る。煮る時間は笋の大きさによって異なるが，全部が煮え上がるまで行なう。収穫した日のうちに必ず笋を煮ておくことが大切である。

(イ) 冷 却

笋が煮え上がったら，直ちに取り出して水の中に入れ，冷却する。冷却後は，笋の表面に残っている柔らかい皮を丁寧に取り除く。その際，笋の柔らかい先端部分を傷つけないように注意しながら作業を行なう。

(ウ) 殺 菌

冷却後，雑菌の繁殖を防ぐために笋を次亜塩素酸ナトリウムあるいはサラシ粉の水溶液に浸漬し，殺菌する。有効塩素濃度はいずれの場合も300ppmで，15～30分間処理する。殺菌した笋は取り出してよく水を切っておく。

(エ) 塩漬け

1度目の塩漬けは殺菌後の笋100kgに対し，食塩25kgの割合で行なう。塩漬けの方法は，まず最初にきれいに洗浄したコンクリート製の漬け込みタンクの底に1層の食塩を撒き，その上に1層となるように笋を置く。その笋の上にはさらに食塩を1層となるように撒く。

このように食塩と笋を交互に並べながら塩漬けを行ない，最上部は食塩の厚さが約2cm程度になるように食塩を撒く。その上には中蓋となる板を置き，重石（重さは笋の重さと同じ）を載せる。重石は圧力が均等になるように注意を払う。1回目の塩漬けを7日間行なった後，2回目の塩漬けを行なう。2回目の塩漬けは笋100kgに対し，食塩20kgの割合で行なう。なお，2回目の塩

漬け方法は1回目と同様に行なった後，1回目の塩漬けの際に得られた漬け汁（食塩水）を注ぎ入れる。表面は1回目と同じように板を置き，その上に重石を載せる。

(オ) pH調整

1回目，2回目の塩漬け工程において，それぞれ2,3日後にpHを測定するが，いずれもpH3.0〜3.5の範囲になるように管理する。pHが3.5以上の場合は，メタリン酸ナトリウム，クエン酸，ミョウバンの混合液（比率は60：35：5）を漬け込みタンクに加えて，pHを3.5以下になるように調整する。添加する混合液の量は，漬け込みタンクの漬け液のpHによって変える必要がある。混合液を添加する際は，漬け込みタンク内が均等になるようにポンプを用いて漬け液を循環させながら行なう。時々，pH試験紙を用いて測定し，pHが3.5以下になったら混合液を加えるのをやめる。

(カ) 食塩水および漬け液の循環

1回目，2回目の塩漬けにおいて，笋を食塩と混合液に十分になじませるために，漬け込みタンク内の漬け液を上下に循環させて，均等に漬かるようにする必要がある。これは，漬物の品質を安定させ，保証する上で重要である。循環の方法は太い竹筒の先端部の周囲に小さな穴を沢山あけたものを漬け込みタンクに2本差し込み，上部の漬け液を竹筒の上から注ぎ入れて循環させるものである。竹筒は差し込む場所を変えてタンク内の漬け液を均等にする。

(キ) 等級分け

漬け上がった漬物はその長さに応じて等級に分ける。等級の規格は以下のとおりである。

　Sサイズ：笋の先端が残っているが，長さは15cm以下のもの
　Mサイズ：笋の先端が残っており，長さは16〜25cmのもの
　Lサイズ：笋の先端が残っており，長さは26〜30cmのもの
　別サイズ：笋の先端が切れており，長さは30cm以上のもの

(ク) 包　装

塩漬けした笋を漬け込みタンクから取り出し，等級別に分けてプラスチック製の容器に入れて包装する。容器はさらにまとめて木箱で梱包する。

(4) 製品の品質基準

(ア) 官能指標

笋は軟らかく仕上がり，色ムラがなく，また，虫害や変質部分のないものが良い。

(イ) 理化学指標

食塩濃度は20〜22％，水分は80〜82％，pH値は3.0〜3.5であることが望ましいとされている。

(5) 注意事項

(ア) 塩漬けは日陰の涼しい所で行ない，日光や雨水にさらされないように注意する。また，衛生に気を付け，昆虫や夾雑物が侵入しないようにする。

(イ) コンクリート製の漬け込みタンクを作る場合は500番のセメントを使用し，食塩水が漏れるのを防ぐ。

4. 塩漬蘑菇（塩漬マッシュルーム）

蘑菇（マッシュルーム）は約3000年前にはすでに中国で食べられていたことが知られている。マッシュルームは蛋白質が比較的多く，また多種類のビタミンやミネラル類を含むなど，栄養が豊富であるとともに，特徴のある香気を有し，味も優れている。近年，塩漬マッシュルームの需要が増大しており，大量に輸出されるようになった。中国産の塩漬マッシュルームは品質が良く，

味覚も優れていることから，特に欧米の消費者に好まれるようになった。

(1) 原料および補助原料

原料は新鮮なマッシュルームを用い，マッシュルーム100kgに対し，ピロ亜硫酸ナトリウム20g，クエン酸200g，食塩50kgの割合で製造される。

(2) 製造工程

塩漬蘑菇の製造工程は**図13-5**に示すとおりである。

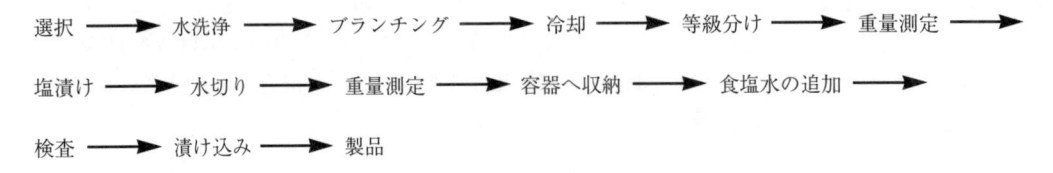

選択 ⟶ 水洗浄 ⟶ ブランチング ⟶ 冷却 ⟶ 等級分け ⟶ 重量測定 ⟶

塩漬け ⟶ 水切り ⟶ 重量測定 ⟶ 容器へ収納 ⟶ 食塩水の追加 ⟶

検査 ⟶ 漬け込み ⟶ 製品

図13-5　塩漬蘑菇の製造工程

(3) 加工方法

(ア) 選 択

形状が整い，表皮の色が白い，新鮮なマッシュルームを選択する。選択したマッシュルームを加工前に貯蔵する場合は温度は4℃，湿度は約80％の状態で保存することが大切である。この状態で保存することにより，マッシュルームにカビが増殖するのを防ぐとともに，マッシュルームの組織が干からびるのを防ぐことができる。

(イ) 水洗浄

最初にマッシュルームの石突きの部分を除去してから，きれいな水で洗浄し，夾雑物や泥土を丁寧に落とす。

(ウ) ピロ亜硫酸ナトリウム液への浸漬

ピロ亜硫酸ナトリウムはマッシュルームを漂白し，白色を保持する作用がある。洗浄を終えたマッシュルームを直ちに0.02％ピロ亜硫酸ナトリウム溶液に10分間浸漬し，漂白するとともに色止めを行なう。

(エ) 洗 浄

ピロ亜硫酸ナトリウム溶液に浸漬したマッシュルームを竹あるいはステンレス製のザルに取り出し，ピロ亜硫酸ナトリウムの臭いがなくなるまで，流水中で洗浄を繰り返し行なう。

(オ) ブランチング

鍋に10％の食塩水を入れ，一旦，沸騰させた後，カゴに入れたマッシュルームをカゴの5分の2のあたりまで湯に浸け，再び沸騰してから8分間ブランチングを行なう。ブランチングの後は直ちに冷水に浸し，冷却する。また，ブランチングの間はカゴの中のマッシュルームを撹拌して均等に加熱する。鍋の中の食塩水は繰り返し5回使うことが可能である。一般的に，3回目を終えたところで食塩を追加して食塩濃度の低下を補う。食塩は食塩水100kgに対し，3kgの割合で追加する。5回使用すると食塩水は濁り，食塩濃度も低下するので，全て新しい食塩水と入れ換える。入れ変えないで使用するとマッシュルームの色が黒くなってしまうので，これを避けるためである。

(カ) 冷 却

ブランチングしたマッシュルームをカゴごと冷水中に入れ，水温と同じになるまで冷却する。これは，マッシュルームの歯切れを保持するためである。

第2節　各地の塩漬菜

(キ)　等級分け

塩漬マッシュルームの品質を保持するために等級分けを行なう。これは等級間の価格差が大きいので，等級分けを厳格に行なうことが大切である。等級の基準は以下に示すとおりである。

　1等級品：マッシュルームの直径が1.5cm以下のもの
　2等級品：マッシュルームの直径が2.5cm以下のもの
　3等級品：マッシュルームの直径が3.5cm以下のもの
　4等級品：マッシュルームの直径が3.5cm以上のもの
　等外品：皮が破損しているもの，かさが落ち形状が良くないもの

　等級分けの作業には2つの方法がある。1つは手作業で等級分けを行なう方法で，もう1つは機械を用いて行う方法である。手作業は時間とコストはかかるが，破損しにくく，等級分けも厳格である。一方，機械作業の場合は短時間ででき，コストもかからないが，破損しやすくなり，また，等級分けも厳格さに欠ける。手作業は木製のテーブルの上に白布を敷き，その上で冷却したマッシュルームの等級選別を行なう。機械を利用した等級分け作業はマッシュルームを水を流しながら転がらせて，それぞれの等級に合わせた穴の上を通過させ，等級に合ったところに落下させて分別を行なう。

(ク)　塩漬け

等級分けを終えたマッシュルームの重量を測定し，それに合わせた量の食塩を用い，塩漬けを行なう。通常，マッシュルーム100kgに対し，使用する食塩は50kgである。塩漬けはカメで行なう。最初にカメの底に食塩を1層撒き，その上にマッシュルームを1層置き，これを交互に繰り返して漬け込む。最上部は食塩を多めに撒き，その上に白布を被せて48時間塩漬けする。

(ケ)　容器への収納

48時間の塩漬けを終えたマッシュルームを取り出し，余分な食塩水を切ってから重量を測定する。次に，別のカメに塩漬マッシュルームが一杯になるまで入れ，漬け込んだ塩漬マッシュルームの表面より上になるまで食塩水を加える。

(コ)　検　査

別のカメに漬け換えた塩漬マッシュルームは，毎日1回検査し，食塩水が塩漬マッシュルームの表面よりも下がっている場合は食塩水を加える。このようにして10日間経過すると安定してくるので，表面に食塩を撒いて製品となる。食塩水は100kgの水に22kgの食塩を加えた後，煮沸して溶解させ，冷却後に4層のガーゼを通して濾過して作っておく。

(4)　製品の品質基準

(ア)　官能指標

色は明るく，マッシュルーム特有の風味を持ち，形状が揃っており，酸味と辛味のバランスが取れているものが良い。

(イ)　理化学指標

食塩濃度は20～22%，水分は84～85%であることが望ましいとされている。

5．潮州鹹酸菜（カラシナ塩漬）

潮州鹹酸菜は中国の広東潮州で製造されている伝統的な漬物で，地域の人々に大変人気がある。潮州鹹酸菜の原料は青芥菜（カラシナ）の変種で，烏尾菜と呼ばれている。烏尾菜以外では雷江

菜と黄尾菜の2種類の芥菜の変種が利用されているが，潮州鹹酸菜としては烏尾菜を原料としたものより品質は落ちる。

(1) **原料および補助原料**

新鮮な青芥菜100kgに対し，食塩を7～8kgを使用する。

(2) **製造工程**

潮州鹹酸菜の製造工程は**図13-6**に示すとおりである。

晒し ━━▶ 整形 ━━▶ 塩漬け ━━▶ 押し ━━▶ 食塩添加 ━━▶ 発酵 ━━▶ 製品

図13-6 潮州鹹酸菜の製造工程

(3) **加工方法**

(ア) **晒し（干し）**

収穫した青芥菜の水分が20～25%減少するまで5～6時間晒す。

(イ) **整形**

晒した青芥菜のうち，株が太く，重さが約2.5kgのものを選択し，原料とする。ひねた茎や黄変した葉を除去した後，縦に半分に切り，塩漬けする。

(ウ) **塩漬け**

半割りにした原料野菜を1株ずつ木桶に入れて塩漬けを行なう。野菜の切断面を上に向けて1層になるように桶に入れ，その上に食塩を撒く。食塩を撒いた上にさらに野菜を1層となるように入れ，これを交互に繰りかえして漬け込む。全体的には下部よりも上部に多めの食塩を撒く。使用する食塩の量は野菜重量の4～5%である。

(エ) **押し**

木桶に漬け込んだら，初日に木棒を使って押し込み，均一に漬かるようにする。野菜全体が柔らかくなって，漬け液が揚がり，桶口から約25cm程度まで野菜が下がったところで押しの作業をやめる。翌朝，2回目の押しを行なう。押しの方法は1回目と同様である。その結果，野菜はより柔らかくなる。3日目には3回目の押しを行なう。

(オ) **発酵**

押しの作業を終えた原料野菜に対し，野菜重量の2%に相当する食塩を表面に均一に加える。その上に竹製の蓋や麻布を用いて，表面をしっかり覆った後，3cmの厚さになるまできれいな川砂を入れ，桶口を密封する。密封した桶を風通しの良い日陰の場所に置き，40～45日間発酵させる。通常，整形した状態のものに対する歩留りは約75%である。

(4) **製品の品質基準**

(ア) **官能指標**

色は黄緑色で，適度に柔らかく，酸味と辛味のバランスがとれているものが良い。

(イ) **理化学指標**

食塩濃度は3～4%，総酸は1.2～1.8%であるものが望ましいとされている。

(5) **注意事項**

潮州鹹酸菜は密閉した桶の状態では約10か月保存できるが，桶から取り出した後は1週間しか保存できない。

6. 圧白菜（ハクサイ塩漬）

圧白菜は湖北省で生産されている歴史のある漬物で，特に武漢では一般大衆に人気がある。製造は比較的簡単なので工場で生産されるだけでなく，家庭でも作られている。圧白菜は精進料理や肉料理に使われ，なかでも，圧白菜，肉，唐辛子を合わせて炒めた料理は武漢の暑い季節の人気料理である。

(1) 原料および補助原料

原料には箭杆白白菜を用いる．箭杆白白菜は葉柄が細長く，水分が少なめで，黄変した葉のないものを選択する。補助原料は食塩のみで，箭杆白白菜100kgに対し，食塩8kgを使用する。

(2) 製造工程

圧白菜の製造工程は図13-7に示すとおりである。

白菜 ⟶ 晒し ⟶ 整形 ⟶ 白菜を詰める（塩漬け）⟶ 製品

図13-7 圧白菜の製造工程

(3) 加工方法

新鮮な原料を重量が約70％程度になるまで日に晒し（干し）てしんなりさせる。ひねた葉や黄色くなった葉を除去し，泥土を除いてから塩漬けを行なう。カメの底に1層の食塩を撒いてから白菜を並べ，その上にさらに食塩を撒く。これを交互に行なって，しっかりと詰めながらカメの上部まで漬込む。食塩は下部は少なめに上部には多めに使用する。

食塩が溶解して白菜が漬かり，漬け液が揚がると漬け込まれた白菜は少し下に沈むので，その分，新たに白菜と食塩を加える。カメが一杯になったら，白菜の上に割り竹を置き，その上に重石を載せて漬け込む。そのまま，3～4週間漬け込むと白菜の葉は褐色になり，葉柄は明るい黄色の製品が完成する。

(4) 製品の品質基準

(ア) 官能指標

明黄色を呈し，やや酸味のあるものが良い。

(イ) 理化学指標

食塩濃度は4～6％，水分は90～92％，総酸は0.8～1.0％のものが望ましいとされている。

7. 蘭花蘿蔔（ダイコン塩漬）

蘭花蘿蔔は塩漬大根を加工し，形状が蘭の花に似たきれいな漬物である。

(1) 原料および補助原料

原料は冬の大根で大雪（12月7日頃）の後で収穫するという二十日大根（雪水蘿蔔ともいう）を塩漬けにしたものを用いる。大きさは1本が150～250gのものを選ぶ。表皮は明るい白色を呈し，黒芯やスの入らないものを選択する。補助原料にはサッカリン，グルタミン酸ナトリウム，粉唐辛子，醤油，胡麻油を使用する。

塩漬大根100kgに対し，サッカリン20g，グルタミン酸ナトリウム50g，粉唐辛子1kg，醤油80kg，胡麻油2kgの割合で製造する。

(2) 製造工程

蘭花蘿蔔の製造工程は図13-8に示すとおりである。

原料 ─→ 切削 ─→ 洗浄・脱塩 ─→ 圧搾 ─→ 副原料の添加 ─→ 撹拌 ─→ カメに入れる ─→ 製品

図13-8　蘭花蘿蔔の製造工程

(3) 加工方法

塩漬大根は形状がそろい，長さは約12cm，直径は約4cmのものを用いる。包丁で輪切りの要領で切れ目を入れるが，切り離さずに約3分の2の深さで止めて大根を反転させ，同様に約3分の2までの切れ目を入れる。これを交互に繰り返して切れ目を入れていくが，切れ目の間隔は1cmである．したがって，塩漬大根は切れ目が入った状態になるが，つながったままの格好になっている。切れ目を入れた塩漬大根を湯で洗浄，脱塩した後，取り出して圧搾する。

圧搾は100kgの塩漬大根が32～34kg程度になるまで行なう。圧搾した原料は木桶に入れ，副原料を配合比に従って添加し，均一になるように撹拌した後，カメに移し換えてしっかりと押す。そのまま2～3日間置いて補助原料を十分に吸収させたら，別のカメに入れ直し，漬け液が揚がるまでしっかりと押してからカメを密封して保存する。

(4) 製品の品質基準

(ア) 官能指標

大根の形状がそろい，歯切れが良く，辛味と甘味のバランスが取れているものが良い。

(イ) 理化学指標

食塩濃度は10～11%，水分は60%以下であることが望ましいとされている。

8．開封五香大頭菜（五香を使用したカブ塩漬）

河南省開封は中国の宋代の頃の首都で，当時は東京汴梁と呼ばれていた．開封五香大頭菜の歴史は古く，『東京夢華録』の「州橋夜市」の中には50～60種の有名な食品が記述されている。この中に広芥瓜や芥辛瓜と呼ばれる食品があるが，これらが開封五香大頭菜の前身であるといわれている。清代の乾隆帝（在位1735～95年）の時代に役人の職を辞して商業を営んでいた藩は，開封南京港で「老五美」という店を開き，開封五香大頭菜を販売したことが記録されている。その後は，藩の子孫達が技術を継承し，改善を重ねることによって伝統的な漬物が完成した。1933年には上海で開催された全国の漬物の品評会で，第2位の栄誉に輝いている。

(1) 原料および補助原料

五香大頭菜の原料はアブラナ科に属する大頭菜（根用芥菜，カブ）である。河南省開封，洛陽，周口，駐馬店などの地域で両道眉，両縷須，獅子頭，浄面疙瘩などの品種が栽培されている。なかでも，開封，杞県，尉氏で栽培されている浄面疙瘩が五香大頭菜には最も適している。表皮は青緑色を呈し，虫害や傷がなく，大きさが揃っているものを選択する。なお，1株の重量は250g以上のものが望ましい。

補助原料としては食塩，カラメル，大茴香（ダイウイキョウ），山椒（サンショウ）などを使用する。大頭菜1000kgに対し，食塩120kg，カラメル80kg，大茴香3.5kg，山椒2.2kg，草果1kg，生姜（ショウガ）1kg，丁香（丁字）0.3kgの割合で製造する。

(2) 製造工程

開封五香大頭菜の製造工程は**図13-9**に示すとおりである。

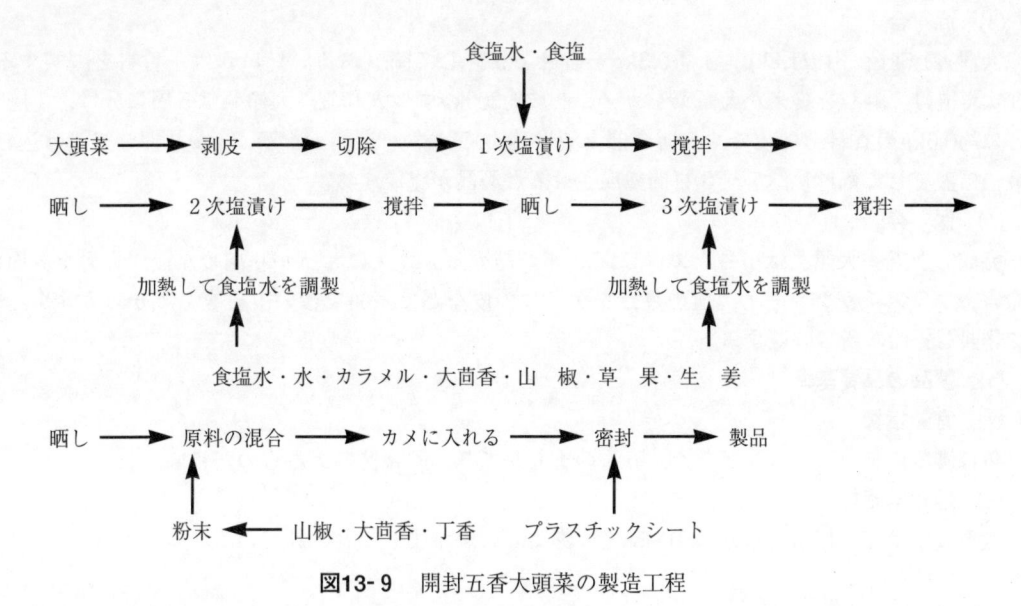

```
大頭菜 → 剥皮 → 切除 → 1次塩漬け → 撹拌 →
                           ↑
                        食塩水・食塩

晒し → 2次塩漬け → 撹拌 → 晒し → 3次塩漬け → 撹拌 →
         ↑                        ↑
      加熱して食塩水を調製        加熱して食塩水を調製
         ↑                        ↑
      食塩水・水・カラメル・大茴香・山 椒・草 果・生 姜

晒し → 原料の混合 → カメに入れる → 密封 → 製品
         ↑                        ↑
      粉末 ← 山椒・大茴香・丁香    プラスチックシート
```

図13-9 開封五香大頭菜の製造工程

(3) 加工方法

(ア) 整 形

原料野菜を工場に搬入後,直ちに加工する.外皮を除去し,ミカンの房形に切ってから塩漬けを行なう.

(イ) 1次塩漬けおよび晒し

整形した大頭菜をカメに入れ,100kgの大頭菜に対し12kgの食塩を用いて塩漬けを行なう。大頭菜と食塩は交互に入れて漬け込む。カメが一杯になったら,以前の製造の際にできた揚がり塩水(新しく調製する必要のある場合は,7％の食塩水に3％のカラメルを加えたものを使用する)を加える。翌日,均一に漬かるようにカメの中を撹拌する。3日目は塩漬大頭菜を一旦別のカメに入れ,カメに残っている揚がり塩水に浮かんでいる夾雑物と沈殿物を取り除き,大頭菜を入れる。その後は3日ごとに1回カメを撹拌し,均一に漬かるようにする。塩漬けを約30日行なったら,塩漬大頭菜をカメから取り出し,水分が約40％になるまでムシロの上に広げて晒す。

(ウ) 2次塩漬けおよび晒し

晒した塩漬大頭菜をカメに入れ,その後,揚がり塩水60％,水40％の水溶液に大茴香2kg,山椒,草果,生姜をそれぞれ1kgずつ加えたものを沸騰させ,それにカラメル40kgを加えて溶解し,冷却したものを大頭菜を入れたカメに注ぎ入れる。大頭菜が空気に触れないように,大頭菜の上に食塩水が約10cm以上の高さになるまで加える。食塩水を加えた後は,3日に1回の割合で撹拌を行ない,20日間経過したら,大頭菜をカメから取り出して日に晒す。水分含量が約45％になるまで晒しを行なう。

(エ) 3次塩漬けおよび晒し

2回晒した大頭菜をカメに入れ,揚がり塩水70％,水30％の割合で作った食塩水を一旦沸騰させ,冷却したものをカメに注ぎ入れる。翌日カメの中を撹拌し,その後は3日ごとに撹拌を行な

い均一に漬かるようにする．約20日間ほど漬けると深い紫色になるので大頭菜をカメから取り出し，3回目の晒しを行なう。晒しは水分が約53％になるまで行なう。

(オ) 混 合

大茴香1.5kg，山椒1.2kg，丁香0.3kgを合せて粉砕して篩（ふるい）にかけ，香料を調製する。3次塩漬け・晒しを終えた大頭菜をカメごとに約300kgずつ入れる。大頭菜は5層に分け，1層ごとに約0.6kgの香料を加えて，5層全部を漬け込んでいく。1層1層をしっかり押して漬け込む。最後に蓋をして密封し，7～8日間熟成させると製品が完成する。

(カ) 保 存

完成した五香大頭菜は小さなカメに25kgずつ詰める。カメにしっかり詰めた後，香料を表面に撒き，プラスチックシート，蓮の葉，タケノコの皮などで表面を覆い，蓋をしてからカメを石灰で密封し，冷暗所で貯蔵する。

(4) 製品の品質基準

(ア) 官能指標

色は濃紫色を呈し，ムラがなく，五香の香りがあり，貯蔵性のあるものが良い。

(イ) 理化学指標

食塩濃度は15～17％，水分は50～55％であることが望ましいとされている。

9．襄樊大頭菜（カブ塩漬）

襄樊大頭菜の歴史は古く，東漢の末年に劉備が茅廬に行った時，諸葛亮は劉備を招待した。その宴席に襄樊大頭菜があり（諸葛亮はみずから大頭菜を栽培し，漬物を作った），劉備はそれを食べて称賛した。その後，諸葛亮は揮師東征の際に兵士に襄樊大頭菜を持たせたという話も残っている。襄樊大頭菜は以前は家内工業的に生産されていたが，中国建国後は工場生産されるようになった。襄樊大頭菜は色，香り，味，形状のいずれも優れており，伝統的な製法で生産されている。原料野菜の選択は厳格である。製造は6回の塩漬けと6回の晒しによって行なわれているが，これは全国にある大頭菜を原料とする漬物の中でも最も手間がかかっている漬物の1つであり，貯蔵性にも優れている。

(1) 原料および補助原料

襄樊大頭菜の原料は大頭菜で芳香油，蛋白質および炭水化物を多く含有し，甘味を持っている。大頭菜の品種は数多くあるが，襄樊大頭菜に適した品種は獅子頭である。補助原料として，大頭菜100kgに対し，食塩25kg，食塩水50kg，カラメル5kg，香辛料0.2kg（大茴香30％，桂皮30％，山椒20％，小茴香20％）の割合で使用する。

(2) 製造工程

襄樊大頭菜の製造工程は図13-10に示すとおりである。

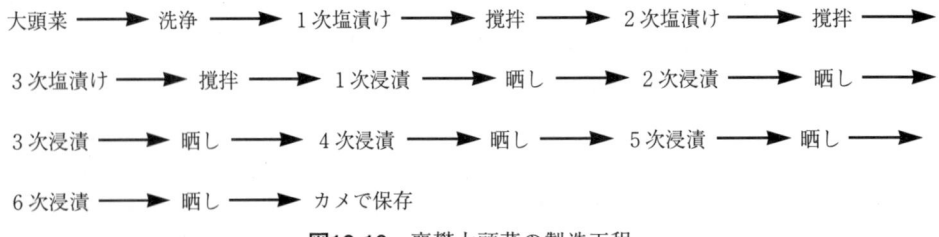

大頭菜 ⟶ 洗浄 ⟶ 1次塩漬け ⟶ 撹拌 ⟶ 2次塩漬け ⟶ 撹拌 ⟶
3次塩漬け ⟶ 撹拌 ⟶ 1次浸漬 ⟶ 晒し ⟶ 2次浸漬 ⟶ 晒し ⟶
3次浸漬 ⟶ 晒し ⟶ 4次浸漬 ⟶ 晒し ⟶ 5次浸漬 ⟶ 晒し ⟶
6次浸漬 ⟶ 晒し ⟶ カメで保存

図13-10　襄樊大頭菜の製造工程

第2節 各地の塩漬菜

(3) 加工方法

(ア) 1次塩漬け

整形した大頭菜を洗浄した後，大頭菜100kgに対し3.5kgの食塩を用い，塩漬けを行なう。塩漬けは常法どおり，1層の大頭菜と1層の食塩を交互にカメが一杯になるまで漬け込む。24時間漬け込んだ後，撹拌を行なう。

(イ) 2次塩漬け

1次塩漬けを終えた大頭菜を20°Béの食塩水で洗った後，1次塩漬けと同様の方法で24時間塩漬けを行なう。塩漬け後は大頭菜をザルに取り出して，余分な食塩水を切る。なお，1次，2次塩漬けで使用した食塩水に食塩を加え，その濃度を20°Béにし，静置してから上澄み液をその後の塩漬けに用いる。

(ウ) 3次塩漬け

1次，2次塩漬けと同様の方法で，3次塩漬けを行なう。2日間塩漬けしたら、大頭菜を取り出して別のカメにしっかりと押さえながら入れる。次に，1次，2次塩漬けに使用し，20°Béに調整した食塩水を用いて塩漬けを行なう。約15日間塩漬けを行なったら，大頭菜をカメから取り出して1～2日間，日光の下で晒す。大頭菜が軟らかくしんなりしたら，再びカメに入れ，1次塩漬けと同様な方法で塩漬けを行なう。

1，2，3次塩漬後の歩留りは，新鮮な大頭菜100kgに対し60kgである。

(エ) 食塩水への浸漬（1次～6次浸漬）

1次浸漬は3次塩漬けを終えた大頭菜100kgにカラメル1kg，前年塩漬けに使用した食塩水10kgを加えた後，大頭菜が液面から露出する程度に20°Béの食塩水を加える。翌日は大頭菜が液面から露出しなくなるまで，さらに食塩水を加え25日間浸漬を行なう。浸漬後，カメから大頭菜を取り出し，1～2日間晒しを行なう。手で触れて弾力性があれば，2次浸漬を行なう。その後，同様の操作を6回繰り返す。すなわち，食塩水への浸漬と晒しを交互に繰り返す方法を取る。6回の浸漬の内容は**表13-2**で示すとおりである。

表13-2 各浸漬時の食塩濃度（°Bé）とカラメル量

	1次	2次	3次	4次	5次	6次
食塩水 (°Bé)	20	20.5	23	24	24	24
カラメル (kg)	1	1	1	1.5	1.5	

(オ) 密封

6回の食塩水浸漬と晒しを終えて完成した大頭菜は，規格に合っていればカメに詰め，香辛料を上部に撒いて密封する。15日ほど熟成した後，工場から搬出する。

(4) 製品の品質基準

(ア) 官能指標

色は褐色あるいは赤褐色を呈し，色ムラや中空がなく，表皮には食塩の霜が付き，歯切れのあるものが良い。

(イ) 理化学指標

食塩濃度は23～24%，水分は60～64%，還元糖4.5～5.0%，全窒素0.35～0.4%，アミノ態窒素0.7～0.8%，総酸0.5～0.6%であることが望ましいとされている。

10. 五香大頭菜（別名：黄菜）（五香を使用したカブ塩漬）

五香大頭菜の原料の大頭菜は芥菜（カラシナ）の一種で，全国的に栽培されている野菜である。特に，天津市南方の郊外で比較的多く栽培されている。

近年は，改良された大頭菜が利用されているが，元々の大頭菜は大芥菜と呼ばれているもので，組織はやや硬く，表皮も厚めである。また，収穫量は少なめであるが，歩留りは比較的良いという特徴を持っている。一方，現在の大頭菜は天津で改良されたもので，水分が多く，組織は軟らかく，表皮は薄めで，収穫量も高い。

五香大頭菜は半乾態（半乾燥）塩漬に属し，保存性の高い漬物であることから，1年を通して食べることができる。五香大頭菜の色は明るい褐色を呈し，歯切れが良く，天津の消費者に好まれている。最近は海外にも輸出されるようになっている。

(1) 原料および補助原料

原料の大頭菜は大きなものが良く，塩漬けに用いられる大頭菜の直径は8cm以上のものを選択する。収穫後，直ちに茎と皮を除去したものが塩漬け原料として供給されている。補助原料は食塩（海塩）と五香粉で，大頭菜100kgに対し，食塩38kg，五香粉0.15kgの割合で製造する。

(2) 製造工程

五香大頭菜の製造工程は図13-11に示すとおりである。

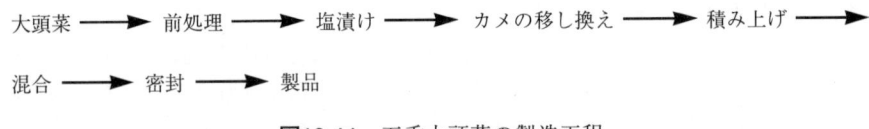

大頭菜 ⟶ 前処理 ⟶ 塩漬け ⟶ カメの移し換え ⟶ 積み上げ ⟶

混合 ⟶ 密封 ⟶ 製品

図13-11 五香大頭菜の製造工程

(3) 加工方法

(ア) 前処理

大頭菜の根部に，深さ3～5cm（根部の大きさによる）の切れ目を入れる。通常は，根の3分の2程度の深さまで切れ目を入れる。また，切れ目の間隔は約1.2cmが一般的である。

(イ) 塩漬け

100kgの大頭菜に対し，20kgの食塩と15kgの17°Béの食塩水を用いて塩漬けを行なう。最初に前処理を終えた大頭菜をカメの底に1層となるように入れ，その上にやはり1層となるように食塩を撒く。これを交互に繰り返して，カメが一杯になるまで詰めたら，食塩水を加える。ここで注意しなくてはいけないことは，食塩の使用量を厳格に守ることである。それは，食塩を使いすぎると次の発酵工程がうまく進行しないからである。発酵の進行が遅れると製品は黄色とならずに灰色の状態になってしまう。

塩漬け後は毎日1回，カメを移し換えながら撹拌を行ない，均一に漬かるようにする。7日間ほど塩漬けを行なうと均一になる。

(ウ) 積み上げ

塩漬けされた大頭菜をカメから取り出し，水を切ってから約1.3mの高さに積み上げ，その上に3枚のシートをかぶせて翌年の清明節（4月5日頃）まで熟成させる。この熟成の間に，ゆっくりと発酵が進行し，大頭菜は黄色を呈し，風味が付与される。

第2節　各地の塩漬菜

(エ)　補助原料の混合

熟成を終えた大頭菜を取り出し，12kgの食塩と0.15kgの五香粉をよく混合したものを大頭菜の切れ目に丁寧にまぶしつける。

(オ)　密　封

きれいに洗浄したカメに五香粉をまぶした大頭菜を切り口を上にして入れる。カメの半分ほど入れたら1度しっかりと押さえ，さらに大頭菜を詰めてカメが一杯になったところでもう1度強く押す。次に，大粒の食塩を撒き，さらにクラフト紙で覆い，その上にムシロを置き，泥土を2～3cmの厚さに重ねて，もう1度ムシロをかぶせて固く封じる。半月後にムシロを開けて大頭菜を取り出し，1日，日光に晒して製品とする。

(4) 製品の品質基準

(ア)　官能指標

色は明るい黄褐色を呈し，色ムラや中空がなく，五香の風味が濃厚なものが良い。

(イ)　理化学指標

食塩濃度は14～16％，水分は55～60％，還元糖2.5～3.0％，全窒素0.35～0.4％，アミノ態窒素0.1～0.15％であることが望ましいとされている。

11.　福州五香大頭菜（五香を使用したカブ塩漬）

福州五香大頭菜は黄色を呈し，塩味の中に五香の風味を有し，歯切れが良く，味が濃厚な漬物である。福州五香大頭菜は国内外に知られており，東南アジアに住む中国人に大変好まれている。

(1) 原料および補助原料

原料の大頭菜は中国の代表的な野菜の1つで，全国的に栽培されている。福州郊外で栽培されている大頭菜は長くて丸い形状のもので，形も大きく，水分が多く，軟らかい。収穫は12～2月である。

原料の大頭菜100kgに対し，食塩15kg，焼き塩200g，五香粉200gの割合で製造する。

(2) 製造工程

福州五香大頭菜の製造工程は**図13-12**に示すとおりである。

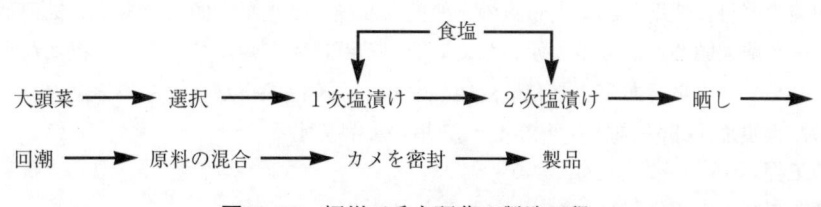

```
                         食塩
                    ┌────┴────┐
                    ↓         ↓
大頭菜 → 選択 → 1次塩漬け → 2次塩漬け → 晒し →

回潮 → 原料の混合 → カメを密封 → 製品
```

図13-12　福州五香大頭菜の製造工程

(3) 加工方法

(ア)　原料の選択

原料の大頭菜の根部（カブ）の余分な根およびひげ根を除去した後，泥土を洗浄する。硬くなった表皮や中空，穴などのないものを選択する。

(イ)　晒し（干し）

葉の付いたままの原料の大頭菜を2日間ほど日光の下で晒しを行なう。

(ｳ) 1次塩漬け

晒しを終えた大頭菜100kgに対し，8kgの食塩の割合でカメを用いて塩漬けを行なう。大頭菜と食塩を交互に入れた後，5kgの水を加え，重石を載せ，約1週間ほど漬けたら，カメを換えることによって撹拌し，食塩が均一になるようにする。

(ｴ) 2次塩漬け

1次塩漬けを終えた大頭菜を取り出し，新しいカメに入れ，7kgの食塩を用いて2次塩漬けを行なう。塩漬けの方法は1次塩漬けと同様に交互に詰める。食塩は上に行くほど多めに撒く。大頭菜をカメに一杯に詰めたら，上部に重石を載せる。

(ｵ) 晒　し

1か月ほど塩漬けした後，大頭菜を取り出して，日光の下で晒しを行なう。晒しは新鮮な大頭菜100kgが31〜32kgになるまで行なう。

(ｶ) 回潮（湿気を帯びさせること）

晒した大頭菜を日の当たらないところに1日置いて湿り気を与える。

(ｷ) 混　合

新鮮な大頭菜100kgに対し，焼き塩200gと五香粉200gの割合でよく混合したものを，回潮を終えた大頭菜にまぶしながらカメに詰める。カメが一杯になるまで詰めたら，その上を大頭菜の葉で覆って密封し，カメの蓋をする。数日間熟成させると製品が完成する。この状態で約1年間保存することができる。

(4) 製品の品質基準

(ｱ) 官能指標

色は明るい褐色を呈し，塩味と五香のバランスが取れ，歯切れが良く，風味が濃厚なものが良い。

(ｲ) 理化学指標

食塩濃度は13〜14％，水分は63〜65％，総酸0.8〜0.9％，アミノ態窒素0.2％以上であることが望ましいとされている。

12. 内江大頭菜（カブ塩漬）

(1) 原料および補助原料

内江大頭菜の原料に使用される大頭菜の一般的な品種は枇杷葉大頭菜である。枇杷葉大頭菜の中でも特に紅角蘭大頭菜が最も多く使われている。それは葉が短くて少なく，根部が大きくやや長めで加工しやすいからである。原料は，組織が軟らかく，中空がないものを選ぶ。

日に晒した大頭菜100kgに対し，食塩9kgを用いて製造する。

(2) 製造工程

内江大頭菜の製造工程は**図13-13**に示すとおりである。

大頭菜 ⟶ 整形 ⟶ 晒し ⟶ 塩漬け ⟶ 壺に入れる ⟶ 発酵 ⟶ 製品

図13-13　内江大頭菜の製造工程

(3) 加工方法

(ｱ) 原料の整形

大頭菜の葉やひげ根を除去し，洗浄する。

(ｲ) 晒し（干し）

大きな大頭菜は2～4個，小さいものは4～6個ずつ紐を通して晒しを行なう。晒しの程度は目でみたり，触って確かめる。通常，100kgのものが35kg程度になるまで晒しを行なう。晒し方が弱いと水分が多く残るので，酸が出やすくなり，貯蔵中に風味が低下する。逆に晒しが強過ぎると歩留りも悪く，歯切れが悪くなる。通常，晒しは3～4日間ほど行なう。

(ｳ) 塩漬け

晒しを終えた大頭菜100kgに対し，食塩9kgの割合で漬け込みタンクで塩漬けを行なう。漬け込みは大頭菜と食塩を交互に入れて行なう。約20日間，塩漬けを行なったら，タンクから大頭菜を取り出す。

(ｴ) 壺入れ

壺に大頭菜を入れる際は，重さに応じて大頭菜を1～3級に分けてから詰め込む。1級は150g以上，2級は100g以上，3級は50g以上のもので，それぞれの等級に合わせて壺に入れる。壺の口から3～4cm下まで詰め込み，上部には塩漬けした大頭菜の葉をかぶせて密封し，最後に壺の蓋をした後，モルタルで密封する。密封することによって外部からの微生物の侵入を抑制し，腐敗や変敗を防止する。

(ｵ) 発酵および保存

壺に入れた大頭菜は室内または軒先に置いて密閉状態で3～4か月間発酵を行なう。100kgの新鮮な原料からは約33kgの製品を製造することができる。

(4) 製品の品質基準

(ｱ) 官能指標

色はやや光沢がある黄褐色を呈し，香りがあり，酸味やカビ臭のないものが良い。味は塩味，苦味，酸味のバランスが取れているものが良い。

(ｲ) 理化学指標

食塩濃度は10.0～11.5％，水分は75％以下，総酸（乳酸として）は0.8以下，アミノ態窒素0.15％以上であることが望ましいとされている。

(5) 注意事項

(ｱ) 大頭菜の収穫時期

大頭菜は処暑（8月23日頃）の前後で収穫するのが一般的である。この時期に収穫されたものは組織は軟らかくて葉脈が少ないが，時期を超えると葉脈が現れ，硬くなる。

(ｲ) 晒し

晒しは棚を使って行なわれる。棚は風通しが良く，日当たりの良い場所に設置する。

(ｳ) 保存

壺に入れたままの大頭菜は1年間保存できるが，壺を開けた後は，冬で15日，夏では3～5日間しか保存ができないので注意が必要である。

13. 淮安老鹹大頭菜（カブ塩漬）

淮安老鹹大頭菜は江蘇省淮安で生産されている伝統的な漬物で，数百年の歴史を有している。宋の時代，淮安を訪れた趙匡胤はこの老鹹大頭菜を食べ，大いに称賛した。その後，趙匡胤は皇帝となり，淮安老鹹大頭菜が毎年，朝廷に献上されたことが伝えられている。

(1) 原料および補助原料

淮安で栽培されている大頭菜を使用する。栽培の時期は7～11月で，苗を移植して栽培する。形状は楕円形で1つの重さが175g以上のものを選択する。補助原料は食塩のみである。

新鮮な大頭菜100kgに対し，食塩を7～8kgを使用する。

(2) 製造工程

淮安老鹹大頭菜の製造工程は**図13-14**に示すとおりである。

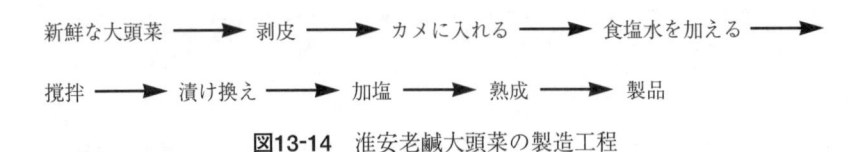

新鮮な大頭菜 ⟶ 剥皮 ⟶ カメに入れる ⟶ 食塩水を加える ⟶ 撹拌 ⟶ 漬け換え ⟶ 加塩 ⟶ 熟成 ⟶ 製品

図13-14 淮安老鹹大頭菜の製造工程

(3) 加工方法

収穫した新鮮な大頭菜を工場に搬入し，洗浄後，外皮を除去し，5～7日間，日陰に置いてしんなりとさせる。色は淡黄色を呈するようになる。次に，大頭菜をカメに入れ，大頭菜の重さの半分の18°Bé食塩水を加えて4～5日間ほど塩漬けを行なう。

塩漬け後は，大頭菜を取り出して別のカメに入れ，棒を用いて浮かび上がらないようにしてから，再び食塩水を加える。ここで使用する食塩水は，前年の漬け込みに使用した食塩水を保管しておいたもの（老鹹）である。食塩水は大頭菜が完全に浸るまで加える。夏は食塩水の濃度が19°Béになるまで食塩を徐々に加える。

その後1年間熟成させる。熟成期間中，日中はカメを蓋で覆い，夕方になると蓋を開けて，不快成分を揮発させる。それを続けることにより風味豊かな淮安老鹹大頭菜が完成する。製品は1年以上貯蔵することが可能である。

(4) 製品の品質基準

(ア) 官能指標

形状が揃い，色は黄褐色で，適度に軟らかく，香りが優れているものが良い。

(イ) 理化学指標

食塩濃度は17%，総酸0.65%以下，アミノ態窒素0.35%以上であるものが望ましいとされている。

(5) 注意事項

(ア) 食塩は十分に使用しないと微生物による発酵を抑えることができない。

(イ) 食塩の添加量が不十分な場合は，表面にある大頭菜が腐敗することがある。

(ウ) カメの中の大頭菜は適度に撹拌を行ない，歯切れのムラを生じさせないようにする。

(エ) 雨水がカメの内部に入ったり，過度に日光に晒すのを防ぐ必要がある。

(オ) 塩漬けに使った食塩水は再利用するので丁寧に保存しておく。

14. 北京冬菜（ハクサイの発酵漬物）

北京冬菜（京冬菜）は冬菜（発酵漬物）の一種で，南充冬菜，天津冬菜（津冬菜）と同様によく知られた漬物である。これらの冬菜には共通点が多いが，異なる点もある。北京冬菜の主な産地は北京地区で，原料には北京大白菜が使われる。北京冬菜は香りが特に良く，風味豊かで食欲を増進させる。北京冬菜は野菜炒めやスープにも利用されている。

第2節 各地の塩漬菜

(1) 原料および補助原料

補助原料には細かくした食塩と夾雑物のない山椒（サンショウ）を使用する。原料の新鮮な北京大白菜100kgに対し，食塩3kg，山椒（サンショウ）0.25kgの割合で使用する。

(2) 製造工程

北京冬菜の製造工程は図13-15に示すとおりである。

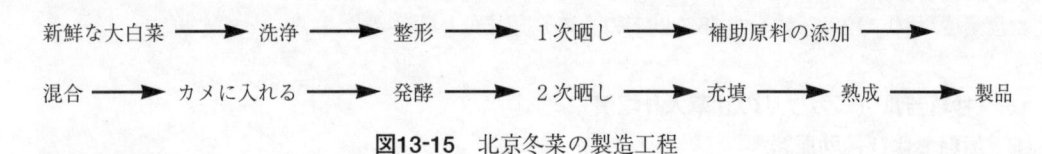

新鮮な大白菜 ⟶ 洗浄 ⟶ 整形 ⟶ 1次晒し ⟶ 補助原料の添加 ⟶

混合 ⟶ カメに入れる ⟶ 発酵 ⟶ 2次晒し ⟶ 充填 ⟶ 熟成 ⟶ 製品

図13-15　北京冬菜の製造工程

(3) 加工方法

(ア) 整　形

良質な北京大白菜を収穫したら，直ちに工場に搬入して加工を行なう。白菜の外葉を取り除き，きれいな水で洗浄する。約1.5cmの幅に白菜を切り，さらに2cmの長さの角切りにする。大きさが揃うように注意深く切る。

(イ) 1次晒し

角切りしたものを，棚に敷いたムシロの上に広げ，日光が十分に当たり，風通しの良い場所で晒しを行なう。白菜の厚さは約1.5cmであるが，厚すぎると晒しがうまく行なえず，カビが生育して品質の低下を招く。晒しの間は，1日に2～3回かき混ぜて均一に晒しが行なわれるようにする。雨天や夜間には覆いをかけて雨水や夜露が侵入しないようにし，100kgの白菜が約20kgになるまで晒す。晒しは通常，2～3日間である。

(ウ) 混合・撹拌

晒しを終えた白菜100kgに対し，3kgの食塩（塩濃度3％）を加え，十分に混合・撹拌する。次に，0.25kgの山椒を加えて均一に混合し，カメにしっかりと詰める。カメが一杯になるまで詰めたら，表面に少量の食塩を撒いてカメに蓋をして密封する。空気が入るとカビの発生を招き，品質を低下させることになるので注意する。

(エ) 発酵および2次晒し

カメに詰めた白菜は室温下で発酵を行なう。まず，最初に食塩の浸透圧によって白菜の内部に食塩が浸透し，白菜中の食塩濃度は次第に均等になる。山椒が有している香気成分も同様に，白菜に浸透する。一方，乳酸菌を主とする微生物が白菜中の糖類や蛋白質を分解し，風味成分を形成する。発酵を開始してから4，5か月を経た翌年の3，4月になったら，カメの中から発酵した白菜を取り出し，棚に敷いたムシロの上に広げ，風通しの良い場所で晒しを行なう。晒しの時間は1次晒しよりも短く，1～2日間で，晒し方は1次晒しと同様に行なう。100kgの発酵した白菜が80kg程度になったら晒しを終了する。

(オ) 充填・密封

2次晒しを終えた白菜を壺の約4分の1ほど入れたら，空気が入らないようにしっかりと詰める。これは，空気が混入しているとそこからカビが増殖し，品質を低下させることになるからである。次に，残りの白菜をしっかりと詰め込み，壺が一杯になったら，蓋をして密封する。

(カ) 熟　成

壺に入れた白菜はさらに2か月間熟成させる。これは熟成期間中に乳酸菌のような有用微生物

が風味成分や香り成分を形成するからである。熟成を終えると冬菜製品が完成するので，開封して販売する。

(4) **製品の品質基準**
(ア) **官能指標**
色は淡黄色を呈し，風味が良く，形状がそろっているものが良い。
(イ) **理化学指標**
食塩濃度は10～12%，水分は55%以下のものが望ましいとされている。

15. 甘草苦瓜（ニガウリの甘草入り塩漬）

(1) **原料および補助原料**
甘草苦瓜は白色苦瓜を主な原料とし，白色苦瓜100kgに対し，補助原料として食塩5kg，ミョウバン0.4kg，甘草粉末3kg，唐辛子味噌20kg，クエン酸0.4kg，人工甘味料（サッカリン）0.05kg，紫蘇粉末0.4kgの割合で使用する。

(2) **製造工程**
甘草苦瓜の製造工程は図13-16に示すとおりである。

原料 ⟶ 整形 ⟶ ブランチング ⟶ 脱水 ⟶ 塩漬け ⟶ 圧搾 ⟶

晒し ⟶ 補助原料の添加 ⟶ 製品

図13-16 甘草苦瓜の製造工程

(3) **加工方法**
(ア) **整形・塩漬け・晒し**
最初に苦瓜の両端を切除してから縦に2分割する。切り口から苦瓜の中子（ワタ）を取り除き，1辺5cmの角切りにする。次に，沸騰水で1分間程度ブランチングをしてからザルに取り，冷水を入れたカメの中で冷却する。6時間ほど冷却したら取り出してよく水を切り，別のカメに入れる。100kgの苦瓜に対して5kgの割合で食塩を加え，塩漬けを行なう。食塩は下方は少なめに，上部は多めに使う。48時間後，1度カメの内部を撹拌して，均一に漬かるようにする。さらに48時間後，圧搾して余分な水分を除去し，100kgの苦瓜が6～7kgの切干し状になるまで晒しを行なう。

(イ) **調味液の添加**
50kgの熱湯をカメに入れ，その中に補助原料を加えて，均一になるように撹拌・溶解させる。冷めたら10kgの唐辛子味噌を加えて均一になるようによく混合する。
切干し状の塩漬苦瓜を50kgずつ木鉢に入れ，調味液をさらに加えて，均一になるようよく撹拌する。12時間ほど静置した後，歩留りが8割程度になるまで晒しを行なう。

(ウ) **補助原料の添加・混合**
唐辛子粉末0.25kg，甘草粉末3kg，紫蘇粉末0.4kgを均一に混合したものを，晒しを終えた切干し状の苦瓜とよく混ぜ合わせると製品が完成する。

(4) **製品の品質基準**
(ア) **官能指標**
色は橙赤色を呈し，特有の香気が良好で，塩味と甘味のバランスが取れ，苦瓜の形状がそろっ

ているものが良い。
　(イ)　理化学指標
　食塩濃度は17〜18％，水分は43〜50％であることが望ましいとされている。

16.　鳳尾菜（カブ塩漬）
　鳳尾菜は湖南省で生産されている有名な特産物で60年余りの歴史を有している。鳳尾菜は細長く明るい黄色の葉が繋がり，丁度，鳳凰の尾のようであることからこの名が付けられた。
(1)　原料および補助原料
　鳳尾菜の原料は大頭菜（根用芥菜，カブ）で，細花葉と大花葉の2種類のものが使用される。細花葉は栽培可能な期間が長いので冬菜と春菜の2種類があるが，冬菜の方が品質は良い。春菜は表皮が厚く，肉質もあまり良くない傾向が見られる。補助原料は食塩のみである。大頭菜100kgに対し，食塩15kgの配合割合で製造されている。
(2)　製造工程
　鳳尾菜の製造工程は図13-17に示すとおりである。

原料　→　整形　→　晒し　→　1次塩漬け　→　晒し　→　2次塩漬け　→　製品

図13-17　鳳尾菜の製造工程

(3)　加工方法
　原料の大頭菜は，黄変した葉やひげ根，泥土を除去した後，2〜3日間日に晒す（干す）。次に，晒した大頭菜を葉を上にして，カメに入れて塩漬けする。塩漬けは大頭菜と食塩を交互に入れて漬け込み，上部には押し蓋を置き，その上に重石を載せる。塩漬けを約20日間行なったらカメから大頭菜を取り出し，晒しを行なう。なお，取り出す際は大頭菜に付着している泥土を揚がり塩水でよく洗い落とす。晒しを行なう際は平らな地面に広げ，互いに重ならないようにする。
　晒しを終えた後，大頭菜を回収し，葉を下に向けて隙間のないようにカメに入れる。一番上に置く大頭菜はカブ（根部）の部分を下にし，葉を上にして漬け込む。葉をうまく使って表面を密封するようにして漬け込む。表面には薄く食塩を撒き，ムシロで覆ってから蓋をして熟成させる。約2か月の後，製品となる。
(4)　製品の品質基準
　(ア)　官能指標
　色は黄褐色を呈し，柔らかくて，艶があり，香りが良く，適度な塩味のあるものが良い。
　(イ)　理化学指標
　食塩濃度は18〜20％，水分は65％以下であることが望ましいとされている。

17.　曲靖韮菜花（ニラ・トウガラシ・カブの発酵漬物）
　曲靖韮菜花は柔らかい種子を持っている韮花（ニラの花）を主な原料とし，唐辛子，蕪（カブ）の千切りを混合して製造された漬物である。
(1)　原料および補助原料
　韮花1000kgに対し，蕪800kg，塩漬唐辛子100kg，白酒34kg，赤砂糖27kg，食塩140kgの割合で使用する。

(2) 製造工程

曲靖韮菜花の製造工程は**図13-18**に示すとおりである。

韮花・蕪・唐辛子 ─→ 前処理 ─→ ブランチング ─→ 混合 ─→ 熟成 ─→ 製品

図13-18 曲靖韮菜花の製造工程

(3) 加工方法

(ア) 整 形

ニラの茎を洗浄した後，包丁でみじん切りにする。韮花1000kgに対し，食塩120kgを加え，包丁で細かく切り刻んだ後，石臼に入れ，木棒ですりつぶす。そうすることにより，韮花の液汁が浸出するとともに茎や種子も柔らかくなる。

(イ) 蕪の調製

蕪の表皮を削り取り，きれいに洗浄してから千切りにする。千切りにした蕪は日光の下で晒し，100kgの蕪が7kgになるまで乾燥させる。黄色を呈するまで干した蕪の千切りは風通しの良い冷暗所で貯蔵しておく。

(ウ) 唐辛子の調製

赤唐辛子の花柄を取り除いてから洗浄し，よく水を切った後，まな板にのせて包丁で細かく切り刻む。次に，刻んだ唐辛子100kgに対し，食塩10kgを加えて，均一になるように撹拌し竹ザルに入れて1晩放置して浸出してくる水を切る。翌日，水の切れた唐辛子にさらに10kgの食塩と3kgの白酒を加えて，よく撹拌してからカメに入れて貯蔵する。この製造工程はとても重要で，唐辛子の水分が少ないほど（水切りを丁寧にやること）貯蔵性が良い。

(エ) 製品の調製

1000kgの韮花半製品（塩蔵品）に対し，干した蕪の千切り60kg，塩漬唐辛子100kg，赤砂糖液（赤砂糖10kgに2.5kgの水を入れて溶解した後，煮詰めて水あめ状にしたもの），白酒34kgを混合する。具体的には木鉢に赤砂糖液と白酒を入れて溶解させてから，蕪の千切りを加え，さらに韮花の塩漬，塩漬唐辛子を加えてよく混合する。均一に混合したものをカメに入れ，隙間がないようにしっかりと押さえながら詰め，密封した後，貯蔵する。半年ほど熟成させると製品が完成する。

(4) 製品の品質基準

(ア) 官能指標

製品は比較的あっさりとした香りを有し，辛味，甘味，塩味のバランスが取れ，歯切れのあるものが良い。

(イ) 理化学指標

食塩濃度は10～12％，水分は50％以下であることが望ましいとされている。

18. 鎮遠陳年道菜（セイサイの発酵漬物）

鎮遠陳年道菜は貴州省鎮遠県の特産漬物で，長く貯蔵しても変質することなく，むしろ時間の経過に伴っておいしくなると言われている。加工する際に醤を使用していないにもかかわらず，醤の風味が出てくるという風変わりな漬物である。また，鎮遠陳年道菜は清の時代から製造されているので，400余年の歴史を有する伝統的な漬物でもある。

鎮遠の人々は古来から春野菜が出ると長塩菜，乾塩菜，寸々菜など様々な漬物を漬ける習慣が

あり，このような中で鎮遠陳年道菜が生まれてきた。昔，鎮遠にあった鎮遠寺庵には多くの尼僧がおり，尼僧らは長年精進料理を食べていたが，この中で鎮遠陳年道菜が発展したものと考えられている。近年は，衛生的な設備のもとで製造されるようになった。

(1) **原料および補助原料**

鎮遠陳年道菜の原料は芥菜（カラシナ）の一種の青菜（セイサイ）で，葉柄が長く葉が短いものが使われる。補助原料として食塩と白酒を使用する。青菜100kgに対し，食塩10kg，白酒0.5kgを使用する。

(2) **製造工程**

鎮遠陳年道菜の製造工程は図13-19に示すとおりである。

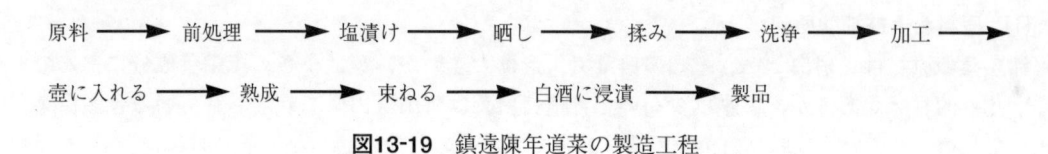

原料 ⟶ 前処理 ⟶ 塩漬け ⟶ 晒し ⟶ 揉み ⟶ 洗浄 ⟶ 加工 ⟶

壺に入れる ⟶ 熟成 ⟶ 束ねる ⟶ 白酒に浸漬 ⟶ 製品

図13-19 鎮遠陳年道菜の製造工程

(3) **加工方法**

原料として使用する青菜の種類によって長道菜，短道菜，当年道菜がある。

(ア) **長道菜**

形が大きく，葉柄が長い青菜を選ぶ。最初に，包丁で茎と軸を取り除き，葉と食塩を交互に加えながら壺に入れて2～3日塩漬けを行なう。塩漬けを終えた長道菜を取り出し，日光のもとで柔らかく揉みほぐしながら晒しを行ない，晒しが終わったら，再び壺に入れて塩漬けする。この後，晒しと塩漬けを6回以上繰り返し，最後に塩漬けした青菜を洗浄してから金づちで叩いて柔らかくする。柔らかくなったものをもう1度晒してから壺に入れて密封し，熟成させる。熟成は3年以上行なう必要があり，熟成期間が長ければ長いほど良い。壺から取り出して製品とする場合は，長さ15cm，幅8cm，厚さ7cmとなるようにまとめて，熟成を終えた青菜そのもので縛って1束にする。通常，1束は約250gになる。製品は白酒に1分間浸けてから販売する。

(イ) **短道菜**

通常の大きさの青菜を選択し，茎と軸を取り除いてから洗浄し，包丁で細かく刻んでから壺に入れて2～3日塩漬けを行なう。塩漬け後，壺から青菜を取り出し，晒し作業を行なう。塩漬けと晒しを4回繰り返す。具体的な方法は長道菜と同様である。最後は十分柔らかくなるまで晒しを行なってから，壺にしっかりと詰めて密封し，3年以上熟成させる。製品として販売するときは白酒を製品に散布する。

(ウ) **当年道菜**

春に加工し，その年のうちの冬から翌年の春にかけて販売されるもので，製造工程は長道菜と同様である。熟成期間が短いので青菜の風味は残っているが，好ましい熟成した風味は長道菜よりもはるかに劣る。

(4) **製品の品質基準**

(ア) **官能指標**

鎮遠陳年道菜特有の風味を有し，濃褐色で長く貯蔵すればするほど，好ましい風味を持つものが良い。

(ｲ) 理化学指標

食塩濃度は18～20％，水分は20％以下であることが望ましいとされている。

19. 津冬菜（ハクサイの発酵漬物）

津冬菜は天津で生産されている伝統的な漬物で，国内で販売されるだけでなく海外にも輸出され，名声を博している。古くから生産されているが，その人気は絶えることがない。津冬菜は炒め料理やスープの原料として使われている。

津冬菜は半乾態（半乾燥）方式で発酵させた漬物で，製造時期は毎年10月下旬から11月下旬までで，冬季に製造するので冬菜と呼ばれている。一部，春季でも製造することがあるが，その量は少ない。

(1) 原料および補助原料

津冬菜の原料は青梢白という種類の白菜で，形は大きいが，葉は小さめで栄養成分に富んでいる。比較的甘味があるが，繊維は少ない。青梢白白菜は唐山玉田県で栽培されている包頭白菜と天津で栽培されている緑麻葉白菜との交雑品種で，冬菜の製造に適した白菜である。

補助原料は食塩と大蒜（ニンニク）で，食塩は鉄鍋で1度炒め，水分を取り除いた状態で塩漬けを行なうことが大切である。ニンニクは皮を取り除いてから大蒜泥（ニンニクを潰しペースト状にしたもの）にして使用する。青梢白白菜100kgに対し，食塩2kg，大蒜泥2.5kgの割合で製造する。

(2) 製造工程

津冬菜の製造工程は図13-20に示すとおりである。

青梢白白菜 ──→ 前処理 ──→ 晒し ──→ 塩漬け ──→ ニンニクを混合 ──→

壺に入れる ──→ 低温発酵 ──→ 製品

図13-20　津冬菜の製造工程

(3) 加工方法

(ｱ) 前処理

虫害のない良質の白菜を選択し，包丁で古くなった葉，外葉を取り除いてから，幅約1cmに細切してからさらに1cm幅に切り，方形にする。

(ｲ) 晒し（干し）

方形に切った白菜をムシロの上に広げて日光に晒し，水分を蒸発させてしんなりとさせる。1～2日間晒すと100kgの生白菜は15～18kgになる。晒しは毎日2回，ムシロの上の白菜をよくかき混ぜて均一に水が蒸発するようにして行なう。

(ｳ) 塩漬け

晒しを終えた白菜に鍋で炒めた食塩を加え，よく混合してから陶土製の壺に入れる。壺に入れる際は，しっかりと押さえながら詰める。壺が一杯になるまで詰めたら，表面に薄く食塩を撒いて壺を密封して3日間塩漬けを行なう。

(ｴ) 発　酵

3日間塩漬けした白菜を取り出し，配合割合に合わせて大蒜泥を加えて混合撹拌し，再び壺に入れて，隙間ができないようにしっかりと詰め込む。詰め終えた白菜の表面には塩漬けしてしん

なりとなった白菜を載せて，その上にさらに薄く食塩を撒いてから壺の蓋をして密封する。壺は棚に置いて，自然のまま低温発酵させる。

翌年の春，壺の蓋を開けて製品とする。発酵期間を繰り上げて短期間のうちに製品とする場合は，25℃前後に温度を保ちながら発酵を行なう。なお，ニンニクを使用しないで製造した冬菜は精進冬菜と称し，壺に入れて発酵させるときにニンニクではなく，少量の香辛料を入れる。また，冬菜は温度が高くなると変敗することがある。したがって，春に販売する製品は，保存性を高めるために冬菜を壺から取り出して，日光の下で1日晒しを行なって食塩濃度を高め，壺に入れ直して保存する。

(4) 製品の品質基準
(ア) 官能指標
津冬菜は明るい褐色を呈し，やわらかな酸味と香気があり，風味の優れたものが良い。
(イ) 理化学指標
食塩濃度は10〜12％，水分は55〜60％，アミノ態窒素は0.35〜0.4％であることが望ましいとされている。

20. 蘿蔔干（切干しダイコンの発酵漬物）

蘿蔔干は中国の広い地域で製造されている半乾態（半乾燥状態）の漬物で生産量も多い。蘿蔔干には千切り大根を晒して脱水したもの，熱風で脱水したもの，あるいは圧搾脱水したものを利用して漬物を製造する方法がある。晒して脱水する方法は古来から行なわれている伝統的な方法で，日光と風によって水分を蒸発させる。したがって，可溶性成分は濃縮されるので栄養成分は新鮮な大根よりも高濃度となる。具体的には，生のものより蛋白質は14.5％，還元糖は60.8％増加し，風味も良くなる。有名な尚山の切干し大根の漬物はこのような晒しの方法で製造されたものである。

上記の晒しの方法は時間と労力を使うことから，次第に新しい方法として千切り大根を圧搾して脱水する方法が開発されるようになった。この方法は，最初に大根あるいは細く裁断した大根を塩漬にし，その後，圧搾脱水することによって大根の切干しを得るものである。本方法では塩漬けの際に，多くの栄養成分が食塩水の中に流失してしまうので，風味はあまり良くないものとなる。

そこで，さらに工夫を重ねて新しく開発された方法が，熱風を用いて脱水する方法である。これは逆流式のトンネル内に千切り大根を通過させ，そこに熱風を送り込むことによって脱水する方法である。この方法は晒しによる方法と同様に，水分は蒸発するが，栄養成分は濃縮されることになるので風味が低下することはなく，良質の切干し大根が製造できる。しかし，本方法はエネルギーコストが高いという欠点を有している。したがって，ある程度の規模を持つ漬物工場でないと製造は困難であるが，将来的にはこのような熱風による脱水方法が一般的になるものと考えられる。

上述した3種類の切干し大根を用いた漬物の加工方法について次に紹介する。

A. 晒し脱水法による蘿蔔干
(1) 原料および補助原料
原料となる大根は適度に成熟しており，形が良く，水分含量が低く，糖含量が高く，虫害や腐敗部分のないものを選択する。脱水切干し大根100kgに対し，食塩5〜6kg，白酒0.2kg，五香粉

0.2kg，安息香酸ナトリウム0.1kgの配合割合で製造され，漬け込みタンクで保管する際はさらに漬け込まれた漬物表面に0.5kgの食塩を薄く撒く。

(2) 製造工程

晒し脱水法を用いた蘿蔔干の製造工程は図13-21Aに示すとおりである。

新鮮な大根 ⟶ 洗浄 ⟶ 拍子木切り ⟶ 晒し ⟶ 混合 ⟶ 撹拌 ⟶

熟成 ⟶ 製品

図13-21A　晒し脱水法を用いた蘿蔔干の製造工程

(3) 加工方法

(ア) 洗　浄

新鮮な大根を機械あるいは人手で泥土がなくなるまで洗浄する。

(イ) 切　削

人手あるいは機械を用いて拍子木切りにする。形状は，切り口は1.5〜2.0cmの方形，長さは7cm程度にする。他に薄切り状にする場合もある。

(ウ) 晒　し

木枠に細糸を掛けて作った棚の上やムシロの上に切削した大根を広げて晒し，2〜3日ごとに1回撹拌して均一に乾燥脱水するようにする。通常，100kgの大根が28〜30kg程度に乾燥するまで晒しを行なう。

(エ) 混　合

晒しを終えた干し大根を木鉢あるいは竹カゴに入れ，それに補助原料を加えて均一になるように混合する。

(オ) 撹　拌

干し大根と補助原料を混合したものを保存容器に入れ，2〜3日ごとに1回撹拌する。撹拌は2回行なう。

(カ) 保　存

製品を保存する場合は，干し大根と補助原料を混合したものを壺にしっかりと木棒で詰めながら入れ，壺の口から約5cmまでになったら，表面に少量の食塩を撒き，蓋をして石灰で密封する。このまま1〜2週間熟成させると製品として販売できる。

B. 圧搾脱水法による蘿蔔干

(1) 原料および補助原料

原料および補助原料は晒し脱水法と同じであるが，塩漬けは大根100kgに対し，食塩8〜9kgの割合で行なう。

(2) 製造工程

圧搾脱水法を用いた蘿蔔干の製造工程は図13-21Bに示すとおりである。

新鮮な大根 ⟶ 塩漬け ⟶ 漬け換え ⟶ 塩漬け ⟶ 洗浄 ⟶ 拍子木切り ⟶

圧搾 ⟶ 熟成 ⟶ 製品

図13-21B　圧搾脱水法を用いた蘿蔔干の製造工程

(3) 加工方法

一般的に大型の漬け込みタンクを用いて塩漬けを行なう。洗浄した大根と食塩を交互に重ねて塩漬けを行なう。塩漬けを開始した日から2～3日ごとに別の漬け込みタンクに漬け換えることよって均一に塩漬けが行なわれるようにする。漬け換えは2回行なう。塩漬けが終わったら，揚がり塩水で塩漬大根を洗浄しながら漬け込みタンクから取り出し，晒し脱水法と同様な拍子木形に切削する。次に，圧搾機を用いて徐々に脱水する。脱水後は晒し脱水法と同様に補助原料を混合し，壺などの容器に入れて密封し，保存する。

C. 熱風脱水法による蘿蔔干

原料，補助原料の配合割合，製造工程，操作方法は基本的には晒し脱水法と同じである。異なる点は乾燥方法が自然にまかせる晒しではなく，機械による熱風を利用していることである。使用する機械は逆流式の風乾機である。風乾機の長さは約12mのトンネル状になっており，上部から熱風が送られ，その下を網状のコンベアが動く仕組みになっている。網状のコンベアの上に切干し大根を並べて乾燥させる。熱風の温度は60～70℃である。脱水された大根の水分は65～70％になる。

この乾燥機では24時間の稼働で約1.5tの大根を処理することができる。熱風乾燥は大根の可溶性成分や栄養成分は失われずに濃縮されるので風味が良く，また，衛生的な処理ができる。したがって，品質は晒し脱水法のものより良いのが普通である。しかし，熱風脱水法はエネルギーコストがかかるのが欠点であるが，今後はこのような熱風脱水方式が主流となろう。

前述したように，それぞれの脱水方法には長所と短所があるが，工場環境に合わせた方法が選択されているのが現状である。以下に製造方法に関する技術的な問題について補足する。

(4) 技術的な問題の補足

(ア) 切干し大根の歩留りは生大根の25～28％で，歩留りの値は製品の品質と密接な関係がある。品質の良いものは歩留りが良く，悪いものは歩留りも低い傾向がある。

(イ) 切干し大根の製造過程で，あるものは乳酸発酵は1回どまりであるが，2回，乳酸発酵を行なうものもある。乳酸発酵を良好に進行させるには原料の混合段階で白酒を加えると良い。なお，白酒を加えないで製造している工場もある。

(ウ) 大量に製造されることが多いので，製品の中には泥土の混ざったものも見られる。したがって，製造過程における洗浄は丁寧に行なう必要がある。

(エ) 多くの消費者の要望に応えるために，五香を加えたものを製造したり，ある企業では原料の配合割合を改善し，別の風味を有する切干し大根を加えることもある。

(5) 製品の品質基準

(ア) 官能指標

口当たりが良く，残渣がない。塩味と甘味のバランスが良く，形状が揃っているものが良い。

(イ) 理化学指標

食塩濃度は6～8％，水分は70～75％，総酸（乳酸として）は0.9％以下であることが望ましいとされている。

蘿蔔干の規格をまとめると表13-3のようになる。

表13-3 各脱水法による蘿蔔干の規格

漬物名称	補助原料と配合量 （塩漬大根100kgに対して）	塩漬けに必要な食塩量 （生大根100kgに対して）
甘い大根の切干し	白糖 5 kg 安息香酸ナトリウム 0.1 kg	4 kg
甘草大根の切干し	甘草 0.2 kg，汾酒 0.5 kg	5 kg
辛い大根の切干し	山椒 0.2 kg，唐辛子粉 2 kg 粉塩 3 kg，五香粉 0.3 kg 安息香酸ナトリウム 0.1 kg	6 kg
桂花大根の切干し	桂花 0.2 kg 安息香酸ナトリウム 0.1 kg	6 kg

21. 肖山蘿蔔干（切干しダイコンの発酵漬物）

肖山蘿蔔干は主に義逢地区で生産されている漬物で50余年の歴史がある。この地区の土壌は肥沃で気候も良く，大根の質が良いので，蘿蔔干を製造するのに適した土地である。肖山蘿蔔干は良質な漬物であることから，中国全土で販売されている。また，香港，マカオ，シンガポール，マレーシアなどの国へも多く輸出されている。製造工程の特徴は，最初に脱水を行なった後に塩漬けを2回，晒しを3回行ない，その後，壺に入れて熟成することにある。製品は口当たりが良く，濃厚な味を有し，歯切れも良いことから，多くの消費者に好まれている。

(1) 原料および補助原料

肖山蘿蔔干に用いる大根の品種は主に白頭一刀蘿蔔である。この品種は表皮が薄く，肉質は緻密である。原料には表皮の色が白く，虫害や損傷のないものを選択する。補助原料は食塩と保存料である。

(2) 製造工程

肖山蘿蔔干の製造工程は**図13-22**に示すとおりである。

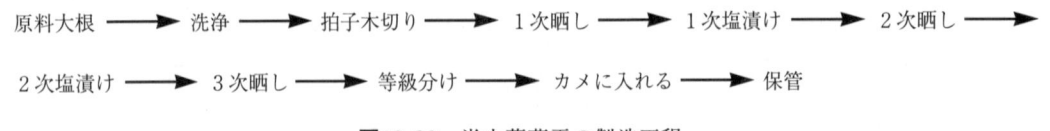

原料大根 ─→ 洗浄 ─→ 拍子木切り ─→ 1次晒し ─→ 1次塩漬け ─→ 2次晒し ─→
2次塩漬け ─→ 3次晒し ─→ 等級分け ─→ カメに入れる ─→ 保管

図13-22 肖山蘿蔔干の製造工程

(3) 加工方法

(ア) 洗浄・整形

大根を洗浄し，ひげ根や尻部を切り落とし，拍子木切りにする。厚さは約2 cmにする。表皮は付いたままの状態にする。大根の大きさに応じて整形を行なう。

(イ) 1次晒し（干し）

大根を晒し，乾燥させる場所は，風通しが良いことが必要で，特に西北風が吹き抜けるところが良い。棚を作って晒す場合は，北側を高く，南側を低くする。北側の高さは約50cmとし，斜面を南側に向けるようにする。整形した大根を棚の上に敷いたムシロの上に薄く広げて，晒しを行なう。毎日，午前と午後の1回ずつ，大根を反転させて晒しが均一に行なわれるようにする。夜間はムシロを半分に折り，その間に大根を入れるようにして霜や雨に当たるのを防ぐ。晒しは3〜5日間行なうのが一般的であるが，西北風の強さによって決める。目安は大根を手で握ったと

きに柔らかく感ずる状態である。通常，100kgの大根が35kgになるまで晒される。
　(ウ)　1次塩漬け
　晒しを終えた大根100kgに対し，3kgの割合で食塩を均一に加え，食塩が溶解するまでよく揉み込む。十分に食塩が行き渡ったら，大根をカメに入れて，よく踏み込む。3～5日間，塩漬けを行なったら再び晒しを行う。
　(エ)　2次晒し
　塩漬けを終えた大根をカメから取り出して，ムシロの上に広げ，1次晒しと同様の方法で晒しを行なう。通常，2～3日間行なう。100kgの塩漬大根が約70kgになるまで晒す。
　(オ)　2次塩漬け
　2次晒しを終えた大根100kgに対し，1.5kgの食塩を均一に加え，1次塩漬けと同様にカメの中で塩漬けを行なう。カメに入れるときは力を加えてしっかりと踏込みながら漬け込む。2次塩漬けは通常，7日間ほど行なわれる。
　(カ)　3次晒しおよび3次塩漬け
　3次晒しおよび3次塩漬けは2次晒しおよび2次塩漬けと同様の方法で行なう。
　(キ)　補助原料の添加
　3次塩漬けを終えた大根をカメから取り出し，品質に応じて等級分けした後，塩漬大根100kgに対し，食塩2kg，保存料100gを加えてよく撹拌する。次に小さなカメに大根をしっかりと押さえながら詰め，表面に250gの食塩（10kgの食塩に1kgの安息香酸ナトリウム（保存料）を混ぜたもの）を添加してから蓋をする。蓋を稲わらで固定してから最後に石膏30％に砂70％を加えたもので蓋を封じる。石膏の厚さは約1cmとする。
　(4)　製品の品質基準
　(ア)　官能指標
　製品の色は明るい黄色を呈し，形状が揃い，味覚が優れているものが良い。
　(イ)　理化学指標
　水分72～73％，食塩濃度6.0～7.5％，総酸0.90％以下，アミノ態窒素0.2％以上であるものが望ましいとされている。
　(5)　注意事項
　(ア)　カメはきれいな水でよく洗浄し，乾燥してから使用する。
　(イ)　食塩はマグネシウムの入ったものは使用しない。
　(ウ)　拍子木切りした大根を晒す時に雨に当たりそうな場合は，室内で広げる。また，雨天が続き，2～3日間晒すことができない場合は，食塩を余分に加えてカメに入れておき，晴れてから晒しを行なう。
　(エ)　大根は晒しすぎると白くなる所ができるので晒しは丁寧に行なう。

22.　涪陵榨菜（ザーサイ）

　涪陵榨菜は中国の食品加工の中でも最もよく知られたものの1つで，100年以上の歴史を有している。香り，歯切れ，風味に優れた漬物で，長く保存できることから，中国国内は勿論のこと，日本，東南アジア，ヨーロッパ，アメリカを始め，10数か国で販売されている。
　清代，光緒24年（1898年），青菜頭（榨菜の別名）の成長が特に良く，豊作だったために人々は蕪（カブ）の漬物の製造を真似て青菜頭の漬物を製造した。青菜頭の漬物は思っていたよりも好

ましい味であったことから，涪陵地方で大量に製造されるようになり，宜昌では原価4元で出来た1つの壺（25kg）から32元の利益を得ることができた。1910年には工場を経営し，榨菜を製造する人が現れるようになった。榨菜の製造はその後，さらに発展し，多くの場所で製造されるようになった。1915年には，涪陵で榨菜の大工場が設立され，大きな成功を収めた。これがきっかけとなって，さらに榨菜の製造が盛んとなった。

青菜頭を塩漬けする工程の中で，木を用いて圧搾することにより脱水する方法が行なわれたことから「榨菜」の名がついた。製品は斬新で独特の風味を有することから，1930年には榨菜の名で外国でも販売されるようになった。1935年になると榨菜は涪陵で製造されるだけでなく，豊都を始め，11の県，市の広い地域で生産されるようになった。工場は300以上で，最盛期には涪陵だけで671工場に達し，生産量も25万個以上の壺を生産するまでになったという。

榨菜の製造方法は時代とともに徐々に改善されてきた。1912年，長江の両岸では棚を作って原料野菜を晒して脱水させることが行なわれるようになった。1928年にはカメに代わってコンクリート製の漬け込みタンクで大量に製造されるようになった。また，1931年からは整形がより丁寧に行なわれるようになり，1934年からは製品の壺を石膏で封じることが行われた。1935年には榨菜の中に唐辛子が加えられるようになった。新制中国が成立（1945年）してからは，共産党と人民政府は榨菜の発展に大きな援助を行ない，発展に寄与した。製造工程は科学的な検討が加えられ，改善が行なわれた。その結果，製品の色は鮮やかで美しく，香気があり，歯切れも良好で保存性の高い製品が得られるようになった。

涪陵榨菜は栄養が豊富で，特に糖類や蛋白質を比較的多く含有しているとともに，ビタミン類も多い。涪陵榨菜を漬ける過程で，微生物の発酵作用により有機酸，エタノール，エステル類が生成され風味が良くなるものと考えられている。また，涪陵榨菜は贈答品としても重宝な漬物として知られている。

(1) **原料および補助原料**

青菜頭は涪陵榨菜の主原料で，芥菜（カラシナ）の根に近い部分の茎が瘤（こぶ）状になったもので，榨菜とも呼ばれる。青菜頭は肉質が緻密で，繊維が少なく，瘤状部分の表面に凹凸が少ない円形，楕円形のものを選択する。青菜頭は形状が整っており，表面は滑らかで，青緑色を呈し，斑点や損傷がないものが上等である。大き過ぎるものや小さ過ぎるものは2級品に分類される。

補助原料として次のものを用いる。

食塩：涪陵榨菜には四川省自貢の井塩を用いる。この食塩は塩化ナトリウムの比率が高く，水分および夾雑物が少なく，色は純白で粒が細かく，溶解しやすい性質を持つ。

唐辛子：唐辛子は色が鮮やかで艶があり，十分辛味のあるものを選ぶ。唐辛子の種子，ヘタおよび夾雑物を取除いてから粉に挽く。

山椒（サンショウ）：新鮮なもので，色は赤く，味が濃厚でピリピリするものが良い。

混合香辛料：大茴香（ダイウイキョウ）55％，山奈（バンウコン）10％，甘草5％，沙頭4％，肉桂8％，白山椒3％，乾燥生姜（ショウガ）15％の割合で混合し，粉末にしてから使用する。

早生種の青菜頭280kg（中生種は320kg，晩生種は350kg）に対し，食塩16kg，唐辛子1.1kg，山椒0.03kg，混合香辛料0.12kgの割合で使用する。この比率で製造すると約100kgの榨菜を得ることができる。

(2) **製造工程**

涪陵榨菜の製造工程は**図13-23**に示すとおりである。

第2節　各地の塩漬菜

青菜頭 → 等級分けし整形 → 青菜頭に紐を通して晒し → 皮剥ぎ →

塩漬け → 撹拌 → 塩漬け → 整形 → 調製 → 洗浄 →

圧搾 → 副原料を添加 → 壺に入れる → 密封 → 熟成 → 製品

図13-23　涪陵榨菜の製造工程

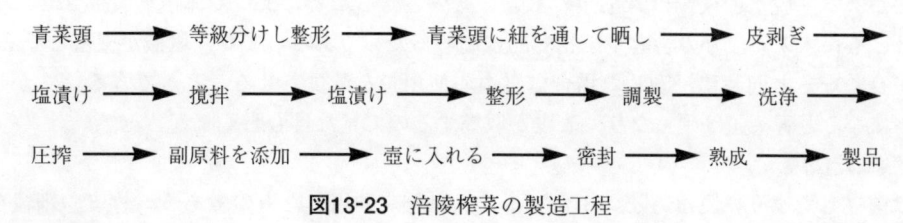

(3) 加工方法

(ア) 晒し棚

　青菜頭を搬入後，棚に広げて晒しを行ない，少し脱水した状態で塩漬けを行なう必要がある。晒しを行なうための棚の設置場所は河畔が最適で，風向き，風力が良好で平坦な場所を選ぶ。晒し棚は，材木，縄および細縄を用いて作る。材木は直径15cm，長さ6mの円柱状のものを用いる。縄は竹皮で編み，直径は7～8cm，長さ50mのものを使う。細縄は縄同様，竹皮を編んで作るが，直径は2～3cm，長さは330m程度にする。棚と棚の間は少なくとも10m以上は離すことが必要である。

(イ) 原料の選択

　原料の青菜頭は，肉質が緻密で表皮が薄く，繊維が少なく，瘤状の部分の凹凸が少ないもので円形あるいは楕円形を呈し，適当な大きさのものを選択する。青菜頭の水分は93％以下で，可溶性固形分が5％以上あるものが良い。榨菜に適した青菜頭の品種は，早生種では草腰子，翻葉鶯公苞，中生種では三転子，三層楼，枇杷葉，細葉草腰子，鶯公苞，晩生種では露酒壺，須葉，綉球葉，立耳雑，浙江半砕葉などがある。

　近年，涪陵地域で開発された改良品種である草腰子および三転子の2つの新品種は生産性が良く，耐病性があり，可溶性固形分の含有量が高いなど，榨菜としての加工適性にも優れた品種である。青菜頭の収穫時期は榨菜の品質と密接な関係がある。立春の前後5日間の間に収穫された原料の品質が最も良く，雨水（2月18～19日頃）の10日前に収穫したものは品質もやや悪い。収穫時期が遅れると製品の品質は低下する。

(ウ) 等級分け・整形

　青菜頭の大きさが異なると風乾，脱水，塩分の浸透などにばらつきを生じ，品質に影響を及ぼすことになるので原料の大きさを最初に揃えることが必要で，以下のように等級分けする。

　　全形加工用：150～350gの青菜頭はそのまま加工することが可能である。
　　角切り加工用：350g以上の青菜頭は角切りにする。
　　等級外加工用：150g以下の青菜頭は等級外とする。

350g以上の青菜頭は2つに切断し，500g以上のものは3～4分割にする。

(エ) 整形・紐通し

　最初に包丁で青菜頭の表皮と葉脈（すじ）を除去する。具体的には，始めに根茎部の余分な皮を除去した後，硬い葉脈を取り除く。その際，上部の青皮を傷つけないように気をつける。次に，分割した青菜頭に竹皮を編んで作った細紐を通す。1本の細紐には4～5kgの青菜頭を通すことができる。細紐を通した後は棚に吊るして晒しを行なう。なお，竹皮で作った細紐の長さは約2mとする。

(オ) 晒　し

　青菜頭の脱水方法には自然風乾によるもの，人工熱風によるもの，食塩を利用したものの3種

類の方法がある。脱水の役割は青菜頭の水分を減少させることによって体積を減少させ，柔らかくするとともに，栄養成分の含有量を相対的に高めるためである。また，組織が緻密となるため，歯切れが良くなると同時に，晒した場合は食塩の使用量を減少させることができる。しかし，脱水が過剰になると青菜頭は硬くなり，表皮が収縮するので見た目も悪くなる。

　a）自然風乾法

　晒しは前述したように脱水方法の1つで，自然風乾を利用したものである。竹皮の細紐を通した青菜頭を棚に吊るして風乾する。最初に棚の両端に細紐を懸け，その後，棚の中央に懸ける。棚の高い方に多めに懸け，下の方には少なめに懸け，全体に均一に乾燥が行なえるようにする。なお，青菜頭の断面は切断面を外部に向けて，乾燥しやすくする。涪陵では主に長江の風を利用して晒しが行なわれている。欠点は，天候に左右されることと，微生物によって変敗することがあることである。脱水時間が長くかかり，労力を比較的使う方法である。

　b）人工熱風脱水法

　人工的に一定の温度を有する熱風をあてることによって脱水する方法である。青菜頭の表皮を除去し，角切りにした後，乾燥室にある乾燥棚の上に平らに置いて脱水する。熱風の温度は60～70℃で，7～8時間かけて脱水を行なうと自然風乾で得られる程度の水分となる。人工熱風脱水法の長所は，気候の影響を受けることがなく，脱水時間が短いことである。また，乾燥中に変敗することがなく，脱水の程度を機械の調整で変えることができるので，常に一定の品質の原料を得ることができることも長所である。短所は，多くの燃料を使うのでコストがかかることである。

　c）食塩脱水法

　整形を終えた青菜頭の角切りを晒しや熱風によらず，漬け込みタンクでの塩漬けによって脱水する方法である。この方法は前二者の方法よりも食塩を余計に使用することになる。通常，100kgの榨菜を製造するには22kgの食塩が使用される。食塩脱水法の長所は熱源を必要とせず，早期に脱水が行なわれ，微生物による変敗が少ないことである。短所は青菜頭に含まれる栄養成分が流失することで，榨菜の品質に影響を及ぼす。

　(カ)　**棚（晒し）からの取り込み**

　晒し（自然風乾）で脱水する場合は通常の風であれば，7～8日間で完了するので，晒し棚から取り下ろして，塩漬けにする。取り下ろす時期は風の強さや天候によって左右される。完了の目安は青菜頭を手で握った時，柔らかくて硬い芯がなく，表面は適度に収縮している状態になった時である。取り下ろした青菜頭は当日のうちに漬け込みタンクで塩漬けを行なう。棚から取り下ろす基準は晒す前の青菜頭の重量に対する比率で表し，この比率を収得製品率という。この収得製品率は，早生種では42％，中生種では38％，晩生種の場合は36％である。棚から取り下ろす時の青菜頭の角切り1個当たりの重量は75～90gが丁度よい。また，カビの発生が認められたものや斑点，夾雑物のないものを選択する。

　(キ)　**剝皮および根の除去**

　長過ぎる根と茎および余分な表皮を除去する。

　(ク)　**1次塩漬け**

　脱水を終えた青菜頭を漬け込みタンクで塩漬けにする。まず最初に青菜頭の重量を測定した，3m四方のタンクの中に750～1000kgの青菜頭の角切りを入れる。その厚さは35～50cmとなる。青菜頭100kgに対し食塩4.5kgの割合で青菜頭の角切りの上に均一に撒き，その上にまた青菜頭の角切りを1層となるように載せる。食塩と青菜頭を交互に重ねてしっかりと押しながら漬け込む。

第 2 節　各地の塩漬菜

タンクが一杯になったら表面に食塩を撒く。表面に撒く食塩量は全体の約10％が適切である。72時間塩漬けを行なったら，漬け込みタンクから取り出す。塩漬けした青菜頭の角切りは，タンクの中に浸出してきた食塩水で洗浄しながら取り出す。取り出した塩漬青菜頭は専用の水切りタンクに入れて，余分な揚がり塩水を流出させる。なお，漬け込みタンクに貯まった揚がり塩水は塩水貯蔵タンクに入れて保存しておく。

(ケ)　2次塩漬け

1次塩漬けを終えた青菜頭の重量を測定してから，再び漬け込みタンクに入れて2次塩漬けを行なう。塩漬け方法は1次塩漬けと同様であるが，1次塩漬青菜頭100kgに対し食塩5kgの割合で2次塩漬けを行なう。漬け込みはしっかりと押しながら行なう。7日間ほど塩漬けを行なうと青菜頭の内部まで食塩が浸透するので，漬け込みタンクから青菜頭を取り出して専用のタンクに移し，揚がり塩水を切る。塩漬けの間は，カビが生えたり発酵による酸の生成などの変化に対して常に注意しながら塩漬けを行なう。もし，気泡の発生などの異常現象が生じた場合は，直ちにタンクから取り出し，専用の揚がり塩水を切るためのタンクに入れて水切りを行なう。

晴れていても風が吹かなかったり，長雨が続く場合は品質の低下を招くことがあるので，そのような場合は作業を迅速に行ない，微生物の増殖を抑制することが大切である。24時間，塩漬けを行なったら漬け込みタンクから青菜頭を取り出して水切りを行なう。水切りの時間は24時間が適当である。

(コ)　整形および調製

2次塩漬けを行ない，水切りした青菜頭にはまだ細かいひげ根や硬い葉脈などが残っているのでそれらを取り除く。また，表面にある黒斑点，腐敗箇所，隙間に入っている夾雑物などを丁寧に取り除く。これらの調製を行なう際は，青い表皮を傷つけないように注意しながら行なう。

(サ)　洗　浄

調製を終えた青菜頭をきれいな食塩水を使って手作業あるいは洗浄機を用いて洗浄する。洗浄は3回に分けて行なうが，生水や揚がり塩水を使うことは避けなければならない。洗浄を行なうと青菜頭の塩分が低下するので微生物が増殖し，品質に影響を及ぼすので，洗浄から次の壺に入れる作業は24時間以内に行なう必要がある。

(シ)　壺への漬け込み

洗浄を終えた青菜頭100kg，食塩6kg，唐辛子1.1kg，山椒0.03kgおよび混合香辛料0.12kgの割合で混合したものを壺に入れる。毎回，200～250kgの青菜頭を用いて調製するのが一般的で，その際は食塩を加える。

搾菜用の壺は両面に釉薬を塗り空隙がないものを使用する。壺は陶土（カオリン）を使って焼き上げたもので楕円形をしている。通常，1つの壺には35～40kgの青菜頭を漬け込むことが可能である。壺を最初に使うときは空の壺を逆さにして水の中に入れ，気泡が出ないことを確かめてから使用する。

壺へ青菜頭を漬け込む方法は，最初に地面に穴を掘り，その中に壺の高さの4分の3まで壺を埋める。次に，壺と穴の隙間に稲わらを詰め，壺が動かないようにする。このようにした壺に塩漬けなど一連の加工を経た青菜頭を漬け込む。漬け込みは5回に分けてしっかりと押し込みながら壺が一杯になるまで行なう。1回目は10kg，2回目は12.5kg，3回目は7.5kg，4回目は5kg，最後の5回目で壺が一杯になるまで漬け込む。このようにして5回に分けて漬け込む理由は，青菜頭の間に空気が入らないようにしっかりと押しながら漬け込む必要があるからである。あまり

力を入れて漬け込むと壺が割れる恐れがあるので，注意しながら漬け込む。漬け込み作業を終えた壺を穴から取り出して，壺の中の青菜頭の表面に60gの赤塩（食塩100kgに唐辛子2.5kgを混合したもの）を撒いてから，倉庫に貯蔵して発酵させる。

(ス) 貯蔵・発酵および検査

壺に漬け込んだ直後の状態では，榨菜独特の風味は形成されておらず，貯蔵し，発酵することによって初めて風味が形成される。発酵が進行するに従い，黄色を呈し，良好な香りを発するようになる。また，発酵により，蛋白質が分解してアミノ酸が生成されるとともに有機酸やエステル類が産生される。

その変化は非常に複雑である。発酵には少なくとも2か月以上を要し，発酵期間が長いほど品質の優れたものが得られるといわれている。貯蔵は冷涼で乾燥した倉庫内で行ない，1〜1.5か月ごとに1回発酵具合の検査をする。通常，2〜3回検査を終えた頃になると発酵が終了するので，石膏を用いて壺の蓋を密封する。密封の際，石膏の一部に小さな穴を開けておく必要がある。それは，壺の中で発酵によって生じる炭酸ガスを外部に放出させ，壺がガス圧によって破壊されるのを防ぐためである。

(4) 製品の品質基準

(ア) 官能指標

国内で販売される榨菜の重さは1塊当たり40〜60gのものが良く，品質は下記に示すように，3等級に分けられる。

1等級：水分含量が適当で，塩味は良く，きれいに洗浄されており，硬い芯がない。また，表面には適度なしわがあり，きれいに整形されている。唐辛子はきれいな赤色を呈し，きめが細かい。青菜頭の皮の色は青く，内部は白く，風味に優れ，歯切れが良い。夾雑物や黒斑点などがない。

2等級：塩味，香味などは1等級に準ずるが，水分含量や色の点で1等級に及ばない。全体のうち，青菜頭で皮が青くないものや硬いものが5％以下であること。夾雑物，黒斑点などがない。

3等級：塩味，香味などは1等級に準ずる。水分含量や色があまり良くない。全体的に皮の色は青いものが少ない。夾雑物，黒斑点などがない。

塩味，香味などが基準に達してない場合は，もう1度やり直す必要がある。また，青菜頭角切りの重さが40g以下で，大きさが揃っておらず，品質も3等級の基準に達しないものは等級外とする。

輸出品となる榨菜は，上述した榨菜のうち1等級に属するものである。壺に入れた後，青菜頭100kgに対し，唐辛子1.2kgの割合で壺の中に漬け込まれている青菜頭の表面に撒く。

(イ) 理化学指標

水分72〜74％，食塩濃度は12〜14％，アミノ態窒素0.60〜0.70％のものが望ましいとされている。

(5) 注意事項

榨菜が壺の中で発酵している際に生じる主な現象とその対策は以下に示すとおりである。

(ア) 翻水現象

塩漬けした青菜頭を壺に入れて貯蔵し，発酵を行なう過程で，製品となる榨菜から徐々に黄褐色の塩水が浸出し，壺の外部まで溢れ出す現象がある。このような現象を「翻水」と称している。これは壺に入れた後，気温が徐々に上昇し，壺の中の各種微生物が榨菜の栄養成分を発酵，分解することによって，多量のガスが発生し，そのガスの圧力で塩水が壺の口まで溢れ出すものである。この現象は発酵によって生じるもので正常な現象である。通常，榨菜は壺の中にきつく漬け

込まれているので，正常に発酵した場合には，必ず生じる現象なのである。「翻水現象」は繰り返し，何度も出現するのが普通である。すなわち，塩水が溢れ出してしばらくすると停止し，塩水も減少するが，その後，再び，塩水が溢れ出すことを繰り返す。少なくとも，2〜3回の「翻水現象」を起こすのが普通である。

したがって，壺に漬け込み貯蔵した後，1か月を経過しても「翻水現象」を起こさない榨菜は異常であり，カビが生えて品質の低下を招く場合が多い。これは，壺に詰め込む際に，きつく詰め込まれずに空気が中に残っていたことが主な原因である。したがって，壺に青菜頭を漬け込む際は，空気を残さないようにしっかりと漬け込むことが重要である。

(ｲ) 霉口現象

「翻水現象」の後，壺の内容物は減少し，榨菜は自然に沈下する。そうすると，壺のへりと榨菜の間に隙間が生じ，そこに空気が侵入することがある。「翻水現象」の後，長期間，壺の検査を行なわないと霉（カビ）が増殖し，品質を低下させる。このような変敗現象を「霉口」と呼ぶ。壺の検査は壺の蓋を開けて，榨菜が沈下しているかどうかを観察する。沈下している壺があれば，そこに少量の榨菜を追加し，壺の口まで榨菜で満たしてから再度，蓋をする。そうすることによりカビの発生を防ぐことができる。壺の中の榨菜の一部にカビが発生している場合は，そのカビの発生している部分を取り出し，同時に新しい榨菜を加えて壺の口まで満たしてから蓋をすることによって品質の低下を防ぐことができる。

(ｳ) 壺の爆破現象

榨菜の加工工程の中には殺菌工程はなく，全て食塩の浸透圧によって制御されている。しかし，食塩に抵抗性のある酵母などが急激に増殖し，大量にガスが発生した場合，「翻水現象」を起こさずに壺の中のガス圧が高まることがある。これは，榨菜をきつく詰め込み過ぎたために「翻水現象」が起きずにガスが壺の内部に貯まるからである。そのような場合は，ガス圧に耐えられなくなった壺が爆発し，壊れてしまうことになる。このような現象を「爆破現象」という。「爆破現象」を起こした榨菜は湯を加えて食塩濃度を4％程度に減少させてから，榨菜を食塩水で洗い，陰干しして，榨菜100kgに対し食塩1.5kg，唐辛子0.5kg，香料粉100g，山椒30gの割合で添加し，均一に撹拌した後，再度壺に入れて貯蔵する。

(ｴ) 酸敗現象

壺に入れた榨菜が発酵する時，酸味が強くなり，香味も悪くなる現象がある。これは「酸敗現象」と呼ばれる。この原因は榨菜の中の水分が多く，食塩濃度が低い場合に，乳酸菌が増殖し，乳酸を生成するからである。

23. 資中冬尖（干しカラシナの発酵漬物）

資中冬尖，南充冬菜，宜賓牙菜，涪陵榨菜は四川省の四大名物食品と称され，世界的にもよく知られている。資中冬尖は清朝道光年間（1821〜51年）に初めて作られたものと考えられていることから，約180年の歴史を有していることになる。資中冬尖の製造工程の特徴は，まず最初に野菜を風に晒して脱水を行ない，その後で塩漬けを行なうことである。そうすることにより，野菜に含まれている可溶性物質を流出させることなく加工することができる。特に発酵によって醸し出されるエステル香と野菜自身が有する風味に優れている。このように風味が豊かな漬物であることから，「0.5kgの資中冬尖があると部屋の中が香味で一杯になる」といわれている。

(1) 原料および補助原料

資中冬尖に用いる原料は葉用芥菜（カラシナ）でアブラナ科に属する野菜の一種である。葉用芥菜は四川省では青菜とも呼ばれ，食用部分は葉身と葉柄である。葉用芥菜には多くの種類があるが，現在，資中冬尖に用いられている原料は枇杷葉青菜と希節巴斉頭黄青菜の2品種である。この2品種は水分が少なく，組織が緻密で，これらを用いて製造された資中冬尖は貯蔵性があり，独特の風味を有する。枇杷葉青菜は葉身が緑色で葉縁の鋸歯状の溝が浅く，葉柄は淡緑色を呈しており，耐寒性である。希節巴斉頭黄青菜は葉は直立し逆卵形をしている。葉の色は黄緑色で，葉縁は鋸歯状である。葉柄は細い。これらの芥菜は処暑（8月23日頃）の前後に播種され，秋分の頃に移植する。早生種の成長期間は約90日で，立冬の頃に収穫される。晩生種の成長期間は100日以上で，小雪（11月22日頃）から立春にかけて収穫を行なう。立春を過ぎたものは組織が老化するので加工には不適である。資中冬尖の製造に用いる原料野菜は，収穫時の葉身の長さが16cm以下，1本の重量が250g以上で白い葉や腐敗部分，中空のないものを選択する。農家の人々はこれらの原料野菜を現地で陰干しにし，「塩尖子」と称して加工している。補助原料としては食塩と菜種油を使用する。

原料野菜100kgに対し，食塩2.74kg，菜種油15gの配合割合で製造する。

(2) 製造工程

資中冬尖の製造工程は**図13-24**に示すとおりである。

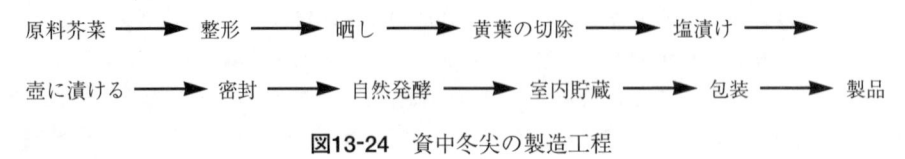

原料芥菜 ⟶ 整形 ⟶ 晒し ⟶ 黄葉の切除 ⟶ 塩漬け ⟶

壺に漬ける ⟶ 密封 ⟶ 自然発酵 ⟶ 室内貯蔵 ⟶ 包装 ⟶ 製品

図13-24 資中冬尖の製造工程

(3) 加工方法

(ア) 整形

整形は原料の芥菜の大きさによって決める。250〜500gのものは包丁で2つ切りにし，500〜1500gのものは4つ切りにする。1500〜2000gのものは5つに切り分ける。

(イ) 晒し（干し）

日当たりおよび風通しの良い場所を晒し場として選び，棚を作る。棚を作る材料は竹で，長さが6m以上，直径は12〜15cmの竹を選んで支柱とし，梁は粗い竹縄で作る。棚の高さは約5mで支柱の間隔は3mとする。次に，細い針金で晒し用の紐を作る。それぞれの紐の間隔は約25cmとする。晒し用の紐は，たるませることなく，しっかりと張ることが大切である。原料の生鮮芥菜は搬入後，直ちに整形を行ない晒し作業を行なう。棚に懸ける際は，芥菜が重ならないようにする。葉が重なると乾燥がうまく行なえず，腐敗することがあるからである。芥菜を紐に懸けて晒す時は，紐の両端から懸け，荷重が均等になるようにし，重さが片寄って棚が倒れないようにしながら晒すことが大切である。晒しは葉柄の縁が中に向かって巻き込む程度で，手で握ったときに柔らかな感じがするまで行なう。通常，100kgの生鮮芥菜が約25kgになるまで晒す。晒しが不十分で水分が多く残った場合は，塩漬けの際に原料野菜の中に含まれている可溶性物質の流出が起きやすくなるため，製品になった場合に風味の乏しいものとなる。逆に過剰に晒しを行なった場合は，歩留りが悪くなり，塩漬けも正常に行なわれないことがあるため，品質の悪い製品となる。

第 2 節　各地の塩漬菜

(ウ) 晒した芥菜の整形

　晒しを終えた芥菜のうち，黄変した葉や茎がある場合はそれらを切断して取り除く。通常，芥菜は 3 つの部分に切断する。1 つ目の部分は，芥菜の皮と称し，長さは約 3 cm である。この皮の部分は繊維が多いので品質的にもやや劣る部分である。2 つ目の部分は，二立と言い，長さは約 6 cm で 1 ～ 2 枚の葉が付いている。この部分は繊維が比較的少なく，緻密である。3 つ目の部分は冬尖と言い，約 5 cm の茎の部分である。原料が小ぶりの場合は，3 つに切断することができないので，皮と冬尖の 2 つに分ける。

(エ) 塩漬け

　塩漬けは，最初に食塩を炒めることから始める。食塩を炒める際は，食塩100kgに対し，0.2～0.25 kgの菜種油を加えて炒めるのが一般的である。鍋に 8 ～10kgの食塩を入れて約10分間ほど炒める。炒めた食塩は香気に優れ，光沢がある。晒しを終えた芥菜100kgに対し，炒めた食塩を12.5kg使用して塩漬けを行なう。乾燥が進んだものを塩漬けする場合は約12kgの食塩を使用し，乾燥が足らないものを塩漬けする場合は約13kgの食塩を使用する。具体的には，切断した原料を木鉢に入れてから食塩を加えながら揉み込む。よく揉んだ後，木桶に芥菜を入れ，しっかりと踏み込んで一晩置く。翌日，木鉢から芥菜を取り出し，撹拌しながらよく揉み込んで10～15日間熟成させる。

(オ) 壺に漬ける

　壺に木鉢で漬けた25～30kgの芥菜を入れる作業を行なう。具体的には，まず最初に地面に深さが約40cmの円錐形の穴を掘り，その窪みの中に壺を入れる。そして，その壺の中に野菜を漬け込むのである。野菜を漬け込む際は，長さの異なる木棒をうまく使いながら，隙間がないようにしっかりと漬け込む。原料野菜は 1 度に漬け込まないで，1 層 1 層，順に漬け込んでいく。壺の中が原料野菜で一杯になったら，黄変した葉などの原料として不適であった野菜を表面に敷き詰め，空気が入らないようにしっかりと押さえる。壺への詰め込みが終わったら壺の口をプラスチック製フィルムで覆って紐で縛り，発酵工程に入る。

(カ) 発　酵

　詰め込みを終えた壺は雨水が入らないように蓋をしてから，室外に置いて発酵させる。通常，翌年の農暦 3，4 月の暖かい時期になると乳酸発酵とアルコール発酵が盛んとなり，気体が発生し液汁が壺口から溢れるようになる。このような現象のことを「翻水」と呼んでいる。翻水は発酵工程において正常に起こる現象で，逆に翻水がない場合は発酵が正常に行なわれていないことが多く，製品の質，色，香りなどが不良となる。

　農暦 5，6 月以後は壺を室内に移動させて，発酵を続ける。天候が涼しくなる農暦 8 月に壺の中を 1 回撹拌し，均一にしてから，再度，密封し，発酵を続ける。そのまま 1 年以上発酵を続けるが，長いものになると 2，3 年発酵させる場合もある。発酵を終えたら，壺から取り出して，別の小さな壺に移し換えて密封し，販売される。

(キ) 包　装

　製品はいくつかの方法によって包装し，販売されるが，主な包装は，陶製の壺に入れて包装するもので，1 つの壺には10～25kgの冬尖を入れるのが普通である。また，精製陶土製の壺に入れて包装するものがあるが，この壺は小さく，1 つの壺に 1 ～ 4 kgの冬尖を入れて販売される。この他にはプラスチック製容器を使ったものや竹皮で包装したもの，紙製容器に入れた形で販売されているものなどがある。

(4) 製品の品質基準
(ア) 官能指標
製品の色は褐色あるいは黒褐色で光沢があり，香りはあっさりしているものが良い。酸味やカビ臭のないものが良く，適度な塩味のあるものが良い。また，形状が揃っており，夾雑物のないものが良い。

(イ) 理化学指標
水分60％以下，食塩濃度14～16％，総酸1.5％以下，アミノ態窒素は0.5％以上であるものが望ましいとされている。

24. 南充冬菜（干しカラシナの発酵漬物）

南充冬菜は資中冬尖とは，補助原料，加工方法が異なる。南充冬菜は順慶冬菜とも言われていたが，これは，地名である南充市の元の名前が順慶府と呼ばれていたことに基づいている。この順慶冬菜は清朝光緒年間（1874～1908年）に作られたと伝えられていることから，100年以上の歴史を有していることになる。したがって，資中冬尖よりもやや遅れて作られたことになる。

南充冬菜は，加工の過程で四川省の人々が好む山椒（サンショウ）や香辛料を使うため，製品は濃厚な風味を有する。資中冬尖が野菜の風味と発酵の風味を重視しているのと大きく異なる点である。

(1) 原料および補助原料

南充冬菜の原料野菜は資中冬尖と同じ葉用芥菜を使用する。よく用いられる品種は箭桿菜と鳥葉菜である。箭桿菜は南充冬菜に使われている伝統的な品種である。葉は直立し，箭桿形（矢の形）をしている。箭桿菜で製造する冬菜は歯切れが良く，新鮮な味と濃厚な香りに特徴がある。3年以上保存したものは野菜組織がより緻密になり，風味はますます濃厚になり，黒い光沢が出てくるようになる。箭桿菜は単位面積当たりの生産量が比較的低いので，現在では箭桿菜を栽培する人が少なくなっている。したがって，現在，南充冬菜に使用される原料の多くは鳥葉菜である。鳥葉菜は太く丈夫で茎や葉も大きい。単位面積当たりの生産量も高い。しかし，箭桿菜と異なり，3年以上経過すると組織が軟化して歯切れが悪くなる。なお，箭桿菜，鳥葉菜も地元では青菜と総称される。

補助原料として，食塩，山椒（サンショウ），八角（大茴香），陳皮，香松，白芷（ヨロイグサ），小茴香（ショウウイキョウ），山奈（バンウコン），桂皮（シナモン）を用いる。

(2) 製造工程

南充冬菜の製造工程は図13-25に示すとおりである。

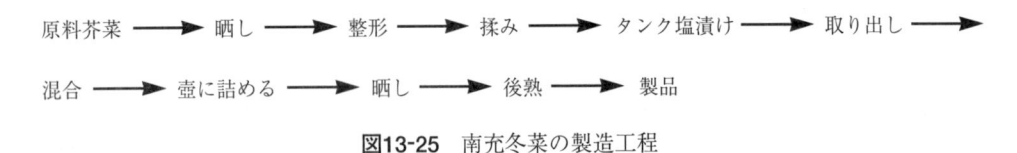

原料芥菜 ⟶ 晒し ⟶ 整形 ⟶ 揉み ⟶ タンク塩漬け ⟶ 取り出し ⟶

混合 ⟶ 壺に詰める ⟶ 晒し ⟶ 後熟 ⟶ 製品

図13-25 南充冬菜の製造工程

(3) 加工方法
(ア) 晒し（干し）

毎年，11月下旬から翌年の1月までが冬菜の原料である芥菜の収穫時期である。原料野菜は収穫したら早いうちに野菜の根端を切り，晒しを行なう。芥菜を切る場合，基部の大きさによって

2，3，4つの部分に切り分ける。晒しは資中冬尖と同じような晒し棚を使って行なわれる。晒しは日晒夜露（日に晒し，夜露にあてる），風雨にさらされるままに行なう。晒しは大体3～4週間行なわれるのが普通であるが，1.5か月ほどかかるものもある。晒しが終わる頃は外葉の一部は黄色くなり，しんなりとしてくる。晒しは100kgの生鮮原料が23～25kgになるまで行なうのが適当である。

(ｲ) **整　形**

南充冬菜を製造する部分は菜心（芯部）で，外部の枯れている葉を切り落としてから塩漬けを行なう。菜心から切り落とされた葉身や葉柄も漬物に使われる。通常100kgの新鮮な原料野菜からは，晒し終えた段階で，10～12kgの菜心，約5kgの葉身，8～9kgの葉柄が得られる。なお，切削の際は食用にできない茎端根部を切り落としてから行なう。

(ｳ) **野菜を揉む**

晒し終えた菜心100kgに対し，13kgの食塩を加えて野菜表面にまぶし，木鉢の中で野菜全体が柔らかくなるまで，よく揉む。

(ｴ) **塩漬け**

芥菜の塩漬け用のタンクは大きくて深いものを使うのが一般的で，約5tの晒した原料野菜を塩漬けにすることができる。よく揉んで柔らかくなった菜心をタンクに入れ，その上をしっかりと作業員が踏み込んだり，機械を用いて押さえる。食塩の使用量が多いので，しばらくすると塩漬けした野菜から多くの野菜汁が溢れ出す。溢れ出した野菜汁はタンクの底にある排水口を通して集められる。底に排水口がない場合は，予め孔を開けた木桶をタンクに入れておき，その中に出てきた野菜汁を集める。タンクが野菜で一杯になったら表面に食塩を撒き，その上に竹製のムシロ，木棒を敷き，さらに重石を載せて漬け込む。

(ｵ) **撹拌・脱水**

タンクで約1か月塩漬けにされた原料野菜は，食塩が均等に行き渡るように撹拌が1度行なわれる。撹拌は塩漬けしているタンクから別のタンクに漬け換えることによって行なわれる。漬け換える際は，隙間が出来ないようにしっかりと押しながら漬け込む。なお，漬け換えの際には塩漬野菜100kgに対し，100～200gの山椒をよく混ぜ合わせる。そして最後に表面に食塩を撒き，その上に竹製のムシロ，木棒を敷き，さらに重石を載せて漬け込む。漬込みは約3か月ほど行なわれる。

塩漬けが終了したら，塩漬野菜をタンクから取り出し，竹で編んだ囲いの中に入れる。囲いの高さは3m以上で，1つの囲いには100～150tの野菜を入れる。野菜を入れた後は表面に食塩を撒き，その上に竹製のムシロ，木棒を載せさらに重石を置く。囲いに野菜を入れておく時間は竹の囲いから野菜汁が出なくなるまでで，普通，1～2か月である。

(ｶ) **香辛料の混合と壺詰め**

囲いから野菜汁が出なくなったら，囲いの中の野菜を丁寧に撹拌しながら，香辛料を加える。塩漬野菜100kgに対し，1.1kgの割合で混合する。香辛料の配合割合は，山椒400g，香松50g，小茴香100g，八角200g，桂皮100g，山奈50g，陳皮150g，白芷50gである。各工場が使用する香辛料の種類と使用量は同じではないが，大体似たような配合になっている。

香辛料を混合した後は，大きめの酒壺に野菜を入れる。1つの壺には約200kgの野菜を入れることができる。壺に野菜を詰め込む時は，まず最初に壺の高さの4分の1程度の深さの穴を掘り，その中に壺を入れ，壺のまわりに土を入れて壺が動かないように固定する。次に，香辛料を均一

に混合した塩漬野菜原料を壺の中心から周辺まで木棒を使って隙間なく詰める。隙間なく塩漬野菜を漬け込む理由は，壺の内部に空気が残存しているとそこからカビが発生し，品質を低下させることになるからである。壺の口まで塩漬野菜を詰めたら，壺の口をプラスチックフィルムあるいは粘土を用いて密封する。

(キ) 晒しおよび後熟

塩漬野菜を壺に入れて，露天で強く日に晒す。この晒し作業によって塩漬野菜の温度を高め，微生物による発酵を促進させて蛋白質の分解や風味成分の生成を行なう。通常，熟成は2年間行なわれるが，良い製品を作るには3年間の熟成が必要である。壺の中の野菜は最初の1年間で緑色から黄色に変色し，2年目は黄色から褐色に変色し，3年目になると褐色からさらに黒色に変色する。この色になると冬菜と呼べるようになる。

(4) 製品の品質基準

(ア) 官能指標

色は黒色で光沢があり，塩味が適当で異味がないものが良い。また，野菜と香辛料の風味のバランスがよく取れており，特徴ある風味を有するものが良い。

(イ) 理化学指標

水分65%以下，食塩濃度は11～12%のものが望ましいとされている。

25. 美味香蘿蔔（ダイコン香味漬物）

美味香蘿蔔は伝統的な漬物で，製造の歴史は古く，多くの消費者から親しまれている。美味香蘿蔔の特徴は多種類の原料および補助原料を使っていることで，風味豊かな大根の漬物ができる。美味香蘿蔔はそのままでも食べることができるが，おかずにしたり，スープの材料としても利用されている。

(1) 原料および補助原料

美味香蘿蔔の原料に使われているのは新鮮な白蘿蔔（白大根）で，細長く（長さ30cm，直径4cm程度），頭部と末端部の太さが同じで皮が薄く，虫害や中空のない秋大根を選択する。

100kgの製品を製造するには，生大根270kgに対し，丁香（丁字）粉0.05kg，食塩38kg，胡椒（コショウ）粉0.1kg，白砂糖3kg，保存料0.1kg，唐辛子粉0.2kg，サッカリン0.015kg，山椒（サンショウ）粉0.2kg，白酒1kg，甘草粉0.1kg，グルタミン酸ナトリウム0.1kgの配合割合で行なう。

(2) 製造工程

美味香蘿蔔の製造工程は**図13-26**に示すとおりである。

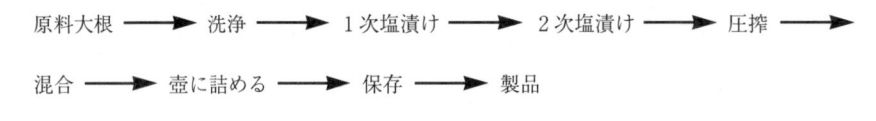

原料大根 ⟶ 洗浄 ⟶ 1次塩漬け ⟶ 2次塩漬け ⟶ 圧搾 ⟶

混合 ⟶ 壺に詰める ⟶ 保存 ⟶ 製品

図13-26 美味香蘿蔔の製造工程

(3) 加工方法

(ア) 塩漬け

生大根の葉，葉の付け根，ひげ根，末端部などを切り取り，その後，大根に付着している泥土や夾雑物を洗浄する。洗浄後，表面の水を切ってから塩漬けを行なう。塩漬けは生大根100kgに対し，食塩5kgの割合で行なう。2日後，別のタンクに漬け換えて，再度塩漬を行なうが，その時は大根

100kgに対し9kgの食塩を用いる。2度目の塩漬けを20日間ほど行なうと大根は淡黄色になり，塩漬半製品が完成する。

(ｲ) **圧搾および補助原料の混合**

塩漬半製品を圧搾することによって，塩漬大根の水分の20～25％を脱水する。その後，塩漬半製品100kgに対し，1kgの割合で白酒を加える。さらに，配合割合に従って補助原料を添加し，均一になるようによく撹拌する。

(ｳ) **壺詰め**

圧搾して補助原料を混合した塩漬大根をカメに入れて2日間漬け込む。そうすると大根は薄黄色になるので，それらを壺に詰めて1か月ほど経過すると製品が完成する。

(4) **保 存**

美味香蘿蔔は比較的水分を多く含む漬物である。したがって，春，夏などの気温の高い時期は保存が難しい。したがって，日陰の涼しく，風通しの良いところに保存する必要がある。温度は20℃以下で保存するのが望ましい。

(5) **製品の品質基準**

(ｱ) **官能指標**

製品の色は黄色でその表面は光沢があるのがよい。風味に優れ，少し辛味があり，補助原料の香気が良好なものが良い。

(ｲ) **理化学指標**

水分73～74％，食塩濃度13～14％，総酸0.9％以下，アミノ態窒素は0.18％以上であるものが望ましいとされている。

26. 咖喱蘿蔔干（カレー味の切干しダイコン漬物）

咖喱蘿蔔干は上海で生産されている漬物で色沢があり，味が濃く，適度な塩味を有する。また，独特の風味を持っている。

(1) **原料および補助原料**

咖喱蘿蔔干に使われる原料大根は小振りの白大根で，上海および江蘇省，浙江省付近で栽培されている。この大根は色が白く，丸い形をしており，きめが細かい。毎年，10月中旬頃収穫される。重量は約100gで，長さが約15cm程度のものが加工に利用されている。咖喱蘿蔔干の製造には，100kgの生大根に対し，食塩18kg，醤油2kg，グルタミン酸ナトリウム15g，サッカリン2.5g，甜面醤1.5kg，砂糖1kg，白酒0.2kg，カレー粉0.2kg，保存料30gの配合割合で製造される。

(2) **製造工程**

咖喱蘿蔔干の製造工程は図13-27に示すとおりである。

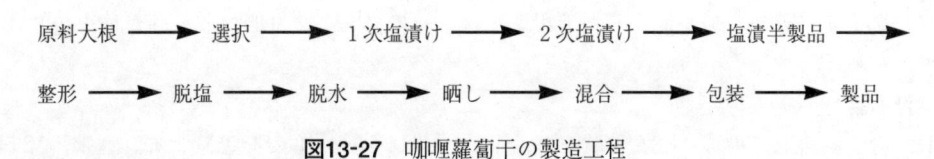

原料大根 → 選択 → 1次塩漬け → 2次塩漬け → 塩漬半製品 →

整形 → 脱塩 → 脱水 → 晒し → 混合 → 包装 → 製品

図13-27 咖喱蘿蔔干の製造工程

(3) **加工方法**

(ｱ) **原料の選択**

咖喱蘿蔔干に使用する大根は，色は明るく，表皮が滑らかなもの選ぶ。

また，きめが細かくて甘味があり，形状は真っ直ぐで，丸いものを選択する。腐敗部分や虫害のあるものは除く。

(ｲ) １次塩漬け

　まず最初にカメあるいは漬け込みタンクの底に少量の食塩を撒き，その上に大根を置く。これを交互に繰り返して容器が一杯になるまで漬け込む。食塩は底部よりも上部の方に多めに撒く。

(ｳ) ２次塩漬け

　１次塩漬けを３日間行なった後，２次塩漬けを行なう。１次塩漬けで出来た塩漬大根を取り出して別の容器に漬け換える。漬け換えは１次塩漬けの下部で漬けられたものを上に，上部で漬けられたものを下部になるように行ない，食塩が均一に行き渡るようにする。漬け込んだ大根の表面に食塩を撒き，その上に竹製のムシロを置き，さらに重石を載せる。２次塩漬けは５日間行なう。

(ｴ) 半製品の整形

　２次塩漬けによって得られた塩漬半製品の中で，規格に合わないものを除いた後，竹カゴに入れて切削作業場に持っていく。塩漬大根は手作業によって花弁形に切ったり，機械を用いて拍子木形に切る。手作業で花形に切る場合は，よく手入れされた包丁を用いることが必要である。そうすることによって切り口をきれいに仕上げることができる。

(ｵ) 脱　塩

　切削した大根はタンクに入れ，水を加えた後，木棒を用いて撹拌し，塩度が９～10°Béになるまで洗浄する。

(ｶ) 脱　水

　洗浄した大根は圧搾によって水分を除く。通常，２次塩漬半製品の重量のうちの20～25％の水分を脱水する。圧搾は，まず最初に圧搾機の下に竹製のスノコを置き，その上に布袋に入れた塩漬半製品を載せ，圧搾機を稼働して圧搾を行なう。圧搾機は木製のものと油圧装置を用いた金属製のものがある。圧搾する際は，過剰の圧力が加わらないように徐々に圧力を加える。そうしないと大根の組織が損傷を受け，品質の悪い製品となるからである。したがって，圧搾時間は１回当たり，10～12時間かける。圧搾が終了すれば大根を取り出し，重量を測定しておく。

(ｷ) 晒　し

　圧搾した大根を取出し，竹カゴに入れて晒し場所に運んで竹製のスノコの上に広げて半日ほど日に晒す。この間，大根を均一に晒すために時々上下を入れ替えて，手で握ってやや湿り気を感ずるまで乾燥させる。

(ｸ) 補助原料の混合

　晒した大根を室内に置いてあるカメに入れ，次に補助原料を塩漬半製品に添加し混合する。当日は１度撹拌し，それ以降は毎日２回ずつ，３日間続けて撹拌を行ない，５日目に圧搾大根100kgに対し0.5kgの白酒を添加する。その後，包装する前にカレー粉を均一になるように加え，別のカメに移し換える。カレー粉を混合した大根を１日１回撹拌し，２日間熟成させた後，包装することができる。

(ｹ) 包　装

　カレー粉を混合して熟成させた漬物を検査し，規格に合ったものを包装する。通常，12.5kgの漬物が入る壺に入れて包装する。壺の口に大きな漏斗を付け，それを通して漬物を壺の中に入れる。少しずつ壺の中に入れ，その度に木棒を用いてしっかりと詰める。壺が漬物で一杯になったら，入り口を油紙やクラフト紙で二重にして包装する。

(4) 製品の品質基準
(ア) 官能指標

漬物の表面はカレー粉によって黄色に着色しており，歯切れがあり，甘味とカレーの風味があるものが良い。また，形状がそろっており，黒い斑点や中空，ひげ根などがないものが良い。

(イ) 理化学指標

水分60〜62%，食塩濃度11〜12%，総酸0.8〜0.9%，アミノ態窒素は0.16〜0.18%であるものが望ましいとされている。

(5) 注意事項
(ア) 塩水に必ず浸っていること

カメやタンクに漬けられた大根の上には常に一定の食塩水があり，浸っている状態にすることが重要である。したがって，カメやタンクなどの容器に破損部分があると食塩水が漏洩し，表面が乾いてしまうことがあるので，容器に漏れがないかどうかを予め調べておく必要がある。また，カビが付着している容器を用いると漬物製品もカビによって腐敗することがあるので，カビが着かないように容器は丁寧に洗浄してから使用することが大切である。

(イ) 水の混入を避ける

カメ，タンク，壺などは必ず蓋をして，雨水などの水の浸入を防ぐことが大切である。生水が浸入すると部分的に食塩濃度が低下するので微生物が繁殖しやすくなり，表面にカビが生えたり，製品が黒く変色することがある。ひどい場合は腐敗に至り，腐敗臭を呈するようになる。そのような変敗を防止するためには，正常な濃度の食塩水で大根を洗浄して食塩濃度を上げ，丁寧に洗浄したカメの中に戻すと良い。

27. 東北鹹蕨菜（塩漬ワラビ）

蕨（ワラビ）は中国黄河流域一帯に起源を持つ山菜で，多年生草本植物である。蕨の柔らかい茎は食用になる。春になると山野の至る所で蕨が生え，特に，堀堤，森林，沃野ではよく繁茂する。蕨は山菜であることから，汚染が少なく，消費者には歓迎されている。近年，日本への輸出が急増している。

蕨は栄養に富んでおり，蕨100g中，水分86g，蛋白質1.6g，脂質0.4g，糖質10g，粗繊維1.3g，灰分0.4g，カルシウム24mg，ビタミン35mgを含み，熱量は50kcalである。蕨は根茎に澱粉を含んでいて，ここから蕨粉（別名：山粉）を採取することができる。蕨粉は食用，醸造用，薬用（解熱，利尿）として利用されている。

(1) 原料および補助原料

東北鹹蕨菜に用いる原料は蕨で，補助原料として食塩を用いる。配合割合は新鮮な蕨100kgに対し，食塩25kgを使用する。

(2) 製造工程

東北鹹蕨菜の製造工程は**図13-28**に示すとおりである。

原料蕨 ⟶ 選択 ⟶ 洗浄 ⟶ 塩漬け ⟶ 漬け換え ⟶ 水切り ⟶

晒し ⟶ 製品

図13-28 東北鹹蕨菜の製造工程

(3) 加工方法
(ア) 原料処理
新鮮な蕨を工場に搬入後、なるべく早いうちに加工する。まず、付着している夾雑物を除去した後、きれいな水で洗浄し、ザルに取って水を切っておく。
(イ) 塩漬け
洗浄した蕨をカメに入れ、塩漬けを行なう。始めに、蕨をカメの底に1層となるように入れ、その上に食塩を撒く。これを、カメの口が一杯になるまで、繰り返して漬け込む。最後に差し水として、少量の食塩水を加える。毎日2回、カメの中の塩漬蕨を別のカメに漬け換えることによって撹拌する。3～4日間漬け込んだ後、カメから塩漬蕨を取り出し、食塩水を切る。次に、日光の下で歩留りが80％になるまで晒し、カメに入れて貯蔵する。なお、晒しの途中で1度、蕨を裏返して均一に乾燥させる。

(4) 製品の品質基準
(ア) 官能指標
製品の色は濃緑色で、山菜特有の香気を持ち、歯切れが良く、夾雑物のないものが良い。
(イ) 理化学指標
水分65％以下、食塩濃度18～20％であるものが望ましいとされている。

28. 瀋陽黄蘿蔔（ダイコン調味漬）

瀋陽黄蘿蔔は日本のタクアンに相当する。1930年代、中国の東北部に日本から伝えられた。黄蘿蔔は甘みがあり、あっさりとした香りを持ち、歯切れが良く、一般消費者にも大変人気がある。

(1) 原料および補助原料
瀋陽黄蘿蔔の主原料は白大根である。細長く、中空や黒芯のないものを選ぶ。補助原料には食塩、米糠、ウコン粉、砂糖、甘味料（サッカリン）、山椒（サンショウ）、食酢を使用する。配合割合は、100kgの白大根に対し、食塩6kg、ウコン粉0.1kg、精製食塩3kg、白砂糖1kg、サッカリン0.03kg、山椒0.03kg、食酢0.5kgをである。

(2) 製造工程
瀋陽黄蘿蔔の製造工程は図13-29に示すとおりである。

原料白大根 ⟶ ひげ根の除去 ⟶ 洗浄 ⟶ 晒し ⟶ 塩漬け ⟶

カメに入れる ⟶ 調味料の添加 ⟶ 密封 ⟶ 製品

図13-29 瀋陽黄蘿蔔の製造工程

(3) 加工方法
(ア) 原料処理
細長く、中空のない白大根を選び、ひげ根を除去してから洗浄する。洗浄した大根を日に晒し（干し）、大根の表皮に少ししわが出る頃に取り入れる。
(イ) 塩漬け
干し大根をカメの中に食塩と交互に順序良く入れる。大根100kgに対し、6kgの食塩を用いて塩漬けを行なう。カメが大根で一杯になったら押し蓋を載せ、その上にさらに重石を置く。塩漬けは10～15日間ほど行なう。塩漬けを終えたら、大根を取り出し、水を切っておく。

(ウ) 調味漬け

塩漬けした大根を再びカメに入れて調味漬けを行なう。その際は，塩漬大根に米糠，ウコン粉，精製食塩，砂糖，サッカリン，山椒粉，食酢などの補助原料を均一に混合し，塩漬大根と補助原料を交互に漬け込む。カメが一杯になったら重石を載せて25～30日間ほど漬けると製品となる。

(4) 製品の品質基準

(ア) 官能指標

色は黄褐色を呈し，あっさりした香りと甘味を持ち，歯切れのよいものが良い。

(イ) 理化学指標

水分70%以下，食塩濃度は8～10%，総酸1.0%以下，還元糖5%以上，アミノ態窒素0.2%以上のものが望ましいとされている。

29. 亳県鹹韮菜花（ニラの花の塩漬）

(1) 原料および補助原料

亳県鹹韮菜花の原料に使われる韮花（ニラの花）は県郊外にある劉集や観音堂付近で多く栽培されている。種子が少なく，花の多いものを選び，収穫した当日に塩漬けを行なう。補助原料として，食塩，山椒（サンショウ），生姜（ショウガ）千切りを使用する。

生の韮花100kgに対し，食塩20kg，塩漬生姜の千切り5kg，山椒25gの配合割合で製造を行なう。

(2) 製造工程

亳県鹹韮菜花の製造工程は図13-30に示すとおりである。

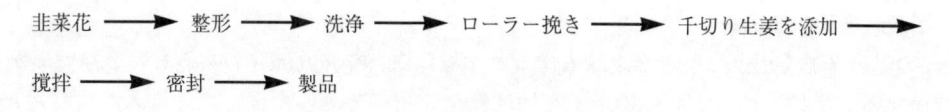

韮菜花 → 整形 → 洗浄 → ローラー挽き → 千切り生姜を添加 → 撹拌 → 密封 → 製品

図13-30 亳県鹹韮菜花の製造工程

(3) 加工方法

生の韮花を工場に搬入後，風通しの良い場所に置き，加工する際に混入している雑草，木の葉，ニラの茎などを除去する。花茎の部分は約15mmほど残す。きれいな水で2度洗浄してからザルに取り，水を切る。その後，ローラーの上に広げ，100kgの韮花に対し，20kgの割合で食塩を加え，均一になるように撹拌した後，ローラーを動かして平らにする。次に塩漬生姜を千切りにし，100kgの韮花に対し，5kgの割合で千切り生姜を混合し，カメの中に入れる。毎日1，2回ずつ，3～5日間ほど撹拌を行なったら，小口の壺に入れ，100gの食塩および10gの山椒を加え，モルタルを用いて密封する。壺は冷暗所で保存する。

(4) 製品の品質基準

(ア) 官能指標

製品の色は青緑色で適度な塩味と辛味のあるものが良い。

30. 瀏陽豆豉剁辣椒（唐辛子味噌）

瀏陽豆豉剁辣椒は湖南省，瀏陽地方の伝統的な漬物である。瀏陽豆豉剁辣椒は2000年余りの歴史がある。それは，長沙で発見された馬王堆で豆豉瀏辣生姜と豆豉瀏辣椒が副葬品として発見されたことによる。

第13章 塩漬菜

(1) 原料および補助原料

瀏陽豆豉剁辣椒に使われる原料の唐辛子（辣椒）は種が少なく，果肉が多い質の良いものを用いる。また，虫害や損傷のないものを使用する。補助原料として黒豆豉（黒大豆で作った浜納豆類似のもの）を用いるが，粒が揃い，芯がなく，香味に優れたもの使用する。この他に，食塩，胡麻（ゴマ）油，クエン酸，グルタミン酸ナトリウム，サッカリンを使用する。

配合は唐辛子94kg，黒豆豉5kg，グルタミン酸ナトリウム0.3kg，胡麻油0.5kg，クエン酸0.2kg，サッカリン0.01kg，食塩20kgである。

(2) 製造工程

塩漬唐辛子と豆豉の製造工程は図14-31A，Bに示すとおりである。

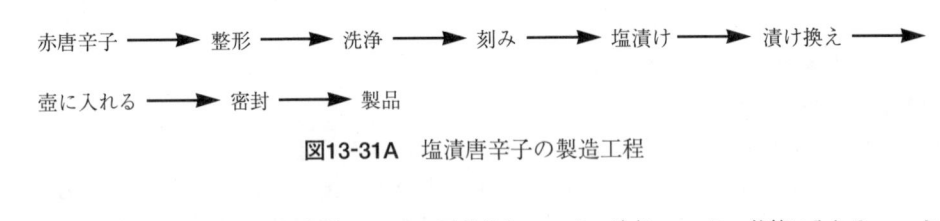

赤唐辛子 ⟶ 整形 ⟶ 洗浄 ⟶ 刻み ⟶ 塩漬け ⟶ 漬け換え ⟶

壺に入れる ⟶ 密封 ⟶ 製品

図13-31A　塩漬唐辛子の製造工程

豆の選択 ⟶ 蒸す ⟶ 浸漬 ⟶ 再度蒸す ⟶ 冷却 ⟶ 麹箱に入れる ⟶

発酵 ⟶ 風選 ⟶ 製品

13-31B　豆豉の製造工程

(3) 加工方法

(ア) 塩漬唐辛子の加工法

110kgの赤唐辛子を用意し，ヘタを除去するとともに虫害や腐敗部分のあるものを除いてから冷水で洗浄する。次に，洗浄した赤唐辛子を切削機械を用いて刻んだ後，カメに入れ，食塩18kg，安息香酸30gを加え，均一になるよう撹拌する。約8時間後に1度撹拌する。その後は毎日1回撹拌を行ない，3～4日後，2kgの食塩を表面に撒き，1か月ほど密封すると製品が完成する。

(イ) 豆豉の製造

1500kgの大豆を2回に分けて蒸し，蒸し終えたらカメに移し換え，冷水を入れて20～30分間ほど浸ける。その後，カメから大豆を取り出し，もう1度1時間ほど蒸してからムシロの上に広げて25～30℃になるまで冷却する。冷却した大豆は麹箱に入れ，麹室で発酵させる。発酵によって麹室の温度が上がりすぎる場合は，天窓を開けて調節する。麹菌が増殖したら，カメに移して4～5日間ほど発酵させ，その後，ウインドミルで夾雑物を除去した後，さらに3か月間発酵を続ける。

(ウ) 瀏陽豆豉剁辣椒

15℃程度の塩水1kgを豆豉に加えて撹拌し，塩水が全部豆豉に吸収した後，他の原料を加え，均一に撹拌してから壺に入れて密封貯蔵する。

(4) 製品の品質基準

(ア) 官能指標

色は赤褐色で，豆豉特有の香気と風味を有しているものが良い。

(イ) 理化学指標

水分76%以下，食塩濃度16～17%，総酸0.78%以下であるものが望ましいとされている。

31. 豆豉生姜（ショウガ味噌漬）

豆豉生姜は景徳鎮漬物工場で生産されている中国の伝統的な漬物の1つである。150年余りの歴史を有している。豆豉生姜は独特の風味を持ち，多くの消費者に好まれており，贈り物としてもよく利用される。

(1) 原料および補助原料

豆豉生姜に用いる主原料は生姜（ショウガ）で，適度な硬さを有し，虫害や傷がなく，辛味の強いものを使用する。副原料の大豆は粒の大きさが揃っており，カビや虫害がないものを使用する。
生姜40kgに対し，大豆100kg，白酒2kg，小麦粉33kg，食塩22kg，五香粉を適量の割合で製造する。

(2) 製造工程

豆豉生姜の製造工程は図13-32に示すとおりである。

(1) 生姜塩漬け

生姜 ⟶ 選択 ⟶ 浸漬 ⟶ 脱皮 ⟶ 塩漬け ⟶ カメに入れ密封

(2) 豆豉麹

大豆 ⟶ 洗浄 ⟶ 浸漬 ⟶ 蒸煮 ⟶ 冷却 ⟶ 小麦粉混合 ⟶ 培養 ⟶ 麹

(3) 豆豉生姜

塩漬生姜 ⟶ 混合 ⟶ 壺に入れ密封 ⟶ 晒し ⟶ 熟成 ⟶ 選択 ⟶ 製品

図13-32 豆豉生姜の製造工程

(3) 加工方法

(ア) 生姜の塩漬け

生姜は白露（9月7日頃）の前後1週間で収穫するのが最も良い。生姜は，新鮮で太く，柔らかく，黒斑や腐敗部分のないものを加工用原料とする。生姜は角切りにし，質の悪い部分は取り除いておく。角切りにした生姜100kgを40～50kgの水に浸け，繰り返し上部を圧迫することで，生姜の皮を取り除く。現在は，機械を用いて皮を除去する場合が多く，皮を取り除いた生姜は丁寧に洗浄する。生姜の塩漬けは，予め70°Béの食塩水を準備し，角切りの生姜100kgに対し，食塩水60kgの割合で塩水漬けを行ない，3～4日後，食塩水の濃度が12°Béまで下がったら食塩を補充して食塩濃度を20°Béとし，さらに5日間ほど塩漬けを行なう。

次に塩漬けを終えた生姜を取り出し，少量ずつ分けてカメに詰める。表面には全体の約2％の食塩を撒き，貯蔵する。塩漬生姜の歩留りは通常65～80％で，黄色を呈しているものが良く，黒点斑や腐敗部分のあるものは取り除く。塩漬生姜は1辺が約0.5cmの立方体に切り，カメの中に入れて貯蔵する。

(イ) 豆豉麹の製造

良質の大豆を選別してよく洗浄し，しばらく水に浸した後，大豆を鍋の中に入れて2～3時間ほど蒸煮する。蒸煮が終わったら，鍋から大豆を取り出し，50～55℃程度になるまで冷却する。冷却が終了した大豆に小麦粉を混合した後，麹菌を接種して麹室で培養する。培養が終了したら，大豆を取り出して乾燥させ，粉末になったものを除去すると豆豉麹が完成する。この豆豉麹は，必要な時までカメに入れて保存しておく。

(ウ) 豆豉生姜

細かく切った塩漬生姜，豆豉麹および補助原料を加え，均一になるように撹拌した後，壺に入れる。この時，大豆の煮汁に食塩を加えて，約11°Béの食塩水を作り，これを壺の中に入れて約60日間，晒しと熟成を行なうと製品が完成する。

(4) 製品の品質基準

(ア) 官能指標

製品の色は黒く，豆豉特有の香気と風味を有し，適度な塩味があり，異味や夾雑物のないものが良い。

(イ) 理化学指標

水分42〜45%，食塩濃度11〜20%，アミノ態窒素0.6〜0.7%，総酸1.7〜1.8%であるものが望ましいとされている。

(5) 注意事項

(ア) 豆豉の製麹は約3日間で行なうのが良い。

(イ) 熟成の前に行なう晒しの時間は季節，気温などによって決めることが必要である。通常，晒しの時間は40〜60日である。

32. 家常鹹青椒（ピーマン塩漬）

家常鹹青椒は四川，湖南，定州，湖北省で製造が盛んな漬物で，それらの地方には大きな漬物工場がある。加工工程が比較的簡単な漬物で，一般大衆に人気がある。

(1) 原料および補助原料

家常鹹青椒は主原料に新鮮なピーマン（青椒）を用い，補助原料は食塩で，ピーマン100kgに対し食塩16kgの割合で使用する。

(2) 製造工程

家常鹹青椒の製造工程は**図13-33**に示すとおりである。

原料 ⟶ 選択 ⟶ ブランチング ⟶ 塩漬け ⟶ 壺に入れる ⟶ 製品

図13-33 家常鹹青椒の製造工程

(3) 加工方法

虫害や腐敗部分のないピーマンを選択し，ヘタを取り除く。ピーマンをよく洗浄した後，表面に付着している水を切り，沸騰水の中で約3分間ブランチングを行なう。100kgのピーマンが約70kg程度にまで減少する。ピーマンを塩漬けする際は，最初にカメの中にピーマンを1層となるように入れ，次に食塩を撒く。これを繰り返してカメが一杯になるまで漬け込む。食塩は上部に多めになるように加える。塩漬けを1日行なったら，カメからピーマンを取り出し，揚がり塩水を切った後，壺に入れる。塩漬ピーマンは隙間がないようにしっかりと詰める。壺の口を密閉した後，30〜50日間ほど熟成を行ない製品とする。密封が完全であれば，1年間は保存が可能である。

(4) 製品の品質基準

(ア) 官能指標

あっさりとした香りとピーマン特有の風味を有し，適度な塩味を有するものが良い。

(イ) 理化学指標

水分75〜80%，食塩濃度は15〜16%のものが望ましいとされている。

第2節　各地の塩漬菜

(5) 注意事項

ピーマンを洗浄する際は生水ではなく，塩水を使用する必要がある。そうしないと，ピーマンが変質する場合がある。

33. 宜賓芽菜（ハクサイ塩漬）

(1) 原料および補助原料

主原料は芽菜（白菜の品種）で，補助原料として食塩，糖液，大茴香（ダイウイキョウ），山椒（サンショウ），冬菜を用いる。700kgの芽菜に対し，11〜12kgの食塩，30〜36kgの糖液，0.25kgの大茴香（粉末），0.75kgの山椒（粉末），0.75〜1kgの冬菜の割合で製造する。

(2) 製造工程

宜賓芽菜の製造工程は図13-34に示すとおりである。

芽菜 ⟶ 調製 ⟶ 晒す ⟶ 塩漬け ⟶ 混合 ⟶ 壺に入れる ⟶ 製品

図13-34　宜賓芽菜の製造工程

(3) 加工方法

(ア) 調製

半月形の包丁を用いて芽菜の葉を除去し，茎を幅が2mmの拍子木切りにし，余分な皮を除去した後，天日の下で晒しを行なう。雨天の場合は，芽菜を室内に入れて陰干しする。室内では乾燥しにくいので雨天が続く場合は，3〜4％の食塩を加えておき，天気が晴れたときに，外で晒しを行なう。100kgの芽菜が約13kgになるまで晒す。

(イ) 塩漬け

晒しによって乾燥した芽菜を木樽の中に入れて塩漬けを行なう。塩漬けは芽菜と食塩を交互にしっかりと漬け込みながら行なう。樽が一杯になったら最後に食塩を撒き，翌日，1度撹拌を行なって食塩が均一になるようにし，さらに3日間塩漬けを行なう。塩漬けの際は，隙間がないように漬け込むことが大切である。

(ウ) 糖液の調製

糖液は芽菜の色の善し悪しを決める。したがって，糖液の調製は注意深く行なうことが必要である。鍋の中で砂糖を煮溶かし，糖液をつくるが，加熱し，気泡が出始めたときに100〜150mLの菜種油を加える。

(エ) 混合

塩漬けを終えた芽菜を木樽の中から取り出し，広げたところに糖液を少しずつ加え，よく混合したものを再び木樽に漬け込む。2〜3日間漬け込んだら，大茴香粉，山椒粉をさらに加えて撹拌する。

(オ) 壺に入れる

香辛料などの補助原料を加えた芽菜を壺に入れる。壺に入れる際は，木棒でしっかりと突きながら，隙間のないように詰める。詰め終わったら，壺の口を密封して完成させる。

(4) 製品の品質基準

(ア) 官能指標

製品の色は褐色で適度な塩味と甘味および特有の香気を有し，歯切れの良いものが良い。

(イ) 理化学指標

水分50%以下，食塩10～12%のものが望ましいとされている。

34．湖南茄干（ナス切干し塩漬）
(1) 原料および補助原料

湖南茄干の主原料は茄子（ナス）である。茄子の種類は特にこだわらないが，紫色を呈した茄子が好ましい。また，表皮が薄く，肉質は軟らかめで種子が少ないものを選択する。虫害や腐敗部分のあるものは避ける。補助原料として食塩，塩漬赤唐辛子，黒豆豉を使用する。

茄子1000kgに対し，食塩28kg，塩漬赤唐辛子15～20kg，黒豆豉35～40kgの割合で製造する。以上の割合で製造すると約200～215kgの製品を得ることができる。

(2) 製造工程

湖南茄干の製造工程は図13-35に示すとおりである。

(1) 茄子塩漬け

整形 ⟶ ブランチング ⟶ 切削 ⟶ 1次晒し ⟶ 塩漬け ⟶ 2次晒し ⟶ 塩漬茄子

(2) 湖南茄干

塩漬茄子 ⟶ 浸漬 ⟶ 切削 ⟶ 補助原料混合 ⟶ 壺に入れる ⟶ 発酵 ⟶ 製品

図13-35 湖南茄干の製造工程

(3) 加工方法
(ア) 調 製

茄子の柄の部分を切除した後，洗浄を行なう。次に，沸騰水の中に茄子を入れ，茄子の表皮が褐色を呈し，柔らかくなるまで茹でたら，すぐ取り出して放冷する。放冷した茄子は2つに切り，さらにそれぞれ3～4本の切れ目を入れておく。

(イ) 1次晒し（干し）

調製を終えた茄子は，1つ1つ物干し台に茄子の切断面を上に向けて広げ，日光の下で晒しを行なう。

(ウ) 塩漬け

晒し終えた茄子100kgに対し5kgの割合で塩漬けを行なう。塩漬けの際は，茄子の切断面に食塩を付着させ，切断面を上にしてカメの中に漬け込む。塩漬けは24時間行なう。

(エ) 2次晒し

塩漬けした茄子を1次晒しと同様に物干し台に広げて晒しを行なう。晒し中は，4時間ごとに表裏をひっくり返す。ひっくり返す作業を行なっている際に茄子の下に水が出ているようであればそれを拭き取る。晒しは2～3日間行なうが，晒しによって茄子は黒くなる。

(オ) 切干し漬の製造

塩漬茄子を塩水の中に20分間ほど浸けると吸水，膨張して柔らかくなるので，これを取り出して表皮に付着している水を切る。その後，長さ5cm，幅2cmに切り，それに塩漬赤唐辛子，黒豆

豉などの補助原料を加え，均一になるように撹拌した後，隙間がないように壺の中にしっかりと詰める。壺が一杯になるまで詰めたら蓋をする。壺の口のまわりにある水溝に水を常に満たしておき，壺の中が嫌気状態になるようにする。この状態で15日間ほど発酵を行なうと製品が完成する。

(4) 製品の品質基準
(ｱ) 官能指標
色は褐色を呈し，香味と辛味のバランスが取れているものが良い。
(ｲ) 理化学指標
水分45～50％，食塩10～12％であるものが望ましいとされている。
(5) 注意事項
(ｱ) 壺の口にある水溝には常に水を満たして嫌気状態を保たせ，カビなどの発生を防ぐ。
(ｲ) 壺の中の製品の茄子を取り出す際は，水溝の中の水を壺の中に入れないように注意しながら行なう。壺の中に余分な水が入ると製品の質が低下しやすくなる。
(ｳ) 貯蔵期間を長くすると漬物の風味が良くなることが多いが，貯蔵する際は，壺を冷暗所に置く。

35. 天津白玉大蒜粒（ニンニク塩漬）
(1) 原料および補助原料
天津白玉大蒜粒に用いる原料は赤皮大蒜（ニンニク）で収穫後，1か月以内に質の良いものを選択する。特に，夏至の前後10日間で収穫したものは，組織が軟らかく，色も白い。しかし，夏至から20～30日経過したものは老化しやすく，色も黄色みを帯びてくる。また，虫害や腐敗部分のあるもの，黄色が強いものなどは使用を控える。補助原料に食塩と塩水を使用する。100kgのニンニクに対し，食塩16kg，25°Béの塩水70kgを使用する。
(2) 製造工程
天津白玉大蒜粒の製造工程は図13-36に示すとおりである。

原料ニンニク ⟶ 整形 ⟶ ブランチング ⟶ 塩漬け ⟶ 製品

図13-36　天津白玉大蒜粒の製造工程

(3) 加工方法
(ｱ) 整　形
質の良いニンニクの表皮を丁寧に取り除く。
(ｲ) ブランチング
表皮を除去した原料ニンニクを沸騰水に短時間浸けてブランチングを行なう。沸騰水とニンニクの量比は約4：1が良い。これは，ニンニクが多過ぎると均一に加熱することができない恐れがあるからである。なお，ブランチングの時間は約10分間で，ブランチングを終えたら直ちに冷却水中に入れて冷却する。また，同じ湯で4～5回ブランチングを行なうことができるが，それ以上行なう場合は，新しい湯に換えることが望ましい。
(ｳ) 塩漬け
ブランチング後，冷却したニンニクをカメに入れ，配合比に従って25°Béの食塩水を加えて塩

漬けを行なう。その後，2日間に1回の割合で撹拌し，食塩が均一に浸透するようにする。合計4～5回の撹拌を行なう。その後，2か月間塩漬けを行なうと製品になる。

(4) 品質基準
(ア) 官能指標
製品の色は白く，ニンニクの形状が揃っているものが良い。
(イ) 理化学指標
水分65～70％，食塩濃度20～22％であるものが望ましいとされている。

(5) 注意事項
保存料は使用しない。また，保存は風通しの良い冷暗所で行なうのが望ましい。

36. 甘草刀豆（ナタマメの甘草入り塩漬）
(1) 原料および補助原料
甘草刀豆の主原料は刀豆（ナタマメ）で，虫害や腐敗部分のあるものは使用を避ける。補助原料としては，食塩，冷水，人工甘味料，クエン酸，保存料，ミョウバン，甘草粉，豆板醤，唐辛子粉を使用する。

100kgの刀豆に対し，水60kg，人工甘味料0.02kg，食塩7kg，クエン酸0.4kg，ミョウバン0.2kg，甘草粉1.5kg，豆板醤15kg，粉唐辛子0.5kgの配合割合で製造する。

(2) 加工方法
(ア) 塩漬け
カメの中に配合比に従って，刀豆および塩水を入れ，均一に漬かるように毎日1回撹拌する。2日後，カメから刀豆を取り出し，ムシロの上に広げて軽く乾燥させ，必要に備えておく。
(イ) 原料処理
50kgの湯をカメの中に入れ，それに甘草粉，保存料などの補助原料を加えて均一になるようによく撹拌した後，冷却しておく。さらに，15kgの豆板醤を加えて撹拌する。その中に，軽く乾燥した塩漬刀豆を入れ，よく撹拌した後，1～2時間経過したら，ムシロの上に広げ，日光の下で歩留りが8割程度になるまで乾燥させる。その後，唐辛子粉，甘草粉を刀豆にまぶし，それらが均一になるようによく混合し，箱あるいは袋に入れて密封する。

(3) 製品の品質基準
(ア) 官能指標
色は金茶色を呈し，特有の香りと味を持ち，形状が揃い，カビの発生や異味のないものが良い。
(イ) 理化学指標
水分45～50％，食塩濃度は8～10％のものが望ましいとされている。

37. 鹹豆豆（ササゲ塩漬）
(1) 原料および補助原料
鹹豆豆に用いる原料は秋に収穫される細長い豆豆（ササゲ）を用いる。ササゲは，長さ，太さが揃っており，粒がしっかりと詰まっており，虫害や腐敗部分のないものを選択する。補助原料としては食塩を用いる。新鮮なササゲ100kgに対し，食塩12kgの配合割合で加工する。

(2) 製造工程
鹹豆豆の製造工程は図13-37に示すとおりである。

第2節 各地の塩漬菜

ササゲ ─→ 整形 ─→ ブランチング ─→ 塩漬け ─→ 晒し ─→ 壺貯蔵 ─→ 製品

図13-37 鹹豇豆の製造工程

(3) 加工方法
(ア) 原料処理
　新鮮なササゲを工場に搬入後,なるべく早いうちに加工する。まず,ササゲの両端部分を除去し,虫害や腐敗した部分を取り除いて整形したものを1～2分間ブランチングする。次に,塩漬けを行なうが,製品の乾燥程度を生の8割程度にする場合は,100kgのササゲに対し,12kgの食塩を加えて塩漬けを行なう。塩漬けの際は,ササゲに均一となるように食塩を混合する。2～4時間,塩漬けを行なった後,乾燥させ,2日後に壺に入れる。壺に入れる際は,空気が残らないようにしっかりと押し込みながら漬け込み,壺の中が一杯になったら壺の口を密封する。2～3か月後には食べることができる。保存期間は4～6か月である。

(4) 製品の品質基準
(ア) 官能指標
　製品は黄色で,歯切れが良く,塩味が適度にあり,酸味や異臭のないものが良い。
(イ) 理化学指標
　水分75％以下,食塩濃度10～12％であるものが望ましいとされている。

(5) 注意事項
　壺に入れる際,水を入れないように注意する。そうしないと腐敗する場合がある。

38. 鹹辣椒葉（葉トウガラシ塩漬）

　鹹辣椒葉は近年発展してきた新しい漬物である。最近,製品の多くが日本に輸出されるようになった。唐辛子の葉の形状は小さいものが良く,色はオリーブ色を呈しているものを選択する。

(1) 原料および補助原料
　鹹辣椒葉の主原料は唐辛子の葉で,新鮮で柔らかいものを選択する。唐辛子の葉は緑色を呈し,肉厚で,虫害や硬い茎のないものを選ぶ。補助原料として食塩を用いる。唐辛子の葉100kgに対し,食塩30kgの割合で塩漬けを行なう。

(2) 製造工程
　鹹辣椒葉の製造工程は図13-38に示すとおりである。

唐辛子葉 ─→ 選択 ─→ 洗浄 ─→ 計量 ─→ 揉捻 ─→ 塩漬け ─→ 製品

図13-38 鹹辣椒葉の製造工程

(3) 加工方法
(ア) 選　択
　工場に搬入された唐辛子の葉は,虫害や腐敗部分のあるものを除去した後,葉の検査を行なう。塩漬けに適する柔らかい葉が90％以上あることが必要である。
(イ) 洗　浄
　選択を終えた唐辛子の葉は,きれいな水で洗浄する。洗浄は,常に撹拌しながら,葉に付着し

ている農薬や汚染物を洗い落とす。洗浄は3～5分間撹拌しながら行なう。

(ｳ) **唐辛子葉の揉捻**

洗浄した唐辛子葉をカゴに入れ，約10分間放置して水切りを行なう。水切りを終えた唐辛子葉100kgに対し，20kgの食塩を加え，均一になるように手でよく混合し，揉む。なお，揉む際は，ラテックス製の手袋を使用する必要がある。

(ｴ) **塩漬け**

よく揉んだ唐辛子葉を漬け込みタンクに厚さが約10cmになるまで漬け込み，その上に食塩を撒く（唐辛子葉100kgに対し，食塩10kgの割合）。このように，唐辛子葉と食塩を交互に漬け込み，漬け込みタンクが一杯になったら最上部に木板を置き，その上に重石を載せる。重石は1 m^2 当たり約250kgとなるようなものを選ぶ。塩漬けを約1か月続けた後，検査を行ない合格したものを製品とする。

(4) **製品の品質基準**

(ｱ) **官能指標**

製品はきれいなウグイス色を呈し，夾雑物がないものが良い。

(ｲ) **理化学指標**

水分は70～75％，食塩濃度は18～20％のものが望ましいとされている。

39. 蕪湖胡麻香菜（ハクサイのゴマ香味漬）

蕪湖胡麻香菜は，別名を江南胡麻香菜と言い，江南地域で，古来からの伝統的な方法で製造されている漬物である。

(1) **原料および補助原料**

蕪湖胡麻香菜の原料には江南で栽培されている高棒白菜を用いる。冬至の後に収穫したものを塩漬けする。補助原料には，食塩，大蒜（ニンニク），五香粉，唐辛子粉，黒胡麻（クロゴマ），菜種油，保存料を使用する。新鮮な白菜800kgに対し，食塩32kg，ニンニク5kg，五香粉0.5kg，唐辛子粉1.5kg，黒胡麻3kg，菜種油8kg，保存料0.1kgの配合割合で製造する。

(2) **製造工程**

蕪湖胡麻香菜の製造工程は**図13-39**に示すとおりである。

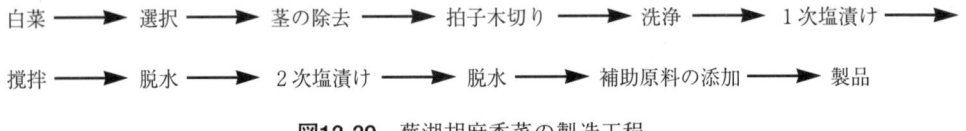

白菜 ⟶ 選択 ⟶ 茎の除去 ⟶ 拍子木切り ⟶ 洗浄 ⟶ 1次塩漬け ⟶

撹拌 ⟶ 脱水 ⟶ 2次塩漬け ⟶ 脱水 ⟶ 補助原料の添加 ⟶ 製品

図13-39 蕪湖胡麻香菜の製造工程

(3) **加工方法**

(ｱ) **1次塩漬け**

新鮮な白菜を工場に搬入後，枯れた茎や外葉を除去し，幅0.5cm，長さ4cmの拍子木状に切り，きれいな水で洗浄する。1次塩漬けは，白菜100kgに対し，30kgの食塩の割合で，白菜と食塩をカメの中で交互に漬け込む。食塩は上部に多めに加える。約12時間後，カメの中を撹拌して，白菜に食塩が均一に混ざるように混合した後，塩漬白菜をザルに取り，水を切る。水切りは7～8時間ほど行なう。

(ｲ) 2次塩漬け

1次塩漬けを終えた白菜の水を切った後，再びカメに入れ，2次塩漬けを行なう。1次塩漬白菜100kgに対し，食塩2kgの割合で使用する。塩漬けの方法は1次塩漬けと同様，白菜と食塩を交互に漬け込む。食塩が完全に溶解したらカメから白菜を取り出して日に晒すか，または，乾燥室で乾燥させる。乾燥の程度は100kgの塩漬白菜が約12kgになるまで行なう。

(ｳ) 補助原料の添加

乾燥を終えた塩漬白菜100kgに，ニンニク5kg，五香粉0.5kg，黒胡麻3kg，唐辛子粉1.5kg，菜種油8kg，安息香酸ナトリウム100gを混合したものを加えるが，カメの中で塩漬白菜と補助原料が交互になるように漬け込む。カメの中が一杯になったら蓋をし，常温で30日間ほど熟成を行なうと製品が完成する。

(4) 歩留り

新鮮な生の白菜100kgからは約10kgの製品ができる。

(5) 製品の品質基準

(ｱ) 官能指標

製品の色は青黄色で五香の風味が濃く，辛味と白菜の香りのバランスが取れているものが良い。

(ｲ) 理化学指標

水分50〜55％，食塩濃度は13〜15％であるものが望ましいとされている。

40. 鹹黄瓜（キュウリ塩漬）

鹹黄瓜は広く漬物原料として利用され，半製品（下漬製品）の形で使用される場合がほとんどである。通常，醤漬（味噌漬）に利用されることが多い。

鹹黄瓜に使う黄瓜（キュウリ）は色は青緑色を呈し，歯切れが良く，種子がまだ成熟していない秋黄瓜を用いる。近年，科学技術の進展によって，早生で生産量の多い黄瓜の品種が利用されるようになり，現在では夏の頃から漬け込まれるようなっている。黄瓜を塩漬けする際に重要なことは，歯切れと青緑色を保持することである。したがって，製造の際は，高塩度，嫌気状態，光などの影響を避ける必要がある。

(1) 原料および補助原料

鹹黄瓜に使われる原料は黄瓜と食塩で，配合割合は，黄瓜100kgに対し，食塩30kgである。

(2) 製造工程

鹹黄瓜の製造工程は図13-40に示すとおりである。

黄瓜 ⟶ 選択 ⟶ 塩漬け ⟶ 撹拌 ⟶ 製品

図13-40　鹹黄瓜の製造工程

(3) 加工方法

(ｱ) 選　択

新鮮な黄瓜を収穫後，なるべく早く工場へ搬入し，色は緑色で，形状は真っ直ぐ，柄が短く，表面には刺（とげ）があり，種子が成熟していないものを選択する。両端に丸みのない黄瓜や中央部に膨らみのある黄瓜は外観が良くないので使用を控えるのが良い。

(イ) 塩漬け

選択した黄瓜をカメの中に1層となるように並べ入れ，その上に食塩を撒く。さらに，黄瓜と食塩を交互に漬け込み，カメが一杯になったら，表面に残りの食塩を撒く。

(ウ) 撹拌

黄瓜を塩漬けした後は，毎日カメを撹拌し，黄瓜が均一に漬かるようにする。黄瓜が食塩水よりも上に出ないように注意し，20日間ほど塩漬けを行なうと塩漬黄瓜が完成する。

(4) 製品の品質基準

(ア) 官能指標

色は濃緑色で，光沢があり，塩味が強く，形状が揃っており，折れた部分や曲がった部分がないものが良い。

(イ) 理化学指標

水分75〜80%，食塩濃度は15〜20%であるものが望ましいとされている。

(5) 注意事項

黄瓜を塩漬けする際は，日光に曝されないように注意する必要がある。黄瓜は日光に曝されると緑色から黄色に変色するからである。

41. 浙江梅干菜（干しタカナ塩漬）

梅干菜は浙江省の伝統的な漬物の1つで，明るい黄色を呈し，風味が良く，塩味の中に少しの甘味を有している。梅干菜はそのまま食べられるだけでなく，梅干菜焼肉，梅干菜蒸肉，スープなどの調理に利用される。他に，野菜炒めなどにも利用される。

(1) 原料および補助原料

梅干菜に用いる主原料は高菜（タカナ）で，中国が原産の芥菜（カラシナ）に属する野菜である。高菜は栽培の歴史が長く，中国全土で栽培されている。新鮮な高菜には多くの栄養素があり，カルシウムやビタミンCは普通の野菜より含有量が高い。梅干菜を加工する際は，形状の揃ったものを使用する。

新鮮な高菜100kgに対し，食塩7kgの割合で製造する。

(2) 製造工程

梅干菜の製造工程は図13-41に示すとおりである。

高菜 ⟶ 1次晒し ⟶ 発酵 ⟶ 塩漬け ⟶ 洗浄 ⟶ 2次晒し ⟶ 水分調製 ⟶ 貯蔵

図13-41　梅干菜の製造工程

(3) 加工方法

(ア) 整形

小さな葉高菜を春節（2月上旬）前に収穫する。これは，春節の前に収穫された葉高菜は最も品質が良いからである。収穫されたものの中から，黄色に変色したもの，腐敗したもの，虫害のあるもの，斑点のあるものを除く。

(イ) 1次晒し（干し）

1回目の晒しは，通常，収穫した場所で行なうことが多い。地方によっては，工場で行なわれ

る場合もある。収穫された高菜の根を切り落とし，そのまま地面の上に並べて晒す。翌日の正午に，1度裏返し，満遍なく乾燥させる。夜間，雨が降らない場合は，そのまま乾燥させるが，雨が予想される場合は室内に入れる。水分が25〜30％程度になるまで乾燥させると茎は軟らかくなる。天気が良く，乾燥している時期であれば，2日間で晒しは終了する。

(ウ) 発　酵

晒しを終えた高菜を室内に入れ，積み上げて発酵を行なう。発酵期間中は，毎日1回よく撹拌して発酵が均等に行なわれるようにする。発酵温度は約40℃で，発酵が進むと高菜の一部が黄色く変色してくる。変色の部分が20〜30％になった頃に発酵を停止し，塩漬けを行なう。発酵期間が長くなると黄色に変色する部分は30％を超えるようになる。

(エ) 塩漬け

高菜の発酵が終了したら，カメに入れて塩漬けを行なう。高菜100kgに対し，食塩7kgの割合で使用する。塩漬けは，まず最初にカメの底に高菜を入れ，その上に食塩を撒く。これを交互に繰り返す。高菜を漬ける際は，葉の上に別の高菜の茎を載せるような形で，らせん状に漬け込んでいく。食塩を撒くときは，高菜の基部の方に3分の2を使用し，残りの3分の1は葉の方に撒くと良い。

このようにして，高菜を塩漬けする。食塩を溶解させ，均一に漬かるようにするには，漬け込む際に空気が入らないようにしっかりと詰めることが大切である。圧力は均等に，無理なく押すことが必要で，過剰に圧力を加えると高菜を損傷する場合があるので気を付ける。カメの最上部に漬ける高菜は下の高菜と異なり，高菜の基部を下に向けて漬け込む。また，重石を使用する場合は，カメに漬け込まれた高菜の重量の約50％の重さの重石を使用する。漬け込んだ翌日，重石を取るが，塩漬けの際に出てくる食塩水が常に高菜の表面よりも1cm以上，上になるように気を付ける。

(オ) 洗　浄

15日間，塩漬けを行なったら，高菜をカメから取り出し，きれいな水で軽く洗浄した後，再び晒しを行なう。

(カ) 2次晒し

曇り空や雨天が続くようであれば，洗浄を行なうことなく，塩漬けをそのまま継続し，天気の良い日を選んで2次晒しを行なう。2次晒しは，洗浄した高菜を竹カゴに入れて水切りし，縄に懸けたり，竹製のスノコの上に広げて晒しを行なう。冬期の場合は，2〜3日間晒しを行なうと丁度良い。夜間は，雨や夜露があるかも知れないので，室内に高菜を集め，翌日になったらもう1度晒しを行なう。

(キ) 水分調整

2次晒しを終えた高菜は，室内で1日置き，水分が落ち着いたら，梱包する。約1か月貯蔵したものは食味が良い。

(ク) 歩留り

生の高菜から製品までの歩留りは，12〜15％である。

(ケ) 貯蔵（保存）

梅干菜は雨水や湿り気の影響を受けないように貯蔵するために，包装してから保存する。

(4) 製品の品質基準
(ア) 官能指標
製品の色は明るい黄色で，適度な塩味があり，歯切れが良い。また，形状が整っており，香りが良く，異味のないものが良い。
(イ) 理化学指標
水分25～30％，食塩濃度16～17％，アミノ態窒素0.15％以上であるものが望ましい。

42. 余姚干菜笋（干しタカナとタケノコの塩漬）

余姚干菜笋は明るい黄色を呈し，あっさりとした風味を持つ高菜（タカナ）と笋（タケノコ）の漬物である。また，香味が強く比較的貯蔵しやすい。余姚干菜笋は焼肉と合わせて調理する場合にも利用される。夏には前菜としても利用される。味はあまり脂っこくなく，広東風味である。

(1) 原料および補助原料
葉は緑色で葉柄が細長い高菜を使用する。高菜100kgに対し，食塩4～5kgを使用し，干し高菜100kgには6kgの切干しタケノコを加える。

(2) 製造工程
余姚干菜笋の製造工程は**図13-42**に示すとおりである。

高菜 ⟶ 1次晒し ⟶ 整形 ⟶ 発酵 ⟶ 洗浄 ⟶ 拍子木切り ⟶

塩漬け ⟶ 2次晒し ⟶ タケノコを加える ⟶ 包装 ⟶ 貯蔵

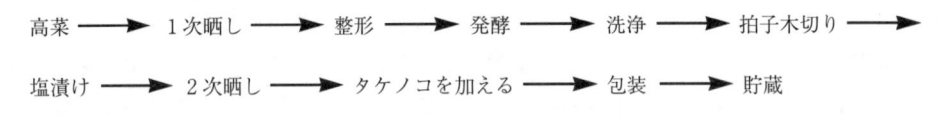

図13-42　余姚干菜笋の製造工程

(3) 加工方法
(ア) 1次晒し（干し）
収穫した高菜を1本1本並べて晒しを行なう。曇りがちの場合は，風通しの良い室内に並べて乾燥させる。翌日の正午に高菜を裏返して均一に乾燥が行なわれるようにする。夜間，雨が降らない場合は外に晒したままでも良いが，雨天が予想される場合は室内に入れる。高菜の乾燥が進み，茎が軟らかくなり，曲げても折れない程度になるまで晒しを行なう。晒しは通常2日間行なう。

(イ) 整　形
晒した高菜の根と枯れた葉を切り落とす。

(ウ) 発　酵
整形を終えた高菜を室内に移して積み上げる。春の高菜は0.5m，冬の高菜の場合は1m積み上げて発酵させる。春の高菜の場合は，毎日1～2回撹拌を行なう。気温が低い場合は発酵が進行しないので竹のスノコの上に高菜を積み上げてから，高菜を麻袋で覆い，保温する。発酵は通常，黄色く変色する割合が70～80％になるまで行なう。一般的に，春の高菜の場合は3～4日間，冬の高菜の場合は5～6日間の発酵期間が必要である。

(エ) 洗　浄
発酵が終わったら，高菜に付着している泥土や夾雑物を除去するために洗浄を行ない，その後，カゴの中に入れて水切りする。

(オ) 切　削
洗浄を終えた高菜を，茎の長さが3cm，葉の長さは2cmになるように切る。

(カ) 塩漬け

容量が250～300kgのカメの内部をきれいに洗浄し，準備しておく。最初に0.4kgの食塩をカメの底に撒いてから高菜を漬け込み，その上に食塩を撒く。高菜と食塩をカメが一杯になるまで交互に漬け込む。高菜100kgに対し，冬の場合は4kgの食塩，春の場合は4.5kgの食塩を使用する。なお，漬け込みの際は，しっかりと押さえ，空気を押し出しながら漬け込むことが大切である。カメの中では，饅頭のように周辺を低く，中心が高めになるように漬け込むのが良い。最上部には中蓋を置き，その上に重石を載せる。春の高菜の場合は約150kg，冬の高菜の場合は約100kgの重石を用いる。また，塩漬けの期間は春の高菜の場合は15日間，冬の高菜の場合は20日間ほどで，塩漬けが終了したら，取り出して竹カゴに入れ，水切りを行なう。

(キ) 2次晒し

水切りを終えた塩漬高菜は晒しを行なう。晒しは塩漬高菜の表面の水分がなくなるまで行なう。午後4～5時頃になると，高菜を竹カゴに入れて室内に移し，乾燥を続ける。3日目は外で晒しを行ない，夜は室内のスノコの上で乾燥を続ける。その後は，晒しと室内での乾燥を行なえば良い。

(ク) 高菜の選択

晒しの後，高菜に混ざって入っている雑草や石などの夾雑物を取り除く。

(ケ) タケノコを加える

準備してあるタケノコの切干しを加える。100kgの干し高菜に対し，6kgのタケノコの切干しを加える。

(コ) 貯　蔵

干菜笋は雨水や湿気を避けるために包装してから貯蔵する。貯蔵は日光が当たらないように冷暗所に置き，一般的には半年から1年間貯蔵することが可能である。

(4) 製品の品質基準

(ア) 官能指標

製品は橙色あるいは黄褐色で，味が良く，適度な塩味を有し，異味がないものが良い。また，形状が揃っており，干し高菜とタケノコの割合が適切であるものが良い。

(イ) 理化学指標

水分は27％以下，食塩濃度は25～26％，アミノ態窒素は0.12％以上，総酸は1.0％以下のものが望ましいとされている。

43. 天目扁尖笋（タケノコ塩漬）

天目扁尖笋は塩茹でした笋（タケノコ）を用いた浙江省天目地方で生産されている伝統的な漬物である。形状は丸く平たい形をしていることから，「扁尖」と称するようになった。風味が良く，あっさりした味を持っている。天目扁尖笋は浙江省の臨安，千潜県のものの生産量が多く，品質も優れている。製造時期は4～6月頃である。

(1) 原料および補助原料

天目扁尖笋の原料は，石竹，早竹，羊毛竹，紅殻竹，広竹などのタケノコが35～50cmに成長した頃のものを使用する。5月上旬（立夏の後）に収穫した石竹のタケノコが最も良く，早竹のタケノコはやや質が劣る。太い種類のタケノコは茶碗のような形状をしている。また，細い種類のタケノコは手の指のような形状をしている。紅殻竹のタケノコは赤い筋と黒い斑点があり，組織はやや硬めである。早竹のタケノコは4月上旬頃（清明前の10日頃）に収穫される。したがって，

通常のタケノコよりも約1か月早く収穫されるので早竹という名が付いている。太さは石竹とほぼ同じで，タケノコの葉は浅黄色を呈し，濃褐色の斑点があり，組織は比較的軟らかい。
一般的には，石竹のタケノコ100kgに対し，食塩3kgを使用する。

(2) **製造工程**

天目扁尖笋の製造工程は**図13-43**に示すとおりである。

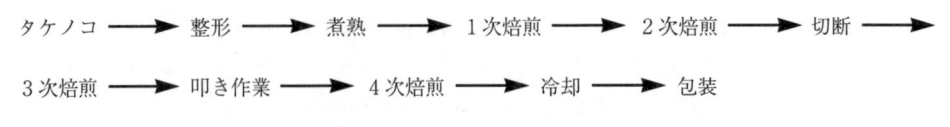

タケノコ ─→ 整形 ─→ 煮熟 ─→ 1次焙煎 ─→ 2次焙煎 ─→ 切断 ─→

3次焙煎 ─→ 叩き作業 ─→ 4次焙煎 ─→ 冷却 ─→ 包装

図13-43 天目扁尖笋の製造工程

(3) **加工方法**

(ア) **整　形**

包丁を用いて，タケノコの皮を剥く。次に，繊維質の硬くなった部分を取り除き，比較的軟らかい部分を原料とする。親指よりも細いタケノコはまとめて1束にし，親指よりも太いタケノコは包丁で分割する。その後，水で洗浄する。

(イ) **煮　熟**

鍋を加熱し，少し熱くなったところで食用油を表面に塗り，タケノコが焦げないようにする。タケノコ100kgに対し，水2kgの割合で鍋の中に少しずつ入れる。タケノコを鍋に入れる際は，食塩を同時に加えていく。タケノコ，水，食塩を加えて鍋が一杯になったら鍋に蓋をして，煮始める。強火で水が沸騰し，蒸気が上がるようにする。蒸煮を均一にするために，鍋の中のタケノコの上半分と下半分を途中で入れ換える必要がある。上下を入れ換えた後，再び蒸気が勢い良く外に吹き出るまで蒸煮を続ける。蒸煮の程度は，タケノコが黄色味を帯びた頃が丁度良い。蒸煮が過ぎるとタケノコは赤味を帯びるようになるので，注意する必要がある。また，蒸煮が不足していると次第に黒く変色し，腐敗しやすくなるので，これにも十分注意する必要がある。蒸煮したタケノコは鍋からザルに取り出す。

(ウ) **1次焙煎**

蒸煮を終えたタケノコは鍋から取り出して，余分な水を切り，熱いうちにオーブン皿の上に広げ，加熱しながらタケノコを撹拌し，焙煎する。7割程度乾燥させたら，カゴに入れ，木棒で押さえながら約24時間放置する。

(エ) **2次焙煎・1次揉捻**

1次焙煎を終えたタケノコを再びオーブン皿の上に広げ，焙煎する。その後，熱いままのタケノコを両手にとって，タケノコが軟らかくなるまで手揉みをする。次に，軟らかくなったタケノコを1束ずつカゴにしっかりと押さえながら入れ，1～2日間密閉する。

(オ) **切　断**

タケノコの先端が残っているものは，包丁を用いて切断し，1本の長さが約10cm程度になるように切り揃える。

(カ) **3次焙煎・2次揉捻**

手揉みを終えたタケノコを再度，オーブン皿の上に広げて焙煎する。その後，前回同様に軟らかくなるまで手揉みを行ない，形状の大きさによって，大茎，中茎，小茎に等級分けする。

第2節 各地の塩漬菜

(キ) 叩き作業

等級分けしたタケノコを竹製のマットの上に広げ，石を用いて扁円形になるように叩いて加工する。

(ク) 4次焙煎

叩き作業を終えて扁平になったタケノコを再度，オーブン皿の上に広げて焙煎する。焙煎を終えたら，タケノコをカゴにしっかりと詰めて入れ，2日間ほど密閉貯蔵し，全てのタケノコの湿度が一定になるようにする。

(ケ) 冷 却

4次焙煎を終え，カゴに入れて3～4時間冷却すると天目扁尖筍が完成する。

(コ) 包 装

天目扁尖筍は乾燥したものをカゴの中に入れて貯蔵する。

(4) 製品の品質基準

(ア) 官能指標

タケノコは軟らかくて繊維質の少ないものが良い。表面には汚れがなく，きれいなものが好まれる。また，表皮には適度にしわがついており，形状が揃い，色は黄緑色で適度な塩味と特有の香気を有するものが良い。

(イ) 理化学指標

水分は25～28％，食塩濃度は3～4％，アミノ態窒素は0.2％以上，総酸は0.8％以下のものが望ましいとされている。

(5) 注意事項

(ア) タケノコの品種によって製品の品質も異なる。石竹のタケノコは最も品質の良いものができる。また，保存すればするほど色沢が良くなる。

(イ) 天目扁尖筍を貯蔵する場合は，涼しく乾燥した場所に保存することが大切である。したがって，貯蔵用倉庫には，十分な通風施設を備えておくことが必要である。天目扁尖筍が湿った場合は，粘りを生じやすくなり，次第に赤みを呈するようになり，最後は黒くなって腐敗するようになる。したがって，湿気を帯びた場合は，再度焙煎を行ない乾燥させた上で保存すべきである。

(ウ) 天目扁尖筍を製造する場合，使用する原料によって歩留りが異なる。石竹の場合は100kgの原料から7kgの天目扁尖筍を得ることができる。同様に，早竹の場合は6kg，紅殻竹，羊毛竹，広竹の場合は5kgの天目扁尖筍を得ることができる。

44. 阜陽香椿菜（チャンチン塩漬）

(1) 原料および補助原料

阜陽香椿菜の原料には太和県城西沿河近辺で栽培されている香椿（チャンチン）の新芽を用いる。穀雨（4月21日頃）の時期に収穫したもので，長さが10～13cmの太くて柔らかいものが漬物に適している。補助原料として食塩を用いる。

新鮮な香椿100kgに対し，食塩25kgの配合割合で製造する。

(2) 製造工程

阜陽香椿菜の製造工程は図13-44に示すとおりである。

香椿 ⟶ 洗浄 ⟶ 塩漬け ⟶ 撹拌 ⟶ 晒し ⟶ 塩漬け ⟶ 晒し ⟶ 製品

図13-44 阜陽香椿菜の製造工程

(3) **加工方法**

新鮮な香椿を工場に搬入後はなるべく早いうちに洗浄し，100kgの香椿に対し，25kgの食塩を加え，カメに入れて塩漬けを行なう。塩漬けの際は香椿と食塩を交互に入れて漬け込む。塩漬け後は4時間ごとに1回撹拌し，2日目以降は，毎日2回の割合で撹拌を行ない，均一に漬かるようにする。塩漬けしてから1週間後にカメから香椿を取り出して天日に2～3日間晒してから，再び漬け汁の入ったカメに戻し，3日間ほど漬け込む。この間，毎日1回，香椿を撹拌する。3日後にカメから塩漬香椿を取り出して，乾燥するまで天日に晒す（干す）。晒した後は再度カメに入れ，漬け込んだ香椿の表面に食塩を撒き，封をした後，冷暗所において熟成させ，1か月を過ぎると製品が完成する。

(4) **製品の品質基準**

(ア) 官能指標

製品の外観は茶褐色で，光沢があり，歯切れが良く，塩味が適度にあり，香椿特有の香りを持つものが良い。

(イ) 理化学指標

水分は25～30％以下，食塩濃度20～22％であるものが望ましいとされている。

(5) **注意事項**

(ア) 1次塩漬けの際は，撹拌は丁寧に行なう。それは，香椿の形状を美しく保つためである。

(イ) 晒し時間は香椿の状態に合わせて行なう。

45. 広東梅乾菜（干しカラシナ塩漬）

広東梅乾菜は明るい黄色を呈する甘酸っぱい漬物で，独特の肉質を持っている。多くの消費者が好む漬物でもある。

(1) **原料および補助原料**

広東梅乾菜の原料は芥菜（別名，芥辛菜，梅菜生，蕪青菜ともいう）である。芥菜は一年生あるいは二年生の草本植物である。多くは広東恵陽地域で栽培されている。芥菜の葉は楕円形で濃緑色を呈し，長さは約70cmでしわがある。また，葉の縁は鋸歯形である。水分含有量が高く，辛味を有する。生のままではあまりおいしくない。広東梅乾菜にすることによって，おいしくなる。広東梅乾菜に用いる辛菜は形状が揃っていて泥土や根を除去したものを用いる。補助原料としては，食塩を用い，芥菜100kgに対し，食塩10.5kgの配合割合で製造する。

(2) **製造工程**

広東梅乾菜の製造工程は**図13-45**に示すとおりである。

芥菜 ⟶ 1次晒し ⟶ 整形 ⟶ 2次晒し ⟶ 塩漬け ⟶ 押し ⟶

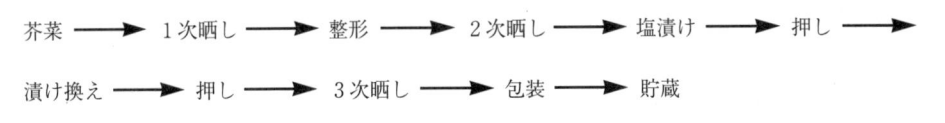

漬け換え ⟶ 押し ⟶ 3次晒し ⟶ 包装 ⟶ 貯蔵

図13-45 広東梅乾菜の製造工程

(3) 加工方法

(ア) 1次晒し（干し）

1次晒しは，普通，栽培した畑で行なわれる。芥菜を取り入れたら，直ちに根を切り落として，畑の上に1本ずつ並べて日に晒す。翌日の正午に1度裏返して満遍なく日に晒す。夜間雨が降らない場合は，家の中に取り込まないでそのまま畑においても構わない。25～30%の水分が脱水され，茎を折り曲げても折れない程度まで乾燥させる。晴天が続く場合は，2日間程度晒すと丁度よい。

(イ) 整形

晒しを終えた芥菜の茎と黄変した葉を除去した後，葉を2つに切る。

(ウ) 2次晒し

整形後の芥菜を1本ずつ，乾燥台の上に切断面を上に広げて2次晒しを行なう。1日半ほど晒すと芥菜は濃緑色から淡緑色になり，芥菜の茎は収縮し，しわが出るようになる。約20%の水分が脱水された頃に1度裏返して切断面を下に向け，さらに1～2日間晒し，100kgの芥菜が約50kgになるまで晒す。

(エ) 塩漬け

2次晒しを終えたら，カメに入れて塩漬けを行なう。カメに入れる際は，まず最初にカメの中に食塩を撒き，その後，芥菜を1層となるように入れ，その上に食塩を撒く。芥菜と食塩を交互にカメの中に漬け込む。芥菜を入れる時は，らせん状になるように置く。漬け込む際は，空気が入らないように木棒で芥菜を突きながら入れる。しかし，あまり強く押すと芥菜の原形が壊れるので注意しながら漬け込む必要がある。カメが一杯になるまで漬け込んだ後は，その上に芥菜と同重量の重石を載せ，カメに蓋をして1日塩漬けを行なう。

(オ) 押し

カメに漬け込んだ翌日，カメの蓋と重石を取り除き，カメに入れたままで約1時間ほど押さえながら，芥菜から出てきた余分な水を除去する。除去した後は，蓋をしてもう1度塩漬けを行なう。1日塩漬けして再度余分な水を除去した後，さらに塩漬けを行なう。

(カ) 漬け換え

塩漬けを行なってから4日目に芥菜をカメからザルに取り出して余分な水を切り，別のカメに漬け換える。カメに漬け込む方法は，最初の塩漬けと同様であるが，今回は食塩を加える必要はない。カメが一杯になるように詰めた後は，最初のカメに残っていた揚がり塩水を加えて漬け込む。

(キ) 漬け換え後の押し

漬け換えを行なった翌日，木棒を使って揉み押しをする。芥菜から出てくる水を取り除き，さらに重石を載せて1日塩漬けを行なった後，晒しを行なう。

(ク) 3次晒し

晒しは，朝の7～8時の間に芥菜を乾燥台の上に1本ずつ丁寧に広げて行なう。切断面を上に向けて乾燥させる。午後1時頃に裏返して，満遍なく晒す。午後5時頃には，竹カゴの中に塩漬芥菜を取り込み，室内に翌日まで置き，再び乾燥台の上で晒しを行なう。100kgの芥菜は約25kgにまで乾燥する。

(ケ) 包装

竹カゴの底に稲わらを敷き，その上にらせん状に芥菜を並べる。カゴが一杯になったら，上に稲わらを置き竹カゴの蓋をして保存する。

(4) 製品の品質基準
(ア) 官能指標
適度に水分を含むが，手で握るとカサカサ音がする程度まで晒しを行なう。黄変した葉がなく，全体が明るい黄色を呈し，味が良く，甘酸っぱさがあり，歯切れの良いものが良い。

(イ) 理化学指標
水分は42～45％，食塩濃度は12～14％，アミノ態窒素は0.15～0.16％のものが望ましいとされている。

(5) 注意事項
梅乾菜は，雨，湿気，熱に弱いので，輸送の際は，特に注意する必要がある。日常の保管は風通しが良く，床が乾燥した清潔な室内に積み上げる。通常，3～4か月間保存することが可能である。より長く保存するには最後の晒しの際に通常の場合よりも1～2日間余分に晒すことが必要である。

46. 湖南梅乾菜（干しカラシナ塩漬）

湖南梅乾菜の原料は大葉芥菜（青菜ともいう）である。大葉芥菜の葉は大きくて広く，葉面にはしわがある。大きなものは1本で4～5kgに達するものもある。漬物加工にはこのような大きなものも適している。毎年，梅雨の頃に収穫される。この漬物が梅乾菜と呼ばれるのは，原料の大葉芥菜が梅雨の頃に収穫されることと，湖南梅乾菜に酸味があることに由来するからである。湖南梅乾菜は湖南省でよく食べられている伝統的な漬物で，蒸肉，豆腐野菜スープなどの原料に利用されている。食味は濃厚で，古くから消費者に好まれている漬物である。

(1) 原料および補助原料
湖南梅乾菜の原料は大葉芥菜で，太くて柔らかく，黄変した葉や泥土の少ないものを選ぶ。毎年，農暦2～3月に収穫された原料からは良質な製品ができる。補助原料としては，大葉芥菜100kgに対し，カラメル1kg，食塩8kg，醤油3kg，茶油1.3kgの配合割合で使用する。

(2) 製造工程
湖南梅乾菜の製造工程は図13-46に示すとおりである。

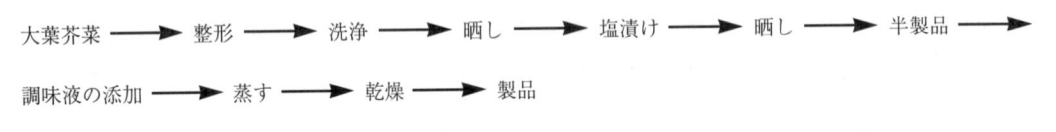

大葉芥菜 → 整形 → 洗浄 → 晒し → 塩漬け → 晒し → 半製品 → 調味液の添加 → 蒸す → 乾燥 → 製品

図13-46　湖南梅乾菜の製造工程

(3) 加工方法
(ア) 塩漬け（下漬け）
新鮮な大葉芥菜を工場に搬入後，枯れた茎や黄変した葉を除去後，洗浄し，1～2日間，日に晒すことによって約20％の水分が脱水され，萎（しお）れた状態になったところで塩漬けを行なう。大葉芥菜100kgに対し，食塩8kgを使用する。最初に大葉芥菜をカメ底の方に並べ，その上に食塩を1層になるように撒き，さらに，その上に大葉芥菜を漬け込む。これを交互に繰り返し，カメが1杯になるまで漬け込む。1層の大葉芥菜を漬け込む度に，しっかりと空気が入らないように詰める。最上部の大葉芥菜の上に竹製のスノコを置き，その上に重石を載せる。5～10日間，塩漬けを行なうと，大葉芥菜は濃緑色から黄色に変化し，香気が出るようになる。そのような状

態になったらカメから大葉芥菜を取り出し，軽く圧搾した後，日に晒して乾燥させる。100kgの大葉芥菜が約5kgになるまで乾燥させると半製品が出来る。

(イ) 梅乾菜の製造

補助原料の配合比に従って醤油，カラメルを加えて調味液を作る。この調味液に梅乾菜の半製品（塩漬品）を入れ，半製品に調味液を十分に吸収させた後，蒸し器で3～4時間ほど蒸した後，カメに入れる。まだ，熱いうちに茶油を均一になるように混合・撹拌し，再び取り出して，乾燥台に広げて軽く乾燥させると製品ができる。100kgの大葉芥菜からは約8kgの製品ができる。

(4) 製品の品質基準

(ア) 官能指標

製品の色は黒褐色で光沢があり，柔らかくてしっとりとした外観を呈する。味は濃厚で，わずかな酸味を呈するものが良い。

(イ) 理化学指標

水分50～55％，食塩濃度は10～12％，アミノ態窒素0.2～0.25％であるものが望ましいとされている。

(5) 注意事項

湖南梅乾菜の半製品は水分が少ないので，長く保存することができる。しかし，水分が多いものは，保存中に腐敗しやすいので注意する。保存する際は，半製品を麻袋に入れ，風通しの良いところに置き，吸湿を防ぐことが大切である。

47. 嘉興蘿蔔条（刻みダイコン漬）

嘉興蘿蔔条の特徴は，歯切れが良くて甘味があり，醤香を有することである。原料の選択は重要である。

(1) 原料および補助原料

嘉興蘿蔔条に使われる原料の大根は，海寧で栽培されている半長種の大根である。新鮮で腐敗部分がなく，中空や黒芯などがないものを選択する。補助原料の醤油は高級品を使う。

大根100kgに対し，食塩16kg，面醤2.8kg，白砂糖0.6kg，60度の白酒0.1kg，グルタミン酸ナトリウム50g，甘味料8g，安息香酸ナトリウム40gの配合割合で製造する。

(2) 製造工程

嘉興蘿蔔条の製造工程は**図13-47**に示すとおりである。

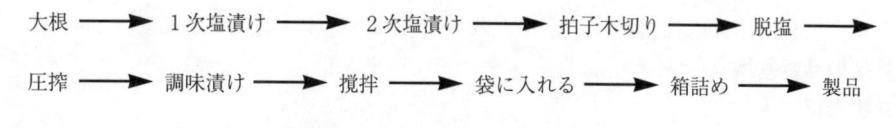

大根 ⟶ 1次塩漬け ⟶ 2次塩漬け ⟶ 拍子木切り ⟶ 脱塩 ⟶

圧搾 ⟶ 調味漬け ⟶ 撹拌 ⟶ 袋に入れる ⟶ 箱詰め ⟶ 製品

図13-47 嘉興蘿蔔条の製造工程

(3) 加工方法

(ア) 塩漬け

新鮮な大根を2回に分けて塩漬けする。1回目は100kgの大根に対し，食塩6～8kgを用いて5日間塩漬けし，2回目の漬け換えの際は，さらに食塩を8kg用いて塩漬けを行なう。塩濃度は15～16°Béになるようにする。20日間塩漬けを行なうと製品に加工できるようになる。

(イ) 整形

塩漬けした大根のうち，斑点のあるものや傷のあるものを除いた後，拍子木切りにする。拍子木の長さは6～11cm，切り口は正方形で1辺の長さは1～1.2cm程度にする。

(ウ) 脱塩

拍子木切りにした塩漬大根をカメの中に入れ，1度沸騰させて冷却した白湯を加えて，脱塩を行なう。脱塩時間は約2.5時間で，塩漬大根の塩濃度によって脱塩時間を調整する。脱塩の目安は，春節（2月上旬）前に加工する場合は9～10°Bé，春節後に加工する場合は10～11°Bé程度にまで脱塩する。

(エ) 調整

脱塩した塩漬大根を1つのカメに入れ，半時間ほど置いて，食塩濃度を均一にする。

(オ) 圧搾

圧搾は，4つのカメ（計1000kg）の塩漬大根を同時に圧搾する。圧搾は約5時間ほどかけて徐々に行なう。圧搾は100kgの塩漬大根が33～35kgになるまで行なう。

(カ) 調味漬け

圧搾した塩漬大根100kgに対し，補助原料の配合比に従って製造した調味液（混合醤油15kg，グルタミン酸ナトリウム0.29kg，甘味料0.05kg，白砂糖3kg，60度の白酒0.5kg，安息香酸ナトリウム0.1kg）に入れて調味漬けを行なう。

a) 調味漬け1

1つのカメの中に125kgの圧搾した塩漬大根の拍子木切りを入れ，それに調味液を加える。漬け込み後，約5時間経過したら，均一に調味液が浸透するようにする撹拌する。その後，3日間調味漬けを行なうが，その間，毎日2回撹拌を行なう（注：安息香酸ナトリウムは使用量の10％を残しておき，4日目に使用する）。

b) 調味漬け2

調味漬け4日目の午前に撹拌する際に，白砂糖，白酒と残しておいた安息香酸ナトリウムを加え，午後にもう1度撹拌して均一に調味が行なわれるようにする。5日目には包装することができる。

(キ) 包装

包装前に包装袋に穴が開いていないかをチェックする。不完全な包装袋がある場合は取り除いておく。袋1つ当たり6kgの調味漬大根の拍子木切りを入れて，密封する。

以上の作業を行なう従業員は包装前に，手をよく洗いマスクを着け，作業服に着替えてから作業を行なう。包装する場所は常に清潔が保たれるように注意する必要がある。

(4) 製品の品質基準

(ア) 官能指標

製品の色は淡黄色を呈し，わずかに醤の香りと甘味を持ち，歯切れがあるものが良い。

(イ) 理化学指標

水分50～55％，食塩濃度は10～12％，糖度は4％以上であるものが望ましいとされている。

48. 常州香甜蘿蔔干（切干しダイコン塩漬）

常州香甜蘿蔔干は伝統的な特産物で，100年余りの歴史を有している。初めは五香蘿蔔干として20年に渡って有名であったが，その後，これを元に香甜蘿蔔干が新たに開発された。常州香甜蘿

蘿干は特有の香りを持ち，塩味と甘味のバランスが良く，料理の材料としても多く利用されている。また，長く保存してもあまり品質的には影響がない。

(1) **原料および補助原料**

常州香甜蘿蔔干に用いる主原料は常州の郊外で栽培されている「円紅蘿蔔」（丸くて赤い大根）で，表皮は赤くて光沢があり，内部は白色で緻密である。糖分として，果糖を多く含んでいるので甘味がある。

大根100kgに対し，食塩7～8kg，甘味料0.015kg，安息香酸ナトリウム0.1kg，大曲酒0.5kgの配合割合で製造する。

(2) **製造工程**

常州香甜蘿蔔干の製造工程は**図13-48**に示すとおりである。

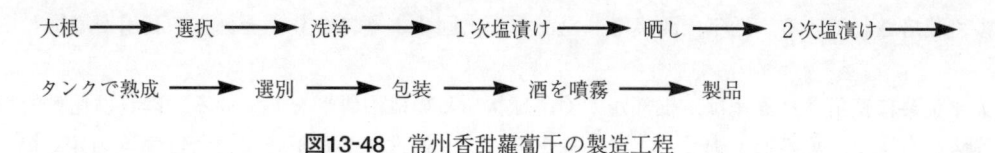

大根 ⟶ 選択 ⟶ 洗浄 ⟶ 1次塩漬け ⟶ 晒し ⟶ 2次塩漬け ⟶ タンクで熟成 ⟶ 選別 ⟶ 包装 ⟶ 酒を噴霧 ⟶ 製品

図13-48 常州香甜蘿蔔干の製造工程

(3) **加工方法**

(ア) **洗浄および整形**

原料に使用する大根は大きさが揃っており，中空や黒斑のないものを選択する。次に，大根をきれいな水で洗浄し，頭部と尻部およびひげ根を切除し，幅約2.5cmの半円形に整形する。

(イ) **1次塩漬け**

整形した大根をカメに入れて1回目の塩漬を行なう。食塩の使用量は大根の約2％で，大根と食塩を交互に重ねて漬け込む。4時間後に別のカメに漬け換えて均一に塩漬けが行なわれるようにする。

(ウ) **晒し（干し）**

1次塩漬けを始めてから，8時間後に塩漬大根をカメから取り出し，棚に広げて晒しを行なう。時々裏返して均一に晒しが行なわれるようにする。夜間は覆いをかけて，雨水がかからないようにする。また，冬期の場合は覆いをかけることによって大根が凍結するのを防ぐ。通常，晒しの期間は3日間程度である。

(エ) **2次塩漬け（漬け込みタンク）**

あらかじめ，食塩，甘味料，安息香酸ナトリウムを混合し，混合塩を調製しておく。次に，カメから取り出した塩漬大根を漬け込みタンクに漬け込み，配合割合に合わせて混合塩を加える。漬け込んだ後は，毎日1回，5日間ほど撹拌を行ない，均一に漬かるようにする。撹拌を終えたら，タンクに蓋をして，熟成させる。

(オ) **熟 成**

塩漬けの際，あらかじめタンクの底にプラスチック製シートを敷いておき，塩漬けが終了した後，タンクを密封して熟成させる。熟成は1か月以上で，熟成が進むと大根の色は黄色に変化するとともに，辛味が消失する。

(カ) **選 別**

熟成を終えたもののうち，中空のみられるものや黒変したものなどを取り除く。

(キ) 品質検査

出来上がった製品の検査を行ない，合格したものは，酒を加えて包装する。

(4) 製品の品質基準

(ア) 官能指標

製品の色は明るい黄色で，大根特有の風味を有し，適度な塩味と甘味があり，歯切れが良い。また，形状は半円形で揃っており，異味のないものが良い。

(イ) 理化学指標

水分65～72％，食塩濃度9～13％，還元糖は6.0％以上であるものが望ましいとされている。

49. 天津黄菜（カブ塩漬）

天津黄菜の原料には蕪（カブ）を用いる。蕪は中国全土で栽培されているが，天津郊外で比較的多く栽培されている。近年，改良された品種が出回るようになり，それらの利用が増加している。

天津黄菜に使用される蕪は，根部が太く，球状あるいは円錐形をしている。肉質は比較的緻密で辛味を有する。葉の形は細長く，濃い緑色を持つ。通常，7月下旬に植え付け，10月下旬（寒露から霜降まで）頃に収穫する。栽培期間は約90日間である。

天津黄菜は半乾態漬物に属するので，比較的貯蔵しやすい漬物であることから，1年中食べることができる。色は黄色で，五香味が濃厚なものが天津の消費者には歓迎される。

(1) 原料および補助原料

天津黄菜に使用する蕪は直径が8cm以上の大きなものが適している。農家は，蕪を収穫する際に茎や根を取り除く作業を行なうのが一般的で，整形した蕪を漬物工場に持ち込む。新鮮な蕪100kgに対し，食塩38kg，五香粉0.15kgの配合割合で製造する。

(2) 製造工程

天津黄菜の製造工程は図13-49に示すとおりである。

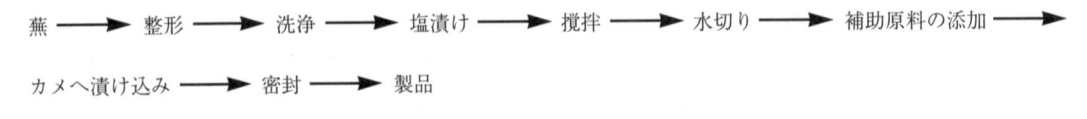

蕪 ⟶ 整形 ⟶ 洗浄 ⟶ 塩漬け ⟶ 撹拌 ⟶ 水切り ⟶ 補助原料の添加 ⟶ カメへ漬け込み ⟶ 密封 ⟶ 製品

図13-49 天津黄菜の製造工程

(3) 加工方法

(ア) 整形

最初に，収穫した蕪の上部を切断する。切断面の直径は3～6cmになるようにする。次に，蕪を輪切りにするが，厚みは約1.2cm程度にしておく。

(イ) 塩漬け

100kgの蕪に対し，食塩20kgおよび17°Béの食塩水を使用して塩漬けを行なう。最初に，カメの底に，蕪を並べ，その上に食塩を撒く。蕪と食塩を交互に入れ，カメが一杯になったら表面の蕪に多めの食塩を撒き，食塩水を差し水として加える。食塩の使用量は過度にならないように注意する。過度に使用した場合は蕪の食塩濃度が高くなるので発酵が抑制されることになる。発酵が遅いと蕪の色が黄色にならないで，灰色に変色することがある。そのような製品は，外観が悪いだけでなく，風味も良くない。塩漬けの期間中は毎日1回撹拌を行ない，均一に漬かるようにす

る。約1週間漬ける。
　(ウ)　水切り
　塩漬けを終えたら，カメから塩漬蕪を取り出し，積み上げる。積み上げる高さは約1.3mで，余分な水を切る。積み上げた塩漬蕪の上に3重にシートをかぶせ，水が浸入するのを防ぐ。翌年の清明（4月5〜6日頃）の時期まで保存しておくことが可能である。この段階で，蕪はゆっくりと発酵し，徐々に黄色くなると同時に特有の風味が形成される。
　(エ)　補助原料の添加
　残った食塩12kgと五香粉0.15kgを均一になるように混合し，それをカメの中に入れる。
　(オ)　カメを密封する
　カメの中に五香粉と塩漬蕪をカメが一杯になるまで入れる。漬け込む際は，空気が入らないようにしっかりと漬け込む。漬け込みを終了したらカメの入り口をクラフト紙で覆って密封する。密封は，8月の立秋の頃まで行ない，開封すると製品が完成する。密封の期間には雨水が入らないように注意することが大切である。
(4)　製品の品質基準
　(ア)　官能指標
　蕪の内部は白く，外部は黄色くなっており，また，五香味が濃厚なものが良い。
　(イ)　理化学指標
　水分は55〜58％，食塩濃度は15〜16％，アミノ態窒素は0.15％以上，還元糖は2.5〜3％のものが望ましいとされている。

50.　上海榨菜（ザーサイ）

　榨菜の製造は，季節的には冬榨菜と春榨菜に分かれ，脱水には風脱水（自然風乾）と食塩脱水の2つの方法がある。有名な四川省の榨菜は秋に植え付け，冬に収穫して加工するので冬榨菜に分類される。また，脱水方法は風乾で馬頭棚を用い，冬の北西風を利用して脱水乾燥させる。この風乾により約50％の水分が脱水され，その後，タンクで漬け込まれる。一方，上海および浙江省で加工されている榨菜は四川の榨菜と異なり，冬に植え付けが行なわれ，春に収穫されたものを加工するので春榨菜である。また，脱水方法も異なっており，上海の榨菜は食塩を用いて脱水される。ここでは，上海で製造されている榨菜を紹介する。
(1)　原料および補助原料
　(ア)　特等級
　特等級に分類される榨菜原料は，1つの重さが50g以上で形状は丸く揃っており，中空や黒点がなく，色沢は青緑色で正常な風味を有し，香味があり，酸味などの異味や異臭のないものである。
　(イ)　甲等級
　甲等級に分類される榨菜原料は，1つの重さが40g以上であるが，形状が整っておらず，長形のものが約20％程度混入しているものを指す。その他は特等級のものとあまり変わらない。
　(ウ)　乙等級
　乙等級に分類される榨菜原料は，1つの重さが20g以上で，形状が整っておらず，組織がやや軟らかく，長形のものが60％程度占めるものが該当する。

(2) 製造工程

(ア) 整 形

　立春前後に収穫される榨菜原料が加工に最も適している。収穫してすぐに加工しないものは，日光や雨に曝されないようにするとともに，多く積み上げることは避ける。加工にあたっては，表皮に腐敗部分がある場合は，その部分を取り除くとともに大きさを整える。

(イ) 1次・2次塩漬け

　1次塩漬けは生の榨菜を最初に塩漬けする工程で，製品の品質に大きな影響を及ぼす。整形した榨菜原料をカメ（原料榨菜は500kg程度）あるいは漬け込みタンク（原料榨菜は5000kg程度）で塩漬けにする。1次塩漬けは榨菜の色沢と品質を維持する上で大変重要な工程である。

　塩漬けは最初に食塩を撒き，その上に生の榨菜を並べて漬け込む。その後は食塩と榨菜を交互に漬け込み，最上部には多めに食塩を撒き，しっかりと漬ける。1次塩漬けは，100kgの榨菜に対し，3〜3.5%の食塩を用い，榨菜と食塩を1層ごとに交互に漬け込む。なお，漬け込みの際は榨菜の層は15cm以下になるようにする。

　通常，カメを用いて漬け込む場合は，榨菜の層は8層程度になるのが普通で，1層当たりの榨菜の量は約50kgである。また，漬け込みタンクを用いる場合は，榨菜の層は21層で，1層当たりの榨菜の量は約200kgである。食塩は漬け込みタンクに漬けられる榨菜の1層から10層まではそれぞれ1kg，11層から20層まではそれぞれ0.5kgを使用して漬け込み，最上部の21層の上には残りの食塩を撒く。漬け込んだ表面は重石でしっかりと押す。重石はカメの場合は75kg，漬け込みタンクの場合は750kgになるようにする。揚がり塩水は漬け込まれた榨菜の表面から常に2〜3cm上になるように重石をかけておくことが大切である。

　1次塩漬けを36〜48時間行なった後，カメあるいは漬け込みタンクから塩漬けされた榨菜を取り出し，カゴに入れる。カゴの中の榨菜を揚がり塩水で洗い，泥土を取り除く。カゴに入れてから翌日（12時間後），別の竹カゴに塩漬榨菜を入れ，カゴが一杯になったら表面に麻袋をかぶせ，その上に重石を載せて脱水を行なう。竹カゴの高さは約2m程度とする。脱水が終わったらカゴから榨菜を取り出すが，歩留りは50〜54%になるのが一般的である。

　1次塩漬けの後，カメを用いて2次塩漬けを行なう。2次塩漬けの目的は榨菜特有の色である青緑色を固定し，歯切れを良くするためである。2次塩漬けは100kgの榨菜に対し，7〜8kgの精製塩を用いて漬け込む。榨菜と食塩を交互に重ねて漬け込むが，榨菜の漬け込む厚さは12cm以下にする必要がある。漬け込んだ後は，表面に割り竹を置き，その上に重石を載せる。約17日前後漬け込んだ後，カメから取り出し整形工程に移る。

(ウ) 整 形

　2次塩漬けを終えた榨菜をカメあるいは漬け込みタンクから取り出し，揚がり塩水で洗ってから整形を行なう。整形はひねた茎の部分や黒斑点，腐敗部分を取り除く。整形の後は，榨菜の程度に応じて等級分けを行なう。1つの大きさが50g以上のものは特等級，40g以上のものは甲等級，20g以上のものは乙等級とする。1つのものが大きすぎる場合は，適当な大きさに整形する。次に，榨菜を等級別に分けてカメに入れて圧搾する。

(エ) 洗浄および圧搾

　カメを準備し，榨菜塊を等級別に食塩水を用いて洗浄してから漬け込む。カメの底には割り竹を敷き，その上に榨菜を漬け込む。そうすることによって，漬け込み中に生じる泥土は割り竹の下に貯まるようになる。

第2節　各地の塩漬菜

圧搾は，洗浄と同様，等級ごとに行なう。圧搾に使用した器具類は必ず洗浄し，清潔にしておく必要がある。洗浄によって泥土などを除去する。

(オ) **調味料の調製**

圧搾を終えた100kgの塩漬榨菜に対し，**表13-4**に示すような配合比で調味料を調製する。

表13-4　上海榨菜の調味料配合比

名　称	単位	特等級	甲等級	乙等級	小	塊
食塩	kg	4.1	4.1	3.6	2.75	3.15
低塩の場合	kg	(2.1)	(2.1)	(1.8)	(1.5)	
唐辛子	kg	1.15	1.15	1.15	1.00	0.75
混合香粉	g	120	120	120	120	
甘草粉	g	50	50	50	50	
保存料	g	50	50	50	50	
山椒	g	70	70	70	70	
榨菜重量	kg	100	100	100	100	100

混合香粉の調製基準

調味料の中の混合香粉は，八角（大茴香）55％，山奈（バンウコン）10％，甘草5％，砂仁（シャニン）5％，桂皮（シナモン）8％，白山椒（シロサンショウ）3％，生姜（ショウガ）薄切り15％の割合で混合し，粉末にしたものである。表に示した調味料は100kgの榨菜を基準にしたもので，これらの調味料を2回に分けて榨菜とともにカメに入れて漬け込む。

(カ) **カメへの漬け込み**

カメは35～40kgの榨菜が入る大口のものを使用する。カメの中をよく洗浄した後，乾燥させ，そこに1層10kg，2層12.5kg，3層75kg，4層5kg，5層1～1.5kgとなるように漬け込む。漬け込む際は，全体が均一になるように力を入れて押し，空気が入らないようにしながら漬け込む。カメの口まで約20cmのところまで漬けたら粉塩を50gほど入れる。

(キ) **カメを検査し，密封する**

カメに漬け込んでから15～20日間後，カメの口の付近にカビの発生がみられるものは，口の部分に空間ができないように別のカメから榨菜を取り出し，詰めてから蓋をする。蓋をした後，等級がわかるように記入しておく。蓋で密封した後，モルタルで口を固めて保存する。

51. 排冬菜漬（タカナ塩漬）

排冬菜漬は原料である排菜が冬に収穫されることからこの名がついた。湖南省の人々は排冬菜漬を用いて作ったスープを朝食の際に食べるのを好む。

(1) **原料および補助原料**

排冬菜漬の主原料は排菜（雪里蕻。高菜の類）で，長沙の郊外で冬に栽培されている葉の細いものが漬物に最も適している。補助原料として，粗塩，茴香（ウイキョウ），精製塩などを使用する。配合は，生排菜100kgに対し，粗塩2.5kg，茴香0.05kg，精製塩2.5kgの割合で製造する。

(2) **製造工程**

排冬菜漬の製造工程は**図13-50**に示すとおりである。

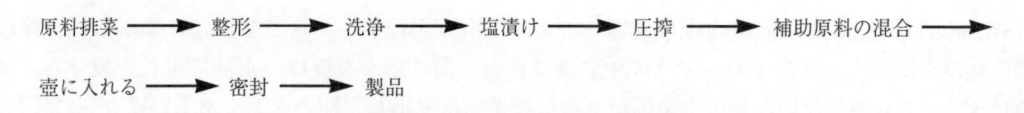

原料排菜 ─→ 整形 ─→ 洗浄 ─→ 塩漬け ─→ 圧搾 ─→ 補助原料の混合 ─→ 壺に入れる ─→ 密封 ─→ 製品

図13-50　排冬菜漬の製造工程

(3) **加工方法**

まず最初に排菜のひねた部分や黄色に変色している葉の部分を除去してから，洗浄し，泥土を

洗い落とす。次に，茎葉の長さが約3cmとなるように短冊切りにし，それをカメの中に入れて洗浄する。洗浄後，取り出して水を切り，別のカメで塩漬けを行なう。塩漬けの際は，1層の排菜をカメの底に入れ，その上に食塩を撒く。これを繰り返してカメが一杯になるまで漬け込む。漬け込む際は，濃緑色の汁が出るくらいまでしっかりと踏み込み，最後に重石を載せる。冬季は24～48時間，春季は12～24時間漬け込んだ後，排菜を取り出し，木製の圧搾機にかける。圧搾は10～12時間かけて徐々に行なう。100kgの生排菜が，冬季では18～20kg，春季では14～16kgになるまで圧搾する。圧搾後は，大きな木鉢の上に広げ，夾雑物を取り除いた後，配合比に従い，精製塩，茴香を入れて均一になるように混合してから小さな壺に強く押し入れて密封し，製品となる。

(4) 製品の品質基準
(ア) 官能指標
色は青緑色を呈し，味が良く，特有の香気を持ち，歯切れの良いものが好まれる。
(イ) 理化学指標
水分は50～55%，食塩濃度は8～10%のものが望ましいとされている。

(5) 注意事項
排冬菜の青緑色を保持するには，塩漬けをあまり長くやってはいけない。特に，排春菜（春に収穫される排菜）は塩漬けの時間に注意が必要である。塩漬けの時間が長くなると排菜の風味が変化し，変質しやすくなる。

52. 台湾榨菜（ザーサイ）

榨菜は四川省の名産漬物であるが，台湾でも原料野菜が栽培され，榨菜が製造されている。台湾榨菜は大芥菜の一変種で膨張した瘤（こぶ）状の茎部を用い，脱水，塩漬け，圧搾した後，調味料を加えて長期間発酵し，完成する漬物である。

(1) 製造方法
(ア) 原料の選択
榨菜を収穫するときは，瘤状部分が大きく，茎の太いものを選択する。腐敗部分や虫害の見られる部分は取り除いておく。瘤状部分は大きければ大きいほど品質の良い榨菜ができる。

(イ) 整形
榨菜原料の表皮を剥き，硬化した繊維状の部分を取り除く。包丁を用い，榨菜の基部から上部に向かって表皮を剥く。瘤状部分が大きすぎる場合は，分割する。

(ウ) 干し
榨菜を干す目的は，榨菜内部の水分を減少させることにある。天気の良い日を選び，榨菜を割り竹あるいはコンクリート床の上に広げ，約2日間干す。また，一旦塩漬けし，榨菜の水分を減らしてから，さらに日に晒して干す場合もある。

(エ) 塩漬け
榨菜原料100kgに対し，約5kgの食塩を加えて塩漬けを行なう。食塩を榨菜にまぶし，十分に揉み込みながらタンクあるいはカメの中に漬け込む。漬け込んだ後は，上部に重石を載せる。塩漬けを2～3日間行ない，食塩水が揚がったら榨菜を取り出し，別のタンクあるいはカメに移し，食塩をさらに5kg加えて塩漬けを行なう。2度目の塩漬けにおいても十分に揉みながら漬け込むことが大切である。2度目の漬け込みの後，さらに3度目の塩漬けを行なうこともあるが，これは榨菜に含まれる水分の量によって決める。

(オ) **組織の検査**

塩漬け期間中に，榨菜の一部を取り出し，包丁で繊維のある部分を切り取って漬け上がりの検査を行なう。検査を行なうことにより，品質の良い榨菜製品を製造することができる。

(カ) **圧　搾**

塩漬けした榨菜をタンクあるいはカメから取り出し，麻袋に入れて圧搾機を用いて圧搾を行なう。圧搾を行なうときは徐々に圧力を加えながら行なう。

(キ) **調　味**

榨菜の調味料は主に食塩と唐辛子である。香辛料と唐辛子は榨菜の風味を形成する上で重要な役割を果たしている。調味料の調製は各地の嗜好に合わせて行なわれている。一般的に利用されている調味料の配合例を**表13-5**に示した。

以上の各種調味料は榨菜と十分混合し，均一に風味成分が行き渡るようにする必要がある。

表13-5　台湾榨菜の調味料配合例

調味原料	重さ	調味原料	重さ
食　塩	5 kg	唐辛子粉	1 kg
山椒粉	200 g	八角粉	50 g
桂皮粉	50 g	甘草粉	40 g
高粱酒	150 g	砂　糖	2 g

(ク) **壺への漬け込み**

調味料を混合した榨菜を壺の中に丁寧に漬け込んで発酵させる。多くの製造メーカーは大きな壺を使用し，少数の製造業者は白酒壺あるいは醤油壺を利用して漬け込みを行なっている。榨菜を壺に漬け込む際は，1層ずつ丁寧に押さえながら空気が入らないように漬け込むことが大切である。これは，有害微生物の生育を抑制するためである。壺の上部まで漬け込んだら，表面に食塩を撒き，干した榨菜の葉を敷きつめてからしっかりと押し，その後，蓋をする。

(ケ) **発酵および保存**

榨菜を壺に漬け込んだ後は，温度変化の少ない室内で発酵を行なわせる。発酵時間は約1か月で，発酵が終了した後，壺の中の榨菜の良否をチェックする。特に腐敗部分やカビの発生について調べる。もし腐敗部分があったら取り除いておく。取り除いた後は，新しい塩漬榨菜を補充してから再び密封し，包装する。包装後，約2か月経過したら販売することができる。

(2) **注意事項**

(ア) 榨菜の収穫は瘤状の部分が大きくなった時に行なう。

(イ) 榨菜を整形するとき，瘤状の部分が大きすぎる場合は分割しておく。

(ウ) 榨菜を漬け込むカメはあらかじめ丁寧に洗浄し，乾燥させておく。これは，カビの影響を防ぐためである。

(エ) 塩漬けの際は，榨菜に食塩を揉み込むようにしながら漬け込む。

(オ) 塩漬けは2～3回に分けて行ない，食塩が均一になるように漬け込む。

(カ) カメに榨菜を漬け込む際は，最初に大きくて軟らかい榨菜をカメの底に入れて漬け込む。上の方に行くに従い，硬めのものを漬け込んでいく。

(キ) カメに入れて3か月ほど発酵すると食べることができる。蓋を開けなければ，7～8か月ほど保存することができる。

53. 台湾鹹菜（カラシナの発酵漬物）

台湾鹹菜は大芥菜（葉用芥菜）をカメあるいは漬け込みタンクで塩漬けし，発酵させて製造したものである。酸味があり，調理材料として用いられることが多い漬物である。

(1) 原料野菜の前処理

巻芯大芥菜を原料として使用する。収穫の20日前以降は施肥をするのを中止する。これは，漬物が黒くなるのを防ぐためである。収穫は天気の良い日を選んで行なう。午前中に収穫した後，晒し場で大芥菜の葉がしなびるまで晒し（干し）を行なう。

(2) 塩漬け

食塩の使用量は大芥菜の10～15％で，食塩の使用量が多いほど塩辛くなるが，当然のことながら保存性は良くなる。塩漬けは最初にカメの底に少量の食塩を入れ，その上に大芥菜をカメの縁から内側に向かって1層になるように並べ，その上に食塩を加える。その後は，食塩と大芥菜を交互に漬け込んでいく。漬け込みは，1層漬け込むごとにしっかりと押さえながら漬け込むことが大切である。カメあるいは漬け込みタンクが一杯になったら，一番上をひねた葉で覆い，さらにその上に重石を載せ3～4日間漬け込む。すると揚がり塩水が浸出し，大芥菜は浸透圧によってかさが減少するので，その減少した分だけ，さらに大芥菜と食塩を交互に数層漬け込み，同様に重石を載せて4～5日間ほど塩漬けする。この漬け込みにおいても，かさが減少した場合は，さらに3回目の大芥菜と食塩を加えることもある。塩漬けが終わったら，カメあるいは漬け込みタンクに蓋をして発酵させる。

大芥菜を塩漬けする際に加える食塩量は漬物の貯蔵期間の長さによって決まる。食塩濃度が低ければ長く保存することはできない。なお，**表13-6**に塩漬の貯蔵期間と食塩濃度との関係を示した。

表13-6 貯蔵期間と食塩濃度

貯蔵期間	食塩濃度
1か月	7％
2～3か月	9～11％
3～5か月	11～13％
6か月以上	15％以上

(3) 発酵

大芥菜は高塩度（10～13％）のもとでゆっくりと乳酸発酵が進行し，発酵特有の風味が付与される。発酵は，日に曝されることがない場所で行なう必要がある。

(4) 製品

良質な製品は歯切れが良く，色沢は濃黄色で酸味があり，特有の香味を有する。カメの中では約1年間保存することができる。6か月以上保存する場合は食塩濃度を15％以上にする。

54. 台湾冬菜（ハクサイまたはキャベツの発酵漬物）

台湾冬菜は別名を京冬菜といい，白菜あるいは甘藍（キャベツ）を日に晒してしんなりとさせたものに食塩を加えた後，大蒜（ニンニク）を主とした調味料を加えて発酵させたものである。

台湾冬菜は乾冬菜，湿冬菜，五香冬菜などに分けることができる。冬菜は元々は，天津で生産された津冬菜が始まりで，その後，中国全土に広がった漬物である。地方によって嗜好が異なるので，それぞれの地方の嗜好に合わせた漬物がある。

一般的には，ニンニクを主とする調味料で作られており，海外にも輸出されている。台湾冬菜は通常の冬菜よりも使用するニンニクが少ないのが特徴であるが，その製造方法は一般的な冬菜の製造方法と同じである。台湾冬菜は晒した白菜を原料として用い製造する。台湾では白菜やキャベツの生産期は北部では冬から春に当たるので雨が多く，製造には適しない。一方，中南部では乾燥期に当たるので大量に製造することができる。なお，晒しではなく，機械脱水によっても製造出来るが，晒しで出来るものよりも風味は落ちる。

（1） 選　択
新鮮な白菜あるいはキャベツを収穫後，枯れ葉や損傷部分，虫害のみられるものを取り除き，質の良いものを選択する。

（2） 洗　浄
洗浄は流水を用いて行ない，泥土などを洗い流す。

（3） 整　形
原料野菜が大量にある場合は，切削機を用いて処理し，少量の場合は包丁で切る。通常，2 cm幅に切り，野菜の基部や芯の部分は細かく切る。晒しによる乾燥が均一になるように切り方を工夫する必要がある。

（4） 晒し（干し）
整形を終えた原料野菜は直ちにコンクリート製の晒し場あるいは竹製のスノコの上に広げて晒す。晒しは均一になるように広げ，3～4時間晒しを行なったら1度天地返しを行ない，平均して晒すようにする。1日晒しを行なうと多くの水分が蒸発するので，野菜の体積は減少する。野菜の重量は元の重さの12～15％にまで減少するので，約80％の水分が蒸発したことになる。

（5） 食塩およびニンニクの添加
晒しを終えた原料野菜100kgに対し，10kgの食塩および10kgのニンニク粉末を加え，大きなカメに入れ，十分に混合してから揉んでおく。混合した野菜は太白酒の壺の中に入れ，1層1層しっかりと木棒を用いて押して漬け込む。壺が野菜で一杯になったら木栓で壺口を密封し，蓋をかぶせて雨水が浸入するのを防止する。

（6） 発　酵
密封した壺を雨水の入らない場所に1か月ほど置き発酵を行なう。発酵の期間中は蓋を閉めたままにし，虫や雨水の侵入を防止する。

（7） 調　味
発酵を終えた冬菜に調味を行なうことにより製品となる。調味料は消費者の嗜好に合わせて用いる。以下に五香冬菜の調味の例を示す。

五香冬菜は100kgの冬菜に対し，次の配合で調味料を加えて製造したものである。醤油5 kg，砂糖3 kg，グルタミン酸ナトリウム100g，五香粉100g，八角粉（大茴香粉）100g，甘草粉100g，必要により唐辛子粉300g。

（8） 包　装
冬菜は一般的に冬菜瓶に瓶詰にして販売される。1瓶に約500gの冬菜を入れる。冬菜を瓶に詰める際は，しっかりと押さえながら空気を入れないようにして詰め，瓶口を密封する。

（9） 後発酵
瓶詰にした冬菜は容器の中でも発酵が進行し，より風味の好ましい製品となる。

55．台湾雪里蕻（タカナの発酵漬物）
台湾雪里蕻は1956年，馬祖より台湾に導入された漬物で，原料は雪里蕻（高菜の一種）である。雪里蕻は葉形の違いによって裂葉種，半裂葉種，鋸葉種の3種類に分けられる。裂葉種が最も加工に適しており，塩漬けした台湾雪里蕻を細かく切って肉類，笋（タケノコ），菰（マコモ）などの料理に利用される。味が良く，中国飯店の名物料理の1つとなっている。

(1) 湿漬の製造法

(ア) 原料の整形

収穫した台湾雪薹のうち，枯れた葉や腐敗部分を取り除いた後，水で丁寧に洗浄し，包丁で4つに切り分ける。次に，1cm幅に切る（大規模に漬け込む場合は，切り分ける必要はない）。

(イ) 1次塩漬け

用いる食塩量は季節および貯蔵期間の長さによって異なる。通常，1か月間の貯蔵を目的とする場合は食塩量は野菜の約5％が必要で，2か月間の場合は6％，3か月間の場合は7％，4か月間は8％，5か月間は8.5％，6か月間貯蔵する場合は9％の食塩を必要とする。1か月間の貯蔵を目的とする製品の場合は以下のように製造を行なう。

整形を終えた原料の雪里蕻に対し，2.5％の食塩を加え，食塩が均一に行き渡るように数分間上下に撹拌してからカメの中に入れ，カメが一杯になったら6本の竹べらを使って野菜を押さえ，その上に重石を置く。1昼夜経つと野菜の約3分の1程度の揚がり塩水が浸出してくる。

(ウ) 2次塩漬け

1次塩漬けを終えた雪里蕻をカメから取り出し，ザルに入れて水を切る。水を切った後，1.25％の食塩を加え，よく混合してから再びカメの中に漬け込む。漬け込んだ後は，塩漬野菜の上に重石を載せる。1昼夜漬け込み，野菜の約6分の1の揚がり塩水が浸出したところで野菜をカメから取り出す。

(エ) 3次塩漬け

1次，2次塩漬けを終えた塩漬野菜に最終製品に必要な食塩を加えてカメあるいは壺に入れる。

(オ) カメに入れる

カメには，塩漬野菜と食塩を交互に重ねながらきつく押さて漬け込む。カメが一杯になったら，ひねた野菜葉を10枚程度使って上部を覆い，その上を竹べらを用いて押さえ，さらにその上に重石を載せて漬け込む。

(カ) 発 酵

カメに漬け込んで1か月間発酵させると製品が完成する。色は淡黄色を呈し，酸味を有する製品となる。

(2) 半湿漬の製造法

半湿漬は湿漬あるいは十分に発酵が進んでいない湿漬の雪里蕻を，天気の良い日を選んでカメの中から全部取り出し，竹製のスノコの上に広げて6～7時間晒して乾燥させる。晒しの間は数回に分けて裏返し，ムラがないように乾燥させる。半乾燥状態となり，淡黄色を呈するようになった状態でカメに入れ，木棒を使ってきつく漬け込む。カメが一杯になるまで詰めた後，壺口を密封し，日陰の涼しい所において熟成させる。色は黄褐色を呈するとともに酸味を有し，特有の風味を持つ。

(3) 乾燥漬の製造法

上述の湿漬あるいは半湿漬製品を晴れた日を選んでさらに晒しを行ない乾燥させる。水分含量は13％程度とし，乾燥した雪里蕻は壺に入れて保存する。風味を増加させるために乾燥した雪里蕻を蒸籠（せいろ）を用いて数時間蒸した後，陰干しにし，その後，壺にきつく詰め込んで数週間熟成させることによって黒色の乾燥葉となる。このようにして製造されたものは，特に香気に優れたものである。

(4) 注意事項

(ア) 食塩の添加量は貯蔵期間の長さによって増減する。

(イ) カメや壺は使用する前に検査し，清潔なものを使用する。

(ウ) 半湿製品および乾燥製品を壺に入れる際は，きつく詰め込む必要がある。それは，隙間に空気が残っていると発酵がうまくいかない場合があるからである。

56. 台湾覆菜（カラシナの発酵漬物）

台湾覆菜は湿菜とも言い，大芥菜（葉用芥菜）を日光で晒し（干し）たものを原料とし，カメの中で塩漬けにした後，長時間発酵させて製造したものである。台湾覆菜は独特の風味を有し，酸味のある漬物である。台湾覆菜の製造方法は苗栗県，客家籍の農家が始めたもので，苗栗県の主な漬物の1つになっている。

加工を行なう2日前に木桶あるいはカメをきれいに洗い乾燥しておく。また，その他の道具類も準備しておく。

(1) 製造方法

晴れた日を選び，午前8～9時頃に原料の大芥菜を収穫し，畑で逆さにして晒しを行なう。もし，コンクリート製の晒し場がある場合は，大芥菜を収穫した後，晒し場に広げて午後4～5時頃まで晒し，その後，晒したものを集めて加工場に運ぶ。

(ア) 食塩を揉み込む

まず最初に木桶あるいはカメの底に少量の食塩を撒き，その上に木桶の中で約5％の食塩をまぶしよく撹拌した大芥菜をきつく押さえながら漬け込む。カメが一杯になったら表面に重石を載せて塩漬けを行なう。4～5日間塩漬けを行なうと大芥菜の上まで食塩水が揚がる。その頃になると大芥菜の葉は黄色に変色する。

(イ) 大芥菜を干す

晴れた日を選び，塩漬けした大芥菜を取り出して洗浄し，竹竿あるいは麻紐にかけて朝から晩まで1日干す。干した大芥菜を集めて木桶あるいはカメに入れて表面には重石を載せて蓋をする。翌日もう1度取り出して干す。このようにして乾燥を繰り返してから再度カメに入れて貯蔵する。

(ウ) 塩漬け

干した大芥菜に3～5％の食塩を加えて十分に揉み込む。

(エ) 貯蔵

陶土製の大酒壺に大芥菜を入れて貯蔵する。大芥菜が少量の場合は，冬菜瓶あるいは酒瓶でも良い。詰め込みは大芥菜を少量ずつ入れながら木棒できつく押しながら行なう。壺口まで詰め込んだら密封する。

(オ) 密封

密封の方法はわら紙，豚血，石灰を混合した液を壺口に塗ることによって行なう。

台湾覆菜の食塩含量は8％，水分含量は約20％である。乾燥したものは食塩6％，水分含量は6％程度で長期に保存することができる。

(2) 注意事項

(ア) 晴れた日に収穫した大芥菜は畑の中で晒し，午後4時頃に集めることが必要である。

(イ) 木桶に入れる際は，大芥菜の根部を下に向け，葉の間に食塩をまぶして強く押しながら漬け込む。最後には，重石を載せておく。

(ウ) 塩漬大芥菜を干す場合は竹竿あるいは麻紐に懸けて干す。
(エ) 食塩を揉み込む時は，大芥菜の葉の間に入れる。
(オ) 食塩をまぶした大芥菜をカメに漬け込む際は，葉を丸くするように漬け込む。なお，漬け込みは空気が隙間に入らないようにし，発酵がうまく行なわれるようにする。
(カ) カメに入れる際は，根部を下に向けて漬け込み，上部には割り竹や大きな葉を置いて口を密封する。
(キ) カメは稲わらの上に置いて貯蔵する。
(ク) 2〜3か月後には食べることができる。すぐに食べない場合は，そのまま3か月おいても食べることができる。
(ケ) 大型の壺には約30kgの大芥菜漬製品を入れることができる。

第14章　菜　脯（野菜の砂糖漬）

　菜脯は野菜を原料とし，白砂糖を主な補助原料として製造されるもので，言わば野菜の砂糖漬に当たるものである。菜脯には，糖氷生姜，藕（蓮根）脯，刀豆脯，薤脯などがある。

1．銅陵糖氷生姜（ショウガ砂糖漬）

　銅陵糖氷生姜は中国の特産物の1つで，「白さは雪のようで，明るさは氷のようだ」と形容されるように，漬物の中でも有名である。菜脯（干して砂糖漬けにした野菜）の中でも上等品に該当する。

　緑茶を1杯飲む時に，糖氷生姜も合わせて食べると広々とさっぱりした気分になると言われている。銅陵糖氷生姜は仏教聖地の九華山に由来し，長い歴史を持っていることでも知られている。この漬物は中国でも貴重なもので，国内だけでなく海外にも輸出され，好評を得ている。

(1) 原料および補助原料

　銅陵糖氷生姜の原料に用いられるのは銅陵で生産されている桂花生姜（ショウガ）で，中秋節（陰暦8月15日）の頃に収穫されるものが適している。色は淡黄色を呈し，形状が揃っているものを用いる。補助原料としては粉糖を使用する。新鮮な桂花生姜120kgに対し，粉糖（粉砂糖）100kgの配合割合で製造する。

(2) 製造工程

　銅陵糖氷生姜の製造工程は図14-1に示すとおりである。

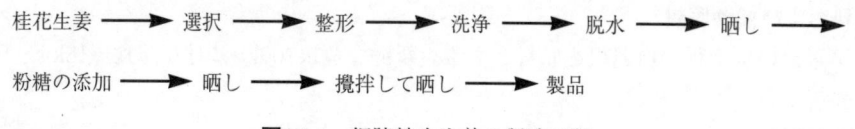

桂花生姜 ⟶ 選択 ⟶ 整形 ⟶ 洗浄 ⟶ 脱水 ⟶ 晒し ⟶

粉糖の添加 ⟶ 晒し ⟶ 攪拌して晒し ⟶ 製品

図14-1　銅陵糖氷生姜の製造工程

(3) 製造方法

(ア) 生姜晒し皿

　生姜を日に晒す時に用いる木製の長方形の平箱で，1つの平箱で5～10kgの生姜の薄切りを晒すことができる。

(イ) 半製品

　中秋前後に収穫される柔らかい新生姜を選択し，形状を揃えて整形後，皮を剥いてから約24時間ほど水に漬ける。水に浸けている間に6回ほど水を入れ換える。水に浸けた新生姜を取り出し，薄切りにする。薄切りはかんな屑状のものを用い，厚さが約1mmのものを製造する。その後，生姜薄切りが柔らかくなるまで漬け込む。48時間ほど漬けたら容器から生姜薄切りを取り出す。

(ウ) 糖氷生姜の製造

　大部分の水を除去した生姜薄切りを晒し皿の中で広げ，日に晒す。生姜薄切りの表面が少し白くなる程度になるまでに糖を加えて攪拌し，再び晒し皿の中で広げて晒す。100kgの生姜薄切りに

対し，1回目は20kgの粉糖を加え均一になるように丁寧に撹拌した後，日に晒す。1回目の粉糖が生姜の表面で溶解し，少し粘性を帯びてくるようになったら3回目，4回目の粉糖を生姜薄切りに加えて晒しを行なう。3回目，4回目はいずれも20kgの粉糖を使用する。晒しによって糖が溶解し，生姜の表面がまだ粘性を帯びている間に5回目の粉糖を均一に混合して，さらに晒しを続ける。5回目の粉糖の使用量は100kgの生姜薄切りに対し25～35kgである。

粉糖が溶解し，晒しによって乾燥し始めたら風通しの良い所で乾燥させ，低温で保存する。なお，糖を添加した後は毎日撹拌や天地返しを行ない，糖が生姜薄切りに十分行き渡るようにする。この銅陵糖氷生姜の製造には15～20日間の日数を必要とする。

(4) 製品の品質基準
(ア) 官能指標
銅陵糖氷生姜の色は氷のように白く，雪のように明るい。生姜の香りが強く，甘味があり，厚さおよび形状が揃っているものが良い。

(イ) 理化学指標
糖分は30％以上，水分は10～15％のものが良いとされている。

(5) 注意事項
(ア) 生姜薄切りの晒しは十分に行なうことが大切である。

(イ) 生姜薄切りの晒しが雨天のために外で行なえない場合は，室内で生姜晒し皿を傾斜させて置いて乾燥させる。

(ウ) 2回目以降の粉糖をかける際は，生姜の表面に粘りのあるうちに行なわなければならない。それは，表面が乾燥した後に粉糖をかけた場合は生姜の表面に糖分が付着しなくなるからである。

2．藕脯（レンコン砂糖漬）

藕脯は藕（蓮根）を原料とし，塩漬け，砂糖漬けの工程を経て製造する。この漬物は糖濃度が高いので菜脯に分類される。

(1) 原料および補助原料
太くて柔らかい早生種の白蓮根を原料とする。新鮮な蓮根100kgに対し，食塩18kg，粉糖40kgの割合で製造する。

(2) 製造工程
藕脯の製造工程は**図14-2**に示すとおりである。

蓮根 ⟶ 整形 ⟶ 洗浄 ⟶ 皮を剥く ⟶ 薄切り ⟶ 塩漬け ⟶

脱塩 ⟶ 煮る ⟶ 砂糖漬け ⟶ 乾燥 ⟶ 製品

図14-2　藕脯の製造工程

(3) 加工方法
(ア) 塩漬け
早生種の白蓮根で先端の1節を取り除いたものを使用する。汚泥を除去し，きれいな水で洗浄した後，蓮根の節を切り落とし，表皮を除去する。次に，厚さが約0.5cmの薄切りにしてから洗浄し，漬け込みタンクで塩漬けを行なう。蓮根を塩漬けする際は，最初に漬け込みタンクの底に食

塩を撒き，その上に1層となるように蓮根の薄切りを並べる。さらに食塩と蓮根を交互に入れながら，タンクの上部にまで漬け込む。

その後，3時間ごとに漬け込みタンク内の蓮根をひっくり返して，均等に漬かるようにする。食塩が全部溶解した後は，1日に2回ずつ撹拌を行ない，約7日間塩漬けを行なう。塩漬けを終えたら，漬け込みタンクより蓮根を取り出してカメに漬け換える。漬け換えは，きつく蓮根を押さえるようにして行ない，22°Béの食塩水を注ぎ入れて塩蔵しておく。必要な時に，取り出して加工する。

(イ) 砂糖漬け

藕脯を製造する際は，塩蔵蓮根の重さに対し，約3倍量のきれいな水に約2時間ほど浸けて脱塩を行なう。次に，蓮根を取り出し，蓮根と同量の水に再び浸けて約2時間程度脱塩を行なう。これを4～5回繰り返して蓮根の中の食塩含量が1％以下になるまで脱塩を行なう。脱塩を終えた蓮根は湯の中で加熱するが，ステンレスあるいは銅鍋を用い，沸騰水の中で約15分間ほど加熱してから取り出す。蓮根の表面に付着している水分を取り除いてから砂糖漬けを行なう。砂糖漬けは一般的に3つの工程に分けて行なわれる。

第1の工程は，総量の3分の1の粉糖をステンレス製の鍋に入れ，全部溶けるまで加熱する。次に，クエン酸でpH2～2.5に調整した溶液の中に薄切り蓮根を入れ，103℃，20分間加熱を行なってから蓮根を取り出して冷却する。

第2の工程は，残った砂糖液を冷却してから，それに総量の3分の1の粉糖を加え，溶解するまで加熱する。さらに，クエン酸を用いてpH2～2.5となるように調整したものに蓮根を加え，108℃で約20分ほど加熱した後，蓮根を取り出して冷却する。

第3の工程は，残った砂糖液の中に粉糖の残りを全部加え，溶解するまで加熱し，クエン酸でpHを2～2.5に調整してから，蓮根を入れ，112℃まで加熱してから20分間ほどその温度を保持する。加熱後は，蓮根を取り出し，表面に砂糖液がなくなるまで十分に砂糖液を切る。

このような3段階を経て，砂糖漬けを終える。砂糖漬けされた蓮根の薄切りは45℃の恒温室に入れて，乾燥させる。恒温室には風通しの良いように竹で編んだ棚があり，その上に薄切り蓮根を置く。乾燥の際は，3～4時間ごとに蓮根をひっくり返して均一になるように，また，薄切り蓮根同士が付着しないようにする。薄切り蓮根の水分が18～20％になるまで乾燥する。次に密封包装して製品とする。

(4) 製品の品質基準

(ア) 官能指標

色は白く，黄斑や着色のないものが良い。また，表面は乾燥しており，シロップ状でない方が良い。味は濃く，酸味がなく，歯切れが良く，形状の揃っているものが良い。

(イ) 理化学指標

水分は18～20％，糖濃度は30％以上のものが望ましいとされている。

3. 刀豆脯（ナタマメ砂糖漬）

刀豆脯は刀豆（ナタマメ）を原料とし，ブランチングしてから塩漬けし，拍子木状に切ったものを，さらに様々なきれいな形に切ったものである。色が鮮やかで，甘味と酸味を有する砂糖漬である。形がきれいなので食品の中の工芸品といえるものである。

(1) 原料および補助原料

新鮮で柔らかく，未熟の刀豆の莢を原料として用いる。補助原料としては，粉砂糖，カルミン色素，食塩，クエン酸，ミョウバン，米の研ぎ汁を使用する。刀豆100kgに対し，粉砂糖70kg，鹹水30kgの割合で製造する。

(2) 製造工程

刀豆脯の製造工程は**図14-3**に示すとおりである。

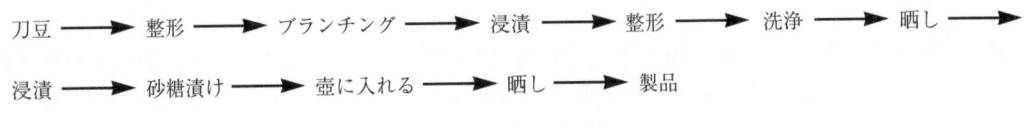

刀豆 → 整形 → ブランチング → 浸漬 → 整形 → 洗浄 → 晒し →
浸漬 → 砂糖漬け → 壺に入れる → 晒し → 製品

図14-3 刀豆脯の製造工程

(3) 加工方法

新鮮な刀豆の柄を除去した後，きれいな水で洗い，泥土，夾雑物を除いてからザルに入れて水を切る。3～5分間ほどブランチングした後，冷水で冷やし，米の研ぎ汁に5～7日間浸漬する。浸漬した刀豆を取り出して拍子木に切ってから，様々な模様に切り出す。

次に，刀豆を水で洗浄してから，晒して乾燥させる。乾燥の際は，時々ひっくり返して均一に乾燥する。乾燥させた刀豆は，カメの中に入れた鹹水に1晩，浸漬する。なお，鹹水は，ミョウバン0.7kg，クエン酸0.7kg，食塩1.3kg，食用カルミン色素67gを100kgの水に溶解させたものである。鹹水から取り出した刀豆と粉砂糖を混ぜ合わせてから別のカメに入れる。その後，毎日2回，3日間撹拌し，味が均一になるように砂糖漬けする。砂糖漬けした刀豆を壺に入れ，蓋をしてから晒しを行なう。晒しの間は，7日間ごとに蓋を開けて中を検査する。砂糖が全部溶けるまで晒しを行なえば製品となる。

(4) 製品の品質基準

(ア) 官能指標

色は淡いカルミンの色を呈し，透明感がある。特有の風味と甘味，酸味があり，形状の揃っているものが良い。また，切り出した模様は，きれいなものが良い。

(イ) 理化学指標

水分は30%以下，糖濃度は30%以上のものが望ましいとされている。

4．蜜瓜片（刻みトウガラシ砂糖漬）

蜜瓜片は冬瓜（トウガン）の拍子木切りを砂糖漬にしたものである。蜜瓜片は白色を呈しており，他の様々な果物の砂糖漬と盛り合わせて製品とされるのが一般的である。蜜瓜片に用いられる冬瓜はそれほど大きなものではなく，通常，10～15kgの重さのもので，外形が滑らかで大きさが揃っているものが使用される。

(1) 原料および補助原料

新鮮な冬瓜を拍子木切りにしたもの100kgに対し，白砂糖70kg，粉糖10kgの配合割合で製造する。

(2) 製造工程

蜜瓜片の製造工程は**図14-4**に示すとおりである。

冬瓜 ━━▶ 皮剥き ━━▶ 拍子木切り ━━▶ 浸漬 ━━▶ 砂糖漬け ━━▶ 乾燥 ━━▶

砂糖かけ ━━▶ 製品

図14-4　蜜瓜片の製造工程

(3) 加工方法
(ア) 浸　漬

新鮮な冬瓜を工場に搬入後，水できれいに洗浄し，皮剥き器で絨毛（やわらかい毛）の生えている外皮を除去する。緑色を呈している外皮は全て削り落とし，白色の肉質部分を原料として使用する。外皮を削り落とした冬瓜を包丁を用いて幅10cmの輪切りにし，内部の中子（ワタ）および種子を除去した後，幅約1.5cm，長さが約7cmの拍子木に切る。次に，拍子木状になった冬瓜を0.6％の石灰乳溶液に8～9時間浸漬してから，石灰乳を取り除くために流水で3～4回洗浄する。

(イ) 湯に浸漬

石灰乳を除去した冬瓜が半透明の状態になるまで熱水に5～6分間浸し，その後，直ちに冷水で急冷する。冷却している間は，2時間ごとに水を換えて微生物による汚染および増殖を抑制する。冷却を終えたら取り出してザルに入れ，付着している水を切ってから，カメに入れて糖漬けを行なう。

(ウ) 糖漬け（砂糖漬け）

白砂糖を水に溶かして25％の砂糖液を調製し，それを冬瓜の入ったカメの中に入れる。8～10時間ほど糖漬けしたら，さらに白砂糖を加え，糖濃度を40％にして，引き続き8～10時間ほど浸漬する。浸漬を終えたら，冬瓜と糖液を鍋に移し換え，砂糖を加えてさらに糖濃度を50％にする。その後，加熱して糖液を沸騰させ，糖濃度が75％になるまで煮詰めたら，鍋から冬瓜を取り出し，付着している糖液を十分に切ってから60℃の乾燥室に入れる。表面が乾燥したら，乾燥室から取り出して粉糖をかけると製品が完成する。

(4) 製品の品質基準
(ア) 官能指標

色は白く，甘味があり，形状が揃っているものが良い。また，表面は乾燥し，内部はしっとりとしているものが良いとされている。

(イ) 理化学指標

水分は25％以下，糖度は30％以上であるものが良いとされている。

5．蜜胡蘿蔔片（薄切りニンジンの砂糖漬）

蜜胡蘿蔔片は色の良い胡蘿蔔（人参）を使い，皮を除去し，薄切りした後，砂糖漬けして乾燥させたものである。酸味があり，きれいな野菜の砂糖漬である。

原料の人参は栄養が豊富で多種類のビタミンおよびカルシウム，リン，鉄などを多く含んでいる。蜜胡蘿蔔片を製造するには，表皮がきれいで根茎が小さいものを使用する。

(1) 原料および補助原料

新鮮な人参100kgに対し，45％砂糖液90kg，クエン酸0.5kg，砂糖10kgの配合割合で製造する。

(2) 製造工程

蜜胡蘿蔔片の製造工程は図14-5に示すとおりである。

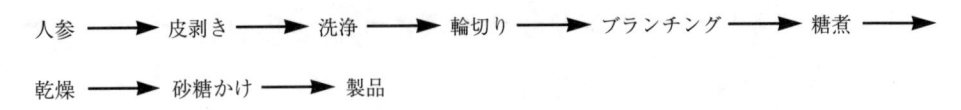

人参 ⟶ 皮剥き ⟶ 洗浄 ⟶ 輪切り ⟶ ブランチング ⟶ 糖煮 ⟶ 乾燥 ⟶ 砂糖かけ ⟶ 製品

図14-5 蜜胡蘿蔔片の製造工程

(3) **加工方法**

 直径が2.5～3cm，赤色が鮮やかで組織がしっかりしている小さな人参を選択し，外皮を剥く。きれいな水で洗浄した後，厚さ0.7～0.8cmの輪切りにし，中心部を孔開け器でくりぬく。次に，鍋に入れておいた45％の砂糖液に人参を入れ，その後，クエン酸を加えて糖液の濃度が75％になるまで煮詰める。煮詰め終えたら鍋から人参を取り出し，余分な糖液を切る。人参は透明感のある状態になる。次に，乾燥室の中に移し，熱風をあてて軽く乾燥させた後，砂糖を人参にまぶして製品とする。

 乾燥した後，適度にレモンエッセンス（予め95％エタノールに溶解させておく）を噴霧しておくとレモンの香りの付いた人参砂糖漬ができる。

(4) **製品の品質基準**

(ア) **官能指標**

 色は赤く，甘味と酸味があり，形状が揃っているものが良い。また，適度な歯応えと人参特有の香気を有しているものが良いとされている。

(イ) **理化学指標**

 水分は20％以下，糖度は30％以上であるものが良いとされている。

第15章 菜 醤（野菜ペースト）

　菜醤は野菜を原料とし，塩漬けした後，ペースト状に磨砕して作られる。例えば，辣椒糊（唐辛子ペースト）は，ニラペースト，トマトケチャップなどを混合して製造する。菜醤の多くは調味料や漬物の補助原料として利用される。中国の食生活の中では，欠くことのできない調味料の1つである。

1. 辣椒糊（トウガラシペースト）
　辣椒糊は別名，辣椒醤と呼ばれる。唐辛子を原料とし，丁寧に洗浄した後，食塩を加えて粉砕機で磨砕して製造する。

(1) 原料および補助原料
　きれいな赤色を呈し，肉質は太くて厚く，辛味の強い唐辛子を選択する。虫害，腐敗部分，夾雑物がないものを使用する。唐辛子100kgに対し，食塩25kgの割合で製造する。

(2) 製造工程
　辣椒糊の製造工程は**図15-1**に示すとおりである。

赤唐辛子 ─→ ヘタの除去 ─→ 洗浄 ─→ 磨砕 ─→ 食塩添加 ─→ 製品

図15-1　辣椒糊の製造工程

(3) 加工方法
　唐辛子を工場に搬入後は直ちに加工する。数日間以上放置しておくと変質することがあるので注意する。最初にヘタを除去し，洗浄した後，磨砕機にかけて磨砕する。磨砕後，唐辛子の粉末に食塩を加え，漬け込みタンクに入れる。漬け込み後は毎日2〜3回の割合で撹拌し，均一になるようにする。2週間ほど漬け込んだ後は撹拌を停止し，表面を覆ってから貯蔵する。

(4) 製品の品質基準
(ア) 官能指標
　色は赤く，唐辛子の風味があり，特有の辛味が強く，均一で粘りがあり，夾雑物や異味，異臭のないものが良い。

(イ) 理化学指標
　水分は60％以下，食塩濃度は18〜20％であるものが望ましいとされている。

2. 韮菜花醤（ニラ花ペースト）
　韮菜花醤は韮花（ニラの花）を原料としたペースト状の調味料で，北京，天津地域の料理である羊肉のしゃぶしゃぶ料理などに調味料として使用される。韮菜花醤は新鮮な韮花を原料とし，それを洗浄してから食塩，生姜（ショウガ）などの補助原料と混合して製造する。

(1) 原料および補助原料

満開状態にあるニラの「純花」を用いる。花は新鮮で柔らかく，雑草や泥土の混入のないものを使用する。

新鮮な韮花100kgに対し，食塩25kg，生姜2kgの配合割合で製造する。

(2) 製造工程

韮菜花醤の製造工程は**図15-2**に示すとおりである。

韮菜花 ⟶ 整形 ⟶ 洗浄 ⟶ 磨砕 ⟶ 補助原料添加 ⟶ 製品

図15-2 韮菜花醤の製造工程

(3) 加工方法

立秋の後の新鮮な韮花を購入する。韮花を工場に搬入後，早い時期に加工する。長く積み上げておくと腐敗するので注意が必要である。雑草などを取り除いた後，きれいな水で洗浄し，磨砕機を利用して磨砕する。

韮花を磨砕しながら食塩および洗浄した生姜を加える。細かく磨砕し，食塩，生姜が均一に混合されたらカメに入れ，毎日2回，撹拌し，濃度が均一になるようにする。2週間経過したら撹拌するのを止めて貯蔵する。

(4) 製品の品質基準

(ア) 官能指標

色は青緑色で韮の香りが濃く，塩味があり，粘性のあるものが良い。

(イ) 理化学指標

水分は60%以下，食塩濃度は16〜18%のものが望ましいとされている。

3．番茄醤（トマトペースト）

番茄醤は成熟した香茄（トマト）を原料として作られた醤である。番茄醤は辛味があり，そのままで食べることができるが，料理の調味料として使うのが一般的である。

(1) 原料および補助原料

色がきれいで肉質は厚く，8〜9割程度熟した新鮮なトマトを選択し，損傷部分，虫害や腐敗部分のないものを原料として使用する。補助原料の唐辛子は，色が鮮やかで辛さが強く，油分が多く，夾雑物のないものを選ぶ。大蒜（ニンニク）は，顆粒が充実しており芽がないものを選び，生姜（ショウガ）は新鮮で柔らかい子生姜，孫生姜を用いる。桂皮（シナモン）は新鮮で肉厚のものを使用する。

トマトペースト100kgに対し，粉唐辛子2kg，タマネギ4kg，ニンニク6kg，生姜5kg，白糖（白砂糖）8kg，食塩6kg，食酢6kg，グルタミン酸ナトリウム40g，白山椒（シロザンショウ）粉40g，桂皮40g，豆蔲果（草果）20粒，安息香酸ナトリウム0.1kgの配合割合で製造する。

(2) 製造工程

番茄醤の製造工程は**図15-3**に示すとおりである。

(1) トマト ⟶ 洗浄 ⟶ 蒸煮 ⟶ 剥皮 ⟶ 磨砕 ⟶ 篩 ⟶ トマトペースト

(2) タマネギ ⟶ 皮剥ぎ ⟶ 洗浄 ⟶ 角切り ⟶ 磨砕 ⟶ タマネギペースト

(3) ニンニク ⟶ 剥皮 ⟶ 洗浄 ⟶ 磨砕 ⟶ ニンニクペースト

(4) 生姜 ⟶ 角切り ⟶ 洗浄 ⟶ 剥皮 ⟶ 洗浄 ⟶ 磨砕 ⟶ 生姜ペースト

(5) トマト・タマネギ・ニンニク・生姜ペースト ⟶ 鍋に入れる ⟶ 補助原料添加 ⟶ 撹拌 ⟶ 蒸煮 ⟶ 冷却 ⟶ 包装 ⟶ 製品

図15-3 番茄醬の製造工程

(3) 加工方法

(ア) トマトペーストの製造

　新鮮なトマトを工場に搬入後，水できれいに洗浄し，鍋に入れて蒸煮する。蒸煮後は，取り出してしばらく放置し，温度を下げてからステンレス製のナイフで皮を取り除く。次に，皮を剥いだトマトを角切りにしてからすり潰し，80メッシュの篩（ふるい）を用いてトマトペーストを製造する。

(イ) タマネギ，生姜，ニンニクペーストの製造

　タマネギは皮を剥いてからきれいな水で洗浄し，小さく角切りにする。それを磨砕機で2回ほど挽いてペースト状にする。生姜は泥土を洗浄によって取り除き，皮を剥いだ後，磨砕機でペースト状にする。ニンニクは同様に，外皮，内皮を除去してから洗浄し，磨砕機でペースト状にする。

(ウ) 番茄醬の製造

　トマト，タマネギ，生姜，ニンニクの各ペーストを鍋に入れ，粉唐辛子，白糖，食塩，白山椒粉および桂皮，豆蔻果を配合比に従って混合した香料袋を加えて，加熱する。加熱中は常に撹拌を行ない，100℃に達したらそのまま30分間維持する。次に，食酢および安息香酸ナトリウムを加え，しばらく撹拌を続けてから加熱を止め，自然放冷させる。製品温度が約80℃以下になったら，グルタミン酸ナトリウムを加えて均一になるように撹拌すると製品が完成する。

(4) 製品の品質基準

(ア) 官能指標

　色は赤褐色を呈し光沢があり，トマトおよび本製品特有の香りの強いものが良い。甘味の他に酸味と塩味のバランスが良く，やや辛味のあるものが良い。また，味にばらつきがなく，夾雑物を含まないのが良い。

(イ) 理化学指標

　水分は60〜65％，食塩6〜8％，糖度は8〜10％程度であるものが良いとされている。

4. 辣醬沙司（トウガラシペースト）

　辣醬沙司は赤獅子唐辛子を主な原料とし，塩漬け後，磨砕し，苹果（リンゴ），円葱（タマネギ），生姜（ショウガ），大蒜（ニンニク）などのペーストを混合し，さらに，砂糖，グルタミン酸ナトリウム，食塩，クエン酸などを加えて混合したものである。味は，甘味，酸味，塩味のバランス良

く，とても良い味をしている。そのまま食べることもできるが，多くは調味料として利用される。

(1) 原料および補助原料

色は鮮やかな赤色で，果肉が厚くて太く，辛味と甘味のバランスがとれた赤獅子唐辛子を原料とする。補助原料として利用されるリンゴは，虫害や腐敗部分のないものを選ぶ。また，タマネギは腐敗部分がなく，芽の出ていない表皮が黄色いものを選択する。生姜は，新鮮で太くて柔らかいものを選び，ニンニクは果肉が緻密で緑芽が出ていないものを選択する。

塩漬け工程においては，新鮮な唐辛子100kgに対し，食塩25kg，ミョウバン0.1kgの配合割合で塩漬けを行なう。

調味工程においては，塩漬唐辛子100kgに対し，リンゴ17kg，タマネギ2.5kg，生姜0.38kg，ニンニク0.38kg，砂糖5kg，グルタミン酸ナトリウム0.5kg，氷酢酸0.3kg，クエン酸1kg，食用バナナエッセンス4g，安息香酸ナトリウム0.15kgの配合割合で製造を行なう。

(2) 製造工程

辣醤沙司の製造工程は**図15-4**に示すとおりである。

(1) 赤唐辛子 ⟶ ヘタの除去 ⟶ 洗浄 ⟶ 孔開け ⟶ 塩漬け ⟶ カメに入れる ⟶ 撹拌 ⟶ 塩漬製品 ⟶ 脱塩 ⟶ 磨砕 ⟶ 唐辛子ペースト

(2) リンゴ ⟶ 洗浄 ⟶ 剥皮 ⟶ 種子の除去 ⟶ 洗浄 ⟶ 磨砕 ⟶ 塩水添加 ⟶ リンゴペースト

(3) タマネギ・生姜・ニンニク ⟶ 洗浄 ⟶ 磨砕 ⟶ 各ペースト

(4) 唐辛子・リンゴ・タマネギ・生姜・ニンニクペースト ⟶ 混合 ⟶ 補助原料添加 ⟶ 混合撹拌 ⟶ 製品

図15-4 辣醤沙司の製造工程

(3) 加工方法

(ア) 唐辛子ペーストの製造

唐辛子のヘタを除去し，きれいな水で洗浄した後，竹針を使ってヘタのところに2箇所の孔を開ける。この孔は食塩を内部に浸透させやすくするためである。次に配合割合に従って唐辛子に食塩を撒き，カメの中で塩漬けを行なう。なお，その際は，ミョウバンを加える。カメが一杯になるまで唐辛子と食塩を加えたら，表面に竹製のスノコを敷き，唐辛子が液面よりも出ないように重石を載せる。塩漬け後は，3時間おきにカメを動かして均一に漬かるようにする。食塩濃度は21°Béとなるように食塩と水の量を調整する。20回ほど撹拌を繰り返したら塩漬唐辛子ができる。

唐辛子ペーストを製造する際は，塩漬唐辛子の種子を取り除き，唐辛子を細切した後，きれいな水で脱塩する。脱塩は，塩漬唐辛子の重量の1.5倍量の水に約4時間浸漬することによって行なう。なお，その間に1度新しい水に換える。脱塩後は，唐辛子を取り出してザルに入れ，余分な水を切ってから磨砕機で磨砕する。なお，磨砕の際は10％の5°Béの食塩水を加え，ペーストを作る。

(イ) リンゴペーストの製造

リンゴをきれいな水で洗浄し，包丁を用いて表皮と種子の部分を取り除く。再度洗浄してからザルに入れ，余分な水を切った後，磨砕機で磨砕する。磨砕の際は，10％の5°Béの食塩水を加

え，ペースト状にする。
　(ウ)　**タマネギ，生姜，ニンニクペーストの製造**
　タマネギの表皮を取り除いた後，洗浄し，厚さが0.5cm程度に千切りにする。生姜は泥土を洗浄によって除去し，次に表皮を互いにこすり合わせて表皮を取り除き，もう1度きれいな水で洗浄した後，厚さが0.5cmの薄切りにする。ニンニクは表皮を除去した後，きれいな水で洗浄しておく。次に，前処理を施したタマネギ，生姜，ニンニクを磨砕機にかけてペースト状になるまで，10%の5°Béの食塩水を加えながら磨砕する。
　(エ)　**辣醤沙司の調製**
　唐辛子，リンゴ，タマネギ，生姜，ニンニクの各ペーストを混合し，均一になるように撹拌する。次に，配合割合に従って，グルタミン酸ナトリウム，クエン酸，砂糖，バナナ香および安息香酸ナトリウムを添加し，均一になるように撹拌する。
　(4)　**製品の品質基準**
　(ア)　**官能指標**
　赤黄色で光沢があり，唐辛子，リンゴ，バナナおよび各種香辛料の香気が良く，甘味，辛味，塩味が調和しているものが良い。ペーストはきめが細かく，粘性のあるものが良い。
　(イ)　**理化学指標**
　水分は60〜65%，食塩は10〜12%であるものが良いとされている。

5．辣醤塊（トウガラシの塊状調味料）

　辣醤塊は別名を辣醤磚ともいう。赤色あるいは紫赤色の唐辛子を粉に挽き，甜面醤，砂糖，黄酒などの調味料を混合し，押出し成形された塊状の調味料である。
　(1)　**原料および補助原料**
　深紅色あるいは赤紫色を呈し，油分の多い唐辛子を利用する。
　唐辛子100kgに対し，甜面醤15kg，食塩2.5kg，黄酒2kg，砂糖0.5kg，胡麻油1kg，紅麹0.7kgの配合割合で製造する。
　(2)　**製造工程**
　辣醤塊の製造工程は**図15-5**に示すとおりである。

唐辛子 ⟶ 磨砕 ⟶ 押出し成形 ⟶ 胡麻油塗布 ⟶ 包装 ⟶ 製品

図15-5　辣醤塊の製造工程

　(3)　**加工方法**
　唐辛子を60メッシュの篩に通るまで，磨砕機で細かくする。配合割合に従って食塩，砂糖を黄酒に溶解し，さらに甜面醤を加えてよく混合することによって調味液を得る。次に，紅麹を細かく粉末状にしたものと粉唐辛子を混合し，それらを調味液に加えて均一になるまでよく撹拌する。撹拌によって得られた唐辛子ペーストは押出し成形する。形状は長さが6cm，幅3.5cm，高さ1.8cm，重さ約50gとし，表面に胡麻油を塗る。以上成形されたものは二重にした透明紙あるいは紙箱に入れて製品とする。

(4) 製品の品質基準
(ア) 官能指標
　表面は深紅色で光沢があり，内部は橙色を呈し，醤および胡麻油の香りを有するものが良い。また，甘味があるとともに塩味と辛味のバランスが良く，濃厚な風味を有するものが良い。形状はそろっており，半乾性であるものが良い。
(イ) 理化学指標
　水分は15〜20%，食塩は18〜20%であるものが良いとされている。

6．胡蘿蔔醤（ニンジンペースト）
　胡蘿蔔醤は赤い胡蘿蔔（人参）を原料とし，皮を除去した後，角切りにし，茹でてペースト状にしたものである。
(1) 原料および補助原料
　人参100kgに対し，砂糖75kg，クエン酸0.5kg，レモンエッセンス1〜2gの配合割合で製造する。
(2) 製造工程
　胡蘿蔔醤の製造工程は図15-6に示すとおりである。

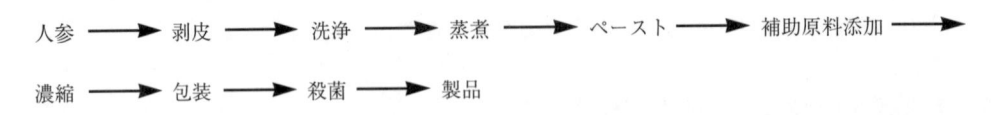

人参 ⟶ 剥皮 ⟶ 洗浄 ⟶ 蒸煮 ⟶ ペースト ⟶ 補助原料添加 ⟶
濃縮 ⟶ 包装 ⟶ 殺菌 ⟶ 製品

図15-6　胡蘿蔔醤の製造工程

(3) 加工方法
　色は赤くムラのない人参を選択する。人参の表皮を剥いて0.5cmの斜め薄切りにし，洗浄した後，沸騰水につけて茹でる。茹で終えたら，ザルにすくい取り余分な水を切る。
　人参の薄切りを磨砕機にかけてペースト状にする。その後，砂糖，クエン酸を加えて十分に撹拌混合し，鍋に入れ，ペースト状の人参の糖濃度が約65%になるまで加熱，濃縮する。最後に95%のエタノールに溶解させたレモンエッセンスを加え，熱いうちにガラス瓶に詰め，中心温度が約75℃になったら，瓶の蓋を閉じる。完成した瓶詰製品は沸騰水で20分間の加熱殺菌を行なう。砂糖を加えない場合は，食塩あるいは唐辛子を加えても良い。
(4) 製品の品質基準
(ア) 官能指標
　表面は人参特有の赤色をし，酸味と甘味のバランスがとれているものが良い。
(イ) 理化学指標
　水分は30%以下，糖分は50%以上であるものが良いとされている。

7．南瓜醤（カボチャペースト）
　南瓜醤は南瓜糊，南瓜泥と呼ばれることもある。新鮮な南瓜（カボチャ）を原料とした野菜ペーストの1つである。色は明るい黄色で香気は濃厚である。組織は緻密で，甘味と酸味を持つ。
(1) 原料および補助原料
　生鮮カボチャ100kgに対し，砂糖45kg，クエン酸0.6kgの配合割合で製造する。

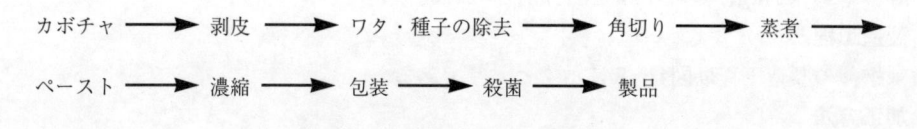

```
カボチャ → 剥皮 → ワタ・種子の除去 → 角切り → 蒸煮 →

ペースト → 濃縮 → 包装 → 殺菌 → 製品
```

図15-7　南瓜醤の製造工程

(2) 製造工程

南瓜醤の製造工程は図15-7に示すとおりである。

(3) 加工方法

肉質は軟らかく，繊維が少ないカボチャを選ぶ。また，糖含有量は高い方が良い。このようなカボチャを選択し，最初に硬い外皮を取り除いてから2つに切り，ワタと種子を除去した後，小さな角切りにする。カボチャの角切り100kgに対し，水50kgの割合で鍋に入れ，カボチャが軟らかくなるまで加熱する。カボチャが軟らかくなったら，ザルに取り出して磨砕機にかけ，ペースト状にする。その後，砂糖およびクエン酸を加え，十分に撹拌し，糖含量が65％になるまで鍋で煮詰める。目的の濃度に達したら，レモンエッセンス（1～2gのレモンエッセンスを8mLの95％アルコール液で希釈したもの）を加え，均一になるまで撹拌する。次に，熱いうちにガラス瓶に詰め，中心温度が75℃以下に下がらないうちに瓶の蓋をして密封する。その後，沸騰水で約20分間加熱殺菌する。殺菌後は冷水中に入れて冷却すると製品が完成する。

(4) 製品の品質基準

(ア) 官能指標

色は明るい黄色を呈し，カボチャおよびレモンの香気があり，甘味と酸味のバランスがとれているものが良い。

(イ) 理化学指標

水分は30％以下，糖度は50％であるものが良いとされている。

8．南康辣椒醤（トウガラシペースト）

南康辣椒醤は中国・江西地方の名産で，200年以上の歴史を有している。南康辣椒醤特有の風味と濃厚な醤香が特徴である。甘味と酸味が口に合い，長く保存することができる。

(1) 原料および補助原料

赤くて明るい色を有する唐辛子を原料として使用する。唐辛子80kgに対し，大豆9kg，米19kg，

```
(1) 唐辛子 → ヘタの除去 → 細切 → 塩漬け → 塩漬唐辛子

(2) 大豆 → 選択 → 蒸煮 → 磨砕 → 均一化 → 蒸煮 → 冷却 →
                                    ↑
    もち米・米 → 混合 → 磨砕 ────────┘

    製麹 → カメに入れる → 発酵 → 黄醤

(3) 塩漬唐辛子・黄醤 → 混合 → 細切 → 磨砕 → 晒し・発酵 →

    砂糖添加 → 晒し → 製品
```

図15-8　南康辣椒醤の製造工程

砂糖20kg，もち米24kg，食塩18kgの配合割合で製造する。

(2) 製造工程

南康辣椒醤の製造工程は**図15-8**に示すとおりである。

(3) 加工方法

(ア) 塩漬唐辛子の製造

80kgの新鮮な唐辛子を細切し，食塩18kgを加えて均一になるように撹拌し，カメの中に漬け込む。2日ごとにカメの内部を撹拌し，食塩が均一になるようにする。3回ほど撹拌したらカメの中の唐辛子をきつく押し，その表面にさらに食塩を撒いてカメの中で保存しておく。

(イ) 黄醤の製造

大豆を蒸してから磨砕し，それに磨砕した米，もち米と水を加えて混合し，鍋で蒸煮する。鍋から取り出して冷却したら表面に1層の食塩を撒き，カビの生育と水分の蒸発を抑制する。麹室に入れて麹を培養する。麹室の室内温度は33～35℃に調節する。2～3日間で表面に薄い黄色のコウジカビが生育してくるので，1回切り返しを行なうと半月後には麹の表面にコウジカビが十分に生育したものを得ることができる。麹を麹室から取り出して，カメに入れる。次に20°Béの食塩水を加える。カメを20日間ほど日光で晒すと黄醤（大豆を発酵させた醤）が出来る。

(ウ) 辣椒醤の製造

塩漬唐辛子と黄醤を混合して均一になるように撹拌する。次に2回ほどすり潰した後，再びカメの中に入れ，日に晒す。半分ほど乾燥したものに砂糖を加えてよく撹拌する。再度，日に晒すと製品となる。製品は密封し，保存する。

(4) 製品の品質基準

(ア) 官能指標

深紅色を呈し，黄醤の香味が濃厚で，甘味と塩味の口当たりの良いものが良い。

(イ) 理化学指標

水分は40～45％，食塩は18～20％，糖濃度18～20％であるものが良いとされている。

第16章　真空浸漬法

　真空浸漬法は真空技術を漬物製造に応用したものである。真空浸漬法は浸漬液の中の原料野菜や塩漬野菜から気体を取り除き，浸漬液を早期に野菜に浸透させるのに効果的な方法である。

1．真空浸漬の工程
　真空浸漬の工程は図16-1に示すとおりである。

原料処理　→　真空処理　→　浸漬液の注入　→　真空浸漬　→　製品

図16-1　真空浸漬による漬物製造

2．処理工程
(1) 原料処理
　新鮮野菜の場合は良質な野菜を選択し，整形した後，よく洗浄し，水を切ってから真空浸漬を行なう。原料が塩漬野菜の場合は，整形してから洗浄し，脱塩・脱水後に真空浸漬を行なう。

(2) 真空処理
　真空浸漬を行なう場合は，まず最初に原料野菜や脱塩した半製品を装置に入れ，一定の真空度になるまで脱気する。その後，浸漬液を加え，浸漬液を野菜組織の中に吸収させる。野菜原料と浸漬液を同時に装置に入れて真空にした場合は，野菜組織から多くの気泡が発生するので浸漬液の吸収がうまくいかない場合がある。

(3) 浸漬液の注入
　原料野菜を入れた真空装置を脱気し，一定の真空度に達した時に浸漬液を入れたタンクに連結させたパイプのバルブを開ける。そうすると装置内が減圧状態であるために，自動的に浸漬液を真空装置内に注入することができる。

(4) 真空浸漬
　浸漬液を注入した後，真空を続けることにより浸漬液は野菜に吸収される。真空状態を一定時間継続することが安定的に吸収させるために必要である。通常，真空の保持時間は30分～1時間である。

3．真空浸漬に影響する要因
　真空浸漬における浸漬液の吸収速度に影響を与える要因には，野菜の組織や細胞の浸透圧，温度，真空度，真空保持時間，真空処理回数，浸漬液の濃度などがある。

(1) 真空度
　真空度は高ければ高いほど野菜組織の中から気体が出てくる量は多く，浸透速度も速くなる。実際の製造においては，野菜の種類や状態に応じて真空度を調節して行なわれる。生野菜の場合は，細胞が比較的緩やかであることから，高い真空度にすると細胞壁が破壊されることがある。したがって，あまり高い真空度に設定することはできない。しかし，塩漬原料野菜の場合は組織

が緻密になっているので、生野菜の場合よりも高めの真空度にすることができる。真空度は通常600～700mmHgに設定されることが多い。

(2) 真空保持時間

理論的には真空保持時間が長ければ長いほど野菜組織から気体が放出され、浸透液が吸収されるものと思われるが、実際には時間は制限される。真空処理を継続していると野菜組織から大部分の気体は放出されるが、一定時間を経過すると一部の気体は残存し、それ以上は減少しなくなる。それは、細胞内の圧力と外界の圧力のバランスの関係によって、それ以上は進行しなくなるためである。長時間真空を保っていると野菜組織の中の弱い細胞は破壊されるので、出来上がった製品は変形したり外形を損なうことになる。したがって、真空処理は適切な時間で停止する必要がある。

(3) 真空処理回数

真空処理を何回かに分けて行なう方法を間欠真空浸漬法という。1回で行なうよりも間欠的に真空処理を行なう方が、浸漬液の吸収あるいは形状の保持に有効であることが試験結果からも明らかにされている。

(4) 浸漬液の濃度

浸漬液の濃度は真空浸漬において大きな影響を持つ。浸漬液の濃度が高くなるほど浸透速度は速くなる傾向があるが、浸漬液の濃度が15%を超える濃度になると逆に浸透速度は遅くなる。これは、野菜細胞と浸漬液の浸透圧の差が一定程度までは浸透速度も速くなるが、浸漬液の濃度が高くなると野菜の細胞膜が収縮するようになり、そのために浸漬液の浸透が妨げられ、浸漬速度が遅くなるためである。

浸透を良好に行ない、漬物の品質を高めるには、真空浸漬の際に濃度の異なる浸漬液を組み合わせて真空浸漬を行なうのが良いとされている。すなわち、最初は比較的濃度の低い浸漬液を用い、徐々に濃度の高い浸漬液に換えて漬け込みを行なうのが良い。通常2～3回に分けて行なわれる。このような方法で行なえば、野菜が変形することなく漬け込みを行なうことができる。

(5) 浸漬時間

最初に真空処理を行ない、浸漬液を注入した後、一定時間浸漬を行なう。通常の圧力のもとでの浸漬時間よりも3分の2あるいは4分の3ほど浸漬時間を短縮することができる。例えば醤菜を漬けるときは、通常の浸漬では15～20日間の浸漬時間が必要であるが、真空浸漬を行なった場合は、3～7日間の浸漬時間があれば十分である。その例を表16-1に示した。表で示した真空浸漬の場合は、3～4日間で浸透が終了するが、通常の浸漬の場合は、10～15日間の浸漬時間が必要となる。

表16-1 醤菜製品における真空浸漬と自然浸漬の浸漬時間

項　目	浸漬方法	醤　菜		
		醤塊芋	醤胡瓜	醤山菜
食塩含有量が最大に達する時間（日）	自然浸漬	13	12	12
	真空浸漬	3	4	3
還元糖含有量が最大に達する時間（日）	自然浸漬	16	11	13
	真空浸漬	4	3	4
総酸量が最大に達する時間（日）	自然浸漬	5	6	5
	真空浸漬	5	5	4
アミノ酸量が最大に達する時間（日）	自然浸漬	12	11	11
	真空浸漬	4	4	4

第17章　醤菜の保存と包装工程

第1節　醤菜の微生物と殺菌

　熟成した醤菜は，カメから取り出した後は常温で保存することは極めて困難である。特に気温と湿度が高い梅雨の季節は極めて変敗しやすく，醤菜が有している風味を損なうことが多い。醤菜が腐敗，変質する原因は微生物と酸素である。

　醤菜が有する特色ある風味を長期間に渡って保持するためには瓶詰にする方法が最も良い。醤菜を瓶詰などにより保存する意義は，輸送および長期間の保存を可能にするためであるが，醤菜の場合は他の瓶詰食品と異なり，特有の風味だけでなく醤菜の特徴である歯切れも保持できることが必要である。したがって，瓶詰で貯蔵する際は醤菜の品質の保持を十分に考えて行なう必要がある。

　瓶詰にされた醤菜の品質は，保存期間の影響を受けることは少なく，長期間に渡って保存しても，品質の低下は僅かである。通常，瓶詰にされた醤菜の保存期間は2～3年で，保存料が添加されていなくても腐敗することはない。

　醤菜瓶詰の品質に影響を与える要因は温度と瓶詰内の真空度である。醤菜を瓶詰によって貯蔵する際に，殺菌温度が高い場合は瓶内の製品の歯切れに大きな影響を及ぼす。一般的に，殺菌温度が高ければ高いほど，醤菜の歯切れは低下する。同時に，醤菜が有する風味および栄養成分は損なわれることになる。したがって，このような品質の低下を防ぐためには，パスツール殺菌のような低温での殺菌が必要である。パスツール殺菌を効果的に行なうためには，醤菜そのものの食塩含量が高い方が良い。通常，醤菜の食塩および砂糖含量は高めにし，濃度は22°Bé以上であることが望ましい。このように醤菜の瓶詰めを行なう際は，殺菌温度の設定は重要であるが，瓶内部の真空を保つことも重要である。

　食塩は醤菜においては調味の役割を果たしているだけでなく保存作用も有している。1％の食塩水は6.1atmの浸透圧を有し，浸透圧が高まると微生物細胞は原形質膜分離を起こし，細胞としては死に至る。また，食塩水の中にはNa^+，K^+，Ca^{2+}，Mg^{2+}，Cl^-などの各種イオンを含んでいる。これらのイオンは高濃度の時には微生物に対して生理的な害作用を引き起こす。

　一般的な微生物は食塩濃度が7％以上になると増殖が困難になることが知られている。また，食塩の他には糖類も一定の浸透圧を持っている。すなわち，1％のブドウ糖溶液は1.2atmの浸透圧を有する。醤菜に含まれる糖分は通常12％程度で，普通の微生物に対しては，若干の増殖抑制作用を持つ。また，醤菜の調味液に含まれる還元糖は約10％で，微生物に対しても一定の制御作用を有する。したがって，醤菜の瓶詰を殺菌する場合に行なわれる低温加熱のパスツール殺菌によっても保存中における微生物の増殖を抑制することができる。

　醤菜に含まれる主な微生物は酵母と少量のカビである。これらの微生物の多くは好気性菌で酸素がない場合には増殖することが困難であるが，食塩に対しては比較的強い抵抗性を有する。したがって，醤菜においても酸素がある場合には酵母やカビは生育することができる。

そこで，瓶詰によって内部の真空度を高めることにより酵母やカビの生育を抑制することが可能となる。また，真空度を高くする意義は，微生物の生育を抑制するだけでなく，酸化による変質を防止する点からも重要で，醤菜が有する独特の風味や色合いを保持するのに役立っている。この真空度に影響を与える要因は温度である。脱気後，瓶の中の中心温度が高ければ真空度も高くなる。また，瓶の上部にできる空隙（ヘッドスペース）の大きさも真空度に影響を与える。

醤菜の瓶詰の品質および風味を保持するためには，瓶詰の脱気と殺菌は同一の製造工程で行なう必要がある。脱気は，瓶詰の中心温度が85℃で10分間行なわれる。その後，蓋を密封することによって真空度は360mmHg以下となる。瓶に入れる固形物量は，全体重量の約55％程度にすることにより適切な真空度に達することができる。

醤菜は豊富な栄養物，アミノ酸，糖分および水分を含み，微生物が増殖するのに適しているので微生物による変質を受けやすい。したがって，醤菜の瓶詰製造過程では微生物汚染を極力防止することに努め，製造は短時間に行ない，脱気および殺菌温度は厳格に実施することが大切である。そうすることにより，瓶内部の真空度を高めることができ，醤菜の品質および保存性を確保することが可能となる。

第2節　醤菜瓶詰・缶詰の製造工程

1．製造工程

醤菜瓶詰の製造工程は**図17-1**に示すとおりである。

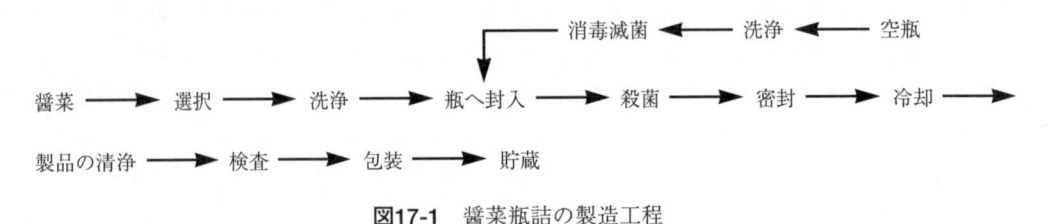

```
                                    消毒滅菌 ← 洗浄 ← 空瓶
                                       ↓
醤菜 → 選択 → 洗浄 → 瓶へ封入 → 殺菌 → 密封 → 冷却 →

製品の清浄 → 検査 → 包装 → 貯蔵
```

図17-1　醤菜瓶詰の製造工程

2．瓶詰の主要設備

(ア) 瓶の洗浄機械
(イ) コンベア式殺菌装置
(ウ) 脱気装置
(エ) 密封機械
(オ) 冷却槽
(カ) 二重釜

3．操作方法

(1) 空瓶および用具の殺菌処理

瓶詰製造過程の中で，使用器具や空瓶は厳格に殺菌する必要がある。製造環境と従業員の衛生確保に留意するとともに，外部からの微生物汚染を防止することが重要である。使用器具は従業員が作業を交代する際も沸騰水に浸けるなどして殺菌することが必要である。

醤菜の包装には一般的にガラス瓶を用いた瓶詰と鉄缶を用いた缶詰があり，それぞれ規格が定

第2節　醬菜瓶詰・缶詰の製造工程

められている。ガラス瓶や缶は洗浄機を用いて丁寧に洗浄した後，コンベア式殺菌器を用いて熱蒸気で80℃，12分間の殺菌を行なう。なお，瓶の蓋は沸騰水中で殺菌を行なう。また，鉄缶の場合は使用する前に形状の良くないものを取り除いてから，空缶を沸騰水の中に入れて殺菌洗浄したものを使用する。

(2) 瓶　詰

醬菜を瓶に詰める際は，なるべく迅速に行なうことが大切である。それは空気中の酸素の侵入や微生物の汚染を減少させ，醬菜の鮮度を維持するためである。瓶詰が正しく行なわれるかどうかは，直接，製品の品質に影響を及ぼすことになるので，以下の点について十分に注意することが重要である。

(ア) 瓶上部の空間の保持

瓶上部の空間を一定量保持することが大切である。それは，瓶の内部において醬菜の表面と瓶蓋との間に一定の距離を保つということである。瓶の上部の空間（ヘッドスペース）の大きさは脱気および密封後の真空度に大きな影響を及ぼす。すなわち，空間を多く取り過ぎると脱気や加熱殺菌の際に熱伝導が悪くなり，固形物を膨張させ，ガラス瓶の蓋や鉄缶を膨張させる原因になることがある。通常，醬菜の上部から蓋まで間は8〜10mmにするのが良い。

(イ) 温　度

瓶に醬菜を入れた後，醬菜の調味液の温度は60〜70℃に保持するのが良い。これは，脱気の際の初温を高めるのに効果的であることと，醬菜の中に含まれている空気を排出するのに都合が良いからである。

(ウ) 衛　生

瓶に醬菜を詰める際は，瓶口の衛生に注意する必要がある。それは，瓶口に醬菜の一部が付着したままの状態で密封，殺菌すると気密性が確保できず，品質の低下を招くことがあるからである。

(3) 脱気および密封

脱気は瓶の中の空気を除去する工程で，一定の真空度を得るのに必要である。脱気の際の温度は初温と関係がある。初温が高ければ脱気時における瓶の中心温度を高めることは容易で，瓶の中の気体および醬菜を十分に膨張させ，瓶の中の空気を排出させるので真空度を高めることができる。

脱気後は温度が低下しないうちに直ちに密封することが重要である。そうしないと，瓶の外部の空気が再び瓶の中に侵入し，真空度を低下させることになる。

(4) 冷　却

瓶を密封し，殺菌した後の醬菜はまだ高い温度を維持している。したがって，そのままの高温が継続されると色沢，風味および品質に影響を与えることになる。また，醬菜の組織は引き続き加熱されると損傷を受け，歯切れが低下する原因となるので，加熱殺菌後は直ちに冷却することが重要である。冷却速度は早ければ早いほど醬菜の歯切れも良好になる。

醬菜瓶詰の冷却は段階的に行なうことが重要である。それは温度差が大き過ぎるとガラス瓶は割れてしまうことが多いからである。冬は70, 60, 40, 20℃の4段階で冷却するのが良い。一方，夏の場合は通常，3段階で冷却を行なう。また，缶詰の場合は殺菌した後，直ちに流水で冷却し，冷却後は通風の良い冷暗所で保存することが必要である。

4．醤菜瓶詰の品質検査
(1) 外観検査
正常に瓶詰めが行なわれた場合，蓋は内部に向かってやや窪みを持った状態となる。これは瓶の内部の真空度が正常であることを意味している。
(2) 打音検査
正常の醤菜瓶詰であれば，瓶の蓋を叩いた時に発生する音は軽快な音で，そうでない音が出る場合は真空度が足りないことを示している。
(3) 温湯による検査
瓶蓋を80℃の温湯の中に入れ，気泡が排出するかどうかをチェックするが，これは瓶詰の密封程度を調べるのに有効な方法である。
(4) 保温検査
完成した醤菜瓶詰を37℃の恒温器の中に入れ，膨張するかどうかを確認するとともに，瓶の中の殺菌および真空状態を調べる。通常，醤菜の瓶詰製品の検査は外観および打音検査によって行なわれている。結果に疑問があり，変敗の恐れがある場合は，保温検査での検査を継続して行なうことが大切である。

5．醤菜瓶詰の品質基準
(1) 理化学指標
食塩10％以下，アミノ態窒素0.18％以上，糖9％以上，全糖18％以上，酸度0.8以下であることが望ましいとされている。
(2) 官能指標
色沢：調味液はきれいな褐色を呈し，光沢があり，沈殿物がない。
香気：醤の香気および野菜が持つ自然の香気がある。
匂い：異味，酸味がなく，甘味と塩辛味のバランスが良く，醤菜の香味を持っている。
形状：製品の特徴に合った形状を持ち，ひげ根，黒斑点，虫害および夾雑物がない。

第3節　醤菜の袋詰の製造工程

現在，中国では漬物の小型包装化が盛んに行なわれており，瓶詰，缶詰およびプラスチック包装も小型化が進行している。この中でも，特に複合プラスチック小袋包装が急速に発展している。このような小袋包装製品には以下に示す多くの長所がある。
(1) 携帯が便利なことから消費者にとってはとても使いやすい形態となっている。
(2) 殺菌することによって製品の衛生と栄養成分の保持を図ることができる。
(3) 加熱殺菌することができるので製品の低塩化を図ることが可能となった。現在，食塩濃度は4～8％まで下げることが可能である。
(4) 保存に有利である。通常の醤漬製品の保存期間は1～2か月程度であるが，小袋包装製品の場合は，3～12か月間に延長することが可能である。

漬物の小型包装化は高食塩製品，乾燥野菜あるいは半乾燥野菜製品においても必要である。殺菌方法は多くあるが，製品の風味と歯切れを保持するためにはパスツール殺菌によることが望ましい。

第3節　醬菜の袋詰の製造工程

1. 袋詰醬菜の製造工程

醬菜の袋詰製品の製造工程は**図17-2**に示すとおりである。

醬菜 ⟶ 真空包装 ⟶ 殺菌 ⟶ 冷却 ⟶ 乾燥 ⟶ ラベルを貼る ⟶ 箱詰め ⟶ 製品

図17-2 醬菜袋詰の製造工程

2. 操作方法

(1) 下漬漬物

下漬漬物の品質，塩濃度，風味，口当たり，歯切れなどを保持するとともに，包装前における生菌数を可能な限り抑制することが大切である。また，包装作業時においては器具類の衛生を保持するとともに，従業員の衛生を確保する必要がある。包装作業時における雑菌汚染は殺菌後の効果にそのまま影響することになるからである。

(2) 真空包装

真空包装は製品重量を測定した後，包装袋に入れて行われるが，漬物の量が多き過ぎないように注意する必要がある。その理由は真空包装後，加熱，殺菌する際に包装内に含まれている気体が加熱によって膨張するために熱伝導が悪くなり，包装品の殺菌効果が減ずるからである。真空度は650～700mmHgに設定する必要がある。

(3) 殺　菌

現在，一般的に行なわれている殺菌方法には2つの方法がある。1つは連続殺菌装置を使用するもので，もう1つは単純な加熱殺菌機を用いるものである。

水温は85～90℃まで加熱して殺菌が行なわれるが，あまり高すぎると製品の色と歯切れに影響を及ぼすことになる。逆に70℃より低い温度では，殺菌効果が減ずることになり，しばしば製品が膨れるなどの被害を引き起こすことになる。85℃の熱水中に真空包装した製品を入れて殺菌する際は，包装袋を厚く重ねることを避ける必要がある。それは，包装袋が重なると熱伝導が悪くなり，殺菌が十分に行なわれないからである。

通常の大きさの製品では，水温が85℃の場合は，殺菌時間は約15分間であるが，水温が90℃の場合は殺菌時間を短縮することが可能で，通常，約10分間行なわれる。殺菌時間と殺菌温度は製品の大きさによって決める必要がある。製品の形状が大きい場合は殺菌時間は少し長めに，温度も少々高めにする必要がある。なお，殺菌の際の水温は一定温度を保持する必要がある。また，殺菌時間は長過ぎないように注意する。そうしないと，製品の色，風味および歯切れに影響を及ぼすことになるからである。

(4) 冷　却

殺菌した後は直ちに熱水から製品を取り出し，冷水の中に入れて冷却する。冷却水の温度は27℃以下に保つ必要がある。冷却の目的は漬物製品の色沢と歯切れを保持するためである。

(5) 乾　燥

冷却後の製品は乾いた布で拭いたり，陰干しにする。製品の表面が乾燥したらラベルを貼って貯蔵する。乾燥が不十分な場合は箱に入れた後，汚染を起こしやすく，製品の外観と風味を損ね

ることになるからである。

(6) 包装材の品質

　包装材の品質は製品の品質に大きな影響を及ぼす。包装材としてはポリエチレンが比較的多く使われるが，ポリエチレンは空気を通しやすく，光による影響を受けやすく，包装内の製品を変色させ，品質の低下を招くことになる。また，ポリエチレンは加熱，殺菌する際に温度が90℃を超えると変形したり，埃（ほこり）が付きやすいなどの欠点を有している。したがって，漬物の包装袋としてはポリエチレンとセロハンのラミネートあるいはポリエチレン，ポリプロピレン，セロハンの三重のラミネート材を用いるのが良い。これらの材質は空気の遮断性が良く，印刷しやすい特徴を持っている。また，アルミニウム箔を複合した包装材は最も効果的で，空気や光線を遮断するだけでなく，印刷しやすく，埃が付きにくいという長所を持っている。

第18章　漬物の貯蔵

　中国の漬物の種類は極めて多く，したがって製造方法や品質も様々である。その多様性は保存と密接な関係があり，漬物の種類に応じた保存法が選択される。本章では漬物の保存原理，腐敗原因および保存方法についてそれぞれ紹介する。

第1節　漬物の腐敗原因

　野菜を塩漬け加工することは，野菜の風味改善をはかるだけでなく，長期に野菜を保存することを可能にする。保存法について解説する前に，漬物の腐敗原因についてよく理解する必要がある。適切な保存法を確立するには，腐敗原因を明らかにした上で，それに対応した適切な方法を取ることが必要である。その結果，腐敗の発生を防止することが可能となり，目的を達することができるのである。野菜を下漬けしたものは，通常，多めの塩分，酸分および糖分を含んでおり，保存性も高い。

　腐敗は，風味の変化，変色，軟化などの品質の低下を引き起こす現象の総称で，漬物が腐敗することによって外観および風味が悪くなったり，表面に粘りを生じたりする。また，カビが発生することも多い。漬物の腐敗原因を1つに求めることは困難で，複数の要因が重なって起きるのが一般的である。ここでは，物理的，化学的および生物的腐敗の3つの面から漬物の腐敗原因を説明する。

1．生物的腐敗

　漬物の腐敗要因の1つは有害微生物の増殖で，特に好気性菌と耐塩菌の増殖によって腐敗が進行する場合が多い。細菌，カビ，酵母などは漬物の中に大量に存在しており，条件が整えば，急速に増殖して漬物を腐敗させる。その結果，漬物の表面の酸化，軟化，臭気の発生，変色などを引き起こす。

2．物理的腐敗

　物理的な腐敗の原因は主に太陽や蛍光灯などの光線と温度である。貯蔵期間中に長期間太陽光や蛍光灯の影響を受けると様々な品質低下を招く。光線は製品に含まれている成分の分解を促進するとともに，変色，風味の変化およびビタミンCの損失を引き起こしやすい。また，保存温度が不適当な場合も漬物の品質劣化を招く。保存温度が高過ぎる場合は化学的な変敗だけでなく生物的な腐敗をも引き起こす。逆に，保存温度が漬物が凍結するくらいに低過ぎる場合も品質の低下を招く。

3．化学的腐敗

　様々な品質劣化要因，例えば，酸化，還元，分解，化合なども漬物を劣化させる要因である。

漬物を保存している際に空気と長く接触している場合は，酸化反応や褐変反応が徐々に進行し，漬物を黒く変色させることがある。また，保存温度が高い場合は，蛋白質の化学的変化を引き起こすこともある。

第2節　漬物の保存

漬物は保存，流通，販売に至るまでに長時間経過することも珍しくない。種類によっては，10数日，長期間のものでは数か月あるいは数年かかるものもある。漬物を長期間，変質させないで保存するには，保存の過程において有害微生物の侵入を防止する必要がある。また，空気を遮断し，光線を避け，ビタミンの損失を減少し，変色を防止しなければならない。こうすることにより，漬物を良好な状態で保存することができる。漬物製造の歴史の過程の中で生まれた保存技術として，浸透圧，食塩，有機酸，植物由来の抗菌物質，微生物，低温などの利用や真空包装などの方法をあげることができる。

1．浸透圧の利用

微生物細胞は一定の浸透圧を有しているが，細胞外部の浸透圧が細胞内部の浸透圧より大きくなった場合は，細胞内の水分は速やかに外部へと浸出する。その結果，細胞質は収縮し，細胞の代謝活動は停止し，細胞死に至る。漬物の保存，特に下漬製品はこのような浸透圧を利用しており，言わば，生理的乾燥という方法を用いたもので，醬漬，糖漬などは浸透圧を利用して保存性を高めた漬物の例である。

通常，微生物細胞の浸透圧は3.5〜16.7atmで，1％の食塩水の浸透圧は6.1atmである。塩漬，醬漬，蝦油漬などの食塩含量は一般的に8％以上であることから48.8atmの浸透圧を持つことになる。また，1％ブドウ糖溶液の浸透圧は1.2atm，1％ショ糖溶液の浸透圧は0.7atmで食塩水の浸透圧より低いので，糖漬の糖の含量を相当高くしないと微生物の増殖を抑制することができない。なお，その他には酒精（エタノール）や塩化カリウム溶液も比較的高い浸透圧を有するから，漬物の浸透圧を高めるのに利用されている。具体的には1.1％の酒精溶液は1％食塩水の浸透圧に相当することから，食塩とほぼ近い浸透圧を有している。また，1.3％の塩化カリウム溶液も1％の食塩水の浸透圧に相当する。したがって，塩漬製品の中に適量の酒精や塩化カリウムを加えることにより，保存性を高めるだけでなく，漬物の風味を付与することができる。なお，漬物の中に塩化カリウムを入れた場合は，保存効果を高めるだけでなく，減塩効果があるのでヒトの健康面においても有益である。

2．食塩の利用

漬物製品の中で，浅漬，泡菜，酸菜のように低塩で漬けてそのまま，あるいは発酵させてから食べるもの以外の大部分の漬物は，まず最初に食塩で下漬けを行なって半製品を作り，その後，それぞれの風味に合わせた調味漬けを行なって製造している。下漬けに食塩を利用する理由は以下のとおりである。

(1) 食塩は強い浸透圧を有していることから，漬物を高浸透圧の環境におくことによって，有害微生物の増殖を抑制することができる。

(2) 食塩水の本体である塩化ナトリウムは強い電解物質であることから，速やかに野菜の細胞

内に侵入し，野菜細胞の呼吸と生命活動を抑制あるいは停止することができる。

(3) 食塩水の中に含まれているミネラル成分であるNa, K, Mg, Caなどのイオンは濃度が高くなると特定の微生物に対して抑制作用を示すことから，漬物における微生物の増殖を制御し，保存性を高めるのに一部寄与している。

(4) 耐塩性のカビや酵母は食塩に対して抵抗性がある。したがって，これらの菌の増殖を抑制するためには単に食塩水だけでは困難である。そこで，pHを利用することが行なわれている。耐塩性酵母の1つである紅酵母は食塩水のpHが7の場合は，食塩濃度が20％以上でないと増殖を抑制することにはできないが，食塩水のpHが3.5の場合は，食塩水の濃度が15％程度でも紅酵母の増殖を制御することができる。

3. 有機酸の利用

現在，欧米各国および日本では食品に様々な有機酸を添加し，食塩の減少を図る，いわゆる「低塩増酸」が行なわれている。有機酸などの酸味料は漬物液のpH値を下げることによって，微生物の増殖を制御し，漬物の保存性を高めることができる。漬物調味液は，食酢を始め，氷酢酸，クエン酸，コハク酸，酒石酸，リンゴ酸，乳酸などを添加し，漬物の調味液のpH値を下げることによって微生物の増殖を制御することができる。増殖抑制に有機酸が効果を有する理由は以下のとおりである。

(1) pH調整による微生物の制御

表18-1 各種微生物の増殖最小pH

微生物	増殖最小pH
腐 敗 細 菌	4.4～4.5
乳 酸 菌	4.5
大 腸 菌	5.0～5.5
カ ビ	1.2～3.0
酵 母	2.5～3.0

pH調整をすることによって微生物細胞膜の電荷が変化するので，その結果，微生物の増殖が抑制される。細胞質はコロイドの性質があり，一定のpHになった時に細胞膜は正の電荷を持ち，pHが変化すると細胞膜は負の電荷を持つようになる。電荷が変化することによって細胞膜は，それぞれのイオンの浸透性に変化を引き起こす。電荷の変化によって通常の場合は，細胞質内に侵入できない水素イオンが侵入できるようになる。

細胞質内に侵入した水素イオンは，細胞質の等電点を変化させることによって微生物の活動を低下させ，結果的に増殖が抑制されることになる。微生物の様々な活動のうち，生化学的作用，特に呼吸と代謝は細胞質の活性と密接な関係がある。したがって活性が低下すると微生物の生命活動に直接影響する。以上のことからpH調整は微生物の生命活動を制御する要因の1つである。

漬物の中で生育する有害微生物の増殖最小pHはそれぞれ異なっている。表18-1に各種微生物の増殖最小pHを示した。

表18-1からもわかるように，漬物のpHを4.5以下に制御することにより，大部分の有害微生物の増殖を抑制することができるが，一部の抗酸性のカビや酵母は生育する。しかし，抗酸性のカビや酵母においてもカビや産膜酵母は好気的であることから，漬物を空気と遮断するだけで増殖を抑制することができる。

(2) 有機酸の防腐効果

酢酸，乳酸，コハク酸などは単にpHの低下効果だけでなく，有機酸自身が有する殺菌・保存能力によって漬物の保存性を高めている。漬物の中に0.13％の酢酸が含まれる場合は，1％の食塩を添加した場合と同等の保存効果を持つ。例えば，糖醋漬物の糖含有量は通常30％を超えること

はないが，その中に一定量の酢酸を含んでいる（普通，製品の中に1〜2％の酢酸を含有）ために，効果的に微生物の増殖を制御することができる。酢酸は優れた殺菌，防腐作用を有するが，酢酸は揮発しやすいので，開封したまま長く保存していると漬物の酢酸含量が低下するために製品が変敗することがある。

4．微生物の利用

漬物は下漬け後の保存期間中に乳酸菌や発酵性酵母による発酵を起こすことがある。特に泡菜，酸菜，冬菜，榨菜などにおいては乳酸菌と酵母の発酵作用によって一定量の乳酸，エタノールおよびエステルなどが産生し，漬物の風味が形成されるだけでなく，有害微生物の増殖も抑制することができる。したがって，このような有用微生物の生育は，漬物を保存する上で有利である。

乳酸菌を利用して他の微生物の増殖を抑制できるのは，乳酸菌がその他の微生物と拮抗関係にあるからである。拮抗関係とは1つの微生物がもう1つの微生物の生存に対し，不利な代謝産物を産生することによって，それらの菌の増殖を抑制する関係のことである。これらの代謝産物は他の微生物の増殖環境に影響を与える。

例えば乳酸菌の生育によってpHが低下し，別の微生物の増殖が困難な状況になる場合がそうである。また，ある代謝産物は微生物に対して有害作用を示す場合がある。それらの物質は微生物の代謝作用を阻害し，増殖を抑制する。したがって，微生物間の拮抗関係を上手に利用することによって漬物の保存性を高めることができる。すなわち乳酸菌が大量に増殖することによって，乳酸が生成され，その結果，漬物のpHが下がり，大多数の腐敗菌は増殖できなくなる。

これは正に有用微生物を利用して有害微生物の活動を抑制することで，漬物の品質を長期間にわたって維持することにほかならない。乳酸菌と同様に有用酵母も雑菌の増殖を制御することに寄与している。それは，酵母によって生成されたエタノールが蓄積し，有害微生物の増殖を抑制するためである。

乳酸は殺菌あるいは保存作用を有しているが，耐酸性の産膜酵母が生育するとエネルギー源として乳酸を消費するので，泡菜や酸菜などの発酵漬物の場合は，乳酸の含有量が低下するために最終的に腐敗に至ることがある。これらの有害微生物のほとんどは好気性微生物であることから，泡菜や酸菜などは厳密に空気を遮断するだけで長期に保存することができる。したがって，泡菜専用壺はこの要求に合致するものである。

5．植物由来抗菌物質の利用

野菜の中には一定量の抗菌物質を含んでいるものがある。例えば葱（ネギ），ニンニクの中のアリシン，生姜（ショウガ）の中のクルクミン，緑色野菜の中の花青素（アントシアン），唐辛子の中のカプサイシン，大茴香（八角），小茴香の中の揮発性油なども抗菌作用を持つ物質である。抗菌物質を含有する香辛料あるいは調味料を漬物の中に入れることは味，香りを増加するだけでなく，有害微生物の増殖を抑制する効果を期待することができる。例えば葱，ニンニクの中のアリシンは赤痢菌，チフス菌，腐敗菌および病原菌に対して殺菌作用を示すが，乳酸菌の増殖に対してはほとんど影響しないという特徴を持っている。

6．真空包装の利用

真空包装後，加熱殺菌を行なうのは食品の雑菌汚染を防止し，長く貯蔵する最良の方法であり，

果物，肉類缶詰もこの方法を利用していることはよく知られている。消費者の生活レベルの向上にともなって漬物の低塩化が中国でも進展しているが，低塩漬物を長期間保存する場合は，必ず真空包装後，加熱殺菌を行なうことが必要である。瓶詰，缶詰およびポリエチレンなどプラスチック製包装袋の軟包装もそうである。

漬物の包装製品は高食塩および半乾燥製品を除き，製品化の前に加熱殺菌を行なう必要がある。漬物の風味と歯切れに影響しないためには，いわゆるパスツール殺菌（100℃以下の加熱殺菌）を行なう。加熱殺菌を行なうことによって，漬物の食塩含有量を下げることができるので，風味が良く，品質の高い漬物を製造することができるようになった。

7．低温の利用

低温流通は有害微生物の増殖を抑制し，食品の品質を保持する有力な方法の1つである。漬物は0～10℃で流通されるのが一般的である。0℃以下の低温で保存する場合もあるが，凍結しない温度で保存することが大切である。温度が低過ぎると漬物を凍結させて製品の品質に大きな影響を与えることになる。

以上述べた7つの保存技術は漬物の保存に有効な対策であるが，実際に応用する場合は，漬物の種類，食塩濃度，pHなどによって，有効な方法が異なるので総合的に判断する必要がある。

第3節　漬物の貯蔵方法

上述した漬物の腐敗原因に基づいて得られた保存に関する基本原理から，漬物を貯蔵するには空気の遮断，低温流通および包装後加熱殺菌が有効な方法であることを明らかにしてきた。ここでは，それらの保存技術に基づき，現在中国で行なわれている具体的な貯蔵技術について述べる。

1．瓶詰・缶詰

漬物を長期にわたって変質させることなく保存するには，瓶詰，缶詰，複合プラスチックフィルム包装などが効果的であるが，これらの方法については前章で述べたので，そちらを参考にしてもらいたい。

2．量り売り漬物の保存

中国各地の漬物工場では下漬半製品を元瓶あるいは元タンクに貯蔵しておき，そこから量り売り用に随時取り出して利用しているのが一般的である。この方法は比較的簡単で便利であるが，保存容器が大きく，開放状態で保存するので衛生上の問題がある。よく行なわれているタンクでの保存は通常，野菜の15～18％の食塩濃度で保存されている。種類によっては，20％程度の食塩濃度で保存する場合もある。

下漬けは重石を用いてしっかりと押さえ，漬け液は漬物の表面より10～15cmほど上にくるようにする。検査は日常的に行なう。漬け液に透明感があり，清潔である場合は下漬製品の状態は良好であるが，混濁している場合は，品質が低下していることを示しているので，早急に天地返しを行ない，漬けなおすことが必要である。また，ある地方の漬物工場では大きなカメの中で下漬を行ない，簡単な蓋をして露天で保存している場合があるが，雨水が入ると食塩濃度が低下し，変敗することになるので食塩を随時補充する必要がある。

また，ある地方の漬物工場では，下漬漬物の管理を容易にするために下漬漬物を小さな容器に入れて保存している。例えば四川の搾菜や南方の干し大根を主体とした漬物などは壺に入れて保存しているが，保存の際は漬物をしっかりと漬け込み，液を容器一杯に入れて厳密に封をして保存する。容器の中の空気を最小限にするとともに，下漬に隙間がないようにしなければならない。醤菜の量り売り漬物を保存する場合は漬物をそのまま醤の中に漬け込んでおき，必要な時に取り出すようにする。

容器は雨水に当たらないように注意し，また，空気の侵入にも注意する必要がある。一般的に，醤の中から漬物を取り出し空気の中に放置すると25℃の温度下では，2～3日で酸っぱくなる。塩漬，蝦油漬，醤油漬なども直接，空気に接触させないようにしておくと，しばらく貯蔵できる。具体的な貯蔵方法は次のとおりである。

(1) 普通貯蔵

下漬漬物の容器の中に食塩水を一杯に入れ，容器を密封して保存する方法である。

(2) 夏貯蔵

下漬漬物の容器内にある食塩水を時々撹拌して食塩濃度が均一になるようにする。また，そうすることにより，産膜酵母などの有害微生物が大量に増殖することを抑制することができる。

(3) 塩封方法

タンク内で塩漬けした下漬漬物の表面の上に3～5cmの厚さになるように食塩を入れ，漬物を保存する。

(4) 塩泥封閉方法

容器の中の下漬漬物と漬け液を同じ高さにしてから下漬漬物の表面にムシロを1枚置き，その上に塩泥をかぶせて密封する。この方法は比較的長い時間保存する場合に効果的である。

(5) 食塩あるいは食塩水を加えて保存

下漬漬物を容器で貯蔵する際は，涼しい場所で保存するが，春になると空気が乾燥するので水分の蒸発量は多くなる。したがって，適切な時期に食塩水を補充しておくことが重要である。

(6) 補助原料の添加

漬物の中に防腐剤（保存料），香辛料，砂糖，味噌，酒，食酢などを添加することで，より一層保存効果を高めることができる。

第19章　漬物に用いる補助原料の製造

第1節　餅麹常温発酵稀甜醤の製造工程

　餅麹常温発酵稀甜醤は甜面醤（甘味のある小麦の醤）を用いた漬物を製造するのに使用する補助原料である。その製造工程の特徴は，小麦粉に水を加えて練った餅を作り，発酵剤を添加することなく天然の麹菌を利用して麹を製造する。野生の麹菌による製麹には長時間を要するのが普通である。天然発酵の方法により長時間かけて製造されることから，稀甜醤の風味は良好で醤香，エステル香の強いものができる。

1．原料と補助原料の配合比
　原料は小麦粉，食塩，水で，小麦粉100kgに対し，食塩20kg，水38kgの配合割合で作られる。

2．製造工程
　餅麹常温発酵稀甜醤の製造工程は**図19-1**のとおりである。

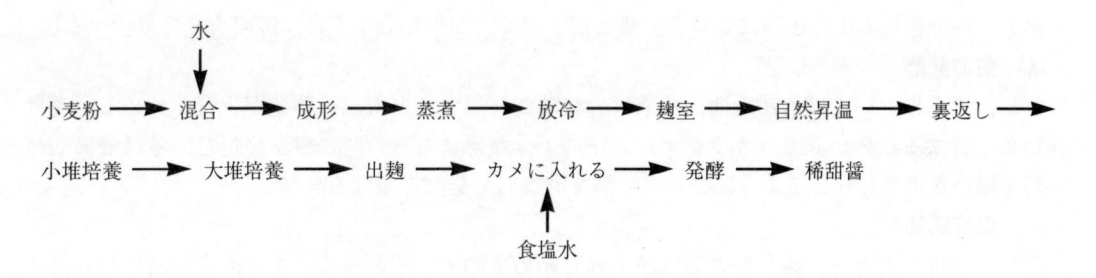

```
                    水
                    ↓
小麦粉 → 混合 → 成形 → 蒸煮 → 放冷 → 麹室 → 自然昇温 → 裏返し →

小堆培養 → 大堆培養 → 出麹 → カメに入れる → 発酵 → 稀甜醤
                                    ↑
                                   食塩水
```

図19-1　餅麹常温発酵稀甜醤の製造方法

3．加工方法
　稀甜醤の製造工程は大きく2段階に分けることができる。第1段階は製麹工程で，第2段階は製醤工程である。

(1) 製麹工程
　陰暦5～10月に製麹を行なうのが一般的で，自然界に存在している天然の麹菌を利用して培養する。小麦粉を練って作った餅の表面に菌糸を成長させ，次に，その表面の水分が次第に減少し，ひび割れが現れるまで乾燥させる。この工程では温度と水分の制御が極めて重要である。それは，この段階では自然界から汚染する微生物の種類が多く，麹菌のみならず腐敗菌も増殖するからである。温度が高過ぎると腐敗菌の増殖速度は酵母やカビの増殖速度を超えるので腐敗が先行し，どろどろした半流動状態となり，臭気を発生するようになる。このように腐敗した状態の餅を中国では「発溏」と称する。
　一方，温度が低過ぎると微生物は全体的に増殖が抑制されるので，餅は乾燥して硬い状態にな

る。そのような状態では，麹菌の増殖がうまく進行しないので出来上がった餅麹の糖分も低いものとなり，質の悪い醬になる。この他にも麹の品質に影響を及ぼす要因は多数あるが，製麹を成功させるには，各工程を1つ1つ丁寧に行なうことが大切である。

製麹は，一般的に，以下に示す段階を経て行なわれる。

(ア) 餅の製造

100kgの小麦粉に対し38〜40kgの水を加え，撹拌機を用いて小麦粉と水が均一となるように混合する。次に長方形の餅を製造する。餅の厚さは3cm程度のものが良く，餅の内部に乾燥面や硬い塊がなく，表面は柔らかく，滑らかであることが必要である。

(イ) 餅の整形

押さえて平らに伸ばした餅を，まず，最初に二等辺三角形の形に切る。二等辺の長さは25〜30cmで，底辺の長さは約25cmにする。最後に頂辺の長さが5〜7cmとなるように三角形の上部を切除する。

(ウ) 餅の蒸煮

製造した生餅を蒸籠（せいろ）に入れ，常圧で蒸す。半生や半蒸状態のものがないように45〜60分間ほど蒸してから蒸籠から取り出し，涼しいところで広げ，餅の温度が常温になるまで放冷する。

(エ) 餅を麹室に入れる

餅を麹室に入れる。麹室は清潔であること，風通しや保温状態が良いことなどの条件が必要である。

(オ) 餅を並べる

蒸した餅を麹板の上に丁寧に並べる。餅と餅とがくっつかないように，隙間をあけて並べる。

(カ) 餅の発酵

餅は，夏季においては約20時間，冬季は約40時間経過すると天然の麹菌が生育し始める。夏は麹菌の生育する状態が芥菜（カラシナ）の花のような形になった時に餅を裏返し，冬は表面が薄い粉を撒いたように見えるようになったら餅を裏返して発酵を続ける。

(キ) 温度調節

餅を1回目に裏返した後，餅の温度が上昇し始めるので，その後はあまり温度が高くなり過ぎないように，時々裏返しを行なって温度を一定に保つようにする。餅の温度は38℃以上にならないように注意する必要がある。

(ク) 小さく積み上げて培養（小堆培養）

餅で約1週間培養したら，それらの餅を小さな山に積み上げる作業を始める。そうすると，餅自身の温度は徐々に低下し始めるようになる。その後は，水分が減少し始め，餅に裂け目ができるようになると菌糸が餅の内部に伸び，繁殖し始める。小堆培養する際の山の高さは80〜100cmにするのが効果的である。小堆培養は約1週間行なうが，温度は36℃以下で行なうことが大切である。

(ケ) 大きく積み上げて培養（大堆培養）

小堆培養で，麹菌が繁殖した餅を集め，さらに大きく円柱状に積み上げて培養を続ける。円柱の直径は1.5〜2mで，その目的は菌糸を餅の内部に十分に繁殖させ，餅の内部の水分を減少させるためである。この工程での温度は自然のままで良く，また，温度が多少高くなっても問題はない。円柱に積み上げて培養する期間は12〜15日で，この培養を終えると製麹工程は終了し，餅麹

(ロ) 餅麹の品質

製品の餅麹は褐色を呈し，胞子が旺盛に付着しており，内部の断面は淡灰色を呈する。また，明らかな麹様の香気を持ち，比重が小さく，適度な脆さがあり，異味・異臭のないものが良い。

(2) 醤の製造工程

餅麹に増殖した麹菌およびそれらが生産した各種酵素を利用し，最適条件のもとで発酵させて醤を製造する工程である。醤の発酵が良好に行なわれた場合は，香気が強く，味の優れた粘りのある醤を製造することができる。麹菌が生産する主な酵素はアミラーゼで澱粉をブドウ糖，デキストリンおよびマルトースなどに分解する。分解によって得られた糖分の一部は，発酵によってアルコールとなったり，醤の香気やエステルとなる。また，同様に生産されるプロテアーゼは原料の中の蛋白質をアミノ酸に分解し，甜面醤に旨味を付与する。以下に醤の製造工程について詳細に述べる。

(ア) 食塩水

伝統的な製造工程では，まず最初に食塩水を調製することから行なわれる。食塩水は太陽の下で一週間ほど晒し，苦汁（ニガリ）臭，表面にできる膜を取り除いたものが用いられる。食塩水の濃度は，春と冬は14.5°Bé，夏と秋は15°Béのものを使用する。食塩水の使用量は，麹100kgに対し，冬，春の場合は170kg，夏と秋の場合は160kgである。

(イ) 醤の撹拌

餅麹に食塩水を加えて1週間程度，静置する。食塩水が餅麹に十分吸収されたところで，最初の撹拌を行なう。その後，1～2日ごとに上下が均一になるように醤を撹拌し，塊が残らないようにする。

(ウ) 熟成期間

醤の熟成期間は季節によって異なる。通常，夏は約2か月，春と秋は3か月，冬は3か月以上を要する。

4．後期管理

熟成を終えた醤は適切な時期に使用することが大切で，熟成期間を越えたものは糖分とアミノ酸の褐変反応の進行により，深い褐色を呈するようになるので，漬物の色合いに影響を及ぼすことになる。

夏は雨の降ることが多いが，このような雨の後は適度にカメの蓋を開放し，風を通す必要がある。現在，醤は雨に会わないようにガラス室で製造することが多いが，この場合も必要に応じ戸を開放し，風を通すことが大切である。夏は高温となる昼の前後に醤の撹拌を行なわずに，朝あるいは夕方，風を入れる。そうしないと酸敗しやすくなるからである。

5．歩留り

100kgの小麦粉からは200kgの醤を製造することができる。

6．製品の品質基準

(1) 官能指標

色合いは金色で明るく，強い醤の香気およびエステル香を有し，味は甘味があっておいしい。

糖分が高く，酸味と異味のないものが良い。
(2) 理化学指標
　水分は50～55%，アミノ態窒素は0.3%以上，糖分は18%以上，食塩は12%前後，酸度は1%以下のものが良いとされている。

第2節　通風製麹による甜面醤の製造

　伝統的な製造工程を経て製造した甜面醤の味は優れているが，製麹と発酵に長時間を要し，製造コストが高くなることから生産量が少ないのが現状である。そこで，漬物の需要増加に対応するために，現在は通風製麹による発酵方法が広く行なわれるようになっている。

1．原料および補助原料の配合
(1) 製麹工程
　小麦粉100kgに対し，水36kgの配合割合で製麹を行なう。
(2) 発酵工程
　麹100kgに対し，14～14.5°Béの食塩水を160kgの割合で加え，発酵を行なう。

2．通風製麹による製造工程
　通風製麹による製造工程は図19-2に示すとおりである。

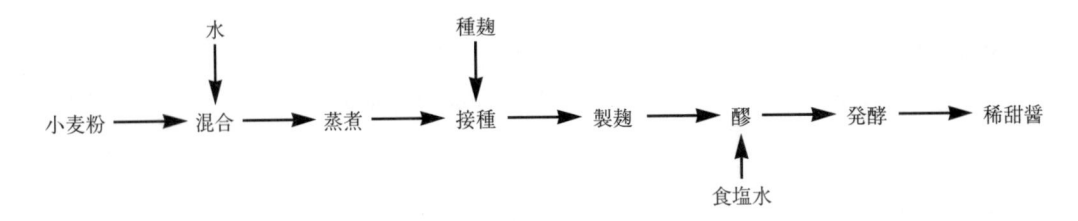

　　　　　　　　　　　水　　　　　　　　種麹
　　　　　　　　　　　↓　　　　　　　　　↓
小麦粉 → 混合 → 蒸煮 → 接種 → 製麹 → 醪 → 発酵 → 稀甜醤
　　　　　　　　　　　　　　　　　　　　　↑
　　　　　　　　　　　　　　　　　　　　食塩水

図19-2　通風製麹による甜面醤の製造方法

3．加工方法
(1) 小麦粉に水を加え，原料を蒸す
　小麦粉と水を配合割合に合わせて混合し，蒸煮機に入れる。次に，蒸気を送り込みながら蒸煮機を運転する。蒸煮機は，小麦粉を素早く撹拌すると同時に高圧蒸気を均一に小麦粉に通すことにより，蒸し上げる機械である。蒸し上げられた小麦粉の生地は，エンドウマメ程度の粒状となる。蒸煮機には横式と縦式の2種類があり，機械の内部には蒸気パイプと撹拌機が入っている。
(2) 接　種
　蒸煮した小麦粉生地の小粒を広げて40℃以下まで冷却し，種麹を均一に撒き，丁寧に混合，撹拌する。
(3) 製　麹
　種麹を接種したものを直ちに麹室に入れ，原料の厚さが25cm程度になるようにする。麹（原料）を麹室に入れた後は，直ちに風を通し，麹の品温が30～32℃に保たれるようにする。製麹する際

の麹菌の増殖状況は以下のとおりである。

(ア) 胞子出芽期

　種麹を接種した麹は，麹室の中で適度な温度と水分により，菌糸が伸長するに先立って，胞子からの出芽が始まる。カビ菌糸が出芽する最適な温度は30～32℃で，始めの5～6時間の間に麹菌の胞子から出芽した菌糸が伸長し始める。この段階ではまだ品温の変化は小さく，通常，28～30℃で，いわゆる静止培養に当たる。

(イ) 菌糸成長期

　6時間ほど静止培養した後，麹の品温は上昇し始めるので，通風を開始し，麹の品温が33～35℃を保つように制御し，それを6～8時間維持する。白い絨毛状菌糸が麹の表面および内部に伸長するようになる。

(ウ) 菌糸繁殖期

　麹の温度が上昇し麹が塊状となり，白色を呈するようになった時には，冷風を供給し麹の品温を約30℃まで下げる。その後，麹を1度天地返しをしてから通風を継続して行ない，品温を約35℃に保持し，10時間ほど通風培養を行なう。次に再度麹を天地返しする。その際，麹の乾燥の程度によっては温湯を少量散布する。

(エ) 胞子着生期

　2度麹を天地返しした後は，麹の品温の上昇の速度は緩和し，表面は菌糸に覆われ，菌糸体の先端には胞子が着生し始める。時間の経過に従って麹の色は次第に黄色を呈するようになる。この時点では，引き続き麹室に通風を行ない，室温と相対湿度を調整し，品温は約35℃を維持するようにする。このまま20時間経過した後，麹を取り出すことができる。この段階での胞子は黄緑色を呈し，麹は柔らかい塊状となる。

(4) 麹の官能的品質

　出来上がった麹は黄緑色を呈し，麹特有の香りがあり，手触りが柔らかく，弾力性があり，硬い芯や焼けた部分がなく，酸味や腐敗臭のないものが要求される。

(5) 醤の製造

　麹を湯浴で保温したタンクに入れて保温し，発酵させる。湯浴の温度は約50℃を保持する。100kgの麹に14～14.5°Béの食塩水160kgを入れた後，3～4日間浸漬，全ての食塩水を十分に吸収させたものを一旦天地返しをしてから発酵を始める。

(6) 発　酵

　発酵は3段階に分けて行なわれる。

　第1段階の発酵は湯浴の温度を50℃，品温を約40℃に保つようにして行ない，約10日間発酵させる。その間，毎日2回撹拌する。

　第2段階は湯浴の温度は45～50℃，品温は40～45℃，発酵は10日間行ない，その間，毎日1回撹拌する。

　第3段階は湯浴の温度は40℃，品温は約40℃，発酵は10～15日間行ない，その間，1日おきに1回撹拌する。

(7) 熟成期

　通常，40日間程度の熟成期間を経過すると醤が完成する。

4. 後期管理

熟成した醤は保温タンクから取り出した後,露天で数日間晒した方が良い。このようにすると甜面醤の風味を増加することができる。

5. 歩留り

100kgの小麦粉から220kgの甜面醤を製造することができる。

6. 製品の品質基準

(1) 官能指標

色は黄金色あるいは淡褐色で,色合いが良く,醤特有の香りとエステル香があり,新鮮な甘味と塩辛さのバランスがとれており,粘度が適度にあり,夾雑物のないものが良い。

(2) 理化学指標

水分50～55%,食塩11～12%,アミノ態窒素0.3%以上,糖分18%以上,酸度1%以下のものが良いとされている。

第3節 多酵素法による速醸稀甜醤の製造工程

多酵素法による速醸稀甜醤の製造は1980年代に行なわれるようになった比較的新しい甜面醤の製造方法で,従来のものより製造期間は短縮され,衛生条件や労働力が改善されるとともに製造コストも削減できるようになった。これにより,漬物生産の近代化が促進されるようになった。

1. 原料および補助原料

(1) 液化段階

小麦粉100kgに対し,8～9%の食塩水を85～90kg添加し,さらにα-アミラーゼを活性単位として200万～300万単位程度加える。

(2) 糖化と分解段階

100kgの小麦粉を液化したものに対し,β-アミラーゼと中性プロテアーゼを含む麹を8～9kg加える。

(3) エタノール発酵

糖化液(100kgの小麦粉から製造したもの)に酵母0.1kgを加え,エタノール発酵を行なわせる。

2. 製造工程

速醸稀甜醤の製造方法は図19-3に示すとおりである。

小麦粉 → 調製 → 液化 → 液化液 → 糖化・分解 → 糖化分解液 →
(食塩水) (α-アミラーゼ) (β-アミラーゼ)

エタノール発酵 → 後熱 → 稀甜醤
(固体酵母)

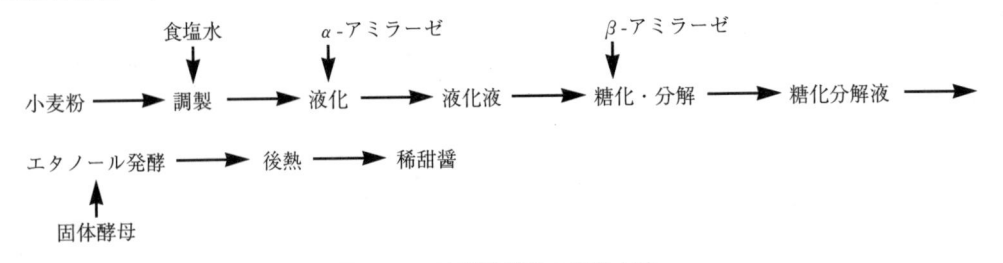

図19-3 速醸稀甜醤の製造方法

3. 加工方法

(1) 調製

あらかじめ8〜9％の食塩水を調製しておき，100kgの小麦粉に対し，85〜90kgの食塩水を加える。最初に食塩水を鍋に入れ，撹拌機を回しながら徐々に小麦粉を入れ，均一に糊状になるように調製した後，α-アミラーゼを200万〜300万単位含有する麹を加える。添加は2回に分けて行なう。1回目で50％を入れ，品温が上がったところで残りの50％を入れる。

(2) 液化

直接，蒸気を入れて撹拌しながら加熱し，60〜70℃までになったところで15分間ほど保持し，80〜90℃になったら，そのまま25分間保持する。液化液の還元糖の含有量は13％程度に達する。

(3) 糖化および分解

液化したものを40℃まで冷却した後，β-アミラーゼおよび中性プロテアーゼを含む麹を加える。麹の使用量は100kgの小麦粉を液化したものに対し，8〜9kgである。この段階で糖化と分解が始まる。

糖化の温度と時間は40〜45℃，8日間，分解は45〜52℃，3日間である。糖化分解液はアミノ態窒素0.14％，還元糖26〜27％，食塩濃度11％，総酸0.75％（乳酸に換算）程度であることが要求される。

(4) エタノール発酵

糖化分解液の品温を30〜32℃まで下げ，小麦粉の重さに応じて粉砕しておいた固形酵母0.1kgを加え，均一に撹拌し，上述した温度を7日間ほど保持することでエタノールが得られる。100gの糖化分解液に対し，200〜300mgのエタノールを含むようにすることが必要である。

4. 後期管理

エタノール発酵を終えた後は，稀甜醤を室外のカメに移し，7〜10日間ほど露天に晒す。夜は露にあて，毎日1回撹拌してエステル化反応を促進し，風味をより良くする。

5. 歩留り

100kgの小麦粉からは250kgの速醸稀甜醤を製造することができる。

6. 製品の品質基準

(1) 官能指標

色は黄色から褐色を呈して光沢があり，醤特有の香りとエステル香を持ち，新鮮で甘味があり，塩辛さとのバランスがとれているものが良い。

(2) 理化学指標

アミノ態窒素0.28〜0.30％，還元糖26〜27％，酸度1％以下，食塩12％のものが良いとされている。

■付記1：α-アミラーゼを含む麹の製造方法

1. 菌株

α-アミラーゼを産生する能力を有する微生物を利用する。

2. 菌株の培養

微生物の一般的な培養法に準じ，斜面培養を行なう。

3. 通風製麹

(1) 培地の配合

ふすま皮	80	水	110
大豆脱脂粕粉	15	水酸化ナトリウム	0.6
小麦粉	5		

(2) 加工方法

常圧で1.5時間ほど蒸した後，培地の温度が30～32℃になった時に菌株の接種を行なう。接種量は1％で，室温30～32℃，相対湿度80％，品温36～37℃となるように間欠通風で制御する。培養時間は45～48時間である。

4. 品 質

黄色を呈し，麹特有の香りがあり，異臭がなく，雑菌を含まない。酵素活性は1800単位/g以上あることが必要である。

■付記2：β-アミラーゼを含む麹の製造方法

1. 菌 株

β-アミラーゼおよび中性プロテアーゼを産生することができる微生物を利用する。

2. 菌株の培養

微生物の通常の培養法に従い，斜面培養からフラスコ培養により大量培養を行なう。

3. 通風製麹

(1) 培地の配合

ふすま皮	100
水	95

(2) 加工方法

常圧で原料を1.5時間ほど蒸した後，温度が37～38℃になったところで接種する。接種量は0.75～1％，品温は28～32℃を維持するように制御する。最高温度が34℃を超えないように注意する。培養時間は約48時間で，その間pH 8.0を保つようにアルカリ水溶液を補給する。

4. 品 質

黄緑色を呈し，麹の香りを持ち，雑菌がなく，中性プロテアーゼ活性が2500単位/g以上，β-アミラーゼ活性が2200単位/g以上あることが必要である。

■付記3：酵母の固体培養

1. 菌 株

食塩耐性があり，芳香性を有する酵母を利用する。

2. 菌株の培養

酵母の一般的な培養方法に準じ，試験管での斜面培養から液体培養，フラスコ培養を通して，大量培養を行なう。

3．酵母の固体培養
(1) 培地の配合
  大豆脱脂粕粉 5
  小麦粉   45
  ふすま   50
  水   60

(2) 製造方法

原料を混合し，常圧で2時間蒸煮した後，粉末状になるように揉みほぐし，酵母を接種する。接種量は15～20％で，均一になるように混合し，団子状にしたものを木箱に入れた後，表面をガーゼで覆い，品温を28～30℃に保ったまま，48時間培養する。その後，34～35℃まで温度を上げ，2～3日間，通風乾燥し，水分が15％以下まで下がると使用することができる。

4．品質

淡黄色を呈し，エステル香とアルカリ香があり，異味がなく，雑菌のないものが良い。

第4節　常圧蒸煮，スノコ製麹，常温発酵による黄醤の製造工程

黄醤（大豆の醤）は漬物の主な補助原料の1つで，黄醤で作った漬物は塩辛味があり，褐色を呈している。ある地方では黄醤と甜面醤で漬物を製造しており，多くの消費者に好まれている。

黄醤は伝統的な製造方法で作られており，常圧で原料を蒸煮した後，スノコ製麹・常温発酵法および通風製麹・保温発酵法で製造する方法がある。なお，ある地方では通風製麹・常温発酵法で製造される場合もある。それぞれ製造工程が異なるのでその風味も大きく異なっている。

1．原料および補助原料の配合
(1) 製麹工程
  大豆脱脂粕   100kg
  ふすま   20kg
  水   100～110kg

(2) 醤製造工程
  製品麹   100kg
  食塩水 130～140kg（18°Bé）

2．製造方法

黄醤の製造方法は，**図19-4**に示すとおりである。

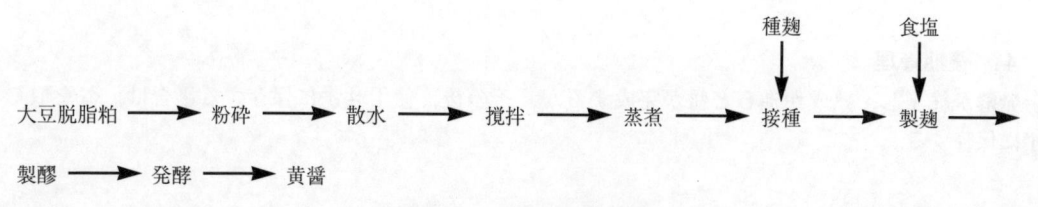

大豆脱脂粕 → 粉砕 → 散水 → 撹拌 → 蒸煮 → 接種（種麹）→ 製麹（食塩）→ 製醪 → 発酵 → 黄醤

図19-4　黄醤の製造工程

3．加工方法
(1) 粉砕
　大豆脱脂粕は直径5mm位の粒になるように粉砕する。直径5mm以上の粒は全体の20％以上を超えないように注意する。

(2) 散水
　粉砕した大豆脱脂粕を作業場に広げ，積み重ねる。次に，その中心部に窪みを作る。積み重ねた大豆脱脂粕の縁の高さは30cmよりも低くならないように注意することが大切である。

　配合に従って脱脂粕の中心部から徐々に散水を行ない，脱脂粕に水分を含ませる。散水量は大豆脱脂粕の90～100％に相当する水を用いるのが一般的である。中心部に散水しながら周りの脱脂粕を加えていくが，水が脱脂粕の縁から外に流れないように注意する。散水後，2時間ほど放置して十分に水分が吸収された後に，1，2回撹拌して水分が均一になるようにする。

(3) 原料の蒸煮
　混合した原料をカメに入れ，厚さが約20cmになるようにならして広げ，そこに，1cm^2当たり3kgの蒸気圧を有する蒸気を吹き入れる。

　原料の表面に蒸気を吹きこんだ後，混合原料を加える。これを原料を加える度に行ない，カメの中が一杯になったところで蓋をし，さらに常圧下で1時間ほど蒸し，その後，30分間ほど蓋で覆ったまま放冷する。その後，カメから取り出し，40℃以下に放冷すると出来上がる。

(4) 接　種
　種麹を揉みほぐし，その重さの約10倍の蒸煮した小麦粉原料を加え，均一に撹拌したものを直ちに麹室に入れ，スノコの上に広げて，麹棚に並べ入れる。

(5) 製　麹
　始めは麹室の温度を25～30℃に制御して発酵を行なう。麹の品温は28～32℃で発酵が継続し，16～17時間経過すると，35～37℃まで上昇する。その際，1度麹を撹拌し，室温を20～25℃まで下げ，相対湿度約90％，品温37℃を保ちながら60時間ほど発酵させる。

(6) 製醪（もろみの製造）
　出来上がった麹は専用の大きな壺に入れる。100kgの麹に対し，20°Béの食塩水130～140kgを加える。翌日から毎日1回の割合で撹拌を行ない，発酵させる。なお，その際，麹が食塩水の表面に出ないように注意する。

(7) 発　酵
　発酵期間は製醪の季節によって異なり，夏や秋季では，3～4か月間で出来上がるが，春や冬季では，6か月程度の期間が必要である。なお，発酵期間中は5回程度撹拌する必要がある。日中は日に晒し，夜間は夜露に当て，発酵によって生じたガスを排出させる。日に晒している最中に雨が降った場合は，雨水が発酵タンクの中に入らないように，適時，蓋で覆う必要がある。

4．後期管理
　発酵が終了し，熟成が進むと醬が完成するが，その後，使用せずに保存する場合は，蓋を取らずに保管する。

5．歩留り
　100kgの大豆脱脂粕から240kgの醬を製造することができる。

6. 黄醤の品質基準
(1) 官能指標

醤の色は赤褐色でムラがなく，光沢があり，醤特有の香気とエステル香があり，味は新鮮で，甘さと塩辛さのバランスが取れており，粘度が適度なものが良い。

(2) 理化学指標

水分は53～55％，アミノ態窒素は0.8％以上，糖分は5％以上，塩分は14％以上，酸度は2％以下であるものが良いとされている。

第5節 通風製麹，常温発酵による黄醤の製造工程

製麹は中国の醸造産業における伝統的な技術で，醤を製造する上で大変重要な製造工程である。良質な醤を作るための鍵となる工程でもあり，良質の醤を作るには，良好な麹が必要である。

伝統的な製麹方法ではスノコなどの単純な設備を用いて作られるが，作業自体は複雑で，出来上がった麹の品質も安定なものではなく，労働効率も低い。しかし，科学技術の進歩によって，現在では，通風製麹の方法で製造されており，労働効率を高めた作業工程となっている。

1. 原料および補助原料の配合
(1) 製麹段階

大豆70kg，小麦粉30kg，種麹0.3kgの配合割合で製麹を行なう。

(2) 発酵段階

前発酵：麹100kg，水100kg，食塩18kgの配合割合で発酵を行なう。

2. 製造工程

製造工程は図19-5で示すとおりである。

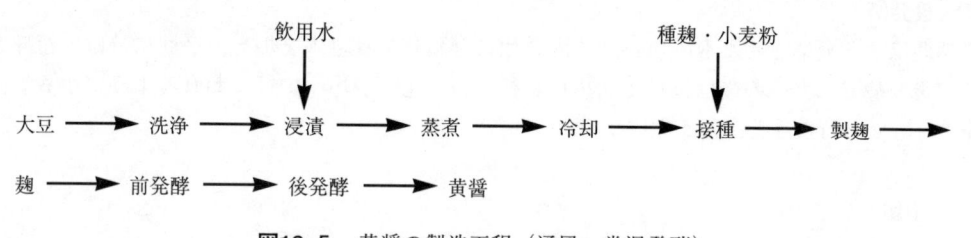

```
                    飲用水                        種麹・小麦粉
                      ↓                              ↓
  大豆 → 洗浄 → 浸漬 → 蒸煮 → 冷却 → 接種 → 製麹 →

  麹 → 前発酵 → 後発酵 → 黄醤
```

図19-5 黄醤の製造工程（通風・常温発酵）

3. 加工方法
(1) 浸 漬

大豆を洗浄した後，水に10～20時間浸漬する。浸漬時間は，季節や気温によって決める。通常，夏秋季は10時間，冬春季は20時間浸漬する。浸漬中に，1～2回ほど水を換える。大豆の表皮に見られたしわがなくなり，水を吸収して十分に膨潤したところで浸漬を終える。

(2) 蒸 煮

浸漬した大豆は鍋を使って蒸すが，常圧で約2時間蒸した後，30分間ほど蓋をしておく。なお，高圧下で蒸す場合は，鍋の蒸気圧を1kgとし，約30分間蒸すと，均一で軟らかい大豆を得ることができる。

(3) 冷　却
　蒸し終えたら大豆を鍋から取り出し，広げて放冷する。積み重ねた大豆の厚さは約20cm程度とし，大豆の表面が乾き，水が付着しない状態になるまで必要に応じて撹拌し，40℃になるまで放冷する。

(4) 接　種
　接種する前に種麹をよく揉みほぐし，その10倍量の小麦粉を加えて，均一になるように撹拌してから，さらに煮熟した大豆に撒き，小麦粉とともに十分に均一になるまで撹拌する。

(5) 製　麹
　種麹を接種した麹原料は，厚さが約25cmになるように麹箱に広げ，麹の品温30～32℃，室温25～30℃を保つようにして，静置培養を6～8時間ほど行なう。品温が35℃以上になったら通風を開始する。30℃まで品温が下がったら通風を止める。適宜，通風を行ない，温度の調整をはかりながら，約16時間ほど発酵させる。
　麹の表面が白色を呈し，塊状になってきたら，1度麹を天地返しし，塊をほぐして広げる。この辺りから，菌糸体の繁殖が盛んになり，品温が急速に上昇してくるので，必要に応じて通風を行ない，品温が35℃を保つように制御することが大切である。35℃で4～6時間発酵させた後，2回目の麹の天地返しを行なう。天地返しを終えた後も通風を続け，品温を30～32℃に保ちながら14～16時間ほど発酵させると麹が出来上がる。完成した麹の表面は，黄緑色を呈し，特有の麹の香りを持ち，柔らかく弾力性があり，水分は25～28％に調整されているのが良質の麹であると言われている。

(6) 前発酵
　出来上がった麹を機械で粉砕してからカメに入れ，さらに配合比に従って食塩水を加える。そのまま，3日ほど浸漬し，麹に食塩水を十分に吸収させてから時々撹拌しながら自然発酵を行なわせる。発酵期間中は，10日ごとに醤を撹拌し，発酵を進める。発酵が進んでくると徐々に褐色を呈するようになる。

(7) 後発酵
　2週間ほど前発酵させたものに再度，配合比に合わせて食塩水を加え，3回に分けて撹拌を行なう。後発酵では，その後は毎日1回撹拌を行ない，発酵が均一に行なわれるようにする。後発酵を3～5か月行なうと，醤が完成する。

4．歩留り
　100kgの大豆からは，290kgの黄醤を製造することができる。

5．黄醤の品質基準
(1) 官能指標
　醤の色は赤褐色から黄褐色を呈し，光沢があり，醤の香りは濃厚でエステル香がある。味は新鮮で，塩味と甘さのバランスが良く，風味があり，適度な粘性を有しており，雑味のないものが良い。

(2) 理化学指標
　水分は53～55％，アミノ態窒素は1.0％以上，糖分は5％以上，塩分は14％以上，酸度は2％以下のものが良いとされている。

第6節　辣椒油の製造工程

辣椒油（唐辛子油）は辣油ともいい，赤唐辛子を植物油で加熱し辛味成分を抽出したものである。辣椒油は漬物の主な補助原料の1つで，特に湖南，湖北，雲南，四川，貴州省などの地方で使用されることが多い。北京の辣菜，揚州の辣油香菜糸などにおいても辣椒油が製品の特色と風味を付与するのに大きな役割を果している。

1．原料および補助原料の配合

植物油100kgに対し乾燥赤唐辛子を30kgの配合割合で用いる。

赤唐辛子の品種は数多くあり，品種によって製造された唐辛子油の辛味は異なる。先端が尖った唐辛子を用いて製造した唐辛子油は一般的に辛さが強くなる傾向がある。また，赤唐辛子の使用量が多いものは赤色が強く，少ないものは淡い赤色を持つ唐辛子油が出来るので，唐辛子の使用量を変えることによって赤味を調整する。

2．製造工程

辣椒油の製造工程は図19-6に示すとおりである。

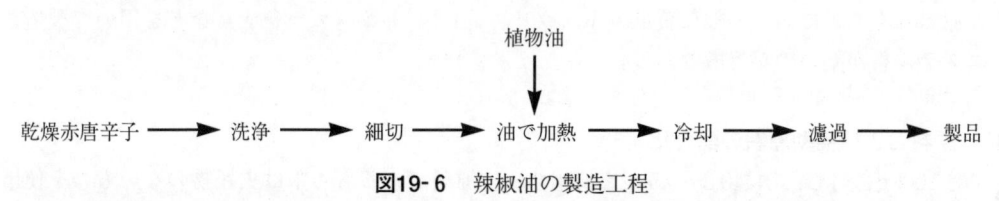

乾燥赤唐辛子 ⟶ 洗浄 ⟶ 細切 ⟶ 油で加熱（植物油） ⟶ 冷却 ⟶ 濾過 ⟶ 製品

図19-6　辣椒油の製造工程

3．加工方法

(1) 洗　浄

乾燥赤唐辛子はまず最初に唐辛子に含まれている雑草やゴミなどを取り除いてから洗浄し，ヘタを切除した後，余分な水を切り，乾燥する。

(2) 細　切

洗浄した唐辛子を約2cmの長さに切る。

(3) 加　熱

植物油を鍋に入れて加熱し，熱くなった油中で唐辛子を加熱する。一旦，油の温度は低下するが，再び油が沸騰し始めたら直ぐに弱火にし，この状態で唐辛子を撹拌し続ける。唐辛子が黄褐色を呈するようになったら，火を直ぐに止める。こうすることにより，辛味と赤色素の大部分は植物油の中に溶け込むことになる。

(4) 冷　却

火を止めたら，直ぐに唐辛子を取り出し，唐辛子油を常温まで冷却する。

(5) 濾　過

冷却した唐辛子油を布で濾過すると辣椒油が完成する。

4．官能指標

色は鮮やかな赤あるいは橙赤色を呈し，明るく，植物油の香気と唐辛子の香気を持ち，透明感

5. 注意事項

(1) 唐辛子を加熱する際は火加減に十分気を付ける必要がある。唐辛子を油で加熱し過ぎると苦味と焦げ臭が付着するからである。

(2) 植物油（胡麻油など）は沸騰した状態で唐辛子を加熱することが大切である。これは，植物油に含まれている異味を取り除くためである。

(3) 辣椒油は長期に渡って保存することは望ましくない。特に南方の暑い地域では，気温が高いので長期間保存していると風味が低下する。

(4) 植物油で製造した辣椒油は冷却した後，適度に胡麻油を入れると胡麻油の香気が付与されるので，風味が向上する。

第7節　醪糟の製造工程

醪糟（もろみかす）は別名，酒醸，糯米甜酒，伏汁酒とも称する。主な産地は，広西省などである。

主な原料はもち米で，その他に黄瓜（キュウリ），白瓜，芥菜（カラシナ）などを用いて製造され，エステル香が濃いのが特徴である。

1. 原料および補助原料の配合比

もち米100kgに対し，酒麹0.3～0.5kgを使用する。原料であるもち米は夾雑物のないものを使用する。

2. 製造工程

醪糟の製造工程は図19-7に示すとおりである。

もち米 ──→ 浸漬 ──→ 蒸煮 ──→ 冷却 ──→ 酒麹 ──→ 発酵 ──→ 醪糟

図19-7　醪糟の製造工程

3. 加工方法

(1) 浸　漬

もち米を洗浄し，カメに入れた後，水を注ぎ入れて浸漬を行なう。浸漬時間は気温によって異なるが，一般的に冬季は約24時間，夏季は約15時間である。白い芯が残らないように浸漬する。

(2) 蒸　煮

浸漬を終えたもち米を取り出し，ザルに入れてよく水を切ってから，蒸籠（せいろ）に入れ，常圧で蒸す。

(3) 冷　却

蒸煮したもち米を取り出し，冬は30℃，夏は25℃まで冷却する。

(4) 酒麹の添加

冷却したもち米をカメに入れ，もち米100kgに対し，酒麹200gの割合で添加し，均一になるよ

うに丁寧に撹拌する。カメの約5分の3までもち米を入れる。次に，カメの中のもち米に対し，直径が約30cmの窪みをつける。最後に，稲わらなどでカメの口を覆い，雑菌による汚染を防ぐとともに保温を行なう。

(5) 発　酵

時々，もち米を撹拌して品温を32℃に保つようにする。冬季は稲わらで包んで保温し，夏季は温度が上昇しないように必要な時に蓋を開けて熱を外気に放散させる。24時間ほど発酵させるともち米の窪みのところに酒汁が溜まるようになる。次に，もち米の半分の重さに相当する白湯をカメの中に注ぎ入れる。窪みに溜まった酒汁をすくい取って，もち米の上に繰り返しかける。これを，毎日1回，1週間ほど続けるとアルコール発酵が盛んに行なわれるようになる。発酵が盛んになるともち米はしだいに沈殿するようになる。約10日間ほど発酵させると野菜を漬けることができる。

4．歩留り

100kgのもち米から約210kgの醪糟を作ることができる。

5．官能指標

乳白色で，酒の香気とエステル香およびもち米から出来た甘酒特有の香気を持ち，甘味が濃厚で，透明感のあるものが良い。

第8節　蝦油の製造工程

蝦油（エビを原料とした醤油）は蝦油漬に専用に用いられる補助原料である。蝦油漬は主に中国南方の沿海地方で作られており，特に，上海，天津，青島，営口，錦州などで製造されている。錦州蝦油前菜は清朝康熙年間に製造されたのが始まりと言われていることから，すでに300余年の歴史を持っていることになる。蝦油は蝦油漬の風味や品質を決める重要な補助原料である。なかでも，錦州蝦油の特徴は淡赤褐色のきれいな色を有し，光沢があり，味が良く，特有の風味を有している。

1．原料および補助原料の配合

新鮮な海産のエビ100kgに対し，食塩30kgの配合割合で製造する。

蝦油を作るにはまず最初に蝦醤を作る必要がある。蝦醤は糸蝦を原料として製造する。糸蝦は増水期の清明（4月5～6日頃）から夏至までの間に捕獲される。なお，厳密には，清明から立夏までの間は，大糸蝦を用い，立夏から夏至までは小糸蝦を用いて製造する。大糸蝦の方が品質が良いので，蝦醤の製造時期は清明から立夏の間が良いとされる。蝦油はこの蝦醤から抽出したものである。

2．製造工程

蝦油の製造工程は**図19-8**に示すとおりである。

エビ ⟶ 選択 ⟶ 塩漬け ⟶ 発酵 ⟶ 晒し ⟶ 加塩 ⟶ 抽出 ⟶ 蝦油

図19-8　蝦油の製造工程

3．加工方法

(1) 選択

エビは工場に搬入した後，直ちに混ざっている雑魚やゴミなどを除去する。

(2) 塩漬け

塩漬けはカメを用いて行なう。100kgの糸蝦に対し，食塩30kgの割合でエビと食塩を交互に漬け込む。食塩は下部は少なめに，上部は多めに使用する。具体的には下部には食塩総量の35％，上部には45％，表面に残りの20％を使用する。塩漬けされたエビは，1日1回，10～20日間，撹拌を行ない，均一に塩漬けする。

(3) 発酵

錦州蝦油は日中は日に晒し，夜間は夜露に触れさせて発酵を行なう。毎日，日の出前と日の入り後に撹拌を行ない，均一に発酵が行なわれるようにする。撹拌は蝦醤の上部と下部の温度差がないようにし，プロテアーゼによる蛋白分解がムラなく行なわれるようにするためである。また，撹拌は発酵によって発生したガスを排除するためでもある。蛋白質は酵素分解されてペプチドとアミノ酸となり，風味が形成される。発酵が盛んに行なわれているときは，蝦醤の表面から硫化水素などのガスが発生する。発酵は約3か月間行なわれる。

(4) 塩汁の製造

発酵して出来た蝦醤100kgに山椒（サンショウ），八角（大茴香），茶をそれぞれ0.5kg加え，沸騰するまで加熱し，さらに塩汁の濃度が20～22°Béとなるまで食塩を加えて調整する。3日間ほど静置してオリを沈殿させ，布を二重にして濾過する。

(5) 1回目の蝦油の抽出

発酵して出来た蝦醤に塩汁を加え，均一に撹拌して希釈した蝦醤を作る。その配合比は蝦醤30％，塩汁70％である。次に，混合した希釈液に円柱形の竹カゴを差し込むと，竹カゴの外部から中に液汁が浸出してくるが，これが1回目の蝦油となるものである。

(6) 2回目の蝦油の抽出

1回目の蝦油を抽出した後の蝦醤の中に20～22°Béの食塩水を加え，毎日1回の割合で撹拌すると，3～5日の後には2回目の蝦油を得ることができる。抽出の方法は1回目の場合と同様に行なう。

4．歩留り

100kgの蝦醤からは250kgの蝦油を製造することができる。

5．製品の品質基準

(1) 官能指標

蝦油は淡赤褐色を呈して光沢があり，蝦油特有の香気を持つ。異臭がなく，塩味のバランスがとれているものが良い。なお，製品は透明感のあるものが良い。

(2) 理化学指標

食塩は20％以上，総酸は1％以下，アミノ態窒素0.8～0.9％であることが望ましいとされている。

著者紹介

宮尾　茂雄（みやお　しげお）

略　歴
- 1973年　東京農工大学農学部卒業
- 1973年　東京都農業試験場食品研究室入所
- 1990年　東京都立食品技術センター設立に伴ない異動
- 現　在　東京都立食品技術センター主任研究員

社会活動
- 日本食品科学工学会　常任委員
- 日本食品保蔵科学会　評議員
- 日本食品保全研究会　理事
- 食品品質保持技術研究会　理事
- 全国漬物検査協会　理事
- 伝統食品研究会　幹事

学　位　農学博士

研究内容
- 漬物等惣菜類における食品微生物の制御に関する研究
- 発酵食品における微生物利用に関する研究
- 食品製造における衛生微生物管理に関する研究

著　書
- 「漬物入門」, 日本食糧新聞社（2000年）
- 「食品微生物学ハンドブック」（共著），技報堂出版（1995年）
- 「バイオプリザベーション」（共著），幸書房（1999年）
- 「HACCPの基礎と実際」（共著），中央法規出版（1997年）
- など

受　賞
- 1996年　日本食品科学工学会　学会賞（技術賞）「漬物の微生物制御に関する研究」
- 2003年　日本食品保蔵科学会　学会賞「漬物の品質安定化における総合的微生物制御に関する研究」

中国漬物 大事典—中国醤腌菜

2005年2月25日　初版第1刷

監訳者　宮尾茂雄
発行者　桑野知章
発行所　株式会社　幸書房
〒101-0051東京都千代田区神田神保町1-25
printed in Japan　　TEL 03-3292-3061　FAX 03-3292-3064
2005©　　URL：http://www.saiwaishobo.co.jp

印刷　シナノ印刷

落丁，乱丁がありましたらご連絡下さい。取り替えさせて戴きます。
本書を引用または転載する場合は，必ず出所を明記して下さい。

ISBN4-7821-0251-8　C2557